杜威晚期著作

1925—1953

复旦大学杜威与美国哲学研究中心 组译

杜威全集

1931至1932年间的论文、书评及杂记

第六卷

1931—1932

[美] 约翰·杜威 著

马 迅 薛 平 译

华东师范大学出版社

The Later Works of John Dewey, 1925—1953

Volume Six: 1931—1932, Essays, Reviews, and Miscellany

By John Dewey

Edited by Jo Ann Boydston

上海市版权局著作权合同登记　图字:09－2004－377号

《杜威全集·晚期著作》(1925—1953)

第六卷(1931—1932)

主　　编　乔·安·博伊兹顿(Jo Ann Boydston)

文本编辑　安妮·夏普(Anne Sharpe)

目　录

中文版序 / 1

导言 / 1

论文 / 1

语境和思想 / 3

我所认识的乔治·赫伯特·米德 / 19

人性 / 25

政治和文化 / 34

科学和社会 / 41

科学和社会 / 45

社会科学和社会控制 / 54

浪漫精神的衰微 / 58

摆脱教育困惑的出路 / 63

美国的教育:过去和未来 / 76

教育:修道院、交易柜台还是实验室 / 83

欣赏和修养 / 93

高等教育和研究中的政治干预 / 99

经济形势:对教育的挑战 / 103

学校与白宫会议 / 110

杜威描绘儿童的新世界 / 115

关于"自由与文化、社会规划和领导能力关系"的讨论 / 119

教育与生育控制 / 122

"无可压抑的冲突" / 124

失业问题——我们大家的责任 / 128

需要一个新的政党 / 131

政治还有希望吗? / 152

和平——依据《巴黎公约》或《国际联盟盟约》? / 158

国际组织必须进行制裁吗? 不 / 163

对美国有色人种协进会的演讲 / 185

美国背景下的少数党地位及其与目前状况的关系 / 191

民主站在失业者一边 / 197

第三政党的前途 / 203

大选以后——怎么办? / 208

书评 / 211

大学里的儿子——和家长们 / 213

"赶超美国" / 216

评《共同人格:法学研究》/ 221

评《一个哲学家的自传》等 / 224

查尔斯·桑德斯·皮尔士 / 227

颠倒的马克思 / 231

自救者,抑或弗兰肯斯泰因 / 233

把细枝弄弯 / 237

打造苏维埃公民 / 241

米克尔约翰实验 / 244

一种科学方法的哲学 / 248

对《理性、自然和杜威教授》一文的回复 / 252

杂记 / 253

试评《今日哲学》/ 255

《哲学研究》导言 / 259

《一个新的政党的诞生》序言 / 261

《自我的运用》序言 / 263

《印度的生命观》引言 / 268

人民游说团 / 269

接替法官卡多佐 / 270

一个第三政党的纲领 / 271

弗拉德克和莱德勒 / 273

为布鲁克伍德职业学院筹款 / 274

为布鲁克伍德职业学院助一臂之力 / 275

这是怎么回事？/ 277

人民游说团 / 281

敦促向有钱人课税以削减偿付债务 / 283

敦促以国家资助的计划设立工作保险 / 285

丰实的仓库和饥饿的胃 / 287

总统和特别会议 / 291

质疑克莱因部长乐观看法的依据 / 292

反驳克莱因部长 / 297

敦促进步主义参议员就救济法案采取行动 / 300

胡佛主旨演讲的玄机 / 302

游说团敦促博拉参议员反对重新考虑盟国间债务 / 308

杜威总干事反对一揽子运费上涨 / 311

杜威总干事呼吁胡佛承担政府对失业者的责任 / 315

杜威总干事反对社区福利基金主导失业救济 / 317

联邦政府与失业 / 319

遏制货币囤积的唯一途径 / 321

教会领袖要求教会应对失业 / 323

繁荣有赖于从地基上造起大厦 / 325

称瓦格纳为失业救助的"要人" / 326

行动起来，让国会采取立法行动 / 327

参议院的生育控制法案 / 329

失业问题的联合委员会要求国会采取行动 / 330

选民应当要求国会对有钱人征税而不是想要这样做 / 331

杜威总干事要求参议员保持警惕 / 332

罗斯福救济政策的得分 / 334

让市长和州长要求救济 / 336

《失业保险》导言 / 338

有关声明和演讲的访谈报道 / 341

70 岁设立的新目标 / 343

约翰·杜威察看国家的病状 / 348

在文科学院课程研讨会上的发言 / 353

论常识、科学和哲学四篇讲稿的摘要 / 362

作为公民的教师 / 369

执行委员会的声明 / 371

杜威教授对不满现状者印象深刻 / 373

杜威在会谈前夕申斥进步人士 / 375

附录 / 377

1. 自由与文化、社会规划和领导能力的关系 / 379

2. 国际组织必须进行制裁吗？不 / 383

3. 克莱因部长对杜威教授的回复 / 407

4. 理性、自然和杜威教授 / 410

5. 审美情感之为有用之物 / 414

注释 / 423

文本研究资料 / 427

文本注释 / 429

文本说明 / 431

校勘表 / 460

《大学里的儿子——和家长们》中被摒弃的实质性异读列表 / 477

手稿中的改动 / 478

行末连字符列表 / 491

引文中的实质性异读 / 493

杜威的参考书目 / 500

索引 / 506

译后记 / 537

中文版序

《杜威全集》中文版终于由华东师范大学出版社出版了。作为这一项目的发起人,我当然为此高兴,但更关心它能否得到我国学界和广大读者的认可,并在相关的学术研究中起到预期作用。后者直接关涉到对杜威思想及其重要性的合理认识,这有赖专家们的研究。我愿借此机会,对杜威其人、其思想的基本倾向和影响,以及研究杜威哲学的意义等问题谈些看法,以期抛砖引玉。考虑到中国学界以往对杜威思想的消极方面谈论得很多,大家已非常熟悉,我在此就主要谈其积极方面,但这并非认为可以忽视其消极方面。

一、杜威其人

约翰·杜威(John Dewey,1859—1952)是美国哲学发展中最有代表性的人物。他不仅进一步阐释并发展了由皮尔士创立、由詹姆斯系统化的实用主义哲学的基本理论,而且将其运用于社会、政治、文化、教育、伦理、心理、逻辑、科学技术、艺术、宗教等众多人文和社会科学领域的研究,并在这些领域提出了重要创见。他在这些领域的不少论著,被西方各该领域的专家视为经典之作。这些论著不仅对促进这些领域的理论研究起到过重要的作用,在这些领域的实践中也产生过深刻的影响。杜威由此被认为是美国思想史上最具影响的学者,甚至被认为是美国的精神象征;在整个西方世界,他也被公认是 20 世纪少数几个最伟大的思想家之一。

杜威出生于佛蒙特州伯灵顿市一个杂货店商人家庭。他于 1875 年进佛蒙特大学,开始受到进化论的影响。1879 年,他毕业后先后在一所中学和一所乡村学校教书。在这期间,他阅读了大量的哲学著作,深受当时美国圣路易黑格尔学派刊物《思辨哲学杂志》的影响。1882 年,他在该刊发表了《唯物主义的形而上学假定》和《斯宾诺莎的泛神论》两文,很受鼓舞,从此决定以哲学为业。同年,他成了约翰·霍普金斯大学的哲学研究生,在此听了皮尔士的逻辑讲座,不过当时对他影响最大的是黑格尔派哲学家莫里斯(George Sylvester Morris)和实验心理学家霍尔(G. Stanley Hall)。两年后,他以《康德的心理学》论文取得哲学博士学位。

1884 年,杜威到密歇根大学教哲学,在该校任职 10 年(其间,1888 年在明尼苏达大学)。初期,他的哲学观点大体上接近黑格尔主义。他对心理学研究很感兴趣,并使之融化于其哲学研究中。这种研究,促使他由黑格尔主义转向实用主义。在这方面,当时已出版并享有盛誉的詹姆斯的《心理学原理》对他产生了强烈的影响。杜威对心理学的研究,又促使他进一步去研究教育学。他主张用心理学观点去进行教学,并认为应当把教育实验当作哲学在实际生活中的运用的重要内容。

1894 年,杜威应聘到芝加哥大学,后曾任该校哲学系主任。他在此任教也是 10 年。1896 年,他在此创办了有名的实验学校。这个学校抛弃传统的教学法,不片面注重书本,而更为强调接触实际生活;不片面注重理论知识的传授,而更为强调实际技能的训练。杜威后来所一再倡导的"教育就是生活,而不是生活的准备"、"从做中学"等口号,就是对这种教学法的概括。杜威在芝加哥时期,已是美国思想界一位引人注目的人物。他团聚了一批志同道合者(包括在密歇根大学就与他共事的塔夫茨、米德),形成了美国实用主义运动中著名的芝加哥学派。杜威称他们共同撰写的《逻辑理论研究》(1903 年)一书是工具主义学派的"第一个宣言"。此书标志着杜威已从整体上由黑格尔主义转向了实用主义。

从 1905 年起,杜威转到纽约哥伦比亚大学任教,直到 1930 年以荣誉教授退休。他以后的活动也仍以该校为中心。这一时期不仅是他的学术活动的鼎盛期(他的大部分有代表性的论著都是在这一时期问世的),也是他参与各种社会和政治活动最频繁且声望最卓著的时期。他把两者有机地结合在一起。他对各种社会现实问题的评论和讲演,往往成为他的学术活动的重要组成部分。从 1919 年起,杜威开始了一系列国外讲学旅行,到过日本、墨西哥、俄罗斯、土耳其等国。"五四"前夕,他到了中国,在北京、南京、上海、广州等十多个城市作过系列讲演,于 1921 年 7 月返美。

杜威一生出版了 40 种著作,发表了 700 多篇论文,内容涉及哲学、社会、政治、教育、伦理、心理、逻辑、文化、艺术、宗教等多个方面。其主要论著有:《学校与社会》(1899 年)、《伦理学》(1908 年与塔夫茨合著,1932 年修订)、《达尔文主义对哲学的影响》(1910 年)、《我们如何思维》(1910 年)、《实验逻辑论文集》(1910 年)、《哲学的改造》(1920 年)、《人性与行为》(1922 年)、《经验与自然》(1925 年)、《公众及其问题》(1927 年)、《确定性的寻求》(1929 年)、《新旧个人主义》(1930 年)、《作为经验的艺术》(1934 年)、《共同的信仰》(1934 年)、《逻辑:探究的理论》(1938 年)、《经验与教育》(1938 年)、《自由与文化》(1939 年)、《评价理论》(1939 年)、《人的问题》(1946 年)、《认知与所知》(1949 年与本特雷合著)等等。

二、杜威哲学的基本倾向

杜威在各个领域的思想都与他的哲学密切相关,这不只是他的哲学的具体运用,有时甚至就是他的哲学的直接体现。我们在此不拟具体介绍他的思想的各个方面和他的哲学的各个部分,仅概略地揭示他的哲学的基本倾向。杜威哲学的各个部分,以及他的思想的各个方面,大体上都可从他的哲学的基本倾向中得到解释。这种基本倾向从其积极意义上说,主要表现为如下三点。

第一,杜威把对现实生活和实践的关注当作哲学的根本意义所在。

在现代西方各派哲学中,杜威哲学最为反对以抽象、独断、脱离实际等为特征的传统形而上学,最为肯定哲学应当面向人的现实生活和实践。如何通过人本身的行为、行动、实践(即他所谓的以生活和历史为双重内容的经验)来妥善处理人与其所面对的现实世界(自然和社会环境),以及人与人之间的关系,是杜威哲学最为关注的根本问题。杜威哲学从不同的角度来说有着不同的名称,例如,当他强调实验和探究的方法在其哲学中的重要意义时,称其哲学为实验主义(experimentalism);当他谈到思想、观念的真理性在于它们能充当引起人们的行动的工具时,称其哲学为工具主义(Instrumentalism);当他谈到经验的存在论意义,而经验就是作为有机体的人与其自然环境的相互作用时,称其哲学为经验自然主义(empirical naturalism)。贯彻于所有这些称呼的概念是行动、行为、实践。杜威哲学的各个方面,都在于从实践出发并引向实践。这并不意味着实践就是一切。实践的目的是改善经验,即改善人与其自然和社会环境的关系,一句话,改善人的生活和生存条件。

杜威对实践的解释当然有片面性。例如,他没有看到人类的物质生产活动在人的实践中的基础作用,更没有科学地说明实践的社会性;但他把实践看作是全部哲学研究的核心,认为存在论、认识论、方法论等问题的研究都不能脱离实践,都具有实践的意义,且在一定意义上是合理的。

　　值得一提的是:与胡塞尔、海德格尔等人通过曲折的道路返回生活世界不同,与只关注逻辑和语言意义分析的分析哲学家也不同,杜威的哲学直接面向现实生活和实践。杜威一生在哲学上所关注的,不是去建构庞大的体系,而是满腔热情地从哲学上探究人在现实生活和实践各个领域所面临的各种问题及其解决办法。在杜威的全部论著中,关于政治、社会、文化、教育、心理、道德、价值、科学技术、审美和宗教等多个领域的具体问题的论述占了绝大部分。他的哲学的精粹和生命力,大多是在这些论述中表现出来的。

　　第二,杜威的哲学改造适应和引领了西方哲学由近代到现代转向的潮流。

　　19世纪中期以来,西方哲学发展出现了根本性的变更,以建构无所不包的体系为特征的近代哲学受到了广泛的批判,以超越传统的实体性形而上学和二元论为特征的现代哲学开始出现,并越来越占主导地位。多数哲学流派各以特有的方式,力图使哲学研究在不同程度上从抽象化的自在的自然界或绝对化的观念世界返回到人的现实生活世界,企图以此摆脱近代哲学所陷入的种种困境,为哲学的发展开辟新道路。西方哲学由近代到现代的这种转折,不能简单归结为由唯物主义转向唯心主义、由进步转向反动,而是包含了哲学思维方式上一次具有划时代意义的转型。它标志着西方哲学发展到了一个新的、更高的阶段。杜威在哲学上的改造,不仅适应了而且在一定意义上引领了这一转型的潮流。

　　杜威曾像康德那样,把他在哲学上的改造称为"哥白尼革命"(Copernican revolution)。但他认为康德对人的理智的能动性过分强调,以致使它脱离了作为其存在背景的自然。而在他看来,人只有在其与自然的相互作用中才有能动作用,甚至才能存在。哲学上的真正的哥白尼革命,正在于肯定这种交互作用。如果说康德的中心是心灵,那么杜威的新的中心是自然进程中所发生的人与自然的交互作用。正如地球或太阳并不是绝对的中心一样,自我或世界、心灵或自然都不是这样的中心。一切中心都存在于交互作用之中,都只具有相对的意义。可见,杜威所谓哲学中的哥白尼革命,就是以他所主张的心物、主客、经验自然等的交互作用,或者说人的现实生活和实践来既取代客体中心论,也取代主体中心论。他也是在这种意义上,既反对忽视主体的能动性的旧的唯物主义,又反对忽视自然作为存在的根据和作用的旧的唯心主义。

不是把先验的主体或自在的客体,而是把主客的相互作用当作哲学的出发点;不是局限于建构实体性的、无所不包的体系,而是通过行动、实践来超越这样的体系;不是转向纯粹的意识世界或脱离了人的纯粹的自然界,而是转向与人和自然界、精神和物质、理性和非理性等等都有着无限牵涉的生活世界,这大体上就是杜威哲学改造的主要意义;而这在一定程度上,也正是多数西方哲学由近代到现代转向的主要意义。杜威由此体现和引领了这种转向。

第三,杜威的哲学改造与马克思在哲学上的革命变更存在某些相通之处。

西方哲学从近代到现代的转向与马克思在哲学上的革命变更的政治背景大不相同,二者必然存在原则性区别;但二者发生于大致相同的历史时代,具有共同的历史和文化背景,因而又必然存在相通之处。如果我们能够肯定杜威的哲学改造适应并引领了西方哲学从近代到现代转向的潮流,那就必须肯定杜威的哲学改造与马克思在哲学上的革命变更必然同样既有原则区别,又有相通之处。后者突出地表现在,二者都把实践当作哲学的根本意义而加以强调。马克思正是通过这种强调而得以超越旧唯物主义和唯心主义辩证法的界限,把唯物主义和辩证法有机地统一起来,建立了唯物辩证法。杜威在这些方面与马克思相距甚远。但是,他毕竟用实践来解释经验而使他的经验自然主义超越了纯粹自然主义和思辨唯心主义的界限,并由此提出了一系列超越近代哲学范围的思想。

杜威的经验自然主义并不否定自然界在人类经验以外自在地存在,不否定在人类出现以前地球和宇宙早已存在,而只是认为人的对象世界只能是人所遭遇到(经验到)的世界,这在一定程度上类似于马克思所指的与纯粹自然主义的自在世界不同的人化世界,即现实生活世界。杜威否定唯物主义,但他只是在把唯物主义归结为纯粹自然主义的唯物主义的意义上去否定唯物主义。杜威强调经验的能动性,但他不把经验看作可以离开自然(环境)而独立存在的精神实体或精神力量,而强调经验总是处于与自然、环境的统一之中,并与自然、环境发生相互作用。这与传统的唯心主义经验论也是不同的,倒是与马克思关于主客观的统一和相互作用的观点虽有原则区别,却又有相通之处。

杜威是在黑格尔影响下开始哲学活动的。他在转向实用主义以后,虽然抛弃了黑格尔的绝对唯心主义,甚至也拒绝了黑格尔的辩证法,但是在他的理论中又保留着某些辩证法的要素。例如,他把经验、自然和社会等都看作是统一整体,其间都存在着多种多样的联系;他在达尔文进化论的影响下,明确肯定世界(人类社会和自然界)处于不断进化和发展的过程之中。他所强调的连续性(如经验与自然的连续、人与世界的连续、身心的连续、个人与社会的连续等等)概念,在一定程度上就是统一整体的概念、进化和发展的概念。这种概念虽与马克思的辩证法不能相提并论,但毕竟也有相通之处。

三、杜威哲学的积极影响

杜威实用主义哲学对现实生活和实践的强调,对西方哲学从近代到现代转向的潮流的适应和引领,特别是它在一些重要方面与马克思哲学的相通,说明它在一定程度上体现了时代精神发展的要求。正因为如此,它必然是一种在一定范围内能发生积极影响的哲学。

实用主义在美国的积极影响,可以用美国人民在不长的历史时期里几乎从空地上把美国建设成为世界的超级大国来说明。实用主义当然不是美国唯一的哲学,但它却是美国最有代表性的哲学。实用主义产生以前的许多美国思想家(特别是富兰克林、杰斐逊等启蒙思想家),大多已具有实用主义的某些特征,这在一定意义上为实用主义的正式形成作了思想准备。实用主义产生以后,传入美国的欧洲各国哲学虽然能在美国哲学中占有一席之地,其中分析哲学在较长时期甚至能在哲学讲坛上占有支配地位;但是,它们几乎都毫无例外地迟早被实用主义同化,成为整个实用主义运动的组成部分。当代美国实用主义者莫利斯说:逻辑经验主义、英国语言分析哲学、现象学、存在主义同实用主义“在性质上是协同一致的”,它们“每一种所强调的,实际上是实用主义运动作为一个整体范围之内的中心问题之一”。①就实际影响来说,实用主义在美国哲学中始终占有优势地位。桑塔亚那等一些美国思想家也承认,美国人不管其口头上拥护的是什么样的哲学,但是从他们的内心和生活来说都是实用主义者。只有实用主义,才是美国建国以来长期形成的一种民族精神的象征。而实用主义的最大特色,就是把哲学从玄虚的抽象王国转向人所面对的现实生活世界。实用主义的主旨

---

① Morris, Charles W. *The Pragmatic Movement in American Philosophy*. New York: George Braziller, 1970, p. 148.

就在指引人们如何去面对现实生活世界,解决他们所面临的各种疑虑和困扰。实用主义当然具有各种局限性,人们也可以而且应当从各种角度去批判它,马克思主义者更应当划清与实用主义的界限;但从思想理论根源上说,正是实用主义促使美国能够在许多方面取得成功,这大概是一个不争的事实。

在美国以外,实用主义同样能发生重要的影响。与杜威等人的哲学同时代的欧洲哲学尽管不称为实用主义,但正如莫利斯说的那样,它们同实用主义"在性质上是协同一致的"。如果说它们各自在某些特定方面、在一定程度上体现了现代西方社会的时代特征,实用主义则较为综合地体现了这些特征。换言之,就体现时代特征来说,被欧洲各个哲学流派特殊地体现的,为实用主义所一般地体现了。正因为如此,实用主义能较其他现代西方哲学流派发生更为广泛的影响。

杜威的实用主义在中国也发生过重要的影响。早在"五四"时期,杜威就成了在中国最具影响的西方思想家。从外在原因上说,这是由于胡适、蒋梦麟、陶行知等他在中国的著名弟子对他作了广泛的宣扬;杜威本人在"五四"时期也来华讲学,遍访了中国东西南北十多个城市。这使他的思想为中国广大知识界所熟知。然而,更重要的原因是:他在理论中所包含的科学和民主精神,正好与"五四"时期中国先进知识分子倡导科学和民主的潮流相一致。另外,他的讲演不局限于纯哲学的思辨而尤其关注现实问题,这也与中国先进分子的社会改革的现实要求相一致。正是这种一致,使杜威的理论受到了投入"五四"新文化运动和社会改革的各阶层人士的普遍欢迎,从而使他在中国各地的讲演往往引起某种程度的轰动效应。杜威本人也由此受到很大鼓舞,原本只是一次短期的顺道访华也因此被延长到两年多。胡适在杜威起程回国时写的《杜威先生与中国》一文中曾谈到:"我们可以说,自从中国与西方文化接触以来,没有一个外国学者在中国思想界的影响有杜威先生这样大的。我们还可以说,在最近的将来几十年中,也未必有别个西洋学者在中国的影响可以比杜威先生还大的。"①作为杜威的信徒,胡适所作的评价可能偏高。但就其对中国社会的现实层面的影响来说,除了马克思主义者以外,也许的确没有其他现代西方思想家可以与杜威相比。

尽管杜威的实用主义与马克思主义有原则区别,但"五四"时期中国马克思主义者对杜威及其实用主义并未简单否定。陈独秀那时就肯定了实用主义的某

---

① 引自《胡适哲学思想资料选》(上),上海:华东师范大学出版社,1981年,第181页。

些观点,甚至还成为杜威在广州讲学活动的主持人。1919 年,李大钊和胡适关于"问题与主义"的著名论战,固然表现了马克思主义与实用主义的原则分歧,但李大钊既批评了胡适的片面性,又指出自己的观点有的和胡适"完全相同",有的"稍有差异"。他们当时的争论并未越出新文化运动统一战线这个总的范围,在倡导科学和民主精神上毋宁说大体一致。毛泽东在其青年时代也推崇胡适和杜威。

"五四"以后,随着国内形势的重大变化,上述统一战线趋向分裂。20 世纪 30 年代后期,由于受到苏联对杜威态度骤变的影响,中国马克思主义者对杜威也近乎于全盘否定了。20 世纪 50 年代中期,为了确立马克思主义在思想文化领域的主导地位,从上而下发动了一场对实用主义全盘否定的大规模批判运动。它在一定程度上达到了预期的政治目的,但在理论上却存在着很大的片面性。当时多数批判论著脱离了杜威等人的理论实际,形成了一种对西方思潮"左"的批判模式,并在中国学术界起着支配作用。从此以后,人们在对杜威等现代西方思想家、对实用主义等现代西方思潮的评判中,往往是政治标准取代了学术标准,简单否定取代了具体分析。杜威等西方学者及其理论的真实面貌就因此而被扭曲了。

对杜威等西方思想家及其理论的简单否定,势必造成多方面的消极后果。其中最突出的有两点:一是使马克思主义及其指导下的思想理论领域在一定程度上与当代世界及其思想文化的发展脱节,使前者处于封闭状态,从而妨碍其得到更大的丰富和发展;二是由于扭曲了马克思主义哲学和现代西方哲学的关系,忽视了二者在某些方面存在的共通之处,在批判杜威哲学等现代西方哲学的名义下扭曲了马克思主义哲学一些最重要的学说,例如关于真理的实践检验、关于主客观统一、关于个人与社会的关系等学说都存在这种情况。这种理论上的混乱导致实践方向上的混乱,甚至在一定程度上导致实践上的挫折。

需要说明的是:肯定杜威实用主义的积极作用并不意味着否定其消极作用,也不意味着简单否定中国学界以往对实用主义的批判。以往被作为市侩哲学、庸人哲学、极端个人主义哲学的实用主义不仅是存在的,而且在一些人群中一直发生着重要的影响。资产阶级庸人、投机商、政客以及各种形式的机会主义者所奉行的哲学,正是这样的实用主义。对这样的实用主义进行坚定的批判,是完全正当的。但是,如果对杜威的哲学作具体研究,就会发觉他的理论与这样的实用主义毕竟有着重大的区别。杜威自己就一再批判了这类庸俗习气和极端个人主义。如果简单地把杜威哲学归结为这样的实用主义,那在很大程度上就是把杜威所批判的哲学当作是他自己的哲学。

四、杜威哲学研究在当代中国的积极意义

改革开放以来,中国政治和思想文化上的"左"的路线得到纠正,哲学研究出现了求真务实的新气象,包括杜威实用主义在内的现代西方哲学研究得到了恢复和发展。以 1988 年全国实用主义学术讨论会为转折点,对杜威等人的实用主义的全盘否定倾向得到了克服,如何重新评价其在中国思想文化建设中的作用的问题也越来越受到学界的关注,对杜威等人的实用主义的研究由此进入了一个新阶段。"五四"时期,由于杜威的学说正好与当时中国的新文化运动相契合,起过重要的积极作用;今天的中国学界,由于对马克思主义哲学和现代西方哲学都已有了更为全面和深刻的理解,对杜威的思想的研究也会更加深入和具体,更能区别其中的精华和糟粕,这对促进中国的思想文化建设会产生更为积极的作用。

对杜威哲学的重新研究在当代中国的积极意义,至少包括如下三个方面:

第一,有利于对马克思主义哲学有更为全面和深刻的理解。

这是因为,杜威哲学和马克思的哲学虽有原则性区别,但二者在一些重要方面有相通之处。这主要表现在二者都批判和超越了以抽象、思辨、脱离实际等为特征的传统形而上学;都强调对现实生活和实践的关注在哲学中的决定性作用;都肯定任何观念和理论的真理性的标准是它们是否经得起实践的检验;都认为科学真理的获得是一个不断提出假设、又不断进行实验的发展过程;都认为社会历史同样是一个不断发展的过程,社会应当不断地进行改造,使之越来越能符合满足人的需要和人的全面发展的目标;都认为每一个人的自由是一切人取得自由的条件,同时个人又应当对社会负责,私利应当服从公益;都提出了使所有人共同幸福的社会理想,等等。在这些方面将马克思主义与杜威的实用主义作比较研究,既能更好地揭示它们作为不同阶级的哲学的差异,又能更好地发现二者作为同时代的哲学的共性,从而使人们既能更好地划清马克思主义和实用主义的界限,又能通过批判地借鉴后者可能包含的积极成果来丰富和发展马克思主义。

第二,有利于对中国传统文化的批判继承。

杜威哲学和中国传统文化有着两种不同的联系。以儒家为代表的中国传统文化是一种前资本主义文化,没有西方资本主义文化的理性主义特质,不会具有因把理性绝对化而导致的绝对理性主义和思辨形而上学等弊端;但未充分经理性思维的熏陶又是中国传统文化的缺陷,不利于自然科学的发展,更不利于人的个性的发展和自由民主等意识的形成。正因为如此,以儒家为代表的中国传统文化往往被历代封建统治阶级神圣化和神秘化,成为他们的意识形态,后者阻碍了中国科学技术的发展、人民的觉醒和社会历史的进步。"五四"新文化运动的主要矛头就是针对儒家文化作为封建意识形态的方面,以此来为以民主和科学精神为特征的新文化开辟道路。杜威哲学正是以倡导民主和科学为重要特征的。杜威来到中国时,正好碰上"五四"新文化运动,他成了这一运动的支持者。他的学说对于批判作为封建意识形态的儒学,自然也起了促进作用。

但是,儒家文化并不等于封建文化;孔子提出的以"仁"为核心的儒学本身并不是统治阶级的意识形态。直到汉武帝实行"罢黜百家,独尊儒术"的政策以后,儒学才取得了独特的官方地位,由此被历代封建帝王当作维护其统治的精神工具。即使如此,也不能否定儒学在学理上的意义。它既可以被封建统治阶级所利用,又能为广大民众所接受,成为他们的生活信念和道德准则。历代学者对儒学的发挥,也都具有这种二重性。正因为如此,儒学除了被封建统治阶级利用外,还能不断发扬光大,成为中华民族宝贵的思想文化遗产。儒学所强调的"以人为本"、"经世致用"、"公而忘私"、"以和为贵"、"己所不欲,勿施于人"等观念,具有超越时代和阶级的普世意义。新文化运动的代表人物并不反对这些观念,而这些观念与杜威哲学的某些观念在一定程度上是相通的。杜威哲学在"五四"时期之所以能为中国广大知识分子接受,在一定程度上正是因为中国文化传统中已有与杜威哲学相通的成分。正因为如此,研究杜威的实用主义思想,对于更清晰地理解儒家思想,特别是分清其中具有普世价值的成分与被神圣化和神秘化的成分,发扬前者,拒斥后者,能起到促进作用。

第三,有利于促进对各门社会人文学科的研究。

杜威的哲学活动的一个突出特点,是他非常自觉地超越纯粹哲学思辨的范围而扩及各门社会人文学科。我们上面曾谈到,在杜威的全部论著中,关于政治、社会、文化、教育、道德、心理、逻辑、科学技术、审美和宗教等各个领域的具体问题的论述占了绝大部分。他不只是把他的哲学观点运用于这些学科的研究，而且是通过对这些学科的研究更明确和更透彻地把他的哲学观点阐释出来。反过来说，他对这些学科的研究都不是孤立地进行的，而是通过其基本哲学观点的具体运用而与其他相关学科联系起来，从而把对这些学科的研究形成为一个有机整体，并由此使他对这些学科的研究可能具有某些独创意义。

例如，杜威极其关注教育问题并在这方面作了大量论述，除了贯彻他对现实生活和实践的重视这个基本哲学倾向、由此强调在实践中学习在整个教学过程中的决定作用以外，他还把教育与心理、道德、社会、政治等因素紧密地结合在一起，从而使教育的内容更加丰富、全面。他的教育思想也由此得到了更为广泛的认同，被公认为是当代西方最具影响的教育学家。值得一提的是：无论在中国还是在苏联，杜威在教育上的影响几乎经久不衰。即使是在政治和意识形态影响极为深刻的年代，杜威提出的许多教育思想依然能不同程度地被人肯定。陶行知的教育思想在中国就一直得到肯定，而陶行知的教育思想被公认为主要来源于杜威。

我们这样说，并不是全盘肯定杜威。无论是在哲学和教育或其他方面，杜威都有很大的局限性，需要我们通过具体研究加以识别。但与其他现代西方哲学家相比，杜威是最善于把哲学的一般理论与其他人文社会学科密切结合起来、使之相互渗透和相互促进的哲学家，这大概是不可否认的事实。在这方面，很是值得我们借鉴。

五、关于《杜威全集》中文版的翻译和出版

要在中国开展对杜威思想的研究，一个重要的条件是有完备的和翻译准确的杜威论著。中国学者早在"五四"时期就开始从事这方面的工作。当时杜威在华的讲演，为许多报刊广泛译载并汇集成册出版。"五四"以后，杜威的新著的翻译出版仍在继续。即使是杜威在中国受到严厉批判的年代，他的一些主要论著也作为供批判的材料公开或内部出版。杜威部分重要著作的英文原版，在中国一些大的图书馆里也可以找到。从对杜威哲学的一般性研究来说，材料问题不是主要障碍。但是，如果想要对杜威作全面研究或某些专题研究，特别是对他所涉及的人文和社会广泛领域的研究，这些材料就显得不足了。加上杜威论著的原有中译本出现于不同的历史年代，标准不一，有的译本存在不准确或疏漏之

处,难以为据。更为重要的是,在杜威的论著中,论文(包括书评、杂录、教学大纲等)占大部分,它们极少译成中文,原文也很难找到。为了进一步开展对杜威的研究,就需要进一步解决材料问题。

2003 年,在复旦大学举行的一次大型实用主义国际学术讨论会上,我建议在复旦大学建立杜威研究中心并由该中心来主持翻译《杜威全集》,得到与会专家的赞许,复旦大学的有关领导也明确表示支持。2004 年初,复旦大学正式批准以哲学学院外国哲学学科为基础,建立杜威与美国哲学研究中心,挂靠哲学学院。研究中心立即策划《杜威全集》的翻译。华东师范大学出版社朱杰人社长对出版《杜威全集》中文版表示了极大的兴趣,希望由该社出版。经过多次协商,我们与华东师范大学出版社达成了翻译出版协议,由此开始了我们后来的合作。

《杜威全集》(Collected works of John Dewey)由美国杜威研究中心(设在南伊利诺伊大学)组织全美研究杜威最著名的专家,经 30 年(1961—1991)的努力,集体编辑而成,乔·安·博伊兹顿(Jo Ann Boydston)任主编。全集分早、中、晚三期,共 37 卷。早期 5 卷,为 1882—1898 年的论著;中期 15 卷,为 1899—1924 年的论著;晚期 17 卷,为 1925—1953 年的论著。各卷前面都有一篇导言,分别由在这方面最有声望的美国学者撰写。另外,还出了一卷索引。这样共为 38 卷。尽管杜威的思想清晰明确,但文字表达相当晦涩古奥,又涉及人文、社会等众多学科;要将其准确流畅地翻译出来,是一项极其庞大和困难的任务,必须争取国内同行专家来共同完成。我们旋即与中国社会科学院哲学研究所、北京大学、清华大学、中国人民大学、北京师范大学、南京大学、浙江大学、武汉大学、北京外国语大学,以及华东师范大学和上海社会科学院哲学研究所等兄弟单位的专家联系,得到了他们参与翻译的承诺,这给了我们很大的鼓舞。

《杜威全集》英文版分精装和平装两种版本,两者的正文(包括页码)完全相同。平装本略去了精本中的"文本的校勘原则和程序"等部分编辑技术性内容。为了力求全面,我们按照精装本翻译。由于《杜威全集》篇幅浩繁,有一千多万字,参加翻译的专家有几十人。尽管我们向大家提出在译名等各方面尽可能统一,但各人见解不一,很难做到完全统一。为了便于读者查阅,我们在索引卷中把同一词不同的译名都列出,读者通过查阅边码即原文页码不难找到原词。为了确保译文质量,特别是不出明显的差错,我们一般要求每一卷都由两人以上参与,互校译文。译者译完以后,由复旦大学杜威与美国哲学研究中心初审。如无明显的差错，交由出版社聘请译校人员逐字逐句校对，并请较有经验的专家抽查，提出意见，退回译者复核。经出版社按照编辑流程加工处理后，再由研究中心终审定稿。尽管采取了一系列较为严密的措施，但很难完全避免缺点和错误，我们衷心地希望专家和读者提出意见。

复旦大学杜威与美国哲学研究中心的工作是在哲学学院和国外马克思主义与国外思潮创新基地的支持下进行的，学院和基地的不少成员参与了《杜威全集》的翻译。为了使研究中心更好地开展工作，校领导还确定研究中心与美国研究创新基地挂钩，由该基地给予必要的支持。《杜威全集》中文版编委会由参与翻译的复旦大学和各个兄弟单位的专家共同组成，他们都一直关心着研究中心的工作。俞吾金教授和童世骏教授作为编委会副主编，对《杜威全集》的翻译工作出了重要的贡献。汪堂家教授作为常务副主编，更是为《杜威全集》的翻译工作尽心尽力，承担了大量具体的组织和审校工作。华东师范大学出版社与我们有着良好的合作，编辑们怀着高度的责任心兢兢业业地在组织与审校等方面做了大量的工作，在此一并表示衷心的感谢。

刘放桐

2010 年 6 月 11 日

导　言

西德尼·拉特纳(Sidney Ratner)

1931—1932 年间,约翰·杜威和美国人民遭遇了一系列经济、政治和社会危机,这些危机源自 1929 年和 30 年代前期发生的大萧条。与此同时,文化生活(哲学、艺术和科学)在一些方面相对来说没有什么变化,在另一些场合则出现了革命或反革命的变化形式。本卷中的许多论文、书评、声明和其他杂议散论表达了杜威对多方面问题的看法;在杜威和其他许多人看来,这些问题都是摆在时人面前的重要问题。我们用数个标题,例如哲学(按严格字面意义上理解的哲学)、心理学、经济学、政治学、社会学和教育学等,把这些文章大致作了一下分类编排。我将仅限于从编成的各组文章中分别挑出重要的几篇来作一分析。

在本卷收入的哲学论文中,《语境和思想》(*Context and Thought*)可认为是一篇对信念、事物和人的背景及其包含的各种关系作出分析的文章。一位读者或说话者如要对他关注的一组语词、符号和条理有致的思想取得充分理解,理应认识这些背景和关系。杜威指出,那种由过分简化的哲学分析和并非必要的哲学有机综合造成的谬误,皆源于哲学家们忽视了语境问题。在此可以说,杜威预见到了维特根斯坦(Ludwig Josef Johann Wittgenstein)在《哲学研究》(*Philosophical Investigations*,1953 年)一书中阐述的独创观点。某些方面的类似预见直到最近,才通过理查德·罗蒂(Richard Rorty)的《实用主义的后果:论文集(1972—1980)》(*Consequences of Pragmatism*:*Essays*,*1972—1980*,1982 年)一书而为公众知晓。

在《我所认识的乔治·赫伯特·米德》(George Herbert Mead as I Knew Him)一文和其他两篇散论中,杜威饱醮深情,把米德推崇为"拥有一流的原创头脑"、以其本人的新颖见解和独特的思想创发成了实用主义的领军人物、40 年的至交和一位值得无比珍惜的朋友。杜威大度地承认,米德有关社会行为的思考、有关人对于社会和自然界的解释所作的思考,使他获益甚多。米德与威廉·詹姆斯(Williams James)一样,是对杜威由黑格尔主义转向实验主义的自然主义发挥了主要影响的人物。1931 年后,艾伯特·巴恩斯(Albert Barnes)的美学思想、阿瑟·F·本特利(Arthur F. Bentley)和查尔斯·桑德斯·皮尔士(Charles Sanders Peirce)的逻辑和知会理论(the theory of the knowing-known),则显然成了触发杜威产生灵感的重要来源。

杜威通过与米德的个人接触,以及他与米德在密歇根大学和芝加哥大学的共事,从后者那里吸收了大量东西。米德生前出版的作品相对来说为数不多,自他去世后,他的一些学生根据他的讲稿和听课笔记整理出版了他的四部重要著作:《今日哲学》(*The Philosophy of the Present*,1932 年)、《心灵、自我和社会》(*Mind, Self and Society*,1934 年)、《19 世纪的思想运动》(*Movements of Thought in the Nineteenth Century*,1936 年)和《行动哲学》(*The Philosophy of the Act*,1938 年)。然而,历史研究者也应该注意到,杜威对米德的影响丝毫不逊于米德对杜威产生的影响。[①] 直到 1891 年秋季,杜威和米德成了密歇根大学的同事,他们才得以互相结识。正如赫伯特·W·施耐德(Herbert W. Schneider)指出的那样,杜威 1887 年写成的教科书《心理学》(*Psychology*)[《杜威早期著作》(*The Early Works of John Dewey*),第 2 卷]以及该书于 1889、1891 年的修订版,已经蕴含了他在《我们如何思维》(*How We Think*,1910 年)[《杜威中期著作》(*The Middle Works of John Dewey*),第 6 卷,第 177—356 页]这本著作中提出的基本见解。这本教科书对"反射弧的概念"进行了批判,参照生长性的自我和他新近发展起来的有关自我实现的理论,系统地构想了一种兴趣和理智选择的心理学。[②] 1891 年春季,杜威出版了《批判的伦理学理论纲要》(*Outline of a Critical Theory of Ethics*)(《杜威早期著作》,第 3 卷,第 177—356 页),虽然这本书存在不少缺点,但它仍表达了杜威后来的一些基本哲学观念。

---

① 参见尼尔·库格兰(Neil Coughlan):《青年约翰·杜威》(*Young John Dewey*),芝加哥:芝加哥大学出版社,1975 年,第 113—134、143—148 页。

② 《杜威早期著作》,第 2 卷,乔·安·博伊兹顿编,卡本代尔和爱德华兹维尔:南伊利诺伊大学出版社,1967 年,第 xxv 页。

乔治·赫伯特·米德本人在1929年撰写的一篇文章中承认,杜威的这本书确认了"一种道德实在——人生充分自由的活动","对于个体性的分析包含了对能力和环境所作的功能分析","愿望的观念是那种与实际拥有的东西形成对照的理想化活动"。在这本著作中,我们还能看到,"意志、观念及其造成的种种后果都被置入活动中加以考察,而活动本身只能被看作是个体在社会中从事的广泛活动"。①

我的结论是:从某种程度上看,米德确实对杜威产生了非同寻常的影响。这里,我们可以用杜威自己的话来印证这一说法。事实上,杜威在1946年写给一位日后成为他的传记作者的一封信中,这样提到了他已出版的所有作品:"我的带有生物学性质的研究方式,以及这种研究方式对我由信奉黑格尔主义转向研讨那种经验和实验性质的东西施加的影响,更多地受益于米德的思想。"②可是,我对杜威的《心理学》和《批判的伦理学理论纲要》所作的分析表明,与杜威自己所说的话刚好相反,他的思想进展到的那个位置使他预先考虑了米德提出的一些极其重要的观念。杜威与米德的相遇,促使他沿着这条思路进一步发展自己的思想。米德的功绩在于使杜威思索的这些观念结出果实,而并非在于把自己的观念植入杜威毫无准备的头脑。我们需要对杜威和米德的关系严谨地作一探讨,但无需像J·戴维·刘易斯(J. David Lewis)和理查德·L·史密斯(Richard L. Smith)所著的《美国的社会学和实用主义:米德、芝加哥社会学学派和象征互动论》(*American Sociology and Pragmatism*：*Mead*，*Chicago Sociology*，*and Symbolic Interaction*，1981年)一书那样,按照某些存在争议的推论来过分强调这种关系。有关此题数篇令人感兴趣的批判论文,可见《象征互动论》(*Symbolic Interaction*)丛书第6卷(1983年),第128—174页。

查尔斯·桑德斯·皮尔士(1839—1914)是杜威19世纪80年代前期在约翰·霍普金斯大学求学期间遇到的良师之一。皮尔士对威廉·詹姆斯、乔赛亚·罗伊斯(Josiah Royce)以及欧洲的数理逻辑学家也曾产生过重要的影响。皮尔士在其生涯的大部分日子以及去世后约20年中,几乎不为一般民众所知。

---

① 乔治·赫伯特·米德:《选集》(*Selected Writings*),安德鲁·J·雷克编并撰写导言,印第安纳波利斯:博布斯-梅里尔出版公司,1964年,第387—388页。另见《杜威早期著作》,第3卷,第xxxi、lxviii—lxxi页。

② 杜威致约瑟夫·拉特纳,1946年7月9日。拉特纳/杜威文集,卡本代尔:南伊利诺伊大学莫里斯图书馆特别收藏。

自 20 世纪 30 年代开始,他的创造力和卓越才华使许多人为之欢呼,并奉之为尊崇的偶像。杜威虽说只在 1892、1903 和 1904 年发表的几篇论文中简短地提到过皮尔士,他却先是通过 1916 年所写的《皮尔士的实用主义》(The Pragmatism of Peirce)一文[①],接着又在 1932 年通过对哈佛大学出版社陆续推出的八卷本《皮尔士文集》(Collected Papers)中的第一卷发表的重要评论文章,帮助学术界确立了皮尔士作为一名重要思想家的声誉。在 1932 年的评论文章中,他称赞皮尔士是"美国产生的最具原创头脑的哲学家"、"哲学家的哲学家"。杜威对皮尔士一些他后来在自己的《逻辑:探究的理论》(Logic:The Theory of Inquiry,1938 年)一书中加以应用的观念进行了评述。他为皮尔士的可误论学说及其关涉的知识和自然的连续性原理所深深吸引。皮尔士对作为"行为方式、习惯、性向之实在"的逻辑实在论作了详细阐释,他还认为哲学是"对自身获得了批判意识"的那种常识的形式。皮尔士的这些见解,令杜威备感兴趣。杜威研读了 1935 年接连问世的五卷《皮尔士文集》后,对皮尔士思想的认同态度更趋坚定。1938 年,杜威承认,他从皮尔士那里受益匪浅;杜威特别提到了他的"探究的连续性原理",就他自己的认识来说,"只有皮尔士以前注意到了"这个原理的重要性[②]。在这方面给予杜威重要启发的,还有其他两位哲学家,即阿瑟·F·本特利和乔治·赫伯特·米德(《逻辑》,第 v 页)。

美国哲学家莫里斯·R·柯恩(Morris R. Cohen,1880—1947 年)同杜威一样,对 C·P·皮尔士、对公民自由和社会改革抱有热情;但柯恩推崇形式逻辑和唯理论的自然主义,这一点又与杜威明显不同。柯恩是 20 至 40 年代颇负声望的哲学家、学者和教师,但他在理论的独创性方面享有的声名尚不能与皮尔士、詹姆斯、杜威或米德相比[③]。由于在 30 年左右的时间里,柯恩是杜威最为执著、有力的批评者之一,杜威在 1931 年对他的第一本著作,也是其主要著作《理性和自然》(Reason and Nature)所作的批评,值得引起关注。杜威以公允求实的态度,

---

① 《杜威中期著作》,第 10 卷,乔·安·博伊兹顿编,卡本代尔和爱德华兹维尔:南伊利诺伊大学出版社,1980 年,第 71—78 页。

② 杜威:《逻辑:探究的理论》,纽约:亨利·霍尔特出版公司,1938 年,第 iii 页。

③ 参见戴维·A·霍林格(David A. Hollinger):《莫里斯·R·柯恩和科学的理想》(Morris R. Cohen and the Scientific Ideal),坎布里奇:麻省理工学院出版社,1977 年;《美国传记辞典》(Dictionary of American Biography),增补卷,第 4 卷(1946—1950),见"柯恩,莫里斯·拉斐尔"条目。

首先对柯恩就自然科学和社会科学主要特点表达的看法和流畅的阐释表示赞许。他指出,柯恩聚焦的问题是构成事物本性的那种共相,或者说不变的关系,他的分析,其长处在于处理的题材和对精密科学方法的运用。但柯恩对某些论题的解析不够清晰,也就是说,他没有对各种持有感觉主义特殊论观点的经验主义作出辨别。

杜威对柯恩的两极性原理,也就是对立物的斗争和平衡原理进行了评论,指出柯恩并没有足够细致地对偶然性和规律的互动关系作一考察。按杜威的判断,一些哲学家是依据科学家采用的程序性规则或惯例制定了数学和逻辑的不变式,柯恩对这些哲学家的工作所作的解释有欠合理。虽然柯恩对杜威的这种论点作出了强烈的回应,我相信,要是我们能够看到这一事实,即柯恩生前、早期的伯特兰·罗素(Bertrand Russell)和新柏拉图主义者对数学和逻辑所持的观点已遭到许多当代哲学家的批驳,那么,杜威对柯恩这本著作所作的评价是有其充分理由的。① 历史学家应该注意到,对柯恩这本书所作的最猛烈的批评不是来自杜威,而是来自杜威以前的学生悉尼·胡克(Sidney Hook)。②

杜威哲学中一个集中议论的话题以及与他讨论皮尔士和柯恩相关的一个哲学主题是人性的观念。1932 年杜威写成的《人性》(Human Nature)一文,是一篇对这一观念作出明晰而锐利的阐释、分析的杰作。他概述了人类历史过程中人们对"人性"这一术语赋予的不同意义,表明了每一种解释如何与当时当地流行的制度和思想特质相互联系的情况。有人认为,人性本质上是不变的;另一些人则断言,人性在相当程度上具备可改造性。在人们就此问题展开的激烈争论中,杜威决然采纳了第二种解答方案。他相信对社会变化加以控制,以此改造战争前景和竞争性资本主义的可能性。这种信念对他有关战争非法性的观点产生了影响,也影响到大萧条时期他对赫伯特·胡佛(Herbert Hoover)和富兰克林·D·罗斯福(Franklin D. Roosevelt)所采用的经济措施持有的看法。

---

① 参见苏珊·哈克:《逻辑哲学》(*Philosophy of Logics*),纽约:剑桥大学出版社,1978 年,第 221—242 页;乔治·W·罗伯茨编:《伯特兰·罗素纪念文集》(*Bertrand Russell Memorial Volume*),纽约:人文出版社,1979 年,第 128—138、414—421 页;马克·斯坦纳:《数学知识》(*Mathematical Knowledge*),伊萨卡,纽约:康奈尔大学出版社,1975 年,第 109—137 页。

② 参见悉尼·胡克:《理性和自然:科学方法的形而上学》(*Reason and Nature:The Metaphysics of Scientific Method*),《哲学杂志》(*Journal of Philosophy*),第 29 期(1932 年 1 月 7 日),第 5—24 页。

虽然杜威 1922 年发表的《人性与行为》(*Human Nature and Conduct*)一书（《杜威中期著作》第 14 卷）比 1932 年所写的这篇文章篇幅要大得多,后者仍应看作哲学分析的一个出色样本。有关人性问题的著述还表明,杜威如何用他的大量思想充实了历史学和人类学的学科研究。他与历史学家詹姆斯·哈维·鲁宾逊(James Harvey Robinson)、查尔斯·比尔德(Charles Beard)以及人类学家弗朗兹·博厄斯(Franz Boas)结成的友谊和思想交流,无疑丰富了他对社会哲学所作探讨的内容,而杜威的见解也对这些历史学家和人类学家以及相关学者产生了影响。例如,露丝·本尼迪克特(Ruth Benedict)曾说,启发她写作《文化模式》(*Patterns of Culture*,1934 年)一书的最初灵感,即源自杜威《人性与行为》这本著作。①

杜威依据他在《人性》一文中表述的主要观点,又撰写了其他三篇重要的论文。在《政治和文化》(Politics and Culture)一文中,他透辟地分析了美国政治经济制度和美国人的思想、审美生活之间的关系。虽然他承认,绝大多数美国人的一般文化水平不及欧洲人,可是他争辩说,这种状况或许不应归为美国民众较低的心智能力,而应归为美国经济社会中那种支配一切的粗俗的商业利益和目的。杜威后来在 1935 年发表的《自由主义和社会行动》(*Liberalism and Social Action*)一书中,以更为系统的形式发展了该文阐述的主题。

杜威在《科学和社会》(Science and Society)、《社会科学和社会控制》(Social Science and Social Control)两篇文章中,进一步显示出他在讨论政治和文化问题时对美国社会所持的批判态度。他称赞 17 世纪发生的科学革命;他抱憾 20 世纪没能发生可与之相比的科学革命,从而使人能够制止经济大萧条,防止对自然和人力资源滥加利用。杜威觉得,要解决这些问题,就要认识到社会科学和自然科学之间存在的基本差别,这就是说,社会科学处理的论据相关于人的目的、愿望、情感、观念和理想,而自然科学却不是这样。他声称,如果社会科学要像一门科学那样得到发展,就必须进行社会控制和社会实验。这一立场得到了雷克斯福德·特格韦尔(Rexford Tugwell)这类自由派人物的认可;激进派人士比如罗伯特·林德(Robert Lynd),也通过他的《需要什么样的知识》(*Knowledge for What*,1939)一书对此表示赞同。但自由放任主义的拥护者如芝加哥大学的弗

xviii

---

① 露丝·本尼迪克特在 1935 年对西德尼·拉特纳作过这番表白。

兰克·奈特(Frank Knight)等人,却对杜威进行了攻击。今天的哲学家基于自然科学和社会科学存在的某种差别,他们一方面赞成杜威的观点,另一方面又采用一种较为平衡的立场来看待杜威告知的东西。[①]

杜威在《社会科学和社会控制》一文中所持的立场,构成了自1929年发生大萧条后直到20世纪30年代前期他所推出的行动纲领的理论基础。在这些萧条的年份中,他出马担任了独立政治行动联盟(LIPA)全国委员会主席、工业民主联盟(LID)副主席和人民游说团的总干事。1929年9月,芝加哥大学的保罗·道格拉斯(Paul Douglas)和其他自由派人士筹建了独立政治行动联盟,以此方式借助研究和教育来造成一个进步党运动。杜威成了该组织的第一任主席,其全国委员会的组成人员包括斯图尔特·蔡斯(Stuart Chase)、奥斯瓦尔德·加里森·维拉德(Oswald Garrison Villard)和莫里斯·恩斯特(Morris Ernst)这样一些自由派人物,还有像诺曼·托马斯(Norman Thomas)和哈里·莱德勒(Harry Laidler)这样的社会主义者。1930年大选后不久,杜威邀请参议员乔治·W·诺里斯(George W. Norris)来领导一个力主实行经济计划和控制原则的新政党,但诺里斯回绝了,他在写给杜威的信中说:"经验业已证明,除非出现了极其紧迫的情况,那时实际上已不可避免地会发生一场政治革命,否则,民众不会对一个新政党提出的要求作出呼应的。"[②]

然而,杜威并不同意诺里斯对形势所作的分析,他在《新共和》(New Republic)周刊和其他一些刊物上多次撰文,批评两大政党已沦为巨大商业利益的工具,无力推行全面的经济改革。秉持这样的立场,他力挺保罗·道格拉斯于1932年发表的《一个新的政党的诞生》(The Coming of a New Party)一书。如今再来阅读这些文章,它们会使罗斯福实行"新政"后出生的美国人体会到许多自由派人物和知识分子对20世纪30年代前期民主党和共和党的组织及政策表露的绝望之感。今天的政治科学家会说,杜威和大多数前卫知识分子低估了这

xviii

① 参见欧内斯特·内格尔(Ernest Nagel):《科学的结构:科学解释的逻辑问题》(The Structure of Science: Problems in the Logic of Scientific Explanation),纽约:哈考特-布雷斯世界出版公司,1961年,第447—502页;以及西德尼·拉特纳,《历史中的事实和价值》(Facts and Values in History),《师范学院记录》(Teachers College Record),第56期(1955年),第429—434页。

② 小阿瑟·M·施莱辛格(Arthur M. Schlesinger, Jr.):《旧秩序的危机,1919—1933》(The Crisis of the Old Order, 1919—1933),波士顿:霍顿·米夫林出版公司,1957年,第198—199页。

种可能性,即1929年和20世纪30年代的经济大萧条是能够促成一场国内革命的,至少说,在主要政党之一——民主党那里,革命是有可能的,因为它当时为美国贡献了富兰克林·D·罗斯福这样一位乐于接受新观念并感受到不同集团的压力的总统。弗雷德里克·C·豪(Frederic C. Howe,1867—1940)这位20世纪初著名的城市改革者,在1932年与杜威进行的一场广播辩论中说,罗斯福是一位仅有的政治家,他对那些"似乎已在正视某些非常重要的事实"的政党多有了解,也知道有必要采取一些新措施,把我们从崩溃中解救出来。在这个关键问题上,按照大多数历史学家的看法,豪、雷蒙德·莫利(Raymond Moley)、雷克斯福德·特格韦尔以及小阿道夫·伯利(Adolph Berle, Jr.)等人的观点,要比杜威或保罗·道格拉斯所持的观点更为现实。像悉尼·胡克那样一些对社会主义抱同情态度的人则确信,杜威对30年代前期以及整个"新政"时期所作的诊断是正确的。①

杜威作为工业民主联盟和人民游说团的代言人,对经济的现状口诛笔伐。工业民主联盟是一个对社会主义基本持同情态度的自由派组织。人民游说团活动的主要推动者是本杰明·克拉克·马什(Benjamin Clarke Marsh,1877—1952),此人过去曾支持亨利·乔治(Henry George)的单一税制计划,对英国费边社倡导的那种社会主义颇为赏识。马什说服杜威出任人民游说团的首任总干事(1929—1936),该组织致力于为绝大多数美国人而非任何狭隘的集团利益工作。杜威为《人民游说团公告》(People's Lobby Bulletin)撰写各种稿件,向新闻界发表公开声明。或许,他提出的最重要的规划,就是他在1931年7月拟定的规划。他要求国会拨款30亿美元用于增加民众就业,2.5亿美元用于直接救助,2.5亿美元用于资助国家失业救济系统,使其通过迅速采用并提供低息贷款的方式来推进城市住宅规划。要筹集这一规划所需的款项,就应对拥有大笔收入和遗产者增收附加税,废止对各种赠与形式免予征税的做法。所有这些措施,与后来"新政"时期采用的政策并无二致。杜威、马什以及人民游说团与其他改革派团体不同,他们强烈反对采用放开限制、赤字财政等这些会潜在引发通货膨

---

① 参见弗兰克·弗赖德尔:《富兰克林·D·罗斯福:开启"新政"》(Franklin D. Roosevelt: Launching the New Deal),波士顿:利特尔-布朗出版公司,1973年,第66—82页;悉尼·胡克:《约翰·杜威:一个知识分子的肖像》(John Dewey: An Intellectual Portrait),纽约:约翰·戴出版公司,1939年,第168页。

胀的手段。

杜威本人从未与"新政"不彻底的改革举措和解过。站在这一立场上,他本人、本杰明·马什和各种马克思主义者团体百折不挠地反对"新政"。从某一方面来看,他们是正确的。有些经济体系中的缺点被消除了,有些改革产生的弊病仍遗留至今。另一方面,"新政"期间推行的改革为先前的受剥削者或者无权无势者团体带来了长期利益。杜威、人民游说团和社会党在确立较之罗斯福原先设想的更高的社会福利的目标方面,发挥了有益的作用。当杜威日渐意识到美国的社会福利和经济发展中存在多么巨大的问题时,他开始重视这一目标,甚至想亲身去实现这一目标。毫无疑问,像费利克斯·弗兰克福特(Felix Frankfurter)、雷克斯福德·特格韦尔、小阿道夫·伯利、杰罗姆·弗兰克(Jerome Frank)和沃尔顿·H·汉密尔顿(Walton H. Hamilton)这样一些杜威的拥护者,他们都参与了推行新政和民主党的活动。如果他们待在传统政治体制的外面,本应能更好地认识杜威本人确立的社会福利的目标。①

不同的专业经济学家团体出于不同的理由,会对杜威和人民游说团挑毛病:凯恩斯主义者声称,早在30年代就应采用相当于第二次世界大战期间那种规模的凯恩斯(John Maynard Keynes)赤字财政计划;货币主义者会对杜威提出批评,因为他没有强调扩大货币的供应量,把它视作30年代应予优先考虑的拯救经济的措施;供应学派的经济学家会就杜威的高额征税方案,与杜威发生争论。读者想必很容易认识到,杜威和人民游说团提出的缓解就业问题的规划确有其正当理由,但杜威不会像今天专业经济学家所做的那样,去深入探析那些基本的问题。众所周知,事后的认识往往要比大多数先见之明来得高明。在这方面,杜威或许还不像30年代前期为数众多的经济学家表现得那么糟糕。②

正如杜威十分关注经济改革一样,他对国际和平问题也深感兴趣。杜威曾

xx

---

① 参见约瑟夫·多尔夫曼(Joseph Dorfman):《美国文明中的经济头脑》(*The Economic Mind in American Civilization*),共5卷,纽约:维京出版社,1946—1959年,第5卷,第638—649、658—677、722—776页;本杰明·C·马什:《人民的游说者:五十年的记录》(*Lobbyist for the People:A Record of Fifty Years*),华盛顿特区:公共事务出版社,1953年,第89—102页。

② 参见西德尼·拉特纳:《美国的税收和民主》(*Taxation and Democracy in America*),纽约:八角形图书公司,1980年,第451—538页;S·拉特纳等编:《美国的经济进程:增长、福利和决策》(*The Evolution of the American Economy:Growth,Welfare,and Decision Making*),纽约:基础图书公司,1979年,第494—531页。

热情地支持美国参与第一次世界大战,后来他像查尔斯·比尔德和其他威尔逊(Woodrow Wilson)总统的拥护者一样,不再对《凡尔赛和约》抱有幻想,并反对美国加入国际联盟(League of Nations)。早在1918年3月,杜威就注意到了萨蒙·O·莱文森(Salmon O. Levinson)这位芝加哥律师构想的名为"战争非法"的方案,并在20年代的《新共和》周刊及其他刊物上发表了一系列颇具感染力的文章。他花费大量的精力呼吁民众支持这一方案。1928年和1929年,他对1928年签订的《凯洛格-白里安公约》表示首肯,该《公约》谴责战争成了推行国家政策的工具。日本于1931年侵占了中国东北,1932年初又进攻上海,其时美国民众掀起了反日浪潮。雷蒙德·莱斯利·比尔(Raymond Leslie Buell)等一些政论家呼吁对日本实施国际制裁。然而,杜威却写了两篇文章,对借用经济或军事制裁的办法来对付日本表示哀叹。他争辩说(我认为他的说法是错的),即使出现了日本这样的侵略行径,我们所能采取的唯一办法也是要求所有各国放弃武力和战争。要不然,他担心人们会打着对《国际联盟盟约》或《巴黎公约》的破坏者进行惩罚、制裁的幌子,继续维护战争体制。

1941年12月,日本突袭珍珠港后,杜威改变了自己的看法,他支持使用武力对付那些"侵略者"国家——日本、德国、意大利。伴随这种转变,杜威否定了他先前持有的有关战争非法的主张。他在第二次世界大战前所持的理想主义用意可嘉,但在一个民族主义、种族主义四处曼延,经济体制冲突不断,强权政治日渐盛行的世界中,却显得不堪一击。①

尽管我对杜威的和平努力表达了否定性的意见,但由印度的甘地(Gandhi)和美国的马丁·路德·金(Martin Luther King)领导的非暴力运动表明,诉诸这种力量,会使有些国家有效地放弃好战言论,这些国家的人权呼声和民主治理进程会对统治集团产生影响。然而,迄今为止还未看到这类运动对极权主义国家产生了什么效果。人们努力要将这些非暴力的招数扩大成国际性的议题,至今

---

① 参见查尔斯·F·豪利特(Charles F. Howlett):《忧虑的哲学家:约翰·杜威与争取世界和平的斗争》(*Troubled Philosopher: John Dewey and the Struggle for World Peace*),华盛顿港,纽约:肯尼凯特出版社,1977年,第96—143页;罗伯特·J·马多克斯(Robert J. Maddox):《威廉·E·博拉和美国外交政策》(*William E. Borah and American Foreign Policy*),巴吞鲁日:路易斯安那州立大学出版社,1970年,第150—253页;约翰·E·斯托纳(John E. Stoner):《S·O·莱文森和《巴黎公约》》(*S. O. Levinson and the Pact of Paris*),芝加哥:芝加哥大学出版社,1942年,全书各处。

还没有奏效。杜威对人性可塑性抱有的信念,直到今天仍被证明远不足以避免国家间发生的战争。应当指出,《联合国宪章》要求各成员国在国际关系中避免"使用威胁、武力威胁或与联合国宗旨不相容的其他任何手段,去破坏任何国家的领土完整和政治独立"。虽然联合国执行这些条款在少数场合起到了作用,但失败的事例屡见不鲜。昆西·赖特(Quincy Wright)这位著名的战争权威据此得出结论说:"历史已清楚表明,宣布战争为非法,不会根除产生各种敌意或者战争的可能性,甚至或然性。"①

教育哲学是杜威毕生探究的课题。30 年代延续的大萧条危及从小学一直到研究生阶段的教育。1931—1932 年间,杜威不下十次针对美国的教育问题著文或者进行演讲,又在其他不同的场合对相关话题进行讨论。或许其中最具分量的文章是《摆脱教育困惑的出路》(The Way Out of Educational Confusion)一文,该文谈到了致力学术研究或职业化的那些学校课程的相对地位。他劝教育者力避某一学科的固置化,要看到每门学科中理论和实践之间存在的那种联系。他建议促进性质各异的学科如数学、物理学、历史学、经济学和政治学之间那种复杂而又愈益丰富的相互联系,呼吁教师和学生能够懂得每一门学科的社会定位,由此学会对其作出应用。

在另一篇文章《美国的教育:过去和未来》(American Education Past and Future)中,杜威描绘了美国从一个社会安排相对简单的乡村-工业社会转变为高度复杂的都市-工业化社会的过程中,美国教育发生的变化,以此为当代教育问题呈示了一种历史背景。新的社会经济结构需要一种新教育,这种教育取决于师生们目前和将来与取代弱小企业和金融制度的那些新型技术、大规模合作和资本配置造成的联系。杜威认为,昔日社会在开发边疆过程中形成的个人主义,将被人与人之间"与贫困、疾病、无知、盲信和欣赏娱乐上的低俗口味共同展开斗争"的合作哲学取而代之。他希望,个人要保持思考和判断能力,同时要学会与他人相处、替他人着想。

当代美国人十分留意政府或不同的压力集团是否正在想方设法限制大专院校师生就他们感兴趣的争论话题进行思考、写作和发言的自由。在这方面,杜威走在了时代的前面。早在 1915 年,他就组织了美国大学教授联合会(American

---

① 《国际社会科学百科全书》(*International Encyclopedia of the Social Sciences*),见"战争"条目。

Association of University Professors)。在 1932 年,杜威发表文章,就《高等教育与研究中的政治干预》(Political Interference in Higher Education and Research)予以抨击。在 20 世纪 30—40 年代成立的马丁·戴斯众议院非美活动调查委员会(Martin Dies House Committee on Un-American Activities)和 50 年代早期参议员约瑟夫·麦卡锡(Joseph McCarthy)发起对共产主义展开的调查活动之前,杜威就指出:如果政治、经济或宗教的压力妨碍了大学生和大学教师写作、发言、思考和参与政治活动的自由,这对高等教育的健全发展是有害的。同时,杜威为大学教授们推荐了一种行动方案。他建议,美国大学教授联合会和其他科学专业团体应当经鉴定后,拟出一份在尊重学术自由方面确认已达到标准的大专院校名单,这一程序会推动教育管理部门去维护这样的学术自由。

xxiii

　　30 年代的持续大萧条对美国各种教育机构的生存和发展构成了威胁,至少说,这威胁到了它们将其教育功能恢复到 1929 年 10 月华尔街崩盘前曾达到的高水准。杜威在《经济形势:对教育的挑战》(The Economic Situation:A Challenge to Education)一文中谈到了这一危险。他没有提出专业经济学家可能会提出的一套重振经济的方案,他论述的是教育工作者和民众在这场经济危机中应当信从的教育哲学问题。在他看来,教育者的首要社会责任不是为现存社会秩序评功摆好,而是要鼓励学生和教师在充分调研后,拿出改进现存社会、经济和政治体制的良方,由此对体制的日益完善作出贡献。他敢于作出这样的预示:经济个人主义的流行信条和对私有财产的歌功颂德,将被以广大民众的利益为念、对国家资源日渐实行政府控制的那种理论所取代。相对于杜威在唤起广大师生重新思考重大社会问题上起到的激励作用,他对某一特定计划或解决方案所作的判断就显得不那么重要了。

论　文

语境和思想[①]

在奥格登（C. K. Ogden）和理查兹（I. A. Richards）所著《意义的意义》
（*Meaning of Meaning*）一书的一篇附加论文中，马林诺夫斯基先生（B.
Malinowski）联系语言使用中需要对语境加以理解的问题，举了一个引人注目的
例子。新几内亚土著人的下面一段话若如实翻译成英文是这样的："We run
frontwards ourselves；we paddle in place；we turn，we see companion ours；he
runs rearward behind their sea-arm Pilolu."（我们大家朝前奔去，我们在那个地
方划船；我们返回来，我们看到了自己的同伴；他跟在他们的海臂皮鲁鲁后面奔
跑。）如他所说，这段话听上去好像是一堆无意义的、乱七八糟的东西。如果有人
想理解这段话，就必须对说出这些话的那种场景有所耳闻，把它们置于其自身的
文化语境中。事实上，这些话语事关土著人出行外海进行货物交换取得的一次
成功，数只独木舟摆出互不相让的架势参与了这次远征。"这种竞争的特征（他
又说）同样说明了这类话语带有的情感性质；它不只是对事实的陈述，还是一种
夸口、一段自我美化的言语。它一般地表征了特罗布里恩人极富特色的文化，又
特别通过物物交换的仪式性场面展示了这一文化。"

他在作了详细的解释后又论述道，要想对其意义作出充分的分析，"我们就
进入了一个按照这样那样的措辞方式对习俗、社会心理学、部落组织等广泛领域

① 首次发表于加利福尼亚大学哲学出版物，第 12 卷，第 3 册，伯克利：加利福尼亚大学出版社，1931
年，第 203—224 页。本文是杜威为 1930 年乔治·霍姆斯·豪伊森（George Holmes Howison）讲
座准备的讲稿，并于 1931 年 1 月用该讲稿在伯克利作了演讲。

加以描述的过程,这个过程历时很长,而且不会那么单纯划一。语言方面的分析又必然会引导我们去研讨由人种学的田野作业涵盖的所有题目"。此外,正如他所指出的,人种学的知识不能消除所有的困难;即使是那些专门和语言有关的问题疑惑,有些也只能依据心理学的分析才能得到解决。他总结说:"就已经说出的活的语言事实而论,其话语只有放在情景的语境中才具有其意义。"

我想,我们都会同意以上对一个陌生遥远的原始部落之言说方式提出的论点,但如果以为该原则只适用于那样的一类人,就会铸成大错。我们确实可以将其与我们自己的言说方式做一个详尽的对比,而这种对比的意义正在于它把习常态度趋于对我们隐瞒起来了的那种熟悉特性显露出来。我们能够把握用我们自己语言说出的东西的意义,并不是因为对语境的鉴别没有必要,而是因为语境会不可避免地呈现出来。它是我们不予置问的东西,它的存在理所当然,于是我们无须毫不含糊地对它详加指明。说话的习惯,包括使用句法和词汇的习惯,以及诠释方式,已在那个确定无疑的语境状况中形成起来。因而,它们隐而不显地体现在大多数说出和听到的东西当中。我们之所以没有明显感觉到语境的作用,恰好因为我们的每一种言说都有它渗入其中,语境形成了我们所言所闻的那种东西的意义。

我在这类解说性的片言只语中,首先谈论的是语言。但其中也以胚芽的形式包含对思维,因而是对逻辑理论,最终是对哲学本身之必备语境问题所要讲述的一切。对字词和句子的意义讲来是真实的东西,也就是对所有意义讲来是真实的东西。然而,这个陈述无须使我们卷入有关思想和语言之关系的论争当中。如果语言要通过说话来辨认,那么毫无疑问,存在着无须说话的思想。但如果"语言"一向被用来意指所有种类的指号(signs)和符号(symbols),而指号和符号的意义取决于其显示和被使用的语境状况,那么可以肯定,不存在没有语言的思想。

因为符号的意义不是固有的而是获得的,这一点从该事实中显露出来,即它们是符号。真实的情况是:当我们谈话和写作时,一个特殊的言语符号是通过它借以显示的其他符号的语境而被给予的。这也是真的,即存在着符号体系,这在数学中明显可见;在那里,体系决定着任何特殊符号的意义。可是,我们不能依据这些事实推断说,符号能够提供规定着意义和理解的终极语境。在谈话中,连续而有序的话语使我们能够决定特殊符号的意义,这是因为,它能使我们建立起一种非言语、非符号的整体指向的语境。数学家不会停止对于各种实在物之隐秘不明的语境的思考,这种语境为他的符号系统赋予含义;支撑着这种符号系统长久形成的熟悉感和悠远传统,使其中的关联变得极为曲折迂回、若即若离。数学家不仅在建立这种关联时会碰到困难,如果出现无益的打搅和困惑,出现任何有关他企图造成某种关联的暗示,他也许还会被激怒。对于处理符号的高手来说,这些符号好像是不会改变其符号特性的东西。符号的增多以及其精细复杂程度的增加,助长了他的操作感。但是,一个符号与另一个符号的相关性不会消除其作为符号的特性。

思想在符号中且通过符号生存、运行并显示其存在,这样,思想便像符号一样通过语境获得意义。我们对事物进行思考,并非用事物进行思考(We think *about* things, but not *by* things)。或者说,当我们通过或伴随事物思考时,并未以物自身充分的本性和内容来经验事物。例如,声音和印刷书籍中的各种符号等本身是一种存在物,但它们之所以会借助思考运行起来,那只是因为它们代表着其他东西;如果我们一味把它们当作事物本身来看待,它们便失去了它们作为思考的价值。也许人们会那样去做,即不借助任何中介手段,直接对大块木料或者一堆石头进行思考;采用这样的思考方式,他是不会对其内在性质取得完全谙熟的认识的。他要是用这样的方式去看待它们,那只能说明他多少已沉溺于某种非思想的东西中,往好的方面说,它来自于一种美感的吸引;往坏的方面说,它表示陷入了一种恍惚出神的心态。此时,思维所以对事物发生兴趣,只是因为借助后者可将心灵带到超越事物的地方;它们是载体,而不是终点站。

这些评论本身就具有一个未予言明的语境。消极地说,这个语境便是哲学家一般地或是个别地忽视语境必备性的那种习惯。容我斗胆断言,哲学思想中那些最为流行的谬见即源于对语境的忽视。在日常生活面对面的交流中,我们或许可以放心地把语境略过不提。如我们已指出的,因为它是不可取消的东西。我们可以对它略过不提,因为它是无可置疑、不容否认的东西。它为我们每件要说的事情限定了一种意思。比如,一个正在做一桩生意买卖的男人不需要特别让自己知道这个事实——除非他昏昏欲睡了。语境融在所说的话中,形成了对每句话的价值加以裁决的东西。如果去除了语境,同样的想法和言辞便显得像是一个狂人的放肆言行。但在哲学活动中,却很少能看到某种控制着思想过程的即时而又紧要的语境。于是,忽视对它的特别确认就很容易转化成某种实质上的否认。

让我们考虑一下哲学中一两个对语境予以实质否认及其所酿后果的例子。有些哲学家对分析的合法性进行抨击。他们认为，分析诚然在"科学"中有其意义，但这一事实本身恰好成了科学片面性的证据，成了把哲学家所操心的"整体"予以抽象化的证据。另有一些哲学家差不多也怀有同样的结论，因为他们断定，所有有效的分析都含有思想的某种综合行为，这种综合行为有条不紊地将分析行为未予说明的东西复原出来。我看不出，一种追加的综合行为怎能不变成随心所欲的东西。但我可以看到，要是人们在对分析结果的解释中，把分析本身看作完全是与任何语境脱离的东西，分析便会造成歪曲。在我看来，在分析中找到的错误更适于、易于把它归为对语境的忽视。一位医生着手对某种病症进行诊断，他用最好的可供使用的技术对病状加以分析，他最后并不企求另外进一步的综合行为。从一开始，这就是个病例，这样的情况决定了要分析性地探明各种特殊细节之间的联系。人们总是经由发现各具特征的差异来作出辨别。如果分析不带缺陷，也不企求附加的综合行为，它诚然就能对一个罪犯、一种植物或动物、一种金属、一种疾病或一种法律作出辨别。然而，要是医生竟然忘记了面前这个人是病人，要是他实质上否认了这一语境，那他手中握有的当然是一堆无意义的原子式的特殊物。这也许会使他求助某种超验的综合作用，以便把它们结合成一个有意义的整体。

哲学中也存在这样的情况。这种忧虑与分析无关。它是那些忽视了分析在其中发生并由以发生的那种语境的哲学家造成的，在这个意义上，哲学的某种特有缺陷是与分析相关的。存在着多种造成分析谬误的途径。人们发现，那些被区别对待的不同点或者要素，总显得好像它们是最终的自足的东西，结果造成了我们生活的世界或我们本人的世界千篇一律的干枯和原子化。正如我们确实在洛克(John Locke)和密尔①父子(James Mill and John Stuart Mill)，或者在很多英国思想的事例中看到的那样，这种结果经常成了批评指责的对象。人们已正确地指出，这类逻辑结论意味着否定了所有的联系和连续性，它最终表现为一种原子论式的特殊主义教条。但不幸的是，还是这些同样的批评，它们并不以指出对语境的忽视这样的单纯行为为满足，而以为这一结论意味着根据思想或"理

---

① 亦译穆勒。——译者

性"做出某种带有支配性质的有机综合行为的必要性——但愿我能够在下面指出，这样的方法以改头换面的形式同样患上了忽视语境的毛病。

比起上述思想家们的体系，我们可以找到较新的样本来作一剖析。让我从距离一些技术哲学问题足够远的领域中举一个例子，这样或许不至于一下子造成引发争议的联想。我想到了心理学实验试验法的例子，比如对最不易区分的颜色和声音的辨别、对某种感觉性质最可行的辨别法。当这类性质被置于精确控制条件下进行辨别时，它们不仅被看作要素（按照定义，它们是一些要素，是某种仅仅作为分析之最后产物的要素），而且是借以将所有精神生活构造出来的某种原始成分。换句话说，要把它们看作孤立的同时又是自足、独立的东西，一切精神生活不外是它们复合的产物。

任何这样的诠释都表明，对语境的忽视实质上意味着对语境的否定。事实上，除了相关于终端的要素之外，语境到处都存在着。存在着实验者的语境，其中包括将他的问题引发出来的先前的理论状况。这种状况可形之于他对实验器具进行安排的用意中，也体现在他那种使受控实验成为可能的技术知识中。另一方面，还存在着实验主体的习惯和现有的意向，他的聚精会神和作出言辞回应的能力等等。如果不从实验者的角度来发现语境的这一面，那么就不会产生科学成果，产生的只是一种不具理论含义的偶然事件。由主体方面提供的种种语境充实了那种对有差别的性质现象作出规定的因果因素，后者不是孤立的、从中精神生活得以借助外在成分被构造出来的原始单位；就当下的情形来说，这种种语境就是对某种总括的精神生活的最后表达。流动经验那种有脉理可循的语境，它的内在显现规定了联结的方式。它没必要诉诸综合的思想行为、超越的或其他什么思想行为等等来提供这种联结方式。通过它的各种联结而产生的东西，无需靠某种思想行为来联结。

这一评论使我想到了前面我提起过的以改头换面的形式表现出来的那种同样的毛病。这种与分析的谬误（如在否定语境的情况下，对分析作出错误解释中看到的那样）相似的谬误，就是无限延伸和普遍化。当我们考虑一个给予的语境，在为语境状况设定的有限条件下，看似好像冒出了各种概括化的方式。当人们忽略或否认这一事实，在具体指明的条件下较为有效的原则就会无限延伸开来。例如，任何真正称得上是思维的东西，开始时都表现为要考虑的事，这些所考虑的事本身是片断化的、含有差异的。于是，思维就承担起用一种简易连贯的整体造成统一化的任务。在这个意义上,所有思维的目的就是获得某种统一;但这种统一,只是对那些材料和那些在既定情境中显得含糊不清、不够协调的事所做的统一化。当人们不顾任何这样的限制条件,断言说思维的目的,尤其是哲学思想的目的,就是用无论什么东西造成一种纯粹谐调、无所不包的整体,我们就发现了那种无限普遍化的谬误。这样一来,伴随这样的无限延伸,对这种在具体指明条件下才具有价值和含义的统一观念的运用便失去了它的意义。

所有有关一个整体宇宙、无条件的实在统一体的陈述,都包含着同样的谬误。对一个既定情境的实在性探究,其行为具有真正的意义,它相当于发现"这个探究对象的事实",实际存在或实际发生了什么——即在名词"事实"上附加一个"真的"这样的形容词——只是一种用于增加说服力的辞令。这样,在任何有效探究发现的情境范围内,"实在"意味着通过探究得到的或为现实或为潜在的那种肯定结果。这里存在着某些能作出详细说明的混乱和偏差,借此探究得以展开。当我们在适当的实验条件下消除混乱并形成定义,混乱和偏差便告终止了。要是我们含糊地去探求"实在",这个实在并不具备思想的含义;那么,它至多不过表达着某种惬意的情感状态。而据此作出的结论,则会使许多哲学家顺口说出"绝对"、"全体"、"无条件的",以及其他一些神圣的字眼。

以上这些陈述并没有告诉我们,为什么这种无限延伸的谬误是以另一种形式患上了不受约束的分析患有的同样毛病。在此,我们可援引前面提到过的那个有关精神生活的例子。在实验室试验中看到的那种由区分的语境造成的孤立化,会促使人们作出一种概括,即所有精神生活的多样性皆为各种独立单元的合成物:后者可称作感觉、感觉材料、感情状态,也可称作意识、反射弧、刺激反应,或无论什么流行样式。这种概括要是成了某种势不可当的理论,它不过是对一定结论所作的逻辑陈述,它的出现意味着语境被压制下去了。在这种压制下,要素成了绝对物,因为它们没有限制性的条件。在具体指明的语境下才有效的探究成果,事实上便转化成了某种目空一切的形而上学信条。

如果时间允许的话,我会用更多的例子来对这两个对哲学思考造成困扰的谬误作一些阐释。比如,我想是不是可以指出,许多当代人对感觉材料和各种本质的偏爱,正是忽略了语境的产物。无论如何,让我对这些可能性暂且略过不提,而来考虑一下当代哲学在某些方面对"事件"(events)概念的用法。我不怀疑所有的存在同样也是事件。因为存在已被形容为经历着时间的变化。但是,这个仅仅作为事件的存在命题仍使我感到吃惊,除非人们全盘忽略了语境,不然是无从维持这样一个命题的。首先,每一件发生的事情都表现为一种共生现象(concurrence)。事件不是自我封闭、自我运作的东西——或者说,它不是可作任意规定的东西。一个人一不留神从山上滑落下来,但滑落不是一个自存实体,尽管滑落这一概念也许是自存的——位置的变换构成了它的本质,但并不构成它的存在。实际的滑落过程取决于好几件事的相互作用(interaction),要充分说明起来会有很多。然而,除非我的解释有错,很明显,一些当代哲学家总想把每一种存在看作好像是滑落、摔了跟头那样的存在。有些人示意某一事件的语境就是另外发生的事件,以此来消除这一难点,此说颇为可疑,其情形正如我们想当然地以为,把足够多崩落的土块堆积起来,你就能造成一座山。

相对而言,有些相互作用的例子所说的仅仅是各种位移(displacements)。就像一个台球撞击了另一个台球后发生的情况那样。这时所发生的——或者说,至少当我们把这种情况当作最具目的性的事件去看待的那样——只是一种重新排列。存在着另一种交互作用(transaction),其时某物的发生涉入了称作打断(interception)之类的事。这种交互作用形成的产物,它保存着如同某种共同作用形成的那些东西的性质。在这类情况中,尽管我们仍把它看成是一个事件,它已不仅是一个事件了。这种打断和对至此为止不同性质所做的合并,将任何称作突现物(emergent)的那种东西的特性刻画了出来。要是用一种稍微不同的方式来表述,那么,我们说事件是含有变数的,又会产生某种结果。

由于每一种事件还表现为不同事物的一种相互作用,它便可内在地描绘成从何物出发又产生了何物。脚底滑了一跤造成了滑落,这一情形有别于滑行的雪橇;它与被一块石头、一潭水或一簇草丛止住了滑落的事件,也截然不同。"从何物出发"和"产生了何物"决定了事件的性质,具体而言,也就是决定了特殊事件本身的性质。确实,我们或许可以通过正当的抽象(依据某种目的的正当性),把这种表示着特性的区别忽略掉,进而获得一般的滑落观念。但各种事件如不带有它们自身的性质特征,就不可能对它们作出一般的抽象。换言之,一个仅仅是一般的"事件"概念与上升或垂直落下的概念没什么两样,实际上,与任何其他那些同样被认作对所有的性质规定满不在乎的术语所表达的意义也没有什么不同。

此外,由于忽视了语境,一个事件如只被当作一个事件或一个自我封闭的东西来看,而不是看作性质上得到调和的各种事物相互作用时产生的某种变体,那么立刻就有必要请出永恒客体的本质,或者某种不变的永恒客体形式来为任何特殊事件赋予一种可认定的特性。那种以为相互作用是持久不变的,以为从结果上看,任何存在其过程的每一个端点正表现为一个事件,或者以为对于存在的陈述也就是有关一系列事件的陈述,看来都可以被证据所认可。但要是把这个命题等同于那种认为任何存在(不是作为窥看某种本质的入口的那种存在)只不过是事件凑集的命题,那么,它就成了通过忽视语境达到的那种无限延伸的一个例子。从逻辑上讲,如果分析的结果乃系于对语境联系的忽视,却被当成了热切要求进一步综合行为的理由,那么对永恒客体的呼唤与对某种综合行为的呼唤实质上就是一回事。还有一点,我想指出,一个自我封闭的事件世界,即使我们把它描绘成是窥看永恒客体的一个入口,也要求用别的东西把它们结为一体,使之成为某种酷似一个世界的东西。这种补充作用采取了时-空框架的形式——因而一个自存的事件可置于其中而不发生变化。它是有头有尾的,但它又没有开头和结尾,于是必须用一种外在的时-空形式套于其上。

到此为止,我们讨论的调子好像有些消极。它无意去阐明,当然也不可能打算去证明,对语境的忽视为哲学思维招来的不过是一场大灾难。如果我们转而对哲学活动应当估计到的语境的内容和范围作一思考,那么就谈到了这种讨论的积极方面。语境至少包含这些内容,为简洁起见,我把它们称为背景(background)和有选择的兴趣(selective interest)。所谓"背景",我指的是哲学在经营其事业中必须考虑到的那种总体环境。背景在某种形式上是不言明的,它不同程度地含蕴在所有的思维中,虽说背景并没有进入明显可见的视野,也就是说,它没有形成有意识地去照看、思考、探究、审视、反复考虑的那个论题的一部分。背景既含有时间,也含有空间。

当我们思考时,存在着某种我们直接加以思考的东西,我们面前摆放着要考虑的事、要深思的事、要估量的事,等等。我们正要去全力地对付它们,试着去克服其困难,恢复其秩序。我们易于感知到的环境、各种条件、饱和状态等东西构成了某种包罗无遗的情境,它并没有汇入直接的反思材料之中。它并没有成为问题。它理所当然地伴随占据着思考范围的那个特殊问题而来。由于它并没有成为问题,便成了稳固而确定的东西。要是把它当作思想考察和详加检视的对象,这类意义上的思考是离题的,会造成注意力的偏差。只是当我们怀疑它对有意识的思想施加了独特影响,而该思想正要为我们试图去澄清的某些混乱和困惑负责,它或者它的某个部分才会成为问题,或者成为思考的明晰材料。当然,这时它汇入了思考的直接材料之中,但这种转移从来不会扰乱整个语境的背景。它不会一下子都成为问题,这里仍然总是存在理所当然的东西,它是不言自明的,是已"被理解的"东西。如果所有事情实际上皆不能一下子确定下来,那么就不会出现把发现和确定过程中还未得到断定的那些因素联结起来的事情。

这种思想的背景,可以说既是空间性的,又是时间性的。每一种思考的直接材料都来自先前的事态,涉及被搅扰、被究问的那种存在状态,或作出"回应"、解答之类的事情。在马林诺夫斯基叙述的那一事件中,那种特别的话语可看成是胜利者一方在对先前的战斗作出总结和记录。在心理学的实验事例中,时间背景是实验者和主体要优先考虑的情况。如果把第一个事件的时间背景拿掉,就不会有胜利,也不会发生任何有意义的事情;如果把第二个事件的时间背景拿掉,就不会去做实验了,所做的仅仅是一件毫无意义的事情。

思想的时间背景总归既是理智性的,又是存在性的。就是说,在第一个引用的例子中,存在文化的背景;在第二个例子中,存在理论的背景。没有哪种思想是不依据传统的背景使自身得到展示的,而传统则带有理智的性质,可以将其与盲目的习惯区分开来。传统意味着某种解释和观察方式、评价方式,意味着各种加以明确思考的东西。它们是使思想得以在其中呼吸的大气圈,一个人要是没有吸入这种大气,他怎么可能产生某种观念。亚里士多德的物理学和托勒密的天文学,好多世纪以来一直是对这些领域作出特殊探究众所公认的背景。接着出现了牛顿物理学的背景,它在两个世纪中比随便哪个沙皇都要飞扬跋扈。物种的不变性直到达尔文学说出现以前,一直构成着生物学的背景,它的宰制作用是如此全面(我说的是科学探究),以致孟德尔(Gregor Johann Mendel)的工作竟未激起一丝波动。

梅叶尔森(Emile Meyerson)曾说过,我们可以解释为什么中世纪的思想家们与其那样地思考,与其那样地信仰,因为我们处在他们的时代之外。我们却不能解释为什么我们相信自己最执著主张的东西,因为这些东西成了我们自身的一部分。我们要查考它们,却不能完全摆脱它们;相比之下,我们倒还能隔着一段距离从外面来察看我们的体表皮肤。把这些调节性的传统叫作理解的工具、精神的习性也罢,或者随便称作什么东西也罢,要进行思考就不能撇开这些东西。我的说法并不表示，哲学家应当在将其作为反思的某种完整主题这层意思上来对这一语境作出说明；但他也许要意识到这种语境的存在，意识到这一点，他会懂得谦恭，会将他那种过于无节制、固执己见的普遍化结论挡在门外。他不会把与自己文化背景中显露的问题相关的那种平凡真理，凝结为事物本性固有的永恒真理。

空间的背景容纳着与一定思维产生过程同时呈现的整个背景。这种被观察、被有意识检视的东西就像我们在一幅景物画中看到的那样，有前景、中景和远景——在某些绘画作品中，我们可看到后者渐行淡入无限的空间。这类划分显得如此疾速巧妙，以致它们那种等同于孤立化的效果本身并未呈出来；它们为思想打上了确定的标识：为了某种目的，我们采纳了一定的态度来看取客观景象。对语境的用途明确加以说明，这不会产生害处。把它置于脑后，误解性的分析谬见就会随之而来。这种语境的背景是模糊的，但它不仅仅是边缘化的东西。它含有在思考聚焦的材料中未曾发现的某种硬度和稳定性。后者代表着为聚光灯照亮的那条路径的一部分。空间的语境构成了这条路径得以延伸的基础，以及它之所以存在的理由。正是这种背景赋予了这条路径以重要性，以及对它连续照明的含义所在。要是人们不想在路上走失，必须把这条路径照亮；借此，远方的地域也可确保安卧在黑暗之中。

语境的另一方面是我所称的"有选择的兴趣"。每一种特定思考皆起因于某种态度、某种偏见(bias)，如果你喜欢这样称呼的话；没有一种一般理论不是依据特殊事例中发生的情况构想出来的。这种态度并不构成有意识反思的当下部分，但它决定了对这一学科内容而非那一学科内容的选择。"兴趣"这个词或许可被置问，因为它隐含的意思无疑跟我想要表述的观点有些异样。但就该词习常被表示的情况而言，它很难使人产生疑问。在每一种思想活动中都能发现选择性(或剔除)，每一种思想行为都示意着关注、操心。某个人总是对此物而非彼物有所牵挂，当他成了一名思想家，他并未对他的个人情感置若罔闻。作为一名思想家，他仍然听从对某种性质、问题、主题表现出来的敏感。他间或会自我设问，由此对他的个人态度作一究问，打算低估他的个人态度。这类活动将为他的态度注入某种思想客体的要素，但它不会消除有选择地去加以关注的所有要素；在深处存在着的这些要素仍在活动着。无论何种复原都不能除去这种兴趣式的态度，它含涉在与态度相关的思考中，正如它含涉在有关他物的思考中一样。

我称之为"兴趣"的语境状况如果用哲学术语来表达，就叫做"主观的东西"。有机体、自身、自我、主体，无论你选择的是何种名称，皆为所有的思想包蕴，一如它为所有的饮食、生意或游戏行为包蕴着一样。由于它不能把自身作为一个整体呈现在反思的明晰对象中，又由于它不能对所有与思考相关的东西产生影响，它可以被合理地称为是一种语境面。主观主义有一种坏名声，作为一种"主义"，它理应得到这种不好的名声。但主观的东西作为起决定作用的态度，并不等同于这一"主义"。甚而当这一态度采取了偏见的形式，它也并不关乎那些遭人反对的东西。它是某种惹人非常不快的偏见。相比于不偏不倚，这里所说的偏见就好比党派的成见那样表现为一种偏见，虽说这种偏见具备根本不同的性质。要做到思想的"客观"，就要将那种有选择的兴趣激发出来。人们只能从一定的视角看问题，这一事实没有赋予所有视角以同等价值。不具特定位置的视角，或者说从特殊角度看不到什么东西，这类说法都是荒谬之见。但是，人们可以对某一视角有所偏爱，因为从这里能看到多彩而有序的景观，从另一视角看到的东西则是贫乏的、混乱不清的。

兴趣作为一种主观的东西，它终究与个体性或唯一性相当。没有理由就它在有机精神体中的显现和作用作出限制，虽说兴趣特别在这里得到了说明。任何存在物都可被认为有它自己的不可复制的行动和反应方式，就是原子和电子也是如此，虽说这些个体的踪迹湮没在统计报告中了。但在我已指明的任何事件中，有选择的兴趣是造成与他物产生交互作用的唯一方式。它并不是学科内容中的一个部分或成分，作为一种行动方式，它对学科内容加以选择，给它压上某种定性东西的印记。人们只能把它称为天生的强烈倾向或独创能力，或者用那种较为中性、适中的个体性名称来称呼它。人们对它的认识，最能见之于真正的艺术创作中。在美术创作的园地，人们从来就不对观看、选择和安排的独特方式持有异议，而这类方式准确地诠释着"主观的东西"的现实本性。人们认为，相反的方式倒未必是什么客观的东西，而是学究气和机械玩意儿，不过是一种重复而已。这种性质可在所有涉及真正思想的学科内容中见到，因为思考并非鹦鹉学舌。牛顿(Isaac Newton)可能会以为他在思考上帝显现给他的思想，但正因为这是他的思想，他思考的是牛顿思想。

这类陈述很容易被那些提出或反对这种陈述的人错误地加以理解。他们有时以为这意味着所有思想的学科内容都由意识或思想者的心灵材料组成，于是

15

逻辑的结论就是某种形式的唯我论。但我们已说过,个体性并非等同于学科内容,而是对学科内容起着决定作用的选择方式。科学、物理学和数学的学科内容乍一看上去似乎对这种主观性的陈述提出了不容置疑的反对理由,即这种已定义了的主观性将所有的思考材料语境化了,而科学正是消除与任何特殊个人心灵的联系。但科学之所以成为科学,只是由于它与其创造者心灵的特殊关联可以存而不论。然而,反对的理由却混淆了思想的产物与其被人们接纳并加以运用的问题。牛顿得出的科学结论带有支配作用,但这是因其不再被当作一种思想,而是已经被看成了可在更大范围的研讨和解释中加以利用的给定材料。

人们能从一枚印有美术设计图案的硬币的例子中找到一种足够精确的类比。它的外观设计是那种带有个体性的压印,但它后来的用途、它作为法定货币的地位,却并不取决于这个事实。那种对美学图案加以选择布置的态度,是与贸易目的不一样的。如今有意义的事,是它的交易用途。在供社会共同体的使用中,这种设计仅仅成了一种机械性质的辨认记号,成了服务于交易的一种适当标志。如果我们以科学来说明这种类比,那么要把作为思考探究之结论的科学和作为某种已具备现成学科内容的组织体的科学区分开来。在第一种情形中,科学及其地位、科学的价值取决于它与探究及其所获成果的质量之间的联系,这种质量打上了个人态度的印记。在第二种情形中,它的地位和价值取决于在更大范围的发现和解释中对其反复探究的耐用性。从这一点来看,个体性的印记因其与争端无关可略过不提,重复使用的便利才是至关重要的事。

即便如此,我们仍责无旁贷地要一再涉及语境的问题。人们很容易,也过于经常地把特定语境中得到的抽象转换为适用于无论何种语境的抽象,这是另一个无限延伸的谬误的例子。此谬误沉溺于无论何时那种组织化了的学科内容的形式逻辑的特征,好像把它们看成了可以脱离所有物质方面考虑的东西。已整理好供有效运用的那种学科内容的必要特性之一,就是内在的融贯性和系统性。如果一旦把语境抽掉,这种特性就成了与实存的物质内容不相干的东西。但如果给定的科学的学科内容要确保其在进一步的探究和组织化过程中具备最大限度的可用性,这些形式特性就不能不关涉到必须满足的条件。只有通过一种等量齐观的表述,老的学科内容才能为新的思考任务提供更多可用的东西。因为只有用相互等效的话语表述的学科内容,才能以有效的方式提供可能的代用品和可供自由取舍的东西。一旦形式特性在其孤立状态中被视为自足的东西,对语境的这种运用就被忽略掉了。

你们很难不察觉到,我所以要作出这种讨论,其潜在意图乃与一种愿望有关,即能借此对哲学方法这一题目的讨论有所贡献。思想依据不得不加以应对的紧迫的当下状况之距离的远近而发生,距离越远,越不会作出暂时、合法的表达;与语境相关的这种表达,会转变为对其所处位置、所具意思的实质上的否定。思想终究是思想,但从总体上看,哲学思维却置身距具体境遇产生的紧迫状况最远的一端。正因这一事实,忽视语境对哲学思想造成了令人不胜其扰的谬误。

我想首先从思想史中找出一个我认为这种哲学方法的谬误酿成有害做法的例子。各种历史哲学的语境过于经常地被当作纯粹是另外的哲学,而不是当作导致产生了各种哲学困惑的纷争和时代的问题。奇怪的是,那种用以对历史哲学作出解释的有限的语境常常是跟着这个成问题的哲学之后发展出来的。我刚刚读过一篇文学批评文章,作者在文中论道:对编年史的粗略考察表明,继伟大的雅典戏剧家们的作品问世之后,亚里士多德写成了他的诗学和悲剧理论,这些戏剧家们的创作不像是用来准备完成亚里士多德的理论的。我对这一评论颇感疑惑,它不是在向诠释者传递某种思想史的训诫吗? 例如,我们是否可以合理地断言:洛克、贝克莱(George Berkeley)和休谟(David Hume)是参照他们本人的时代思想状况进行写作的,他们并没有发起一场在康德(Immanuel Kant)那里发现了它的完美结局的运动。

我的这一建议值得注意的积极内容在于,需要联系其自身必不可缺的语境对哲学论著进行研讨。我知道,有很多人以为,如果把一批哲学观念和社会生活或者某个时代的文化联系到一块,就好像贬低了哲学。他们似乎乐于接受有关毫无瑕疵的哲学体系之构想的教条。在此我不想对这种观点作出辩驳,但我至少可以把这种态度看作是我提到的那种对语境不予理睬的一个样本。取代哲学的童贞受孕说的唯一办法,就是求助思维和那种本身不具哲学特征的某一传统或文化的联姻。

无论哪个时代都存在某种主流信仰,以及与其相联系的制度实践。这些信仰中无保留地含蕴着对生活和世界的广泛解释。这类解释经常会产生种种具备深刻意义的后果。然而,就其实际流行的情况来看,这些信仰并没有对其起源、本性和后果的含义进行考察和作出系统的表述。信仰及其相关实践表达的是各种态度和反应,这类态度和反应是以直接、往往是偶然强调的形式作出的。在我

18

看来,正是它们构成了哲学反思的当下基本材料;哲学的目的就是对这种材料进行批判,去澄清它,对它加以组织,对它的融贯性进行检验,并使它的后果变得明晰起来。在每一种重要哲学的初创阶段,总是不可化约地存在着这种有关信仰的文化语境,以及与其联为一体的制度;这种联系理所当然,没必要把它详尽叙述出来(然而在此,我也要顺便提及一下,柏拉图著作中那部分经久常在的意义要归于这一事实:他的对话录中含涉的这种联系要比我们在大多数哲学论著中看到的显眼得多)。我们也确实很难在有些历史哲学著作中察觉到这样的文化语境,但通过调查可以发现,它们在竭力用其他的或较有意义的条理原则来填补裂缝,或者对这种条理原则进行某种形式上的改造。

如果有人愿意采纳上述观点,即使把它看成是一种假设,即哲学的当下题材内容是由那些决定着某一群人和某个时代文化的一套宗教、政治、科学信仰所提供的,那么,他们随之便要就哲学的问题和方法得出确定的结论。信仰自身有其相关于起源、功能和确定的兴趣或态度的语境,但很可能其效力已达到如此程度,以致对这些语境可悄然略过不提。那些虔诚的信奉者把它们看作是真理的最终显示,类似精神祭司的话语,它们没有经验的生成过程。此外,它们是起"作用"的,它们会产生后果。但是,它们到底如何发生作用,那些伴随它们而来的作为后果的后续事件和价值又是什么,所有这些都没有受到调查,甚至很少被提到过。积极的价值,无论它们的来源如何,都被看作具有适当效果的东西;而失灵、罪恶则被归因于某种外部根源,尽管调查也许揭露出它们是直接从那些以其制度性的运作而被认可的信仰中生发出来的。

这里存在着我称之为哲学样式的思考机会。哲学就是批判,就是对奠定了文化基础的那种颇具影响的信仰的批判;这种批判尽其所能去查考信仰的生成条件,继而又去追溯其结果,对整个信仰结构中那些彼此协调一致的要素作一思考。无论人们是否有此打算,这样的调查终究会把它们置入一个新的视野,从而对各种可能性进行全新的审视。正如我们在圣托马斯(St. Thomas)以及休谟著作中看到的那样,这方面的批判重构既体现为确证和系统化的哲学研究,又公然声称是伴有怀疑色彩的哲学研究。对这类信仰更清晰、更为组织化的看法也许会带来某种直接成果,它增强了信仰价值和对信仰更大的忠诚度。可是在这种过程中,这套信仰经历的岂止是巨变。对信仰的本性、起源和后果严肃地进行思考,是危险的。它们正因其是理所当然的东西,无须接受理性的检视,才会有安身立命之地。要是使用理性，即使是用它来对信仰的东西加以证实，那就是启动了一连串的思想——也就是开始了一连串的质疑。

我已提到了宗教、政治和科学信仰，它们是一类影响着文化的东西，以其制度性的伴随物及其效应差不多构成着文化。我想再来略为提一下有关语境之不可或缺的最后一个事例，这个事例就是哲学与科学的关系。有时人们以为，这种关系要么止步于对科学之逻辑基础的一种分析性考察，要么止步于对其结论所作的综合，或者就是对两者作出详尽无遗的论述。我不会贬低这类做法的意义，但它们至多也就是预备性的工作。因为科学本身就在某种语境中运作，这种语境相对于科学而言显得生硬、粗糙、原始，然而又无处不在，作用甚大。要是我们只知道在科学本身提供的语境中开展研究，那就忽略了构成它们的生动语境。科学在生活中的地位、它赋予我们发现的一大批物质计划以独特题材内容的那种地位，这不是源于我们对科学所作的任何老成持重的思考，它更多地显示出哲学的某种决定性功能。 20

当然，我在这段短暂时间里为你们的思考提供的只是一种可能假设。但是我深信，那些愿意让他们的想象力在这个假设处停留一会儿，并去琢磨其含义的人，至少会对被我们有些人归诸"经验"的那种重要性有所领悟。如果哲学最终之意义重大的事透露了信仰的语境，那么，我们势必会得出这样的结论：经验就是那个最后的囊括一切的语境的名称。当然，哲学不会真的仅仅把自己说成是经验的，由此承认语境的重要意义。在发现忽视语境造成的谬误方面，醒目的例子也许是感觉论者和唯名论者的经验主义。它的错误并不在于坚持认为经验是哲学的基础和终点，而在于它对经验持有一种不充分的概念。将自我标榜的经验主义所具有的那种特殊形式的错误和缺陷揭露出来，以此来驳斥经验主义的原理，这无异于是假设：当我们在关注行星轨道偏心度的时候，也要把轨道的存在看成是虚妄不实的东西。

总之，"经验"对哲学方法的意义在于：我们要承认，如果提到带有其完整含义的思维认识，那么思维的背景乃是不可或缺的东西。让我再来提一下本文开头从马林诺夫斯基那里借用的那个例子。调查揭露出三个不断深化的层次，或者说三个不断扩大的语境域。最为狭窄和表面化的语境是当下场景，是竞争性的比赛。下一个较为深入和宽广的语境是正被谈论的那些人的文化。而要发现至深且广的语境，我们就得求助对人类本性活动进行一般理解的那种需要。在此,我们并没有过分地用劲便找到了那些适当的象征物,用来说明哲学思维的必经之路。

如果我们所做的是极其有限的调查,那么,它首先就要关涉到思考者本人的经验范围和活力。就是说,首先涉及的是他那最为直接的个人经验——然而,把这种经验解释为仅仅是关于他个人自己的一种经验,则是彻底的误解。无论经验怎样广远地伸展到事物和人际世界,它总是个人化的、截短了的、片面的、被歪曲的经验。可是,疗救的药方不是让思想摆脱在直接的接触交流中对生活获得的熟悉感,而是通过与他人、同时代人那种载于种族史中的经验的了解,对各种偏见作出限制和纠正,以此使个人经验得到补充。那种固执地信守某一学派、党派、唯我独尊的阶级立场的教条主义渴望自我炫耀,以此博得他人的喝彩,所有这些立场正是对经验表示轻蔑的明证;因为经验是人本身在合乎情理的相互交往中造成的。如其显示的那样,上述立场泰然自得地把个人经验造成的限制和滥用的可能永久化了。

语境的下一个宽广领域或更深的层面存在于我说的文化之中——这里所说的文化,取人类学家常用的意思。哲学声称它致力探求普遍的东西。但认为哲学无须基于邻人的友谊却能成为专门献身于普世仁爱的事业,这种说法是可疑的,所以我不太相信这类普遍的东西:它们并不是通过对我们在人类的制度、传统、激励性兴趣和职业中看到的那种人类经验之有意义的特征、成果表示深切敬重的方式获得的东西。这种唯独在哲学中占据支配地位的普遍物,正是孤立化和人工制造的一种可靠记号。

最后,存在着经验本身构造的语境。展开这一观点是有危险的。已经标明自身是经验的各种哲学,都要看到这种结果中充满的警示。但如若我们徐缓并人性化地来处理人类的具体经验,那么,人类具体经验的无限多样将会自然地终止于无论何种经验中某种意义上都存在着的那种结构。生物学、心理学(包括社会心理学和精神病学)、人类学给出了处理这种结构性质的指示,这些指示从未像现在这样数目众多,可以备以待用。那些试着去对这些指示作出解释的人要甘冒风险,因为其他的哲学家并不把他们当作哲学家来看待。可是,他们会以这样的思考得到宽慰:他们本人关心的是那种包括一切、四处遍布的经验语境,哲学思维无论是好是坏,它们都在这样的语境中发生;不联系这种语境,这样的思维终将徒劳无功,就像在真空中拍打翅膀。

我所认识的乔治·赫伯特·米德[①]

约 40 年前,艾丽斯和我本人在安阿伯有幸与海伦和乔治·米德相识,我们的交往很快发展成为一种友谊,这种友谊成了我一生中最为珍贵的拥有物之一——它远非记忆所能说尽,死亡不会减弱它的力量,也不会使它的真实性变得模糊。我们比邻而居,我们同时去了芝加哥,我们有许多年住在同一幢大楼里,很少有哪一天我们没到对方家中串门,我们一起分享着奋斗带来的喜悦。海伦和乔治夫妇生性宽厚,他们热情地接待我的孩子和许多像他们那样的年轻人,在这些年轻人心目中,他们是海伦阿姨和乔治叔叔。打从我们后来各奔东西,时间过去了四分之一世纪,但我们朝夕相处的这 15 年比起后来年月中我经历过的大多数事情来说,更让我感到历历在目、常温常新。

如果说我无力讲述我的记忆中充盈着的那些令人备感亲切的事情,讲讲他们对待友谊的天分,讲讲他们永不倦怠、永不间断地倾注的慈爱之情,这不是因为这些事已变得乏味无趣,而是因为我不相信我自己真的能把它们说好。

当我回顾乔治·米德那些年的生活,并试着把他留给我的为人印象作一概括,我似乎在各种各样流动不息的事情中发现了精力、活力、浑然一体的活力、乐于助人、爽直大方等的意义。当然,我在讲述这些事情时也认识到,唯有那些对他深为了解的人才会持有同样的印象。因为在他身上,我们看不到忙乱、啰唆、急躁等我们经常与活力联系在一起的东西。相反,他非同寻常地消去了忙忙碌碌

[①] 首次发表于《哲学杂志》,第 28 期(1931 年 6 月 4 日),第 309—314 页。本文选自杜威 1931 年 4 月 30 日在芝加哥乔治·赫伯特·米德追悼仪式上宣读的悼文。

23 的外部活动通常带有的这种标识。他并不抱有这种坚定的信念,即他必须确信他的活动不知怎么造成了一个对立面,因此他不会忙得喘不过气来。他宁可置身生活为他设定的各种环境和关系中,全身心地投入他不能不做的事情中去。他用一颗淡定的心来度过每一天、每一个时辰。在他的生活中,凡需要做的事没有重要和不重要之分,他也不会粗枝大叶或随心所欲地去处理事情,他会把那些真正要做、要他去做的事看作值得全力以赴把它们做好的重要事情。如果说他给人的印象好像并非有着使不完的劲,这恰好是因为他在投入他的精力时是那么全神贯注而又一气呵成。他乐于应对各种仿佛总要出现的事,这些发生的事为思考提供了机会,并通过果断的行动得到处置。人们可以设想他的思想会因为一堆复杂的难题而暂时陷入困惑,却不能想象他会觉得也许不该去应对这类难题,或者优柔寡断地去应对它。在决断和行动的时候,他的意识不是苍白无力的东西,而完整无缺地化为行动。他遇到的事也许是家务事,也许是朋友的需要,或者是海伦和乔治推测出的许多年轻人在物质和精神方面的需要;也许是他读的书,他的研究,他的思考,他的消遣、行走和旅行。每当出现这样的场合,他就找到了将他的力量无拘无束地释放出来的天然机会。

因为他的活力是浑然一体的,这种活力源于他的自我存在的充实。我想,与我认识的其他任何人相比,他的原始秉性与他习得和学到的东西更像是一回事。正是那种哲学的研究趋向,造成了朴实、自发和无意识的东西与阅读、思考结果的分离;但在乔治·米德那里,却看不到这种分离。他的研究、他的想法、他的永不停息的理论思考,皆展露着他那行云流水般的天性。他不仅令人惊奇地摆脱了它们造成的内心压迫和分隔,而且摆脱了文化中所有虚假造作的东西。无疑,在我们旁人看来,他的内心也存在怀疑、纠结和压抑,但他的人格中那种无意识的自发活力通过所输出的轻快而又稳定的思想和行动消解并吸收了它们。

24 在为他的哲学观念寻找充分的文字表达方面,他经历了极大的困难。在他的哲学中经常可以发现用技术形式言说的东西,特别是在他的思想发展早期,要做到这一点并不那么容易。他通过不懈的努力,逐步使自己的哲学达到了文字表达的清晰。然而这一事实,也证明了他的哲学和他本人天性的统一。比起我所看到的任何思想家的情况,在他那里,哲学较少是一种从外部获得的东西,而更像是一种经历了内心真实发展的产物。如果说他要从外部借用思想,那他可从同样的来源借用语言来表达他的这些思想;如果他表达的是业已流行的思想,换一个着重点把他人心灵已强调过的东西说了出来,那么,人们本可很容易地理解他。但他的头脑具有深刻的原创性——我从与他的接触中得出的判断是:他拥有美国上一代哲学家中最为原创的头脑。出于某种原因,我们对真正原创的头脑所知甚少,而他在早年生活中便拥有了超越他那个时代的某种直觉、洞见。他必定找不到能够对其作出表达的、现成的听凭他使用的语言。他感到并意识到,他人的思想只是在逐步地向他趋近,这或许是一些他自己能够对其作出有力表达的思想。他的天生活力使他从未想到要放弃努力。他具有这样一种合群性格,要是其他人对他不甚理解,他会感到失望,但他并不因此灰心丧气,而总是设法使自己的观念成为可以被他人理解的东西。近些年来,他的努力浇灌出了成功果实;正是在这期间,他的思想达到了高度的创造性,以至于任何接触过他的人都深受鼓舞。他们本人的思想中会产生对生活世界的一种新看法,这是一个变动不息并能结出果实的生活世界。他的想法富于生长力和繁殖力,人们会感到值得在今天找到这样的一位老师,他将为他人打开那么多有益的思路。我极不愿意想象,要是我没有从他那里吸收种种富有成效的想法,我自己的思想可能会是什么样子。他的那些想法总不失其真正的原创性,它们启发了他人思考的方向;这个方向以前从来没有向他们敞开过,因为人们竟然以为往那个方向略窥一下是不值得的。

乔治·米德怀有的谦逊之感使他没有发表多少著述文字,但更甚于此的事实是:在他向全新领域进发的途中,他的心灵无时不刻不在运转活动,他内心那些生长性的观念总是展露出新的方面。比起我知道的任何人来说,他更注意保持不断发展的思想的某种连续性。我最初认识他已是40年前的事了,当时他刚结束了在柏林的学业,返回美国。他的头脑充塞着那些使他魂绕梦牵的问题,这就是个人的心灵和意识与世界和社会的关系问题。在后来的那些年份中,他的心理学和哲学思考从未游离推动他心灵思考的这个中心点。但是,他的头脑又是如此丰润多产,以致不停地在探索新的方面和关系。他以令人惊叹的方式将那种通常带有分离特征的东西——中心观念和持续的生长——结合了起来。结果,他老是对他做过的事感到不满足,老是感到他以前的表述不再适用;这样一来,他就不太情愿借助印刷文字使自己的观念成为板上钉钉的东西。多年来,只有他的学生和他的亲近同事才对他的哲学头脑拥有的巨大容量和力量有所觉知。他的充沛活力在超越他过去的自我、在与他本人内心的直接交流中展示了出来。他的心灵是自我评议的平台，也是与那些和他保持着个人接触的人们切磋讨论的平台。回想起他，我除了看到这样的场面还能看到什么呢？他乐此不疲地沉浸在与自己、与他人的交流中，把他的想法翻来覆去地叩问盘查，将它至此还未受到怀疑的方面和关系揭露出来。然而，与那些活力四射的人物不同的地方在于：他并不把他的思想强加于人，他对此不感兴趣——他的兴趣是讨论和发现，不是在他人心中创造他自己的精神形象。

要是对他的理智兴趣涉及的广阔范围避而不提，那么对他那振作饱满的精力所做的任何叙述都是不充分的。他的理解力和学识是百科全书式的。当我最初认识他时，看到他在阅读和消化那些与心灵和自我问题相关的生物学文献。要是他能多发表点东西，他会给心理学理论指点不同的研究路径，由此造成的影响会被人们普遍承认。在美国的心理学研究中，单纯内省的观点正被调整到引入生物学和社会的事实和概念，我把这种出现的转折主要归功于他的力量。另有些研究者则从他探讨的一些研究课题中大量吸取新颖的见解，由此获得了声誉这样的酬报，而他原本只是因为对这类课题本身太感兴趣才认领了它们。他从生物学又转向对社会学、历史、世界宗教文献、物理学的钻研。一般文学始终是他的良伴。他的学识可以毫不夸张地说，是百科全书式的。也许只有那么几个人知道他对诗歌的爱好有多么炽热。最近这几天，我从他的家人那里不光知晓了他对诗歌的鉴赏力，而且还有他对诗歌的博闻强记。他默识弥尔顿（John Milton）的大部分诗歌，有人曾看到他背诵了两小时弥尔顿的诗，竟然不歇一口气。他对华兹华斯（William Wordsworth）、济慈（John Keats）和莎士比亚，特别是十四行诗，相当熟悉。他劲头十足地去爬山，与他结伴同行的朋友告诉我：当他在山路上行走的时候，自然景色的变幻使他情不自禁地勾起了对英国诗歌的回忆，诗中描绘的一切正印证着他在大自然中看到并深切感受到的东西。一种精确、差不多是逼真图像式的记忆，很难与那种注重吸收、消化、构造的心灵兼容并包。有太多的人想使心灵拥有这种连结能力，但米德先生是罕见的，他没有使自己的人格陷入到分析和分类中去。

乔治·米德的开放心灵正是他达观性格的一种体现。生命中每一种寻常或不寻常的责任在召唤着他，他毫无保留地去认取这些责任。我相信，他从来不会觉得这样做是在自我牺牲，自我牺牲的伦理学对他的思想来说是陌生的东西。他本人的行动显得自发而又自然，只有那些了解他的人才会知道他在承担那份责任时心中感到有多么自在,毫不觉得是在耗费精力。我相信,他对人物和事件的评判令人感受到了他的超常的宽容和慈悲之心,但他从不觉得自己这样做是在有意为之。他的宽容大度不是刻意栽培出来的,不是自我意识之类的东西;它源自他那雍容淳厚的天性。他对社会问题和日常话题怀有浓烈的兴趣,要是有时候他想去了解一些事情含有的思想意义,就是说,去发现这类运动中比之尚欠开阔的目光所能观察到的更多的意义、更为适当的意义,这同样源自他大度容人的天性。他的眼光锐利而又机敏,但人们不会在他那里看到挖苦讥笑之类的东西。亨利·米德曾告诉我,无论他和父亲讨论什么样的社会问题,他最能听到父亲说出的话是,"这件事好像应该如此如此去做比较合适";当他看到可能性的影像,他的头脑立刻转而会去思索如何实现这种可能性的问题。他对各种可能性的超常信念,是他的理想主义之源。

我不打算对他的哲学概念提出任何看法,哪怕是并不充分的看法,这不是合适的时候或地方。但他的哲学概念有三个与他的天性密切相关的方面、与他本人的世界产生共鸣的方面,我却不能不在此略为提及一下。每一位对他的哲学有所了解的人都知道,他的兴趣在于思索人的当下经验方面——这种兴趣在从事文学写作的人当中屡见不鲜,但他却把它发挥成了新颖的哲学形式。我确信这一点是不会错的,即这种踞于他全部哲学中心的兴趣乃系于他对自然和人性景观天生具有的敏锐感受。我以为他很少写作美学之类的文章,但从多方面看,我似乎觉得,他的思想要诀就在于他本人对生活、自然和文学拥有的那种透辟圆融的鉴赏力——要是我们不把它称为美学的鉴赏力,这是因为,它含有的东西比起对这个词的常规解释发明的意义要多得多。

凡是与米德先生有过直接或间接思想交流的人同样会了解,他是多么看重"完美行为"的概念——这一概念形成了今日行为心理学和行动哲学中无论何种可靠概念的来源。在那种整合的行为中可以发现行动、思想和情感的统一,而传统的心理学和哲学却把它们切断并使它们互相对立起来。这种创新、再造的观念同样在米德的人格中有其渊源。他的哲学不存在行动、思考和感受的分割,这皆缘于他本人不具分裂的人格。

每一个对米德先生多少有点了解的人也都知道,他对社会心理学、对生活和世界作出某种社会性的解释抱有浓厚兴趣。或许正是在这方面,他的影响已广为人知。我认为,他对这一论题持有的看法促使我的思想产生了一场革命,虽说就我迟缓的理解力而言还不足以充分把握其蕴义。在他看来,个人的心灵、有意识的自我首先是一个纳入了社会关系的自然世界,然后它化为某种新形式的自我,这个自我进而又去创建自然世界和各种社会设置。要是在所有他与他人的人际关系和社会关系中,没有把他的人格的深度和丰满完美地再现出来,他就不可能感到这样的观念有多么深刻和重要。乔治·米德哲学的完整和持续发展自然而不露声色地表现了他本人的本真人格。

乔治·米德的去世,使我们感到万分悲痛。他未能将他最近在卡鲁斯讲座所作的演讲延续下去,予以充实补足,这是哲学的不幸。但纵使他公开阐述的思想是不完整的,有待做些修剪,人们不会认为光凭这些思想就表达了乔治·米德本人的生活和人格。从方方面面的关系来看,他的人格正因为是整合的东西而保持其完美的本色。他和他的家人、朋友、学生,他的书和他的研究相伴的日子,要是再长久些该有多好啊!但那些增添的日子甚而不会对他的人格的完美性有所损益;它们甚而不会使他在那些相识之人陪伴下度过的余生更趋圆满。他永远活在我们这些与他相识的人的心中。他的完美人格使我们为我们的怠惰、冷漠和玩世不恭感到羞愧;它熠熠生辉,因为它化作了我们珍贵而温暖的记忆,化成了体现进取、爽直、友善等种种美德的新形象。愿我们能够通过某种方式来分享他对生活的可能性始终如一、毫不松懈地持有的信念,分享他那种想方设法来实现这些可能性的旨趣。正是凭借这一虔诚信念,他不知疲倦地奉献了自己的一生;也正是由于这样的奉献,他提升了人类的境界。

人性[①]

对社会科学来说,人性观念的重要性可归为这三个问题:(1)当代的政治和经济制度是不是人性的必然产物?或者更一般地说,是不是人性的构成表明某些社会安排可能是成功的,另一些社会安排则注定会失败?譬如说,是否因人性的事实而使战争成为无法避免的东西呢?是否自我利益在人性中根深蒂固,以致产业的发展只能有赖于为个人利益进行的互相竞争,否则的话,这种发展肯定会走向失败?(2)人性在多大程度上可通过人为的努力加以改变?换句话说,自然或者培育,哪一种形式更重要?要是再换一种其他形式的话来表述便是:遗传和环境互相之间存在何种联系?哪一种因素对于行为的决定更具效力?(3)若涉及个人和团体的关系,那么人性的变化范围有多大,又在多大程度上固定不变?某些种族或社会集团由于不能改变的原因天生就比其他的种族或社会集团低劣吗?对于各集团中个人所处的地位,我们可以提出这个同样的问题。

这些问题引发了许多夹杂着激烈情绪的争论。它们在很大程度上决定了保守主义者和自由主义者、贵族统治论者和民主主义者、民族主义者和国际主义者之间的差别。它们化作了自鸣得意、傲视一切和唯我独尊的情感。所以,要对它们得出不偏不倚的看法是极其困难的。在这类讨论中,人们经常以有所偏袒的理由为据,按照已设定的某种立场为自己的观点作出系统的辩护。然而,有关人性的一个无可否认的事实是:这个术语运用起来含有多种不同的意思,思想史中

---

① 首次发表于《社会科学百科全书》(*Encyclopaedia of the Social Sciences*),纽约:麦克米兰出版公司,1932 年,第 7 卷,第 531—537 页。

存在着某种相似之处，这一点可以从人们对这个术语所作的概念解释，以及按时代一般的制度和思想特征对其所作的解释中看出来。

　　这里可以提到有关这一术语的四种主要构想：（1）这一术语用来指明所称的原初和天然构造之类的东西，它是与生俱来的，并非后天获得的。这一说法可能存在吊诡之处，除非它能把这一点搞清楚：这种构造是赋予所有正常人的共同的东西，还是赋予特别之人的独特的东西。（2）人性应按照所称的心理力量或能力来加以定义，这种"心理"存在与自然物和社会存在形成了对照。据说每个正常人都拥有某种能力，如知觉、判断、记忆、愿望，但这些是形式上的力量；它们与知觉到的、回忆起的、思考中的、想得到的东西存在着区别。这类物质内容自有其外在于人性的来源，它们或源于物质自然，或源于社会生活。这种将人性和其他性质加以划分的二元论已得到广泛的散布，以致它无须作出什么公开表示，便常常影响到人们的讨论：在许多人的眼中，它是"常识"的直接产物。它的身后其实隐藏着一部绵长的思想史：由约翰·洛克详细阐释的这一观点，被英国的自由主义学派承续了下来，它构成了某种区分的基础。一方面，是对固有的"自然"法和"自然"权利（置于人性形式结构中的这种权利是不变的、普遍的）作出区分；另一方面，是对人为的礼貌和政治权利（这种权利依形势不同会有所改变）作出区分。（3）人性本质上是空洞的、无定形的，所以能被外部影响加以塑造。洛克本人便宣称，要是说起任何特别的观念和信仰，那么心灵只是一张白纸，尽管他也赋予心灵以某些形式的能力或力量。他的法国后继者，像孔狄亚克（Étienne Bonnot de Condillac），特别是爱尔维修（Claude-Arien Helvétius），认为他们使洛克的主张获得了逻辑上的一贯性。他们认为，"能力"也就是压印到心灵中的经验，心灵不过是对外部压印易于产生感受的东西。按照这一观点，教育和环境的影响便带有极大的分量。如果有人堕落了，变得一叶障目，只顾追求他们个人的势力和好处，那么这是因为制度造成了他们的那种偏好。（4）用个人或是天赋或是获得的构造说都不能对人性进行适当的构想和定义。人性只能通过其重大的制度性产物——语言、宗教、法律和国家、艺术等才能求得了解。在个人那里，这类产物的展示带有潜在性质，它借助文化习俗的影响而发展成为现实的东西，它构成了客观心灵和意志的内容。这一理论从亚里士多德学说那里，特别是借助他对"潜在"和"现实"的人性所作的区分而获得了某种支持。但尤其是黑格尔（Georg Wilhelm Friedrich Hegel），以及以他为首的制度唯心主义学派，才对此作出了详

30
31

细说明。除了其中表述的那些形而上学的公式之外，这种说明对一代以上研究比较语言学、宗教和法律的德国学者产生了影响，并成了人们提出社会心灵概念的一个重要因素，这一概念构成了整个社会心理学学派的基础。

对这个术语构想出来的内容变化不一，以致期望能就人性及其与社会关系的说法加以更改并达成一致意见，显然是没有希望的。比如，从最后陈说的那个构想来看，它明确否定了原初的、天赋的、结构的和本能的事实，而第一种构想又认为构成人性的东西不只是未加提炼、未得到开发的潜能，它们本身就是可以自行发展完善的东西，它们的生成能力不是知识所能把握的，我们甚或不知怎么来称呼它们，我们的知识仅限于用来记录某种成熟文化的建制形式。这里我们碰到的这个争论的例子，其实早在亚里士多德那里就出现过。亚里士多德问道，我们是把"自然"按起源的意思加以定义，还是按圆满完成，也就是"终结"（ends）的意思来定义。乍看上去，好像可以把这种差别解释为仅仅是文字定义的差别，某个学派使用一个词来说明事实的一个方面，另一个学派使用一个词来说明事实的另一个方面。可是，如果以为可以把这种差别归于人们对使用某个词或许没有达成一致意见，而他们对使用不同的名称来命名各种事物是存在共识的，情况并非如此。要是认为存在这样一种纯天然的原初的人的构造，它区别于所有获得的学到的东西，这并不能见证于事实。这个观点只适用于这样的情况：某个块面产生的静电干扰，也就是说，我们把生成的过程略而不提。比如说，这种理论仿佛是为人的出生拍摄的一张快照，它并不理会这个人待在子宫里的前史和未来的人生记录。这种被认为固定不变、现成的结构是在与环境的相互作用中发生变化的。从生物学的观点来看，所有生长都带有可变性，所有的器官都必须被看作并理解为从他物发展而来，又转化成他物的东西。这样来看，那种构成人性固定的、可加以枚举的禀赋倾向的概念，至多也就是供研究人的某个特殊发展时期之用的方便的思想设计和标杆。企图在一个足够长的时段中，对天赋的和获得的、原初的和驱迫成的东西作出区分，徒劳无益。与所有生来就带有的意图和目的一样，后天产生的意图和目的也会深深扎根于人的心中。"习惯"是人的第二天性，一个大家都承认的事实不是这样讲的吗？另一方面，如果考虑到漫长的生物进化，可以说，如今那种给予的原初的东西是以往长期生长过程的产物。

然而，从实践上看，涉及对天赋和获得的区分加以控制的可能性具有重要的意义。优生学对人的某种未来的可能发展加以禁阻，我们对生长的实践控制从出生那一刻起就开始了；要控制未来的发展，我们必须时时从当下的事情做起。我们必须对现有的器官、冲动、本能倾向加以塑造，因为这些东西是未来发展的资源和资本。可是，这种天然储备物中包含的正是学习和获取的倾向。这种学习，进而去改造和被改造的倾向，本身就是天赋（和遗传）结构的一部分，有关这一点显然含有太多需要讲述的自明之理。不过，必须记住：这一点是确定无疑的，即要强行或简捷地对自然的和获得的、天赋的和文化的东西作出区分，这实在是不可能的。改造的能力是人的倾向之自然构造的一部分，它属于一种天然的学习禀赋（如果在特定时分对它加以定义的话），而学习过程本身又会使这种禀赋产生变化。承认这一事实，会使我们不致去为那些虚假问题耗费精神，转而集中精力来关注这样的重要问题：通过学习以求改造是否存在着某种限度？改造的具体进程为何？它在多大程度上是可控的？

对于这类问题——事实上，也就是对于所有涉及人性的问题——历史上，人们曾存有各种不同的观点。古希腊人的思想依据的是人之天赋、生来不平等这样的信念。这种观点广为人知的表达可见于亚里士多德的陈述：有些人"生来"就是奴隶，因而他们被列为作为生产手段的工具和家畜。商人阶级尽管在法律上是自由人，也属于这个范畴，但他们因其天性而被排斥在真正自由或高尚的心灵生活之外。小店铺的主人也是为物质利益服务的工具，不属于"目的"王国的人。当这种观点在某种程度上因为社会的偏见而被希腊人的制度所吸收，从而得到了合理化，它带来了更多的东西——对人性解释的一种系统思想。按照这类解释，理性应成为人心的主宰者。有些人生来就是奴隶——比这个观点甚而更重要的是——他们在掌握理性的洞察力方面存在固有的缺陷。理性是人心中的统治力量，它是自我管理和参与公民政治的条件。冲动和激情必须臣服于理性的目的，否则就会造成社会道德的混乱。于是，有些人应当成为他人的活动工具，这是天然合理的。希腊人以外的那一大群人不是公民，也不是奴隶，而是要被归为天生就是器械（也就是工具）之类的东西。据说他们所处的道德地位比奴隶还要低，盖因后者生活在其主人家中，通过彼此间的亲密接触获得了反思的理性之类的东西。妇女的身体构造同样是低等的，因而生来就要服从父亲和丈夫；与希腊人相比，野蛮人的地位同样可想而知，虽说精神冲动强烈的北方人种的地位比亚洲人种要高，但占据他们头脑的也是渴求安适、拥有热狂的享受。

希腊文化衰落后不久，斯多葛学派一度成了占优势地位的思想流派，它设定了一种公理——人生而平等,他们之间的差别要归为由习俗、政治组织和经济关系造成的地位差别,这种差别是制度性的而非生来就有的。我们对经历数个世纪完成的一场革命还难以作出说明,但在很多影响的因素中可以辨认出这个事实,斯多葛学派中那些愤世嫉俗者的先驱大部分来自没有公民身份的无产者。城邦国家的衰落以及对类似组织的忠诚的消退、冷漠超然的罗马帝国的壮大、地方性联系的弱化和世界性情感的发展,所有这些都是在这期间发挥了作用的客观力量。

就这个教义的初始形式来看,它并不含有针对现存制度的激进的喻示。政治和经济的不平等并非出于自然,而要归咎到制度,这样的概念并未致使它含有抨击后者的内容。斯多葛学派的观念有利于在个人与个人之间传播那种体现着手足之情的道德感,但总的来说,它呼唤人们诚恳地接受其在现存社会秩序中所处的地位。基督教会同样公布了天然平等的教义,但它也是侧重宗教和道德含义上的解释,并不提及政治上的喻示。然而,教义本身会超越它的原始背景,在后来的日子里,人们对斯多葛学派和基督教有关天然平等的观念作了某种革命性的解释。

希腊主义是希腊思想和东方文化的混合物,它在亚历山大港一带散布开来,并造成了另一种转折,不再把价值赋予物质或人性等任何形式的自然。由于吉尔伯特·默里(Gilbert Murray)说过"精力不足"的原因,这个时代把它的思想和情感兴趣主要放在关心超自然的东西,以及通过特殊手段与其建立一种适宜的关系。那种能对灵魂救赎产生影响的方法价值极大,相比之下,任何形式的社会制度都不具什么价值。逐渐灌输的贬低自然的观点与宗教的联系竟达到了这样的程度,以至于后者丧失了它在古希腊人那里曾有过的那种市民参与的形式。

中世纪的思想主流呈现为各有其来源的种种观念的综合。这个时期曾出现关于人的天然平等的观念,特别在中世纪早期,人们对这个观念备感亲切,这时各基督教会的会众主要由那些没有继承权的人组成。从道德上讲,需要反复灌输一种强烈的道德情感。然而,也出现了这样的传统:与为天堂表征的精神旨趣相比,自然人的价值不值一提。事实上,由于人的堕落造成本性的败坏,需要使自然人服从教会的会规和圣礼,因为教会是经上帝授意设立的精神真理的守护者。修行者圈内盛行的禁欲主义风气也强化了对自然人加以贬损的观点。与此同时,当教会被确立为欧洲至高无上的体制,根据其教义又形成了经院哲学,这时它的正统理论对自然人的概念就远非那么持有敌意了。在复活了的亚里士多德主义的影响下，它反而给予自然人一定限度内的正当地位，也就是说，他要听从启示，不管这种启示在何处权威发布。加之，随着教会和帝制国家争夺权威地位的斗争变得日益尖锐，那种体现着政治权威之常见、确定或者积极特征的教义，它所采取的形式一定会与帝国宣称的东西针锋相对。于是，教会理论家们的学说就被用来当作攻击独裁政府权力的武器，将随后的革命者武装起来。

　　称之为近代的这一时期又对自然产生了新的兴趣，使之重获尊重，这一点已是老生常谈。这种态度也扩及对人性持有的看法。人们显然打算让道德和政治理论摆脱教会，其实也就是所有制度架构的影响。这一运动的积极方面在于发现了研究人性所需的新的道德和政治权威。但在围绕什么是"自然地"占支配地位的要素，由此必须考虑按这一理论对政治理论和实践提供支持的问题上产生了一场论战，人们对人性的看法几乎立即产生了裂隙。由格劳修斯（Hugo Grotius）草创、经欧洲大陆后继者们发展的一个坚持自然法传统的学派强调，"理性"是至关重要的因素。然而，这种理性除了名称外，它与古希腊人的概念很少存在共同之处，虽说它与斯多葛学派的概念多少存在着某种亲缘关系。理性是普遍的要素，这种普遍物含有共同的东西，正是这种共同性使人类的联合得以维系。甚至在政治国家的形态之外，或者在政治国家的形态出现之前，它都成了将社会中所有人聚集到一起的社会纽带。它的社会本性通过那种构成政治组织之基础的自然人、道德、法律得到了表达，如果它有充分的根据，那么政治组织的建立必须遵循这种东西。一批法学家和哲学家正是依据人性的这种要素，对国家及其基本法和公民权利的体系作出了推断。

36　　　17世纪英国人的思想却采取了不同的进路，18世纪盛极一时的法国人的思想全面追随这条路线。大陆的思想欲表明，它们是按照作为人性的支配要素的那种理性对法律和权威作出证明的。英国人关心的是保护个人免遭政府行为的侵害，如有必要，它还要证明反抗有理。从心理学方面看，它从欲望、情感而不是理性起步，以权利理论而非义务理论而告终。作为英国思想真正的奠基人，托马斯·霍布斯（Thomas Hobbes）的著作在确立这一关系方面具有重要的意义，虽说从外表上看，他把他的学说用来证明：对强大的集权国家的诉求是有其道理的。激发他作出这种证明的，是他对教士们的诉求——长老会教友、独立派教徒、英国国教会的拥护者以及天主教徒的诉求——充满敌意。他直接诉诸人性中首要的感情因素。霍布斯对他那个时代的内战和分崩离析感触颇深,他特别提到了恐惧和对安全感的需要。霍布斯之后,英国的政治思想一直以非理性因素的首要性对人性进行解释,指出这些被运用的理性是理性获得自我满足的工具。

然而,伴随新型工商业的兴起,一种重要的变异因素被引入了社会。那些打算对新兴的工业主义作出思想阐发的经济学家按照英国流行的学说,一上来便强调人性的感情方面。可是,在对欲求(wants)的本性和作用的学说加以扩展方面,它们比以往已经发展了的理论要系统得多,从中产生了有关自然法的新概念。按照这种观点,经济活动是基本的活动,人类行为的自然法在非人为性这层意思上正源自这种活动。社会是人为了满足其欲求奋力拼搏的产物,因为这种满足涉入了劳动分工、固定资产的交换。政府和政治行为以次要的方式显示其存在,以便对经济力量的自由发挥提供保护。在其早期阶段,这种理论在对摆脱了对政治行动之人为管制的未来社会作出的预言方面,充满了乐观的调子,其中或隐或显地体现着有关自然和谐的构想。李嘉图(David Ricardo)的地租理论和马尔萨斯(Thomas Robert Malthus)的人口论引入了不可避免的非和谐的冲突因素,这类因素后来造成了对人性作用所持看法上的悲观主义转向。

由此不难看到,欧洲思想史中关于人性的构想大部分呈现出来的并非是由₃₇科学的客观性框定的东西,而是出于制定一种思想公式,为实际的社会运动提供支撑这样的需要。之所以这样,除了把一种观念运用于日后实践活动这种一般趋向外,还存在另外的理由。一种新的社会运动把至此为止在人性中休眠或隐蔽的因素激发了出来,在唤醒它们投入行动的同时,也把它们带入了条理思想的关注范围。可以举出有关事实的一个醒目例子:古希腊人对归于欲求的那种处境作了思辨,而大多数新近的理论却颠覆了这类思辨的结论。在古希腊人的思想中,欲求是某种缺陷的标志,它们是造成社会道德失序的主要原因,必须严格地加以控制。工业革命的理论一般主张:欲求是社会进步的发动机,是激励原创、发明、财富生产和新形式的驱动力。

在往后的日子里,具备生物学基础并以人类学发展为依据的心理学,构成了用更为客观的依据提出人性构成问题的因素。这种心理学的因素清楚地表明:要对人的天然的原初的禀赋得出确定的看法,人们必须从心理学的研究中寻找答案,这类研究关联到对不同生长阶段的人的行为,特别是对在子宫内和出生后不久人的行为进行结构性研究。大致说来,天然禀赋等同于生物的禀赋;承认这一事实,就要适时地把关于物质的理论移出思辨的领域,使它成为可被观察的事实。另一方面,人类学也清楚地表明,以往多种多样的文化和制度形式不能被追溯到所谓原初的无法改变的人性那种东西,它们是社会环境交互作用的产物;它们在数学的意义上,作为制度组织和文化传统行使着功能,把原始的生物材料制作成确定的人的样式。要是我们撇开极端的学派立场不谈,可以认为,人们现在已接受了这一观点:已有的或者仍会存在的丰富多样的文化不可能直接源于任何种类的原初力量和冲动,问题是要用它们自己的术语对作用于原始人性的那种文化环境的多样化进行解释。由于这一事实得到了承认,不变性的问题就被习惯或传统的持存性这样相类似的问题所取代;它全然事关经验的决定,而非先验的理论构造。人性和制度变化存在着某种不可更改的限制,这是没有疑问的,但这些限制要通过经验观察才能知道。就目前阶段来说,我们还未占有足够的使我们这类看法得以立足的经验资料。此外,即使我们发现了这样的限制,重要的问题是要去发现它们是天生的、绝对的,还是说在某种程度上要归为那种造成变化的技术的限制。某些在任何特定时期存在的限制肯定会减少,恰如以前对物理性质的能量控制方面存在的限制一样,它伴随人们对因果关系知识的不断增长而减少了。例如,我们现在可以根据统计学对教育方法的结果,作出某种程度上的预测。但说到要就教育对某个特定之人的发展所起的作用作一预见,则很大程度上还是猜测的事情。我们很难找到这样的事实,通过它可以更为有力地说明目前的技术在促成人性的改变方面存在着限制。尽管有很多学派认为,即便像教育这样一种对性情的改变实施控制的过程,也不过是处在婴儿期的发展状态。

当前主张人性的本质不变性和认为人性在很大程度上是可变的争论,主要是围绕战争的未来和为私人利益驱动的竞争性经济制度的未来问题而展开的。我们有理由不带成见地指出,人类学和历史的证据都支持渴望改变这类制度的那些人的观点。显而易见,许多被归为人性的那种为变化设置障碍的东西,事实上要被归为制度的惰性和权势阶级维护其现有地位的蓄意图谋。就经济制度改造的可能性这一问题来说,历史已经表明,现存的体制相对还比较年轻;可以把发生革命的社会视为社会的实验室,在这个实验室里,人们可以借助其他那些不同于在资本社会中起作用的刺激物,对可靠的经济制度的优越性进行试验。当前被人们认为有望提出的所有涉及人性的一般问题有：愿意用特别具体的"改变"计划来取代不加区分的断言和否定；科学态度的成长弱化了以往观念的力量和决战的呼声；乐于看到在不受外部力量的干预下尝试进行社会实验；对种种教育手段加以运用，它们受制于理智的眼光和计划，而非惯例和传统。

参见：人、本能、习惯、社会的连续性、社会变化、社会控制、制度、种族、文化、环境主义、遗传、经济刺激、利他主义和唯我论、平等、社会改革

参考书目：

Dewey, John, *Human Nature and Conduct* (New York 1922), and *Experience and Nature* (Chicago 1925); Cooley, C. H., *Human Nature and the Social Order* (rev. ed. New York 1922), especially in-troduction; Hocking, W. E., *Human Nature and Its Remaking* (2nd ed. New Haven 1923); Thorndike, E. L., *The Original Nature of Man* in his *Educational Psychology*, vol. i (New York 1913); Boas, Franz, *The Mind of Primitive Man* (New York 1911), and *Anthropology and Modern Life* (New York 1928); Wallas, Graham, *The Great Society* (London 1914), *Our Social Heritage* (New Haven 1921), and *Human Nature in Politics* (3rd ed. London 1914); Bernard, L.L., *Instinct, a Study in Social Psychology* (New York 1924), especially ch. x; Josey, C.C., *The Role of Instinct in Social Philosophy* (New York 1921); Ward, Lester F., "Mind as a Social Factor" in *Glimpses of the Cosmos*, 6 vols. (New York 1913 – 1918) vol. iii, p. 361 – 77, and *Applied Sociology* (Boston 1906) ch. viii; Carlyle, R. W. and A. J., *A History of Mediaeval Political Theory in the West*, 5 vols. (Edinburgh 1903 – 1928) vol. i; Park, Robert E., "Human Nature, Attitudes, and the Mores" in *Social Attitudes*, ed. by Kimball Young (New York 1931) ch. ii; Ogburn, W.F., *Social Change with Respect to Culture and Original Nature* (New York 1922), especially pt. i; Veblen, Thorstein B., *The Instinct of Workmanship* (New York 1914), and "The Preconceptions of Economic Science" in *The Place of Science in Modern Civilisation* (New York 1919) p. 82 – 179; Mitchell, Wesley C., "Human Behavior and Economics" in *Quarterly Journal of Economics*, vol. xxix (1914 – 1915) 1 – 47; Tawney, R.H., *The Acquisitive Society* (New York 1920).

政治和文化①

40　　　如果我能对这个问题中暗含的哲学基础作一下讨论,我会提出这样一个令人极为困惑且争论不休的问题。我指的是条件、环境和人的智力以及审美发展的相互关系问题。有些人认为,政治是外面的事,而观念的东西能够不考虑外部环境自由发展出来。与此相类似,也有一些人主张,企图在没有改变人的信仰、人的欲望和志向之前,就从事任何形式的政治变革或经济体制改革,这是本末倒置。概言之,他们认为,要是你改变了人们的信念、期望、信仰和欲求,那么社会变化就会不请自来。他们把社会变化本身看作外部的事情,并不会对人的心灵、思想构成,或感情潜流的性质——简言之,也就是对我所称的文化的东西真正产生什么影响。相反的观点则认为,我们称为文化的那种心灵、思想和精神活动对广大民众来说,本质上受到他们生活于其中的那种社会环境的制约;文化的发展要是脱离这种环境,只会使它徒劳无益地去求助不存在的东西。

　　然而,我并不是为了泛泛地讨论这个问题,而要提出这样一个特定而有限的问题。

　　显而易见,存在两种我们可用来对任何社会制度加以检验和衡量的手段。其中之一,涉及对身体和物质状况的评估。

　　既定的制度为我们安适自在的生活做了些什么呢? 它用什么来维护我们的
41　安全和体面生活的标准? 如今我们似无需争辩说,如果应用这种特别的检验手

---

① 首次发表于《现代思想家》(*Modern Thinker*),第 1 期(1935 年 5 月),第 168—174、238 页。本文选自杜威在兰德社会科学院所作的讲演,纽约市,1932 年 3 月 14 日。

段来测评一下,我们的现存社会制度是不太够格的。另一种衡量手段是社会制度与那种我暂且称之为文化的发展和保持之间存在的关系。

"文化"这一习语含有的一层意思,是指知识和观念从容自在、甚为有效的播撒分布。在我看来,这种知识和观念的大量传播意味着:这里不仅是说不存在审查官,不仅是说不存在对新观念和新知识的蓄意压制,而这些知识观念是与某一处于政治控制下的特定团体抱有的信仰不谐和的东西。自然,设置这些屏障十分重要。在观念的这种自由传播中,还存在比之对其传播纯然缺少法律管束更多的东西,存在着不知不觉、不易触摸,在许多方面更见成效的管束。人们会单纯因为他们的时代和能力造成的先入之见,挡住自由接近各种观念的通道。他们忙于受纳其他的东西,已经没有理智的力量、精力和时间随时准备去吸收"观念"了。

自由传播的缺失也会单单出于人为设置的阶级屏障,出于某一限定的少数人团体对整个知识和观念范围拥有的实质控制权。换句话说,交流不是单靠去除审查官和压制的法律屏障就能自动发生的事情。它要求对共同经验享有的共同背景,以及对造成这种知识的自由分布持有的共同愿望。

所有既存社会的成员或多或少都讲着不同的语言。可以想见每一个美国人都在说着合乎文法的英语,可是在这个国家里,也有人说不同的语言。一个训练有素的技术专家说的语言与一般外行人不同。教会人士、上教堂做礼拜的公民所操的语言,也有别于那些持有不同道德或宗教传统和背景的人。

在人们用同样的说话方式向外界输出的丰富多彩的语言中,含有思想的养料;而正是它们,形成了所有种类的观念和知识自由传播的屏障。人们或许可借文学批评来说明这一点。文学的功能就是运用潜在地能被理解的、可向大众传达的语言。从这一观点来看,也许我们正要通过这一结论认识到当今本国文学遇到的麻烦和困难。

文化的另一个方面,体现在对诗歌、文学、戏剧、音乐、艺术一般感到的乐趣;推而广之,这种享受能力又及于欣赏自然的美,以及欣赏诸如园林、我们房间的家具陈设、我们使用的器皿等这些东西。要是我们只用一个前缀词"美的"来说明艺术,那么就会在辨别文化的美感方面(aesthetic phase)丧失很多东西。美感享受要是并非基于、得自环境,它就是浮浅的。我们总是通过日常生活的接触,体会到多种多样玲珑可爱的物件带来的安宁愉悦之感。文化的第三方面,表现为我已提到的上述两方面体现的积极意义。真正的文化会对想象、心灵和思想的创造力起到激励作用,它不会仅仅满足于随意接纳现存的心灵和趣味之类的东西,还要把它们建设性地生产出来。这样,知识和观念之泉才能真正保持新鲜和活泛。

我对文化这些主要的要素所作的粗略考察,目的在于提出这样一个问题,即运用这种价值的测量法,我们自己的文明、美国人的生活、我们的社会制度如何来经受其检验。比起我们经受的较为直接的身体和物质上的检验,难道说我们在这方面得到的结果同样糟糕或者更加糟糕吗?

你们对这个问题的看法可能大不相同。有些人似乎会职业性地迷恋于对本国的一切大加赞叹,疾呼这是个最为神奇的国家,拥有这个世界上最为出色的制度。另有一些人会认为,本国的许多东西已呈衰败之象,快要垮掉了。

我想没有人会否认,通过一些确定的途径,我们国家总体上提供了有助于文化发展的外部手段。我们拥有从幼儿园一直到大学的学校体制。我们拥有免费的图书馆和博物馆,出版大量书籍、杂志,等等。我们拥有十分广泛的用以促进知识传播分布的机制。另一方面,没有人会声称,我们已充分利用了这些机制,或者我们的学校已充分实现了这种机制的可能性。它们是潜在的资产,还不能说是得到利用了的资源。

43　　大多数人要是扪心自问,他们会同意,我们牺牲了质量以求数量,我们为我们提供的实物规划和行政手段感到沾沾自喜,以为事情本身会自动运行起来,全然不顾它们背后人心的作用。就较高级的科学和艺术的文化形式而论,我们仍没有达到某些欧洲国家的水平,甚至没有达到很少拥有像我们这样的外部设施的那些国家的水平。

对这种批评的一种回答是:美国人过于热衷征服新土地,把它置于人的控制之下,而不是花时间去追求高级的东西;当我们完成了生活中满足身体、物质需要的一面,我们就会创造文化。

有些人给出的另一种理由是:若就其高级形式而言,文化本质上是少数人圈子享有的东西,所以高级文化和贵族制实际上密不可分。他们断言,想把文化推广到普罗大众,就会把它冲淡;这种稀释,会达到使它失去所有造成其鲜明特性东西的程度。

从历史上看,对这种观点确实有太多的话要说。作为通例,属于有权有闲阶级中的一小撮人是艺术的保护人。从古希腊时代一直到 18 世纪,情况都是这样——英国文学大家那些作品中的题辞甚至也能证明这一点。文人学士惯于求得某些贵族的庇护和承认。这是唯一确保他们生计无虞的途径。

在沙皇时期,尽管俄国的政治进步缓慢,其音乐、戏剧和小说却臻于欧洲任何国家取得的那种成就的极致。这一事实似乎给出了一种证据,说明在获得普遍性的成就方面,民主主义文化的水平远未达到过去贵族文化标明的那种极高水准。

这里,我想冒昧将上述问题先岔开一下,从我已讲过的三种思路出发,就文化的发展来考虑一下社会秩序中经济方面的问题。我想提出这样的问题:是否这种广泛分布的文化的有限性真的要归为人性本身的有限性,这种有限性随着文化的散播以精确的比例减弱,变得稀松,于是文化的强度便与分享者的数量呈现一种反比例的关系?

首先,比起广大民众固有的精神或心理缺陷,我们经济制度的商业化性质不可能造成更大的限制力量吗?

有关一般民主主义文化可能性的相反观点提到了收音机、电影和大众戏剧,认为它们同样是基于智力和美感方面很低的标准。是否可以说为这些事物所定的低标准(我认为我们大家都同意,它们远没有达到其应该达到的那种标准),可能最终归结为经济的原因?

那些操控现存体制的人,也就是说,那些掌握着这类文化产品营销渠道的人,他们发现,要通过简捷的途径把他们追逐的金钱搞到手,就要维持很低的标准。我们或许要回复说,除非他们给予民众的是后者欲求的东西,否则不可能从民众身上赚钱。所以他们用智力和美感上的低档货来赚钱这一事实,还是证明了民众无力欣赏美好的东西。我认为,这一证据正是报纸上为了证明其满足了民众欲求给出的证据。首先,他们创造了追求某类事物的欲望,一旦他们让民众去追求这类东西,便以此为凭,说他们只是把民众想要的东西送给了民众。不是民众最终造成了这种需求,而是需求的提供者决定着供应的水准。不能不考虑用千百种窍门以图进行操控的金钱的动机,假如不涉入金钱利润的因素,我们获得的那类事物不太会保持现存的这种水准。

我从来就不是某些人所称的"纯粹"科学的坚定信奉者,因为这意味着人们无须对科学加以利用。存在着很多种应用的方式。我们可以应用生理学以增进健康,消除疾病;可以应用物理学来赚钱;可以应用化学来生产毒气和在战争中使用的高性能炸药。这么说来,美国的科学发展仍然相对落后,是否原因仅在于对实际应用感兴趣这种情况呢? 或者说,是否某种存在的经济制度为了赚取金钱利润而将应用作为强调的重点了呢? 是否说这要归因于智力活动的偏差,而所以会造成这种偏差,是因为我们的经济制度恰好不是对科学应用,而是对支配着这种应用的商业和金钱目的给予了巨大的犒赏? 文人学士经常对美国的文化和社会进行批评,却不涉及作为其基础的经济制度。在我看来,他们所谈的只是结果,而不是原因。

我想把一般的应用和着眼于狭隘的商业赚钱目的的那种应用明确地区分开来。我从未听说过有这样的事:为什么一位研究科学的人不太在乎科学上的发现,原来他怕有人会应用这些发现去提升人类生活的水准。有些人抱有极其纯粹的研究动机,他们无需念及其他任何事情,但就大多数研究者对真理和发现持有的兴趣来看,其中也含有对此类发现作出有益应用的意识。

巴斯德(Louis Pasteur)的研究引发了现代医学革命。我从未听说过,巴斯德的研究少了些科学特性,因为他还将民众的痛苦牵挂于心,要用他的科学研究来消除疾病。

再举一个例子:我不认为一个很多人居住的贫民窟会存在多么高级的大众艺术标准。他们的当下环境,或者说他们整天与之打交道的东西,使他们对丑陋、下贱的东西习以为常。这样的一群人不可能获得富有艺术气息的文化,他们不能免费去听音乐会,到大都会博物馆去看画展,到公共图书馆去看书。在这样的环境中,也许会有少数人拥有真正的美学欣赏能力。从经济上看,即使是这类最有可能向往高级文化的人,也会对人类现存环境中那些丑陋的东西变得熟视无睹。比如,对建筑家们批评的那些分布在公园大街以及其他街区的贫民窟熟视无睹,比起那些供出租用的高档公寓,这些街区中出于利润目的建造的箱式房子使房产商获利更多,但它不太会是能够提升美学艺术标准的那种类型的房子。

在古希腊的自由人那里存在很高的民众美学欣赏的标准,因为作用于他们感官的整个环境为他们提供了有欣赏价值的对称和美的东西,使他们能够敏锐地知觉到对凝聚着美学成就的那种完美形式的任何偏离。

我们有某些适当理由为我们自由教育的一般体系感到骄傲,但是,即使撇开所有质量方面的问题不谈,仅从它达到的人口普及化的观点来看,我们的成就宁可说也是初步的。当然,我们的学校比 40 年前要多得多,但仍有过半的在校生在 12 岁、14 岁、15 岁时便离开了学校。

要是我们来仔细考虑一下现代生活的复杂性,以及要靠科学知识来应付这种复杂性的情况;再来仔细想一想有多少平均年龄只有 14 岁或 15 岁的青少年中止学业的情况,我们就能看到,若非为人们提供更多的机会,他们的心智会受到限制。即使从数量上来看,我们仍远不能说已实现了一般教育的理想。至于说到质量评价的问题,那么这里要说的东西更是不胜枚举。

那么,当我们谈到一种真正的民主主义文化可能性的时候,把批评的矛头指向大部分民众那种固有的愚昧无知的假定情况,这样的指向是否正确呢?这不是一个有确定答案的问题。可以想见,在一种尽可能好的经济制度中,也会遗存相当部分因内在的无能而持有很低的智力和艺术水准的人口。所以,我说这样的情况是可能的。但我也会说,正因为它是一种想见的情况,到底真实情况如何,我们对此实在一无所知。为这种观点提供的证据不会比相反观点能够引证的东西更多,何况出于一种简单的理由。我们从来就没有系统地作出努力,以便找到民众身上那种体现真正人性的东西。有一种观点说,尽管我们有公立学校的体制,大多数民众测得的智商仍然很低,如把这种说法引为上述观点的证据,它也是无力的。要使这个肯定的证据具备任何分量,我们就不能不知道校外和校内的所有情况,就不能不去对社会、经济、政治,以及对这些没有获得测试高分的人施加的所有间接影响的状况先作一番了解。

有些古希腊哲学家认为,有必要维持一个广大的、智力上未开化的阶级,为的是供养少数人,使这些人能有闲暇去享受那种自由思考、高度开发智力的生活。在古代世界生产有限的状况下,也许他们的想法是对的。伴随现代出现的机器和发明创造,伴随现在人们对原材料和技能运用能力的增长,这种贵族阶级少数人享有文化和广大民众欠缺文化的分隔状况再也不应存在下去。

还有一类文学批评家对机器和机器对人所做的事感到困扰不安,他们认为机器的本性就是残酷的,他们认为,要是有人不与他们站到一起对机器加以谴责,就表明此人拥有的是那种坚硬、不具美感的心灵。

我倒是同意另一些人的看法,他们认为,把我们变得粗俗不堪的不是机器,而是机器的拥有者,这些拥有者为了赚取金钱利润,使机器飞快运转,迫使工人长时间在有损身心健康的环境中干活,并使工人无法接触到工业的智力方面,比如管理等方面。

如果我们略为回想一下,显而易见,机器是一个伟大的解放者,它不仅解放了人的手足气力,而且解放了人的心灵。它使人利用的时间增多、休闲时间增多,它消除了纯粹体力劳动这种不必要的精力付出,由此增加了文化发展的机会。

看来有一个结论是清楚的,除了当今经济秩序的坚定捍卫者之外,没有人会对它有所质疑。我们从未尝试去进行一场实验,创造一种遍及整个社会的广泛分布的文化。相反,文化已成了极小部分人私下享有的东西。为了开展这场实验,我们必须改革经济制度,从而为心灵、想象力和情感的自由运行提供可靠的基础。我们必须除去当今妨碍知识和观念自由传播的所有屏障。我们必须改变赖以施展人类活力的那种动机,使之不至于以现在这样的规模被转移掉,转入对他人滥施权力的方向。

本国人的很大一部分心智能力、敏锐思想、创造发明等等,都花费在做生意之类的事情上了。也有一部分花费在工业上,但更多的是花费在操纵他人需要的事情上,以便从他人身上赚取金钱利润。文化方方面面的不景气都沉重地反映出经济萧条和压制的实情。我们必须把我们独创的民主观念运用于文化和政治,而没有经济上的变革,就不可能实现这一目的。

如果我们不能创造一种民主主义文化,那么,一个在我们的制度、我们的民主环境中出生成长的人就成了一个失败的人。这一点毫无疑问,这甚至不是面包和穿衣之类的问题;比这个问题更重要的,是直接在本国文化生活中推广民主观念的可能性问题。

科学和社会[①]

[演说]

现今西方世界的文明,尤其是美国文明之意义重大的形式,源于17世纪自然科学领域发生的伟大革命。这一看法已是人所共知。

这样的看法也是一种老生常谈:我们生活在一个工业时代,新的生产、分配和交流媒介正在对所有人的关系和所有的制度进行改造。还有一种老生常谈(虽然人们不会经常承认这一点)是说,工业革命造成的社会变化本身就是运用新的自然科学的产物。

我们似很有必要想到,科学本身不过是一种技术,是一种工具手段,是运用于办事程序的一种精致而有效的方法。如果我们牢记这一事实,就不会对科学卑躬屈膝,把它看作启蒙和进步的源泉;也不会对科学横加指责,把它看作显然对我们大家造成危害的那种社会病的始作俑者。因为我们会认识到,人类运用科学正如运用其他形式的技术一样,都是为了收获成果,而这种运用的方式则要追溯到我们的理想,追溯到赋予使用工具的人类以活力的各种观念。火药技术的精义是一样的,不管它是被用来从采石场采集石块建造更好的供人居住的房屋,还是用于向不幸的人群倾泻雨点般的炮弹。机器技术都具有同一的本质,无论人们用它来满足人类需要、创造社会福祉,还是用于满足对金钱财富和权势地

---

① 首次发表于《利哈伊大学校友通讯》(*Lehigh Alumni Bulletin*),第18期(1931年7月),第6—7页。本文选自杜威在利哈伊大学毕业生典礼上的演说,伯利恒,宾夕法尼亚州,1931年6月9日。

位的贪欲。

　　当今文明面临的最大问题,人们差不多可以说到的终极问题,就是这种对科学及相关技术的工具手段性质的运用——由此塑造了人性——到底成了为善还是为恶的最有利因素,人类对此仍一无所知。如果与人类在地球上数百万年的生存史相比,这种因素仍显得像个婴儿,尽管这个婴儿有着巨人般的身材。

　　当这种因素发展到不再为它的存在斗争的时候,便产生了它要发挥何种作用的问题。这是一些决定性的时代,是突变期,看来就是自然科学的情况。它已到达的那个位置使它无法止步不前,但它不能再按以前的路径走下去了。它创造了一种新的能对人的所有活动施加影响的外部社会环境,如今它必须承担起一种新的责任:这是一个对有计划的社会结果加以引导和应用的问题。人类掌握了一种得心应手的工具,除非他们沉迷于零敲碎打、毫无筹划地对这种工具进行操作,否则,他们必须仔细想一想:应怎样对待它呢? 他们打算为了何种目的来运用它呢?

　　一般说来,科学是被当作一种工具,用来增进早在它出世以前便已萌生的那些利益和价值。它很少做过什么事来改变人们对社会事务所持的基本信仰和态度。它提供了有效手段,用以实现前科学时期一直有的各种欲望和目的。所以,让我再回到前面已提到的那个观点:科学这种新的工具向人类提出了迫使人性就范的巨大的道德挑战。

　　我们已拥有足够的理智来创造新的技术和工具,我们还没有充分运用那些为了对塑造人类命运的因素加以控制的社会目的审慎而系统创造出来的东西。在自然力仍以巨大规模编排着生产和物质分配的年代,在个别人的努力仍被庞大的非人性体制制约的年代,我们还在有口无心地重复着那种有关个人努力和创造性的前科学年代的陈词滥调。

　　科学方法使我们得出的第一个教训是:它是对科学技术操作领域实施控制的产物。我们对社会生活的各方面,无论国际还是国内几乎完全缺乏控制,这足以证明,我们还没有开始对这些领域进行科学操作。我们在报纸上和私下言谈中对俄国的五年和十年计划议论纷纷,但事实上,这个计划正由某个国家加以实施;我们大多数人对该国制定的政策不表示赞同,这无形中掩盖了这个基本事实,即这是一个有组织的控制计划——换句话说,它打算运用由协调的知识和智力技能构成的科学技术,以便履行将自然科学的力量运用于社会目的这样的命令。这种尝试是否与共产主义制度存在着内在的、密不可分的联系呢?倘使两者果真密不可分,我们就要公开承认:解决社会问题的科学途径只有在共产主义制度下才能找到。倘使——我相信是这样——两者并非密不可分,那么,这就对我们生活在另一种社会制度下的人们提出了一种挑战和警告:我们要搞出一套对我们的社会需要、问题、手段和后果加以科学、有效思考的方法,尽管如果这么去做,就要在行进的道路上铲除过时了的标语口号和臭名昭著的唯我论。因为终极的问题不是个人主义和社会主义、资本主义和共产主义的问题,而是未加训练的思想、胡乱的行动和科学的规划及行动的问题。

让我返回到我已提到的那种老生常谈。我们正生活在这样的世界中,各种变化正在史无前例的范围内以迅猛的步伐展开。但这个陈述只说出了一半的真相。它要求把科学运用于外部世界,但它还没有掌握我们的思想和道德态度。我们对物质的条件和力量在作科学的思考,至少有些人已在这样做了,他们的思考对我们所有人日常生活的各个方面都产生了影响。但我们几乎还没有开始对人类关系进行科学思考。数个世纪以来已确立的制度,阻碍了我们作出这类尝试。当它开始关注社会问题时,我们被家庭、教会、学校、政府和商业这类围绕我们设立的体制所支配了的思想习惯,偶然发现了一种探究和证明的有效技术;之所以说它是有效的,因为可以把它最终归结为控制。这是我们当代人生活中的矛盾。这种矛盾经由我们表现出来的绝非罕见的原始的违抗态度,成了当今可用大量证据来说明的那些人间苦难的根源。

我们不能听凭这一世界性矛盾持续下去了,在这个世界中,我们对可见的效果加以规划和控制,而对于应用这些外在结果的心灵态度却缺乏科学的控制,也不懂得去趋利避害。如果这是真的,就像人们有时所说的那样,我们拥有的自然科学知识远胜于我们拥有的社会或人文知识;之所以如此,只是因为我们失之于把自然科学知识和自然科学技术应用于社会目的。以为我们只要通过收集和整理事实就能发展社会科学的想法,正如那种以为不经过对行动的实验控制就能产生自然科学的古老观念一样,显得徒劳无益。当我们系统地来运用这些知识和工具手段时,必定已经实现了享有某种安宁富裕生活的目的。我们知道,这种生活是值得向往的。我们将要打造社会科学,正如人们积极地运用从物理学的发现中产生的工具和数字技术来打造自然科学一样。

由此可见，伟大的科学革命即将来临，它将确保人们把他们集体组织起来的知识运用于社会，确保他们有计划地运用科学程序如实地对社会关系加以控制。人们已目睹了上世纪发生的巨大变化，只要本年度和下一年度走出这所大学校门的毕业生怀有科学地看待社会变化的可能性的信念，并以坚定果敢的决心在工作中贯彻这一信念，则他们将要看到的变化将远非过去年代的变化所能比拟。

科学和社会①

[《哲学与文明》]

西方世界文明外在的意义重大的形式是机器及相关技术的产物。间接地来看,它们是 17 世纪发生的科学革命的产物。就其对人的外在习惯、显著兴趣产生的影响来看,就其对人们工作和交往的环境,无论家庭、工厂、国家还是国际环境造成的影响来看,科学显然构成了现代世界最强有力的社会因素。然而,对它的操作是非谋划性的,并没有对人的思想和目的产生转化性质的作用。这一外部和内部操作之间存在的反差,造成了我们生活的巨大矛盾。思想和渴望的习性实质上还保存着它们在科学产生之前的那种形式,而它们据以取得效果的种种条件已被科学基本上改变了。

当我们审视科学对外部社会造成的结果时,我们发现不可能理解科学事变的作用程度和范围了。艾尔弗雷德·诺思·怀特海(Alfred North Whitehead)近来提请人们注意社会变化的时间跨度逐步缩短的情况。50 万年来地球的基本形貌没发生什么改变,5000 年来自然条件的变化,例如气候的变化,更是微不足道。5000 年来差不多一直到我们今天,技术变化只在零星的时段中发生过。照他的说法,自公元 100 到 1400 年,这期间没有出现过任何重大的技术变化。从 1780 到 1830 年,这 50 年间引入的蒸汽动力造成的变化,比先前千余年中可

① 首次载于《哲学与文明》(*Philosophy and Civilization*)一书,纽约:明顿-鲍尔奇出版公司,1931 年,第 318—330 页。

54 见的变化还要明显。而过去 40 年里化学技术的进步和对电力及无线电波的利用，竟使上述利用蒸汽动力造成的变化也显得步履蹒跚了。

这种使人眼花缭乱的快速步伐，正改变着我们的家庭生活、政治制度、国际关系和人际交往形式。我们不可能对这些变化加以品评、掂量，它们来得过于出其不意。我们还未来得及有时间去领悟它们，还没有等到我们开始对这样一种变化的意义进行理解，下一个变化便取代了它的位置。我们的头脑被突如其来又一再重复的撞击搞得昏昏然。从外部社会的情况来看，科学被运用于正在产生着我们的制度条件，其速度之快足以使我们迷惑不解：我们到底在创造何种文明？

正是出于这类困惑，我们甚至无力对科学作用的社会性的得与失给出大致的说明。但至少我们知道，早期乐观主义那种以为将理性拥戴为王，通过自然科学的进步来消除迷信、无知和压制的思想是无法得到证明的。人们抛却了一些迷信，但源于科学的机器装置却可能向众多的人散布一种新的谬误和幻觉。事实上想要为科学制定一个收入支出表，真是愚不可及。这是在讲述神话，它把科学人格化了，假定它为了自身利益也拥有了意志和能量。真实的情况是：科学严格说来是非人化的，它是知识的一种方法和载体。它对运用它的人类产生其作用和后果。它对显示人类活力的各种目的和愿望被动地作出适应。它不偏不倚，既履行着医疗卫生方面的仁慈职责，也在从事毁灭性的战争行为。它打开了新的视野，使一些人能够登高望远；它通过为机器拥有者创造金钱利益，又使另一些人成了机器的奴隶，使他们变得消沉沮丧。

科学及其运用造成的中立性使我们不适合谈论它的破产，或者把它说成是新时代的引领者，这样的说法显得荒谬无聊。要是我们认识到这一事实，就应该把注意力放到控制其运用的人的目的和动机上来。科学是一种工具、一种方法、一种技术的载体。对那些从事对其探究的研究者们来说，它是一种目的；但在大部分人的感觉中，它是一种手段、一种工具。我们应当为了何种目的来运用它55 呢？应当着眼于促进社会的福祉，审慎、系统地来运用它，还是可以置其造成巨大的社会变化的后果于不顾，首先利用它来扩大个人的权势？是应当用科学态度来创造新的心灵态度和道德态度，还是说，仍应继续把它作为被科学产生以前业已形成的一整套愿望、目的和制度控制的东西？对科学运用进行控制的那种态度，本身是否会被科学技术所影响，以至于能与其精神谐和一致？

我再重复一遍：我们的智慧始于这样的认识，即科学本身是一种工具，它并不在乎对外部作怎样的推广运用。通过机械装置产生作用的蒸汽电力仍然是自然力，唯一的问题是人们驱动机械装置来进行工作的那种目的。火药的技术本质是一样的，无论它被用于开山炸石，为人类建造更好的住房；还是被用于发射炮弹，使战场上的一批批士兵轰然倒地。飞机提供了更为贴近的交往和理解的结合手段，从而把距离相隔很远的人们联接起来，但它也会被用于向不幸的人群投下致命的炸弹。我们不能不来考虑一下人类的观念、理想与作为工具的科学造成的社会后果之间的关系。

我们所谈的是文明迄今面临的最大问题。可以毫不夸张地说，这也是当代人生活面临的最严重的问题。我们握有世界迄今所知最强有力的为善或为恶的工具手段。我们准备怎样来利用它呢？我们会把我们没有受到其影响的那种基本目的弃置一旁，仅仅把它当作不抱合作态度的个人聚敛自身财富的手段看待吗？我们会不顾科学提供给我们的新方法而尝试改良人心吗？教会和国家的一些上层人士竭力主张推动这一进程，他们想依靠某种没有受到科学影响的道德和宗教的感化作用来改变人的欲望和目的；这样，他们就能利用科学和机械技术来服务于有益的社会目的。最近公布的"教皇通谕"，以权威文件的形式表达了某种观点，这就是说，要完全仰赖内心的新生来保卫社会，使之不致由于滥用科学而受到侵害。除教会团体外，还有许多"知识分子"想要完全摆脱科学的理智，通过诉诸内心的"精神"概念来完成所需的工作。但还存在另一种替代方案，即将科学方法置入我们自己控制性的态度和性情之中，把新的技术当作指导我们思想和行为的手段，用它来对社会力量进行有计划的控制。

从人类历史的角度看，科学和机械技术仍是新生的东西。尽管它们身材巨大，却还是个婴儿。较之人类在地球上数百万年的生存史，300年只能说是短暂的一瞬。要是看到人类漫长历史中酿成的制度和心灵习惯的惰性，那就不用对这一点感到惊讶：为什么这种体现了科学本质的机械和计算技术几乎没有对人的态度打上什么印记。在它产生之前就已存在的势不可抑的传统和意志，要把新的工具控制起来服务于它们的目的；此外，科学还要为其生存而斗争，它要面对教会和国家这些强大对手。它需要朋友，它有效地促进了资本主义，并乐意与这一新兴制度结成同盟。如果说它想培育一种世俗主义，并创造了一种占支配地位的物质利益，那么它是否还能与传统的道德和宗教本质上保持谐和一致，仍

56

是一个有待争辩的问题。但是,要把科学方法严肃地运用于根本的信仰和态度的重建中,还缺乏必不可少的条件;况且,新科学的发展还面临许多内部困难,它要花很大的精力把当作工具来看待的那种工具完善化。由于所有这些情况,我们对利用科学服务于过去的利益这一事实就不用感到奇怪了。

如今,形势已有了根本改变。涉及物理领域的自然科学所提出的主张无可质疑,确实,它的威望如此之高,以致其名称和工作几乎罩上了一层迷信的光环。它的进步已不再仰赖少数几个不受约束的心灵的那种冒险探究。不仅各种大学被组织起来以推动学术研究,而且人们差不多可以想象,即使废除了大学的实验室,他们仍会感到对科学的持续进步抱有信心。工业的发展驱使人们把科学探究的成果运用于生产和销售过程。我们发现大众出版物给出的科学对实业带来益处的证明有多少,它们给出的有关科学与宗教可以和睦相处的证明也就有多少。

在这种形势下,科学技术从属于在其兴盛之前就已存在的种种目的和制度的情况就不能无休止地延续下去了。任何事物的生长过程都有臻至成熟的那一天,当这一阶段到来之时,保护性的抚育期便告结束。确保适当使用的问题变成了确保生长的条件问题。如今,科学已站稳了脚跟,并创造了一种新的社会环境,它(若此刻我把它人格化的话)要面对其社会责任的问题。如果去掉人格化的说法,那就是说,我们这些掌握了强大而完善工具的人、决定着社会变化性质的人必须来设问一下:什么是我们乐于看到的变化,什么是我们想要防范的东西?简言之,我们必须像过去小心翼翼地对其物理的运作和后果进行筹划那样,对其社会效果进行精心筹划。就其对人产生的作用而论,直至今日,我们仍在心不在焉地运用科学。现在的情形是:科学对自然能量获得了非同寻常的控制,它对社会经济却不作计划,任其自便,全然没有控制。这是对上述这一延续至今的蠢事给出的可怕证明。

有关科学运用的社会效果仍是一件附带的事,尽管我们已允许从固有的个人和无组织的动机出发对这种运用加以控制。很难找到一种更好的证据来证明,这样的情况是一个事实而不是基于那种流行的理论,即这种对科学不加约束的运用是符合"自然法则"的,竭力要对其社会效果有计划地实施控制,这会造成对自然的干涉。用某种有关个人自由的奇特观念造成的运用来证明社会事务中意外事件的支配地位,是人们给出的另一种确凿证据。这种举足轻重、会引起广泛、持久和客观的社会变化的强有力工具，必须听凭纯粹个人为获得纯粹个人私利的愿望所摆布，这是一种无政府主义的学说。我们今天生活的毫无保障，正是在实践中采纳这种无政府主义学说结出的果实。

工业技术源自科学的内在性质，因为科学本身本质上就是有关装置、材料和数字的技术。但是，决定着这些技术运用之社会结果的金钱的目的，却并非源自科学的内在性质。它们源于制度和伴随而来的心灵及风俗习性，所有这些东西早在任何像科学和机器这样的事物产生以前便已确立了自己的地位。结果，对科学的运用成了把私有财产制度及相关的法律关系扩展到超出其先前影响范围的手段，它被当作承载着一大堆股票债券的设置来加以运作，以便获得利润和权力形式的投资回报，而这种回报远远超出了通过实际工作和服务累积的报酬。

这就是我们当今社会问题的要害所在。科学还难以被用来改变人们对于社会事务所持的基本行为态度。它被用来极大地扩展在它之前便已产生了的种种利益和价值的范围和势力。这是我们文明造成的矛盾。科学作为曾经出现过的最有力的控制工具，以其拥有的潜力向人类发出了重大的现实挑战。

科学可以在某一个领域中作为社会控制的作用者，被稍微系统化地加以利用。法国大革命中有个人叫孔多塞（Marquis de Condorcet），他在身陷牢狱、即将被送上断头台的时候，曾著文欢呼微积分学的发明很可能开辟了一个新时代。透过这种新的数学计算方法，他看到了实施安全保障方法的承诺，这种方法会对人性面临的各种灾难施加影响。对死亡、火灾、飓风等的防范措施，在一定程度上证实了他的预言。然而，要是涉及广大而重要的社会领域，那么，我们才刚刚开始运用安全保障的方法来对付生命和死亡的不测事件，我们用以对付怀孕、疾病、老年、失业危险的安全保障办法仍然很不成熟。所有的反动势力都对此类观念抱以敌视的态度。为产业用工事故推出的社会保险招致的重重阻难，就是一个证据。被无政府主义称作自然法则和个人自由之类的东西，仍被成功地运用于阻挠对于科学知识资源有计划的社会利用。

可是，制定防范危害和不测事件的安全保障办法却是当前社会运用科学走得最远、而非刚刚起步的方面。汽车每年夺人性命或使人致残的人数，要多于所有在工厂、商店和农场发生事故中受到伤害的人数。这一事实明白无误地表明，即使是在我们花了极大气力运用科学的领域里，我们取得的进展仍然十分缓慢。然而，也正是在这个领域，有计划地运用科学知识来为社会造福这样的观念至少已经得到了承认。我们不再把瘟疫、饥饿和疾病视作必要的"自然法则"或者超自然力量的赏赐。我们借助医药和公共卫生的防范手段以及各种治疗措施,即使难以说是在事实上,至少也在观念上,在生活的这样一个领域内用技术取代了巫术、机会和听天由命的宰制地位。并且,正如我说的那样,在这里,我们在对科学有计划的运用方面取得的进展颇为可观,并非毫无建树。若非由于科学的稚嫩,以及所有心灵和道德变化方面历史地显现出的那种缓慢过程,我们很难找到一种语言来表达对这样一种情形的惊愕之感:我们对物理的能量和条件取得了广泛而精确的控制,却把有关社会的操作及其引发的后果交由机遇、自由放任、金钱的特权地位来支配,交由陈旧的制度和传统惰性来支配。

孔多塞的观点受到培根思想的启发。但是,培根式的为了拯救人类遗产并提升其品质而提出对所有知识系统加以组织的理想、那种有计划地对发现和发明加以控制的理想,在弗朗西斯·培根(Francis Bacon)数世纪以前将它们提出后,至今差不多仍是一种纯粹理想化的东西。尽管如此,这一点也是真的,即这期间对社会的有计划控制所依赖的物理和数学技术已取得了不可估量的进步,这一结论不容怀疑。科学已改变了外部生活场所的面貌,却还难以触及人们发挥着有效作用的心灵和性格。

让我们来考虑一下社会行动的这样一个方面,也就是教育方面,在这里,科学也许在理论上可被设想为能够取得最为快速的效果。在对青少年的教育过程中,科学方法似乎可以立即取得转化心灵态度的效果,而不会遭遇在成年人那里出现的重重障碍。在高等教育中,在各类大学和技术学校中,人们做着大量的研究,传授着大量的科学知识。但现代心理学原理表明,基本的心灵态度形成于人的早年。容我斗胆断言,在初级教育中,在家庭和学校中形成的大部分思想习惯,不太会受科学方法的影响。即使在我们所称的实行"进步教育"的学校,科学通常也被看作辅助学科,是一种额外的点缀,而不是被当作发展正确的心灵态度的主要手段。它一般被视为又一个通过传统方法获取现成信息的载体,或者被视为应景式的消遣玩意儿。它还没有作为所有学科中奠定所有的有效思想进路和起点的方法而取得其立足点。然而,要说科学方法并非是某种神秘难解的东西而体现着对理智最有效的操作,那么,这一点是不证自明的:获得思想、观察和探究的科学态度应当成为我们研究和学习的主要内容。

这里尤其要提到我们文明承继的两方面矛盾。长期以来,我们信守民主原则的理论和言词,但到处都充斥着对民主的批评,充斥着那种断言,即民主是无用的、形同虚设的东西。在前几个月里,我们已不时地听到对我们的经济及工业制度作出的类似断言。例如,艾维·李(Ivy Lee)先生最近在一次题为"这是个令人困惑的时刻"的毕业典礼演讲中,引证了有代表性的教士、铁路公司总裁和政论家的话,认为我们的资本主义制度正在经受考验。可是,他的言论只谈到这个制度的一个特征:到处存在的失业,以及伴随而来的不安全感。在此我似无必要涉入经济和政治问题,但基本的事实是:如果说民主和资本主义正在经受考验,那么,这实际上就是说我们的集体理智正在经受考验。我们已在物理领域充分施展才智,开发了新的强有力的科学技术工具。我们仍然没有发挥足够的才智、审慎、系统地运用这种工具来对它的社会运作及产生的后果加以控制。

运用科学方法告诉我们的第一个教训是:控制要与认知和理解携手并进。哪里有技术,哪里便存在对技术应用的那个区域的各种力量和条件进行疏理的可能性。无须强调这一点,即我们对人类关系诸领域,国家、家庭、国际关系领域仍然缺乏控制。这就证明,我们还没有开始对这类事务进行科学运作。报纸杂志上对俄国的五年计划和十年计划开展了充分讨论,但该计划是由一个与我们所有人的信仰格格不入的专制国家加以推行这样的事实,往往将我们思考根本问题的注意力转移掉了。我们应注意的不是这种政治背景,也不是其共产党人的背景。正是通过利用所有可加利用的知识资源和专家资源,这个国家正在尝试实施有组织的社会计划和控制。要是暂且不去考虑这种特殊的俄国政治背景,我们就会看到,那里的人们正在努力运用协调性的知识和技术能力,动用经济资源来锻造稳定的社会秩序。

认为只有在一个共产党人的社会里才有可能实施这种有组织的计划,这种看法不啻是屈从于共产主义的样本。但若是根据任何其他的看法,那么可以说,俄国人的努力对在另一种政治经济制度中生活的人们发出了挑战和警告。它呼唤在对我们自己的需要、问题、恶行以及种种可能性进行科学的考察中,运用我们更为先进的知识技术来达到对社会后果某种程度上的控制,不管我们愿意与否,这种控制正是运用科学的结果。挡我们道的是许多过时的传统习俗、老掉牙的标语口号,它们取代了思想的责任,也将我们那种置于牢固地位的损人利己的自我利益掩饰了起来。只有当我们不再言不由衷地重复那些陈词滥调,不再局限于思考个人主义和社会主义、资本主义和共产主义这类互为对立面的东西,才能真正开始形成理智的思想；并认识到，真正的问题是混乱和秩序、机会和控制：胡乱地运用科学技术，还是有计划地运用科学技术？

于是，我们开头所作的陈述，即我们生活的世界正以非同寻常的规模和速度发生着变化的陈述，只有一半为真。它表达了科学运用于外部世界的情形，它并未表明科学也在改变着我们的思想和道德态度。我们对物理性质的条件和能量进行科学思考，至少有些人这样做了，他们的思考成果化作了我们所有人的经验。但过去那种根深蒂固、难以去除的制度习俗，对我们科学地思考人类关系和社会问题造成了阻碍。我们这方面的心灵习惯，受制于家庭、国家、教会和商业这类早在人们拥有有效探究和检测技术以前就已形成了的制度。这就是今天我们遇到的矛盾。

灾难便紧紧伴随这种矛盾而来。外部世界的物理效应得到了规划和控制，但对这种外部效应进行引导的心灵态度却仍然听任驳杂纷乱的机会、传统和教义的支配，这样一来，势必造成心灵的混乱和实践的失序，对此再怎么夸大都不为过。有一种普遍的说法：我们的自然科学要远胜于我们拥有的社会知识。我们的物理技能已变得精确而无所不包，而我们的人文学科仍显得模糊、武断、眼光狭窄。然而，根本的麻烦并不在于缺乏有关社会事实的充分信息，而在于不愿意采纳我们确实知道的科学态度。在对自然事件的认识方面，人类陷入意见的泥淖达数千年之久。当人们开始实验性地运用他们的观念，并确立一种实验化的技术或方向，自然科学便发展成了一种系统，它的进步就获得了保证。无论在物理学或是在社会事务领域，仅有一定数量的事实发现不足以发展成为科学，也不会凭此形成一种科学态度。被累积或堆积起来的事实仅仅是一堆死物，是只会使混乱加剧的东西。当观念、假设开始对事实产生作用，当它们成为行动中实验性运用的方法，此时便出现了黎明的曙光。人们便有可能将有意义的东西与琐碎的事实区分开来，孤立的碎片便产生了联系。一旦我们开始运用这种知识技能，就能从享有富足安宁生活的旨趣出发，对各种社会后果施加控制；我们不会再对我们社会知识的贫乏状况怨天尤人。我们将信心十足地走上建设社会科学的道路，正如人们通过积极地运用物理实验中创造的工具和数字技术建立自然科学一样。

这样看来，尽管存在过去科学的记录，伟大的科学革命即将来临。当人们通过集体合作的方式，出于运用目的把他们的知识组织起来，以便实现并创造确定的社会价值；当他们出于对人类关系实施控制、对技术机制之社会效应的方向实施控制的目的，系统地运用科学程序，这场革命必定会发生。上个世纪发生的社会变化堪称巨大，要是我们的社会工作体现出我们对于科学方法的信念，那么行将出现的变化又非上述变化所能比拟。我们正生活在大萧条的日子里，忧虑应该化作理智的功能，促发我们进行思考。如果它能够引导我们去思考失序、混乱和不安全感这类构成我们社会生活显著特征的一些原因，那么萧条就会是我们偿付的较小代价。如果我们没有去寻找其原因，也就是说，我们半途而返，仍然随意地去运用科学，人类还会遭遇萧条危机，因为它们正是我们无计划的社会生活的逼真写照。科学在物理控制方面讲述的成功故事，证明存在着对社会事务进行控制的可能性。我们人类的理智和勇气正在经受考验，我们引入了物理发现、发明的技术，在运用过程中使它日趋完美；可是，面对无比重要的人类问题，我们竟然会放弃使用这种技术，这一点令人难以置信。

社会科学和社会控制[①]

         "社会科学"的现有限制主要归因于不合理地把自然科学引为典范,以及由此产生的对自然科学作用的误解,要对这一说法加以证明,需要另找地方去进行一番技术调查。没有这样的调查,我们就会直接去关注自然事实和社会事实之间存在的显著差别。有关自然科学的那种知识,它的理想是消除所有明显依赖于人的反应因素。从自然科学的观点看,"事实"是彻底排除了人的目的、愿望、感情、思想和理想之后的最后剩余物。另一方面,社会"事实"恰好是把这些人的因素凝结为外部形式的东西。

事件(occurrence)是一种自然事实,这是因为它的成分和它具有的关系始终如一,与人对其所持的态度毫不相干。蚊子这种昆虫携有疟疾病菌,无论我们喜欢还是不喜欢疟疾。用排水法和喷雾法来消灭蚊子是一个社会事实,因为使用这类办法出于人的目的和愿望。蒸汽火车和发电机在构造上表现为自然事实,但它的出现乃系于人类追求迅捷、便利的交通运输的愿望,即此而论,它们是一个社会事实。从物理上看待机器,它并不涉及人的目的和动机,但若不联系人的目的和相关于人的结果,我们就不能理解为何会出现铁路或者公用事业系统。

我可以举例说明现存实践中盲目追随自然科学技术的那种倾向,以及既存的"事实发现"的热情造成的徒劳无益的结果。当然,人们不可能脱离事实的基础来进行思考、理解和规划。由于事实不会借由朴素的观点展露出来,人们不能不去发现事实。但从大部分情况来看,如今人们小心寻觅、精心整理的资料,其

[①] 首次发表于《新共和》,第 67 期(1931 年 7 月 29 日),第 276—277 页。

所涉及的毕竟还不是社会的事实。有关这些社会事实与人的各种目的及其引发的后果之间存在的联系，它们作为手段和结果作用于人的行为的那种方式，都还没有为我们熟知。它们至多只是呈现为物质、外部的事实。它们与自然科学的事实大不相同，后者的发现是运用了可把它们的互相联系及其规律变得清晰可见的方法；与此同时，对社会事实的"事实发现"，仍表现为一堆杂乱无章的无意义的问题。由于忽略了它们与人的欲求及这种欲求对于形成人的价值的作用之间存在的联系，人们就不会把它们结合起来当作一个可理解的整体。

有人会反驳说，把事实和人的愿望及其作用于人的价值的结果联系起来，这是主观的道德的态度，将导致不可能获得任何建立在客观基础上的结论：企图依据这样的观点作出推断，会使我们陷入思辨意见的泥潭。例如，设想一下，我们对禁令的制定及其实施所知道的所有事实远远要比禁令自身来得完整，即便如此，要把这些事实和它们背后掩映着的人的态度联系起来，仍然要做一些猜想。事情明摆在那里，总会存在大量的反对势力。但如果禁令的出台带有普遍意义，那么，我们就把另一种可能情形略过不提了。

出于特定的可向往的社会结果，无论我们审慎、系统地利用的是何种目的，在一定限度内都有可能决定人的因素和现实事件的联系，从而获得一种完整的社会事实。也就是说，现实的外部事件已被置于它与人的关系之中。无论其高明与否，禁令都并非任何理智科学术语含义上的经验。因为它的任务并不牵涉到为获得控制条件所做的努力，而这种努力在对任何事实加以实验定性方面是至关重要的。另外，俄国的五年计划无论高明与否，都带有很多社会实验的特征，因为它尝试通过运用特别限定的方法获得某种特定的社会结果；实施这种方法，纵然说不上有着绝对的控制条件，却存在相当程度上的控制条件。

可以把我的观点总结如下：以为对社会控制有赖于某种社会科学的先验存 66
在是完全错误的，真实的情况刚好相反。创建社会科学，也就是说，创建那种在其中事实在其有意义的关系方面还不确定的知识体，这有赖于推行社会规划获得的结果。正是在这一点上，当人们把自然科学引为社会知识的典范，由此产生的误解便具有重要意义。要是自然科学的探究者只是罗列一大堆观察到的现象，那么自然科学就不会取得进步。当他们依据各种观念假设，有意识地根据观察到的各种现象进行实验，改变它们并揭露新的现象，自然科学才会取得进展。这是自我纠正和自我发展的过程。不完美的、甚而是错误的假设，只要它们起着作用,都会造成微小的有意义的现象,而这种现象的出现会使改进观念、改进实验化的方式成为可能。从被动的累积事实的态度变为积极的创造性态度,这个秘密是凭借物理学探究揭示出来的。人们通过试着精心地去对自然能量的活动加以控制的途径,获得了有关自然能量的知识;这种结果表现为知识,接着又表现为运用学到的东西去进行大规模的控制。

逻辑理论中表述的"如果-那么"类型的规律人所共知。如果某件事出现,那么会发生另一件事;如果存在某种条件,它们会伴随某种其他的条件。唯有这样的知识,才是有关可理解的世界含义上的事实知识。尽管我们要投入行动以便发现自然物中形成"如果"的条件,可是构成"如果"的那种物质是与我们的行动相分离的,这种情况一如太阳运动与幽暗的地球运动之间表现的那种关系。但社会现象中的关系表现为:"如果我们做某件事,就会发生其他某件事。"构成"如果"的客观物质隶属于人,而并非某种独立于人的东西。我们所关心的并非只是原因和结果那种赤裸裸的关系,还包括手段和后果;自然,这就是说,为了产生某种结果,我们应审慎地看待手段和后果问题。要是有意识地去做、去创造,我们就会知道;要是只"知"不做,我们所谓的知识就是一堆大杂烩,至多也不过是一种古玩收藏,它并不事关未来的规划。知识本身是从某种技术中结出的果实,它又会孕育更多的技术。

我想就社会预测提出同样的观点。在此,人们的基本设定一般也是这样的,我们必须先能够预测,然后才能作出规划和控制。其实,情况刚好相反。我们所以能够预测日食事件,恰好因为我们不能控制日食的出现。如果我们能控制它,除了偶尔情况外,就不会去进行预测;正如当看到两列火车在同一条轨道上面对面互相驶近时,我们就预测说它们会相撞——这正是因为某个人没有预知到这种可能性,并采取措施避免发生相撞事故。有一天,我偶然看到亚历山大·汉密尔顿(Alexander Hamilton)对这种效应的评论,他说,我们不要等到出了某件事情才去了解应当采取何种措施,而应当先采取措施不让那件事发生。我想再加上一句话:只有这样,我们才能对涉及社会事务的未来世界真正作出预测。

依据经验法则的实践是人文科学之母。一旦经验的方法依托想象之力,在实验化运用中获得了某种程度的自由,那么,人文科学的实践又会成为科学的源泉。但要是人文科学自身没有取得某种进展,它也就不能成为有关某一门技艺的科学。当人们有意识地尝试运用那种他们已经成功运用的技艺,以便获得他们想象中向往的结果，就出现了人文科学意义重大的发展前景。要是我们并不具备社会技术，那么不可能实现规划和控制。要是我们确已掌握了一定数量的合理技术，那么通过审慎使用我们掌握的技术，最终将发展出一种独立的社会知识体系。要是我们想去作一预见，那么单凭发现的一定数量的事实，却不考虑产生我们发现的事实中那种人的目的和愿望，就不会获得任何预见。但要是我们决意依从社会的要求，依从我们期望出现的那种社会后果，并运用无论何种我们拥有的可导致产生这些期待后果的手段，必将找到导向预见的那条道路。预见是事先谋划和计划的产物。

这里，我不拟对社会规划和社会控制的可取性作一讨论。这是另外一个问题。那些满足现状的人，那些希望利用这种现状来为个人利益和势力谋取好处的人，他们会用消极的口吻回答这一问题。我想说的是：如果我们想得到某种与"社会科学"名称相符的东西，只有一条路可走，即走上社会规划和社会控制的那条道。不加精心筹划去做某件事，使可向往的社会状态变为事实，而光是对社会现象的方方面面进行观察、收集、记录和归类，这只会助长在对它们的解释中各种意见和教条相互冲突的倾向。如果这些事实借由社会表达了未加调节的目的和任性无度的个人意图，这说明它们由以产生的社会状况本身就是混乱无序的；那么，这类事实本身也会混乱不堪，我们只是为无序的实践加添了一重理智的混乱。当我们审慎地运用无论何种我们拥有的、可用来获得我们期许的那种结果的技能，至少开始获得了某种造成理智秩序和认识的办法。如果说以往历史曾教会我们什么，那不外乎说：伴随所产生的理智的秩序，我们确实有可能承诺提升实践的秩序。

浪漫精神的衰微[①]

　　卡莱尔(Thomas Carlyle)是一个浪漫主义者,他曾把政治经济学说成是"沉闷的"科学。确实,到了他那个年代,早先经济学家怀有的那种玫瑰色的希望几乎已消失殆尽。李嘉图已经指出,没有足够的土地满足每个人的需要。马尔萨斯则说,地球上的人口实在太多。自然法则似乎判定许多人只能生活在最低生存线的边缘。可是在美国,出于相当明显的原因,人们仍抱有早先那股热切希望,做生意被看作一桩特别流行的浪漫之举。

　　虽说这种重新焕发的魅力取决于美国本土的条件,在经济理论中却存在着一种真正浪漫的因素。我们并没有创造浪漫主义,而只是为它提供了盛行起来的机会。听上去好像挺奇怪,经济人自己就是一个极具浪漫气质的英雄。当然,对浪漫精神传统持另一种看法的人不会把经济人看作浪漫的英雄。他们认为,经济人是一类退出浪漫王国后一头钻进账房的人物,这类人了无诗意,终日在倒腾那些散发着霉味的账本。但是,性情有别的浪漫者彼此很少能够互相了解。当早先的浪漫传统正趋于变成书本上记载的东西时,新的浪漫精神已占据了行动的画面。

　　新的浪漫英雄并不寻求用理论来证明自己。冒险就是对他本人的证明。然而,要是他扎进经济的理论,他本可以从中找到书面的证词。因为在这种理论中,欲求和愿望是被高度赞誉的力量,凭借其魔幻般的点化作用,世界被改变了。当摆脱了法律的圈套和政治专制,它们就成了繁荣和持续进步的可靠泉源,成了

---

① 首次发表于《新共和》,第 70 期(1932 年 4 月 27 日),第 292—294 页。

芸芸众生的救世主。欲求把人的能力激发出来,使之富于创造性,使人养成节俭
的习性,又去把世界装点一新。它催促人们进行交易,由此使人和他的同伴不由
自主地彼此间互相提供服务。商业的浪漫精神还不止这些。经济人除了他的愿
望这笔资产外,还拥有另一笔资产,即他拥有经久不衰的理智,这种理智会指示
他如何对他的能力、节俭、交易进行引导,使得人在满足自己的同时也满足世界。
在那些深受有教养的文人传统熏陶的浪漫人士看来,这里归结的这种自足的合
理性正意味着对浪漫精神的否定。这种充满冷酷算计的冒险事关人们成为债务
人还是债权人,它算是浪漫的冒险精神吗?

但不妨说,正是出于上述这一点,新的商业浪漫主义以随和讨巧的方式流行
开来。人类的想象力从来没有构想出如此奇异的观念:每个个体借助对他本人
利益的明察,可以把他所有的愿望现实化;他具备的那种稳妥的先见之明,使他
得以对后来获得的结果先作出一番预估。这种富于想象力的思想,不会满足于
这一结论。计算理性这个无所不在的神还主持着世界的所有事务,从寻常的事
务直到非同寻常的事务。它在每个分离个体中的普遍显现,可以通过一个实际
上无所不知的心灵所拥有的基本计算能力得到概括说明。凭着它的仁慈力量和
支配能力,自我利益成了社会的润滑剂而非社会摩擦的起因。个人的热情使之
不甘人后,由此促进了普遍的福利。要是某个人居然没有得到这个神祇分配给
每个人的计算能力,那么,我们总能有把握地说:正像谚语中告知的那样,神力的
显示是无从捉摸的。

正是这种浪漫特性,这种富于冒险、充满想象的激动人心的谋划,仍然没有
成为我们讨论的话题。人们要么拥有这种浪漫精神,要么与之不相干。如果你
拥有这种精神,那么,它就是真的,就是真理的标准;如果你对这种精神并不认
同,那么,它看上去就是无聊之事或者疯狂之举。这样看来,当有人告诉我们说,
目前出现的世界危机只是缘于人们普遍认同以商业名义流行开来的那种特殊的
浪漫精神的结果,这些人所说的话正表明他们是局外人。而人们一般所持的那
种意见,即认为对经济危机的解释本身必须基于经济的观点,这些人肯定就是怀
揣商业梦想的人。因为运用冷峻、富于远见的理智对各种能力和工具的操作进
行控制,借此满足各种愿望,这正体现了商业之梦。怀揣这种梦想的人,必定会
寻求对此作出某种理性的解释。对这种浪漫精神不予认同的人会认为,上述事
实本身就给出了解释的答案。要是我们把赌博游戏称为冷峻、镇定的理性化操

作,那我们迟早会犯错。

词典里面把赌博定义为用金钱为某些偶然事件打赌,而做生意就是这样的情形。由于做生意会产生普遍不稳定的状态,显而易见,我们可能会下错赌注。但更为根本的,仍然是为当下的不安全感证明的那种事实。由于理智控制的功能就是造成秩序、稳定性、安全性,因此有关做生意和计算的理智之关系的全部理论显然成了十足的虚构。做生意意味着风险和不确定。它的兴旺有赖于此,又会不断地产生风险和不确定,以便有机可乘,把生意做多做大。

要是现存的不安全感出现在一个国家,或者仅限于某个阶层,我们就能找到或者发明出对它的某种解释,这种解释可以与我们对那种由理性引导的满足欲求的经济过程所下的定义符合一致。这样,人们会想到那些要受到指责的金融家、工业巨头;正是他们的愚行,致使我们身陷困境。但由于整个事情的本质表现为在无穷的不确定中进行的浪漫冒险,人们也许还要以理性为由,把堂吉诃德式的人列为批判对象。由于下注的反复无常成了整个过程的中心,银行家以及心神不宁的借贷者便不会去打理其业务;推销商品的制造商、提供劳动的工人和提供产品的农民都对市场心存怀疑。整个事情的糟糕之处在于,如今"安全感"在很大程度上成了毫无保障的东西。

目前的场景只是把商业长久以来固有的东西做了一种展示,但现在这类痼疾已发展到如此程度,以致这种始终构成其特征的不确定性变成了显然不容忽视的东西。它不正常的地方仅在于:人们失去了正常的安全感,这种普遍的认识已不可能再被隐瞒起来了。换言之,这种本质上具备浪漫性质的观念,即商业是扩展满足人的欲求的那种能力的合理途径的观念,已被明眼人所看到了。对目前的衰象存在着各种"合理"解释,每一种都有它自己的衡量真理的尺度,但它们的解释在某些方面都存在不合理的地方。这类解释以为,经商的风险说明商业本身就是一种不确定性。

指出这样一种倾向很有趣:那种把商业等同于对不确定事件打赌的看法,竟然被人们直言不讳地加以认可。我们每天以及一天的大部分时间里都能听到人们在说,要是我们唯以"信任"为本,那么所有的事都能办得稳稳当当。诚然如此,但何事可以信任,谁能信任? 如果银行家把钱借给他抱以信任的企业家,这个企业家会很开心;如果他人对银行家抱有足够信任,以诱人的价格买下他的冻结资产,银行家会感到高兴;如果农民看到他种下的大量谷物和棉花明年夏天可卖出一个好价钱,他会乐于抱有一种信任感;如果工人能找到一个工作机会,他很可能会拥有信任;要是储户需要用钱马上就能从银行取到钱,那么他尽可放心。这样一来,对信任的诉求好像是在玩一场信任游戏。人们还能想象出比起把信任委诸一个完全不具安全感的境况这样幽默的事情来吗?——倘使这种事还称不上是可怕的悲剧的话。我们还不时听说,构成现代商业整个基础的是信用。当信用自动趋于导致信用膨胀,而使得信用紧缩的唯一途径就是撤销信用,这样的信用又有何意味呢?难道说,它意味着所有商业事务都存在经商带来的不安全感,我们要足智多谋,以砌造金字塔的办法尽可能把这种不安全感隐匿起来吗?

商业的心理和习俗源于经商的不安全感。严肃的道德家们对此痛加指斥,他们以为,激发商业活力的好像就是获取的东西。这类批判并没有击中要害。做生意是一场游戏,要让游戏玩下去,就不能不有所收获,正如玩扑克者会用一些筹码来代表他们决出的胜负。但游戏引起的兴奋感才是我们要说明的东西,获取的东西之所以重要,是因为它可以把游戏不断推向一个兴奋点。我们追求美元,但追求就是追求,它不是美元。有人说,首要的事是人们喜爱那种控制他人带来的权力感,但要是你想把游戏玩下去,成就其事的条件之一就是要有可被控制的人。于是,喜好权势便成了次要的被带动起来的事实,而不是一种原发的生动力量。我不认为可找到什么理由让人相信,大多数地位显要的"成功"生意人就是施虐狂,他们就是喜好对他人施加控制的残酷行为。可以看到,玩游戏的热情甚而也会使这种残酷行为呈现一种浪漫的外表,使之通过盘算而变得可以容忍。

认为商业生来就是对不确定性的打赌,这并非说商品的生产和运输也是一场赌博。它们是依据物质材料和能量的知识进行的技术操作。开动火车靠的是煤和蒸汽,不是"信任"的心理行为。出于这样的理由,商品的生产和分配本身不属于商业。它们在商业游戏中成了一套工具,在这种游戏中,资本握有确保可以暂时应付风险的一副王牌。但这场游戏所及的范围很广,说不定在某一刻,民众的不安全感就会招致那个手持王牌的人惴惴不安。商业的本性,它那区别于生产和分配技术的地方,当然是利润。但为什么会是利润?对此,每个人都会作出自己的回答。诱使一个人去"冒险"的必定是利益。那些甘冒风险的人会想当然地认为,冒险会带来回报。对利润的解释就落在这个事实上,还需要其他什么证据来证明商业和风险的固有联系吗?

生存伴有风险,它总是包含不确定性的因素。人们不能因这一事实而去反对做生意。但被危机搅醒了浪漫之梦的人,不会喜欢任何经常对有风险的经商过程加以颂扬、认为这是赚钱的必经之路的那种传统做法。要是我们从容冷静地看待使商业成为商业的东西,也就是它追求利润的一面,而不是一味颂扬并非属于商业自身的东西,那么至少可以卸去无知这个伴随我们目前的经济萧条而来的巨大负担。就我个人来说,我相信,如果我们能够消除这个造成精神混乱和麻木的原由,普通美国人原有的那种所谓的智商会得到大大的提升。但更令人不快的是累积不安全感,如果我们的累积没有做到慎之又慎,那么生存就会充满风险。比如拿货币来说,我们听说它是交易的媒介。好吧,要是它真有这样的作用,它自然会增加生存的安全感。事实上,它却成了另一种东西,它成了控制交易的媒介。于是,对货币的集中拥有便强化了不安全感。控制交易的能力就是阻止这种拥有,对其课税促其转向的能力。对那些拥有货币的人来说,制造风险、然后利用风险来获利,这是一个很好的规则。

我们正感受到的衰微是可称之为商业的特殊浪漫精神的衰微。它揭示出:人们要为怀着激奋之情从事的这种浪漫冒险付出同等的经济萧条的代价。要是有人知道想象力的冒险下一次从哪里找到它的宣泄途径,他们就能预测未来。但为什么从未有人成功地对历史的巨大转折作出预言,理由恰好在于:人们是伴随想象及激发的热情,而不是从逻辑和理性立场出发去作出预言的。我不认为想象力的下一次航程已经迫近,现存的浪漫精神的一出好戏还没有演完。今天,我们正被引入商业的计划性浪漫精神迷住了。还有什么会比保存商业的想法——在这一过程中,我们既为了赚取利润对不确定事件打赌,同时又能将稳定性和安全感引入其中——更具浪漫精神呢? 所以说,在想象力开始飞往新的目的地的航程之前,目前这出戏的最后一幕很可能即将开场。

摆脱教育困惑的出路^①

似乎没有必要说我们身陷巨大的教育不确定性之中,这种不确定性很可能为过去的时间里所仅见。这里不存在已被接受的自明的东西、不会引起质疑的东西,很少有什么东西未曾被实际攻击过。保守主义者呼吁返回到先前的标准和实践,激进主义者对现状加以批判,但他们至少有一点是共同的:无论他们从属哪个派别,都对所发生的事情感到不满意。人们所攻击的,不仅仅是这种或那种使教育获得成果的方法,还有教育那种备受指责的观念和目的。任何人都能提出某种有关教育的定义,但很少有人会不承认:要是把这类定义放到现实条件中对照起来看,那么难免显得空洞无物。

在引发人们对标准、目的、趋向和方法的不确定性的讨论动机中,存在着某种健康的东西。无论人们的怀疑和质问走得多远,它们本身不会导向悲观主义。但仅有困惑总不是一件好事。这种困惑要归于把旁观者的视线搞模糊了的战斗硝烟,而另一种不同的困惑则要归于战斗者失去了做事和前行的眼光,它表现为由不协调的运动和行动导致的混乱。困惑会趋于把心灵和观念遮蔽起来,从而造成无效果的行动。人们也许会引入各种潮流,从而增大水的最终流量;但当它们互相中和后,又会使水变得浑浊。与此相反,对冲突的感知,对冲突的性质和由来的感知,则会造成对困惑的澄清,最终有利于造成和谐,把能量集聚起来。

---

① 首次发表于《英格利斯演讲集,1931》(The Inglis Lecture, 1931),坎布里奇:哈佛大学出版社,1931年,第41页及其后。本文选自杜威1931年3月11日在哈佛大学开设的关于中学教育的英格利斯讲座所作的演讲。

抱着这样的目的,我打算对目前教育趋向中某些主要的冲突点作一番思考,希望借此至少能对一些看法加以澄清,虽说我承认,我这样做也许只是增加了困惑。

必须注意到这样一种情况,无论如何,由于所有的冲突或多或少互相缠绕在一起,人们甚至对什么是最主要的冲突、什么是解决这场战事的关键这类问题都没有达成一致意见。我不认为人们已采取的关注态度存有多大差别,于是我想先提出一个或许并不经常显露在外的问题,在我看来,这个问题构成了人们持有其他各种不同意见的根据,这使各种争论如同行为主义者所说的那样,成了字面上的东西。

或许正是出于该问题没有经常被明确讨论过这个事实,我发现,要用言词把这个问题表述出来,又不至于产生误解,是有困难的。我将它表述为这样的形式:什么是已被接受的、一般通用的学科分类的价值——这里所说的"学科",就是任何高中和大学学习课程目录中被各种各样标题指称的东西。我倾向于认为,这一问题关系到可方便地分别称之为教育的传统主义者和现代主义者的最后分歧所在,虽说有极个别人或许两者都不是,他们在这两种倾向中绕来绕去。况且,我相信,那些较为激进的学校之所以在讨论和行动中处于不利的地位,其原因之一,正在于没有明确地提出这一问题。也就是说,对知识和技能、科学和人文学科所作的现行分隔和分类已被人们接受,并把它看作是设置课程的基础。无论对于中学还是大学,这个问题都成了关系到对这些学科进行选择、剔除和安排的问题;通过一般选择和安排的设计,人们也已承认,要对这一问题中包含的学问进行适当的、确属必要的"研究"。

为了方便起见,我按照某一课程的标题对学科作了描述。但这个问题并非与标记有关,出于辨认的目的,我们需要某种标签。从教育上讲,这个问题涉及的是标签、名称后面的东西。纵使现在事情已明摆在那里,古代或现代史、物理学、植物学、英国文学这些标题并没有传达出该门课程所要处理的实际题材内容,本身并不关涉探讨其内容的方法。它们对课程所要强调的东西也一无所说;同样名称的课程会因教师具备的人格和训练,他暗自接受的、尽管是无意识地予以表达的教育哲学而显得大不相同。受过鲁宾逊、比尔德、布雷斯特德(James Henry Breasted)或者特纳(Frederick Jackson Turner)熏陶的老师,他们会偏好其他历史主题并采用不同的评估重大价值的体系;而一名受过对历史题材持另一种本质概念的学者教导的老师,则会作出不同的教学安排。对英国或美国文学经典作品的理解,也存在同样的情况。与现有学科标题实际相符的那种题材内容的标准化,如今差不多完全限于数学这门学科;较之以前惯有的情况,就是数学学科的内容也多有变动。

我并不想示意说,已认可的学科中出现的这种松散变动现象在本质上是一件坏事。事实上,之所以有此必要,因为借此我们也许对有利或有害的东西有所认识,且因为知识的范围广阔无垠。阿纳托尔·法朗士(Anatole France)曾评论说,写出某个时代的历史相对是比较容易的,因为我们引以为凭的说明不过一两种,可以确切了解发生了什么事。而对其他的时代,由于我们所获得的说明如此之多,这些说明又彼此冲突,委实不知到底发生了什么事。我们可借用他的反语来说说其他的事。当我们对某个给定的领域,如物理学、化学、植物学、动物学等的材料所知甚少,就比较容易施以标准化的做法。如今我们对任何一个必定会诉诸选择的领域所知甚多,无论进行何种选择,进入同一扇选择的大门有我们携带的观点、明显可感的兴趣、对价值的不同看法。我们很容易产生这样的说法:在初级课程中,我们可以讲授经过挑选并一再强调的那些基本的东西,但如果提出什么是基本的东西这个问题,那么其中暗含的所有差别就开始显露出来。在许多场合,就其严格的科学含义而言,基本的东西恰好是那种初入门径的学生不能掌握的东西。比如,物理学的基本原理并非古典力学风头正劲时表述的东西,它们在某种程度上大多是需要争辩的对象;至于说到那些无需争辩的东西——还有理解争辩本质的那种能力——对高等数学的掌握也需要拥有大量的知识。

如果我们转向另一个领域,情况不见得会好些。一位讲授经济学的大学老师曾告诉我:关于如何向大学生讲授这门课程,该门学科的老师几乎是束手无策。或许大多数授课者会坚持过去那种教学法,把生产、交换、分配等分别予以讲授,但他们之所以这样做,并非出于内心的满足感,而只是因为他们朝另一个方向行走时无法清楚地看到要走的路径。一位老师考虑到商业流通的重要性,把它引入了课程内容,而另一位老师则开始讲授税收问题,如此等等。许多学科是靠着惯例而不是信念才强行维持着一致性和同质性——当然,这种惯例的形成要归功于教科书出版商们那种一丝不苟的技巧。

另一种教育的困惑可见于课程的繁复化和各门学科的细化倾向。将30年前中小学校或大学的学习课程和今天的教学机构的学习课程比较一下,你会发现,如今提供的东西要丰富得多,我不需要来讲这里面的细节。但是,对青少年的教育是否也以相应的比例丰富起来了呢？这是个值得怀疑的事。高中的学生发现，原先向他们推荐的一种学习步骤（在拉丁文和希腊文课程占主导地位时，它曾被叫做古典文学阅读；或是两种学习步骤，即在对这一学习步骤或在对古代语言课程取消后被称为英语文学阅读的那种学习步骤之间作一选择）已被四五种学习步骤——科学的、工业的学习步骤等所取代。在大城市，还有分成不同学习类型的高级中学。然而，现在人们对沉重的课业负担和各门学科内容的狭窄化多有意见。有时候，某些人把这种事说成是要造成一种专门化。但这种规则与那种使一名专家得以精通其专业所采用的办法相隔甚远。这种倾向只是造成了细化和特化、散乱铺陈的大杂烩。与所谓"实践"的学习步骤相关的一类课程被称作职业训练，但它们很少考虑工业发展趋向中体现的实际做法，这类课程往往把大量的时间浪费掉了。

　　我想提出目前采用的或传统上大多采用的知识分类，以及把文科作为授课基础的教育价值问题。这个问题中内含的联系以及我已说到的东西，也许还不那么容易使人明白。我谈到的现象，看似与上述问题无甚关系。但据我的判断，我说过的东西与同一名称的课程具有的、又通过课程一再重复获得的那种内容上的易变性存在着某种密切联系。除非我犯下大错，在我看来，造成后两种现象的原因在于人们固守着对于各种学问那种习以为常的分割。

　　我前面已讲过，所有卷入教育争论的人士几乎都对这种决定着学习的方式表示认可。我现在要问的是：是否还存在任何选择，存在任何其他的替代方案？人们是否有可能在这个问题上发生冲突？就其性质而言，任何学科，如历史、现代语言、物理学或几何，岂不是我们称作要通过"学习"掌握的东西吗？从常理和传统上讲，情况是这样。但学习和某种学习是两回事，某种学习的意思恰好是指我们去获得确定的、区别于其他学科的学科内容聚合物，并把它本身看作一个统一的东西。但学习则是指进行学习。医生在医学院学习"医学"，但在实践中还要学习其他许多东西，比如通过观察病人获得对症下药的良方。开业律师要学习其他数不胜数的东西，借此使他先前的学习保持生动有效。一位家长学习心理学、社会关系等等，他不是简单地去学，而是以家长的身份把学到的东西化成自己的责任。我们可以在"学问"这个词中看到相似的情形，它指的是一种累积、传递知识的体系，它同样指示着领会、理解，以及持有它以备日后运用的行为。

　　我想指出的，正是隐含在"学习"和"学问"这些术语中的不同意义。我们看到,某种学校课程的名称,例如历史、地理学、几何学、植物学都好像设定学问已备好在那里,已做过适当总结了,我们只需把它们分成一份份合适的剂量。人们设定,这种通过排除其他东西独自合成的材料会自然地引发学习行为。这种设定随着知识和专家技能模式的扩张已趋崩解,这种崩解造成了实际学科内容的巨大变化,纵使该学科名义上还保有同样的标题。内容已变,称呼依旧。对名称的执著无甚紧要,重要的是人们仍执著于那种分割的态度。

名称是个标签,但它在飘动,仿佛在它后面肯定有什么把它钉牢的东西在活动着。对某种过时观念的同样执著,也可以使我们对学科的繁复化倾向作一解释。当一门课程"涵盖了"太多的材料,根据这一前提,合乎逻辑的做法就是把使用不便的材料拆成一片片东西。只要那种学习等同于对学科内容进行分隔的传统观念仍占据着教育者的心灵,就很难避免学科内容分级化的倾向。用这种断片材料搭成的小屋,与只能放放零碎物品的鸽子笼相差无几。

知识和人文科学取得的实际进步,并不仅仅表现为事实和原理的扩张,它还意味着各学科范围不断地互相贯通,意味着它们互相依存和互相联系的程度在不断提高。要是我们把现实做法和学院式的观点作一对比,可以发现分歧正在增大,这种分歧如今变成了分裂。知识范围的扩张造成了课程的繁复化,它那种趋于使知识关系变得错综复杂的运动并未产生什么效应。如今,学院观点和现实做法之间出现了一种几乎是反向比例式的关系。如果我们光是看一看现实中人们给课程所加的标题,就会看到许多用连字符注明的科目:天文-物理学、生物-化学,等等。还存在更多在名词前面缀以一个形容词来为过去某种学科内容命名的做法,例如生理化学、生理心理学、物理化学,等等。这些名称也证明了用以分割不同学科的那堵隔墙已濒于倒塌。除出现这些连接关系之外,今天每一学科都从其他学科借用东西,对某一学科的研讨要利用从其他学科中吸收的材料,这样才能做到心明眼亮;同时,也要利用由其他学科发展的探究方法。物理学和数学的联系有着相当久远的历史,即便存在如此事实,学校中对这两门学科也是分开讲授的。一个学习物理学的学生大多不会看到他学得的东西——就是说他记得的东西——与那门称之为数学的学科存在何种关系,于是他以为数学就是一套叫人伤脑筋的操作装置,一套令人感到困惑、显然是专门发明出来的单纯的符号公式。毫不奇怪,在这种情况下——物理学和数学还是被人们承认为互相依存度最大而非最小的那类学科——这些学科就变得浅薄贫乏,它们的繁复化徒然使人感到身心厌倦。

　　我已说到了各知识部门的互相依存,这种关系同样适用于运用我们称作工业或实践技艺知识的那些技术活动。它们在操作细节上往往显得高度专门化,但支撑这种操作的是从不同来源汇积而成的知识集聚物,是对源自分散的技艺的许多过程施加的一种整合作用。让我们来看看一个城市建筑师必定会碰上的那些繁杂多样的问题,问题不仅仅是建造房子,还有照明、暖气、管道设备、乘用电梯,也许还有供电、装潢问题,等等。单靠一个建筑师无力搞定所有这些事情,但他知道去跟这些部门的专家携手合作来解决问题。在每一个现代化工厂里,我们随时能看到这种颇能说明问题的事例。

　　但愿我的观点是合理明了的。在技能和工艺以及知识的题材内容变得互相交织、互相依存的情况下,仍然固守基于众多划地为牢的学科形成的中学和大学教学研究的方针,势必会造成我们现在碰到的这种教育困惑。

　　要是听一听大学里近来发出的指责声——许多这样的指责声是针对中等教育而发的——人们确实值得特别关注一下美国教育正在出现的实践转向,以及随之而来的"实践"取向的操作和自由、文化、人文理想之间产生的冲突。院校科系的繁复化、教学机构的专业半专业的特征、高等教育的特性,所有这些都并存于中等教育之中。在高等教育中,除讲授三种传统的专门学问——神学、法律、医学外,如今我们还开设了新闻、贸易、工程、教育、牙医、药学、农业、林业、图书馆管理、家政学等。它们的繁复多样肯定没有减少教育的困惑。人们有两种理由对它们的办学方式提出挑战,这些理由涉及中等教育中同样存在的课程繁复化和学校类别化的问题。第一个理由关涉实际运用的方法和教学内容。另一个理由是它们的存在作为普通教育计划的一部分具有的合法性。由于后一个问题显得更为根本,我想先来讲讲后一问题,附以这样一个限制条件,即按我的判断,我所谈论的这个问题最后只会引向教学的实际内容和方法问题。

　　新设置的课程和院校科系致力的目标与神圣、传统的博学职业的"三位一体"之间是否存在固有的区别呢?历史地看,它们当然存在决定性的区别,那些需要精通的学问专长有着数世纪之久的发展背景,但它们本质上一度也是那些行业学校的教育内容;这些学校要教会人们掌握某种实践本领,它们具备的条件则还没有完全显露出来。它们既具有实用价值又营造着一种人文外观,它们要让学生学会怎样在一个以金钱作为价值标准的竞争性社会中求得生存。对那些不拘一格的人文学科的讲授,包含着并仍然包含着对其专业用途的考虑。它们在功能上的显著特点,并不只是出于培养教师的目的才形成起来的。此外,曾有一个时期,那些需要精通的学问并不具备什么背景,人们在学院和大学里讲授它们时也不会提到其背后的那一段教育史。在其早期阶段,它们的地位与现在的手艺人的行当相类似。如果我把其本人为英国大学出色代表的某个学者或同事所作的批评毫无保留地重复一遍,那么,这种批评在很大程度上是因袭陈套的东西,虽说那些对美国教育的实践趋向持批评态度的人会赞同他的说法。如果你在实验室里看到一个学生正专心致志地摆弄一条蠕虫的切块,也许不会提出反对意见;无疑,这就是动物学,它在教育计划中有其被承认的位置。但是,如果你发现所上的课程中有一部分是教你如何洗涤衣物,你会觉得感情受到了伤害。后者的范围确实过于窄小,但前者的情况不也是如此吗?这两种情况都会使人获得认识和启发——一个是有关自然界的生命,另一个是关于社会的事实和关系。

然而,我之所以要说这些事,并非是为了对目前中等学校和大学教育中的实践趋向表示支持,而是要引入一个为什么的问题。为什么出现了多种多样职业和半职业化的课程,并且愈发盛行起来?总的看来,答案是清楚的。那些维持着社会活力的人文和技术学科如今受到应用科学的影响,为其所渗透。人们已不再采用过去惯有的那种带教学徒式的做法了,那种对学徒循循善诱的训导方法在一定范围内、某种形式上肯定还存在着;或许这也是真的,即进行这种训导最直接的动力出自这样一种信念:这种教学法使个人更好地掌握工作要领。有些人坚持认为,尤其从中学教学的实际情况来看,所设想的这种价值大体上往往是虚构的东西。我不想与这些人士进行一场大辩论,但我的最终观点是:这种教学法不失为一种较好类型的方法,它体现了社会的需要;在它被适当地引入教学机构以前,社会的各种实践活动将不会自由地展开,不会充溢着人文精神,更不必说这类实践会取得最有效的成果。

施行这种教学法所涉及的,并不纯粹是行政管理的细节。人们有充分理由对这一现象深感担忧:这些致力职业化教学的学校课程只是一种穿插表演,但它们最后会把在主帐篷下进行的表演搞得暗淡无光。人们说,它们会转移投向学术和人文学问的注意力、资金和精力。那些奉行人文教育的学校记录表明,这类学校并未出于自身的理由而极其可敬、坚持不懈地以探求学问和真理为唯一宗旨,尽管这一事实切合我们讨论的问题,但它并不能解答这一问题。

真正的问题隐藏得更深,一种与现代生活的主要导向和旨趣相背离的文化能够存活下去吗？或者说,就算能够存活,它造成的这种背离使之成了坚实的东西还是稀释的东西、健壮的东西还是虚弱的东西,变成了少数人的奢侈品还是化成了大多数人生活中充满活力的要素？正因为一种人文、自由和世界观文化的真正发展的可能性存在于它与生活实践活动的密切联系之中,因为只有通过这种联系,一种为大多数人的文化才能真正获得活力。我的结论是:真正的问题并不是作为普通教育体系组成部分的专业或半专业的学校课程的合法性问题,而是这些学校课程含有何种东西、人们如何来讲授它们的问题,简言之,就是有关它们的内容和方法的问题。

即此而言,我们看到了实践课程和人文课程之间的冲突,以及与另一个已经提出的问题之间存在的联系。我已指出,那种源于各个单一学科课程之学科内容的繁复化和易变性造成的困惑,其原因正在于我们固守传统的分类和对各门学科作出切割划分,而没有考虑它们之间实际存在的各种联系和互相依存的一面。这一评论对较新的"实践"学科暴露出来的缺陷同样适用。这些学科没有搬用传统分割的办法,因为在先前的教育计划中并不存在这类分割,但它们也企图作出一种不真实的分割。人们以实践名义在中学和大学里所做的许多事情产生的是空泛和表面化的结果,带有非实践性的特征,这已导致了分割和繁复化。如果能够克服这种缺陷,我们所要获得的那种文化和自由就指日可待了。一旦我们采用更为开阔、更具联系的观点,必定能够从彼此相关的各门科学中获得真正的、必不可少的知识,必定能够从广远的角度看待历史和社会。

如果我们狭隘地想象高雅文化的东西和实践的东西,那么随之产生的困惑只会使它们之间不断发生冲突。我对美国人的生活哲学没有多少研究,但不认为有什么人竟然能够怀疑:如果说人文主义是某种自我生发的东西,那么当它外在于美国普通男女置身其中的各种旨趣和活动时,必定会变得单薄,越来越成为只是让人怀旧的话题,越来越成为那种竭力表现桑塔亚那(George Santayana)所谓"彬彬有礼的传统"的东西。同样真实的情况是:除少数几个可归为有"高深学问"的职业以外,现有的那些职业如果没有辅之以由博雅通识的理想提供的宏阔视野和宽泛背景,就会变得乏味而难以忍受,不仅成为严格意义上"功利性质的东西",甚而还会变得粗野和非人化。

在此,引用摩根(Arthur Ernest Morgan)院长的一番话,是再合适不过的事了。"只要文科学院固执地宣扬职业和文化之间的传统不和,它在教育中的地位注定会不断地缩减下去。当今,人们的职业所涉的大多是手工技能,对几种实际经验法则的重复运用,偏于一面的职业概念已具备了某种基础。将现代的科学和文科知识一概运用于各行各业,对职业本身的操作和目的的原理进行有效的科学研究,这种情况已不再可行。事情很快发展到这种地步,人们的职业准备期的学习成了打开以致解放心灵的一种重要手段。真实的情况是:教育不可避免的趋势是在削薄把职业的东西和文化的东西隔开的那堵传统教育之墙。文科学院若要存活,作出相应的贡献,它就必须承认这一事实,并从这个事实出发,有效地设置它的学习课程和行政机构。"

85

以上引用的这段话针对的显然是大学而不是中学,但这个原则同样适用于后者。当然,在中学里实施这个原则,需要对它作出很大变动。要发展中等教育,使其实践的半职业化课程能够把所需的文科训练内容和社会、科学的观点吸收进去,这不是一件容易的事。要对它们某种招致严厉批评的现存形式作出解释,这是个很大的难题。要找到持有这种观点的教师并不容易,而对课程的内容和活动作出选择和安排,以达到向往结果的问题也需要通过耐心、充分的探讨和小心周密的试验来求得解决。这样看来,我已讲到的东西并不是对各种课程"放任自流"所作的一种辩护。当任何新生运动兴起之时,人们总是能看到依据阻力最小的思路开出的简便课程。这种引入实践过程的速成课介绍了当前社会某些职业的动向,并通过其课程的标题与这类需求建立起外部的、名义上的联系。但人们认为,这类课程必定会无限期地保持它原来的样子,根据这种假定所作出的批评将使我们一无所获。只有在介绍这类课程的材料和方法时,把它们引向将某种人文质量与准职业化结合起来的那条道,这类课程才能给我们带来帮助。当中学的课程——大学的课程也是如此——放弃了这样的想法,即以为它们真的为人们提供了充分的技术准备,这类课程的讲授才能将蕴藏在学生重要的社会谋生技能中的科学和社会潜力激发出来,才能更具有实践性和人文意义。

我已反复谈到我要讲述的主题,以上提到的问题可以作为一个例子。反对者有理由这样问:要是我们不再坚持按照对知识的传统分隔和分类来组织课程,那么取代它们的东西、选择的方案又在哪里?对这一问题最为贴切的回答,可见于如今在许多小学的试验中采用的参照所谓"计划"、"问题"或"情境"来组织教学的方法。我要在稍后指出,我并不认为这是仅有的选项。但这类方法包含的某些特色对于任何可采用的变革方案来说是有意义的,所以我提请人们关注一下这些特点。以上提到的方法可以称作一种方法,人们可以采用它;于是,它不过是一种方法而已。事实上,任何一种方法,只要它是方法,而非徒有虚名,它都会明确地表达出课程内容的含义。没有一个问题不是有关某个事物的问题,而做好一项计划也需要对课程内容未曾发掘的方面进行探究。许多此类所谓的计划,其生命期甚短。人们又用十分草率的理由来做一项计划,以致这类计划只能最低限度地扩大人们对事实和原则的了解。简言之,它们的教育意义显得过于琐碎。但这种缺陷不是固有的,而只是表明:教育者需要承担起他们的教育责任。依据学习者的经验范围和接受能力发现问题、制订计划,这是可能的;这类计划可保持足够长的时间跨度,这样就能提出新的问题,引入新的相关任务,创造出对新颖知识的需求。这种做法和传统做法的不同并不在于后者包含着对新知识的获取,前者做不到这一点。而在于在一种做法中,人们事先便设定存在着一种相对固定的、孤立的知识体系;在另一种做法中,人们从任何有助于推进某种智力事业的领域中获取材料。

认为两种做法的不同在于一种做法体现了组织化的原则,另一种做法则是零敲碎打,情况并非如此。其实,它们表现着实现组织化的不同方式。人们可以从各种领域获取材料,从数学中获取他们所需要的数字和测量材料;当他们要完成特定的学习任务时,又从历史、地理学、生物学的事实中获取材料,等等。但重要的问题是,要像一块磁石那样,把所有的材料吸收融会。在一种场合,组织化表现为某个学科领域和一个熟悉该学科的专家呈现出的形式关系。在另一个场合,组织化在于强调所要获得的事物的功能定位。后一类做法的优越性至少表现在:它使人在学校的围墙外也能从事研究和学习,在那里,各种材料和原理没有把它们自身表现为贴有标签的孤立的断片。

以问题为导向的方法,其另一个特点就是对活动的迫切要求。我以为,如果在任何持有某种教育思想的学校中还有一种原则没有占据主导地位,那就是需要使师生们投身智力活动,需要说出被动接受式学习模式极不完善的一面。我们在实践中一贯采用的方法,就是把学生当作一张复制的照片,或者让学生站在一条管道的末端接受经由这条管道从遥远的学问宝库输送过来的材料。如何解释理论和实践的这种分裂呢？我们引荐的现成的一大堆学科内容和一份份剂量，不是必然会导致被动性吗？我认为，头脑活跃的学者会承认，他的心灵会四处游走。他善于利用一切，所有的谷子到他的磨子里都能磨成粉，而不会单单利用被栅栏围起来的那些地里的谷子。可是，心灵也并不一味地在外漫游，它会带着找到的东西回家。这里会出现持续不断的判断行为，以便查明与那个主题思想相关的各种关系、关联事物和方向。结果就不断促进智力的整合。这里会有一种吸收，但它出于渴望和意愿，不是勉强或者强求的东西；这里有一种消化或同化，而不单是携带着的一堆记忆，以便到了能够摆脱这堆记忆的那一天再把它扔掉。在人们被设定的能力和经验范围内，这样一种探求和应用、积聚和组织的程序不正是不同年龄的人每时每刻都在采纳的学习过程吗？

第三，一名怀有适宜"计划"的学生，他的思想很活跃，他的行动也很积极，他会去运用、去构思，他会用新的方式表达自己。他通过操作，对自己的知识进行检验。自然，他是用他学得的东西去做某件事的。依据这一特点，甚至不会出现实践和人文的东西的分离，因为没必要在这一过程中做出这种分离。在实践性的学科科目中，这类过程可见于实验室和上手艺课的教室。但过于经常的情况是：它仅仅成了技术操作之类的东西，并没有荷载某种真正的理论知识。它注目的仅是拾掇眼下那个外在制品的手工技巧，或者把某种已获知的不过是信息之类的记忆放到脑子里去。

正是基于这些特点，我在前面提到了我所说的那种"计划"方法。在我看来，所有的学习课程，不管它冠以何种名称，都要把实施这一方法定为恰当的不可或缺的目标。这并不是因为这种方法好像是取代我们通常信奉的那类东西的唯一选项。我并不力主这是摆脱教育困惑的唯一途径，即使对于小学也是如此。但我认为，大学和中学需要采用这种实验化的"计划"方法，它可以保留传统的名称，从而在这个名目下对课程内容重新加以编排，使之注意到知识的相互依存，注意到知识的学用结合。在我的发言快要结束时，请让我再来举一个例子：朱利安·赫胥黎(Julian Huxley)和 H·G·威尔斯(H. G. Wells)在他们的近著中对人生问题的讨论。他们毫不理会各学科领域相沿成习的划分，他们没有以牺牲科学的精确性作为代价，却以某种方式唤起了智性的好奇心和领悟力，同时把世界看作是引发我们美感愉悦的一个取之不竭的源泉。

我提到了理智的兴趣。我们大家经常听到学生(名义上的学生)们说，他们

"学过了"某个学科。这里使用的过去时态真是太有意思了。学科是可以学过后撤开的东西,它只是存留在过去的东西。每一位来自我们学校又进入职场打拼的理智观察者都会对这一事实感到痛惜:当走出学校后,他们并没有在往后的生活中对以前学过的东西继续保持那种理智的兴趣。毕竟,我们说,相对于一个人正常的生命期,从 14 岁到 22 岁只是一段很短的时间。在这些年里,教育给予人最有益的地方,在于它唤起了不断延续发展的理智的兴趣。最怕的就是这些年里的教育成了一段插曲、一种走过场。如果一个学生没有把他对某些知识和技艺领域保持的关注带入今后的生活,把它们挡在他当下从事的专门职业的门外,那么对他来说,学校教育就是一种失败,不管他曾是一名多么出色的"学生"。

我相信,失败仍要归咎为对学科所做的分割。一名学生会说他"学过"一门学科,因为人们把学科本身看作完整的东西,是一个事先便有固定开头和结尾的东西。对学科的更新重要考虑到自然和人的广阔世界、知识的广阔世界、社会旨趣和应用的广阔世界这些学科框架之外的东西,使之不至于因陈年积习和执迷难返而变得徒劳无功,从而能唤起某种持久的兴趣和好奇心。理论学科要更多地联系生活的见识,使之变得更具实践性;实践的学科要具备更多的理论,充满理智的洞察。只有这样,这两类学科才不至于成为徒具形式统一的东西,而能产生生动的联系。

我没有看到还有其他什么摆脱教育困惑的途径。一种明显的反对意见是:
89 这一途径造成的转变过于仓促突然。但我提到的选择方案不是可以消除更多堆积课程的趋向,以及横亘在文化的东西和人文的东西之间的那座陡峭之墙吗?这种变化在许多方面是革命性的,而我们缺少的并非所需的导致变化的那种理智,而是在长时间内进行沟通协调的耐心和意志。我已看到了正被推向这种教育运动的学校,如果它们仅仅沿着这样的方向行进,即把现存的实践课加以精简,尽力树起"科学方法"这面盾牌而使它们得以防身,它们几乎不可能减少当今存在的困惑。这一做法更可能增加困惑。它们应当对学科彼此间的相互联系、对学科的社会定位和应用进行贯通有序的研究,它们应当对学科的改革作出贡献,这种改革将为摆脱无目的的学科分隔的现状指明方向。

困惑最终要归咎为头绪不清,正如以上述及的那种冲突所表明的,人们试图一方面追随传统,同时把全新样式的材料和兴趣引入其内——试图用一件新外套把陈旧的东西裹起来。旧瓶装新酒的比喻未免显得陈腐,然而却找不到更为合适的其他比喻了。我们在钢铁和玻璃的时代还在用酒皮袋装酒,这个酒皮袋会出现渗漏和塌陷,新酒会变酸或泼洒出去。设法酿造文化的新酒,并把它装在新的容器里,这并非使人望而却步之事。只有提出新的目标,才能把人们去清理和整合教育资源的那股干劲激发起来。唯有确立这样的目标,才能减少困惑;纵使靠它们不能结束冲突,但至少能使冲突成为理智的有益的东西。

美国的教育：过去和未来①

六个星期前，世界上人数最为庞大的一支军队，一个集希望、勤劳、和平、理智于一身的军团开始集结它的部队发起本年度的攻势。4 至 5 岁的小娃娃要被送入幼儿园，6 岁以上的少年男女将进入小学，他们的哥哥和姐姐会进入中学、大学以及各类专业技术学院。

这支军队形成了一个庞大群体。有 3000 万左右的孩子和年轻人集合在它的行列中——人数之多，相当于我未曾谋面的听众中那些年长者生活时代本国人口的总和。有三分之二的人上小学，400 万少年男女上中学，大学和其他高等院校将接纳由 100 万左右的年轻人。这支军队配备有将近 100 万学校行政人员和教师组成的队伍为其提供服务。约有 25 万以上的青年男女要被招收到师范学院和师资班，以便充实未来的教师队伍。财政支出与任务的规模适成比例。我们每年拨付的教育经费达 30 亿美元，这还没有计入税收款项和私人慈善机构的捐款。从总体上看，我们的城市把它们三分之一的预算经费投向了学校。

这还只是对教育绘出的外在画面。各类学校通过它们的工作和实绩，把美利坚民族最为重要和伟大的事业展现了出来。它们的视野不断扩大，它们的成长速度自这次世界战争后变得飞快。过去人们一直认为，20 个孩子中只有一个能从小学顺利升入中学，100 个孩子中只有一个会跨入大学的门槛。在最近 10

---

① 首次载于美国广播教育咨询委员会(National Advisory Council on Radio in Education)出版的一本小册子(芝加哥:芝加哥大学出版社,1931 年),共 16 页。本文选自杜威 1931 年 10 月 25 日的广播讲话,此讲话为"美国人"系列广播讲座的第二讲。

年中,这个升学数字已增加了 7 倍之多;若从与人口增长的比率来看,则升学的相对数字至少增加了 5 倍。要是考查一下世界史,我们不会看到存在任何相似的现象。自有记录的历史以来,第一次出现了这样的承诺:普遍教育将成为一个事实,而不是滞留在纸面上的一个梦。

这类学校讲授的并不仅止于基础教育的东西,其数量上的增长并不仅仅表现为教育设施的扩张。大学已不再纯粹是为那些其家长本人接受过古典教育的孩子们开办的学堂。如今,它们的教育范围与现代复杂社会容纳的所有活动一样宽广:有农学院、门类齐全的工程学院、药学院、牙科学院、商贸学院、新闻学院,等等。大学教育扩展到过去被剥夺了教育机会的那部分民众身上。高级中学一度主要是为那些准备上大学的人开设的预备学校,如今成了普通百姓的学府。在我们的大城市里,学校的校舍装备比起一代人以前的大学常常显得更为美观齐全。

你们当中的年长者会回想起自己童年时就读的那种小学的模样,你们会回忆起一长列房间,室内仅有的设备只是一排排用螺钉固定在地板上的板凳、不准触摸的黑板和翻脏了的课本。如今,新型的建筑物取代了这些沉闷单调的装置。这些建筑物中设有体操房、图书馆、幻灯放映室、雕塑室、木工间、烹饪和缝纫间、音乐戏剧排练厅,通常还设有牙科诊所和医疗检查室等。尽管有人"大呼小叫",发出不满的声音,我们在课堂上已经用深化问题的做法代替了用一本老课本讲授由"3 个 R"①打头的课程,兼及传授一些零星肤浅的历史、地理学知识的做法。我们的理想是:所有的男孩和女孩都要进校念书,在那里找到把自己多方面禀赋、所有潜能发展出来的机会。在我们的学校操场上,孩子们欢快地度过丰富而有意义的时光,他们伴随着这样的生活成长起来。让我用一个典型事实来说明上述情况。与 30 年前做过的调查相比,最近所做的一次调查表明:如今,一个在设施完好的小学念书的学生,他的阅读量比过去增加了八至九倍。

除了这种内部的充实提高,各种办学机构也面向社会获得了迅猛发展。所有大城市都开展了成人教育,在一些进展比较快的地方,这类工作组织得与我们为儿童和青少年设立的学校一样出色。与此同时,托儿所成比例地开办起来,而

92

---

① 即 three R's,意为初等教育的三要素——读、写、算,因 reading、writing 和 arithmetic 三个词中都有 r 字母而得名。——译者

从事家长教育的学校也相应地发展了起来。残疾儿童、被忽视的问题学童正受到人们有条不紊的关注。聋哑人和盲人学校的数量有了极大增加。为弱智低能者开设学校，大多是最近20年才出现的事。乡镇和中小城市中，备有健身休闲设施的社区中心的数量正在不断增长。值得一提的是：白宫会议制定的《儿童宪章》，其中四分之一的内容涉及保护青少年健康发展的目标。医疗卫生事业的近期发展，使我们认识到，健全的体格是个人和国家福祉的基础。由此，学校与公共保健机构的联系变得日趋密切。

认为我们的教育总在沿着正确的方向行进，这样的断言未免显得荒唐可笑。情况恰好相反，这一进程经常伴随着盲目扩张，由此导致了表面化的效果。但尽管我们承认犯下所有的错误，做了很多华而不实之事，也不能抹杀这一真相：我们在历史上第一次为真正的普遍教育奠定了物质和管理的基础。普遍教育不仅意味着把它的好处惠及每个人，而且满足了极其多样化的社会需求，适应了个人发掘其多方面才能和愿望的需要。当然，在发展的道路上仍存在许多有待去做的事情。学龄前教育、家长教育、成人教育，总的来说仍处在其幼年阶段。人们对职业指导规划发表了很多议论文字，这类规划应当帮助个人去倾听那种呼唤，以此通过工作找到自己的幸福，同时成为对他人有用的人；但是，我们的学校在这方面付出的努力实际上几乎一无所成。中学和大学流行的做法，使我们未来三分之二的公民掌握的仍然仅是一些勉强可供形成智力的要素。想想你们自己12到14岁的孩子，他们已到了发育期，已知道复杂的人生状况，知道谋生的不易；而你想必会了解，我们的教育要实现人人享有平等的起步条件、平等的受教育机会，还要走过一段多么漫长的路。在三个男女孩子中，就有两个因为我们提供的教育忽视、缺少技能方面的培训而深受其苦。我们的法律仍允许雇佣童工，甚至是那种季节性流动的童工，这又增加了这种不幸。

无论我们存在何种不足，比起世界上其他任何地方，我们用更为真诚的决心，努力将詹姆斯·特拉斯洛·亚当斯（James Truslow Adams）最近所称的"美国人的伟大梦想"化为现实：要让普通民众拥有广远宏阔的视野，人人享有充分自由的生活和平等的机会，并如其所愿地得到自我实现。有那么一些人，他们对美国人持有的教育信念嘲笑不已，戏称它是一种宗教，这种宗教是十足的迷信。然而，如果扪心自问：对教育持有的信念和对人性持有的一般信念之间，难道存在什么区别吗？要是我们的父辈为美国人民开创的整个民主事业竟是一种欺骗，那么——此时才能说那么——我们持有的教育信念就是一种迷信式的错觉。

一个伟大的观念召唤着我们去动员这支3000万儿童和青少年组成的军队，这个伟大的观念正在我们学校有目共睹的扩展中经受考验。100年前，也就是在上世纪三四十年代，我们先辈中的智者开始认识到，民主的实验不可能自动地获得成功。他们发出了同一个声音：共和政体的持存有赖于向民众传播启蒙思想，民众教育乃是合众国的基石。这个观念构成了创立公立学校体制的初始基础，它也成了将公立学校的体制及服务工作不断向前推进的鼓舞源泉。

这个运动的发展永无止境。扩大及改进教育的需要永远不会完结，因为这种需要永远不会得到充分的满足。它反映出的正是人性的需要和社会的需要，而人性和社会本身处在不断的变化过程中。一般说来，美国普通男女家长的强烈愿望是要让他们的儿女享有比自己更好的生活机遇。这种愿望成了促使他们作出无尽的自我牺牲的源泉，它伴随着对普通人各种可能性的信念深植于我们的社会制度之中。我们只有通过进一步更新完善教育制度，把它化为现实。

于是，今晚我在这里要说的就是：如果与下一代人必将取得的教育成就相比，最近100年，特别是最近30年里，我们教育制度发生的巨大变化可说是不值一提。我们亲眼目睹社会本身在飞速变化，教育怎能止步不前呢？我们会想到种种未予解决的社会问题，存在着犯罪问题，有关法律、资本、劳工、就业的问题，稳定和保障问题，家庭生活问题，战争与和平问题，国际关系和合作的问题——所有这些问题皆以前所未有的规模呈现在人们面前。这样一来，对教育持续的大规模变革的预期，与其说是一种预言，不如说是一项警告。除非教育能使未来的公民做好准备去有效地对付这些重大问题，否则，我们的文明可能会消亡。而教育本身若不能经历重大的转化，就不能做出这种准备。在这次战争结束后不久，H·G·威尔斯曾说，我们正在参与文明与灾难之间的一场竞赛。在美国这边，我们似更有理由说：我们正在参与误导的教育和可能的教育之间的一场竞赛，前者不能与现代世界的需要和形势结成富有活力的联系，后者将面对未来，仅当过去的东西有助于我们有效地面对未来，它才会遵从过去及其传统。

我们可以对美国人经历的生活变化作一概述，以此表明教育上引起的巨大变化势在必然。

首先，100多年前，我们还是在耕作、乡村中讨生活。生活在农业文明中的人始终以缓慢的步子向前行走，这种文明似乎不会以任何根本的方式发生变化。

94

它是静态的,立足于过去的传统,对自然的过程作出适应。自上世纪 90 年代起,我们的社会明显变成了城市、工业化的社会。它不是以牛车或奔马的速度,而是以电力、汽车和飞机的速度在向前迈进。生活本身要适应这种机器发明的节奏;这种机器的发明使我们得以对自然过程进行控制,而不是听由周而复始的自然主宰一切。发明而不是习俗惯例决定了事件的进程,没有人能够预言,更多的发明将会怎样改变我们未来年月里的生活过程。我们确已知道,铁路、电报、电话、电灯、电力、运输工具、汽车、收音机、飞机及其数不清的附属品,已使我们的工作、娱乐、交流和交往习惯发生了革命性变化。那些把自己的任务看成是保存并传播以往古典文化的学校,要把这些新的力量,这些决定着我们的生活、使个人能够愉快地去应付生活的力量,充分纳入它们自身的目的和方法中;然而,它们仍在迟疑不决地打探这条道。除非我们能够对这些力量加以理智的操控和运用,不然就会遭遇不测。我们的能力——简言之,就是我们的心灵已远不足以对机械设置及其运行程序作出规划并享受其乐趣。面对新的工业形势,我们的教育仍固守过去的传统和文化目的,这又扩大了我们的机械和我们为了人的目的对其施加控制的能力之间存在的那种不相适应的状况。

其次,在办事的方式方法上产生了一场革命。我们的父辈是按照习俗和过去制定的模式来办事的。这些模式和程序已被扔进了废物堆,人们并非有意或故意要把它们抛掉,但这种做法还是奏效了。科学给人指出了一条依据对自然能量和因果关系的理解来办事的新路。借助科学的进步,借助它供给我们使用的方法,单单一个大的工业公司所制造的用来办事的设备便可供全部人口享用,假使男女老幼早在 60 年前便用这类工具和程序去办事的话。我们还不能说,我们的学校已经着手把科学方法引入那些在塑造我们的现实生活中趋于扮演角色的学科教学中去了。

第三,我们的民众已由关注纯粹的政治问题转向了关注那些令人感到复杂困窘的一系列难题。在绘制我们学校体制的那张蓝图中,并不存在把富人和穷人作出巨大划分的设想,这是一片自由的土地,这里蕴藏着丰富的、未加使用和占用的自然资源。每个人都能在这里找到他的工作和机会。由此,政治民主的目标就成了很容易理解的东西,因为它们适合这种土壤和职业条件。如今,我们的财富已被巨量地集中起来;存在着权力的垄断、巨大的失业率;机会之门已经关闭,贫富差别急剧扩大,可供艰辛开拓以便迁移栖居的边疆土地已所剩无几。

于是,民主问题已不再主要表现为政府或政治问题,而成了工业和金融问题——成了经济问题。这类问题含有无数衍生的分支线条,由其造就的社会结构显得隐晦而难以辨认。认为教育者要为我们现今的萧条负责,这样的说法荒谬至极;目前的萧条显然是一种金融萧条,它也引致了心灵和道德上的消沉。这种萧条给出了一种警示:在我们生活的时代,教育必定要担负起新的责任,它要认真对付那些不属于它的管辖范围因而似乎可以绕过去的现实问题。

第四,通过机械装置的手段对自然力量实施控制,这使人类有可能拥有一定数量的闲暇时间,这是过去的男女大众可望而不可及的东西。与此同时,大众的休闲娱乐又辟出了人们借机攫取金钱利润的一个通道。从这两个相互关联的事实中,产生了那种可如实地称之为我们民族的道德生活危机的东西。我们创造出了利用闲暇时间的新概念,对男孩和女孩需要进行这方面的教育,使他们对那种可以充实丰富其生活的娱乐活动和酿成沉迷堕落之后果的娱乐活动作出辨别。对艺术创作和鉴赏之潜在价值的教育,不能再成为某个优等班的特权,而必须成为人人可以享有的东西。否则的话,闲暇时间的增多会成为大范围道德败坏的起因。

并非所有的社会变化都会带来好的有益的结果。但我们可以声称:这里已经出现了变化,我们必须回应这些变化,而不是对它们视而不见。教育应当负起开发不同类型的心灵和个性的责任,这是一种引导这些新生力量向善的教育;缺乏这种教育,新生力量难免会成为毁灭的力量、分裂的力量。

一言以蔽之,我们时代的教育还没有确立一个伟大的导向性目标。它在成长,但它是在到处都向它施加特殊压力的状况下成长起来的,并没有依据一个宏大的激励性的社会政策。它踩着细碎不整的步子在扩展,并没有成为由内部的活泼力量推动向前的一种运动。我们的学校就像我们的国家,它们需要一个中心目的,这将使之激发出一种新的热情和献身精神,借此把所有的知识计划统一起来,为其指明方向。

在早先的年代,似乎存在一个我们的学校体制一贯遵循的目标。教育是使个人获得成功的关键,是营造个人生活使之得到顺利发展的关键。这个目标适应了彼时社会生活的现实,因为国家需要的就是对一个大陆物质上的征服,就是对蛮荒之地的征服。在我们的前方总有一块未曾开发的疆土,拓荒者可以前去开发并占有它。学校如果能用学得的东西把他装备起来,把他的豪情壮志点燃起来,这就够了。他的真正的教育是通过与他人的接触,与大自然之力的较量获得的。这是一种个人主义的目标,但它与国家的需要融洽一致。

这个早先的目标失去了它的生命力和意义。它还存活着,但却成了某种起压迫作用的障碍。正如胡佛总统不久前所说的那样,"我们正在从推崇极端个人主义行为的时期过渡到推崇团体活动的时期"。除了少数条件优异之人,这里已不存在为个人无节制窜升提供的机会。我们生活在一个联合的时代、团结的时代、集中统一的时代。除非为了共同利益而对这种联合加以民主化的运作,我们的男女大众将收获风险频频、压迫重重的苦果。过去的教育曾致力于培育个人获取物质财富的那股雄心,今日的教育更要为培育社会化的精神力量,使人能够社会化地开展活动而做出坚持不懈的努力。竞争性的动机和方法已被合作的动机和方法取而代之,与他人合作共赢的愿望必须成为对学校教学管理起支配作用的力量。过去的教育对人们灌输这样的观念:他们的目的就是扩充其实力,这样才能出人头地。今天,他们必须养成理智的组织化能力;只有这样,他们才能与他人团结起来,共同对付贫困、疾病、无知、盲信,以及娱乐欣赏上的低俗口味。我们必须有一种将早先政治民主化的理想扩展到工业和金融业的目的和方法。

在涉及思想和判断的方法方面,我们应保留早先的个人主义的目标。那时98 的人们想必强化了这个目标。除非个人被训练成能够自我思考、独立地作出判断和批评,善于觉察微妙的宣传伎俩及其背后的动因,否则,民主将是一出闹剧。大规模生产和标准化团队作业的长足发展使个人的发言机会不断减弱,这种趋势必须得到扭转。"你要学会与他人共事、为他人工作,又要学会由你自己来作出思考和判断",这应当成为我们的座右铭。

要对教育实施改造,这不是一个容易着手解决的问题。但我们看到,要维系我们开国元勋们的民主理想,解决这个问题也并非易事。后者只有通过在我们的教育体制中确立起一种社会的导向,才能予以解决。如果美国人民能够如同父母对待他们的孩子那样,用一颗关爱之心,把他们的良好意愿、忠诚笃实、政治信念和希望结为一体,又以自由的科学探究为其提供指导,那么就没有任何理由惧怕失败。当我们整个教育体制真正实现了民主的理想,它们就会再次成为我们国家生活的现实。

教育：修道院、交易柜台还是实验室^①

若干年前，当我途经阿迪朗达克山脉时，攀爬了这片山峦的主峰马西山。快要登上山顶时，我看到一片湿地，中间有一条缓慢流动的小溪，它毫不起眼。相隔一百多英尺距离以外，越过一块坡地，又看到另一条蜿蜒流淌的小溪，它同样不惹人注目。有人告诉我：第一条小溪便是哈得孙河的上游源头。它流过了一段不长的距离后，便被一座高出这片沼泽地数英尺的分水岭分成了数条溪流，它们最后汇成了圣劳伦斯河。这些溪流很难被称作河，只能说是细小的水流。它们的源头彼此不过相隔几码远的距离，但它们穿过地形各异的区域，饱览两岸迥然不同的景物，最后注入了与其彼此相隔数百英里的大西洋。出于比较的目的，我把上述这段话看成是一种隐喻，这个隐喻显得有点老套；然而在我看来，它却颇能说明历史上发生的那些事件的特点。伟大的运动在它们刚开始时，常常并不显得伟大。当其自身还处在发轫期，它们就像山顶旁流淌的涓涓细流，看似无足轻重。只有经过一段漫长的时期，当我们回过头来再看看从这些微不足道的开端中产生的东西，才会认识到它们举足轻重的意义。正如我们看到了波澜壮阔的哈得孙河，就想到了马西山山顶那条小溪具有的重要意义。

你们当然会记起爱默生（Ralph Waldo Emerson）说到的那种人，他的为人比人们知道的要好。在我看来，所有伟大的历史运动对那些开始对它们有所了解或想去了解的人来说，要伟大得多或糟糕得多。对于我们自己国家的创

---

① 首次发表于《巴恩韦尔通讯》（*Barnwell Bulletin*），第 9 期（1932 年 2 月），第 51—62 页。本文选自杜威为费城中央高级中学巴恩韦尔讲座所作的演讲，1932 年 2 月 4 日。

建的历史来说，也是如此。你们会记得大多数我国革命的领袖人物，乔治·华盛顿本人也包括在内，都希望不要与大不列颠造成彻底决裂。他们具有想要获得的确定目标，但并没有仔细考虑过一个面貌一新的政治世界。他们觉得自己正在为属于不列颠臣民的那份自由受到的伤害进行抗议，正如他们的英国先人曾对斯图亚特王朝的暴虐行为进行抗议一样，他们追随其祖辈的足迹，也要对当朝的乔治国王的专制暴政进行抗议。

美国那些初创教育体制的人，肯定不具有创立一个崭新的教育体制的想法和意图。实际上，他们是在往后看，而不是向前看。他们当中，有些人属意荷兰，有些人要学习英国；他们最大的野心，如可能的话，对他们本人曾学习过的那类学校进行模仿或复制。他们置身于一个新的国家，这个国家有很大一部分地区还是荒漠之地，他们的宏大志向自然就是在美国的土地上尽可能把自己从孩童时期便熟悉了的那种样式的学校再现出来。这种试图承续旧大陆教育体制的做法，维持了好长一段时间。总的来看，它在本国一直延续到——我们只能粗略地给出一个说法——比如说内战以后的那段日子。从那时起，我们的教育主要还是作为一个受纳者，它竭力要把源于欧洲的那种高级文化保存下去。

这种类型的教育带有一些相当明确的特点。在小学的最初几年里，学校教学实质上就是"3R"教育：读（reading）、写（writing）和算（arithmetic），再讲一点本国的历史和世界地理知识，特别添加一点本国的地理知识。学校里普遍流行的做法，是把教学的科目和方法一一作出划分。广大学生接受了一点学问方面的初步训练，却并没有进入中学继续接受教育。当他们离开小学时，教育主要通过在学生期间了解到的各种职业技巧，通过正式或非正式的师徒契约得以延续下去。通过师傅带教和师徒关系造成的往来接触，学徒掌握了某种职业技能。可

是，仍有少量学生能够继续接受高等教育。对他们来说，高级教育的支柱就是古典语言，那些准备从事法律和医学这类须具备专门学问的行业的学生需要学习希腊文和拉丁文；那些准备踏入政界的学生，则需要学习希伯来文。学校还会讲授一点历史，但这是一种古代史，是希腊罗马史以及这些古代国家的文学。那时的高级课程中还没有英语文学，也未开设现代语言的课程。如你们所见，这种教育大部分在讲授知识的各种符号，以及文字或书面表达的技巧。这一点尤可见于古典语言和文学的授课中。这种情形几乎可以使人不由地想到，教育在时间和空间上越是远离当今时代，它所讲授的内容便越发显得优异、珍贵。

请允许我冒昧地把这种类型的教育称为修道院式的教育。这是一个比喻的说法，并不过于注重其原本的意思。它是一种让少数人而非大多数人接受的教育。它源于欧洲的传统，由此它以为，只有少数人能够从学问的初步训练出发，继续接受那种可称之为真正的教育。正如我说过的那样，这种教育的内容就是有关学问的大量符号。数学是有关数字的符号，书面或印刷文字是有关语法和文学的符号，如此等等。这种教育游离于普通人的日常生活之外，把它叫做"修道院式的教育"或许未必是乱扣帽子。

如今，这种自有其欧洲来源、又在某些细节方面作了更改的教育（毕竟，在它和它的源头之间隔着一座大洋），它所持存的时间要比我们期望的更为长久。这种在我们这片新的土地上实行的古老教育，它的长期存在大概要归为两个主要原因；同时，从这两个原因中孕育出了一种新的政治制度，以及相当程度上的新的社会制度。一个原因就是，在我们合众国创建后的最初几十年里，广大民众仍然在校门外接受他们的实践教育，大体上看，我们仍然是在乡村中以耕作为生的人。在我们所处的那个年代，工业仍主要表现为家庭成员和街坊邻居所干的手艺活儿。如果说人们也使用机械装置，那么相对来说都比较简单。在村庄、乡野村落和村镇上，每个人总能找到他可以随意进去购物聊天的一家当地的小店。¹⁰²我还记得坐落着我祖父房屋的那个村子，在我童年的时候，我会到那里去过暑假。村子里有老式的锯木厂、磨坊、鞣皮厂；我祖父家里仍在使用的蜡烛、肥皂等，都是自家制作的东西。鞋匠每逢一定的日子便会走遍村子，花上几天功夫为村里的乡亲制鞋或者补鞋。正是在这样的生活环境中，每个人都与大自然亲密接触，都能直接参与形式比较简单的工业实践。为数众多的年轻人由于家中并未蓄有万贯家财，要通过那种非正式的学徒生活获得名副其实的教育。他们要去干家庭规定的家务活儿、田地里的活儿，并与左邻右舍搞好关系。他们用他们的双眼能够看到周围发生的真实活动，据此展开其想象。要对我们在早期创业条件下通过这类方式得到的大量名副其实的教育和养成的良好习惯作一个高度评价，并不是件容易的事。其时，由于人们与实际材料和富有意义的社会行业保持真正的接触，那里存在着一种真正的教育。

另一方面，在这一时期，以书面或印刷文字形式传递的知识，如按经济学家的说法，则还拥有一种"稀缺的价值"。书籍、报纸、刊物，总之，所有种类的阅读材料，比起今天要稀缺珍贵得多。图书馆相对来说，还是罕有之物。学问或者说熟练驾驭学问工具的本领，阅读、写作和计算能力，皆具有一种高级的价值；因为唯有学校，才能为人们提供掌握这些学问工具的地方。我们大家都听说过亚伯拉罕·林肯（Abraham Lincoln）以及其他来自蛮荒林区的粗汉如何刻苦学习的故事，他们不畏艰难困苦，有的人赤脚走上几十里路去上学，有的人借着昏暗烛光彻夜钻研那些简易的学问。在那些日子里，过去那种修道院式的教育是通向一个更大的文化世界的不二法门。我认为，这就是为什么这种老的教育形式，这种在今天看来似乎显得贫乏枯燥的教育仍能维持良久，并能相对有效地获得重要成果的原因。

随着各种社会条件的变化，我们的整个教育体制逐渐发生了非常大的变化，变化之大足以称得上是一场革命。作为一个象征性事件，我想把我的童年时代那种老式的磨坊和今天巨大的面粉加工厂家作一个对比。那时候，我们可以走近磨坊，可以看到那堆麦子，看到它被放到大大的石制料斗里；我们可以看到它通过各种管道输送的过程，可以一路跟随这些管道看到它变成了麦麸、面粉或其他什么制成品。要是我们今天走进一家大面粉厂，根本看不到放进料斗中的麦子！我们追随整个生产过程，实际上什么东西都看不到，甚至是那些制成的面粉，因为它被自动装进了大桶里。今天的年轻人竟然不能像他们的上几代人那样接近生活、社会、物质、经济的基本现实，这就是我通过上述磨坊例子想要说明的东西，要是我们把它当作一个带有象征意义的例子看待的话。这一事实使学校感到有必要扩充其教学范围，把许多学校外面的，向来只是与男孩女孩的生活、与年轻男女的生活相关的那些东西纳入其中。加之，如果考虑到语言使用和书籍出版的情况，那么形势与以前已大不相同了。印刷品几乎就是一种药物，它廉价多产、随处可得。一个在城市里长大的人，要想尽办法才能避开它。机器取代了计算和文字抄写的工作。可是，另一方面，获得学问和实践规训的机会却消失了。从前，在广阔的原野、工场作坊中人人都能学到这些东西；在那里，几个人通过其工作彼此间产生密切接触，他们作出自己的判断，并因个人获得的成就而受到他人认可。从前的广阔原野，能使人们轻易地找到走向某个去处的捷径；而如今，他们走的道路是被划定好的。此外，这些道路上挤满了人，个人行走的步子受制于摩肩接踵的人流。

两个显著的事实改变了我们学校沿袭的教育体制。要维持民主平等的理想，就要使学校教育带有普遍的义务性质。在最近 30 年里，我们已做了不少事情,使这一理想化为现实。如若从人口比例上看,上高中和大学的男女生数量甚至比起三四十年前也增加了五六倍之多。跟着,生活的特性也发生了变化,从农业转向工业化的生活要求改变教学内容的着重点。起先只是出现了一种让多数人接受教育的尝试,这种教育在从前的国家中只是让少数人享有的东西。随着时间的推移,正是这些走进校门的多数人迫使学校产生了巨大的变化;如果从教学内容、教学结果以及教学方法上产生的变化来看,这种变化堪称一场革命。

这种革命性变化的性质,在很大程度上是由生活的经济因素决定的。这场巨大变化伴随工业革命的名义而发生。也就是说,用机械力代替畜力和人力的过程自然是始于英国而非美国。但本国相对稀少的人口、丰富的自然资源包括未开发占用的土地、须用交通通讯聚为一体的辽阔国土,使本国民众几乎迫使这个国家要快速而不受限制地采用生产和分配的新办法。况且,这里还存在另一个意义非凡的因素。一般而言,在英国或欧洲,新兴工业不仅发展较慢,它还受制于延续了好长一段时期的那种传统制度的背景。后者并不仅止于抑制其快速发展,其本身如容纳河流通过的堤岸那样,形成了允许经济和工业发展的限度。美国却不存在这样的抗衡力量,对这个大陆的工业征服差不多是借助十足的环境之力和美国人主要的谋生手段推进的。对身体的控制趋于表现为吸收,差不多也就是表现为占有身体的能量;而在欧洲,人们是借助多种多样的渠道来扩大对身体的控制的。从人性上讲,美国人这种独有的兴趣不可能不对其学校教育打上很深的烙印,并对校门外形成人们性情习惯的那股交互作用的力量产生深刻的影响。

此外,工艺和工业的发展越来越依赖于技术,而技术最终又依赖于掌握科学知识;化学和物理学正在用它们的发现,取代习俗惯例,取代上几代人通过模仿和学徒生涯获得的经验法则。许多行业活动都受到了浸染,尽管从理智的观点来看,这些行业活动并不具备多么高的等级。它们看来都乐于采用科学技术,无论采用这些技术是否实际上提高了处理经验和例行公事的水平。科学获得了如此高度使人称誉的价值,以至于每一种可以想象出的人类活动如今都拥有其相应的“科学”——撰写广告、洗涤衣物、账目簿记、食品烹饪、速记打字等等,这里就不一一开出这些行业的清单了。

与此同时,许多人或者说大多数人认为,扩大教育,尤其是扩大那种包含大量职业要素的教育,满足了广大民众的需要。而在丰富充实教育的问题上,其他有些人则持有相反的观点。在此就带出了我这番讲话之标题中使用的第二个习语。那些持反对立场的人说，我们的教育由于一味迎合大多数人的需要，已恶化变质；如今我们发展的不如说是廉价商品交易柜台式的教育，那种老式的教育靠的是智慧和以往的文化，它会向年轻人、缺乏经验者和愚鲁者传授善的东西。今天的教育理论和实践却要把所有的东西放到教育柜台上摊开来，让每个具有不同口味的人都能找到某种可以学习的东西、某种进修课程，所以是那个买东西的人、那个未成年人而非提供教育的人在为教育定调，在决定教育应当具备何种形式。于是他们说，学校如今成了一家商店，店主盼望展示他的所有货色；他把他的货色拿出来，某一件吸引眼球的货品会满足某个人的口味，另一件货品会使另一个人感到赏心悦目。他们说，其结果，我们的教育变成了一种散漫无序的教育，它被稀释和弱化了。早先教育中用以培育有文化、守纪律的人的那些要素日趋消失，今日学校贯彻的教学原理只是给年轻人想要的东西或他们以为他们想要的东西。他们声称，教育在迎合这类需求中变得讲究功利、"实际"，而不是注重文化，其目的单单就是帮助个人去奋力打拼，使他赚起钱来更为得心应手，或者找到一份唯有经过这番训练才能找到的好差事。他们基于这一理由，对我们的大学、中学甚至小学进行了抨击，认为教育的扩大而非教育的充实提高，造成了教育浅薄化的倾向；教育的稀释和稀薄化使学习的过程拥塞不堪，如今年轻人学到的东西缺乏深度——学到的只是一些表面文章。

我并不完全同意此类批评，可是斗胆地认为，"交易柜台式的教育"这一称呼刻画出了今日教育某个方面的特征。此类批评到底在多大程度上真正能够得到证实，对此问题作一讨论几乎不太可能，理由在于不同的人持有相当不同的标准。要是某个人认为，更紧密地联系生活代表着教育的进步；另一个人认为，这适足以表明教育还不够完善，因为文化的本质在于它不会过分紧密地与日常生活的实际需要相关联，显然，他们之间不存在可以相互展开交流的接触点。他们对这种教育趋向作出十分不同的判断，因为他们持有不同的标准。如果史密斯先生和夫人认为，教育的日趋职业化是一件好事，因为这种教育注意到了平民百姓需要谋生这个事实；另一方面，他们的邻居琼斯先生和夫人坚信，这类教育意味着一种退步，这样一来，他们对当今教育体制就会作出完全不同的评价。我们不能在这里谈论这个过于宽泛的问题。也许应该说，类似批评中提到的问题有些似乎可以得到证实。我们目前的教育在有些方面流于浮泛浅薄，变得散漫无序,缺乏目的的明晰性。比较经常出现的情况是:那些所谓的实践课,除了它们的标签外,并非真正体现着实践性。有些此类课程想讲授那些只有在实际事务中才能学到的东西,或者说它们对自己提出了那种要求,但没有对日新月异的飞速变化予以充分留意,因为老师们并没有接触工业的实践,他们传授的做事方式是人们5年或10年前的做事方式;现今人们出于实际生活的需要,已不再按这种方式去办事了。老师们也较少考虑从今往后的5年里,人们的做事方式将出现哪些变化。其结果,所谓的实践课在一成不变的讲授中常常失去了其实践性质。

我们完全承认当今教育体制中存在的某些倾向,然而还是要说,我们做成了一件非常重要的事,至少把传统教育中那种称之为文化教育的森严壁垒打破了,这道屏障挡住了广大民众获取任何值得称之为教育的那种东西的去路。我们至少在发展人人享有的教育方面首先迈出了一步,这样就使长久以来"人人享有平等机会"的理想愈益成为现实。我们至少还把所称的文化和职业之间存在的那堵隔墙给推倒了,事实上,我提到的那种"修道院式的"老式教育(要是我属于另一社会阶级,我会把它称作布道坛的教育)认定,只有有闲阶级才需要文化。因为他们饶有资财,这使他们不必去理会任何需要接受教育的职业或者职务。另一方面,它又认定,那些无时无刻地听凭谋生命运摆布的人,特别是那些用力气干活的人,必定被挡在高级文化的门外;他们生来就是与有形的物质玩意儿打交道的命,所以在其职业中不存在可获取理智、艺术之类事物的通道。这样看来,我们所说的交易柜台式的教育,哪怕它是最低级的交易柜台式的教育,也去除了这一划界,去除了职业和文化之间存在的整座隔墙,换言之,去除了理论的东西和实践的东西的彻底脱节,以及行动和做事与知识和理解之间完全分离的情况。

交易柜台式的教育至少为另一种类型的教育铺平了道路,我把后者称为"实验室"的教育,这一称谓在某种程度上带有隐喻性质。"实验室"这个词意味着行动、工作和劳动。这个词通常是指供科学研究之用的实验室,例如物理、化学、生物实验室等等。但该词赋有的那种观念,会向实验室以外扩散。实验室的第一个重要特征在于,那里面展开着一种活动,这种活动要借助技术装备,例如用手足和身体来操作工具、器械,以及其他机器装置等。人们要处理的是真实的材料,并非如老式的传统教育那样,仅仅与学问的符号打交道。

这种实验室的观念为什么不能推广到工场车间之类的场所中去呢?这一点

毫无道理。如果你愿意的话，为什么姑娘们学做烹饪的厨房或缝制衣料的房间，或者男孩们干手工活的工场，就不能成为通过处理实际事务将学问原理具体化的地方呢？他们在那里动用他们的双手、眼睛和身体，学到了某种本领。我们没有理由不把物理实验或化学实验室中所做的某类学问推广到这些场所。为什么那些设在文科中学或高中和大学里的作业工场仅限于传授手工技巧，而把某种外部能力的训练交由专门的职业行当来承担呢？这是毫无道理的。通过主动接触范围广泛的材料，人们就获得了那种开掘所有科学资源的机会。确实，我经常在想，也许对大多数年轻人来说，和实验室相比，那些工场会为探寻科学知识的要素辟出一条更具创造性的通道。因为对物理学和化学的直接探研，比如对分子、原子或电子的研究，需要专门的技能，显得困难而抽象；其抽象性以及无可否认地远离感官知觉的程度，一如我们在老式教育中找到的那些东西。以汽车、飞机或收音机这样一类东西作为媒介，能直接辟出一条理解物理学、化学、物质结构原理的通道；这类物件直观形象，易于接近，能使年轻人通过亲手操作，对科学原理得到智性的把握。这类知识是借助并通过他们的日常经验给予他们的，这就表明：它们是借由他们的生活得到的东西，而并非是深奥难解、遥不可及的技术性符号。

借助类如实验室那样运作的工场车间，也就是说，借助学习和发现的手段，学生们找到了激发他们的好奇心并使他们得以掌握发现事物方法的那种机会。实验室的教育也提供了接近并了解社会的手段。毕竟，我们的社会之所以有今天，大半要归因于这个社会借助科学之力得以进行的各种职业活动。我们的教育如果只是为了造就农夫、工程师和商人，局限于这一目的，这并不可取。但是，绝大多数进入我们学校的年轻人将会从事不同的行当，要是他们这样的农夫是理智的农夫，能够从事智力发明，能够对他们的用具施以创造性的理智控制，那么这似乎也是值得追求的事。同样，从事其他职业的人所拥有的教育，也应使他们能够作出灵活、独立的判断，提出新颖独到的看法。我把这种教育称作"实验室的教育"。它始于活动，通过活动使学生与真实的事物产生实际接触，围绕和对象的这种接触展开思想训练，从中引出对知识的渴求。这种教育并不仅仅是为了把学生固置在往后职业生涯的狭窄框子里。

我所称的实验室的教育还带有另一个特征。老式的传统教育依据这样的思想：教师和教科书事先就知道学生们应当学习的东西，教师和教科书告诉学生知识是怎么回事。学生的用功大体表现为被动的吸收和复制——或许我们可把这一过程叫做"管道式"的教育。把信息输送给学生的教师和教科书被认为是容纳知识的蓄水池，到了适当的时候(主要是在面临考试的那段日子里)，他们就把储存的水放出去。这种教学法又可被视为照相式的教育，因为学生的心灵被看作一张照相底片，这张底片上留有教师授课的印痕。当把这张底片放入机器，再把这部机器开动起来(也许在面临考试的那个时段才会开动这部机器)时，底片上就会显示出印在上面的东西。然而，实验室的教育把那种交易柜台式的教育至少看成是一个过渡阶段，它要求学生本人担负的责任大得多。实验室的教育就是一种带有实验性质的教育。它是一种通过研究、探询、检验，通过观察和思考来获得发现的方法——所有这些过程都要求心灵的活动，而并不仅仅是吸收和复制的能力。

现在让我再回到开头讲到的那个比喻。最初流淌的源头之水就是地区性的初等学校。作为当地居民的家长们，盼望其孩子能够享有旧大陆才能提供的那些机会。除非他们自己把学校开办起来，新大陆是无从提供这类机会的。接着出现了大学，其预想的规模之大，足以使你想起训练教士的那种地方。我们的祖辈大多是虔诚的人，他们想要有教士、受过教育的教士，以便充任教会的职事。伴随过去 150 年的发展，特别是最近三四十年不断加速的变化，这股源于过去年代传统环境的溪流扩展成了一条大河，这条河流的走向迂回曲折，时常生出一些分叉，变得漫漶无定。但是，它仍能用潜在的能量去创造某种新的有意义的教育形式。这是一种普遍的教育，它不仅体现为人人都有机会走进校门这个事实，而且可以针对多种多样的个人需要和能力作出调整。于是，伴随每个个体都参与其中的教育的发展，整个社会从所有成员构成的这笔巨大资源中得到好处，而不仅仅是享受让某个特定阶级得到训练带来的利益；这笔资源在过去没有被察觉到，因为只有少数人才有机会充分展示他们的才能。于是，公共教育之所以是公共性质的，不仅在于这种教育是由国家借由税收提供的公共开支来加以实施，而且在于它要把所有个体都训练成能为社会提供某种形式服务的人。总之，正是通过这种或那种职业，人们最终得以为社会提供服务，而有那么一些人，他们或许涵养深厚，他们把文化看成是个人或私人性质的东西，这类东西却未必会与这个社会的劳作产生有活力的有机联系。当我们的教育把这些能力和潜力充分激发出来，就将在本国造成一种真正称得上崭新形式的教育。这种新的教育又会对一种崭新形式的文化作出允诺，使之具备发展的可能性；在这种文化中，原有的屏障将被推倒，学问和对知识的追求将被看作是为了社会的利益，凭借公众的信任来筹划运用的事。

可是，我们的教育目前还没有找到自己的归宿，这条河流还没有抵达某个口岸或者大洋。它还留有传统教育的痕迹。它不会再回返到它的源头那里去了，它要直面今天的问题、将来的问题，而不是过去的问题。这条河流如今冲刷着两岸沙滩裹入的大量泥沙，它往往会分成好几股河道，并在流入这些河道后变得不知所踪。它仍会在一些地方被过去年代的人树起的阻拦物挡住去路。但是，它自身拥有创造自由的实验理智的力量，它会用这种力量对我们和其他现代人生活的这个纷繁复杂的世界进行必要的改造工作。

111

欣赏和修养[①]

近来,许多人谈到重视欣赏水平的教育,以及忽视这类教育造成的问题。这些讨论大多转而谈到了美国人日益增长的闲暇生活的重要性,教育需要早做准备,以便使人适当地享用这种闲暇生活,正如人们要适宜地度过其职业生涯一样。对"生意人的脑袋"在生活中和学校里占据的统治地位进行反击,这本是一件好事。但我认为,我看到的有关"欣赏"一词的词意解释显得过于狭隘——也就是说,人们并没有想看到它作为所有正常经验的功能而具有的那种普遍适用的理解范围。当我准备来哈佛大学进行本次演讲时,我的头脑中一直在思考这个类似主题。所以,今天我很想就"欣赏"这个题目向你们讲几点看法——我希望,在这样的场合,我的这些看法不致过分拘泥于形式。

我提到的上述狭隘理解倾向是把欣赏认作仅限于和几种对象有关的问题,例如对文学和美术的品评鉴赏等。在此,我不愿把过去有关趣味的那些话题硬塞给你们,但在座诸位中有我的同事佩里先生,我希望他会提请你们注意到趣味和价值之间存在的那种密切联系。我们并不想对欣赏给出一个精确定义,但至少可以说,它意味着价值的一种感性、个人性的实现形式。由此似乎不可避免地得出一个结论:如果说任何对象具有价值,那么,它要靠学生和老师的作用才能实现存在的价值,它并不单纯是名义上的、外在的东西。这样来看,我们不能仅限于联系任何特定的学科名录来看待欣赏的地位和作用。

[①] 首次发表于《哈佛教师纪事》(*Harvard Teachers Record*),第1期(1931年4月),第73—76页。本文选自杜威1931年3月21日在哈佛教师联合会所作的演说。

是否存在对地理、历史的欣赏呢？当然存在。关于数学和几何，我们不由得作出这样的结论：虽然这些学科总是存有价值，但学生们还没有把握这种价值，那又何以谈到欣赏的态度呢？什么是欣赏的那种可以延展到所有学科主题的性质呢？在这方面，文学和美术也许可以给我们提供解答的钥匙。它们并不具备引人去欣赏它们的那种专断的控制力，而且用一种惹人注目的方式来展示自己。

我想，所有人不用通过费心劳神的论证就会同意：诗歌、小说、戏剧、音乐、绘画和其他艺术的一个显著特点在于具备唤起情感和想象的能力。如果我们承认这一点，就找到了理解欣赏的线索。它涉及某种情感的激发，以及想象力的当下展开。要是某些教学科目没有提供令人欣赏的内容，必定是因为这些所教所学的科目缺乏激发情感和想象的力量。

情感心理学在某种程度上还是令人费解的东西，但它说到的某些特性借助普通人的观察是清楚明了的。这里至少涉入了个人参与的成分。对我们冷漠的东西不会引起我们的关心，它们也许并非如其所示，但它们毕竟是与我们无关的东西。

> 她的美日甚一日，
> 就像五月里酿成的花蜜，
> 若不对我展露风姿，
> 她的美又干我何事。

情感被打动意味着某物引起了我们的关注和怀想，这是发生在一个场景或对象中而非外在于它们的事件。当某个事物在不经意间撩拨了我们，随之感情上就会泛起一阵细微波澜。深刻的情感不止起于轻微的接触，这种接触还造成了切口。随便什么东西，无论它是场景、对象、观念、事实，或者是学习，它涉入、摄取的经验越多，就越能搅动、激发我们的情感。情感是记录我们个人卷入、投身任何事物的程度和方式的指示器，不管这些事物是否外在于我们的物质的东西。

某些情感是一眼就能看出来的，它们以直接的、不易搞错且可被观察的方式，如面部表情、双手动作、身体姿势的变化显现自身。愤怒、极度的悲痛和兴奋，惊骇万分的恐惧等，就是这类情感的一些例子。在这些场合，不存在对直抵某人内心的那种物质外部事件表现出来的任何怀疑态度。这种进入我们内心的事件正被体验为我们自身之自我的一个部分,我们为之手舞足蹈或灰心丧气,我们已被它所吸引,以致想使它更完整地与我们自身融为一体;或者,我们对它如此抵触,以致想把它赶走或者消除。但情感表现的形式包罗万象,它有粗糙的表现,也有精微细腻的表现。我们为我们一方在足球赛、政治竞选中的获胜而欢呼,为突然降临的好运、身患重病的朋友的康复而兴奋不已。我们会被眼前呈现的一片晚霞、一幅画、一个新点子感到精神振奋。当我们苦苦思索着某个难题时,会因为察觉到某个论据的解题意义而转忧为喜。于是,我们就从对象中得到了乐趣,我们不由地占有、支配或保存了一份感情,简言之,我们正在欣赏对象。

把比较粗糙、浑然未分的情感转化为细腻精妙的情感形式,或者说把黑与白、红与绿的对比强烈的色彩转换成多样化的明暗色调,这体现着创造人格化的精制产品的大部分过程。亚里士多德曾说,每个人都会生气,但懂得在适当的时候、适当的地点生气,为某个对象生气,合宜得体的生气,却是一个有德之人的标记。这一说法蕴含的原理对所有的情感都是适用的,当这些情感恰如其分地与它们产生的状况呼应一致,它们便变得精纯且深浅有度。精纯和修养并非在所有方面都是完全同义的用词,它们在某些方面可视为有同种来源的东西。即使我们握有许多事实和观念,且不说这些事实本身有多么精确,这类观念显得多么有气势——这些事实或观念本身都不能造成一种文化。对事实和观念的这种把握,必须获得改造情感的敏感性和情感反应的效果,借此造成一种修养。

这里,我并未涉及过于明确、刻板地把上述观点运用于学校教学的问题。但有一点显而易见,比起其他学科,像美术等一些科目,更能做到对题材内容的情感投注,从而造成天然未凿的情感发生某种转化;然而,要是以为只有美术类科目才适于谈论欣赏,这是有欠考虑的。举个例子,学生们如果对各种类别的文字运用并未具有某种精巧讲究的趣味,对意义的细微差别也不具备某种敏感,那么,他们如何能够上好作文课、文学课呢? 要是我们并未从情感上,以一种使我们的性情气度更能显出层次、更趋细密的方式,对地理学、历史学或植物学中的一件事实或某个信息作出回应,就不能可靠地理解诗歌和音乐所要表达的意思。

我认为,人们大致能够看到教学中存在的那些缺陷和不足,并发现之所以有此缺点,正是由于没有确保情感的投入。存在着两个普遍的使人深感遗憾的特点,即学生方面单纯地被动接受,以及教科书和教师一味地灌输。这些现象足以证明，这里缺少了我们称之为情感的那种个人投入。学校教育主要强调的，只是记忆，只是心识默记，这是造成类似失误的一个例子。麻烦的地方在于，学习的材料并不一定会入心，它只是被小脑的某个部分托管了。结果，就谈不上造成个人的修养。

除非对事实和观念、问题和答案具备情感上的亲和性，而它们可以通过各种途径表现自身，那种借助挑选过的特定科目来造成真正欣赏态度的企图极有可能落空，或者走向歧途。儿童、青年人或成年人要做的一件事，就是去感觉一幕日落的壮丽景色；他要做的另一件事，是懂得他那些狂放的言辞不过是重蹈了惯常的俗套。在对音乐、诗歌和戏剧的教育应用中，也会存在类似风险。除非学生在涉猎这些学科时已具备那种经验背景，由他先前配备了对于形式的关系和意义的知觉构成的背景，不然的话，他的情感反应必定充斥着粗陋成分，或者成为一种与反应对象无关的做作的东西。欣赏的限制因素使一些对象成了毫无生气的死物，同时为另一些人提供了获得短暂的刺激和娱乐、逃避到幻想王国的机会。

至于说到想象，我想借教育中知识和观念有时拥有的那种自发传导的力量来对它的定义作一说明。某种学问研究如若造成了沉重负担，就使我们感到滞碍难行，失去了求索的锐气。要是我们把这样侥幸获得的知识也尊称为知识，那么，它恰好与想象的本性形成了对比。情感和想象产生的不是偶然联系，情感提供了传导的动力。当它作为一种比较精纯的整体导致一个直接的公开行为，这时想象便指明了传导给我们的那种东西。一个男人充满了愤怒情绪，感到悲伤之极；如果他那关于对象的思想这时纯化并控驭了情感，他就会进入想象状态。一个满腹怨恨的人会想象到处都是他的敌人，为此苦不堪言，或者他正打算采用符合自己心意的报复方式对其愤恨对象施以某种公开的羞辱。一种更为精纯的愤慨会使人通过想象去探究损害公共利益的罪过原由，并构思其补救措施。或者说，一个像狄更斯①那样的人，他会借助小说手段通过想象去揭露对他人造成的那种境况。

以上所举的这类例子，应不至于把情感力量关联教育的那种作用搞得模糊

---

① 狄更斯(Charles Dickens, 1812—1870)，英国作家，所写小说反映并鞭笞英国 19 世纪的丑恶现实。重要作品有《大卫·科波菲尔》、《双城记》等。——译者

费解,这种情感力量唤醒想象,并对各种教育情境中产生的想象加以引导。自然科学的事实,或者某个数学原理,若不是被无来由地一下子装进脑袋里,那么,它会使人联想到其他的一些事实和观念,它会激励心灵继续产生思索感想。联想(suggestion)是一种比较单纯的想象行为,恰当而生动的隐喻(metaphors)则是那种名之曰想象的传导力量的功夫。学生中普遍存在漫无头绪的想象的情况,这可看作一种反面例子。只有把注意力向前推进,才能保持这种注意力。现有的题材内容如果不能使人集中注意力,便会造成类似心不在焉的那种状况。这时,心灵便会天南地北任意驰骋,按自己感到合意的方式展开其想象活动。

这些解说还没有说到根本的东西。人们会专心致志地处理一种题材、一个问题或落实一项任务,这些题材、问题或任务本身会把他引向种种充满新奇、意外特质的关系和结局。想象不是其他什么东西,而是心灵的自由活动。如果它是这种心灵活动的真正表达,那么恰好不会靠着强制拖沓的劳累活儿就能运转起来。人们绘就的有关兴趣和注意力的一幅漫画,把我们的课堂教学搞得大为减色。在这幅漫画中,似乎一种封闭的题材或者环境本身便存在激发兴趣和理智思考的种种可能。把兴趣贬低为娱乐,这皆因我们忘记了只有通过扩大活动,通过题材内容的内在展开,我们才得以维系一种兴趣。没有什么东西能比片刻的兴奋更容易使人产生疲倦、厌腻之感了。而这就是所有那种封闭的、终结于自身的环境或者活动所提供的东西。这些陈述并未表示兴趣或想象是意识到的东西,或者要有意识地去求取。它们只是意味着:哪里存在自由流动的观念,哪里存在能使人对其他意义而不只是当下即存的意义产生丰富联想的那种信息,哪里便存在必不可少的想象和理智的兴趣。

简言之,欣赏不仅仅是直接的、稍纵即逝的一阵情感波澜和骚动。它使事物变得贴近人心,使我们深切了解到我们拥有的种种可能性及其带来的结果。欣赏就是借助理智去寻觅这些言外之意,把种种可能性置于心智的面前,从而体察到它们的意义和价值。这里没有一种事实、观念或原理不是意味深长的,它们能够把我们引向对其他事物的思考。学校教学中最大也最为常见的毛病在于:它在展示教学材料时所用的方式不能唤起这些方向感,不能激起学生寻踪而去的某种渴望。于是,这里没有欣赏,没有个人体验到的价值,因为展示出来的东西好像本身就获得了完全的意义,好像它是封闭自足的东西。要是你细细回想一下那些善于启发心智的老师们,那么你将发现,他们会让你意识到他们讲授的东西中隐含的种种可能性,并让你自己产生出去实现这些可能性的某种愿望。我已不能举出更好的例证来说明欣赏的真正本质,以及在学习所有教学科目时人们具备的那种欣赏能力了。

高等教育和研究中的政治干预[①]

要对高等教育中的政治干预作出明确的说明，不是一件容易的事。这种干预可以无所不包，包括擅自决定某个特殊任命，让一位朋友得到好处；为了某个政党或派别的利益，蓄意对学校的人事和教育政策进行操纵等等。要划清出于经济和其他社会理由作出的干预和政治干预两者的界线，也不是一件容易的事。

为俄亥俄州立大学的米勒（Herbert A. Miller）教授遭解职一事提出的理由，可认为就是印度假定可能给出的那种不够慎重的说法，它倾向于败坏大不列颠的名声。这肯定不是国内政治的问题。由于英国政府不会提出外交抗议，所以很难认为这种事涉及国外政治的问题。米勒事件究竟是怎么回事？或者说，就像某种证据已表明的那样，如果说这件事掺入了国内种族和肤色歧视的成分，那么它涉及的是何种论题呢？

通过为一定数量的大学教师发放各种津贴的方式得以实行的"权力信托"措施，主要带有经济的性质。这类举措并非由哪个政府部门加以实施，但其带有的意图无可否认会阻止人们去考虑大学的公共用途之类的事，确保公众意见有利于促成私人占有和私人管理的立法。经济是起因，但造成的是政治的效果。

一个有几分相似的论题是：与国防部有联系的一帮人，他们从学生们那里听到一些传言，便费尽心机地制止那些被怀疑为有反战倾向的教师们散布其言

[①] 该文是一百项科学研究委员会制订的研讨会计划的成果之一。杜威在美国科学发展协会于新奥尔良举行的会议（1931 年 12 月 28 日—1932 年 1 月 2 日）上宣读了这篇文章。首次发表于《学校与社会》（*School and Society*），第 35 期（1932 年 2 月 20 日），第 243—246 页。

论;如果这帮人是某个街区的显要人物,他们同样会对他们打听到的社会主义者或其他持有激进经济观点的人进行喝斥。须知,这帮人的举动并非事关正常的课堂教学,他们会影响学生们去接受那些关联到立法和政治进程的观点信息。

我提到的这些例子似乎只停留在问题的外围,这出于两个理由。一个是国家官员的直接干预,这类人显然赋有政治权威,他们的观点带有明显的政治目的;这种干预普遍受到人们的指责,这种事大多发生在那些人所公认的落后国家。另一个是由混杂的起因和动机造成的干预要常见得多,人们发现有这样一些州,它们为其教育和文化取得的进步、高等学术机构拥有的地位颇感自豪。这种干预是间接运作的,使用的手段相对比较精妙。从其造成的长期效果来看,比起那种出于明显的政治理由对教育的诚实品格进行的正面攻击,这种干预含有更多的危险。加之,大学教师和受过教育的群体往往对它们采取姑息宽宥的态度,要是这种干预来自州长或者对这个州长负责的某个社会政治团体,那么,他们就会感到愤恨。

就政治事务而言,即使在那种狭义理解的政治活动中,比起那种引起民众瞩目的公开干预,间接的干预也更为通行、更能暗中加害、更不公道。一所州立大学的校务委员会采用了如下学校制定的内部章程:“本校的教授及教师欲谋求任何公职或已得到提名者,或成为任何政治集会的代表者,或欲公开寻求某一提名者,即应辞去其教职,或应被视为已卸去其所任之职务。”我们的查究没有披露其他州制定的类似规章,但其他同类事例也会造成使人备感压力的后果。一位在本国面积最大、人口最多的州工作的教授曾撰文谈到了如下后果:

> 在本国通过纳税人支付的钱开办的高等学术机构里,从校长一直到地位卑微的老师,所有教职员工皆不被允许参与任何形式的政治活动。这种
> 情况至少有一种特征:它曾被当众宣布过或者说人所皆知……如果一位教授抱有一种政治信念,他想以有效的方式把它表达出来,那么落到他头上的只有一种结局,即他要放弃他的教职……得到宗教团体资助的学术机构自有其缺陷和不利之处,但在这个州,比起州立大学的校长教师,这类学校的校长和教学人员却更为积极地投身公共事务,特别是那些牵扯到政治问题

的公共事务。①

从密西西比州教育机构发生的事件可以看出，比起隐蔽的间接干预，人们更容易有效地对付直接的政治干预。1930 年六七月间，在四所主要的州立教育机构中发生了大规模解雇或降职的情况，这一行为有其政治的起因，它立即激起了民众的反应。各类专业教师团体采取了行动。南部大学和中学联合会中止了这四所教育机构的会员资格，以表明其"不赞成对州立学校实施的政治干预"——这一果敢行动使地方当局感到愤愤然，但对邻州产生了巨大的影响。美国土木工程师协会对这四个机构中的工程技术类院校采取了类似行动。美国医学院联合会为密西西比医学院设定了一年的观察期。像美国化学学会、美国大学联合会、大学教授联合会等组织都作出了谴责的决议。

密西西比州的事件尤其值得加以征引，因为它清楚表明，一目了然的公开的政治干预会激起广泛抗议，这种抗议最终几乎肯定能产生成效。大学教授联合会学术自由委员会主席贝茨(Bates)教授在 1923 年年度报告中曾指出，"肆无忌惮地干涉言论自由"的事件为数不多，更令人感到困惑的事情是由学院体系的压制造成的那种持续见效，然而几乎是无形的、不易触摸到的压力，这种压力阻碍并严重干扰了具备独立、原创精神的思想者发挥他们的作用。

我们也许还要往这类事件的名单上添上那种并不直接针对教师参与政治活动的事件，那就是对各种学生自由社团进行的压制，以及对大学出版物实行的过度审查，这些社团和出版物发表的经济或政治言论似乎带有某种激进的色彩。这样的例子并没有直接对课堂教学产生影响。包括大学教师在内的许多人，他们对外界对他们从事专业研究的自由横加干涉感到强烈不满，却对干涉课外活动的情况不太敏感。对这种干预课外活动的情况熟视无睹，一如听任对任何专业进行干预一样，会酿成某种危险。无论是通过直接行动，比如通过以上提到的以制定内部章程的方式采取的直接行动，或者借助间接的压力，这种否认自由的行为会使某个阶层的人停止思考。这一阶层的人受过特殊的教育，一个民主的共同体也许还有必要寻求他们的指导。对自由的这种排斥降低了政治舆论和行

————————————

① 《美国大学教授联合会通讯》(*Bulletin of the American Association of University Professors*)，1931 年，第 572—573 页。

动的整体活力,它造就了这样一类教师,即他们养成了避而不谈自己真实观点的习惯;其结果,终于不再持有任何有意义的信念,而这会对课堂教学造成有害的影响。

那些在成熟的精密科学部门工作的教师和研究者,有时对社会和政治学科的简陋状态感受至深。由于他们个人对经济和政治问题持保守态度,往往对其他部门教师从事外界活动施加的限制表示容忍。他们应当回想一下他们本人研究的科学一度经历的抗争过程,从而去用心倾听并得到这样的认识:只要那些讲授社会学科的教师还在遭受压制,这类学科就不会获得更具科学性质的地位。

总的来看,伴随落后国家民众政治觉悟的提高,直接的政治干预会变得越来越少。地方当局总是对来自异地的批评感到忿忿不平,但只要这种批评正当合理,它几乎总会促成对本地采取的措施作出更改。与此同时,要是科学家连同他们从属的团体竟然不发出他们的声音,我不认为它会作出这种更改。如果我们的各种专业团体对那种直接违背教学科研之正直品格的行为时刻保持警觉,这将有利于它们扩展其活动,对它们过去遭到的间接干预取得更多的认知。就我能够观察到的情况而论,教育工作者普遍持有下述方面的看法:让美国大学教授联合会拟定一份经正式认可的大专院校名单。在这些已被认可的院校中授课的教授应成为该联合会的会员。若对这些机构探究和表达的自由原则进行破坏,那么其行为一经查实,就有足够的理由把这个成问题的机构从鉴定名单中剔除出去;该机构的联合会会员资格即应自动中止。那些秉具科学和专业目的的特殊团体更应采用这样的做法,对教授和科学团体应制定出合宜而又严格的规则,以便处置把某个一度退出的机构重又列入名单的那种情况。

如果我们的专业同行能够第一次为了其自身的觉悟,为了表达他们按照已指明的路线前进的行动,而把公共意见组织起来,那么我相信,我们完全有可能把侵犯研究、言论和著述自由的事件,包括政治干预的事件,减少到最低程度。

经济形势：对教育的挑战[①]

当前的经济萧条威胁到了我们文明的每一种制度机构的存在，当然对我们的学校也构成了一种挑战。这个事实如此明显，以致对它视而不见是无济于事的。至关重要的事情是要认识到，学校要去也应当去应对这种挑战。当政治家们还在左右观望、工业巨头们感到困惑不解、经济学家还在就这场萧条的起因和解救药方迟疑不决地给出某种判断的时候，我们这些从教育方面来应付这件事情的人，可能也会陷入茫然不知所措的境地。学校其实能够做些事情，防止将来再造成类似的崩溃。就我目前的认识而言，我将仅限于谈谈一个方面的问题。我相信，要是我们能与他人携手并肩，以诚实果敢直面问题的态度来应对这一形势，我们众人的智慧如果真能以长远的目光来稳妥地看待这一问题，那么，它获得的成果会远胜于任何个人心灵思考出来的东西。

首先，我要说，我所谓"诚实果敢地直面问题的要素"，正示意我主要想谈到的东西。教育工作者需要具备大量勇气来面对目前这一形势，需要用非同寻常的心灵力量来诚实地面对事实，而不仅仅是保持诚实的意图。教育的功能之一，就是使个人获得那种能力，使之能够看到现存社会安排中的道德缺陷，并主动采取措施来改善现有状况。我们学校在这方面所做的事尤其令人感到沮丧。我们现在仍在消极观望，烦恼和忧虑促使人们更愿意去思考，肯定也使人更愿意去批

[①] 杜威在美国教育协会家政学视导员和教师分会于 1932 年 2 月 22 日在华盛顿特区举行的全体会议上宣读了这篇论文。首次发表于《家政学杂志》(*Journal of Home Economics*)，第 24 期 (1932 年 6 月)，第 495—501 页。

评或倾听批评。但无论在社会方面或是在医学上,预见和预防要胜于事后的思考和治疗。我们那段看似经济繁荣时期的环境,压抑了我们对根本的社会问题作出严肃思考,并鼓励人们对本国所干的事或曾干过的事发表的颂扬之词采取一种沾沾自喜的默许态度。

试举一例来表明我说的意思。前天晚上,我曾听过有关战备状态问题的一场辩论。有一位发言者认为,这种战备状态往往会诱发战争,他引证了荷属爪哇一地的情况,该地也许是荷兰最富有的海外殖民地,虽然人们没有说起要往那里派驻陆军或海军,它却从未存在遭受攻击的危险。他说,在 19 世纪的大部分时间里,美国凭其微不足道的军事力量确保了国土安全。只是到了美国采用令人恐惧和厌恶的帝国主义政策之后,才出现了要大力扩充陆军和海军的喊叫声。在此,我不想考察这些议论是否有根有据,尽管我个人觉得它们听起来还是满有道理的。我的观点针对的是这些议论被人们接受的方式。主张美国应进入战备状态的弗赖斯(Fries)将军发言说,要是那个发言者和他那样的一类人崇信荷兰,对美国妄加批评,他们为什么不住到荷兰去,离开这个在他们看来浑身都是毛病的国家。听众中的一大群人随即大声喝采,那些所谓的爱国者团体的人员踮起脚尖,带头欢呼起来。

这个插曲本身只是件小事,甚至显得幼稚,但它作为一个例子却含有重大的意义。这种颇为典型的态度差不多已经支配了教师,而至少自第一次世界大战爆发以来,这种支配地位甚或变得有增无减。正是那些"没有爱国心"的人指出了,或者说承认我们制度和习俗中存在的弱点,并提出我们也许要向别国学习一点东西。教师们已被套上一件厚厚的、令其"吭声不得"的罩衣,要自如地适应这种状态,只有采用消极服从的办法,于是就成了"唯唯诺诺"的男人和女人。

我不知道今日的情况如何,但仅仅在几年前,本国一些思想领袖的名字还被华盛顿的官方部门作为危险人物列入了黑名单。他们被认为具有潜在的煽动倾向,因为他们对我们的产业趋向大张挞伐,不怕揭开本国压制言论自由之类的疮疤。国防部负责大学军训的部门在一份论及培育大学生军人气概的公开报告中,把简·亚当斯①称作"最危险的美国女人",而广大美国人却把她称为美国最

---

① 简·亚当斯(Jane Addams,1912—1988),美国女社会改良家及和平主义者,参与制定第一个青少年法庭法、妇女 8 小时工作制等,曾任妇女争取和平与民主国际联盟第一届主席。1931 年与尼古拉斯·默里·巴特勒(Nicholas Murray Butler)同获诺贝尔和平奖。——译者

受爱戴的女人，她最近还获得了诺贝尔奖。

就这个例子本身来说，它似乎同样显得愚不可及。亚当斯小姐显然不会带来什么危害。但只有少数人缘于性情或优裕条件，没有受到这种攻击的影响；越来越多的人受到诱导劝说后，要么不再发声，要么对社会的病症加以粉饰，他们老是让学生们相信：在这个充满各种可能机会的国家里，一切皆运转正常。那些巨大经济利益的代表者，他们对任何批评现有经济体制的行为都表现得特别敏感，并乐于把这种批评贴上"红色"或"布尔什维克"之类的标签。宣传机构的职责据明文记载，竟然是告知人们：对讨论公共所有制持同情态度的教师，都是布尔什维克分子的同路人。

要是我们的校园弥漫着这样一种精神气氛，教育就不可能履行它的社会功能。教育赋有的首要社会职能并不是使现存的社会秩序——经济、法律和政治的秩序永恒化，而是要致力使之得到改善。这是一项积极的建设性任务。对现状不加辨别，一味颂扬，不会使我们完成这项任务，其情形恰如一位医生不能通过小心翼翼地回避病人的病痛来改善后者的健康状况一样。要完成这项任务，靠的是教师的勇气和活力。

上述状况使我们学校为数众多的学生几乎未作好应对的准备，便被抛入了他们生活的这个现实世界。他们为现实事态绘就了一幅高度理想化的图画，这种理想化部分地源于忽略了那些病状和未予解决的问题，部分地源于对现存的好东西一味地拔高称颂。于是，走出学校的毕业生发现他们进入了一个截然不同的世界，他们的高洁信念和自由希望与他们查明的东西之间出现的分裂常常造成悲剧性的后果。他们需要在情感和思想上经历一番痛苦的调整，以便去发现在他们已被教会要去相信的事情和事情本身之间存在的那道裂隙。但即使他 们怀着有朝一日出人头地的希望，暂且息事宁人、顺应现状，也没有能力来应付类似造成目前经济崩溃这样的灾难。他们肯定是不够格的人。结果，我们只能时时露出惊骇之态，显出无能为力的样子，有些人则转而诉诸那种就像给垂危病人输入氧气之类的绝望办法。

比起单纯的缺乏准备，这种现实的力不从心之感更为糟糕。它源于这一事实，即得到经济上的统治阶级大加鼓励的那种掩饰和夸耀政策使学生们获得了这样的印象，他们生活的世界是静止不变的，在这里所有的东西都被固定安排好了，个人需要干的事就是抓住提供给他们的那种出人头地的机会。我想到了50

年前我们进入约翰·霍普金斯大学当研究生时拥有的经历。我们这些人如果说不是全部，也是大多数，都会感到先前接受的那种学校教育，其知识之库好像已被书本上尽数写到最后一页的文字塞满了，学生要干的事就是吸收这些书本中的文字内容。但在研究生学习期间，我们发现呼吸到了一种新鲜的空气。我们到处能感觉到，比起那些仍有待发现从而有可能使我们致力学习的东西，我们已了解到的东西真是少得可怜。我们能够也应当不再使我们自身单纯地成为一块吸收已知东西的海绵，而要转化为新知识的积极创造者。

就这个事例来看，这种突如其来的变化使人警醒，启迪人心。重新的调整只是心智产生的调整，但把那个将社会现状理想化的固定而封闭的世界转而看成实际存在运动的、充满活力的变化世界，还需要我们在实践上作出调整；而大多数人并没有作出这样的调整，因为他们并未准备好面对这一问题。最近，我读到梅里亚姆（Charles Edward Merriam）那本名为《打造公民》（*The Making of Citizens*）的书，这位政治学者的证言使我感到惊叹。他说：

> ……国家不能一劳永逸地塑造成形，它必定要为每一代新人和每一个新的时代而持续地自我塑造……没有顾及政治权力造成的社会背景的那种公民训练计划是有缺陷的……面对当权者用钢筋石子砌成的坚固的权力宝座，从它的冷酷外表中或许同样能够看到的铁石心肠，人们难以认识到权力的贫乏。

127

他还说到了权力的"无所不能和不容置疑的虚假门面"。

梅里亚姆博士所谈的是政治机构和政治权力。如果它们的固若金汤不过是一种幻象，那么，我们如何来说其他社会形式和安排的稳定性呢？如何来说人们从事的工业、商业和金融等日常世俗事务的那种稳定性呢？这些社会的形式和安排几乎都受到各种新的科学发明的影响，并伴随人类愿望和计划的每一种变化而发生变化。我们的学校却在冷眼打量这种永恒变化的现场，不用说它们还在对那扇不容置疑的稳定性的虚假门面大加赞叹、潜心默祷。

我提出的看法似乎偏离了这个问题，即教育如何为当前经济萧条之类的事做点事情的问题。但我确信，要是那种根本的且不易触摸到的，我们把它们叫做氛围和精神之类的东西没有改变，那么，我们所做的事不会具有什么重要意义。

把沾沾自喜的自得情绪变为坦率批评的理智,把一个对静态、封闭的工业政治社会的虚构转变为承认社会现实的不断变动、更新和动荡不定,这种转变本身还不足以使那些走出校门的人能够预见和预防当前危机这样的事,也不能使他们对付面临的危机。但我相信,除非有关教育事业的一套盛行一时的语调和精神先期出现了变化,否则的话,我们依据这些思想成果责无旁贷地形成的观念和计划不会有人倾听,更不必说还会有人去采用它们。

这样说来,我就不必怀着歉意谈到另一个一般的、乍看之下同样远离了当务之急的问题了。美国人生活的批评家说到了近来美国人生活中大量充斥的舆论一律和严格管束信念的现象。我认为,较之以往,制造这种清一色的东西更像是一种蓄意图谋。但据我从多年经验得来的观察,在受过教育的那部分人里,那些具有真正自由心灵的人从未像今天这样为数众多。我无须回想起某个时候,一个人会遇到那么多心智敏锐的有识之士,他们并不拘泥于陈见,而是经过多方查究后才作出结论。我感到,与过去相比,如今有更多的人正在从那些刻板的观念中解脱出来;而那种满足于把他们认为是充满睿智、实则不过是因其毫无新意才显得睿智的那些思想格言挂在嘴边的人,却越来越少。在我看来,本国从未像今天这样可以看到那么多人乐于从事思考和发现。

另一方面,我也不记得有哪个时候,集体思维——不可分割地从属于大多数人的那种观念思维——会像今天这样表现得麻木不仁、无所作为,这真是令人感到不可思议。一种普遍的看法是:有一点出人意料,即我们缺乏有力应对当前国内外经济和政治危机的领导能力,正像一件便宜商品那样,领导能力的作用也带有两面性。只有当人类获得了一个能够带来共同结果的目标,他们才会心往一处想,才会出现大家愿意追随的那种领导。之所以造成这种领导能力的缺乏,是由于今日这种集体思维的力量并非系于它与人们的情感和愿望符合一致的性质;取而代之的情况是:我们试图借助标语口号,借助各种宣传工具,匆忙间达成看似统一的观念和情感。然而,大概除了那些参与颁布这些标语口号的人以外,很少有人会受到它们的蒙骗。

有识之士的警觉心态和集体思维暮气沉沉的状况之间的这种反差显得如此反常,以至于对教育同样构成了一个富于挑战性的话题。为什么会形成这种反差? 它造成了什么样的后果?

有一件事是肯定的。传统塑造了我们的集体信念。它们是维系社会的知识粘合剂。从表面上看,某些宗教、道德、经济和政治传统仍为我们无数的成年男女所支撑,他们在学校里学到了这些东西。但是,社会生活的现实运动与这些传统背道而驰。它们与传统互相抵触,在暗中削弱着传统。我们用言词或在相当程度上用情感相信一种东西,我们在自己的行为中相信的又是另一种东西。这种分化使过去的传统不至于成为我们真正的向导,同时又使它们足以保持其支配人心的力量,不致被其他的群体观念所取代。

例如,我们的经济和实业传统是那种粗犷强健的个人主义。我们学到的东西使我们相信,经济竞争要有平等的起跑线,它要排除任何外部的强加于人的障碍;那些具备个人的精力、能力和勤勉节俭精神的人能够在这场竞争中跑在前面,赢得给予胜者的那份犒赏。相形之下,如果不去考虑身患疾病或不测事件这样的例外情况,那些自身存在种种弱点的人则落在了后面。我们被告知:在这场个人之间展开的平等竞争中,我们还需要具备创造力、自尊自助、白手起家、道德的自主决定,以及其他种种高尚的美德。

这些美德曾是真实的东西,如今却难以成为真实的东西了。眼下,成千上万的男女失业者、大学和技术学校毕业生的生存状况正见证着这一事实,今日工业主要是集体协作的事业,经济机会有赖于群体的环境。对金融和实业的集中管理和控制,构成了今日工业基本的、能使其有效运转的事实。但承认这一事实,将背离我们珍视的机会平等和发挥个人长处去独领风骚的传统。大部分传统表面上仍为民众所默默奉守,而学校则更切实地维护这种传统。在这样的情况下,我们不可能在实践中对一般的经济形势,以及当前萧条的特殊状况,形成一种有效的集体思维。思维只有贴近现实,才能成为有效的东西。为了使思维与形势的种种现实发生关联,我们就要认识到:出于民众自身的利益,我们所处的集体状况正要求作出一种集体的控制。

我认为,那些正在对学生授课的教师会看到,为这样的事态寻找到的不是一个很光彩的名字,要是接下去未发生更糟糕的事,我们委实要感到庆幸。但是,除非或者说直到我们得到许可,能够鼓励学校不再追随传统——以群体观念构成的传统——而这种传统与现存的社会现实毫不相干,我们对重大的民众关切之事所作的思考,包括对和平与战争以及实业的盛衰问题所作的思考,仍将陷于彻底的愚钝状态。我们的领导也只能成为领导着一群盲人的盲人。

由于学校面临校园外强大势力施加的压力,我们还不能说教育者会首当其冲地感受到目前经济形势发出的挑战。可是,有一个方面的挑战直接触动了教师们的心弦。在校外那些权势人物记述的文字中,他们被看成是过于被动、驯服的一群人。我们这部分人就是要去维护教育过程的思想独立,去竭力争取披露现存经济秩序的各种缺陷和优点的权利,哪怕这样做会触犯某些人的利益。我们的责任和权利所在,就是要指明当今社会动态的、正经历着持续变化的性质。我们要对教育工作尽心尽职,这是我们起码该做的事。如果我们能够清楚地了解,要是不这么做即无以体现教育的作用,那么,我们至少还能开发出某种类型的心智;凭借这种心智,我们就能更为有效地处理经济状况和危机的问题。比起人们想要筹划的那些雄心勃勃的方案,我们想做的事似乎并非是高不可攀的理想。要维护教师们对既存经济现实作出注重实际的批判思考的权利,我们还会面临许多困难;了解这些困难的人千万不要小看我们所做事情含有的启示意义:它将使学校摆脱经济利益集团及其军事、政治上的帮办们施加的控制,正是它们的胡作非为,才使世界落到了目前这样的境地。

有一群教育工作者从历史的立场表达了他们的观点。在最近发表的一篇宣言中,他们说:我们学校使用的教科书仍然或多或少反映着"战时宣传造成的扭曲","控制着国家利益的那些利益集团所做的宣传",并没有揭示出"千百万各国公民一次又一次表现出来的崇高理想和慷慨义举"。

有些人会设想,这里所说的规则仅是一些在战时或者具备战争背景的年代才发生作用的规则,这些人过于天真了。这些规则在和平时期所涉的经济事务方面也一直起着作用。教师们如果还没有发表一份独立宣言,使学校清除这些规则的影响,它们就会阻碍学校迎接经济危机的挑战。所以说,教师面临的第一个挑战就是团结起来,使自己对经济的和社会的现实情况取得更为充分的了解,然后在教学中履行其影响公众舆论的权利和思想自由的义务,对种种现实情况提出应对之策。

学校与白宫会议[①]

白宫会议明智地限定了关于儿童健康与保护的讨论范围。他们考虑的是学龄儿童，而不是在校儿童；他们并不去讨论那些特殊的教育问题。我以为，他们把这方面的问题留给了教育者自己。参与这次工作会议讨论的男士与女士们要处理的，是影响到学生一般健康状况的学校条件问题。他们呼吁制定保健规划；他们要求添置足够的娱乐设施；他们指出为那些身心有缺陷或不正常的孩子开设特殊班级的需要，指出要开设防范少年犯罪的特殊训练课，富于同情心地来疗治那些不幸受到法律惩戒的男孩女孩的身心；他们强调需要提供充分的职业指导。但是，他们并没有提出正常的学校课程和日常管理与达成这一重大目标之间关系的问题。我再重复一遍，他们把这个任务留给了教育者自己。

在我看来，这样的事实构成了对教师和学校管理者的挑战。不仅如此，即使把这次会议提出的所有不得不涉及学校工作的特殊建议全部予以贯彻，我们仍不足以应对这一挑战。因为我们仍没有提出学校在学习方面、在完善教学与训导方法方面开展的一般工作问题，这些问题关系到儿童生活的健康发展，而这正是我们所有的特殊建议所要追求的目标。

负责学校事务的人已经不是第一次受到来自学校之外的挑战了。这些在校内工作的人由此改进了他们的工作技能，并从细节上将这些技能加以完善。来自外部的社会需求时常会促成教育上的重大变化。不过，对教育者来说，现在有了一个逆转这一过程的机会。我们可以带头实施必要的改变，不用等到社会发

---

① 首次发表于《美国教师》(*American Teacher*)，第 16 期(1932 年 2—3 月)，第 3—4 页。

出难以抗拒的呼声再去这么做。因为依靠任何独立不倚的特殊体制、阶层和机构，都不能实现《儿童宪章》(Children's Charter)设定的目标。需要做的事就是日复一日地把整个学校、把学校的所有教学方法和教学过程有序地组织起来，由此增进儿童的福利。

以职业指导这件事来说，不对目前仍在大多数学校中实施的传统课程科目作出更大的改变，又怎能实现《儿童宪章》设定的目标呢？要是认为通过一种以传统学院式科目为依据的课程体系就能展现学生的职业趣味和能力，这无疑是荒唐的。有人设想，可以通过增设一名顾问，不管他是哪一类专家的办法，通过附加特殊课程的办法来弥补这一缺失，这同样荒诞不经，尽管这一点并不那么明显。学生们必须被带入其寻常的作业中去，通过接触充分多样化的材料来显现他们的性格倾向；而讲授这些材料的方法，必须能使学生自己的想法、能力和弱点得以显示出来。只要教学的主要目标是看他或她贮存了多少信息，我们就永远不能实现这类目的。

《儿童宪章》的第十款写道："对每一个儿童来说，教育通过发现并发展个人能力而使他能为生活做好准备，通过培训与职业指导而使他能在生活中产生最大程度的满足感。"我说，这很好，你们每个人也会说，这确实很好。可是，这里所陈述的不啻是生活本身最高超的问题和对生活本身最重要的检验。通过设立特殊的手段，不可能实现这一理想。我们必须协调学校的全部工作，并使之便于付诸实行。下一个条款要求每一个儿童都能得到这样的教育与培训，使他准备好去称职地为人父母，操持家务；此外，准备好去拥有公民身份的权利，这一点也很重要。然而，这些事项也带有如此根本和困难的性质，以至于只有把整个教育系统组织起来，也就是说，实际上或许是把美国的大多数学校组织起来，才能加以应对。

再者，考虑健康这一目标，乍一看是个更易于借助特殊手段实现的东西。然而，略作一下思考就可以发现，健康绝不是一种可以借助特殊手段就可得到关注的特殊事情。毫无疑问，我们可从事情的消极方面来对其详加说明。我们必须清除污浊的空气、不适当的灯光、几乎会导致有害坐姿的座位；我们可以具体指明应采用的正面手段：宽敞的运动场地和良好的通风设施等等。但是，健康是一个整体，我们只能借助时时刻刻都在产生作用的条件和活动，才能确保学生的健康。

133

一位关注心理卫生运动的医生有一次告诉我：他确信，一个大学生的总体健康水平与他在校期间对其学业持有的兴趣存在紧密的联系。这种联系无关过度的劳累和紧张，用那种颇为明显的原因也难以说清这样的联系。身体与心灵之间的联系是如此密切，以至于精神上的冷漠即使没有表现为实际上的反感，也会使心灵迟钝，令身体丧失活力，尽管它还不能称为疾病，以致需要引起医生的注意。许多传统教育称之为学习和获取知识的因素，会使人的身心受到束缚，变得笨拙而不那么灵活。一个学生也许会获得某种特殊技能，但他付出的代价可能是丧失自信和适应新环境的能力。

几乎不言而喻的是，健康包括保持良好的心理状态。我一直认为，对教育的最大挑战莫过于这样一个事实：在教学机构中，为患有某种类型的心理疾患的人保留的床位，要和患有其他无论何种疾病的人所需的床位数目相同。如果我们在统计的基础上算出正常的状态，鉴于患有心理疾病者被认为是按以前的速率在保持增长，那么，看来非正常人将被算作正常人。我无意暗示，学校在很大程度上成了造成精神衰弱的根源；它们在更大程度上源于家庭关系的失调。但是，我们不正是要在教育的园地里，发展出对付这类心理和道德失常的、更具建设性的免疫手段吗？建立某种预防机制，不正是学校功能的一部分吗？

不论采用特殊措施本身如何可取，我看不出如何借助它就能达到这一目的。学校应当把游戏和工作当作一种全方位的整体活动，借助它来培育心灵和个性的稳定性。说到身体与心理健康的联系，那么最重要的是要看到情感的作用。我以为，如果说学校没有勉力而为，防止学生在未来陷入心理与道德的紊乱状态，这正是因为在很大程度上忽视了造就个人的那种情感因素。支配着我们的观念，仍然是在学问遥不可及、获知极为困难、求学途径极少的年代产生的那种观念。在那样的情形下，人们自然就会产生对知识本身、对作为事实之获得物的那种学问的高度敬畏。尽管教育规划在不断扩大，人们仍存留着上述理想——连同由之造成的对欲望与情感生活的漠视。纵然艺术已被引入教育，它们也经常受制于老的智识主义的目标，以致未能丰富人们的情感。人们可能会用设置模式和规则的办法、通过把活生生的整体分析为机械要素的办法来讲授音乐、绘画，以及任何一种实用艺术。

让我再举一个例子来加以说明，除非从总体上把整个学校体系组织起来，要不然，我们不可能实施白宫会议提出的任何一个特定建议。白宫会议恰当地强调了儿童和青少年家庭外和校外生活的重要性：他们与教会的关系，与管理男孩女孩闲暇时间的专门机构的关系，与各种娱乐设施、电影戏剧、无线电、图书馆、乡间野营、商业化娱乐活动（包括那些有伤风化的活动）的关系。有关儿童福利这方面的报告断言，由于大多数儿童与青少年约有 40% 的时间在业余活动中度过，又由于闲暇时间活动对性格的形成具有重要的影响，家庭和社区应当对这方面的儿童福利给予足够的关注。

水流再怎么往上涨，也达不到其源头的高度。脱离学校教育的问题，我们就不能妥善考虑上述问题，这一点难道还不清楚吗？青少年们会把在学校中形成的态度带到俱乐部、娱乐场所、消遣活动、乡间野营中去。这些活动是否只被看作对学校教育工作的补充，弥补他们的缺失，纠正他们的错误；或者说，校内与校外传授的生活观念和理想是否能做到协调一致，使之相得益彰，这都会造成巨大的差别。研讨"家庭外与校外青少年"问题委员会所作的报告中，有两段话指出了正视这一问题的必要性："我们的教育制度一般并不鼓励发明、想象与首创精神。学校在培养学生的审美趣味方面做得相对较少，而这种趣味正是指引学生对闲暇时间活动作出选择的东西。"很清楚，如果这些陈述有几分是真的，白宫会议所推荐的校外工作方案或多或少存在着缺陷和易被误解的地方。把学生业余时间的活动看作扩大与延展学校工作这种意义上的补充物，还是把它仅仅看作抵消学校工作的一种补充物，这两者之间存在着巨大的鸿沟。

但愿我对援引各种事例提出的看法不至于把自己的主要观点隐没起来。我想提出这样一个主张：要是把塑造青少年的生活与个性的种种影响因素分解为各自分离和独立的断片，那么，我们是无从实现儿童福利会议阐明的良好意愿的。这是我们美国人的弱点之一，我们更容易做一些添加的工作，而不是重新构思我们的中心任务。教育者们从这次会议上可以汲取的重要教训是：如果要实现会议确定的激动人心的目标，那就必须着眼于这些目标，把学校的整个工作包括它的教学过程与方法组织起来。无论借助品种多么丰富、规模多么宏大的分离的机制手段和拼凑的课程，都不能充分做到这一点。在教育领域，"分解与攻克"的格言并非放之四海而皆准。每一个男孩和女孩都是一个个体、一个不可分解的统一体。把这些男孩和女孩看作一簇独立的因素，通过分离的发展机构来处理每一种因素，依据这样的想法是不能把握这种统一体的。如果学校是核心的教育机构，那么，它的有所为和有所不为最终决定了任何其他机构的效能。

考虑到会议期间所作的各种报告与会议提出的明确建议相当接近，让我用两个忠告来结束本文：

第一，教育工作者应当对儿童福利会议各委员会提出的报告和建议进行仔细研究，并不忘对自己提问：如何能够也应当通过彼此间的合作来消化会议取得的成果。

第二，按我的判断，更重要的问题是：他们应当想一想，要实现设定的目标，学校作为核心的统一的机构能在这方面走得多远；尤其要考虑一下，学校应当作出什么样的内在改变，以防止由为数众多的分离机构在开展青少年活动时不可避免地造成的分散化。这些机构的每一种运作，处理的都是某个儿童的某一非实在的截面。这就要求对学校进行大规模的重新组织，以达到这种结果。但无论如何，这种重新组织与更具前瞻性的学校试图做的事是存在一致之处的。

事实上，根本的问题是要使教育者本人的态度发生一种改变。令人吃惊、有时简直令人震惊的是：那些对教师及其工作加以培训指导的人，竭尽全力地改进已被人们使用过的那种特殊技能，并设置高度特殊的目标。在这一过程中，使技能得以存在的那些具有指导和激励意义的目标就从人们的视野中消失了，学校在办学中很少体现出自己的社会责任感。依我判断，教育工作者从这次白宫会议中获得的重大教益就是一种拓展了的社会责任感，这使我们能够应对把学校日常工作统一化这样的挑战。否则的话，领导责任会由学校转到各种各样的专门组织。只有通过日常工作把儿童与社会福利整合起来，学校才能保持其作为增进儿童福利的核心机构的地位。

杜威描绘儿童的新世界^①

纵然看起来有些姗姗来迟,人类历史终于明白和认可了每一个降生世间的 137
儿童发展其身体、智力和道德的意义。这种延误并不是由于从前的时代缺乏关
怀与同情。现在的认可则出于两个重要的原因:第一个原因是现实的社会关系
变得复杂而纠结,以致单靠家庭本身已无从确保为儿童提供保证其最佳成长所
需的整个环境;第二个原因是知识的进展使社会拥有了从前并不存在的那种科
学资源。

一篇社会学的论文会被要求对 19 世纪影响儿童生活的那种社会变化作一
陈述,而我并不打算把我说的这些话发挥成一篇社会学的论文。

但是,这一点已成为公认的事情:从前围绕个体家庭的那堵墙已经倒塌。母
亲与父亲同在实业中供职,美国人的生活从乡村转移到了都市。对数百万儿童
来说,供他们游戏玩耍的家庭居所及室外场地皆已消失。城市拥挤而危险的街
道两旁,挤满了并不附有可供儿童嬉戏游玩场地的寓所住屋。

明眼人一望便知,过去的家庭工业和邻里作坊为孩子们提供了开导的机会,
使之能够逐步分享亲情,分担责任;现在,它们也行将消失。取代它们的是堆满
了机器设备,以便进行机械操作的工厂。曾经用以帮助年轻人准备承担成人责
任的学徒制度,也一去不复返了。

家庭和家务事已不再成为休闲消遣的中心。人们可以在家庭外,到大街上,
到电影院,或开着汽车去寻找打发时间的地方。同时,由于社会视野急剧得到拓 138

---

① 首次发表于《纽约时报》(*New York Times*),1932 年 4 月 10 日,第 3 部分,第 7 页。

宽,未来的公民会发现自己生活在一个广阔的世界中,这是一个受到各种复杂因素影响的世界。对大多数儿童来说,他们的家庭已不太有能力像从前那样让他们准备好去承担未来应尽的公民身份的责任,哪怕这里所谈的是那种狭小范围的能力。

并非只有穷人的孩子受困于这种变化的环境,富人家庭的孩子同样如此,因为促使孩子自然而然地参与亲情团体活动的那些机会消失不见了。我们到处都可以看到,昔日用来呵护儿童美好生活的手段渐趋废弃失效了。

另一方面,医学和卫生学的研究使我们认识到,过去被看作难以避免的祸患已被人类所控制。研究使我们发现,有了现今的知识,儿童的高死亡率决不是必然的。我们能够大幅度地减少传染和感染疾病的程度,从原则上说,我们至少可以消除这些疾病。各种各样的设施使我们实际上能够防范白喉之类疾患的侵扰,尽管死于分娩的母亲有所增加,而产前护理的必要性和可能性正在被人们普遍认同。

谈到儿童的体质状况,问题已不再是我们是否拥有现成的资源为儿童提供先前任何世界历史时期难以提供的、好得多的养育条件,而是说社会是否准备为广泛使用它拥有的这些资源来承担起它的责任。

我们扩大了预防和康复性护理的范围,以便收治那些不幸的孩子——那些肢体残缺、失明失聪和有智力障碍的孩子。就这类事情来说,正像对疾病进行恰当的医学诊治的情况一样,成千上万的家庭或是由于无知,或是限于经济能力,都没有条件关注那些真正需要的东西。

与这类情况相近的是孤儿,或被父母或父母一方遗弃的那些儿童的护理问题。如果把这些孩子随意交给个人看护,他们大多会沉沦到对社会绝少有益的生活中,或者走向犯罪。然而,如果能对他们施以组织化的照管,经验已经表明,他们中的绝大多数人,即使是那些出生背景显然带有缺陷的人,会懂得自尊自立,成为对社会有益的成员。

相对来说,有关心理学和精神病学的科学知识和方法还不如物理学和生物学的科学知识和方法那么进步,但这里也已经发生了理智的革命。我们对心智发展过程所拥有的知识比以前要多得多,对促成这种发展的有利或不利条件所知道的东西也是我们祖父那一辈人望尘莫及的。处理成人心理生活失调问题的那些人确信,导致产生大量此类病例的原因源于童年期情感和社会生活的失调。

谈到道德和智力健康问题，预防的原则要比极度使用治疗的原则有效得多。

随着心理失调特征的增长，显而易见，社会有责任对大量遭受此类病症折磨的人进行检查，减少此类患者的数量。当我们想到治疗精神疾病的机构拥有的床位数与治疗所有其他类型疾病的医院拥有的床位数已趋相等，想到社会有责任提供这类护理，只是出于自私的经济理由，有人才要求动用所有可获得的科学资源，不间断地去探查儿童童年期的生活。

情况就是这样。我们拥有的知识和技能促成了一种新的社会需要与能力的会合。正是这种情况，使儿童期的问题成了一个紧迫问题。这激发出人们那种引人瞩目的合作性努力，而白宫会议的议程正记录下了这种努力的成果。

在所有的事实中，最简单又最为人们熟悉的事实是：所有人当他长大成人后终将死去。这一事实为人所熟知，但它的完整意义却常常被人们忽略。文明不是通过物质手段，而是通过护理、抚养和教育得到传承的。如果没有通过新生儿得到更新，它会在短短两代人的时间内灭亡。后来者得到的训练，决定了社会本身的未来。曾经存在淳朴而呈相对静态的文明，在那里，依靠家庭和亲朋好友，便足以确保共同体文化的再生，使其生生不息。如今，每一个文明国家都已发现，它有必要采用公共教育制度。这一事实证明，我们已不再生活在那种时代了。

然而，我们自己的时代具有这样一个特征：我们认识到单靠学校教育并不足以完成文明的更新。未来的父母必须接受教育，母亲必须获得孕期、临产及产后的充分护理。如果未来的公民要对社会的发展有所贡献，而不致成为社会的拖累，我们就必须借助各种可能的保护措施来关怀他的健康，包括接受专业人员的常规检查，避免接触到感染源。必须营造一种良好的环境，这不仅要消除污浊的空气，受到污染的牛奶和水、变质和有害的食物；而且要为营造适当的家庭娱乐设施提供积极的条件。意外事故会使儿童的身体致残，缺乏营养或身患疾病则使之变得衰弱；但是，倘若家庭和邻里环境存在缺陷，同样会形成那种使儿童健全的身心遭受扭曲的、难以觉察的机制。

不可能离开其他的养育手段而来谈论关怀儿童身体健康这件事。大脑和神经系统是身体的一部分，只有保证其受到充分的心智和道德方面的教育，它们才能得到适当的发展。

毋庸赘言，时至今日，这样的教育不能仅仅包括消除文盲，也不只是书本学习。每一个儿童都要准备好在社会产业组织中发挥其作用，这不但是社会的需要,也是个人的需要。儿童所受的教育,必须使他借此能够通过将来从事的工作服务他人,同时使他通过其工作找到自己的幸福。

我们必须利用科学知识的资源来发现一个人的强项与弱项,揭示他的趣味与才干,保障他和社会免遭因承担不适宜的角色造成的不幸和损失。当社会只存在很少几种行业,而这些为数不多的行业又比较简单原始时,似无必要系统地关注怎样选择合适的行业,以及精通技能的问题。然而在今天,这成了一件必定要去操心的事情。

由此看来,我们要对未来公民所处关系和所负责任的整个范围进行详细的考察;并且表明,只有借助组织化的社会行动,才能维护儿童系统培育过程的必要性。从地方社区到联邦国家和民族共同体,除非战争或内乱使家庭与公民生活招致解体或毁灭,社会必须满怀热情、持续不断地做出努力来满足年轻一代的需要,这些年轻人将成为未来成人社会中的组成人员。

这是一个非常困难的问题;从多方面来看,也是整个世界至今面对的最为艰巨的问题。但如上所述,我们已经拥有可供我们支配的新的知识和技能的资源。一旦我们认识到,解决这个问题是一种一般的社会责任,就不会把这些新的资源挥霍掉,或者耗用于次要的技术性目的,而会充分利用它来满足年轻一代的需要。

幸运的是,我们拥有一座可加利用的丰实的情感储存库。对于孩子的爱,是人性最为牢固的品质之一。在我们国家,父母对他们的孩子普遍怀有的那种爱可说是世所罕有,他们渴望让自己的孩子拥有比他们曾拥有的、更为良好和公平的机会。这不仅是说经济上的机会,还包括更为丰富而充分地分享所有令生活变得可爱、有意义和值得向往的机会。

当然,为应对这个问题所设的能量储存库中,存有的远不只是父母对于孩子激发的爱,其中还存有善于思考的人对未来社会本身之福祉的全部关切。爱国之情和仁爱之心将会强化个人的情感。

白宫会议通过的《儿童宪章》触及了儿童生活中与社会福利有关的方方面面的问题。由于认识到"儿童的权利是作为公民身份首先拥有的权利",《儿童宪章》采纳了有关社会秩序和社会进步可加以确切表述的最根本的哲学原则。只要本国公民能够在行动中贯彻《儿童宪章》制定的这一哲学原则,我们就可以满怀信心地面对未来。

关于"自由与文化、社会规划和领导能力关系"的讨论[①]

我们这个国家存在一系列的传统。这些不同的传统相互抵触,经常发生冲 *142*
突。歧见纷出,互相敌对,无疑导致了人们四处观望、随波逐流的状况。自由和
权力的说法很可能根源于学校的教师和学生对这些彼此竞争的传统中某一种传
统取得的认同,设使这一传统与更为广阔的社会经济、政治和思想运动的主流充
分谐调并进的话。但是,问题难也就难在这里。一种占据支配地位的传统——
我并不比康茨(George S. Counts)博士更多地同情这种传统——是一种比方说
在获取金钱利益的竞争中力争压倒他人的传统。那些认同这一传统的人,无疑
成功地取得了某种类型的自由与权力。

但这一事实强调的只是自由的相对性:我们拥有的是何种自由,为了什么去
争取自由?对权力也必须提出同样的问题,换句话说,自由与权力两者都存在质
量与价值的问题。由于这里存在着竞争和冲突,我们必须作出选择。我们要在
何种基础上决定我们的选择?

如今,布尔什维主义和法西斯主义的计划作为取代观望和相互冲突政策的
两个替代方案,代表了在我们进入教育过程之前便已作出的决定。这一事实表
明,那些受教育者并没有机会来作出决定或参与作出决定。这是为他们作出的
决定,他们只能接受或者忍受这种选择的后果。在我看来,这一事实说明了强行 *143*

---

① 首次载于《自由诸议题》(*Theses on Freedom*)一书,华盛顿特区 D. C. ;美国教育协会所属全国教
育理事会,1932 年,第 13—15 页。本文选自杜威为全国教育理事会 1932 年 2 月 20 日主办的讨
论会撰写的论文。关于乔治·S·康茨的论点,见本卷附录 1。

灌输的本质。

为了避免失去方向,避免出现缺乏自由与权力的令人窒息的状态,在我们作出决定以前,不得不游移在俄国人或意大利人的方案之间,以便作出取舍。我想问的是:是否还存在其他的替代方案和可能性?

除了文化体现的传统一面外,康茨博士还谈到了文化含有的工具、发明、实践、制度和习俗的另外一面。我不认为这两方面可以被清楚地划分开来,不过,强调其中的一个方面或者强调另一个方面,这无疑会造成差别。我以为,康茨博士的文章中没有明确考虑到的一种选择是:是否有可能让学生来正视相对来说不那么传统的一面。在此,问题并不在于采纳与认同,而是要理智、批判地来面对现状,面对其展示的各个方面,以及由它造成的多种不同的后果。

例如,现实生活的事实之一,是社会变化的快速迅猛以及看待社会的方法与目的的转移。按照我想象中的方案,学生要熟悉这一事实,但他们不能以抽象的方式来谈论这一事实,而是要把它当作一种含有多样表现的具体现象来熟悉它。由于我们的教育如今优先设想的是一种静态状况,人们接受的大体上是一种以理想化和歌功颂德的方式得以展示的教育,我们需要制订一个与现存教育程序存在广泛差别的明确计划。我认为,如果各类学校都能看到当代文化持续不断进行调整的动态状况,事实上就会引发一场教育革命。

然而,正视这一事实,似不太会涉及对任何特定传统予以事先认同的问题。例如,这不会要求人们在保守和自由、进步这样的传统之间作出选择。又比如,如果我们眼下制定了一个市政规划,这并非基于我们对这两种传统审慎作出的选择,而是因为新的状况诸如市内有轨电车、小轿车、摩天大楼等的出现创造了新的需求。利用这一事例举一反三,我们就不会要求学生去认同其他人为他事先选择好的任何传统,而是要求学生去观察、反思给出的案例,包括去思考有助于处理这一案例的各种方法,以及与之相关的各种传统。

说到底,至少大多数学生很可能最终仍会接纳某种传统,但这是他们每个人自己选择的结果。它来自他们本人参与的那一导向选择的过程,而不是他人就某一选择取向进行的耳提面命。一般而言,我不认为他们的这种选择就是对一种既存传统的单纯认同,倒不如说,这是一个类似康茨博士所称的传统的形塑与再形塑的过程。

对于我的主张,人们通常会提出的一种异议,同样涉及对某种价值和目的如何作出选择的事先判断,因而也是一种灌输过程。这一回答在我看来,似乎纯粹是为争论而争论,因为人们只是在形式上看待一个概念,而不管它的内容为何。我所赞赏的价值是允许并鼓励每个学生作出自己的观察和思考,最终形成他自己的评价图式。如果说这一结果也被称为灌输,那么至少是一种自我纠偏式的灌输,它不需要依赖批判性的鉴别与比较。因为我们是依据方法,而不是依据务必要得出的那个事先确立的结论,获得了统一的结果。

在我看来,这一替代方案要比俄国人或意大利人的计划更适合美国人的生活情况,所以它更为可行。然而,它会明显地背离现行的教育构想,会涉及对我们许多现存生活、政治和经济惯例作出如此大量或许如此带有非难性质的批判。它还会造成许多对立。比起对俄国人的计划抱有的热情,人们很难想象所谓的爱国社团和商会会更为热情地来看待这一方案。因为我已经说过,现存体制大部分是依据一种静态观念建立起来的,其中包含对现状的拔高称颂。

这一替代方案除了体现出对于某种目的和计划的偏好,即它并不事先限定探究的领域,也不把有利于得出先定结论的那种思考过程装填其中;按我的判断,这一方案的优点还表现在它能在较长的时间中保持发展的连续性。没有人知道,由于俄国和意大利对限定范围外的批评横加压制,它们日后要处理多少不得不去处理的过失。人们在 10 年或一代人的时间内获得的确凿结果,很少会在他们后来的时期中不断得到。我想,我们必须谨防忽视时间的因素,并意识到依据过短的时期作出判断的危险,意识到那种急于获得当下结果的缺乏耐心的态度。我以为,人们(不包括形形色色的反动分子)之所以对我提出的那种类型的教育成果表示不满,主要是因为这种教育见效太慢。但是,见效不快正可以用效果的切实作出补偿。

教育与生育控制[①]

　　反对生育控制的运动并非独一无二或孤立的事实。它是历史上蒙昧与知识反复进行较量的一种表现。我们认为科学已经压倒它前进道路的一切敌手，就科学的技术方面而言，这种想法可能是正确的，因为它们不会造成什么明确的社会后果。当新发现的知识对生活行为产生重要的影响，上述想法就显得不正确了。总是存在着由无知、偏见、教条、陋规、传统组成的后援力量，它们与孕育着新的实践的新观念进行搏斗。在天文学、物理学、生物学中，情况是如此；在医学中，情况也是如此。

　　不过战斗的方式发生了变化，那些受到抵制的特殊观念可以改变。然而相对来说，战斗却会一直延续下去。除了一些狂热分子，人们不再会反对哥白尼的天文学。可是，新的真理与占有牢固地位的旧事物之间仍会冲突不断，这种冲突很可能一直持续下去，只要一个人的生活依然是前有未来、后有过去。

　　我们忘记了，关于生殖和胚胎孕育过程的科学知识是在较为晚近的时候才发展起来的。只是在思想史延续了很长一段时间后，人们才发现，生殖和胚胎孕育就其本性而言是个化学过程，从而洞悉了它们的某种机制。新的知识始终意味着新的控制的可能性。伴随这一特殊的科学发现，便产生了对盲目的自然过程加以理智控制的可能性。这就是生育控制运动的逻辑。正如伴随电知识的传播，带来了电灯、电报、电话和发电机一样，有关生命传承的科学知识使人类得以

将这一过程置于人的指导之下。由于知识始终意味着日益增长的控制，这场特

---

① 首次发表于《国家》(*Nation*)，第 134 期(1932 年 1 月 27 日)，第 112 页。

殊冲突的最终胜利将落在何处是没有疑问的。知识与愚昧之间的冲突,会表现为控制与放任自流之间产生的冲突。

与此同时,法律和公众情感却阻止个人去接触那种会对他们的行为造成日趋完备的控制的知识——这种法律和公众情感是在缺乏充分科学知识的情况下形成起来的。任何人,只要他相信教育,相信通过教育获得的大众启蒙,他怎能不进而反对为理智之流设下的这种限制呢? 这种反对应当更为强劲有力,因为所要反对的只是一种立法,这是一种将理智之流交由科学家和医师来掌控的立法。哪里有智慧的自由流传,哪里才会形成有益于卫生的环境。我们的身体需要光明和循环流通的空气,培育我们的理智与道德也需要光明和循环流通的空气。压制和秘而不宣会产生不公正,会造成心理与道德的失调。站在教育的立场上,我们请求除去对这股知识和理智运动任意施加的限制,这将有助于用理智来控制盲目的自然力量。

我想指出的另一点,说来也十分简单。今天的教育者都非常看重培育个人的能力。他们反对简单划一的教育,反对标准化的做法,反对因循守旧,反对把男孩和女孩看成无差别的个体,因为没有两个个体是相同的。但只要为数众多的家庭要照料过多的孩子,这些孩子又没有充裕的活动空间,就不可能让每个孩子得到适当的个别照料——身体、智力和道德上的照料。我要直言相告:不管教育者们以个体良好发展的名义去说些什么或做些什么,除非对家庭规模加以理智的控制,否则,他们的理想是不可能实现的。仅凭家人众多这一点,就足以使千万个家庭受到拖累。

我们要崇尚质量而不是数量,舍此之外,我不认为还会产生什么更为有益的变化。美国人热衷子女众多的家庭,这会妨碍我们去关注更高的价值。夸大家庭规模的重要性已对学校和学校教学产生了影响,这也妨碍了我们采取大量可取的方式来改善学校教育。如果家长们能在他们自己的家庭中看重生活的质量,那么,他们也会来关心学校存在的更大的问题。

148

"无可压抑的冲突" ①

我们联盟的成立是基于这样一种认识：我们现有的控制着政府的政党更愿意关顾少数人的自私的金钱利益，而不是多数人的人性需求。一两天前，博拉(William Edgor Borah)参议员感到要对我们最近致诺里斯参议员的那封信作点评论。博拉参议员在评论中说道："一场戏剧性危机引出了一个多少带有支配性的问题，它把人们从其旧日的立足点推到了新的位置。"我同意这位著名参议员说的话。但与他不同的是，我认为支配性的问题早已存在；而我们的联盟之所以与他和其他参与反叛的参议员造成决裂，是因为我们连同其他许多人看到了问题，而他们则对这一问题视而不见。

这一支配性的问题比关税问题更大，比对现代大型公用事业公司实行公共控制或使其归为公共所有的问题更大，比运输公司任何方面的问题、交通运输的问题更大，比公平税收的问题更大。其所以如此，是因为所有这些问题都源于一个更为深刻的根本问题：这一支配性的问题即美国人民是否应当控制政府，包括控制联邦、各州以及市镇政府？为了社会的安宁与福祉而去利用它，还是任由它落入有权势的经济小集团的掌控之中？这个小集团会利用这部行政与立法机器服务于他们自己的目的。所有的特殊问题都只是这个支配性问题的一个部分。

---

① 首次发表于《独立政治行动联盟新闻公告》(*News Bulletin of the League for Independent Political Action*)，第1号(1931年1月)，第4—5页。本文选自杜威于1930年12月30日在纽约新历史学会所作的演讲。

不幸的是，博拉参议员和他那些参与反叛的两党中的同事未能看到这一事实。他们可以继续去搞突然袭击，或者不时耍弄一些天晓得是什么样的花招来求出路。然而，如果他们认为他们正准备去完成某件重要的事情而不必理睬我所说的基本问题，那么，从长远来看，他们——而不是我们——是不务实的。有些人认为，他们能够使大电力法案（Big Power）成为 1932 年的一个议题。我不是政客，但我愿意让下面的预言记录在案：除非这一有关电力的议题与老百姓心心相系，使之成为是要让人民来控制政府还是让特殊利益集团来绑架政府这样一个更深刻的议题，否则，它会像 1924 年民主党人所作的执政尝试那样招致巨大的失败，其时民主党人试图抓住哈定①政府在石油丑闻中暴露出的严重腐败一事，击败共和党而上台掌权。

只有当所提出的政治问题触及了基本事实，才会唤起民众的反应。我要再说一遍：我对两党中参与反叛的参议员感到遗憾，因为他们害怕触及这一基本事实。他们会在选区当选，他们会把自己的党继续搞得沸沸扬扬、乱象丛生——这一切都没有什么，但他们无望从内部改造自己的党，他们还没有傻到这个地步。他们比我们更懂得谁在掌管他们的党。他们在等待并希望看到爆发一场戏剧性的或情节剧式的危机，正如博拉参议员所说，借助这场危机，会产生一种他们能够驾驭的形势，同时却不必承担任何风险。糟糕的是他们仍缺乏勇气，从长远看，这会给他们自己造成损失。当这一运动取得它必将取得的进展，它的发展将如此迅速，以至于会把那些等着趁机捞取好处的人抛在一边。

人们对我们致诺里斯参议员的信件存在某种误解。我们期望他承担的领导责任主要是与旧政党决裂，公开承认需要采用基于 1930 年以来的事实，而不是 1820 到 1860 年间的事实的新的政治路线。对他来说，这种运动就像为一个堤坝打开了一个口子，让洪水倾泻而出。我们的信中也指出了期望他进一步承担的那种领导责任——坦诚、公开和持续不断地朝着构建我们在致他的信中称为"社会规划和社会控制"的那个方向前进。就像其他人一样，诺里斯参议员也会受到他的环境和他的助手们的影响，但他却以其独立无畏、不为所动的人格而获

---

① 哈定（Warren Gamaliel，Harding，1865—1923），美国第 29 任总统（1921—1923）。在其任期内召开了华盛顿限制军备国际会议，创建了实行现代预算制度的预算局。由于其内阁用人不当，朋党当道，政府内营私舞弊、贪污渎职事件不断发生，因而被称为美国历史上最为腐败的政府之一。——译者

得了莫大声誉。我们认为,要是他能完全脱开那些妨碍他和拖他后腿的事情,他会与他的新同道快步前进。他就不必把他的时间花费在打游击战和模拟战上,他就可以认真地看待这个基本的问题:是否要对政府的各个机构进行社会运用和社会控制,或者说,是否靠着顶层那种粗鲁的个人主义和底层那种胡闹的个人主义的伪装,巨量财富的累积使我们的民主成为一场令人恶心的闹剧?

哦,他们说我们不务实;我听到有好多篇社论告诉我,我是多么的不务实。感谢上帝,我不是所谓务实的政客。可是,我想我已足够务实地看到:将会出现一场无可压抑的冲突,其真实而深刻之处一如林肯呼吁的那样,值得引起人们的关注。面对这样一场冲突,我认为,务实的事情就是不要闭上眼睛,不要迟疑和拖延,期望这股潮流顺利地朝着有利于人民、不利于大企业利益集团的方向流动。我愿把那种务实的名声专门留给那些反叛的议员们和他们胆小的朋友。我们也不会异想天开到这个地步,以至于想建立一个新的政党。如果你们准备阅读我们提供的文件,将会看到:我们尝试去做的是一项教育工作,它将为形成一种稳固而持久的新的政党运动做好必要的准备。

借助某种现时危机而形成一个政党,无论多么带有戏剧性,这个政党不会比它由以产生的那种紧迫事件延续得更加长久。比如说,创建一个有效的政党,不能单单凭借对于当前萧条造成的诸多不满。这个党可以利用这些不满,但它会随着经济复苏而消失得无影无踪。不过,大萧条会诱导民众作出比以往 10 年间更多的思考;而如果民众作出这样的思考,那就埋下了造成持久政治运动的有生命力的种子。

因为民众的思考会把他们引向一个结论。现有的政党只是那些经济利益集团的奴仆,这些集团利用政府来牟利,挟持各种政府机构来贯彻它们的意志,而让社会付出代价。这一点说明了为什么两党之间不存在真正的差别,两党之间

的冲突只是舞台上表演的打斗而已。这也解释了选民的冷漠,因为他们认识到,不管他们把选票投给哪个政党,其实不会造成多大的差别。一种新的运动只能从置于社会生活根基的那种问题开始。如果一个政党不是以这一最根本的问题为据,而是通过其他什么基础形成起来,那么,在这一政党的创建途中便会面临许多障碍。今天的生活是经济和产业的生活,所有重大的政治问题均发源于此。旧政党对这一点闪烁其词,除非它们要把它化为获得竞选资金或选票上的优势,利用它来获得特殊好处。正如共和党的产生始于反对扩张奴隶制的那场无可压

抑的冲突,下一个政党的诞生将始于把男人、女人和孩子从屈从于自私自利、掠夺成性的经济利益集团的政府机构中解放出来的事业。这是一个民众能够理解的问题;但解决这一问题,则需要所有具善意之人的组织、牺牲与合作,以便让民众看到它,进而生发出把他们有关新的社会与新的历史的那种看法付诸实现的意愿。我们需要你们的帮助,我们有权利要求这种帮助,因为我们不是为自己工作,不想借欺骗选民来谋取私利。作为新时代的前驱,我们只是想引导你们看到那个新时代已显露出来的一抹曙光。

失业问题——我们大家的责任[①]

　　现在已不再需要让那些明智的人们相信,失业并不意味着懒惰、得过且过或者性格不可靠。现在恐怕也不会有人不知道,那些失去工作的人是勤勉、忠实和能干的人,他们最向往获得一份工作,然而却无事可干。

　　认为这些人——成千上万的人——要对他们无力找到工作一事负责,这只会加重对他们的伤害。他们是经济制度的牺牲品。一列火车出轨,使一名乘客的身体受了伤;这些失业者们正像因火车事故而受伤的人那样,成了一个牺牲品。我们的产业列车在运行中出了问题,无数的人因此而遭受伤害。

　　没有哪个文明国家不会以某种方式承认它对那些无以自我供养、靠自己的劳动维持生计的人负有的责任。贫民收容、贫民救济、有组织的慈善事业是对这种社会责任的间接承认。每一个富有同情心的人,当听说他的同伴快要死于饥饿时,他会感到羞耻,对他生活于其中的那个社会感到羞耻。生存的权利是社会对其成员应予保障的根本权利。当谋杀盛行,生命安全普遍得不到保障,我们就知道错在社会制度而不在被谋杀者。当渴望干好本职工作的男男女女发现自己被抛在一边且一筹莫展,他们的生存权利就受到了侵犯。此时社会负有的责任,与因为社会没有法纪致使这些人直接遭到身体戕害时负有的责任是一样的。

　　尽管公共慈善事业已被承认是一种社会责任,但这是一种为时已晚的承认。
它出现在灾难发生之后。预防总要比治疗更胜一筹,而慈善之举甚至还说不上是一种治疗,它至多不过是一种权宜之计。如果苦难和灾祸不断光顾,要是把慈

[①] 首次发表于《失业者》(*Unemployed*),1931 年 2 月,第 3—4 页。

善当作一种事后补救的手段,那它简直就成了一桩罪恶。如果铁路系统接连不断地发生让许多人受伤的出轨事故,每个人都会意识到,该系统本身已濒于瘫痪,无力作出预见。

失业不仅反复出现,而且成了周期性的事件。任何时候都存在叫做"正常失业"的情况。我们的产业体系发展得过于迅猛,以致难以承受这一运动本身造成的折腾。当前这样的危机以一种戏剧性的甚而是耸人听闻的方式,唤起人们关注那些始终存在的事情;而在通常情形下,大多数人是不会去注意观察这类事情的。就在当前这一时刻,私人团体筹集了大笔资金。私人机构设立了施粥处,向排队领取救济食品的穷人提供食物。立法机关从通过税收征得的公共资金中拨出专款用于救济。这些都是用缄默的半心半意的方式承认了社会负有的责任,是迫于悲剧性形势的压力才向人们施舍的东西。

所有这一切都是必要的。当我们身处危机之中,没有人能对这类举措说一个"不"字,我们共同的人性需要这些东西。然而,这类举措触及的只是症候与结果,而非根源。我曾说过,文明国度的人民会间接承认对失业现象承担的社会责任。但我本该说,只要这种承认只在灾祸降临后才发生作用,而无数的人仍然因为并非他们自身所犯的过失(除了对糟糕的制度抱有太多的耐心)而遭受困苦,那么,这些国家就只是半文明的国家。

通过慈善事业来体现对失业者的社会责任,是一种间接、笨拙也不够人性化的办法。社会应通过使其男女成员能够仰仗稳定的就业收入维持生活这一方式来宣示它所承担的责任。做不到这一点,我们的产业制度就为自己写下了起诉状,并预告了自己的垮台。如若发生了饥荒,人们因得不到一块面包而忍饥挨饿,这是一种悲剧。然而,要是人们得不到面包,竟是由于农夫种了太多的麦子,由于农夫有了一个超级大丰收后卖不掉这些麦子,由于其他人没有工作而买不起,这就不是大自然造成的悲剧了。这是人祸,那些对现行经济体制进行管理并表示支持的人尤其要对此事负责。

155

去推究到底是生产过多还是消费过少,这正像两个男人为一架未达到平衡的磅秤吵架一样,一个人说其中的一个秤盘太重,另一个人坚持说另一个秤盘太轻;而事实却是整件事情失去了平衡。

当目前的危机不再具有其耸人听闻的外观,当事情恢复到可称之为"常态"的相对说来令人舒服的状态,他们会忘掉这一切吗? 他们会洋洋自得地庆幸自己的慷慨使社会摆脱了危难吗？或者，他们会对造成失业折磨的根源进行定位，设法改造社会制度吗？如果他们做的是前一件事情，那么，这样的折磨迟早会重新肆虐，直到它把社会制度改变为止。我们可以做的另一件事情是：如果说我们承认社会对此类灾祸负有责任，那么，我们应把这种承认转化为一种意愿，借助有远见的计划和审慎的选择来改变社会本身的经济与金融结构。

只有制度上的变革，才能确保人人拥有工作的权利，人人享有安乐的生活。

需要一个新的政党[①]

1. 当前的危机

要在目前这个时候为建立一个新的政党提供论证,这样的行为近乎愚蠢。一般来说,只有吵吵嚷嚷自说自话的人才需要这样做。在你碰到的头十个与某个老的政党并无明确联系——不管是一种正式的联系,还是出于自身算计建立起来的联系——的人中,至少有七到八个人不会对需要一个新的政党这样的事实抱有疑问。他们质疑的,只是建立一个政党的可行性究竟有多大。因为老的政党牢牢地盘踞着这个国家,它们的组织与商业体系紧紧地捆缚在一起,无组织的个人会感到他们十分无助。然而,对这种需要的性质所作的陈述,对这种需要为什么成了一种如此普遍感受到的东西所作的说明,对于我们讨论如何创建一个新的政党、这个新的政党又会提出怎样的方案,却是一种必要的准备。因为所有政治上的变化,正是由这种必要性产生的压力催生和引导出来的。

长期以来,人们已对政党抱以冷漠的态度。许多投票者被搞得心灰意冷,他们感到厌倦了。他们不再相信靠政治能够做成什么有意义的事情。他们甚至接受了一种犬儒式的信仰:政党是由大企业支配的。但是,目前人们对政党的嫌恶却存在两个使之变得十分独特的显著特征:每一次大萧条都会产生对于政党的某种嫌恶,但这种嫌恶通常会采取否定执政党、转而普遍支持另一党派的形式。

---

① 首次分四部分发表于《新共和》,第 66 卷(1931 年 3 月 18 日、3 月 25 日、4 月 1 日、4 月 8 日),第 115—117、150—152、177—179、202—205 页。

在下一次竞选中,这种强烈的情感也许足以促使人们选出一位民主党人的总统,但这是一种并不伴有任何希望与期待的情感。相反,人们普遍相信,有组织的金融与产业势力会利用这种可能性,并且正在设法挑选一个"合理"的人选——这里所说的"合理",实际上不过是"屈从"的同义词。

第二种差别则更为重要。在过去,心怀不满的大众会对采取某一特殊措施感到莫名的激动。美元贬值、银币自由铸造、托拉斯分拆曾被当作万应灵药提出过,但现在却看不到包治百病的方案,人们对寻找这样的方案也不热心。产业危机如此严重,连最迟钝的人也能够看到:要是采取的措施不触及深层次的结构问题,那就是一个愚蠢的方案。如今要是有人拿出一剂万应灵药,他只会使自己遭受冷嘲热讽。由此可见,民众的不满情绪比从前历次衰退中见到的要深切得多。事实上,它可说是一种心绪不宁。而且,尽管它采取的是抱怨而不是思考的形式,大多数人却表露出愿意比从前更深入地思考问题并付诸行动的倾向。

大多数普通人有深刻的理由相信,无论民主党,还是共和党,都不能代表他或他的利益。共和党扮演着宣示天意的角色,它告诉人们:它的领袖与大企业结成的联盟,将成为通过有组织的资本控制达到普遍繁荣的卫士。它宣称,只要让大资本家们有钱可赚,便会造成为大众享有的普遍的福利状态。大众什么事都不必做,他们只要伸出双手等着接受神的恩赐就行了。大众不怎么相信这个福音,但他们看不出他们能做些什么——于是他们就等着。以为繁荣始自上层人物的活动,然后再惠及下层民众,这样的信念构成了战后共和党奉行的每一种政策的基本教理。它已经通过大企业救世主的化身——梅隆①财长的每一次谈话和每一个行动被典型化了。

从种种迹象来看,胡佛总统正是上述福音的一位自愿而真诚的信奉者。有些人认为,有无"工程师的心灵"影响到造成某种健康的复苏。可是他们忘了,眼下的工程师具备两副面孔:一方面,他会留意对各种材料和过程加以有效的运用,他是技术进步的看护人;可是另一方面,他也是那些利用资本谋取私利之人的仆从。他想他的老板之所想,说他的老板之所说。当他的工程师的能力没有

---

① 梅隆(Andrew William Mellon,1855—1937),美国金融家、财政部长(1921—1932)。他改革美国政府税收制度,降低税率,经营煤炭、钢铁、石油等企业,成为 20 世纪初美国最大的富豪之一。——译者

被运用于工程事务,而是被运用到某些颇为有利可图的事业中,他便完全等同于在那些大老板和大富豪当中传播的福音;这些人相信,自己是在为共同的福祉而谋利,进而把自己的行为合理化。然而,正如目前的萧条所显示的那样,当大多数人的收入跌落到维持体面的生活水平以下,这种福音开始受到质疑。天意只有当它能够提供它所允诺的东西,才能受到崇信。如果一种自吹自擂的天意不但不能提供什么东西,反而动摇了经济社会的结构,危及起码的安定生活,它就是一种自我表白的欺诈。

民主党的死板眼光令人遗憾,它的领袖草率地接受了繁荣始于上的福音教义。民主党人不停地要民众相信,他们就像共和党人一样"可靠";又向大企业保证他们就像共和党的领袖那样,是个温良顺从的孩子——并以此为据要求获得竞选资助,这不但迎合了共和党人的思维模式,也承诺了与大企业联盟的政策。许多无党派人士在上一次总统选举中投了史密斯(Alfred E. Smith)的票,他们之所以这样做,是要表达内心的抗议。他们不喜欢拉斯科布(John J. Raskob)的领导作风,以及由他推动的对经济问题避而不谈的竞选运动。民主党人担心这种公开承诺会引致风险——暗底下的承诺在践行一段时间后,便会导向这种结果——这可见于民主党在新关税立法中采取的软弱行动,以及其领袖在有关旱灾救济和失业的财政拨款问题上表现出来的屈从态度。人们一般承认民主党缺乏真正的领导能力,这其实是一种必然的副产品,没有哪个人能靠着从正文中拷贝下来的东西去充任领导或充作一种势力。

不要指望两个主要的老式政党会发生什么变化,且不说党首们和各级官员的自我利益已与"企业"紧紧地绑缚在一起,以至于他们只有通过背叛行为才能从中挣脱出来。更深刻的理由还在于,这种联盟的模式已塑造了他们的心理习惯。保守主义的倾向与日俱增,两个政党都太老了。当得到公开承认的领袖们把依据对财产利益的依赖形成的世俗拯救学说当作其信念结构时,这一点变得愈发确实,也愈发造成了灾难性的反动后果。不管党内的个别人会持有何种信念,这些政党本身在乎的只是财产。一旦财产利益与民众利益发生冲突,他们的整个思考与行动习惯注定会使他们偏向前者。他们会作出让步,但这不会改变他们的信念与行为方向。

我并不想说,政党和财团组织之间结成的整个联盟心怀恶意,腐败不堪,尽管很容易看到这一点在某种程度上是真的。我想说的是两大老式政党代表美国

159

生活的这样一个阶段,其时全体美国人因工业的发明及其应用、制造业的发展、铁路和商业的发展而感到社会在发生进步。正是在美国人生活的这一阶段,除极少数人之外,大多数人赞成用利润的动机对工业和贸易实行自然控制,以及积累货币资本的必要性。

这一观念曾经在国家的发展中起过作用。可到现在,它却成了某种障碍。然而,由于心理的惯性,也由于与产业和金融财团结成的外部联盟,两个老式政党仍抓着这个观念不放,以至于根本不能指望它们与之决裂。他们装腔作势地复述过去那一代人的格言,他们求助于杰斐逊(Thomas Jefferson)和林肯,这是因为他们本身已经成了一种时代错误。撇开与拥有巨额财富的不良分子结成的某种深思熟虑而又十分凶险的联系不谈,两党都丧失了对当前的现实和需要的感触。他们固守昔日久已过时的观念和理想,力图使之成为永恒。对这一事实的认识,正是造成对两个老式政党根本性不满的原因。它们过于脱离了和时代的生动接触,民众已经和它们搭不上话了。

我想明确说出我的观点。民众的需求与忧虑关系到的是消费问题,关系到的是维持一种合理体面和安定的生活水平问题。但是无论两大政党中哪个政党当道,我们在政治生活中都只是忙于处理生产的问题。税则不仅确立了作为经济权力拥有的某些生产上的利益,还一贯无视消费者的权利。特权以消费者为代价,巩固了自己的地位。运输和销售体制与生产相联系,它们一直受到扶持,却无须顾及消费者及其生活水平。当我们的土地制度、我们的矿山、我们的森林以及如今我们的水利资源一朝被政治所染指,它们就被置于“生产者”所有权的控制之下。我们的税收体制也被同样的利益集团所控制。梅隆先生对高层人士的收入感到担忧,这种公开表露的焦虑涉及的正是生产力的问题。

我们的政治已经被罔顾消费的生产目的所控制,这一陈述决非夸大其词,决非显得不够全面。要是有人回想一下最近50年来的政治史,他会发现,任何政策都可以用这一陈述来加以概括,例外从来都是无足轻重的插曲。它的最近一个证明,可见于对因干旱受损者和失业者进行救济引发的争论。要从国会那里获得这样的帮助,诸如购买农具和种子、牲畜,以及其他生产设备所需的贷款等,以此促进生产,这并不十分困难;但如果人们想要国会助一臂之力,以维持最低限度的生活水平,他们将遇到巨大的困难。退伍军人之所以受到注意,是因为存在一个明确的理由,即对他们的救济会刺激购买,因而对公司是有利的。如果他们的申诉完全以人道的生存需要为理由,那么,就算有强大的组织为他们撑腰,他们的努力也将徒劳无功。为稳定就业而立法归于完败,这正是消费总体上依附于直接生产的最明显的证据。

大众的生活需求问题涉及的是消费。连生意人都知道,过度生产和萧条周期与消费不足密切相关。所以,那些消费能力没有受到损害的人就在消费中得到了别人无法企及的好处。中产阶级发现,由于普遍缺乏有效的消费能力,它的投资收益急速下滑了。而失业者——500万至900万面临饥饿或靠救济为生的人,这些失去了勇气、希望和自尊的人——并不需要人们提醒他们去关注业已存在的消费问题。

在此,我们再一次认识到为什么当前的政治动荡会与从前本国历史上发生的政治动荡如此不同。人们在生活中到处感受到的需要涉及的是他们本人和他们家庭的生活水平。他们发现自己处在一个不能提供这种需要的政治环境之中,在这里,利益差不多老是围绕着刺激生产和销售而打转,从不会考虑到它如何作用于消费的方式。我不能说这一矛盾已经得到思考或系统的表述,但它被感觉到了,其造成的后果就是政治上的不满与极大的怨忿。于是在我们的政治生活中,就出现了一种对于全新东西的需求,只有一个新的政党才能倡导并落实这样一种需求。

我们需要一个适应新的社会形势的政党。我不会再重复关于老式政党所说的话。但这一事实解释了为什么单靠老式政党中的那些反叛者,或反叛者的联合,不能满足这一根本需求。他们可以充作有用的决断力量,用以阻挠那些贪心的掠夺者推出的恶劣举措。他们就像有用的刹车。可是,如若指望他们会重塑他们的政党,就陷入了空想:正是仰仗他们的政党提供的标准,他们才得以存活,才能维持他们摇摆不定的存在;因为这些政党对于与他们的意图背道而驰的政策和目的过于执著,过于因循。生面团太大也太湿,以致发酵剂已起不了什么作用。可以设想,他们会形成一个新的政党的核心;可是他们仍会把自己的观念以一种截头去尾、半遮半掩的形式保留下来,直到他们挣脱这些观念,公开地与新的利益、新的需求和新的同道站在一起。在党内,一个代表胡佛的卢卡斯(Robert H. Lucas)永远要胜过一个诺里斯,不论后者作为个人显得多么独立;而一个拉斯科布永远要比一个惠勒(Burton K. Wheeler)或一个沃尔什(Thomas Jemes Walsh)更占上风。

161

论　文　135

2. 旧秩序的瓦解

我在发表于上周《新共和》的文章中说，当前的政治与美国人民的生活现实完全不一致，造成了脱节；它与生产，与产业界、运输业和金融界的利益紧紧捆缚在一起，却与需求和消费及生活水平的问题相隔绝。当我写那篇文章的时候，我看到《纽约时报》星期日杂志上载有描绘华盛顿事务的一幅绝妙图画，作者安妮·奥黑尔·麦考密克（Anne O'Hare McCormick）是一位眼光犀利、头脑机敏的观察家。她发现，象征着精神与道德之迷雾的一团天空中弥漫的雾气遮住了国会大厦和白宫诸公的视野，使之看不清这个国家的各种现实。"一场经济上的地震撼动了世界……社会结构中正发生着令人备感困惑的变化，而美国社会的结构比任何其他地方更能表现出这一点……就你的见闻所及，这些事件对于揭穿资本的真相并不具什么实质意义……这正是失落在这幅图景中的现实感，以人的经验为凭借的参与感。在这里，无论什么东西都已被说到，但没有什么东西可被感觉到。在这个地方，所有的情感都是代他人经受的情感；在这个地方，所有的思想都成了陈词滥调。"

"总的结果就是装腔作势，以次充好，生活空虚。……政治的世界迷失在它自己制造的迷雾中。……老朽不堪的钢铁大厦多少还是一个逃避现实的最后避难所，然而避难者的恐惧也与日俱增，他们唯恐失去要紧的东西。"当这个世界"正在翻筋斗，政治家们却生活在未来，生活在下一次竞选中，同时也生活在过去"。无怪乎什么都被搞得含糊不清，异常复杂。"摆得上台面的东西要么不值一谈，要么像一场世纪大战那样复杂费解……没有人记得，什么时候有那么多的冲突一同爆发，什么时候参与冲突的各方如此盘根错结，难以分别……僵局、合并、次级合并（sub-mergers）、策略、政党口号、可互换位置的左翼和右翼所有这一切，听起来都空洞无物，因为它们确实空洞无物；其中没有什么实实在在的东西，而且肯定没有灵魂。"仅剩的现实就是下次选举，前后一贯的想法仅被用来猜测这种或那种举措或策略对投票者会产生什么影响。如果允许我作一重新表达，我将说这只是关于现实权力的斗争，但参与斗争的人们对于一旦取得权力如何运用权力却毫无理念——除了把这一权力用于下次选举。

我之所以不揣冒昧大段引用别人的陈述，是因为其中描绘的华盛顿的当下形势十分典型。而华盛顿的情况又精确地反映着整个国家的政治情况。前者与美国生活现实的隔绝,是因为后者与之完全脱节。这种形势说明了人民为什么对老的政党感到不满和厌恶,它也构成了组建一个新的政党的机会。长久以来,人们一直被告诫说:政治是无用的,政府只是碍事的东西,是一块绊脚石;那些实业和金融界的掌门人才是明智之人,是可以把国家命运放心托付的领袖人物。

喋喋不休地重复这些说辞的人们忘记或试图掩盖这一观点:华盛顿政治上暴露出的混乱、迷惑、琐碎浅薄、无关民生,只是反映了产业界"领导能力"的彻底失败。一般来说,政治即使没有成为大企业利益集团的帮凶,也是大企业利益集团的一个附和者。国会招致的僵局与无能确凿地反映了产业和金融界掌门人明显的力不从心,他们不再能像经营某一件求甘自肥的事情那样来麻利地经营国家事务了。如果有人相信,求助于把我们带入当前危机的那些人不受约束的行动,可以让我们走出危机——假使通过这些行动可以让人摆脱政治行动的梦魇的话,那么,这种信念即使不会导致悲剧,至少也显得荒谬可笑。相信那些有权有势的人能够救治由他们引发的危机,就像相信吞下一根咬了你的那条狗的毛发就能治愈狂犬病的魔法。只要政治是大企业向社会投射的影子,即使把这个影子弄得淡一些,也根本改变不了问题的实质。唯一的救治办法,就是依据社会的利益和现实采取新的政治行动。

当国家正在享受所谓的繁荣,有关大实业家是社会福利的真正卫士的教义一般说来还有暂时的吸引力。然而时至今日,当这样的"领导能力"已把国家带入现在这种彰显着普遍人类不幸的困局,很难想象还会存在什么比它更为愚蠢的教义了。那些精明且大权在握的领导人还在为危机是如何产生的争论不休,他们指出了这个或那个原因;但他们既无从知道它会延续多久,也不知道应当如何摆脱危机。他们总想孤注一掷,盲目地相信会得到幸运女神的眷顾。他们中的大多数人甚至没能猜对股票市场这个属于他们业务范围内发生的事情。他们成为社会领袖的抱负破灭了。弹药筒炸响之后,留下的是一片废墟。

美国人的记忆出奇的短,我们用极短的时间从一个事件走向另一段插曲。可是我们仍可能会记起有那么一个时候,其时我们曾被告知:延迟通过关税法案会成为复兴与繁荣商业的主要障碍,那是在大实业机构把参议员们当作仅有的重要障碍的时日里发生的事。于是,关税法案通过了,我们的关税之墙被垒得更高了。由于民主党认定取得权力的办法在于套上共和党的外衣,它没有作出有力的抗争。总的来说,民主党在该法案的通过中是被动的,甚或是主动的帮凶,其结果不出不怀偏见的经济学家们所料。它对参与经济战争的世界构成了一种挑战。反应迅即来临,进口的货物被削减了,而由于进入市场出现了障碍,国内的生产下降了,出口的货物量也下跌了。消费者要为还买得起的东西支付更高的价钱,而制造业的利润非但没有增加反而减少了,因为出口贸易上的赚头缩减了不少。

关税这一情况显现的意义超出了它本身。它印证了陈腐的政治理念与政策的破产。它证明了当前致力于维护即使是其自身经济利益的那些实业的破产。确实有一些实业家,他们多半吸收了新的不断扩展的产品制造的思路,他们并不赞成利用关税制造更高的壁垒和更多的障碍。但他们并没有勇于积极地去发起抗争运动,他们害怕这么做,因为整个经济体系与政府那种以牺牲消费者来推动生产的政策互相缠绕在一起。他们不喜欢某些特殊政策,但他们宁愿承受它们也不愿去改变这一体系本身。

我认为,毫无疑问,新的关税体系总体上不受大众欢迎,但他们无法作出有力的抗争;他们被弄糊涂了,以至于无法进行抗议。他们没有表达反对的手段,因为两大老的政党与体制拴在了一起,这个体制维护生产的直接的短期利益,并不顾及其对消费者与他们生活水平造成的影响。看来,我们的高关税一次又一次冲破了限制,许多人在预测最终形成的关税税率会成为超级贸易保护主义者的最后一搏。但是,我对于是否参与这种预测有些踌躇不决。关税政策不是孤立的事。赞同降低关税的人们主张把关税问题就事论事,孤立地加以处理。他们错了。政治生活趋势的转向,其本身就足以使我们摆脱代表既得利益集团的老式政党的控制来解决关税问题。

以上对关税问题所说的一切,同样适用其他已为政治所渗入的经济问题——运输(铁路)、电力及相关公共设施、金融、银行、信贷和对证券发行的控制等等。两个老的政党都不准备向公众的利益作出让步,不要指望它们会做出什么重要的改变。他们摆脱不了对于控制这些利益的那些集团的依赖,也摆脱不了自己的思维习惯。上述这些事情是环环相扣的。无论如何,拟议中的铁路合并项目已搁置了好几年,至今不见有什么头绪。由胡佛总统倡议的公共担保计划(它显得如此直截了当,以致不得不降低调门,还得多少做些解释)旨在对股票市场进行监管并促进商业的发展,但还只是个议题而已。正如《新共和》周刊指出的，圣保罗决议（the St. Paul decision）的出台使人疑虑丛生，铁路的合并是否会根据公众的利益来进行，或者甚至会依照托运人、处理重组事务的银行家们的利益来进行？

由于受到金融控制的产业日益占据了支配地位——这种支配地位如今成了一种已然确立起来的事实，任何企图对电力实施管治的人都会且越来越会听命于向电力公司和公用事业公司注资的大银行家们操纵的那股集聚起来的金钱势力。这种联系变得如此紧密，以至于某些生产电力的大公司不过是大金融机构的分支，后者又与大实业公司难解难分，这些大实业公司生产发电输电、照明及无线电通讯所需的的设备器具。人们对最近股票市场的极度膨胀还持有令人厌恶的记忆，这正是由电力公司及其盟友造成的现象。合并名义上是为了增进经济效率，其实是为了进行证券投机。人们难以对电力生产公司、银行业和制造业的联合体进行抵制，它们的整合产生的影响无所不在，其中尽人皆知的一种企图就是通过收买和利用广告的压力来控制公众舆论，这已获得了相当程度的成功。

有人认为，电力问题是政治领域中一个最具分量的问题，我赞同这一说法。问题在于，公众是否会失去他们的机会，在铁路大发展成为美国人生活中头等大事的时候，他们曾经丧失了这种机会。正如我一再说过的那样，电力问题事实上不是个单一的问题。恰好相反，它显露出的是生产和金融巨大综合体的一个面相，这个综合体统治（rules）而非治理（governs）着我们的工业社会。因为治理意味着维持一种秩序和稳定性（且不说还要保障民众的福利），而目前的体制并没有做到这一点——眼下出现的崩溃就是个明证。由于电力问题只是经济形势的一部分，它不可能作为一个孤立的问题求得解决，但却是老的政党尽其所能来加以破解的唯一方式。他们所做的尝试拙劣无效，更像是半心半意采取的姿态。

整个形势迫使我们非得按新的社会发展思路作出根本性的思考，采取重大的行动。华盛顿的混乱迷茫显示并证明了老的政党的虚弱不堪，它们甚至无法察觉到造成社会紊乱事态的那些条件，以为能够做些事情来加以应对，极而言之是不现实的。即使林肯和杰斐逊死而复生，他们也不会相信这种事。他们的组织从上到下，与那些应当受到责难的事情有着千丝万缕的联系。况且正如我说过的那样，即使这类外部联系没有捆住他们的手脚，他们的心理习惯、他们的思想观念依然与旧秩序难解难分。一个扫罗也许还会到处寻觅新的光明,而按照这类党派的思维习惯,它们只会在较次要的事情上做些让步,此类做法会使它们赢得下一次选举。我们需要的是这样一个政党,它将作为一个主人而不是乞求者进入立法机关。这个政党将吩咐人们去做一些需要做的、带有根本意义的事情。

3. 谁有可能来建立一个新的政党?

对两个老的政党不满本身并不足以导致形成一个新的政党。认识到这两个政党是一丘之貉,两党都是大企业的仆从,具有这样的认识只是朝着创建政治力量的一种新组合跨出了一步,然而并不必然导致产生一种有组织的行动。因为有人会问,为什么新的政治力量组合不能或者不应当出自某个老的政党内部?这个问题是由那些对老的政党立场感到极度不满的人提出来的,他们希望看到其行为出现一种根本性的变化;简言之,他们对新的目的、新的政策和新的政治运作方式抱有期待。

这个问题理应有个回答。一方面,它是说借助各种办法造成两党内部的厌倦情绪的可能性和可取性,这将最终造成一种完全的变脸和重组。另一方面,它示意要把独立的、有进步倾向的投票人组织起来,这样他们就拥有了一种平衡的力量,就能在每一次选举中显示出那些要求采取进步措施的选民的分量。那些富有实际政治经验的人通常会主张采用这种或那种策略,眼下像我这样的作者是缺乏实际经验的。另外,他们认识到,任何其他带有乌托邦色彩的战略注定会走向失败。

例如,让我们看一看来自东北部的一个州,纽约州或马萨诸塞州的一位民主党人。他会谈到他党内那些带有进步倾向的领导人,以及他们广泛程度上唤起的民众反应。他会问:为什么不能利用民主党内的自由派领导人和进步因素这个基础,去追寻新的政治运作方式和目标呢?尽管他会承认,两党当前表达的政策差别很小。他还会指出,从历史和当前情况来看,民主党是平民百姓的党,是产业工人和生活窘迫之人的党,它的传统使它必定站在特权阶层的对立面而支持大众,这使它与具有"贵族身份"的共和党区别开来。另一方面,如果我们看一看来自中西部的一位共和党人,我们会得到一种截然相反的看法。他会谈到西部共和党人的反叛精神,从历史上看,共和党事实上正诞生于支持自由的事业。

长话短说,他会提到林肯,就像东部的民主党人会谈到杰斐逊的传统一样。他会进一步指出,东部的民主党成了坦慕尼协会①式的党,成了腐败的市政组织;其南方的党组织成了保守派的大本营,它的历史上的保守主义反而随着当今产业的发展得到了强化。最后他还会说,无论如何,南方和北方的民主党人除了夺取本党胜利的愿望之外,彼此间已无什么共同目标可言。对于所有这些责难,东部的进步民主党人又会回敬道:那么,共和党的那些东部的反动分子和西部的反叛分子之间又存在什么共同之处呢? 究竟是共和党的哪一派控制着国家政策与候选人呢?

在我看来,这两组陈述表明的是那些可以完全相互中和的事实。把它们合并一下,就能得到这个问题的答案:为什么不能考虑从内部突破,对某个老的政党加以改造? 说起来,我有点像个这样的人,他早在1912年就希望看到共和党的复兴,他在全国选举的时候希望民主党重获新生。可是到头来,我的幻想还是破灭了;我的漫长岁月充满了羞辱的记忆,它使我逐渐在政治上变得成熟起来。因为我承认,对两大老的政党有序变化的可能性寄予希望或抱以信心,这是孩子气的幻觉,脱离了经济和政治的现实。

求得势力的平衡,这对有些人来说是个有吸引力的方案。我以为,这种吸引力出自感情用事,尽管它披上了高度实用性的外衣。把独立个体凝聚起来以形成一个有效的行动团体,这方面所需花费的功夫并不见得比创建一个新的政党要少。要想把这一目标付诸实现,更是一种空想。在各个不同的分散的局部地区,这样的想法可能会奏效,但在全国范围内则行不通。它只能导致零敲碎打地处理问题,偶尔也能得到进步候选人与举措的呼应。但是,其本身并不含有作出持久和系统努力的承诺,也不含有对政治行动予以坚定指导的承诺,而美国的公众生活正极其缺乏并需要有指导的行动。

现在,国会的两党成员中都出现了反叛者。通过运用势力平衡的办法而以一种建设性的途径对政治决策施加影响,如果这样的想法中含有任何切实的东西,这些人早该聚集起来,就采取有效的举措达成一致,并呼吁选民、不同的党派

169

---

① 坦慕尼协会(Tammany Hall,也即 Tammany Society),成立于1789年的纽约市一民主党实力派组织,由原先的慈善团体发展而成,因其在19世纪犯下的种种劣迹而成为腐败政治的同义词。——译者

支持这类举措。但是，这类事情，他们一件也没有做。① 细究一下你的想法，你就会发现，不可能找到有关独立的势力平衡观念之不切实际的更多带有决定性的证据。我敢大胆预言：下届国会如若足以成为展示这一权力平衡的、无与伦比的机会，它将处处显现混乱、不确定、相互责难和难以化解的僵局。

最后，即使这两种想法的一种或两者的结合中含有某种切实的东西，创建新的政党也不失为是一个让它们可能拥有的无论何种力量因素产生效果的最为确定和可行的方式。如果我们想要有一个由各政治集团组成的政府，或者说，想要在无论哪一个老的政党中复兴进步主义，以建设性的政策采取明确行动有赖于创建一个富于进取心的第三政党，这个党尽管是持反对立场的少数派，但它将通过对老的政党行为施加的压力来证明自己。它将迫使两党采取行动，并要求它们对其承担的积极的领导责任作出某种表示。

此外，还存在着社会党与共产党。为什么不能通过它们来表达政治上的不满与不安呢？关于是否要成为共产主义者，这里没有更多要说的话。作为一个政党，它们受到莫斯科的直接控制；而接受外国控制对于任何一个想得到公众垂青的美国政党来说，都是办不到的事。况且，撇开共产党不使用美国人的习语说话、脱离美国的现实思考问题这一事实不谈，该党还充斥着一成不变的狂热和教条主义。

另一方面，社会党已经失去了许多异国色彩——一度主要是德国的色彩，正如共产主义是苏联的色彩一样。它在很大程度上摆脱了教条学说的影响，尽管我们也要考虑因这一得分造成的该党内部的分裂。让我先来展望一下后面所作的讨论，我认为，一个新的政党应当采纳许多如今被贴上社会主义标签的那些措施——由于贴有这样的标签而被贬低和非难的措施。但是，当我们根据实际情况对具体采用这些措施表示支持时，它们也将赢得美国人民的支持。我不能想象美国人民会以社会主义的名义支持这些措施，或者以事先制定的任何其他目空一切的主义的名义支持这些措施。社会主义者偏爱的特殊措施遭遇的最大障碍，即它们是被实行社会主义的社会党提出来的。对这一名称所持的偏见可能

①这里所说的话写于人们最近提议召开进步人士会议之前，这次会议在多大程度上影响到上述说法的真实性，还有待于将来的观察。除非这次会议标志着一个新的政党的诞生，我的猜想不会太离谱。

是一种令人遗憾的偏见,但这种偏见如此强而有力,以至于我们大有理由去想象,只有那些最为教条化的社会主义者才会加入一个新的政党;而不可能去想象,数量可观的美国人转而会去追随这些人。

情感本身表明的岂止是一种情感,它还是一种力量。我认识到,存在着大量惯常依附于老的政党的民众,依附于类似世代传承的共和党和民主党家族的民众,这仅仅是习俗的力量使然,当然也存在感情上的依附。但已有一大批人放弃了这种依附,并至少断断续续地显露出了独立性。我们策略上的直接问题就是要去巩固这一因素,并扩大其范围,这是一个新政党自然面临的核心问题。除去这一至今已延续了很长时间,并且由于给予妇女选举权而被提速了的逐渐离弃的过程外,当今发生的危急事件也给许多人造成了巨大震动,这种震动抖落了绑缚着他们的那根旧绳索。从心理上的时机来说,现在正适合缔造一个致力于探索有鲜明特点的、崭新政治议题的新政党。

由于老的政党不能对付我们经济生活的现实,而这样的现实正是导致当今诸多不满的根源,一种新的政治运动就必须基于这些现实形成它的诉求和策略。我的意思并不是说,这一运动只应去抓住直接的经济上的自我利益,尽管一种运动会从任何这样的短暂追求中获取好处;我怀疑,这种做法是否会取得持久的成功。一旦条件发生变化,这一运动很可能走向瓦解。美国历史上每一个重大政治运动开始时都诉诸理想主义,也有诉诸直接的自我利益的。自由主义者近年来面临的困境很大程度上就是源于缺乏任何明确的社会哲学,而这种社会哲学会对一种潜在的理想主义提供指导。我看不出来,如何能够单靠积聚起对于经济困苦表达的不满就获得一种普遍的观念和理想。这只能提供机会,但不会提供一种目标。

出于这些理由,新的政党的第一个诉求对象必定就是所谓的中产阶级:应当加以争取的是专业人士(当然应当包括教师、普通零售商、生活富裕的房主)、勤奋的白领工人(包括他的女性搭档),还有农夫——甚至是那些还没有跌落到绝望边缘的农夫。尽管人们带有贬义地谈论"资产阶级",这是一个资产阶级国家。用美国人理解的语言表达美国人的诉求,不能不基于这一事实。机会均等仍然是美国人的一个理想。中产阶级现在关心的是:是否还能保持这一理想?他深信,也应使那些境遇不那么幸运的人实现这一理想。一种新的政治运动应当把它的目标设定为对中产阶级享有的生活水平加以保护,使之日益稳固,并将其扩

171

及尚未享受到这种生活水平带来的文化和经济两方面好处的那些人。这样一种目标也必定意味着：要把那些无所事事者、生活奢华之人和专事掠夺的团伙的生活水平降下来。

我已经争辩说，以扶持生产为由而不去关注消费者及其享有的生活水平，这正是造成当前许多不幸的最终原因。我们社会共同体的这个中间部分，最能充分代表消费者的利益。再者，不管理论家们对严格的阶级划分和不可避免的阶级冲突说了些什么，这个阶级带有显著的流动性；它会朝着两个方向流动，它是把对竞争失败者持有的同情心保存起来的储藏库。以一种有效的方式将这种情感激发起来是可能的，这样的尝试与构成美国传统之特色的那些东西符合一致。正是这种情感，构成了 1912 年的进步运动和 1924 年拉福莱特反叛运动（La Follette insurgency）的支柱。这些运动的流产并不能使人有足够的理由证明，依靠中产阶级形成一种新的政治运动的基础是无用的。它们失败的原因，无关乎我们提出的观点。的确，要在本国发展一个有组织的自由主义政党，其主要障碍就是这一阶级的成员——其实也就是劳工阶层的成员——对上升为富有阶级成员抱有的那种希望与雄心。然而，这一期望遭到了严重挫败。此外，这个阶级最能对关乎普遍社会利益的直接社会诉求作出响应。

虽然我把那些没有因银行破产或收成不佳而生活困难的农民包括在中产阶级之中，实际上，农民在现在的时代中占有一个十分独特的重要位置。在北部和西部，他们有组织地投共和党的票，尽管金融、制造业和交通运输业的利益集团支配着这个党。利益上的裂隙显然足以导致西部共和党人进行抗争。现在的问题只是农民要如何理解这一利益裂隙的广度和深度。看看关税这个例子吧。农民们开始认识到，他们可以出售东西的价格在世界市场上是固定的，不受我们国内关税的影响；然而，他们购买和消费的货品的价格却在很大程度上受到关税的控制，结果让制造商把钱收入囊中。作为一个阶级，农民对货币政策、信用控制以及影响到他们利益的那种铁路收费方式始终十分敏感。在有关关税、交通运输和金融这三件事情上，农民的利益与社会的普遍利益是一致的。一旦唤醒他们认识到这一事实，一个新的政党就呼之欲出了。

我没有提到那些靠挣工钱为生的产业工人，我希望这一点不至于被认为是一种迹象，以为我不认为他们和他们的利益举足轻重。除非赢得劳工们的热心支持，否则，任何政治运动都不能取得最终成功。但是，在发起这一运动时，我们不应被参照英国的类似情形这一想法所误导。本国并不存在促进英国工党成长的三种因素。这里不存在大不列颠的同一种族。这个大不列颠的新政党得到了有组织的工会的鼎力支持，而美国劳工联合会充其量不过是半心半意地支持展开政治行动。英国工党还可以仰仗生产商和消费者有组织的合作运动，本国却不存在相应的团体。所以，并不是由于我恰好属于中产阶级，才强调要诉诸这个阶级在建党之初具有的重要作用。

必须注意同时倾听劳工们的诉求。存在足够多的接近他们的途径以及接触的方式。存在着"不加入工会的合约"（yellow-dog contract）[①]，法庭对于禁制权力的滥用；存在着失业以及稳定感和安全感的普遍缺失，两个老的政党的无所作为（它们只是当危急事件出现时才会作出一些暂时的让步）；存在着领养老金的问题，使病患者和伤残者及时得到充分护理的问题；存在着消除国民收入分配中的不公平问题。贯穿所有这一切问题的，是要获得并维持一种合理的生活水平，其中包括消除目前对文化和物质产品的严重消费不足。此类诉求不胜枚举，而导致它们产生的原因也令人揪心，它迫切需要得到解答。

我们拥有作为一个新的政党潜在拥护者的一大批人，这足以证明建党事业适逢其时。这些拥护者的需要和他们的困苦，强烈呼唤着我们采取政治行动。在这方面，困难和疑虑并不构成什么问题。开创这一事业关涉到的是精力、作出牺牲的意愿，以及促成那些富于远见和同情心的人携手合作的力量。

4. 新的政党的政策

参议院两党中的那些反叛者已经联名呼吁召开一次会议，就"关系到合众国生存必须加以解决的、影响到每一位公民福利的经济与政治问题"展开讨论。这次大会召开时，本文还未发表，但会议的开幕词却具有历史意义。"这个正处于萧条中的国家缺乏有效的经济和政治领导"，这句话是对我们系列文章依据的事实作出的权威陈述。这次大会的召集人强调了本次大会非党派性的特点，这一事实强化了我们的这种观点：老的政党和由它们操纵的政党体制已趋瓦解。

同样有意义的是：在会议召集人的声明中，通篇缀满经济和政治的字眼。在入选讨论的五个问题中，有四个是经济问题；第五个问题"回归代议制政府"则是

---

① "不加入工会的合约"以受雇者不加入工会为条件的雇用合同。——译者

个政治问题,而这个政治议题陈述的是依据经济议题的讨论作出的结论。为什么要向代议制政府"回归"? 是什么致使人们偏离了代议制政府而使这一回归成为必要? 每个人都知道这种政治要求的含义。经济特权已劫持了政府。

正是基于这一事实,我们不能孤立地来考虑并解决今日的真正问题。全体要大于各个部分的总和。前些日子,我曾公开主张:"占支配地位的议题要大于关税、现代化设施的公共所有制、交通运输和公平税收之类问题的总和。"必须说服公众以互相联系的观点来看待这些问题,把这些问题看作一个无所不包、全面涵盖的议题的一个方面:美国人民去控制政府,利用它来维护社会的和睦与福祉;还是把控制权继续交由经济权势小集团来掌管,让他们通过操控行政和立法机器达到自己的目的?

如果事情仅仅在于由立法机构通过这种或那种补救措施,我愿意相信:两党中那些进步人士的齐心协力是能够起作用的。但是制定一项措施,需要求助对某个包罗一切的议题有所认识的一批人所累积的力量。多年来,人们一直主张征收土地增值税;这一主张不失为具备最佳经济见解的分量——倒不是因为它具有"单一税"的形式,而因为它是一种通过社会创造价值的税收。对每一个头脑清楚、没有囿于一己之利的人来说,它的公平性和重要意义都是十分清楚的。可是,为什么对这个议题的讨论进展甚微? 我认为,这是因为,如果作为一个孤立的议题,它无力越过经济特权阶级设下的障碍;一旦把它形成法律,就会损害到这股经济势力的利益。只有将它与其他议题结合起来,形成一个压倒性的、具有重要意义的议题,才能获得所需要的力量,去扫清这股势力设置的障碍。我们的敌人是个整体,它的成员已集合起来,通过对政府的控制维持着它的经济特权。

我不认为征收土地增值税的议题与诸如关税、权力的议题,以及失业风险和对农民进行基本救助之类的问题存在什么差别。我们对手采用的,则是分化和各个击破的相当精明的政策。对于进步主义人类的事业来说,它的致命伤正在于把它自身分解为各种不完全的议题,逐个去赢取相当数量的胜利。须知,把涓涓细流汇集到一起,才能形成冲决一切障碍的洪流;把问题分解开来,只能延续昔日进步主义徒劳无功的做法。

即使我们就某一个议题成功地采取了补救行动,除非使该行动成为更大运动的一个组成部分,它最终也不会产生多大的效果。有组织的商业权势集团带有伸缩性和适应性,它在一个地方作出让步,为的是到另一个地方攫取更多的东西。有多少过去采纳的"改革"举措,到头来只成了不起作用的东西?实业和金融利益集团反对它们,或者规避它们,甚至利用它们来达到自己的目的。虽说有许多这样的改革曾被斥责为"无政府主义的"做法,或者对共和党的政府构成了致命威胁,但在数年之内,它就成了公认的不变的商业权势集团控制的一个部分。难怪民众对于这类改革的价值逐渐不屑一顾,心生反感。

再者,任何社会运动都不能单靠纯粹的理智推进得很远。它必须激发人们的情感,必须诉诸社会的想象力。某些人会激动地谈起马斯尔肖尔斯(Muscle Shoals)事件①,或者谈到攫取蒙大拿或弗吉尼亚的水力资源垄断权的企图。把这些问题用"超级权力"的名目加以归总很容易,然而对大多数人来说,这是一个相对技术性的议题,其中包含任何时候都需要记住的数不胜数的的细节。如今还有多少人能记得在蒙大拿产生了一个什么问题,或者华盛顿电力委员会的某些雇员为什么会被辞退?

所有的一切都指向一个简单的结论。成就任何一种持久改革的不二法门,就是找到那个能把所有其他议题聚合起来的重大议题。这时你就可以指出,特殊的议题如何能够成为这一议题的一个部分,你就能更多地诉诸理智。如卡莱尔所言,旗帜以及挥舞旗帜是必要的,这并非因为大多数人都是傻瓜,而是因为人的构造使历史上每一种伟大的运动都需要通过对情感的激发来获得它的力量。

民主正是这样一种事业。人人享有改善其境遇的平等机会,享有改善其子女境遇的平等机会,这样的希望把成千上万的人们吸引到了本国,使他们为之奉献自己的忠诚。虽然这些词句已失去了魔力,其基本含义依然是明确的。问题是要把它们转化为指示当今复杂情形下某种带有活力的东西的话语。昔日的所有威权,不论政治威权还是基督教会的威权,各有其全盛时代,但随后部分或完全地销声匿迹了。因为它们的力量不是固有的,这种力量来自受这些威权统治的那些民众的被动顺从。今日占支配地位的经济力量也是如此,不管它衍生出

---

① 马斯尔肖尔斯地处亚拉巴马州境内。1926 年,联邦电力公司联合其他公司计划在此地建造水库,引发了地方民众的不满。参议院农林委员会为此举行了听证会,后就协商解决土地出让等事项通过了一系列议案。——译者

怎样的结果,使用了何种难以捉摸的控制方法。它之所以持久,不是出于自身的力量,而是受益于那些对之并不在意的人、那些希望从中获取利益的人。一种政治上的变化不可能毫无准备地产生出来,然而存在这样的时代;这时候,大量原先多少各自分离的社会倾向汇聚到了一起,大批民众感受到,虽然未必清楚地看到他们共同的命运。现在正是这样的时候。

为了使之具备可行性,新的政治运动的政策必须带有灵活性,必须具有融贯的感染力。恢复由民族共同体为了服务于国家而设置的政府机构的活力,便满足了这两个条件。这一运动既不死板地脱离实际,也不过于含混以致无法转化为确定的立法举措。它并不执著于任何有关终极理想的教条,也不按任何事先规定的理论纲要行事,以为循此路径必然会产生向往得到的社会变革。消极地看,存在着一个能够定位和识别的敌人。经济利益集团对于政府功能的窃夺,使我们找到了放胆攻击的机会;有关冲突和斗争的意识是任何一种运动的必要组成部分,借此可以激发人们的想象力和情感。心身怠倦的自由主义者之所以感到如此困惑和疲惫,要归于这一事实:他们觉得形势过于复杂,以至于无法找准攻击的目标。当前的衰退已经清楚地表明:金融与实业界的掌管者们除了制造混乱、苦难和不安全感之外,已无力引领社会大众得到其想要的东西了。

从长期来看,一味攻击而没有用建设性的措施予以补足,这无济于事。为了社会的目的而使立法、行政机构以及司法的裁决回归正道,这是宪法序言中宣布的政府目标。它们本身几乎可被自动转换成一种灵活的政治纲领中的术语。没有必要固守教条或一成不变的学说。这一纲领可按照直接的社会需要作出限定,可以按照社会的变化加以发展。如果有机会付诸应用,它将是明确的并专注于它的目的。只要坚持利用政府使经济力服从于缔造人类正义和幸福这个统一的原则,它就不会迷失在载有一大串改革议题的散发的清单中,毫无节制地使用经济力把人们带入现在的境地。即使金融与实业界的领袖对他们的所作所为心存戒惧,想要造成协调与稳定,政府也必须发挥作用。胡佛总统不停地呼吁要自力更生,发挥事业心和个人的创造力;但这纯粹是稚气的说法。这是从埋葬了人类希望与幸福的墓地发出的声音。这些说法提到了某些优秀品质,但在现存条件下运用它们,恰好是把社会引向当前灾难的祸根之一。要改变这些条件,为它们指出新的方向,政府的行动是必需的;惟其如此,才能使这些值得推崇的品质得到表达的机会。

由于这个一般纲领的细目必须直接依据社会的需要和面临的困厄酝酿制定，它们就是富于弹性的、逐步扩大的一份清单。但目前这种需要和面临的困厄一目了然，所以可以清楚地指出这些细目。今日大电力公司占有的，正是50年前铁路公司占有的那种战略位置。整个实业（以及众多居家设施制造业和日用品工业）的未来发展与下述问题密不可分：电力的生产与分配是由金融集团一手掌管，还是说要得到控制，以及是否必须提出所有制的问题以确保充分的控制，让有组织的社会来掌管以便对社会自身加以保护。胡佛总统否认他代表电力集团的利益，但整个过时的哲学引导他采取了支持该利益集团的行动。考虑到这一事实，他个人的意图就显得不重要了。

想一想与电力集团的利益有联系的股票经纪业如何把股票市场已经逝去的那场"繁荣"大狂欢化成了葬礼前的守灵，人们不可能不去思考电力集团与公用事业公司之间存在的关系。我从专业人士那里得知，持有股票，把它买进卖出，在美国成了一宗最大的产业。证券的发行需要监管，如何对那些通过操纵股票交易大获其利的人进行监管是一件颇具看点的事情。由于没有采取行动，如今有数百万因缺乏监管而为人宰割的人呼吁政府进行控制。只有那些经济专家能够拿出实施这种监管的办法，但充分的公开性——借用罗伯特·哈洛韦尔（Robert Hallowell）的话来说，就是"把牌摊在桌面上"——显然应当是这种程序的一个部分。

178

由于对自然资源，对土地矿山、矿床、水力、石油和天然气的私人控制是垄断特权的重镇，必须对这类堡垒实施打击。社会必须始终控制税收机构，对土地价值征税是社会的要求，因而它是唯一适当的方式。由于在目前条件下实业有赖于交通与通讯，而消费者同时受到这些部门的摆布，这些部门又倾向于自动形成垄断，市镇政府、州政府和联邦政府必须对它们进行管理，使它们掌握在公众的手中。

舆论控制是反社会势力的最有力武器。我们正在被报纸标题、广告经纪人和"公共关系顾问"统治着。只有一种力量能对有组织的宣传进行打击并削弱其能量——这就是让公众了解真相。只有借助言论自由、出版自由与和平集会把民众的警觉组织起来，才能对付资本对受到保障的公民自由造成的持续侵害。这类势力正在削弱着我们的这些权利手段，而所有其他自由的形式又取决于这些权利手段，它们显得如此精妙而有效，以至于除非把它们变成一个公开的议题，否则，我们就无望恢复这些基本权利。要想清除社会腐败，使之能够卸去压迫的重负,理智的纯然自由的传播是一个先决条件。

我们在国际事务中长期缺乏领导能力。我们取得了某些有利于和平的进步,与我们南面那些国家的关系也有所改善。但是,没有战争和军事干预并不等于真正的和平。我们奉行的帝国主义,每个人都知道,说得好听点就是用一种难以觉察的程序实施的武装干涉,其根源出自金融与实业界攫取一己私利的欲望驱动。正常的实业利益会引向与其他国家保持友好合作的关系,但这一普遍利益时常受到金融界特殊利益集团和自然资源垄断者的强行干扰,它们要求政府利用外交或武力手段保护其利益。美国的每一次帝国主义冒险行为总是招来其他国家的怨恨,这种行为降低了他国人民的生活水平,缩小了本国正常工业生产的供外国人消费的产品市场——所有这些只是使少数人富上加富,其富有程度超出了理性支配的限度,同时满足了他们追求为所欲为的那种权力的狂热。我们追求经济霸权的热狂冲动妨碍了英国和德国工业的正常增长,如任其延续下去,到头来不但会摧毁美国的海外市场,还将促成欧洲爆发革命的形势。德国赔偿和晚近的盟国欠下我们债务的问题,也处于放任自流的状态。一个新的政党必须在国际关系问题上采取一种诚实和果断处理的政策。

还没有提到我们的总政策中要考虑的许多其他事情。如果总的运动要获得发展的势头,则这些事情差不多就会进入我们的视线。向高收入者征收适当的累进税就是我想说的一个例子,对巨额财富征收遗产税的问题也属于这一类。旨在谋求社会福利的行动需要花钱,让富有者承认这一事实是反对派的主要目标,以此可以扩大公共责任,体面地减轻民众的痛苦。一旦民众觉悟到要按照社会的需要对政府进行控制,他们就会认识到这一事实,正如梅隆先生肯定也认识到这一事实一样。失业问题又是一个例子。有些事情无论如何必须去做。但到底做到何种程度,则取决于所做之事究竟是为了息事宁人,还是因为它是总政策的一个部分。最终的问题不仅仅是一个失业的问题,而是取得维持稳定可靠就业的机会。使用大约 900 亿美元的国民收入,足以应对这种境况。采取能够取得公平分配效果的措施,会使那些愿意并有能力工作的人得到工作;只有这样的措施,才能产生这种效果。

创建一个新的政党去完成已规划好的任务,在这一过程中会存在许多需要克服的障碍。对此,我并不存在任何幻想。这一任务触及了社会生活的根基,但这个事实正是其成功的希望所在。我们不能创造一种运动,它必须把自己创造出来。问题过于严重,其造成的危险后果又如此不容轻视,所以绝不容许采取装装门面的措施。有些人以为,只要在这里或那里作一点小小的修补,事情就能一如往常那样发展下去,这些人抱有的幻想要比那些对形成一种崭新政治格局的可能性持有信念的人大得多。如果他们看不到时间显示的征兆,一如既往地抵制变革,他们的幻想将被无情、猛烈地撕破。没有一种权力能够永久存在下去——这是历史教导我们的一件事。

当经济力量社会化了,而政治权力在很大程度上仍然不负责任,那么,把混乱和无政府状态化为一种秩序就是无法规避的事了。文明由于其内部衰竭和处处分裂而衰减;然而,一个拥有科学和技术装备的社会不会甘心自杀。一种选择是有计划的经济。目前尚无迹象表明,"随波逐流的商业"具有让自己与社会利益取得协调的愿望和理智;另一方面,政治也不能统揽一切。即使在俄国人的实验中,他们借助政治手段成功完成了经济计划,俄国是俄国,美国是美国。从实业的角度上讲,对心理、经济和政治上缺乏个人英雄主义传统的人民所作的描绘,完全不同于对渗透着自由和自助传统的先进工业进行重组所作的描绘。

但是,没有政治行动,一种有计划的经济就不能存在。乔治·索尔(George Soule)近期在本专栏中撰文说明了政府可通过一些控制机构进行干预的确定方式。要求产业界为了社会利益做到自我监管,还是一种遥远的理想;即使产业界的领袖们更加富于理智,愿意朝着这个方向努力,他们所能做的事也十分有限,除非有组织的社会已经为此创造了一般条件,提供了一种机制。当民众摆脱了既得利益集团对政府的窃夺——正如我说过的那样,这造成了一种统治而不是治理——恢复了对政府的控制,事情本身还没有结束;这只是为采纳令经济力量负起责任的政策和措施提供了一种先决条件。

有计划的经济将扭转我们经济运行的方向。我们的立法机关和行政机构将不再以牺牲消费和生活水平作为代价,而倾全力鼓励生产,它将从消费的利益出发去规划生产。尽管可以一再重复这一事实:我们的国民收入和技术资源足以保证所有人享有体面与安乐的生活,除非我们准备利用政策的手段去获得一种足以保证很高生活水平的财富分配,否则将无法实现这一目标。有计划的经济与按照消费的利益对产业与金融业进行管理,这些用语含有同样的意思。这是新的政治运动的目标,我们在当前的无序状态中发现需要追求这一目标;而我指出的这类措施,则说明了实现这一目标的步骤。

政治还有希望吗？①

　　近来，我们政治生活中最带标志性的特点就是对政治日趋冷漠。这种冷漠表现为对政治的漠不关心、冷嘲热讽和蔑视。劝人去投票站投票十分困难，这足以表明人们对政治失去了兴趣；两个可能的选民中，只有一个行使了选举权。上一次总统选举利用了宗教和个人饮酒趣味问题来吸引外人的兴趣，但也没有把投票率提高多少。世界上没有哪个国家为政治游说之类的事花费那么多钱，也没有哪个国家的公民对参加选举如此无动于衷。除了政治冷漠之外，还要加上冷嘲热讽和蔑视。人们之所以对政治冷眼相向，是因为潜在的投票人觉得通过投票得不到什么特别的东西；支持这个党而不是那个党，其结果对民众不会产生什么意义。但是，对这一感受的分享无疑会对政治家们造成大不敬，这会令人产生一种信念：政治本身是无甚价值且卑陋低下的事务。本国使用的"政客"一词，始终传递着一种轻蔑的意味。近年来，这种意味愈益浓烈以致变成了一种确信，即政客们占据权位主要就是为了谋取个人私利。保住权位成了最主要的事情，如果这份活儿在其被正式理解的范围之外没有成为谋取个人利益的来源，公众就应被认为是交了好运。政治被认为是如此不堪的行当，以至于即使腐败事件被曝光出来，也很难激起民众的愤怒了。"你还能指望怎样呢？"这就是众多公民说出口或没有说出口的评论。

　　彼此不同的兴趣的快速增长，是造成冷漠的一大原因。对政府兴趣的低落
与宗教热情的衰减，其中有着相同的原因：有太多其他令人感兴趣的事情可以去

---

① 首次发表于《斯克里布纳杂志》(*Scribner's Magazine*)，第 89 期(1931 年 5 月)，第 483—487 页。

做、去享受。当人们聚在一起聊天,所谈的内容可能会有一种涉及政府事务,但却有一百种是有关汽车和远足的。政治可能会占据报纸的头版或社论版,但体育占据的版面要多得多;而普通读者阅读这些版面的专注神情,与阅读政治新闻、扫视一眼编辑评论时表现出来的漫不经心恰成对照。在选举时节,政治演说把千百万人的注意力吸引到收音机旁,而舞曲音乐和《阿莫斯和安迪》①的嬉笑声却在整个一年中四处响彻。我敢说,在本国的家庭中,议论阿莫斯和安迪的命运要比讨论任何一个政治议题的对话多得多。但所有这一切都忽略了一个事实,即所有的男人和女人都要为他们自己的事业和家务事操心,与以往相比,这类事更显复杂,处理起来要费心得多。

除了与从前相比相互竞争的利益日益增多且更具吸引力这个事实以外,还存在这样的情况,即政府处理的实际事务比从前更具技术性。它们是留给专家解决的问题,而专家为数不多。养羊业者会关心关税法案中有关羊毛的税率,染料生产商会关心法案中有关化工产品的税率。然而关税作为一个整体又是如此复杂,它对每一个普通公民产生的影响并不那么直截明了,于是他只能绝望地双手一摊,不再关注整件事情。这个事实对涉及国家或州政府、市政当局的每一个议题和问题都带有象征意义。就连城市也变得如此庞大,其中产生的公众利益如此头绪纷繁,以致一个普通市民即使有心介入此类问题,也未必知道怎样运用理智的兴趣来解决这些问题。这样的情况使得特殊利益集团大行其道。因为人们知道自己想要的东西,知道怎样得到这些东西,结果就使市民增加了对整个政治事务的厌恶感和不信任感。

属于同一类型的还有无法回避的整个有关禁酒的问题。只要男人女人聚在一块儿,他们的大量谈话就集中在这个话题上。这个话题既涉及政治,又不涉及政治。说它不是政治问题,因为它所涉及的主要是个人兴趣和道德准则;说它在党派意义上没有构成政治问题,因为到目前为止,两大党要么正式回避这个问题,要么对禁令作些修正并对《沃尔斯特德法案》(*Volstead Act*)②名义上给予认可。说它是政治问题,因为它要求立法者和行政当局采取行动。这个问题现在

---

① 《阿莫斯和安迪》(*Amos'n' Andy*)是美国20世纪30年代一出极为轰动的广播连续剧,以喜剧形式表现两个黑人的生活经历。50年代初,该剧成为轰动一时的电视连续剧,后因民权团体抗议该剧千篇一律地歪曲黑人形象而停播。——译者
② 《沃尔斯特德法案》,即《禁酒法案》,1919年由美国国会批准,1933年予以废除。——译者

变得越来越政治化,因为现在它不但成了一个无休止的讨论话题,还连带产生了候选人是否赞同禁酒的问题。

这个问题产生的净效果如此模糊,以致扭曲了一般政治利益。禁酒问题横在所有其他议题前面,挡住了人们的视线。处理这个问题的原则,并没有与处理其他事务的任何一套连贯原则和政策确定无疑地协调起来。南方的民主党主张禁酒,在北部和西部那些在大城市和工业中心活动的民主党倾向不禁酒。从总体上看,西部的共和党主张禁酒,而东部的共和党则反对禁酒。如果比方说参议院和众议院中两党的反叛分子运动能够基于共同主张的积极原则联合起来,并去征得公众的支持,不论其属于哪个党、哪个派,则这一运动将面对进步人士对禁酒这一话题发表的各种不同意见。这些不同意见很可能会构成用进步主义的原则对有组织的团体进行考验的依据。有些人在其政治生涯中显然以保守主义者自居,有些反动分子则在炫耀自己自由主义者的身份,因为他们反对政府对个人的饮食趣味进行干预;这些人把自由主义等同于老式的"个人主义"的政治政策,于是利用他们的"自由主义"去支持和推行所谓自由放任政策,这种政策纵容大公司我行我素,不接受法律和行政当局的监管。那些最为活跃地倡导宽泛意义上可归在"进步"名目下的自由主义原则的人,总的来说,他们个人都支持禁酒。因此,禁酒与政治问题无关,不太能指望对于禁酒问题的兴趣会引发对一般政治生活广泛而更具理智的兴趣。事实上,我认为,这种兴趣会把我们引向另一个方向。

政治是否还存在任何希望?是否还能指望使政治成为那些对政府工作已失去兴趣的公众严肃关切的事务?这些问题并不是学术问题,更不是可被随便谈谈或强迫讨论的问题。它们是一个,比方说,明显关系到民主的衰退和对其效能日趋绝望的问题。有关政治民主的理论取决于这样一种设定:伴随选举权的扩大,会使人们在政府与民众生活发生接触的各个地点场合表现出来的警觉、关切之心和开展的活动,更为有效地得到扩展和深化。但是,情况在很大程度上与此相反。政府的影响越是扩展,其派生的结果变得越是间接和隐蔽。我经常提到的那些人,也就是普通公民不再去关心政府部门的事,正如他放弃了去理解爱因斯坦(Albert Einstein)的宇宙理论——普通公民也生活在这个宇宙当中——的愿景一样。就爱因斯坦这个例子来说,人们会把对观念和原理的关注转而变成去了解某类人格具有的被夸张了的不相干的兴趣。就算一般民众的智力水平如此之低,就像有人设想的那样,他们只能随口说说笨蛋白痴之类的话;只要形势足够单纯明了,那么,只具有 11 岁孩子智力水平的人也许仍能有效地开展活动。但当今社会面临的问题,它所涉及的范围和包含的复杂性却足以把一个拥有出众才智的人搞得晕头转向、惊恐不已。

建立一个新的政党是否会带来希望? 这个问题提得颇为中肯。我谈到的漠不关心在相当程度上要归为那种感觉,即两党之间不存在什么重要差别,所以,投票给一个党或另一个党意义不大。眼光敏锐的观察家告诉我们:还在坚持投票的选民中,有一半选民主要是为了某事或某人投票,而不是为了那种积极的信念和期望去投票。10 年前断言两党是一丘之貉还让人觉得新奇,时至今日,这几乎成了老生常谈,成了大家认可的常识。哪怕是在最出人意外的地方发现这样的观念也已经被接受,那些狂热的党徒出于一以贯之的惰性定期去投票。尽管共和党稳定地把持着联邦政府,独立性的增长也已到了让老牌政客们深感沮丧的地步。让我列举三个事实方面的证据。第一种情况是名义上属于某一党派的个人反叛。对哈定、柯立芝(Calvin Coolidge)和胡佛的政策予以有力批评的人,大多出自共和党内部。后两位总统推出的最重要措施在共和党内被抨击得体无完肤,相反的政策之所以没有成为法律,只是由于行使了总统否决权。第二种情况是在共和党赢得全国大选胜利的那些州里,民主党人却当选了州长。第三种要考虑的情况是如今各大报纸在编辑政治新闻和政治评论栏目的那种处理方式。党派倾向并没有消失,但由于竭力要吸引有读报习惯的选民,报纸不能不表现出 20 年前还看不到的某种不偏不倚的态度。

日益增长的独立性由于许多地方(虽然不是每一个地方)妇女获得的选举权而呈加速之势,不过,这并不能保证孕育出新的政治兴趣,也不能保证会形成一个新的政党。在把分散的无组织的民众表露的厌恶之感予以具体定位方面,我们还要做许多事情,还要走很长的一段路。然而,情况确实表明,一个新的政党的成功创建,也许会成功地恢复人们对于政治行动的信任,恢复人们对通过参与政治生活所产生某种有意义的东西抱有的期待。事情就是这么直截明了:对政治的冷漠,正是对老的政党的诚意失去信任的结果。人们所以对它们不抱任何希望,是因为他们觉得,两党是同一个控制着铁路、银行和股份制企业的那股势力的帮佣。对政治的厌恶,对腐败的佯装不见,皆源于这个事实:政府在各个城市、各个州以至全国范围内,与"大企业"结成的隐蔽且心照不宣的联盟被认作是造成政治上藏垢纳污的主要原因。人们对 90 年代和本世纪初的腐败政客普遍怀有怨恨。由此产生的愤怒导致了一系列政治上的门户清理运动,这类运动取得了程度不同的成功。如今,人们广泛认识到这一事实,即政客的罪责不能最终归为政党的罪责。政治骗局是更根本的经济骗局的症状。如果无法应对后者,就不要过于兴奋来应对前者,免得浪费时间和精力。

然而,这种情况并没有令新的政党的降生变得稍稍容易些。的确,建党之路荆棘遍布。我们生活于其中的这种经济体系的辐射力和影响力无孔不入,以至于它们使人对任何有意义的变革的可能性普遍产生怯懦无力之感。门肯[①]及其追随者对任何有关真正改善公共社会事务的想法均抱以公开的嘲笑,这得到了"倦怠的自由主义者"有气无力的附和。他们可能也想做点事情,但他们不知道怎么去做、从何入手,以致整个局面变得无法收拾。

可是,我却不能不指出,对于政治生活及其产生有意义的结果重新抱以理智的期待,这与创建一个新的政党的事业是一回事。从这种联系中,可以得出某些实践上的结论。其一就是据以组建新的政党的那种原则具备的基本特性。这一原则必须从这样的事实出发,即今日所有有生命力的政治问题皆起于某种经济缘由,它们从实业与金融两方面对那些待在商店、家庭和办公室的人们发挥影响。在制定含有新的政治思想旨趣的那些原则和政策时,我们不必害怕借用并详述许多染有社会主义污名的那类措施,这些措施因其政治上的关系,已让人过于把它们认作一个实际上毫无作为的社会主义政党拥有的专利。必须让公众不断地意识到,政府在多大程度上成了经济特权势力的工具,并要求废除一小撮人凭借自身优势实施的这种控制。一味的否定和反对有时会把当下蕴藏的巨大情感力量暂时激发起来,但这股情感及产生的效果转瞬即逝。

我不打算写出一份政纲,这份政纲将依据实业、商业和金融的现实,而不是依据一段长长的沉闷历史中提出的虚伪议题来阐明政治行动的条件。但我仍想指出某些事,以便对这一政纲的立意有所阐释,使之具体可察。现代商业是借助货币和信贷运行起来的。那些能对信贷予取予夺的人就控制了国家,而不管国

---

① 门肯(Henry Louis Mencken,1880—1956),美国评论家、新闻记者。他长期在《巴尔的摩太阳报》工作,主编《美国信使》月刊,著有语言名著《美国语言》及其补编、评论杂文集《偏见》(6 卷本)等。——译者

家名义上由谁在控制。政府必须恢复对信贷的实际控制。对个人毫无节制地占有土地及其出产物，也就是矿藏、石油、木材和水力——它在今日也就是指电力——等自然资源，必须课以高额赋税。这一征税的理由是：土地的价值是社会创造的，它必定要服务于社会健康发展的需要。对那些倾向于形成自然垄断的行业的经营，如对铁路运输、公用设施、通讯设施的经营，必须接受政府监管；监管的完备程度应使人觉得它们就像被公众拥有的行业一样。必须认识到，公民权利、言论集会和出版自由并非仅仅是个人的权利，它们对社会的福祉和健康发展是必不可少的东西。类似这些观点至少说明了据以创建一个新的政党的那些原则的性质，同时也证明了我们必须作出的政治思考那种带有根本意义的激进的特征。 188

这样的情况也揭露了一个对我们制定相关策略很重要的事实，即这种策略必须是长期的，而且首先要注重教育方面的策略。如果新的政党能在1932年或1936年执政，我不认为它能够做成什么事情。昔日的第三政党运动都毫无建树，因为它们汲汲于当下的成功，因为它们未能事先针对人们的思想、学习和预习工作展开训练，使他们能够携带新的观念去从事立法和行政工作。对某些人来说，我的主张也许会被看成延续着那种令自由主义事实上不起作用的策略。"教育活动"也许会被理解为从行动的场所中隐退，是单单"诉诸理性"的一种观念。但是，这样的过程不是教育，最多不过是教育的准备，还有可能是一种更为无益的事情。如果观念和知识没有转化为情感、兴趣和意愿，就不存在什么教育。教育的实践必须不断地伴以组织化，用有组织的行动为其提供指导。"观念"必须与实际情况相联系，无论实际情况显得多么糟糕。

我所陈述的这种运动哪怕被经常重复，它可能只会感染少数人、开始时相对而言的一小部分人。但我对这件事不感到担心泄气，首先，大众已对政治产生了不满与不安，这些人需要组织与指导，而如今已存在着可对他们加以组织和指导的东西。政治上的漠不关心在很大程度上要归于这一事实，人们以原则方式提供的不是什么基本的东西，并不带有充分的激进性质。其次，历史上每一种重要运动总是少数人的事业。反动分子为了推行符合他们利益的政策，到处散布大众智力低下的说法，但我不同意这种说法。成年人比青年人更善于学习，但要对他们灌输勇气和信念，最初也只能由极少数人来担当这一任务。对政治抱有希望并勇于为之奋斗的问题，最终成了这样一个问题：少数人是否拥有了必备的勇气、信念和乐观其成的心态，以便去从事这项充满奉献精神的工作？ 189

和平——依据《巴黎公约》或
《国际联盟盟约》? [①]

因为我是在三月第一个星期的末尾写作这篇文章,我们可以来设想一下上海战事一个十分不同的结局。关于休战议和的谈论可能有些道理;但日本也有可能重复它先前的策略来诱使国际舆论暂时平静下来,同时准备在长江流域实施侵略计划。但不论结果如何,反战主义者十分需要评估一下自己的态度,为自己未来的行动找到一种合理的根据。

为什么日本能够屡屡成功地令世界陷入迷茫,其原因之一,在于它的动作极其迅速,这使公众舆情忙于分别思考每一个动作的意义,于是就难以对导向持久和平的那种最佳过程形成妥当的统一判断。再者,如我下面将要表明的,由于人们为争取和平诉诸的手段存在各种相互抵触的倾向,这种迷茫(这对日本是一笔极有价值的资产)还在不断地增长。

由于我是用《巴黎公约》的观点写作此文,我的评论适宜加上一段开场白。我要说,我从一开始就担心《巴黎公约》的通过恐怕过于仓促,因为它的权力完全依赖于支持它的源于各国人民的道德力量;可是并无充分的证据表明,当《巴黎公约》被正式签署的时候,人民对其意义的认识已经足够完整明了。《巴黎公约》本该体现出不可抗拒的公众要求,然而它在很大程度上不过是外交家们施展手

腕获得的结果。所以,始终存在这样一种危险:对战争非法观念的正式采纳最后没有落实为行动,而只是让人们记住了这个观念而已。

不管日本人是快要结束他们的战事,还是才刚刚开始在整个长江流域做他

[①] 首次发表于《新共和》,第 70 期(1932 年 3 月 23 日),第 145—147 页。

们在中国东北已经做过的事,我们极其需要使公众舆情来集中关注一下战争非法的原则。下述说法颇能代表那种流行的感觉,《巴黎公约》不能阻止战争,它只能阻止宣战。《巴黎公约》形如丢脸的一纸空文,这种好像带有贬损之意的看法其实为严肃的思考提供了材料。不用多说,非法性意味着撤销战争体制的法律地位,但并不意味着那个发动战争的国家是非法的,无论该国是公开宣战还是不宣而战,如日本惯常所做的那样。于是,承认《巴黎公约》有关战争非法的观念,就意味着将日本在中国东北和长江流域的冒险行动置于一种全新的法律地位。如果我们谈论的是过去体制下的一种战争状态,那么日本的行动会被认为是符合法律规范的。即使它会受到某些人或许多人的道德谴责,它的活动也符合这一原则,即战争是国际法律正义的最终裁决者,是诉诸法律手段解决争端的最高法庭。

在签署《巴黎公约》之前的体制中,其他国家有义务正式承认战争状态;为了这么做,他们将毫无迟疑地宣布中立。但各国的公众舆情将表明各自的立场;商业金融利益集团会转向这个或那个方向进行活动;反华的英国保守党人和亲日的法国外交人士则会找到机会,把他们讨厌中国、同情日本的态度表达出来,在本国大概也会出现相反的舆论动向。

第一次世界大战的历史表明,在现代条件下,要在国际交往中保持中立多么靠不住。我们至少可以说,战争存在的非合法性有助于除去其他国家若不存在《巴黎公约》便会显现的那种特点。这些国家既不缺乏普遍的战争精神,也不会停止向民众灌输战争狂热,这完全要归于它们对第一次世界大战所持的记忆。《巴黎公约》的作用在于它不断提醒我们,我们至少在名义上承诺要生活在一个不同的世界里。下述事实可使人略感欣慰,即日本只能满足于解释它并没有开启战端,而不是用一种理想主义的理由向国外解释它为什么要开战。不由自主的可笑之举未必就是世界诸种道德力量中最不能产生作用的一种。

我并没有屈从我刚才说到的那种诱惑,一个坚信非法性观念的人、整天要想对它作出过分乐观证明的人自然会受到这种诱惑。人们可以指出《巴黎公约》带来的某些好处,但不必认为它赢得了十足的荣耀。几个月前,战争非法运动的最初发起者萨蒙·O·莱文森提出用他所谓的"和平制裁"取代武力制裁。他主张《巴黎公约》签署国应当跟着签署一份公开声明,以表明"依据《巴黎公约》",所有"通过战争的占有和掳掠,通过战争威胁或炫耀武力获得的捐税、领土和权利,均是无效的,应予废止"。虽然人们并没有朝着这个方向采取任何普遍的协商一致的行动,但他们仍采取了一个意义重大的步骤。史汀生①国务卿在他今年 1 月 7 日发出的照会中说(在他 2 月 24 日给博拉参议员的信中重复了这段话),本国"政府不会承认任何以条约或协议形式违背《九国公约》和《巴黎公约》的文件";他又指出(实质上也在力促其他国家这样说),其他国家的类似行动将有效地阻止通过施加压力和违背条约获得的任何权利。

史汀生国务卿在信中还说了如下一段话,这段话并未引起应有的注意。谈到目前的远东形势时,他说:

> 就此而论,没必要去推究争议的缘由,或者试图把两个不幸卷入其中的国家各自责备一番;因为不管存在何种原因或者责任,有一点毫无疑问,即已经发展的形势无论如何与人们对这两个条约的立约承担的义务是不相容的。

193　在签署《巴黎公约》以前制定的国际法中,外交家们和公众舆情除了考虑原因和分摊罪责之外,没有其他可供抉择的东西。当然,人们尝试去完成这两项任务,为此作了大量讨论。但按照《巴黎公约》,这些任务是不相干的,也不具实质性。每一篇讨论中国"以其非法行为挑衅"日本的文章都忽略了一个重要事实,即日本使用它和其他国家一道郑重起誓要放弃使用的手段来寻求赔偿损失。所以这样的事实不会令人感到惊讶,日本试图让国际注意力集中在关注先前发生的"挑衅"之类的事情。为数众多的舆论家们已被诱入日本设下的圈套,这个事实仅仅表明,公众对《凯洛格-白里安公约》所持的理解和看法不幸还是十分浮浅的。

更可悲的是这一事实,由于忽视并缺乏对《巴黎公约》的理解,公众舆情总体上更为中国的战事对美国国家生活和财产造成的危险感到焦灼不安,却没去想一想日本对世界和平赖以维系的有关放弃战争的誓词妄加嘲弄的行为。对许多人来说,更富戏剧性、更值得担心的是把美国人生活推入危境的那种威胁,而不是对世界各国都参与其中的那项神圣事业构成的威胁。国家荣誉和捍卫尊严之

---

① 史汀生(Henry Lewis Stimson, 1867—1950),美国国务卿(1929—1933)。日本侵占中国东北 (1931)后,他提出"不承认主义"(即"史汀生主义")。著有《远东危机》等。——译者

类的陈旧伦理观念,仍然全盘俘获着公众的想象。我们仍未发展出一种引人注目的认同之感,即把国家荣誉认作抛弃利用非和平手段来解决争端的国际性协议。在给博拉参议员的信中,史汀生国务卿隐晦地提到了对建立一支强大海军和加固远东殖民属地造成的威胁;这一事实弱化了上面提到的那些诉求,把展示武力和仅仅使用和平手段来观察信守誓约的情况混为一谈。

从以上事实情形中,即一方面是紧急情况下隐约提示给我们的《巴黎公约》的价值,另一方面是不利于发挥它的建设性力量的因素,我们得出的唯一结论十分清楚。爱好和平的人们应当集中关注一下这份公约;他们应当放弃所有违背公约精神的吁求和搅和行为。一旦做到这一点,我们就能重新担负起教育公众的工作,使之更具活力,这一工作多少因为过早对公约予以正式承认而被打断。 即此而言,远东冲突只会强化《巴黎公约》的力量,而不会构成削弱以致摧毁它的事态。因为我们必须牢记的一点,是远东冲突对世界和平机制造成的长久影响。这种影响要比眼下的武装冲突对方方面面制造的效应都更为重要。正如其他人一样,我对发生在上海及周边地区的人间悲剧深感痛心,但要是我们一味沉浸于死亡与毁灭的惨象,因此而失去探查造成惨象的基本根源,也就是战争体制的眼力,那么,我们到头来只会赋予这种战争体制以更多的能量。

还有一点,各种倡导和平的团体歧见纷出,这已把争取和平的有效行动搞得面目不清,阻碍了人们的有效行动。一个简单的事实是:世界和平机制中的各种不同机制各行其道,如果说这还没有使该机制陷于瘫痪,那也会减弱这个机制发挥作用。要是我利用目前的形势来败坏国际联盟的名声,应不至于感到内疚。我认为它的效用不强,这要归之于我们自己的政府未能在日本侵占中国东北之初与其他国家真诚合作。对道威斯(Charles Gates Dawes)将军的任命只是一种无实质意义的姿态,他的举动也让日本老早看穿了它的空洞无物,于是日本就立刻行动起来。另一方面,某些美国的国际联盟支持者在利用当前危机推进国际联盟的事业,而不是用它来直接促进和平。《国际联盟盟约》第 16 条,连同国际联盟和《凡尔赛和约》之间存在的联系,构成了美国依附《国际联盟盟约》的最大障碍。事情还不止于此,它也是令国际社会作出的道德判决归于无效的重要原因;而国际社会所以要谴责日本,完全是因为日本破坏了《巴黎公约》。麦克唐纳(Ramsay MacDonald)称《国际联盟盟约》的这些惩罚性条款为"朽木";其实,这些条款连朽木还不如。它们集中反映着战争体制的感染力,而这种体制的本质就是依赖武力。我不怀疑，人们并不会把这些条款付诸实施，所以它们也不会起什么作用。但是，唉，它们会在另一方面起到作用，它们阻止了世界各国一心一意仰赖其作出的开明的道德判决。最强大的力量最终便表现在这里，所有的协定，包括发誓使用武力制裁的协定、诉诸所谓国际战争的协定，其本身最终不会仰赖其他什么东西，而只能仰赖舆情这种道德的力量。

195

所以，我恳请人们考虑三件事：第一，要把《巴黎公约》体现的基本思想放到醒目的位置，使众人一直对它有所了解，所有的有关远东局势的判断和政策要依据于它，并且仅仅以它为依据；第二，所有《巴黎公约》签署国在它们的共同声明中，要提到该公约所蕴含的逻辑结论：破坏该公约而提出的所有索求、假托的权利概属无效，应予废止；第三，正式废除《国际联盟盟约》中有关武力制裁的条款，以便使它与后来签署的《巴黎公约》保持一致，国际联盟的影响应使之能起到强化和平公约的作用，而不应让它成为反对《巴黎公约》的东西。

国际组织必须进行制裁吗？不①

运用制裁以保证一个维护和平的国际组织发挥其作用的问题，牵涉到许多
难题。但有两条根本原则贯穿于繁复的细节之中，使之变得条理分明。第一条
原则是：制裁在实践上不可行，任何朝着这个方向做出的努力只会恶化而不会改
善国际关系。试图把这个问题放到桌面上来讨论甚而也是有欠谨慎的，因为这
样做只会转移人们的注意力，不去考虑可能会有效地改善国家间关系的那类举
措。第二条原则是：即使有可能基于共同的协议采用强制的力量，这也是不可取
的。因为诉诸武力只会使我们越来越依赖战争方式，以此作为解决国际争端的
最终手段。于是，"保障和平"就成了把两个相互矛盾的观念组合起来的一个
字眼。

I.

尽管《国际联盟盟约》包括第 10 条和第 16 条，人们却始终拒绝援引后一条
使用制裁的手段。它在这方面的记录并非没有瑕疵。这一事实本身就说明，动
用制裁的观念是空想的观念。如果这一观念能够得到实际运用，如何解释国际
联盟的政策呢？如果要责备的是非国际联盟成员国，这只能使事情变得更加清
楚：国际联盟把各个国家作出划分，这使得联合一致的行动成了不切实际的东

---

① 首次发表于《国际组织必须进行制裁吗？》(*Are Sanctions Necessary to International Organization*)，《外交政策协会手册》，第 82—83 号，纽约：外交政策协会，1932 年，第 23—39 页。关于雷蒙德·莱斯利·比尔赞同制裁的陈述，见本卷附录 2。

西。如果这种责备只是意味着国际联盟理事会未能自负其责,那么,这一事实也只是证明,这些结合得最为紧密的国家也未能团结一致地采用强制的力量。

可是,有关国际联盟之所以失败是由于美国不依附政策的陈述,尤其值得引起注意。依我之见,实际情况恰好相反。事实上,那些鼓吹我们应加入国际联盟的美国人,他们十分积极地要求采用制裁政策。法国承诺会在特定条件下,也就是关系到维护《凡尔赛和约》神圣性的情形下使用制裁手段,并且附加了这样的先决条件,即实施制裁的国际力量须有法方人员参加,或者须得到英国和美国陆海军力量的支持。某些较小的满足于现状的国家认为,制裁会强化其安全,抵御某些大国的帝国主义倾向。然而,一般来说,大国不愿意支持制裁,它们的态度由麦克唐纳关于《国际联盟盟约》第 16 条的评论可见一斑:麦克唐纳称之为"朽木",认为应予以删除。

我们可以从国际联盟如何处理冲突的历史中发现它坚拒使用武力支持制裁的证据。坚决支持国际联盟的研究人员和历史学家对之提出好评,认为它仅仅求助于宣传、调停,努力寻求使公众舆论与意愿协调起来。奇怪的是,只有大洋这边的国际联盟支持者因为未能运用制裁措施而批评国际联盟——可能是因为他们对那种实际控制着欧洲介入国际事务的行动因素颇为隔膜。我想不出还有什么能比敦促人们去做不可能之事更不现实的人了——尽管从表面上看,参与"实施"国际联盟的武力制裁是可行的。

由于无法考察国际联盟的全部历史,我将选择一个我认为典型的例子来加以讨论。为了表示支持《洛迦诺公约》,英国同意为德法前线的和平提供保障,但拒绝保障德波边境的和平。人们一致认为,英国作出这一决定,部分原因是它认识到,在后一种情形下,它不能保证英联邦成员国与它保持一致。既然如此,人们又怎能指望英国将其用武力支持制裁的白纸黑字的保证运用于世界的每一个角落呢?

当然,英国的克制还有其他原因。欧洲不是一个团结和睦的家庭,甚至那些在第一次世界大战中结为同盟的国家也存在相互冲突的利益。英国不可能为巩固法国在欧洲大陆的霸权而放弃传统的外交政策,比如要是英国由衷赞同制裁,以便为东欧平静的战争态势提供保障,那么就会起到这种效果。大国间的国家利益的较量、历史创伤、旧恨新仇、猜疑妒忌,使之不可能联合起来实施统一的制裁措施;勉强的实施,只能为已有的对立火上浇油。

以上提到的这个特殊之点，当然从一个方面反映出法国不停地要求确保《凡尔赛和约》拥有的长久影响力。沃尔特·李普曼（Walter Lippmann）1927年在《纽约世界报》（New York World）上写道："用'修正'一词替代'侵略'，用'维护巴黎公约'一词替代'安全'，你就会知道这场无休止争吵的真实意义何在。"撇开权利与正义的问题不谈，利益上的冲突将会继续阻止达成有效的一致，而实施制裁必须要求一致行动。要是我们专门来看看英国和法国，那么，一位作家在1928年6月的《圆桌》（Round Table）杂志上颇为真切地指出了这样的情形："当英语世界使用'和平'一词，它想到的是某种事态，这里不但没有战争，而且人们普遍接受了一种政治结构；人们所以默认这种政治结构，又不仅仅是屈从于武力胁迫。当法国人谈起和平，他们想要的宁可说是由和平条约创造的政治格局。这更像是一种通过法律控制的局面，而不是靠道德形成的局面。"

撇开和平条约问题不谈，假定存在一种情况，人们断言英国、法国或美国在履行国际义务方面存在违约行为，他们呼吁依据《国际联盟盟约》有关条款对它们的行为进行制裁。这时会有人相信这些条款被付诸实施吗？如果有人竭尽全力要使制裁条款生效，这对美国的舆情会产生何种效果？这种效果是否有利于维护以促进和平为宗旨的国际组织？要是有人思量一番后脑子里浮现出一幅如何作出反应的画面，那就不可避免会爆发一种民族主义情绪，他也会对祈求制裁美国的任何其他强国中产生的类似效应表示欣赏。为什么要限定受到这种影响的国家范围呢？美国支持制裁者的心目中，似乎对哪个国家会成为有罪一方始终存有一个未予言明的前提。

让我们再来考虑一个更少假设性的例子。假设俄国与中国在1929年的中国东北争端中走得如此之远，就像日本与中国1931—1932年就同一地区发生的争端那样变得一发而不可收。反俄情绪其实还有除俄国拟对中国东北采取行动以外的原因，这就有可能触发针对俄国的制裁。但是，这会让俄国或它的世界其余地方的同情者确信，制裁行动的真正理由正是人们宣称的那一种吗？如何实施制裁呢？制裁又将如何发生作用呢？难道说人们已明显认识到，只有打一场更大规模的老式战争才能达到制裁的目的？各国国内会涌现大量反对制裁的呼声，这难道不是极为可能，且实际上肯定会出现的情况吗？英国的工党会赞成动用制裁手段吗？

我们并不是单靠思辨来考虑俄国的例子。曾几何时，当人们对共产主义的恐惧与敌意达到了极点,他们尝试对俄国实行经济"隔离";俄国无疑因此遭受磨难,那份死于饥饿之人的名单上又增添了好多人,但这种措施除了令全体俄国人——不管其持有何种经济哲学——对外部世界感到愤愤不平之外,它并没有取得多大的效果。即使比俄国弱小的国家也能退缩到内部,支撑到风暴平息。可是在风暴肆虐的时候,旧仇会被重新唤起,引发未来战争的怒火又被点燃。

我只能作出这样的断定:有些人为国际联盟未能按纸面上的规定动用制裁措施而感到痛心并指责国际联盟,在他们想来,民族主义的对立和雄心已趋衰₂₀₀歇,但这并不符合事实。他们设想的那种世界各国领袖间的融洽一致并不存在。如果我们要依据这种有关融洽一致的设定行事,那我们的行动只会加重已经存在的不和。欧洲并不存在人们想象中的那种至为高尚的外交,但那里的外交部门至少具备了足够的智慧,它们认识到呼吁制裁中隐含的危险,因此同意让《国际联盟盟约》中的有关条款形如一纸空文。看来我只能认为,有人劝告国际联盟:宁愿采取回避的态度,也不要采纳诉诸强制力量之类耸人听闻、令人瞠目的举措。在美国属于学术讨论的事放到欧洲,就会是致命的。况且,在美国这样的事也不完全属于学术。诉诸制裁激发了本国所有致使我们仍呆在国际联盟门外的那种态度与信念,使之颇具活力。更糟糕的是:它对各种极端孤立主义活动产生了刺激作用,为它们提供了各种口实,而所有这些辩护之词均难以摆脱空想的性质。

II.

至此为止,我说的话中还未涉及比尔先生对经济制裁和军事制裁所作的区分,并用前者来反对后者的那种看法。这一区分会起到实际作用吗?毫无疑问,《国际联盟盟约》并没有认可这种区分。该盟约第 10 条宣称各国同意不但尊重,还要"维护"领土完整。这里没有限定可运用的手段,"维护"就是维护。第 16 条指出了可以运用的手段。其中第一部分明确谈到了经济和金融制裁。但是,这一部分给人的印象是它的独立性:实施经济制裁可以,也可以不伴随军事制裁。该盟约对此没有作出明确的授权,这一点与其字面文字存在抵触之处。接下来的两个部分与第一部分是个整体。而根据第二部分,"在此种情形下,理事会有责任建议一些国家的政府关注其有效的陆海空诸种军事力量"等等,第三部分则₂₀₁要求成员国允许输送军队。从该盟约的观点来看,经济制裁不可能替代战争,它们是战争的工具之一。

那些对经济制裁和军事制裁作出区分的人,与反对制裁的人至少存在某些共同点:他们谋求对该盟约第 10 条和第 16 条作一重大修改。即便如此,仍然存在这种分别到底有多大可行性的问题、国际联盟设计者是否在把经济和军事制裁并用方面并不具备足够现实感的问题,以至于如果取消了军事制裁,经济制裁也将被取消。

让我首先对经济制裁支持者普遍使用的"抵制"(boycott)一词谈点看法。这一用法不仅不严格,实际上还会误导人。抵制是一种个别人或团体的行为,这类行为并不带有政治的性质:拒绝对某个特定国家特定的商行、公司或商业代理行给予经济上的支持。它的性质体现在它最初发源于爱尔兰的那些条件之中,也体现在印度和中国的抵制行为之中。无论这个词还是这样的观念都没有被运用于国际事务,在国际事务中,我们使用的只是禁运与封锁这样的词汇。该盟约当然没有使用诸如抵制之类含混的措辞,使用的是"切断所有贸易与金融联系","禁止"国民之间的交往,"阻止"国民、金融贸易以及个人的一切往来。这些措辞显得斩钉截铁,令人想到中世纪的宗教停权令。无论如何,切断与禁止意味着禁运;而没有封锁的配合,阻止就没有意义。

于是就产生了问题:没有陆地与海上封锁这类诉诸战争的手段,是否还能成功地实施经济制裁? 我很怀疑,是否能给出适用于所有这些情形的答案。如果制裁针对的是一个弱小国家,而所有其他国家又一致同意并齐心合力地支持制裁,那么,制裁能起到威慑的作用。但在我看来显而易见的是,即使针对一个较弱国家(我已提到过俄国的例子),我们也不能保证成功地进行威慑,除非得到战争手段的增援;同样可以肯定的是,制裁会使受到制裁的国家的民众产生满腹怨气,滋生军国主义的情绪。受到制裁的国家会觉得它等来的不是正义的裁决,它被迫向超级强权作出让步,就像输了一场战争一样。

在许多情况下,正如从前的事例表明的那样,即使针对一个较弱国家进行的 202 纯粹的经济抵制,也不会获得成功。考虑一下土耳其抗击希腊的解放战争的例子。土耳其一直得到法国的秘密资助,以对付英国支持的希腊;即使在土耳其受到封锁的情况下,法国和意大利还一道向土耳其走私武器弹药以从中获利。几乎所有的事例都表明,政治对抗和追逐利润可以令所谓的经济抵制归于无效。在上次世界大战中,尽管协约国拥有难以匹敌的陆海军资源,它们对德国的封锁是一种公开的战争行为，但也没有取得完全成功。

存在着许多声称要为国际联盟和《巴黎公约》"装上牙齿"的说法，从理智上讲，这些说法极不负责。所有的事例均表明，单纯的经济制裁只是一副制作拙劣、易于折断的陶制牙齿。国际事务中的牙齿是一副真正的牙齿——封锁和其他战争措施。依我看，比尔先生把日本的例子视为一个关键事例，这一点十分正确。他争辩说，如果国际联盟和美国在日本和中国拒绝把它们之间的争端提交裁决的情况下，及早显示出实施经济制裁的意图，那么，沈阳事变①可能很快就会得到解决，从而可使上海的战事得以避免。宣称一件已发生的事情如果不发生，则另一件事情将会发生或不会发生，类似的事例处理起来当然非常棘手。而当比尔先生声称，单单通过经济制裁就能实现双方的和解，没必要动用封锁手段以保证经济制裁能够奏效，这个论点的思辨性质也未见有丝毫减弱。根据他的主张，所需做的事不过是通过立法，禁止向"侵略国"出口货物，并禁止从"侵略国"进口货物。

思辨性的假设总归是思辨，单纯的"禁止"而不是"阻止"，不足以成功地阻止日本实施其计划；同时还会制造出对建立国际秩序十分有害的怨恨，并导致军人操控局势。可以相信，日本将退出国际联盟；由于美国是日本货物的主要进口者，日本会把它积聚的怨恨化作战争挑衅。这种结果如果不是在眼下，那么会在日后加强执政党在日本国内的地位，该党欲使日本坚定地"走向亚洲"。

对日本可能采取的行动作出一种现实的评价，就不能不考虑到它独特的地理位置和独特的传统。西方人很可能会忘记，日本不仅是个与美国和欧洲相隔很远的岛国，而且与亚洲也相隔甚远；长久以来，日本一直奉行小心谨慎的闭关锁国和排外政策。我们不可能夸大这些情况对日本人心智造成的影响。最近的战争告诉我们，无论如何，通过宣传和屏蔽所有反对它的新闻消息，政府可以多么容易地对舆情实施控制。在日本，做到这一点更是轻而易举，因为日本民众怀着赤诚之心相信：日本针对中国的行为是"正义"的，它事关民族的生存。认为只要通过制定法律，无需借助封锁和其他武力展示，就能令日本改变其政策，或者，运用这种法律不会起到积聚怨恨、增加军方声望的效果，这些想法都不切实际。

---

① 沈阳事变（Mukden incident），即九一八事变，指日本帝国主义大规模侵略中国东北的事件。——译者

那种以为事情本该如此的信念，不只是思辨的结果。请看 135 个在日本传教的美国传教士签署的一项声明，他们并不想为日本的行为开脱，他们的陈述可见于下面这段话："如果所有反对侵略的国家如同《国际联盟盟约》规定的那样，拒不放弃动用经济制裁措施，从当前形势来看，我们相信，针对日本的禁运威胁只会让日本的公众舆情更趋一致地支持军方的政策"——这一陈述的温和节制令它更值得信赖。

有人以为，对经济损失的担忧会阻止任何好战国家发动战争，但晚近的整个历史证明，这一看法是不正确的。日本很可能是这个世界上令这类担忧最不能产生威慑效果的唯一国家。人们可以指望，对经济制裁的畏惧会对一些国家起到极大的威慑作用，在这些国家中，产业利益压倒一切，民选政府占有极重的分量。但日本的情况刚好相反。强大的封建传统使军人享有崇高的威望，内阁中的军人成分也压倒了平民成分。所有的事实都与下述信念相抵触：一个单纯法律上的姿态足以动摇一个国家的政策，在这个国家中，军人正在磨硬他的牙齿投入一场追逐逃跑者的比赛，并博得了舆情的一片喝彩。如果以为我们需要制裁和"牙齿"，然后又突然停止其使用，这种情况显得逻辑上不连贯，因而是做不到的事情。

让我们回到日本侵占中国东北的实际发生过程。我们可以再现一下假使所有列强对日本发出经济制裁威胁后可能发生的情况。假定这时所有列强已对运用制裁以实施威慑取得了一致意见，并制定了相同的政策。于是，质询和抗议声日日不断。民选政府必须日复一日作出解释，对未来的行动作出某种有条件的保证。军队将按照预定的作战计划逐日加以部署，让民选政府不动声色地向民众说明，令他们兑现承诺的条件还未得到满足。事件进展得很快。没有理由认为，与此同时，日本不会顶着经济制裁威胁的压力行事，直至把它制造的侵占中国东北既成事实放到世人面前。这不是一幅赏心悦目的景象，而是我们生活于其中的世界，隐瞒这一事实对谁都没有好处。

有人反驳说，要是《巴黎公约》载有使用武力的条款，或者能将《国际联盟盟约》配有"牙齿"的条款付诸运用，就不会发生所有这类事；然而，这一反驳只会把我们置于一种两难境地。如果"牙齿"不是假牙或纸做的牙齿，那么它就意味着封锁，并且时刻准备着一旦事态失控就进一步动用军事力量。即便这类手段获得成功，这种"成功"也是任何战争能够带来的东西，应付这种事态显示的成功并不有助于建立一种有组织的世界秩序。就日本的情形来看,这种成功会令它满怀怨恨,并巩固军人的强势地位。要是不动用武装力量,那么展示经济"牙齿"除了制造怨恨外,不会在中国东北产生任何其他的效果,它还会使今后诉诸纯粹的和平手段显得比现在更为荒唐可笑。有一个事实现在就可确信并非是单纯的思辨,即日本实际上已经从上海撤军;官方发言人承认,之所以这样做,是因为日本招致了世界其余人的"憎恨"。就算日本是迫于制裁的威胁撤军(像日本这样傲慢自大的国家,发生这样的事似不太可能),我认为,日本的后续反应也将表现为比今日更为暴躁和好战的态度。

还需要指出,如果采用国际经济制裁的措施,中国不会置身事外。作为参与制裁的一方,它不能不听凭国内外势力任由驱使。日本已宣称,中国国内出现的非正式抵制为它进攻上海提供了充分的理由。显而易见,如果中国参与正式的抵制,这会使日本的借口变得更加堂而皇之。只要它愿意,它那强烈的挑衅欲望就可以成为与中国开战的根据。十之八九,他会让战火从长江流域一直烧到汉口、天津和北平,还有可能漫延到厦门和广州。中国从其避免宣战中得到的所有好处,就将全盘尽失。

III.

以上所谈的是这种观点,即经济制裁不可能在未获军事支持的情况下获得成功。下面我要转而来谈谈我的另一个观点:经济制裁是否具备可行性? 在把经济制裁付诸实施之前,就必须确定制裁针对的国家。现时我们是用"侵略国"一词来指称这个国家的,我们使用这个词,似乎《国际联盟盟约》已经认定什么样的国家是侵略国;事实上,该约并未提到这样的国家,一个含义较为接近的词是"违约国"。不管使用何种字眼,必须确定负有罪责的国家。即使我们可以接受有关经济制裁之功效的其余论证,那种有关日本本应及时认清罪责从而停止侵占中国东北并停止进攻上海,又是以何种依据作出的设定呢? 负责判定事实情况的国际调查团只到过上海——在 1932 年 4 月。这一事实大可使我们对下述设定做一番评头论足,即确定罪责的性质和归属,并给予相应制裁,这是一件轻而易举的事情。无疑,调查本该加快推进。不过我怀疑,它的快速进展是否跟得上日本军队的推进速度。更何况调查还要面对日本灼灼逼人的声言:中国才是真正的"侵略者",日本是受到攻击的一方,所以它不得不采取先发制人的行动。

另一种特质的存在,也使确定违约国的问题变得复杂化了。它的确切形式仅与中日争端有关,但在重要国家的复杂争端中也能发现相应的东西。日本认为中国是真正的"侵略者",这一主张密切关系到中国作出的下述声言:载有"二十一条"①要求的那些条款是无效的,因为这是在胁迫下签订的条款——中国民众还一致相信,之所以会签约,是由于日本收买了中国的官员。总之,只要有可能,中国就提请注意它并不认为这些条款具有约束力。要确定哪个国家负有责任,这是件多么精细的事情!想象一下法国人的激情,他们声称出于胁迫签订一份已获认可的条款是无效的!即便如此,我可以想象,国际委员会会回避这一问题而满足于指责中国无视条款义务。如果施行经济制裁和爆发全面战争是取决于这样的决定,那么会干出些什么事来呢?我把这个问题留待于制裁的信奉者去作一思考。

IV.

断言说调查日本行为遭到的失败只能使人们强化这样的想法,即必须依恃武力来解决问题。这样的想法削弱了和平运动和裁军的愿望,并为世界性组织的发展前景设置了障碍。尤其值得提到的是,人们争辩说,不以武力进行还击的做法强化了日本那种依仗武力来实施国策的信念,使中国更加相信国际机构不可信赖;这种做法也让俄国感到担忧,促使它通过增强武力来寻找出路;它也使世界人民对裁军的后果深感不安与忧虑。

所有这些陈述皆持之有理,我无意否认它们。我完全同意这样的说法:"如果国际联盟和美国能够成功地约束日本的军国主义,并且能为中日争端的和平解决提供一种保证,那么,世界各大国会难以估量地增强它们的国际意识,这将使解决其他急迫的国际问题变得较为容易。"可是这一说法究竟意味着什么呢?它本身又说明了些什么呢?它不是在说,如果和平的措施当真促成了问题的和平解决,那么今日世界的形势会比实际情形好得多吗?上述说法好像在暗示人们:只有诉诸制裁,才能"约束"日本军国主义(我们不妨还可以说,制裁会吓阻日本军队停止冒险),或者更为一般地为和平解决争端提供一种保证,这种说法要

（页边数字）*207*

---

① "二十一条"(Twenty-One Demands),1915 年 1 月日本向中国提出的强索特权、独占中国的条款。"二十一条"激起全中国大规模的反日运动,后来日本国会未予批准。——译者

么是不合逻辑的推论，要么就是回避问题的实质。

的确，运用和平手段至今未能成功地制止日本的军国主义——尽管可能产生某种抑制作用，因为很可能日本原来的作战计划并不限于针对上海。但是，有关强制力量的威胁确实会制止日本军国主义的设定，在我想来，就像第一次世界大战期间人们表露的一种诉求，对德国军国主义的武装反抗和征服将为一切军国主义敲响丧钟。事实上，如今我们拥有的是一个比 1914 年时更趋完备的武力化的世界。我认为，此刻我们应当超越这样的说法：诉诸强制力量意在减弱诉诸强制力量的倾向。这种说法只是转移了人们的注意力。

当然，对于上述观点，常有人作出这样的回答：一国使用武力和国际社会使用武力、作为国策工具的战争和国际战争，这两者极不相同；他们要论证的是"国际防卫和国际制裁"。我看不出这种驳论如何能够淡化我们与第一次世界大战所作的类比。欧洲以外的五个大陆国家武装起来反对同盟国①。这一点似乎标明了一种相当近似于国际战争和国际制裁的形式。然而要是回想一下，事情看起来更像是出于民族主义防卫和民族主义扩张的各种目的结成的老式国家联盟。虽然存在一个"神圣同盟"，如今相互结盟的国家看来甚至并没有在立足世俗的基础上团结起来，更不用说以神圣的名义结为一体了。在集联盟之力动用强制力量以创造一种利益与目的的共同体方面，世界已经得到了教训。一个反对日本的强制力量集团也许会比一个反对德国的强力集团更快取得决定性的胜利，为此遭受的痛苦与毁灭也会少得多。然而在我看来，不论就哪个事例而言，认为制裁将提高争取和平的真正世界性组织的声望，这只是一种幻觉。

就个人而言，我不认为有关经济制裁伤及无辜的论证是反对这种制裁的最终辩由（如果实施这种制裁确能保证成功地创造国际秩序与和平的国际关系的话），我这里只对比尔先生的有关论证作一点评论。现时世界上正在遭受痛苦的无辜之人不计其数，没有理由让他们遭受更多的痛苦，除非能够排除任何合理的怀疑，表明这种追加的痛苦确实是达到世界各国利益和谐的一种因素。而这一点需要作出论证，但它还没有得到论证。

比尔先生的文章似乎谈到了另一些观点，而这些观点与主要论题并不相干；

---

① 同盟国（Central Powers），指第一次世界大战时德意志帝国和奥匈帝国等"中部"欧洲国家组成的联盟。——译者

但为完备起见,我会对它们作一考虑。我不同意这样的观点,即那些敦促现在实施制裁的人所持的是欧洲的观念,而反对者所持的则是美国的观念。我已说过,现在的欧洲人在乞灵于制裁作用的问题上过于实际,反倒是美国的国际联盟支持者竭力主张动用制裁,并且催促美国与欧洲一道实施制裁。秉持这种态度,这些美国人相信威尔逊(Woodrow Wilson)总统扮演的角色,他坚持说《国际联盟盟约》应载有关于制裁的那部分内容。然而如实说来,令美国置身于国际联盟之外的主要因素,正是美国反对制裁的观念;而且,依据原则和可行性的理由反对制裁,成了形成战争体制——把战争视为解决国际争端的法律手段——之非法的美国式观念的一个决定性因素。即此而论,可以说,反对制裁是美国的观念。

209

有人争辩说,那些反对国际制裁的人又参与了对日本货物的私人抵制,这种行为显得不相连贯;我认为情况恰好相反,这样的抵制是针对日本采取的唯一自相协调的经济行动。只有极端的和平主义者会认为,对任何其他人造成伤害的公开行动都是错误的。它是一种抵制,但不是封锁。它甚至不包含运用政治力量的任何暗示。它表达了道义上的不赞同,希望引起人们的注意。有人断言说,私人的抵制伴随政治、商业金融交往方面发布的禁令,意味着日本提出的论点逻辑上是正确的,即中国抵制日本的货物使日本方面有理由进行武力报复。甘地抵制英国货物,也使英国方面找到了武力报复的理由——即使是英国赞成动用武力的党派,也不会用这样的理由来为自己的行动进行辩护。

要是我对下述论点保持沉默,我的讨论不会做到完全坦诚布公。有人认为,事实上,为了捍卫本国利益,某些大国会毫不迟疑地派遣陆海军到日本去。有些对制裁问题持独立观点的人可能会拒绝接受这样的主张,但我不属于这类人。那些支持美国干涉拉丁美洲事务的人经常为我们的国家主义行为进行辩护,他们的理由是:根据门罗主义(Monroe Doctrine),我们实际上是以欧洲列强受托人的身份在行事。但存在着另一种可能性:避免所有武装干预。这一结论也适用于中国。取代联手施压行动的唯一选择方案不是个别的国家行为,而是停止执行借用武力实施的保护政策,把处于危险境地的个人和财产自愿置身于某种法律保护之下。如果两个欧洲强国在打仗,碰巧把处在战地内的美国人财产毁掉了,美国不会认为这是一种敌意行为。同样的原则也适用于"落后国家"。所有国家也许适宜一同派船接回所有遭受战争威胁的国民,这类行动既适当又可取,它们与实施制裁毫无关系。它不是一国的"防卫性"战争或者国际"防卫

210

性"战争。

V.

支持动用制裁手段的主要正面论点是说,创建"一种成功的国际组织"有赖于确保交由合作行动支配的一种力量,以便把和平破坏者绳之以法;各国无须解除武装,它们也不会任由他者采用排他性的和平措施,除非得到一种担保:国际力量将承担起防卫的义务。据说,如果缺少一种致力于维持和平的国际力量,各国只能依赖自己的军队进行防卫。

上述论点似乎放弃了对经济制裁的限定。但比这一事实更重要的是,就其被人们承认的分量而言,它接受了法国的前提:安全才是最要紧的事情,只有依靠武力才能确保安全;并直接呼应了法国人的提议:由一个总参谋部来指挥国际陆海军部队。如果安全是头等大事,如果除组建一支国际部队外,非此不能成事,那么结论似乎就是有必要组建一支国际部队。所有反对后者的论证也就是要反对据以引出后者的那个前提。有关国际秩序的论证和动用强力以维持和平的论证几乎成了一回事,我们无法保有一者而不对另一者作出证明,这样的论证如果说毕竟证明了什么,它证明的就是拥有自己的陆军和海军的超级国家的必要性。

即便如此,有关在现存条件下实施制裁是创造一种国际秩序的先决条件的论证,依旧是本末倒置的。如果存在对利益和融洽目标的普遍关切,建立一个特定的国际组织不失为一项真实的成就,无论它是否可取;该组织会用它的力量来对付某个桀骜不驯的国家。但要是以为运用纠合起来的强制力量有助于形成这种组织——且不说它还是最好的或者唯一的形成这种组织的手段——那就好像在说,众人会在棍棒痛打之下变得彼此相爱。这令人想起日本人的说法:他们正在上海为中日两国的友好关系而战。

比尔先生认为,旨在体现强制目的的组织(也就是动用制裁的组织)是创建国际秩序的必要先决条件;与此相联系,他想当然地认为,制裁的反对者相信依靠"善意"(good faith)便足以创造这样一种秩序。我不知道这样的乐观主义者是谁,我很抱歉无法分享他们的乐观主义。

众所周知,有些条件可能既非必不可少也不充分。我看不出,如果不经众多不同路径形成一种和谐的利益和价值共同体,维护和平的组织如何能够产生出来。我不知道通过哪一种单一手段能够促其自动产生出来。在我看来,在形成我们需要的这种和谐利益和价值共同体的过程中,逐渐逼近的强制力量威胁正构成了对其最抱持敌意的东西;而所有反对在国际事务中乞灵于制裁的人都相信,仰仗通达开明的舆情和善意则是一种绝对必要的条件。他们也相信,借助这种舆情和善意有利于产生稳定的和平,而使用武力则极不利于产生这种舆情和善意。这就把我们引向了另一条基本原则:即使诉诸强制力量是可行的,它对于实现国际和平的目的来说也并不足取。

VI.

尽管我对人们已被夸大到了危险程度的民族主义所作的批评内心表示同情,因为它搅乱了今日的世界;我也同意这些人的说法,民族主义造成了国际社会几近于无政府的一种状态。在阅读人们为修复这种状态提出的某些建议的时候,我有一种感觉,民族国家具备的属性和活动只是被转移到了某个较大的替代性机构那里。要放弃某些被久远的传统神圣化了的概念和思维模式,是极其困难的。较容易的做法是用一种新的方式对它们作一些调整,使其得到改善,而不是发展出一种可引以为据的新的概念和思维模式。

所以,在读到"国际战争"、"国际防卫"以及用强力维持的国际秩序的时候,我不能不产生这样的印象:正在规划的政策和依靠某种想象形成的计划仍然不能摆脱民族主义思维的窠臼,至少说,它们都把武力推崇为最终的裁决者,而这正是民族主义的一大特色。我承认我的这种感觉或印象并没有得到任何论据的支持,但把它们记录在案是值得的。在建立世界国家的那个宏伟计划中,有一点确实很清楚,引为出发点的观念就是按现存形式组织起来的那种国家,然后把这个国家放大,直到把所有国家都纳入其中为止。我不会相信,通过操纵那些民族主义国家的构成因素就能摆脱民族主义的恶行。我们只能通过类似社会单位或团体活动产生的互动作用,才能生成一个世界国家;而美国各个州相互间形成的思想、产业和商业联系,正体现出这样一种互动作用。正是通过这些互动作用,而非凭借任何凌驾各州之上、对其滥施强制力量的政治实体,才能造成有关各方互利共赢的效果,从而把各个州结为一个统一的整体。

我并不声称这个类比完美无缺,但我认为,没有哪个理智之人会认为联邦政府的强制力量是把各州聚为一体的主要的或相当大的力量;或者,比起通过遵奉

212

共同的传统、心智习惯、信念,通过讯息交流、商业贸易等,把各州民众联系起来的这条纽带、这种力量是最重要的统一因素。我也不能想象,任何敏感之人,当他看到今日各个地方仍存在着的利益冲突和潜在磨擦,他会要求强化那种凌驾其上的强制力量,以此作为一种补救(内战过后,我们曾尝试通过"武力法案")。除却积极加固各个地方业已存在的那条体现共同利益和目的的纽带,我不能想象这样的人还能提出别的什么建议。如果说内战最后不得不求助上述那种强制力量,这并非是可取的补救措施,而只是不能不加以承受的可怕的不幸。

至于说到把国际社会动用强力与一国内为实施法律而动用警力作一类比,那么对此所作的明确论证似已陷入了僵局,双方各自提出的理由似乎并不足以打动另一方。我不会怯于对那些否认这种类比正当性的人讲述的理由作一概括,因为这些理由与这一事实相关联,即国际性的强制力量形同诉诸战争——这是双方都承认并不可取的一件事。

人们设想的上述类比为什么不能成立,最明显也最表面化的理由是:就一国的内部事务而言,这里已存在一种法律体系(普通法与成文法),它确定了使用武力的依据和方式;也就是说,它决定了公共力量施用的对象,以及运用这种力量的确切方式。这一体系中并未载有使任何法庭在任何特定时刻,为了自认为可取的目的而运用这种力量的任何条款。为数众多的规定和先例确定了公共当局要尽可能缩小施用法律的情形,尽可能把动用武力造成处决和监禁的后果降到最低程度。警察、行政司法长官等等皆被允许动用他们判定可以动用的无论何种强制手段,这一点之所以有效,是因为他们本人要依法办事,而法律又对他们动用强制手段的范围作出了规定和限制。众所周知,在国际制裁动用所谓警力的情形中,是不存在这些先设条件的。

我已指出,这一特定的有缺陷的类比不像其他的类比那样能够直指要害。不过,它指出的有一个问题却带有根本性。为什么这些法律能对动用警力的实体和程序作出规制,其理由在于:在各个法治国家中,人们对重要的社会利益和价值达成了实质性的协议。换句话说,要是存在强行动用强力的可能性,就不会存在法律。之所以可动用强力,是因为"法律"除了是一种强制手段外,它们还是习惯,是对生活、社群形式表示同意的方式;或者说,它们大体上是借助社群生活自己把它们落实的方法对社群共同认可的意志作出的宣示。贯彻的法律是由它背后某种共同体的共识在贯彻它,而武力威胁并不能导致产生共识。所以在这一点上,把一国的警力类比于运用制裁以作为形成和平稳定的国际秩序的手段,这样的类比完全不能成立。

对上述例证作一思考后,让我们来看一看形成这种差别的第三个要素。动用警力针对的是个人,最多也就是一个小群体;何以人们会认为它与针对整个国家使用武力是一回事呢? 国内的罪犯如得到确认,会受到众人的斥责;他被警察制服,说明他只是整个人口中无足轻重的一分子。如果纽约州民众一致行动起来拒绝服从联邦法律,要是国家决定对他们动用强力,那么需要召来的远远不止是警察,而是陆军与海军。结果将是内战,而不是审判和司法起诉的普通程序。可能出现内战是事实上已难以避免的形势,但我不能想象任何人会说内战本身就是可取的,或者事先就应作出规定,因为制定这样的条文是维护和平秩序的必要手段。

虽说有人叫我们相信,在人类文明迄今达到的每一个阶段上,动用警力以执行法庭或其他律法实体的判决是必要的;我承认,我不能理解制裁的支持者会满足于寻求为动用警力形式的国际性武力进行辩护。我不是那种极端的不抵抗主义者,以至于相信在处置国内事务中可以把强力弃而不用。但有一点很清楚,在国内事务中动用强制力量确实会造成大量伤害,有时很值得怀疑它带来的好处是否足以抵消它造成的伤害。前大法官霍姆斯(Olirer Wendell Holmes)曾对动用强制力量表示过怀疑,如果我的记忆不错,这是有案可查的。毫无疑问,某些人仍然执著于惩罚正当的抽象概念。但当今大多数开明人士皆已确信,强力和惩罚应是最后求助的手段;诉诸这类手段的必要性本身就证明,正常的社会过程出了问题;社会的理想应当是去想方设法,对导致在特殊情况下必定求助强力的那种原因进行改造。令人感到奇怪的事情是:在某一国或某一刻,当仰仗强力来处置国内事务已被可悲地明显证明是靠不住的办法时,竟然还会有人把诉诸强力看成是维护良好国际关系的重要和必要条件,并为之激动不已。

对实施制裁的可行性所作的论证,是与实施制裁的可取性问题叠合在一起的。在很大程度上,实施制裁之所以不可行,就是因为对这个世界作出的最好判断本来就可使人们认识到实施制裁不可取。我们前面已说过,企求对英国或美国实施制裁实际上是不可能的,这可以用作说明不可取性的一个证据。让我们再用另一个例子来说明这一点。南美洲国家迄今未能相互形成一种稳定关系。相对来看,其国与国之间不幸经常发生争端。即使是那些在理论上支持制裁原则的人,他们当中又有多少人会认为,当这些国家间每一次发生威胁和平的争端时,美国参与对有关当事方进行抵制是可取的? 美国人会被查科条约(Chaco Treaty)搞得兴奋莫名,他们准备对巴拉圭或者玻利维亚实施抵制,要是法律首先确定哪一方犯过错的话,这可取吗? 一旦这种做法被当作可采用的原则,事情究竟要走到哪里才算有个了结? 如果它不算一个原则,那么这种做法只是一种躲避之计,或是把我们组成老式军事同盟、卷入战争的行为掩饰起来的面具。此刻我不会认为,人们这样做意在选择后者,我只是在说事情本身的逻辑。但我确实相信,某些制裁的狂热拥护者回想起上次战争中产生的那种同仇敌忾的感觉,仍觉得津津有味;他们像法国人那样,只能把一个特定国家或一群国家想象为"侵略者",从未想到要把他们那种原则的作用作一概括说明。

反对制裁者主张的观点阳光般地清楚直白。另一方面,制裁的支持者声称,动用警力与国际制裁之间存在真正的相似之处,后者与前者一样,同属必要的东西。他们还声称,制裁与战争有着根本的区别。不过,我相信,世界将依据受人尊重的逻辑运转,如果有个动物看起来像青蛙,跳起来像青蛙,叫起来像青蛙,那么它就是个青蛙。战争的定义并不取决于理智的分类和法律所作的区分,而取决于行为的检验。那些由枪炮、毒气作为后援的一般性的禁运和封锁就是战争,仍然是用另一个名字称呼的战争。

我相信,要想在"国际战争"与其他战争间划出一条明确的分界线,这是一种可悲的幻觉。只要按照武力的语汇来解释和看待国际关系,就会使战争的观念本身长久地保持存在,须知武力正是战争体制赖以立足的据点。吞下疯狗的一撮毛发来治愈狗咬的伤口,这种习俗固然带点傻气;而以为通过动用强力就能摆脱强力,这是否也是一种天真的想法。

如果我们谈论的制裁是针对某一特定的国家,这势必会刺激起该国以及寻思动用制裁的那些国家的好战精神。日本的例子很能说明问题。就美国民众来说,乞灵于对日本进行制裁的要求相应唤起了对日本的敌意。为了把美国公众舆论引导到愿意诉诸制裁这方面来,就有必要详述日本犯下的种种过错,于是就产生了残忍、公开施暴直至十足的好战精神。其中所用的技巧与一度用来造就不惜同德国开战的那种意志相差无几,而这种技巧的运用对象正是数百万爱好和平的美国人。我坚信,我们的公民中有许多人几周前还在说他们赞同进行抵制,现在则会为事情尚未再发展下去而感到庆幸。之所以造成这种差别,是因为他们的满腔怒火冷却下来了。我不想暗示说，那些为动用制裁的原则声辩的人依据的是情感而不是理性，但我确实认为，普通民众只是出于长期酿成的敌意或者瞬间爆发的情感，才会主张对某个特定的国家加以制裁。有人以为，这种事态转瞬即逝，最终起作用的是某种远程的非个人的机制在推动进行制裁，而不是动用制裁的国民胸中颤动的情绪，这样的想法与我熟知的人性不相一致。除非人们的情感被激发出来，否则，他们不会为遭受的痛苦而启用强力制裁的手段。

此前我曾经指出，我并不怀疑，日本现时至少正在世界上强化其军事影响；217虽说我也认为，试图强制日本改变其目标只会把事情搞得更糟。承认日本的所作所为对世界和平造成了危害，同时又认为，日本的行动在很大程度上并未取得显著的成功，这两种看法并非不相融贯。很可能在现代还没有什么记录在案的事例显示，民众会怒不可遏地表达出近乎一致的道德感和公开看法。情感及其和平的表达不会让日本断念，不过，今天日本的立场并不是什么值得羡慕的东西；当一个敏感之人还在犹豫不决地预测未来时，我们却有理由认为，要是我们不对日本诉诸强力，日本未来更难守住它对中国所持的立场。日本已完全成了公众舆论法庭上的被告，它已在道德上被击败。很难相信，它可以不改变其政策而继续生存下去。求助强制力量则会使它确信，它有它自己的道理，这会使它的不妥协立场变得更为强硬。现在，它不得不面对其行为造成的所有不利后果，这些后果不是这个嫉妒而又怀有敌意的世界不顾它的行为有多么正当而强加给它的东西。如果让我们再来看看日本之外的国家，我怀疑竟会有任何国家愿意强化和效仿这种致使日本遭受普遍谴责的行为。我很愿意看到国际联盟组织维护和平的能力不断得到增长，我相信，即使日本并未改变其做法（它很可能不会这样做），国际联盟不诉诸制裁其实是对世界和平事业作出的一项真正贡献，因为它的行动强化并表达了世界的道德判断。《巴黎公约》规定，应使用和平手段解决争端，这是新近才出现的事，它的意义还远没有充分渗入民众的意识之中。例如，就日本侵占中国东北一事，其辩护者仍然认为要宣扬日本受到来自中国的"挑衅"，以此来为日本开脱罪责。就算我们承认事情确如那些辩护者声称的那样，他们的论点也完全忽略了这一事实：日本之所以会受到指控，是因为它没有218采用《九国公约》和《巴黎公约》规定的和平手段来补救自己的过错。一旦我们把注意力集中到这件事情上来，而不是耗在对先前的是非问题进行无谓的思考，我们会为世界打开一个新局面，这将对和平产生难以估量的作用。

现在让我们来比较一下制裁的价值和其他可采用的措施的价值。首先我要谈一下《巴黎公约》,我想就"防卫性"战争这一题目说几句话。我十分赞同那些人的观点,他们认为"防卫性"战争逻辑上即蕴含着"侵略"战争,并且需要对这两者确立某种区分的标准。战争非法的初始观念是把战争体制视为非法,而恰好不是把借助某种特殊名义进行的战争视为非法。他们指出,没有任何东西可以否认自卫的权利——正像个人在受到暴力侵害时要行使自保的权利一样。这后一种权利并不依赖对攻击或防卫性的袭击殴打作出的区分;这完全是法律之外的事,战争也是如此。

然而不幸的是,民众在非法观念被正式采用之前并未就这一观念的意义接受过充分的教育。更不幸的是,世界各国的政治家中不乏视军事力量为必不可少的人,他们力图赋予这一观念以一种无害的意义;并试图把自卫的事实转变为防卫性战争之合法性的概念,而自卫既不是法律的产物,也无法由法律予以废除。颇具声望的政治家们急于迅速采用《巴黎公约》,以至于陷入了含混不清的窘境。白里安先生要么是从未能充分掌握这种非法性的观念,要么就是想削弱这一观念的力量。在1928年4月27日的演说中,他引进了两种类型的战争观念,其中有一种不是非法的,从而以这样的方式限制了放弃战争的范围。他说,只有"用自私和任意方式发动的战争",才应被宣告为非法。出于强调的目的,他有好几次把《巴黎公约》针对"自私和蓄意的"战争具有的意义作了限制,这就为一些人的主张提供了依据;这些人声称,纵使签订了《巴黎公约》,这里仍存在高尚和不谋私利的战争的一席之地。不仅如此,一些从前反对和挖苦非法观念的美国人、致力支持制裁观念的人也抓住这个漏洞,并以这一点为中心来解释《巴黎公约》,从而把"国际"防卫性战争的概念放到了突出的位置。

从结果上看,《巴黎公约》本身仍存在含糊不清的地方,这就被人利用来支持这样一种论点,除非《巴黎公约》认可的"防卫性"战争能变成纯粹民族主义的战争,其本身要求国际制裁和战争。但是还存在另一个更好的选择,那就是对国际法作出澄清,从而能清晰地对自卫的权利和"防卫性战争"的概念作一区分。假使我们能在日本入侵中国东北之前就已作出这种区分,日本方面有关它打的是一场防卫性战争、因而并无违反《巴黎公约》的每一种口实,就没有施展的余地。

有一种论点认为,其他国家拒绝承认因违背《巴黎公约》而获得的领土及掳获物是不够的,这是一种半制裁(half-way sanction),但也只是一种半制裁而已。支持这一论点的理由是:以往作出的不承认,并没有起到防止某些国家享用其侵略果实的作用。但是,基于先前事例提出的这种论点忽略了一个重要的差别。人们引证的是那种特定国家作出不承认的情形,例如法国对英国占领埃及的不承认、美国对拉美国家各种行为的不承认。而"和平制裁"(这一观点最初由战争非法观念的构想者 S·O·莱文森先生提出)所考虑的不承认,是由所有国家共同实施的不承认,是借助史汀生国务卿的影响力而由国际联盟大会已正式确定的不承认。如果孤立的国家行为和有组织的国际行为不存在什么可期待的差别,那么,涉及一国和国际防卫、一国和国际战争的有关论点又成了什么东西呢?从一国不承认的失败的论证逻辑引申到目前和将来国际不承认的必然失败,势必使我们作出结论:国际制裁的唯一优点就是它代表着一种更强大的经济与军事的强制力量。

有人以为,不承认比方说日本在中国东北的地位,这并没有削弱日本在那里如此扎眼显现起来的能力,这说明不承认无济于事。但这一说法不会产生什么假设性的问题。在我看来,它忽略的是那种无法估量的缓慢而有效的作用。撇开思辨的事情不谈,它提出了这样一个问题,即那些向往一个有组织的和平世界的人到底以何为凭? 是仰赖武力或武力威胁,还是仰赖在发展共同利益和目的过程中采用的和平措施?

"和平制裁"不是一种"半"制裁,因为按照那些支持实施经济和军事制裁的人们的观点,它毕竟不是一种制裁;因为它们根本没有涉及动用强制力量。它们只是这种意义上的制裁,即某种执行的行动自会导出一种制裁的可取结果。如果某一国家借助法律禁止的手段获得了领土,那么,这些掳获物在法律上即应被视为非法无效。对某些人来说,对运用严格的道德手段和影响力持有信念看似极不现实;其实,战争史以及运用物质强制力量造成的效果史似乎足以令那些向往和平的理智之人深信,采用其他手段都带有极不现实的特征。

我们并不坚持认为,善意和道德压力肯定会起作用,只要有它们就够了。但我们确实认为,比起诉诸或明或暗的强力手段,以道德名义采用的措施对于实现稳定的持久和平而言,是一种更具希望的办法。现在我们似不必争论,采用前者的可能性要视后者而定,因为动用强制力量的誓约依赖于造成此举的国民所体现出的善意。你不能老是周而复始地对那些没有察觉到善意的人动用强制力量。比尔先生承认这一点："不能不承认，所有的国际义务一言以蔽之，都要仰赖善意和公众舆论的力量。"这是个事实，而且必定是个事实。由此我们认为，基于这一事实采取的一以贯之的行动，是扩展善意和公众舆论影响力的最佳方式；而延续那种按照强制力量逻辑来思考和行动的习惯，则将使支撑着战争体制的那种观念和情感永久化，并相应削弱了善意和公众舆论的作用，而这两者正是我们承认可以最终仰靠的东西。

我们每个人都对那些对国家间关系的现状深表焦虑的人怀有同感，他们对这样一类国家感到愤慨，这类国家声称爱好和平并承诺放弃使用战争手段解决争端，但并没有兑现其美妙诺言。它们对善意的背弃影响了我们的心理，致使我们怀疑所有的善意是否具有效力；使我们会去设想，动用强力是得到他国敬重的唯一东西。但是，这样一种反应方向尽管因其希望尽快见到结果而显得合乎常情。我相信，对历史和人性的理解可以告诉我们：这种看法是短视的，到头来只会背离我们的初衷。我并不确信无疑地认为，战争非法将导致最终使世界摆脱战争体制。如果一些国家坚持要打仗，它们会这么做，其情形恰如一个人想去自杀那样。

但我仍然确信这样两件事：第一，如果一些国家的人想发动战争，那么，非法观念是针对这种仍被掩藏着的欲望表达看法的最佳办法；第二，对于那些对非法观念持欢迎态度、同时又相信该观念会与制裁或强制力量观念共同发挥作用（即使是思想上的作用）的人来说，这一观念会对他们构成致命一击。这些人如果这样想，那么，他们就在无意中恢复了战争的观念，从而颠覆了自己的立场。热衷于制裁，只会自然又合乎逻辑地出自这样一些人的看法：他们相信战争是解决国家间争端的无法规避的方式，他们不认为可以废除传统的势力平衡政策和结盟政策。实际上，推行制裁仅仅意味着在某一给定时间、在当下那一刻，存在着一个国家联盟；该联盟以为自己已强大到可以动用强制力量去阻止某个国家发动战争，去征服并惩罚该国，如果它真的走向战争的话。如果不担心有人以为我在推荐这样一个观念，我会说，较之人们已设计出的"国际防卫和战争"方案，由英联邦成员国和美国组成的经济、金融、陆海军的牢固联盟更能从容地实现一种"罗马帝国统治下的和平"（*Pax Romana*）。

VIII.

从长期来看,《巴黎公约》以及一般的非法观念的效力有赖于由世界各国组成的利益与目的共同体的成长。就像任何法律安排一样,宣告战争非法的协议是对业已存在的利益起保护作用的东西;它借助宣示的善意来加固这种利益。但还存在着可以采用的切实措施,运用这种措施会增加《巴黎公约》表达的诉诸善意和公众舆论的效力。我相信,如果向往和平的人们能够把他们的能量集聚起来,推动落实这些措施,那么,相比于不断地集中讨论和思考动用强力的问题,他们为实现和平作出的贡献要大得多。

1. 对《国际联盟盟约》第 10、15 和 16 条进行修改,可使它与《巴黎公约》保持一致。除非做到这一点,否则,反对美国依附政策的呼声仍将持续不断。本国外交政策最确定的一件事,即我们不会放任任何外国势力对我国事关战争或战争威胁的未来行动作出的决策指手划脚。撇开美国的态度不谈,这类行为会造成互相干扰,从而只会妨碍为确保和平采用不同的方法和措施;它实质上在鼓励近乎战争的行为——在中日争端中,不幸已产生了这样的干扰。

2. 可以把下述原则作为国际法的一部分予以正式采纳,即所有因破坏《巴黎公约》,也就是通过采用与我们誓言仅仅采用和平措施解决争端不相一致的手段获得的领土、特权、财产都是非法无效的。这一原则已经国际联盟大会认同,应把它正式纳入国际法。

3. 国际法还应考虑采纳这个原则:任何未经一般外交过程,或未经调解、裁决等等加以处理的争议或争端应使之保持现状①。《巴黎公约》无疑已经隐含了这一原则,要是能把这一原则清楚地陈述出来,并让各国承诺予以接受,那么对《巴黎公约》的即定破坏行为就会变得昭然若揭,而舆情的反应也会更为快速而直言不讳。

4. 国际法应当对自卫权利和防卫性战争的概念作出根本的区分。

5. 要是有人声称出现了破坏《巴黎公约》条款的情况,而每个这样的问题又不能通过国家间一般的协商途径获得解决,那么,美国应正视舆情的开明意见和

① 这一建议和上一节给出的建议都来自Ｓ・Ｏ・莱文森先生,这些建议首次发表在《基督教世纪》(*Christian Century*)1932 年第 3 期上。

世界的一致道德判断，及时地支持将有关案件提交国际法院，以便作出裁决。

最后，不用说，采用上述措施只是要增加采用诸如协商、会谈、调解、仲裁以及所有其他有助于和平解决争端的可能手段，而非取代这些手段。让我们集中精力来强化这些手段，而不是去考虑采用强力的办法，因为迄今我们还未十分成功地把这些手段和《巴黎公约》付诸应用。

对美国有色人种协进会的演讲①

在你们这里，我无法像某些身居高位的人那样就当前的萧条说一些鼓励和乐观的话。比方说，我不相信，这个国家中儿童的情况反而因为这场萧条而变得好些了，因为他们的父母找不到工作，因而不得不呆在家中——除非他们整天在街上游荡。在我看来，儿童状况有某些其他特点，并不如某些身居高位的人看起来那么令人鼓舞。但是，我不认为，大萧条终结了一个充满错觉和幻想的时期。有一种崩溃展示了我们由之受到教育的政治与经济哲学之谬误，我们曾在其中生活的浮华殿堂崩塌了。我们至少并非一无所获。它使人意识到，我们需要新观念、新举措、新政策和新领袖，需要进行伟大的社会重建。需要特别注意的是：我以为，这一次的大萧条迫使我们对社会问题、经济问题以及政治问题进行一番比我们多少年来一直思考的更为根本的思考。几个星期之前，我遇到一位工程师，其专业领域中的一个领袖人物。他说："你知道，我得开始思考从 1932 年起的事情。"我不会太拘泥于字面来理解他的话，因为我知道他一直思考得非常有效；但我知道，他的意思是他不应以 1929 年崩溃之前的方式来思考现在他的工程领域中的工作和经济与社会建设之间的关系。

现在，以更为根本的方式思考的急迫性有其好处，它带来了更大的自由，不仅是思想上的，还有言论上的。这一点给了这个国家的少数，即受压迫者族群表

---

① 本文是杜威在美国有色人种协进会(National Association for the Advancement of Colored People)第 23 届年会上作的演讲，该年会于 1932 年 5 月 19 日在华盛顿特区举行。本文选自未发表的打字稿，载于第 1 组，B 系列，第 8 箱，美国有色人种协进会记录，手稿部分，国会图书馆，华盛顿特区。

224

225

达他们的意愿、他们所遭遇的错待、他们对更大自由的要求的机会——一个更大的机会和比从前可以在其中更好地施展能力的领域。

许多保守的人们、拥有权势和影响的人们在公众和私人场合都谈到这一点，声称这种现象应当被认为具有高度的危险和颠覆性，如果几年前它从激进分子那里蔓延开来的话。不仅存在着思考和表达思考结果的不断增长的机会，即使这些思考和思考的结果对于我们在其中生活的经济与政治秩序既有批判性；而且，大萧条显示在这个国家的所有少数族群人士、受压制和压迫的人士中存在着利益共同体。已经很清楚，所有这些族群中正遭受磨难的人士是从根本上来说相同的原因的牺牲品，尽管这些人遭受磨难的方式各不相同。我并不认为，不同族群间不论种族与肤色的这一利益共同体已经被充分认识，或者已经被深切地感受到或者被广泛地传播了。不过我以为，从现在起，不同族群的人士由于相同的原因而程度不等地受到磨难这一事实已经清楚；而且，对于这一事实得到认知的程度将迅速增大，并被深切地感受到。

毫无疑问，你们所代表的族群所受到的磨难比其他族群更多、更为强烈和严重。同样毫无疑问，总的来说，你们是最先失业、最后被录用的族群，你们也很可能是最后获得分享救济措施或建设性公共作业（克服萧条）的帮助的平等机会的族群。尽管如此，所有磨难的原因还是相同的。

可以确实地说，就控制经济形势的能力和权力而言，美国所有的劳动者都相去不远；在你们的族群受到比其他族群更多歧视的同时，在更大程度上，他们还经历了所有劳动者，尤其是那些未被组织起来的劳动者所经历的事。所以，在我看来，一个族群所受到的教训，所有其他族群也同样受到。而且，今晚我要对你们说到的事情与我会对某些白人群体说到的事情属于同一类，与极少数有特权的人相比，每一个这样的白人群体的成员是那些在经济、产业、金融上以及政治上同样处于不利地位的人们。

在试着作出关于政治形势的某些结论的同时，我想说，我觉得十分高兴有幸听到乔治·S·斯凯勒（George S. Schuyler）先前的评论，也十分赞同发言者关于把人们召集在一起创业、形成组织、自我管理在产业中的事务的经济组织现在要比政治观点更为重要的见解。不过，在我看来，有必要说说关于政治组织与活动——哪怕是作为经济结构的风筝尾巴——的重要性。

我们的政治制度显示，在生活竞争中存在着社会地位低下的不同群体间的利益共同体。在这个国家的许多地方,与其他族群相比,你们所属的群体被剥夺选举权的情况更为严重。如果你不满足于只看表面现象,就会看到数量众多的白人自愿放弃选举权,即使他们没有被剥夺选举权。我国大选的平均投票率只有一半;也就是 50％可以选举的人没有到投票站投票。在我看来,这是一个很有意义的事实。有一半有选举权的人实际上自愿不投票;他们自己剥夺自己的选举权,放弃选举权。这是为什么?

我知道,每个镇、选区和分选区都在鼓动和敦促设立和提高竞选基金;可是,虽然有这种努力,还是有一半可以投票的人没有去投票。为什么? 因为他们实际上并没有被代表,或者更糟,他们错误地被这个国家的主要政党所代表;而且,尽管可能是愚蠢的,也会受到误导,他们仍然有深刻的直觉,即在现有的条件下,两个老的政党中的哪一个掌权都是换汤不换药。你们可能没有听说过英国人想知道民主党与共和党差别的故事。一位美国绅士说:"我来告诉你。这里有两个瓶子,大小和材质都一模一样,里面装的东西也一样;就是瓶子上面的标签不一样。"

在这样的情形之下,我不打算加入对于在投票中置身事外的群体的抱怨,也不打算非难其行为的不理智。如果他们的唯一机会是把票投给两个老的政党之一,我不认为人们可以提出责难,说他们没有利用自己的能力和影响找到一条新的、不同的政治出路,从而使他们的利益在实际上得到反映。有时候,人们说我们需要一个第三政党;但是,正如许多人在我之前已经指出的,应当说我们需要的是第二个政党,因为在我国的政治运作中,只有一个有两个不同名称的政党。如果你注意在华盛顿,在参议院和众议院的上一次开会期间所进行的投票,你就会看到对于这一主张的证明。举例来说,国会曾经提出过科斯蒂根-拉福莱特法案(Costigan-La Follette Bill),这是第一次对因失业与不安全而陷入困境者进行联邦救助的全国而非局部性的重大努力。投票赞成该法案的人,在两党中正好相等;而反对该法案的多数在两党中也相等。参议员库曾斯(Senator Couzens)曾经提出采取这样的措施,让富人、那些有足够收入的人付收入税,并且为这个国家承担更多的义务。但该提议被投票否决了,赞成该提议的人在两党中的数目相等,而反对者在两党中的数目也相等。正是两个党团的领袖几个星期以前联合在众议院提出设立消费税,让每个人为他所买的每一件东西付税,从而增加穷人和消费者的负担,也正是两党成员的投票否决了该举措。

换句话说,对民众利益在政治上有所关照的因素并不排他地在一个或另一个党中出现。这些因素在两党中都可以找到,而这两个党的控制机器同样勾结在一起,反对一切对这个国家的普通民众真正有帮助的举措。

在这样的环境中,两个老的政党为这个国家处在社会底层的少数族群所提供的又是什么? 首先,他们提供了一段历史和名称。共和党的优势在于拥有林肯的大名。一种解放的政策就是这个名字对于有色族群的意义。可是我的朋友们,如大家肯定都知道的,我们生活在 1932 年,而不是 1863 年。然而,尽管对我们给予一切伟大的人物和伟大的运动的钦佩、尊敬和荣誉都当之无愧,昔日的名字和运动在今天的生活中却既失去其领导力,又失去其现实性。它们只不过是被用作哄骗选民的诱饵罢了。

于是,我们有了一个想法——比起由于其对一个昔日的伟大人物的忠心而惊慌失措地投奔一个特殊集团的做法,这是一个略好些的想法:在北部和边境那些有色人口在许多情况下具有实际的或非常接近平衡的票数优势的各州,他们应当把自己的赞成票分配给在特定区域推举最多的有色人种候选人,或者在选举之后给予有色人工作机会最多的特定政党。比起仅仅以 75 年前发生的某一事件作为投票给某一政党的充分理由的做法,我以为这样做要稍好一些。然而我也认为,考虑到真正令两党成员走到一起的是看哪个党首先占据那个宝座,并且最接近它,在那里呆的时间最长,这样做的意义其实十分有限。有人说,如果你投这个党的票,你会得到比另一个党可能给你的座位更靠近那个宝座的一个后排座位,这不是一种能令人欣然接受的参与政治行动的邀请。

所需要的是一种政治路线的、更为根本的重新规划。对于决定经济福利条件的某种补救,这种补救远比决定一些领袖职位更为根本;如我们所知道的,由于相信白人劳工团体可以通过在老的政党之间分配其选票而得到他们想要得到的,他们被拒绝进入政治,于是一直被这些政党所出卖。在我国的许多大城市,劳工团体选出了领袖;但这些领袖是操纵其追随者的专家,他们为自己取得了金钱、权力和影响。

于是有另一个集团站出来说:"当然,我们党在过去并没有做所有它应当做的事情,可是现在我们有了一个新人、一个了不起的人,而且党也打算进行变革。这个新领袖是一个真正的摩西,他将把我们带到应许之地。"美国人民看来对以那样一种方式受到愚弄有一种妙不可言的爱好,以为有朝一日,一个新人,一个有更好的个性、更加正派、更有人情味和同情心的特殊领袖,真的打算改变整个党的秉性。我以为,美国人民对那样一种愚弄几乎已经受够了。曾经有个西奥多·罗斯福(Theodore Roosevelt)在共和党内位高权重,他一死,那个他曾经与之斗得不可开交的人就打起了他的旗号,并且施加影响,以使他极力反对过的政策转向。如果任何人能够指出西奥多·罗斯福或共和党曾经做过的持久的事情,他就有胜过我的政治洞察力。他对共和党的持久政策的影响何在? 而且,任何适用于西奥多·罗斯福的也适用于任何一个别的罗斯福。

简而言之,当前真正的政治问题是经济、产业和金融问题,而两大老的政党则玩起了捉迷藏游戏,对人民隐瞒自己的态度,追求稳定支持和竞选捐助,以及实际控制我国经济生活的商业和金融机构的支持。毫无疑问,如果有任何族群的民众应当知道经济和产业问题是政治上占支配地位的问题,那么,那个族群就是有色人族群。为什么你们一直处于被奴役状态,难道不是因为经济上的原因? 奴役是什么,不就是攫取私人所得这一动机的展示? 为什么对民事自由和文化平等的剥夺持续至今,不就是因为你们曾经遭受的经济压迫? 这不仅仅是一个在过去产生并且从过去一直延续的问题。我们今天在其中生活的经济秩序是什么,不就是一种竞争的秩序? 从根本上说,有色族群或这个国家中每一个社会底层群体的不利处境,或者所遭受的不平等待遇——民事、政治和文化上的——之所以存在,是因为我们生活在这样一种充满竞争的秩序中,以至于因为它是充满竞争的,人与人、兄弟对兄弟、群体对群体不得不进行竞争。不仅如此,如当今世界的形势所显示的,国家与国家也进行竞争,如果不是发动实际的战争,就是进行关税或其他形式令国家与国家对立的经济战争。

现在我请你们判断的事情也会请任何处于不利地位的白人群体判断,因为你们的根本困难并不源于肤色或任何其他单一的因素。这些困难的根源在于,在一个具有与我国类似的经济和产业体制的社会中,如果那些企图最大限度获得利润,以及取得对权力、影响和可用金钱收买的东西的垄断的人们想要取得他们想要的东西,只有在民众中制造猜疑、敌视和分裂,才能达到目的。只有在一种鼓励合作的经济与社会秩序中,才会有民众之间平等的真正的可能性;这一可能性与种族、肤色和信仰以及其他任何导致人民分裂,从而使少数人得以垄断特权、权力和影响的因素无关。

在我看来可以肯定的是:在这些情形之下,任何群体起码可以做的就是呼喊,并且呼喊"废话",如果有人仅凭一去不复返的历史,或者有人仅凭在投票朝着一个而不是另一个方向发展的情况下分派某些特权或施舍某些领袖职位向他们发出请求。

我希望,我说过的话中并非全然不包含对于有色族群所遭受的特殊的不公正待遇的关注。我知道这样的不公有多么巨大、多么严重,在现在这种时刻多么让人受到煎熬。但我也知道,那些力图将经济和政治的权力——由于拥有经济权力从而拥有政治权利——保持在其手中的人信奉分而治之之术。我相信,如果少数族群处于被分化的状态,两大老的政党的领袖将十分满意,控制两个老的政党的大公司将十分满意。如果他们能在彼此争斗之时令少数族群保持被分化的状态,他们十分希望这个群体支持共和党,那个支持民主党,而除了决定以后几年谁将入主白宫,两大老的政党的领袖在所有的事情上都保持一致。只要能保持民众群体的分化状态,他们就能够控制住局面。只要少数族群能够与两党决裂,并且加入某个有助于根据具有合作精神和人性的社会的利益进行经济与社会重建的新的政党,到那时,这个国家奴役民众的时代就将告终。

美国背景下的少数党地位
及其与目前状况的关系①

我在下面要说的话的第一部分是有关历史的。它所谈到的是过去60年中少数党在这个国家所扮演的角色。另一个部分关注的是目前,以及相信我们正处于将产生一个新政治联盟的政治变革前夜的理由。

由于共和党作为少数党赢得了1860年的胜利,没有政党像共和党那样,与自由土壤党人(Free Soiler)一起,以第三小党作为其开始(除了社会党人和禁酒主义者以外),在经历一连串的竞选之后仍然得以生存。

然而,少数党并没有什么重要的成就,其领导人都是怪人、狂热分子、任性妄为之人,这种观念与事实相去太远。这种政治宣示吸引了西奥多·罗斯福所谓"疯穗"②中比它们理当吸引更多的人。不过,说西奥多自己趁布赖恩(William Jennings Bryan)头晕目眩时偷了后者的政治衣钵并非毫无道理,正如后者也继承了人民党的一些观点,以至于布赖恩当道时期的民主党人的诨名是"民众党人"(Popocrats)。少数党首先发挥的一种作用是抗争,是让人们注意到社会秩序中有某些因素出了问题,存在着对于社会安排中更多的正义的要求。其次,在大多数情况下,它们在新观念和新要求引入到一个或另一个老的政党这一方面是有影响的。它们在立法以及后来的政党党纲上留下了确定的印记。

弗雷德·海恩斯(Fred Haynes)博士——最细致和最透彻的美国政治生活

---

① 首次作为政府系列演讲第13号发表(芝加哥:芝加哥大学出版社,1932年),第9页。本文选自1932年6月28日由美国广播教育咨询委员会主办的题为"你和你的政府"的系列广播演讲。
② "疯穗"(lunatic fringe),指政治观点十分极端的集团或人群,fringe原意流苏、穗、边缘。西奥多·罗斯福总统创用此词抨击极端分子集团。——译者

史学家之一——说得很公平：

> 尽管他们的补救措施经常是短视和空想的，绿背党（Greenback Party）、格兰其党（Granger Party）、自由铸造银币党（Free Silver Party）和人民党（Populist Party）的领袖们在与不断增长的财富的权力的抗争中的立场有其根本的合理性。他们的直觉让他们看到当时发展中的问题，而这个国家的老的政党中的人们在许多年之后也没有看到这些问题。只要读读这些少数党的党纲，就不难发现日后民主与共和两党颇为引人注目的政策建议所依据的党纲条文的缘起。在很大程度上，这些短命的政党代表了民治、民享、民有的政府的进步潮流，而不是心智不健全的狂热改革家一时兴起的后果。

对于少数党人的古怪之举作一番叙述或许是有趣的，然而更有启发意义的是说明：如果时间允许的话，支持着最后失败了的少数党的社会事业的观念，以及那些少数党为后来的政治行动留下的长久的印记。

除了由于各种理由而自成一家的社会主义运动，自1870年以来，至少有六个少数党运动应当被提到，尽管它们互相之间大多有重叠、融合、对立和再合并，或者有与其他影响相对较小的政治抗争运动合并的事情。

第一个少数党是自由共和党人和共和党独立分子（Mugwump）的反叛运动。该运动以反对内战之后的腐败，以及抗议退出联邦的南部各州在返回联邦之后所实施敌视和暴力政策作为开始。到1880年，海斯（Rutherford Birchard Hayes）总统任期将近结束时，他们的工作结出了果实。为了稳定共和党在北部的选情，"血衣"不再被挥动①；大规模的腐败受到监管；民事服务的改革措施停止了，即便出于党派目的，公共职权滥用，尤其是在邮政服务中的职权滥用未能全部废止。

这个运动所关注的是政府的运作，而不是政府应当为其实现提供服务的社会目的。其他的运动则不是如此。第二个运动，也就是格兰其运动（Granger movement）②是由西部的农夫发起的，其最初的立场并无党派性。在70年代早

---

① 挥动"血衣"表示对南部白人暴徒的谴责。——译者
② 格兰其运动指美国农民为保护自身权益开展的反抗运动，该运动导致1867年成立了美国农业保护者协会。——译者

期,该运动掀起了不小的波澜。种植小麦和玉米的各大州的农夫发现,在东部和欧洲销售剩余的谷物要花很高的运费。他们以各种名义参与州的政治,如独立党(Independent Party)、改革党(Reform Party)、反垄断党(Anti-Monopoly Party)等等。在把这个国家的交通工具社会化这一方面,他们未能成功。尽管试图实现这一目标,他们自己还是受到个人主义政治哲学的影响。不过,他们还是确立了州政府对于交通定价权的控制,并且废除了对于某些船主的歧视性优惠。

这一抗争与第三个运动,也就是绿背党有些重叠,并且在 1877 年与后者制订了共同目标。农夫们遭受产业萧条和金融恐慌的反作用以及铁路的高收费之苦;当时产业中的罢工风气很盛,尤其在铁路部门。金银本位制下的硬币收取和返还,令债务人深感不便。西部的人有充足的理由相信,法定货币是共和党的独家发明,同时又以颇为拙劣的理由代价高昂地反对使用不可兑换的纸币。此外,当时还有增加纸币发行、缓解信用短缺和提高商品价格的强烈呼声。在1878 年的选举中,绿背党得到 100 万票。它把社会永久控制货币与信用的想法引入到政治思考之中,并对 90 年代的人民党骚动产生了确定的影响。

极有意义的是,同一时期的这个和其他的少数党骚动附带地提出了许多被日后认为极其重要的问题。这些问题包括禁酒问题、男女政治平等、废除童工、创建邮政储蓄银行、包裹邮递、按照产业要求改革教育,等等。在政治运作方面,直接预选运动、公民直接投票权及公民立法提案权运动、参议员直选运动,乃至废除总统选举团运动,是 70 与 80 年代的少数党运动的副产品。

第四个将要提到的运动在本质上是第二和第三个运动的扩展,它包括一系列经济的诉求,这些诉求源于农夫的困境,以及不断增长的贫富悬殊。该运动第一次大规模地针对居于社会底层人民之上的特权阶级发出他们的呼声;其政治上的代表是人民党(People's party)。尽管由农民居于支配地位,它标志着心怀不满的以工资为生者和农民在政治行动中结合的第一次有意义的尝试。其1892 年的党纲宣称,党的全国代表大会完成了"美国劳动者力量的联合"。在萧条时期,人民党主义在 1894 年达到全盛,其国会候选人得到 150 万张选票。

不过,人民党主义的胜利主要还是由于它夺取了民主党在南部和西部得到的支持。布赖恩之所以在 1896 年得到提名,主要是因为他采纳了人民党党纲的一大部分。在已经变化且依然在不断变化的条件之下,布赖恩在 1900 年和1908 年继续得到提名,而其随之软化的根本政策立场超越了有说服力的独立活

234

动,即人民党本身的可能性。而民主党中较为保守的那一派的失势可以从下列事实看出:其候选人帕克(Alton Brooks Parker)在1904年的得票比布赖恩在1900年的得票少了100万张。

　　1912年的进步党或称"公麋党"①运动,是从共和党内部分裂出来的对立党,针对的是共和党的保守倾向及其与民粹主义的融合。这个运动掺杂着个人因素,但罗斯福的得人心之处在于:人们普遍认为,他会推行对于社会底层民众较为公平的一系列政策。对于"社会公正"的要求四处流传。在当时的人看来,全国的选民可能会重新组合,一些人会支持一个自由党,另一些人则支持一个保守党。然而实际上,除了威尔逊被选入民主党的候选人名单之外,当下什么也没有发生。不过,就实质而论,拉福莱特在1924年获得候选人资格,可以被认为是与作为第五次少数党运动组成部分的1912年的进步主义属于同一类的事情。事实上,拉福莱特几乎没有竞选辅助组织,竞选经费与老的政党相比也很少,但他获得了接近500万张选票。这一点足以表明,有一大批选民等待着一个政党,其经济政策对于民众利益的关照程度要比老的政党大得多。然而,后来的事实表明:这样一个政党的形成,时机尚未成熟。

　　联合乡村地区的农夫和城市中的工厂工人的各种尝试继续着,其结果是形成了农工党,也就是将要提到的第六个独立运动。该党形成于1920年。当时,它从四十八人委员会手中赢得芝加哥全国代表大会,该委员会是1912年进步主义运动的一个延续。在1920年的总统选举中,该党仅赢得大约25万张选票。不过,它在西北部仍然得以维持,确保了在该地区的可观胜利,并且在现在的国会有唯一一个少数党代表。

　　主要通过德国移民工人中受过教育的成员的影响,社会工党形成于1876年。该党在农工党中更为激进的派别中有一系列盟友。该党的一翼与工会有长时期的冲突,因为后者拒绝介入政治。最后的结果是形成了以德布斯(Eugene Victor Debs)为首,以伯杰(Victor Louis Berger)和希尔奎特(Morris Hillquit)为主要领袖的现在的社会党。该党首次全国代表大会于1900年举行。从1910到1912年,该党取得了不少胜利。在大约十五个城市里,社会党人得到了占其总

---

① 公麋党(Bull Moose):1912年美国总统竞选中,西奥多·罗斯福的支持者组建的进步党的昵称,因其领导人罗斯福自比为公麋而得此雅号。该党于1916年解散。——译者

数五分之一的选票。在 1912 年的总统选举中,德布斯得到了大约 100 万张的选票。第一次世界大战使这个迅速发展的党遭遇了一次重挫,因为党内有些人反对战争,而另一些人则希望决定性地打败德国,因而导致党内发生分裂。但是,战争所导致的对于个人的系统迫害——其典型就是德布斯被监禁,以及对于报纸和公众集会的压制——甚至具有更大的毁灭性效果。俄国布尔什维克革命的成功也分裂了党,其更为激进的一翼成了共产党。

有某些事实总可以从美国少数政党运动历史的考察中发现。其中之一,它们总是持续多年的,即使在一段时间内消失,它们仍会以新的面貌出现。另一个事实是:不像欧洲的选民,美国的选民拒绝根据特殊的理由分裂为一系列党派,每一个这样的党派代表一种特定的观点和政治哲学。与此近似的做法是在党内形成各个集团。共和党内一些大多来自西部各州的参议员经常对共和党的主流政策提出强有力的非难,其严厉程度甚至超过了民主党所提出的非难。也许更有意义的是:存在着处在国会之外,并不成为政党,但对两大主要政党的代表施加压力的集团。例如,美国劳工联合会坚决拒绝加入到劳工党的创建中,认为对两党的候选人施加影响才是它最好的政策。反酒吧联盟(Anti-Saloon League)、美国军团(American Legion)、农民联盟(Farmers' Union)都是这样的集团;在欧洲,这些集团很可能会成为少数党。

过去 50 年的政治生活的另一个特征是独立选民的增长。作为惯例,民主党在全国选举并不要求其得票超过总票数的百分之四十,但在选出共和党总统候选人的州里,经常选出民主党州长和其他民主党人的当地官员。美国生活还有一个特征,即普通选民的保守主义显示在是否忠实于他父母所属的党派。另一个事实是:有成效的党组织付出的代价是巨大的。许多州还通过法律,使少数党难以在候选人中占有一席之地。

不过,有人认为,尽管有种种困难,创建一个具有适应美国国情的社会主义理想的强有力的群众性政党仍然是不可避免的。他们谈到了这样一些事实:新的社会条件总是要求新的政治机构和政治行动;自内战以来,美国的经济与社会生活已经被革命化,但与之相应的政治变革尚未到来。我们已经历了这样一种社会生活,使得个人选择和主动精神所导致的个人成功成为资本组织形成以及权力集中的常规。普通个人只能任由全然无法控制的经济力量摆布。目前的危机让人更清楚地看到,在无数情况下,个人的勤奋与能力并不足以保证悲剧性结局的避免。我们不能在无线电、飞机和电动汽车的时代,使用从驿站马车和兽脂蜡烛的岁月流传下来的政治方法进行政治互动。

237 相信适应产业现实的新政治运动不可避免的人们,并不因为从前的第三政党运动的不成功感到气馁。这些运动中得票最多的两个是最短命的,因为二者基于个人人格之上;除去这一事实,我们还可以看到,它们表达了当时当地的不满情绪,而不是对于社会所经历的根本变化的认识。它们对特殊征兆而非根源作出反应。事态发展如此迅速,以至于选民们没有足够的时间认识到,我们已经从个人英雄主义的岁月来到了需要集体行动的时代。社会党人指出了这一事实,但直到最近,他们所使用的大多还是外国人的语言,这使他们难以得到理解。而经济衰退的持续,使成百万的人以不同于从前的方式意识到了经济现实。

那些坚信群众性的第三政党运动将很快到来的人们认为,没有证据显示,两大主要政党能够应对新的形势。他们断言,二者之间不存在任何本质差别。例如,尽管民主党反对保护性高关税,但根据已经通过的收益法案,对于石油、煤炭、木材和铜所征收的关税适用该法案,而该法案得到了三分之一的民主党参议员的支持。尽管本届国会需要处理的问题异乎寻常地多,但却没有一个法案的通过或否决依赖于国会成员的党派划分。由下述事实足以看到,目前的党派划分其实并无意义;选民对于选举之无益如此嫌恶,以至于只有一半的选民在全国选举中去投票站投票。两党各自的左右两翼之间的差别,远远大于两党的左翼或两党的右翼之间的差别。

由此得到的结论是:事态迅速地教育了选民,使之认识到两大老的政党软弱无能,均不具备从根本上消除我国产业与金融崩溃根源的愿望与能力。起而抗争的新党不同于过去 50 年中的少数党,它将试图铲除我们社会之恶的根源,而 238 不是仅仅采取某些特殊措施作为补救。不论其名称如何,其党纲将包括社会主义性质的条文,要求我们的巨额自然资源、庞大的生产与分配机制,以及国家所拥有的令人惊叹的技术能力,不再被用于为有特权的少数人增加财富,而是为增进所有具有良善信念的男男女女的福利服务。其目标将是在富足之余永远终止欲望的丑闻与悲剧,在丰裕之中结束购买与消费之不能,并将在一个相互合作的产业社会中令自由与平等成为现实。

民主站在失业者一边①

这两大老的政党的全国代表大会刚刚在适当的条件下举行。他们正在这个 239
由帮派驱使、由老板控制的城市里显身手，多年以来，他们一直在这里与逃税者、
寻求帮助的公司（corporations seeking favors）、从事敲诈勒索的违法者共事。教
师、警察、市政管理人员的工资一直被拖欠，因为税务系统如此混乱和藏污纳垢，
以至于该城市的财政一直是一笔糊涂账。20 多家银行就在大会将近的时候破
产。更多更大的银行在破产边缘步履蹒跚，只是由于一项联邦政府的资助才免
于垮台；该资助为那些由于参与涉及巨额股票批发计划的公共设施并购而受损
失的公司提供帮助，但该资助不愿为失去职业的普通男女提供帮助。

我的这些话不是给芝加哥泼脏水。相反，那儿的情形是典型的，我国大多数
大城市的情况与之只有程度差别。在这次涉及政治、产业与金融的危机中，两大
老的政党能够激发人们热情的话题只有酒精饮料。在一个半歇斯底里的岁月，
我们接受了禁酒令以便打赢一场战争；而在另一个歇斯底里的年代，我们却要废
除禁酒令以便维持繁荣！所有其他的问题都只是敷衍应对，禁酒问题本身却激
发起实实在在的火气和实实在在的争吵。但是问题在于，我们还处在任何生活
这一时代的人所看到的最严重的危机——世界的和我国的危机——之中，它要
求我们作出最严肃的思考和创建最彻底、最富有建设性的政策。

所以，批评老的政党很容易，太容易了。它们如此软弱，如此无能，如此吹牛 240

---

① 首次作为传单印发（纽约：独立政治行动联盟，1932 年），共 4 页。本文选自杜威 1932 年 7 月 9 日
在克利夫兰市独立政治行动联盟第 3 届年会上的演讲。

骗人,如此缺乏勇气与智慧,以至于不值得花费口舌去谴责。我们不能不指出它们的躲闪、它们的怯懦和缺乏建设性行动。但是,我们真正的任务更加重大、更加艰巨。我们必须向美国人民表明,在政治领导能力崩溃之后,他们所要完成的事业是什么,并且指出拯救国家的途径。

第一次世界大战以来,我国就不能说有真正的领导者。我们在政治上已经破产很长一段时间了。取消抵押品赎回权程序始于 1929 年,然而,破产开始还要早得多,它在欺诈性的政治账目和虚假的政治资产平衡表中已经肇始。我们有战后政治腐败的盛宴,石油的恶臭依旧在空气中弥漫。相应的,伴随着这场腐败的是两党都参与的对民事自由的全方位压制。于是,我们有了卡尔文·柯立芝的无为而治。由于行政当局完全消极怠工,国家就被移交了,捆住了手脚,封住了口,任由掠夺成性又不受监管的商业利益集团摆布。盲目投机的狂热被贴上了用大写字母拼写的繁荣的标签。人们被告诫说,这是新的经济时代的开始。在共和党和伟大的工程师——后者在该党之内继承神圣的天意——的保佑之下,贫困将被铲除。每个家庭的无线电扬声器,每一个锅中炖着的小鸡,放得下两辆车的停车房,是社会正义的内在精神恩惠和至高权利看得见的外部标志;而社会正义来自致力于粗朴的个人英雄主义。

实际上,我国的产业、金融和社会条件在这一时期变得日益恶化。1929 年的大崩溃只是一种提前告知,它向人们发出警告:随着国家被移交给仅仅关注私人利润在最短时间之内最大化的商业与金融利益集团,政治领导能力已经瓦解。破产通告发出以来的 3 年,只是被用于作为每一次崩溃的本质的清算。

241 　政论家和经济学家可能会为导致悲剧性形势的这个或那个细节进行争论。然而就一般而言,原因如结果一般明显。尽管有许多规律,自然的或道德的,我们仍然假定通过个人的竞争性努力,每个人施展其个人的长处,社会和谐是可以实现的;通过在战争和产业的战场上使用毁灭性武器,人们可以占有其兄弟的福利;有特权的个人为实现他们个人的私利而设计的计划,是社会计划的有效替代;社会可以审慎地削弱其唯一的自我控制的机能,也就是得人心的政府,但依旧维持其秩序与健全;美国民众可以同时侍奉上帝和财神,物质成功还可能是上帝垂顾美国的最切实的证明。

我们正在收获我们所耕耘的。效法战争以结束战争,虽然身处普遍衰退的年代,每个国家在陆军和海军上花费的要比情况相对比较好的时候更多;每个国家也都把针对别国的关税之墙砌得更高,美国则弹奏起经济战争的基调。每个国家绞尽脑汁地寻求经济打击与报复的手段。军事与产业领域的战争是一种经济制度通过取得原材料以及进入市场的特殊许可,通过让享有特权的群体以自己的名义运用政府的征税权,不惜任何代价追求利润的直接结果。一句古老的格言说,征税的权利也是毁灭的权利。利用这一权利的贪婪的制造业利益集团,为人们证实了这一格言的真理性:借助于这一权利,它们授予自己以关税特权,于是导致对外贸易几乎完全被摧毁,美国国内工厂倒闭,而农夫们则失去国外市场。间接地,国际上的恐惧、嫉妒、猜忌、不受抑制的战争状态则是由推崇冷酷竞争,缺乏社会计划与监管的经济体制所滋生的心智习惯所产生的效果。所有的后果就在我们面前,其原因也同样平淡无奇,如果人们愿意睁开眼睛去看一看的话。

每一场布道、每一份报纸、每一个诚实的公众人物都表明,我们处在一个前所未有的法律无力控制的时代、一个未受指控的罪行由有组织团体实施的年代;这些团体不但蔑视法律,还时常控制着城市的立法者,以及城市的警察。敲诈勒索成为一种专业,违反法律是如此之有利可图,以至于以这样的方式惩罚大人物是去探查他们为自己不断膨胀的收入逃了多少税。为了钱财实施暴力犯罪者的年龄在不断降低。这一事实是如此普遍、如此令人震惊,以至于某些专家把不断增长的青少年犯罪这一事实与学校教育的扩展相对应,以此作为对于我们学校体制的一般性抨击的依据。然而,这些人在他们的研究中对原因的推究还走得不够远。他们忘记了:我们推崇个人物质成功的经济体制,连同它对于经受失败与磨难者的轻蔑,具有学校根本无法抵御的巨大而持久的示范力量。

人们,尤其是青年人,越来越难以分辨什么是正当商业交易、什么是敲诈勒索。按照我们的经济体制,利润不就是二者的共同之处吗?这块土地上有不止一座的城市,那里有组织的犯罪盛行,而控制那座城市的左翼政治势力则无一不与犯罪分子结盟,从他们那里得到支持。另一方面,同样的政治势力的右翼则与大的商业利益集团结盟。这些商业利益集团被授予特许权,可以得到减税待遇,其违法行为也被默许,还收到可以从中得利的信息以及其他优惠;它们让腐败的政治人物执掌大权,并且为向参与公开宣布的犯罪活动的无良之徒提供不受检查的许可负责。

于是就有接踵而至的产业崩溃,其后果如此难以抵挡,以至于对于它的思考

242

一直伴随着我们——银行倒闭,住房与贷款协会破产,投资于国内与国外债券的储蓄变得一文不值;工厂倒闭,成百万的男人和女人失去工作,另外还有成百万的工作被降低了薪水或收入,被称为非全职的;贷款的赎回权丧失了,房子被收走了,田地被作为税款或贷款的抵押;相互的信任消失得无影无踪,到处是不安全、恐惧和漆黑一片的衰退。

所以这一切都显而易见,无须描述。原因呢?难道是我们肥沃的土地,难以匹敌的自然资源,充裕的粮囤与货仓,不计其数的工厂,包含令人赞叹的技术发明与机械效率的交通工具?难道是我们了不起的技术与工程能力和训练?难道是我们的秉赋、个性和教育导致过错?难道是恶魔的惩罚?在给出肯定答案之前,让我们注意两个事实。一个是工业和商业要依靠信贷运作,而我们美国人放弃了对于信贷的社会控制。这种经济力量在一种并非隐喻的意义上是产业的血液。但我们向某些私人和集团移交了这种力量,让他们利用它为自己致富。他们对于我们漫不经心地委托给他们的这一力量的运用,是有案可稽的。数十亿的财富化作被挖苦地叫做证券的纸张,由涉及企业、并购、股票发行的所有司法或法外机构控制;数十亿被投入股票投机之中,令某些货物的价格急速膨胀起来,被嘲讽地称为爆掉的气球的价值。数十亿被贷给了——几乎是强迫地——欧洲和一些南美国家,于是银行家们可以捞到大笔回扣,因为他们以几乎如犯罪一般不负责任的方式把信贷凭证卖给顾客。这些贷款在国外被用于扩张商业,它们的收缩就成为我国产业与金融危机的开始。如果他们愿意,让专家们为我们经济崩溃原因的细节去争论吧。但是在大体上,有一个原因给自己打上了清晰的印记,任何人只要愿意去看就会明白。作为现代经济生活唯一不可或缺的强有力的推动因素,信用成为私人的玩物,又被用来为私人谋利。这一点之所以可能,是因为社会没有尝试控制货币与信贷。

我请求你们去看的另一个事实是:危机依赖于国家收入分配中的巨大不公平。当人口中的一部分、一个极小的部分占有的收入远远超过消费需求的任何可能的扩张,其中相当大的一部分剩余必定会被投资于工厂进一步增加生产,于是增加了有待于进一步消费的产品——如果存在着购买力去购买这些产品准备消费的话。然而与此同时,由于生产与交换资源的私人控制,大众得不到使他们得以购买工厂生产的产品的手段。最后,某种危机——与信用公平相联系——迫使这一分化暴露在光天化日之下。货物卖不出去,工厂倒闭,男人和女人们失业,于是只能买更少的东西;由于他们都没钱了,更多的工厂关门,商店关门,银行破产,以及诸如此类现在围绕着我们的恶性循环。社会并没有运用任何手段来控制与消费和购买力相联系的生产与分配的微妙的机制。这个国家并没有实现这种控制的宪法性手段。因此,我们的危机并不是偶然的,失业也不是来自天堂或地狱——除非是我们自己造出来的地狱——的惩罚。在现代成批巨量生产的条件下,不可能把生产与消费的平衡托付给这样一批人,他们私人总账上的月度损益表囊括了他们所有的利益。即使有做这类工作的名声,他们也并不具备智慧。由于需要保守秘密和承担风险,私人利润体制是必要的。一种意在追求利润的完全公开和消除了风险的体制,将是利润体制的终结。

由于当前崩溃的根源在我们的社会制度中隐藏得如此深刻,而且由于我们大家全都与创造和容忍这一制度脱不了干系,在这里我将不再花时间指责老的政党。在他们的无能、虚伪的托辞,他们可怜巴巴的躲闪和他们可笑的表演中,他们所做的不过是把实质变成了形式。缺乏对于当前困境根源的理解,缺乏应对这一根源的意愿,他们只能抓住禁酒问题和其他属于表面征兆一类的问题,因为那就是他们能够理解其政治意义的仅有的事情。如果我们在这里也以赢得总统职位为主要目的,则无疑应当以相同的方式行动。

我们被告诫说,民主已经失败。毫无疑问,民主向失业的人们走近了。有那样一些人,居然在克吕格^①和英萨尔^②的惨败之后还敢厚着脸皮说,非独裁的政府是如此缺乏效率和腐败,以至于对经济力量受人拥戴的社会控制根本不可能。我们所应当吸取的教训,以及我们想要告诉伙伴们的是:如果允许经济独裁发展,政治民主就不能不失败。我们容许商业和金融独裁到这样一种程度,以至于在政治上能与之并行不悖的就只有墨索里尼(Mussolini),如果没有一场革命产生一个列宁(Lenin)的话。形成一个新的政党的事业是这样一种事业,教育人民,直至他们当中那些最死板和党派性最强的人认识到了经济生活与政治之间的联系,这一事业才算完成。它应当使政治民主与产业民主间的联系,犹如正午

245

―――――――――――――

① 克吕格(Ivar Kreuger, 1880—1932),瑞典金融家。1907 年在瑞典创办了一家火柴公司,曾试图垄断全世界的火柴生产,人称"火柴大王"。然而,随着世界性萧条的日益严重,其处境也日益窘迫,于 1932 年开枪自杀。——译者

② 英萨尔(Samuel Insull, 1859—1938),美国公用事业巨头,芝加哥爱迪生公司总经理,他庞大的持股公司企业在大萧条时期崩溃。——译者

时分的太阳一样清楚。

　　这一任务并非轻而易举。民主的长足发展不能在一日之内实现。为我们自己,为我们的孩子,我们必须响应生活的召唤。我们无意为一时的不满和实施华而不实的补救和东拼西凑的举措而建立一个政党。想要阻止不可避免的变革进程的人们,可以躲在大象的背后;想要进步的表象而不要进步的实质的人们,可以与那些把几个胡萝卜放在驴子鼻子上的人同坐一趟火车。联盟的任务是教育美国公众认识基本的经济现实和新的政治秩序的必要性,从而使民主的精神获得新生。我们矢志致力于此。

第三政党的前途[①]

独立政治行动联盟是一个相对较小的团体在赫伯特·胡佛1928年当选总统之后讨论的自然产物（由于我经常被错误地认为是联盟的创立者之一，我愿借此机会说明，尽管我很高兴地接受邀请参与讨论，但我不是最初的小组成员）。参与讨论的人并不对产生如此迅速的结果抱乐观态度。我们并不指望很快就成功地形成一个统一的群众性政党，更不要说接近于在总统选举中得胜。我记得我们经常谈到英国工党的早期历史，以及该党姗姗来迟的进展，也反复提到要为一场持续至少30年的战争进行招募。不过，我们确信，不对自身的经济条件进行调整，美国的政治生活不可能无限期地持续下去。

在讨论未来的时候，我们对这个国家所"享受"的繁荣景气的不实在性有一致意见；没有人相信新的经济时代的到来。尽管并不准备确定崩溃的确切时间，所有参加讨论的人相信，泡沫的破裂是确定无疑的。大家都觉得，当不可避免的反应到来时，国家的政治氛围将朝着更有利于传播基于经济条件的政治理念的方向演变。股市1929年的崩溃来得比预期更快，随之而来的政治怀疑和大规模的非难重新流行就不用说了。

我们曾经是并且依然还是所谓"实际政治"的新手。但我们可以安慰自己，我们至少是务实的人。我们并非出于单纯情感上的理由走到一起，也并不抱有虚妄的期待。我们并没有关于乌托邦和太平盛世的讨论。没有时间去讨论遥远的目标和抽象的理想，甚至没有在"改革者"的努力中时常浮现的情感氛围。讨

[①] 首次发表于《新共和》，第71期（1932年7月27日），第278—280页。

论中出现毋宁是一种对于必要性的感受，首先是经济变革，随后是相应的政治变革的必要性。

我之所以给出这一简短的回忆，是因为在谈到我心目中对最近联盟在克利夫兰举行的年度大会的印象时，这些回忆是一种适当的铺垫。在最初的会议中，我们曾经提到未来产业崩溃的前景；我们认为，我们的运动不应基于伴随任何一次萧条的当下的不满。我们记得，昔日缘于当下萧条的政治抗争都是短命的，一旦繁荣重归的旭日升起，它们就成为过眼云烟。因此我们决定，联盟的教育工作应当比让人们分享不满更为深入，而且不应该为求得蘑菇似地迅速发展而采取权宜之计。

克利夫兰会议上所发生的与这些早期的信念完全一致。在这特殊的年代，全国各地大约有二十次不同的政治抗争。每一次抗争都源于不满，也都通过某些特殊举措追求全方位的补救。人们对于民主与共和两党显然都十分嫌恶。克利夫兰会议的成功超出了我们最乐观的预期，它表明，政治抗争表现出自身的倾向，而公众不满足于寻求特殊的万应灵药以及与投票相联系的机制，而是要探求根本的原因和根本的补救。

一个新的政党联盟所容纳的利益，是通过其中来自四面八方的代表和成员来体现的；是通过那些挤满了大厅并不顾闷热的天气全神贯注地坐在那里开会的广大地方性的男女代表们来体现的。这一点在报纸广告的特点中得到反映，不论在数量还是在质量上。在会议之前，会议期间以及会议之后，大会"制造"了头版，甚至还受到了亲老的政党的报纸严肃而友好的注意。尽管采取了激进的立场，党纲依旧受到欢迎，而且很有可能在未来对老的政党产生影响，即使新的政党的任何成功机会都被拒绝。而在不久之前，联盟所受到不是敷衍，就是轻慢。公众政治舆论的基调无疑已经有所变化，对于我国政治的经济方面的兴趣也有了巨大的恢复。

长期以来，所有敏锐的观察家都已经意识到选民对于作为政党的老的政党日益冷漠。胡佛在 1928 年选举中的压倒性胜利，只是这种冷漠甚至嫌恶的一个标志，如果这部选举机器的经理人知道这一点就好了。在过去的几年中，只有最顽固的党徒才认为共和党与民主党之间有显著的差别。民主党芝加哥全国代表大会装模作样地想说服选民，两党在未来会有些差别。会上有迹象表明，心怀不满的农业界成员倾向于支持罗斯福，以表达他们对胡佛的怨恨；然而，同样有来自这一方面的报道表明他们有意绕开民主党。如果大会所显示的迹象可信的话，那么早先关于两党本质的相似性的信念转变为某种对它们的憎恨一类的东西。它们对衰退并不负有直接责任，但它们应当为回避衰退所提出的问题，为出于选举目的而转移人们对于实际形势的注意力负责任。

这场大变革的一个非常奇妙的原因值得一提，因为其本身虽然并不足道，但作为一个标志却是重要的。无线电广播以一种出人意外的方式带来了政治启蒙。如果党的管理人想要让选民相信他们挑选候选人以及形成党纲的方法是多么离题多么不足道，他们不会设计一种相当于在广播中宣读两党的上一次全国代表大会记录的方法。他们以一种有效的方式泄露了两党多么缺乏理念，泄露了他们对于理念的必要性的无知，也泄露了他们对于最笨拙、最老套的煽情手法的刻意倚仗。其至连老的政党所控制的报刊喉舌也在某种程度上参与对于这些政党过去操纵与影响公众舆论的各种手法的揭露。这样的情景对于把消极的冷漠转化为主动的愤慨具有巨大的影响。

这次会议证实了我们早先的信念：不可避免的经济反应将会创造一种政治变革。会议同时也证实了这样一个信念，即人们将会要求一种政治措施，这种措施不是万应灵药，也不是江湖郎中口中的济世良方。这些讨论与党纲专注于基本的经济原因与补救。曾经有不止一个有希望的新的政治运动最终都被扼杀了，究其原因就是由于人们的探讨为极端分子所把持，这些人在情感上急切地希望消除弊端，但处事不够开明和健全。会议中并不是全然没有这样的人，会议主持人德弗雷·艾伦先生并没有以强势压倒他们。不过，他们的代表虽然成功地延长了讨论时间，却并没有在讨论中留下持久影响。如果会议有什么矫枉过正的地方，那就是没有考虑任何权宜之计。例如，对于行政当局处理银行、货币和信用问题的方式存在着普遍的不满，然而，一个赞同通货膨胀的决议还是被否决了，这不是因为没有意识到受控的通货膨胀的必要性，而是想要避免鼓励不兑现纸币党。会议对债务人，尤其是农民在价格低落时由于维持固定收费制而受到的不公正待遇有一致意见，但大会决议作出了仔细的处置。如果这些做法被认为意味着大会不相信任何激进措施，它们就被错误地解释了。这些做法意在确保所采用的措施是有效的，而不是一时的吸引选票的手段。而且，如果我能够正确地解释这些做法的主旨，这样的态度就其本性而论确定地是政治的。大家都觉得，只有能够针对问题的根源，而不是仅仅针对问题的征兆作出应对，一个第三政党才有可以持久和被看好的前景。我应当说，这种感觉反映了会议不同于昔日流产的新政党运动的独特之处。

在大会上，没有什么比指责两个老的政党让"急迫的经济问题从属于酒的问题"能够赢得更由衷、更响亮的掌声。这一事实并不表明代表们都是禁酒令支持者。他们中的许多人会投票赞成废除第十八条修正案。但是在我看来，从现在起，对于老的政党全国代表大会的管理者把酒的问题置于产业与金融问题之前，并给人以第十八条修正案将很快被废除，而废除该修正案将——由于某种奇迹——使繁荣得到恢复的印象的策略会遭遇越来越多的怨恨。有许多人在禁酒作为一个不同的问题上持反禁酒令立场，但在作出判断时依旧是头脑清醒的。许多人比两党芝加哥全国代表大会闹哄哄的参加者要头脑清醒得多。

克利夫兰大会上所讨论的急切的实际问题，是成立一个统一的第三政党所需要做的。联盟内部有参加 1932 年总统竞选的压力，有些人觉得立刻采取行动的时机已经到来，而不采取这样的行动将使许多人弃联盟而去，因为觉得联盟不足以成事。但占上风的意见是这种行动的基础还不具备，而且在即将到来的总统选举中，社会党党纲和社会党候选人托马斯和莫勒（James H. Maurer）（后者从一开始就是联盟的一个副主席）与联盟的目标足够接近，以至于可以代表这一目标。因此，有足够理由动员联盟成员支持社会党候选人的竞选，并投票支持其当选。会上一致通过一个决议，要求在 1933 年初发出倡议，召开各独立团体联合大会以成立统一的政党。联盟的执行委员会和全国委员会被指示拟定一份联盟应当极力支持的民主与共和两党以外的国会成员候选人名单。联盟中的一个普遍信念是：如果这样一群人被送进下届国会，就会对老的政党中的抗争者产生强有力的刺激，推动他们撤销对于这些政党在名义上的归顺，公开加入新的政党。

在过去，联盟在专业与白领阶层——如保尔·道格拉斯所指出的，两者在本质上是一回事——中影响最大。它曾经由教师、教士、社会工作者、医师、工程师、记者、职员组成，在很大程度上，他们不同于体力劳动者。在克利夫兰大会上，出现扩大其成员范围的令人鼓舞的迹象。这种局限从来就不是刻意追求的结果，而是因为最初创立联盟的人们更多接触的是这个领域的人。没有什么言语比进步劳工行动会议（Conference for Progressive Labor Action）的 A·J·马斯特（A. J. Muste）和来自康涅狄格州的雄辩而富有斗志的纺织工人詹姆斯·迪克

(James Dick)的发言,更加温暖动人。有许多报道显示,地方工会与美国劳工联合会的官方政策决裂的倾向在不断增长,以便进行独立的政治行动。许多劳动者越来越倾向于相信,积极的政治活动是防止劳动者组织在产业领域解体的唯一保证。

前景中一个令人沮丧的方面已经谈过了。农工党的一些重要领袖打算支持罗斯福竞选总统。对于他的自由主义有一种不温不火的期待,以及一种认为击败胡佛绝对可取的强烈信念和采用任何令这一结果有希望实现的做法的意愿。联盟的一个现实任务就是在即将到来的竞选中,说服来自农业领域的成员认识到这一政策具有自杀性。我认为,联盟的成员比谁都不信任胡佛总统及其政策;然而,支持罗斯福而并不增强民主党实力的想法不是有希望的想法。对于未来的希望是民主党的弱点和自由主义分子的力量的这样一种展示,它将把保守的民主党人送进他们本该加入的共和党,把进步的民主党人引入新的党;该党将借助适应当前的经济现实的手段,切实打击特权阶层,捍卫普通民众的权益。

我经常觉得,由一个认识到经济现实,并且致力于抑制粗朴也就是野蛮的经济自由放任主义的新的政党所引领的成功政治行动的前景,是令人沮丧的。作为本文的结束,我要说,从克利夫兰大会之后,我比过去任何时候都觉得受到鼓 252
舞。全体选民在等待;他们的响应在等待。工作与组织是创造一个强有力的新的政党所需要的全部动力,而该党将不是仅仅提出抗议的党。

大选以后——怎么办？ [①]

253　　　我们联盟在 4 年前胡佛取得压倒性胜利之后就着手为建立新的政治同盟而努力了。在罗斯福取得当前的压倒性胜利之后，我们将继续为这一目的而努力。为数 600 万之多的选民的立场从一方转变到另一方，证实了我们的信念，即对于老的政党的忠实与信任正在消失之中。这一忠实与信任的稳定性已经被削弱。独立选民在选举上的力量已经可观地超越了平衡作用。4 年前投共和党票的人中，有超过四分之一的人在今年出现了摇摆，而且想要摆向左翼。对于他们究竟以何种方式转变到左翼的立场，他们可能仍然是无知而受到误导的；但是，如果罗斯福先生和他的顾问们以为选民们对民主党作出了承诺，那么，他们更加无知而自欺欺人。选民要的是一种"新政"。刚刚过去的是一场老大不情愿的选举，但是，选民的变化意味着比一场不情愿的选举多得多，甚至比一场抗议性选举多得多的东西。在很大程度上，这是一场为实施一种政治举措（如果不是在政党内实施的话）而寻求新的联合的选举。民主党的媒体大多像共和党的媒体一样保守，它像后者一样，说什么过去的选举只是胜利从一个党转到另一个，以掩盖这样一个事实，即票数上的变化是一种巨大的不满，以及对于根本变革控制政府力量的希望的表达，从顽固地拒绝变革到支持维护经历苦难的普通民众的权益的伟大事业的转变。

　　很久以来，我们独立政治行动联盟一直坚信，我们的真正考验和真正的机会

----

① 首次发表于《独立政治行动联盟新闻公告》，第 1 号（1932 年 11—12 月），第 1—2 页。本文选自杜威于 1932 年 11 月在纽约对独立政治行动联盟所作的演讲。

在大选以后才会到来。我们坚信,并且仍然坚信,罗斯福州长取得的票数越多,选民注定要面对的失望也越大。我们的一部分任务是抓住这些公民重新振作的机会,让他们认识到,"新政"意味着一种只能由一个新的政党才能予以实施的"新政"。高得票不足以让民主党借尸还魂,而只能表明其解体严重到了何等地步。

我们已经有了推进教育工作的了不起的基础,利用这一基础可以实施由联盟支持的总统候选人——诺曼·托马斯推行的、以教育为目的的竞选。他的教育工作的成果,丝毫不能以他所得到的令人失望的选票数目来衡量。每个人都知道,许多人都确信社会党通过参加竞选力求实现的根本的社会与经济变革的必要性,但却没有投票支持托马斯和莫勒。

全国这样的人很多,他们是联盟应当积极动员的人。农工党选出来的明尼苏达州的五个国会成员,是一座照亮未来的灯塔。一位民主党的当选参议员日前曾经说,西部的农民拒绝了一个党,因为该党未能满足国家的要求;而且他们已经准备好拒绝另一个,如果该党同样不能做到这一点的话。民主党做不到这一点。某些人必须看到这一点,即在从现在起的 4 年里,他们不会重新倒向 4 年以后重新变得"有希望"的共和党。独立政治行动联盟明确地号召:把我们对于农工党的支持扩展到其他州,以便使该运动有可能成为新的政治同盟在农业界的核心。

来自工业中心劳工的票数是整个形势中最令人沮丧的部分。对于代表其利益的仅有的候选人和仅有的措施,这一票数所提供的微弱的支持是对劳工组织领导能力的令人悲哀的评价。同时,它也是对那些固守教条的社会党人小团体最充分的指责;这些社会党人认为,美国的激进政党的唯一希望是无产者阶级——一个政治上并不存在的阶级。

然而,我们知道,全国各地的劳工团体正在不断兴起,它们都对其脱离劳工大众的高层领导人的无所作为政策十分反感。随着时间的推移,这样的不满会不断增长,它们正等待着我们去工作。

第三个劳动领域中的人们,是那些对上一次竞选中的激进呼吁作出最直接反应的人们。在上一次竞选中,学院中的学生对于诺曼·托马斯激动人心的领导力量的巨大反应,就是这种反应的代表。数量众多的专业人士、教师、工程师、社会工作者、教士已经站在我们一边,尽管他们中的许多人由于看来是当下需求的压力而在今年没有投我们的票。我认识到这一群体在数量和其他方面的局限。但我相信，知识分子和最不偏不倚的群体现在所相信的是预测未来将会发生什么的最好的根据。

一个新的众议院将会在 1934 年选出。我大胆预测（没有经济学家会否认这一点），衰退仍将伴随我们。诸如失业、税收、和平与战争、农民、受到不断增长的不安全感威胁的劳工之类的问题将会伴随我们，有一技之长的工人、工程师、建筑师、作家、教师的问题仍将伴随我们，这些人被社会弄得不知所措，但社会需要这些人的服务，却又因为陷入混乱而无法利用其服务。联盟所设定的目标是：到 1934 年，我们的地方支部数要增加十倍，已经就绪的积极的教育与组织工作要增加十倍。我们必须从现在开始，而不是从明年，不是从现在起的两年。在上一次我演讲的聚餐会上，曾经邀请你们加入一场新的三十年战争；我现在重申这一邀请，让我们为创建一个新社会而战，在这个社会中，为创造公共福利进行的合作将取代为私人牟利的竞争，而且在一个有组织的世界中的和平将取代目前国家间无序的经济战争中的敌意。

书　评

大学里的儿子——和家长们[①]

《大学生活》(*Life in College*)

克里斯蒂安·高斯(Christian Gauss)著

纽约:查尔斯·斯克里布纳父子出版公司,1931 年

出于心理学家才能解释的原因,良好的判断力(good sense)被称作天赋 *259*
(common sense),这并不常见。在高斯院长这里,伴以幽默、丰富的经验以及由
经验转化而来的内在天赋——这种情况也许总是以其具备的繁杂不一的程度而
存在。此外,幽默并不单纯指一种好脾气,不是虚情假意、欣然拒绝去指明事实;
高斯院长的这种幽默常常一针见血,看破了我们文明的不谐调和矛盾之处。因
而,通过婉转的说明,为现代大学里的孩子们娓娓道来的希望显得更有意义。

这本书不是对当代青年作一辩解,也不是针对众多批评者而对美国的大学
所作的一种辩护。确实,作者自认为,"从某一方面来看,他带有独一无二的带罪
的情感。作为一本取材于教育主题的书,它缺少了某种东西。它没有为我们高
等教育机构的许多弊病提供治疗"。他又说,"如果这本书似乎能够改变什么事
情或什么人,那就是美国的为人父母者"。这段话诱使我作出因作者的精明而未
予明确作出的一种概括:美国大学中暴露出来的不正常的事——他承认这类事
很多——从根本上说,意味着一般美国人生活中发生了不正常的事。

对我们的高等教育机构进行批评,显得缺乏一种合理认知——也缺乏一种
幽默感,好像这些机构并没有感到迫切需要对美国人的生活状况,对其中的善恶
之事进行反思。高斯院长的书与其说是为学生们而写,不如说是为学生们的家
长而写:从整体上看,它的要义是说,在大部分学科中,那些环境不适者,那些男 *260*
生学习上的受挫,要追溯到他们的家庭。学生们被悉心照料,或被严加管束。家

---

① 首次发表于《新共和》,第 66 期(1931 年月 2 月 4 日),第 332—333 页。

长们并不花时间或心思去了解他们的子女,他们对孩子娇生惯养,他们恣意采用过分严酷的手段;被误导了的强烈欲望,使他们把并不愿意上大学的孩子送到大学里去(他认为,也许大学里有三成左右的人本来不会进入大学),他们滥用金钱,有时又过分小气。

本书结尾出了一份要家长们作答的试卷,这是自然合宜的。这份试卷包含的十三个问题极富洞察力。人们希望它们会被那些已有孩子在大学念书,以及那些正考虑要送孩子去上大学的父母们认真思索。如果要对此作一概括,那么,它们以浓缩的形式要家长们回答可能的"改革"问题,这是高斯院长愿意看到的实效。整本书的观点,通过高斯院长自己经验中获得的例证方法加以阐释。没有这个阐释材料的背景,一个评论者所作的总结会显得干瘪,形同说教——原书可从来不是这样。院长的例子以这样或那样的方式强调了这一看法,"很可能由于年轻人生活方式发生的快速变化,与20年前相比,如今对他们的儿子和他们儿子的朋友们的在场感到舒适自在的父亲们变得更少了……他们之间那种完美的促膝谈心场面,如今似乎已不常见"。这引出了这样一种教训——"一般而言,进步应来自父亲"。

与那些哪怕是对年轻人和家长们提出正当规劝和建议一类的书相比,本书自具有一种出挑品质。高斯院长看到,一般讲来,大学学子遭受的苦恼和不幸源于大学院墙外的状况——首先是家庭状况,其次是影响到家庭的那种美国人生活的大环境。于是,虽然说这种处理问题的方式好像隐而不露,它却使该书成了对当代美国社会的一种批评。这一点通过对大学生活这一美国社会横截面所作的批评,揭示了出来。

本书表达的这类说法温婉含蓄,并不一味力陈己见。它贡献的是评论更胜于书中大量提供的那种敏锐的内容丰富的意见。为此,我不禁要来详细引证一下作者导言中最后的那段话:"因此,从某一方面看,我感到大学生遭到了中伤。他们的批评者竭力主张应使校园环境更贴近外部世界的状况,他们应当'为了生活而接受教育',这些批评者所说的生活通常指经商生涯。有些人试图强使学校更严格地纳入到我们的社会和经济体制中去,我却不能不感到有点疑惑:这样的做法就更不明智,即花上那么一段时间,让那些改革家将他们的注意力引向研究我们有几分嘈杂纷乱的外部世界。他们希望使这个世界稍微与人的本性的某些美好方面更接近一点,而我们正是如此经常地在一般大学生的行为中看到这种美好的方面。"

第五章的题目是"新世界和大学生"。正是在这一章以及论"家庭的麻烦——离婚"那一章中，高斯院长极为清晰地探讨了大学生的处境变化和外部世界变化之间存在的联系。浪漫的爱情已经衰歇，人们阅读的那些文学作品"不再是卿卿我我，而是诉诸更为简单，常常是更为赤裸裸的本能，诉诸理智"。并且，"大学和社会之间的樊篱已被拆除。比他的前辈远为常见的情况是：今日的大学生说起话来更像个老于世故者"。

造成社会和今日青年以及之前一两代青年之间差别和许多其他差别的原因正在于此，即如今的新世界是由科学家和发明家塞给我们的。单就汽车的出现来说，它打破了大学一度与外部世界隔绝的状况。还有长途电话和收音机。所以没有理由对此感到诧异，生活，尤其是年轻人的生活，已变得流动不居。"它很少以家庭为中心，很少以大学为中心；它很少固定化，很少受到监管了。"

这些话简单朴实，说出了一个十分明了的事实，也点出了高等教育问题的根源所在，而在人们对大学问题所作的许多精心讨论中却没有谈到这一点。高斯院长有意不触及大学的课程设置和教育方法方面的问题，除非它们偶尔影响到大学生的生活，致使他们为了处分或劝告之类的事儿跑到院长办公室来。但是，我想，他就解决这类大问题，示意了一种唯一有希望并富于智慧的进路。他清楚 *262* 地指出，大学里日复一日的生活不能与家庭及其体现的社会环境相隔绝。我相信，除非也将这些问题置于美国人生活的语景下充分、坦诚地予以考虑，否则，大学教育的问题就不能得到极大的暴露。

"赶超美国"[1]

《俄国的挑战》（*The Challenge of Russia*），舍伍德·埃迪（Sherwood Eddy）著，纽约：法勒-莱因哈特出版公司，1931 年

《苏联对美国的挑战》（*The Soviet Challenge to America*），乔治·S·康茨著，纽约：约翰·戴出版公司，1931 年

《这些俄国佬》（*These Russians*），威廉·C·怀特（William C. White）著，纽约：查尔斯·斯克里布纳父子出版公司，1931 年

263   10 年前，出版商以及读者对苏联几乎漠不关心，或者听到这个名字时甚或抱以强烈的敌意，以致很难为有关稿件找到一个出版商或者一群有阅读兴趣的人。俄国在世界上的地位发生了巨大的变化，这一点可以从当今人们渴望了解在苏维埃社会主义共和国联盟这片广袤土地上发生的一切，以及渴望听到就这些对俄国造成的结果甚而对世界各地造成的结果所作的有关报道、推测和思考，得到很好的显示。以上列出的前两本书是探讨俄国形势及其与我们发生何种关联的若干著述中的两种：埃迪先生希望借此有助于理解俄国造成的挑战和威胁；康茨先生尤其关注由此对美国经济和文化体制造成的挑战。

    这两本书可以互相补充。埃迪先生的书几乎对俄国人生活的方方面面作了一个概观。康茨先生的书论述的是一件事，计划性、协作性企业的范围、发展和前景。一本书中偶尔提及的事，在另一本书中成了突出的主题。共产主义思想构成了第一本书所谈的基本内容，它被应用到农业、工业和劳工领域，落实在对

---

[1] 本文首次发表于《新共和》，第 66 期（1931 年 4 月 15 日），第 241—243 页。

政治组织、教育文化、道德婚姻、法律审判以及宗教的理解中。康茨先生一开始对共产党人的哲学、党组织以及教育体制作了一个简短说明,然后用全书的大部分篇幅对国家计划委员会及其制定的五年计划进行了思考。我们可以发现,两本书取用了同样的材料,但从不同的角度加以切入。因此对这两本书的阅读,使我们对苏维埃社会主义共和国获得了一种双目并用的视觉。埃迪先生的书更具描述性,并涵盖一个较广泛的领域;康茨先生的书则更注重分析,论述更为集中。

一个被不寻常的事件所打动,对那些经明确选择后又广而告之的统计资料加以肯定,希望借此能对今日俄国获得一种鸟瞰式看法的人,他会发现,埃迪先生书中的那篇导言写得很出色。说到统计资料,两位作者都指出,差错不可避免,但由此以为它们被篡改过则愚不可及。俄国人规划的整体展开在本质上有赖于数字的近似精确性,俄国政府和企业各部门的统计处是承受不了任意改动这些数字造成的后果的。况且,"依靠科学"的、业已根深蒂固的习惯近来已见之于收集如此庞大的数字的手段之中。但是,对各种相关的报告和评估还要加以互相检核,这些皆取决于今日俄国作出"自我批评"的那种强烈的献身精神。

我已提到埃迪先生一书罗列的各种主题,接下来必须谈谈本书作出的那些恰如其分的阐述。他强调了这一现存制度中存在的许多矛盾:高度人道化的目的和在其实现中采用的无情手段的统一,个人彻底解放的目标和这种解放在与"事业"发生冲突时造成对个人戏剧性压制的统一,教条主义的刻板现象和在适应不断变化的形势中表现出的那种灵活的、带有机会主义特征的态度的统一,废除个人竞争和采纳"社会化"竞争的统一,以及对金钱理论上的谴责和用奖金等手段滥花金钱的统一等等。当然,布尔什维克分子以目前经济的"过渡"状态为基础来解释所有这些矛盾。埃迪先生引用了列宁说过的一句话:"事情的症结在于,人们必须找到一种手段,在国家资本主义的温床上对资本主义的进化进行引导,以此确保国家资本主义能够过渡到社会主义。"这段话是我们理解布尔什维克政策产生急剧变化的要诀。世界上从来就不存在这样的政府,它对广大民众要做的事千头万绪,而却只打算保持一个单一的目的。

就积极的方面而论,埃迪先生的说明中给我印象最深的是农业革命和合作社发展这两件事。他说,"当前的农业革命就其重要性和巨大规模来看,也许仅次于 18 世纪伟大的工业革命。"俄国人生活的乡村特点,以及俄国农民顽固的个人偏见,所有这些纠结在一起,使得依赖工业无产者的政府有必要尝试去对历史上叫做习惯、技能、品行,以及一般文化之类的东西,作出最为彻底的改变,对这片土地上的劳动者作出最为彻底的改变。共产主义者的尝试的成功或失败取决于这场农业革命能否一直推行下去。如果读过论及农业的第三章所做的叙述,人们不可能不感到惊讶:有多少此类计划不用借助政治和经济革命即可运用于美国的乡村社会。也许美国农民的文化以及经济前景正取决于通过自愿合作,他是否能像俄国政府正在为俄国农民办事那样为他自己办一点事。对合作社组织的说明揭示的,不仅是其快速扩展的规模,还有其内在的民主精神;自然,还有政府对价格的操控,以及对各种农业资料机具进行调拨的情况等。

埃迪先生最后以三点说明对共产党人的政策进行了指控:首先是专制(谈到这一点,他指出了这种专制本身如何自然而然地延伸到了生活的各个细部);其次,渴望世界革命;再次,对宗教持有的偏执态度。他主张的是自由派、改革派社会主义者的一般观点。他的总的结论是说:当资本主义世界正逐步走向社会主义时,俄国应当逐步地采纳西方的民主制。

康茨先生的书总体而论,对俄国人的观点更抱以同情。例如,他对俄国实行的灌输信仰所作的说明,是我至此看到的对其根据作出的最为有力的解释。当条件发生了变化,以致要靠莫斯科较次要的团体组织来实施恒常的控制,他并不害怕这种专制会无限期地存在下去。与我在其他地方看到的有关材料相比,他对施加压力的各种手段作了更充分的说明。但这正是马克思主义者的正当教义,在暴力革命的驱迫下,握有权力的人从不会放弃这种权力。他这本书的一个突出特征和优点在于,集中论述了"计划"这个主题。俄国对美国构成了挑战,这不仅因其这样或那样的特色,还在于我们并不拥有对那种与我们命运攸关的技术性装置进行控制的社会机制。俄国人设想"能对社会现象进行控制,从而人类社会的发展能够听从人的意愿"——这是对那种反复表达的观念所作的一个惊人评论,这就是说,马克思主义者相信其宿命般地臣服于人的思想,相信对历史中必然存在的经济规律获得的认知。

对五年计划所作的整个说明正围绕这一点展开,其结果对该计划的讨论常常缺乏一种总体感。本书区别于其他大多数对五年计划所做的报道还在于,它注意到文化教育事业在该计划中占有的分量。令我最感兴奋的事莫过于康茨先生报道的那种方式:学校、所有教育机构、剧院、电影院、俱乐部、工会活动、少儿青年组织等等,都在对该计划及其实施作出奉献。我请求人们对党的先锋队队员承担的明确责任加以特别关注,从这一事例中,人们可以看到所有的力量正在通过有效的、精益求精的工作作出自己的奉献。这类事例非常多,而康茨先生只是从中举出了一个例子。

本书的用意或许可借以下引用的一段话传达出来:

> 从其目前的形式来看,工业社会正像一个既无灵魂又不具有内在意义的妖怪。它成功地摧毁了过去那种较为纯朴的文化,但并没有创造出当得起它自己声名的文化……无论这种道德混乱状态显示着某种过渡时代中出现的暂时的顺应不良,还是作为出于一己目的将社会组织化了的产物,它都将成为我们这个时代一个关系重大的问题。

无论人们同意(像眼下的作者那样)与否,康茨先生的书是就俄国对美国的挑战发布的一份具有远见卓识的全面声明,它并不以经济问题为限。我想,俄国要经历一个相当长的时期,才会构成工业上的严重挑战;在某些方面,就它以合作社和计划发起了某种经济挑战而言,它已发出精神上的锐利挑战。

怀特先生的书与其他两本书不同。我们在其中看到了一幅有关共产党人理论的影响力及其作用于个人生活的生动图画。正如他在其序言中所说,该书论述的不是俄国实体,而是俄国各色各样的人。同家庭主妇、教授、学生、商人、工程师、工人、教士、打字员、家庭教师、军人、乡村医生、鞋匠、磨坊主的交谈,内容所及为我们展示出俄国人生活的一个个剖面,从中可看到共产党人苦心经营的生活方式所造成的影响。这里显然存在选择的空间,只有一个对俄国人状况十分熟悉的人才能断定怀特先生所作的选择有多么恰当。但我们也不能不公正地说,所有的报道都带有一种真实的印记。它们包纳着所有的明暗色块:心怀不满者、"被剥夺者"、自认为持中立态度者、动摇者、并非党员的同情者、党员,只是缺了农民——也许是因为他们人数众多。这类叙述偶尔流露出俄国式的幽默,特别是那种阴冷可怖、戏谑嘲弄式的幽默。

总的来看,使人备感兴趣的是:个人的叙述与一般陈述被巧妙地拼合起来,比如,一般的阐释强调了"轻"工业极大地隶属于"重"工业,就是说,消费品的生产极大地隶属于装备品的生产。这样做的目的是为了促进生产:促进采矿业、电力工业、石油工业、新兴机械工业、工厂、汽车、拖拉机的发展。该书通过描述,指出了这种隶属关系对老百姓造成的影响,俄国的工业化显而易见造成了他们极大的牺牲。自然,人们的反应依各人的地位而各有不同。康茨先生记述了统治者为了保持民众的道德信念而多次发起的强化运动,使这种随之造成的代价变得一目了然。如果说前两本书是互相补充的,那么,怀特先生的书则对前两本书作了补充。然而,我认为,怀特先生是第一批这样的观察者,他承认普遍的抱怨尤其成了俄国人的慢性病。在对这些个人叙述的最终价值作一评估时,我们必须把这个事实铭记在心。

评《共同人格：法学研究》①

《共同人格：法学研究》(*Corporate Personality*：*A Study in Jurisprudence*)

弗雷德里克·哈利斯(Frederick Hallis)著

伦敦：牛津大学出版社，1930 年

哈利斯先生的著作肯定是一种哲学法学的研究，它是关于把人格概念运用于法律的一项研究，而不是对法律实践的一种分析。然而他认为，研究的结果必须具有实践价值，否则的话，这项研究就不是法学研究了。于是，哈利斯先生尽力去维持一种平衡。我却要在随后指出，这种平衡在我看来，似乎并不稳定。无论如何，他一方面要努力保持哲学分析的立场，另一方面又要保持实践运用的立场，这正使查明这一点变得有几分困难：最终来看，什么是他自己的立场呢？

一方面，他认为，法学中人格概念的价值"本质上是实践的，这是就其能够使我们按照社会生活的事实去做某些事这层含义而言的。这样，法律概念本身并不具备价值。它的价值全在于它能满足为法律所关顾的实践目的"。人们可能盼望他的讨论能够相应地说明那种认同于法律的共同人格概念的实践目的，并且根据这样的理由作出某种辩护，即为这种概念所促成的重要目的不可能被任何其他的法律设计所实现。

但是，这种处理问题的方式在他那里显得过于实用化和经验化。出于某种理由(我要坦言，在这一点上，他还没有使我搞清楚)，他认为这样的解释逻辑上会导向一种虚构和享有特权的理论，而他却对这类理论不遗余力地进行了批判。为了反对这种观点，他主张有必要保持这样的看法，即法律上的人格概念确实与

---

① 首次发表于《耶鲁法律杂志》(*Yale Law Journal*)，第 40 期(1931 年 6 月)，第 1338—1340 页。

不具备其法律意义的那种哲学概念包含着某种共同的东西。

　　哈利斯先生打算找到一条中间道路,作为逻辑的结果,他转而对现有的法学理论中涉及共同人格的那部分内容进行了考察。他首先讲到了各种理性的理论,他认为,这些理论过于形式化和抽象化,应予抛弃;接着是社会学的理论,他发现这类理论不能令人满意,因为它们在强调社会事实的同时,忽视了法学概念的那种独特性质。在第一个标题下,他对新康德主义和新黑格尔主义的法哲学作了细致分析,并将施塔姆勒(Rudolf Stammler)列为前者的典型。在第二个标题下,他特别讨论了狄骥(Léon Duguit);并伴随对现代社会学所作的概要说明,对狄骥进行了批评。对理性主义哲学的批评依据这样的理由:它们所持的道德概念导致它们将社会事实排斥在外,于是它们赠予我们的法律体系与道德连为一体,却不具备固有的社会基础和功能。为了反对狄骥的那种法学理论,哈利斯引入了相反的反对意见:这种法律唯一依据社会事实,以致它没有考虑到法律的特殊功能——"法学思想的灵魂"——在于使社会生活达到一种理性的协调。按我们的作者来看,狄骥对"意志"不加理睬,从而"丢弃了对人格因素的说明,而人格因素本质上正构成了不同社会层次的种差"。我们也许要顺便指出,哈利斯先生把经验主义、实证主义和实用主义当作一组同义词来使用;在许多场合,他似乎更多地依据他对这些哲学家采取的反对立场,而不是依据狄骥本人的学说而作出他的批判。

　　在其著作的第三部分,哈利斯先生论及了冯·祁克(Otto von Gierke)、科尔库诺夫(Nikolai M. Korkunov)、耶利内克(Georg Jellinek)、克拉伯(Hugo Krabbe)和欧里乌(Maurice Hauriou),全面展示了他对这些学者的观点最大程度的同情。他将他们放在一起,因为他们都认识到了法学和社会学的密切关系,却又没有落入他归咎为狄骥将两者相混同而造成的那种谬误之中。冯·祁克正确地强调了法律所承认的、作为法律人格的那种共同体的实在性。但他的错误在于忽视了这个事实,这一人格是被社会团体赋予的,而这种社会事实又是从法律本身的理想目的出发来加以评判的,他所说的社会事实正是一种法学理性的构造物。令人略感惊讶的是:哈利斯先生批评耶林(Rudolf von Jhering)过于形式化和理性主义化——鉴于此,他对奥斯丁(John Austin)的法律理论和主权理论也进行了批评。科尔库诺夫对耶林的理论作了改进,认为权利是由法律限定的利益,而不是由法律保护的利益——对哈利斯来说,这一区分似乎意味着更要承认社会本身利益的独立存在。但就像耶林一样,科尔库诺夫没有注意到法律所定义的利益在个人意志中有其根源。

耶利内克的兴趣在于指出,国家作为一种共同人格,其本身也臣属于法律。他认为,主权是历史形成的,而不是一种固有的属性。但当他把意志从而人格归于国家时,却没有讲到意志所必须服务的那种目的和利益,从而最终使从属的社会集团的权利成了一种实质上可以让予的东西。克拉伯甚至更为反对这样的观念,即法律是权力一种任意的创造,法律只是为了奥斯丁式的权力而作为抽象的道德意志的替代物才会产生成效,从而也以倡导一种让予的理论而告结束,虽说这是从道德的存在出发作出的让予。欧里乌值得称赞的地方在于,他看到了法律人格具有一种社会的基质;但要加以指责的是,他没有看到前者的实在是法律之概念性或理性的构造,这一构造兼备了某一观念性的目的和对社会现实作出的科学观察。

需要指出的是,我们的作者的目的是用一种思想学派去反对另一种思想学派。一种思想学派强调社会事实,却没有说明法律之理性和观念的目的,并把从后者那里得到的东西塞给前者。另一学派如此强调法律的理性的目的,以致看不到这一目的牵涉到的各种社会现实。"法学问题总是既带有真实的实际的一面,又带有理想的规范的一面。"他渴望将此作出一种折中主义的综合,从而证明自己是本书题献的维诺格拉多夫(Paul Vinogradoff)的真正弟子。他深信他对两者中合理的要素作了一个综合,但我觉得他更为成功的地方是利用一个学派去责备另一个学派,而不是作出了一种有根据的综合。当他断然作出自己的"解答"时,这种解答更像是一种文字上的断言,即理性和经验的因素必须在一个坚实的理论中被统一起来。当然,他对最重要的现代大陆法学理论家们的理论作了细致的分析,读者们会从中获得有价值的教益。

评《一个哲学家的自传》等[①]

《一个哲学家的自传》(*The Autobiography of a Philosopher*)，
乔治·赫伯特·帕尔默(George Herbert Palmer)著，波士顿和纽约：
霍顿·米夫林出版公司，1931 年

《保卫哲学》(*A Defence of Philosophy*)，拉尔夫·巴顿·佩里
(Ralph Barton Perry)著，坎布里奇：哈佛大学出版社，1931 年

《穷途末路的雅致生活传统》(*The Genteel Tradition at Bay*)，乔治·
桑塔亚那(George Santayana)著，纽约：查尔斯·斯克里布纳父子出
版公司，1931 年

271　　　帕尔默教授对一段漫长、活跃而又宁静的生活经历所做的过于简短的说明，展示的何止是一份个人记录。从其中涉及的个人经历来看，它记录了体弱多病的时日，记录了他对本国为其前半生提供的贫乏的哲学教育机会不懈地进行的抗争。其中包含他自己对道德和宗教问题所作的一个简洁的最后陈述——陈述的是一种被艺术和文学兴趣所软化和自由化、又经哲学研究得到扩展的原始的福音派清教主义。在对该书的阅读中，人们还能找到有关美国高等教育发展的一份记录，以及对受到埃利奥特[②]校长的鼓励和影响，得以实施的宏大的大学教育重整计划抱有的那份欣赏态度。除了不时出现的异想天开的人物，今日之人几乎不可能再去欣赏半个世纪前学院教育的那种低调性质了。值得指出的是：

---

① 首次发表于《新英格兰季刊》(*New England Quarterly*)，第 4 期(1931 年 7 月)，第 529—531 页。
② 埃利奥特(Charles Williams Eliot, 1834—1926)，美国教育家，哈佛大学校长。他大力进行教育改革，如主张文、理科并重的通才教育，推行选课制，提高入学要求，使哈佛成为世界闻名的大学。——译者

帕尔默教授迟至 1889 年才首次开设了一门富有创意的哲学课。在他的众多学生中,那部分因帕尔默教授而被吸引到哲学中、又被他罕见的教学天赋——这种天赋得到了不断的悉心养护——所激励的学生,一定会乐于看到这份展示着殊堪回味的人生经历的珍贵记录。

佩里先生的这本小书诙谐生动。他着力要完成他认为需要去完成的那项任务:哲学家要摆脱其开导教化、无所不知的声名。这本小册子的特别出彩之处在于,指出了哲学如何又为何"蔑视常识"——它如何必定要将通行的信念翻出来,又搞得一团糟。哲学始于作出为常识所熟悉的种种区分,但把这类区分远远推到了流行信念愿意追寻的那个端点之外。为哲学研究灌输的那种怀疑的习性,正滋补着哲学家们这个分泌的腺体。一如美国开拓者的生活那样,哲学在把它的边界向前推进;出于这一理由,它不用害怕因为其思辨趋向,或超越科学证据的限制而受到谴责。

桑塔亚那先生的这本书为新人文主义运动的讨论所作出的贡献,显得彬彬有礼,却令人啼笑皆非。它几乎肯定是以"不偏不倚"的态度写成的,并且正如在这次世界大战中法国的爱国者对罗曼·罗兰(Romain Rolland)的书所说的那样,它包含类似上帝(*Le bon Dieu*)用俯视的目光来看待人类莫名激动和徒劳抗争的东西。作者近来涉足形而上学,经过这番远行后,许多读者会对这本回归到先前《理性生活》(*The Life of Reason*)一书的风格、充满睿智的书表示欢迎。此书开首便是"对现代性的分析",这极具破坏性,因为它没有赋予现代生活的可靠性多大的价值。对三个以 R 字母打头的词——文艺复兴(Renaissance)、宗教改革(Reformation)和革命(Revolution)进行了评估,并找到了其中存在的欠缺之处。第一个表现着真正的人文主义,对激情的释放;第二个将精神还原为物质利益和进步的工具;第三个造成了工业至上和物质化的舒适生活。所有这些运动都是借助听上去了不起的名义进行的,却与它们造成的实际后果无关。为此要引入第四个以 R 打头的词,读者或许会感到大吃一惊,这就是说,桑塔亚那极为赞同浪漫(Romance)的精神。也许是被新"人文主义者"对浪漫主义进行的言过其实的攻击所打动,桑塔亚那先生说:"容我坦言,我很难想象不久的将来,任何诗歌、道德或宗教不会深深地根植于浪漫的精神。"第二篇文章是就超自然主义,从实际情况来看也是就反超自然主义的理论根据所做的一个陈述，它宣称超自然主义正是"人文主义者"立场的真正庇护所。结尾的那篇论述自然主义道德恰适性的文章，在这一系列文章中最具建设性。文章最后说道："只有一种与人的率真本性相联系的道德，才值得为人所拥有。"这里给出了一种提示，即唯有这样的道德才是真正人性化的道德。

查尔斯·桑德斯·皮尔士[①]

《查尔斯·桑德斯·皮尔士文集》(*Collected Papers of Charles Sanders Peirce*),第 1 卷,《哲学原理》(*Principles of Philosophy*)

查尔斯·哈茨霍恩(Charles Hartshorne)、保罗·韦斯(Paul Weiss)编

坎布里奇:哈佛大学出版社,1931 年

一个对这些论文撰文评论的人,首先必须对编辑者哈茨霍恩博士和韦斯博士的耐心专注表示感谢,对哈佛大学哲学系和哈佛大学出版社提供的服务表示感谢。一个门外汉,开始时不会意识到编辑这堆多达 10 卷本的手稿碰到的各种困难。我们从本书的导言中得知,未发表的论文有数百篇之多,它们各有其未完成的形式,有的光有开头,没有结尾;有的未载有引出结论的那条路径,脱漏的字句和多处重复更是比比皆是。这些素材涵盖的主题范围广泛,但由于皮尔士见解的原创性,要把其中的任何一种归入约定俗成的科目并不容易。

然而,如果对本书第一卷作个判断,编辑工作取得了人们难以想象的成功,以条理有序的形式将材料整理出来了。首批六卷《文集》若能出齐,读者们当会了解到本国最具原创性的哲学思想产出的成果,这类成果涉及一般哲学、以传统的科学方法论的形式或现代符号逻辑形式阐发的逻辑理论、形而上学、实用主义、数学等。余下的四卷含有他关于物理学和心理学方面的著述文字,以及他写就的书评和信件等等。

皮尔士毕竟不太可能变成流行的人物,甚至当我们在高度限定的意义上把"流行"这个形容词运用到哲学家身上,也是如此。他是哲学家的哲学家,这是以

---

① 首次发表于《新共和》,第 68 期(1932 年 1 月 6 日),第 220—221 页。

一种不寻常的程度表现出来的,其中一个理由在于他遗留下的著述文字的残破不全的情况。正如编者所说,他拥有系统思维的能力。在他的一篇以序言形式刊印的片论中,他表白了自己的志向,像亚里士多德那样,将哲学建立在其深厚而扎实的基础之上。他想依据现代知识概述一种无所不包的理论,从而使人们把很长一段时期里各个领域获得的研究成果只当作那种例证性的细节来加以利用。这是一个执行起来显得过于宏伟的计划,它既不符合皮尔士本人的习惯,也无助于他与其他思想家、大学和出版商建立的关系。一如编者所说,他不是"一个运动的领袖",而是"一种观念的创始人"。这是一些具有开创性意义的观念,这些存留下的观念即便是经他极为充分地写就出来,也像是未成熟的胚芽,仍需加以栽种、培育,以便带来收获。

皮尔士的意图和实现这种意图的条件之间、个人和环境之间存在的悬殊差别,酿成了一个知识分子的悲剧。他的思想并没有作为一个发育完全的整体得到足够的展示。于是,走近他的思想家们发现了奇妙的设想、新颖的观点、詹姆斯称之为"灵光乍现"的那些常常几乎是信手抛出的富含养分的观念、处理各种传统主题的非凡的解放手段,而这些主题的生长看上去显得如此寻常,以致只适合用人们惯常的描述进行处理。他们会发现各种稀奇古怪、几乎难以置信的构想,我认为他是在与他人心智隔绝的工作条件下对这些构想作出说明的。尽管如此,我不会过于自信地预料这些构想带有全然不确定的性质。例如,他对他那个时代的物理学原理断然加以否认,这完全符合今人发现的东西。很可能,假使他本人具备一种较为严格的规范意识,从而使他的思想能以一种更为完整连贯的形式呈现出来,那么标准化就是他要偿付的代价,而这就会减少他的新颖性和原创性。他是一颗流星——是那样一颗流星,它的出现不可预测,它的轨迹无从探明。

这样,或许没有哪两个人会选取同一种最能标明皮尔士思想之真正特质,并对当今哲学活动最具意义的观念。例如,有人也许会看到他突出了终极原因的实在性和客观思想的效验;另一个人也许会对聚合的观念感兴趣,以为这一观念似乎对怀特海已制定的某些原理作出了预示,尽管使用的是根本不同的术语。事实上,他不仅在其未得到充分发展的情况下抛出了这些观念,而且某些时候,他提出的一些观念在其较早的历史背景中曾被互相矛盾地运用过。他没有对调和这类观念的那种衔接沟通的直觉作过详尽阐述。因此之故,我要毫不迟疑地着力选取的是那些对我最具吸引力的观点。

　　然而,当我说皮尔士称之为"可误论"(fallibilism)的东西在他的思想中占有中心地位,我有理由确信是有可靠根据的。断言人会犯错,这是一件再寻常不过的事了。怀疑论者以及皮尔士都认为,没有哪种人的信念可以免除这种可能性。但皮尔士的独特之处在于:在他的思想中,这一看法并未导致与怀疑主义联姻,犯错的倾向本身是宇宙状态一种可信赖的标识,而不仅仅是人的特征。皮尔士不是一个怀疑论者,因为他对发现、对学习的可能性——如果我们善于探索和观察的话——抱有强烈的信念。有关确定性的断论之所以有害,恰恰因为它阻挡了通过探寻去发现事物的道路。他说,以为科学即意味着知识,这是一种谬误。科学宁可说是"为发现事物的渴望支配的一种探究"。它处在一种不断"新陈代谢和生长"的状态中。规定了科学特性的那些业经确立的真理,它们是"已被打上签条并置入科学家头脑里的东西,以备他的不时之需;与此同时,科学这一活生生的过程却在忙于作出种种猜测,或是把它构想出来,或是对它作出检验"。

　　可误论也不光是有关方法的一种必要公设。它有着确定的哲学意涵。它指出了自然万物发展的连续性。"连续性的原则就是使可误论具体化的原则"。它表示,正如我们的知识在某种测不准的连续体中来回穿行,事物本身也在连续体中载沉载浮;不存在那样一种可能造成精确知识的确然的断裂和分隔。可误论的观念只是要人们打开心灵,使之对相互交合的边缘处、对万物之流进行观察。对皮尔士来说,进化的观念是连续性的原则的一种形式。科学独断论者(或者说机械论者,在皮尔士看来,两者是同义的)主张统一性、重复性,他的心灵容不下所有那些表现着多样性、新颖性和自发性的证据。通过连续性得出的结论是:世间万物只能依据其生长的基础得到解释。就连规律本身也是进化式的生长。无论何处,只要存在真正的多样化,就必定存在着自发性和偶然性。

276

　　皮尔士对以往的思想史,特别是对亚里士多德、经院哲学家和康德有着精妙的理解,他说他差不多可以把康德的《纯粹理性批判》(*Critique of Pure Reason*)一书背下来。然而,像所有独立不羁的思想者一样,他以极大的自由对历史上的观点作出解释,并经常用他自己超乎寻常的洞见将提出这些观点的作者的益处揭示出来。一个醒目的例子可见于他采纳逻辑实在论以反对他那个时代流行的唯名论。皮尔士非常相信普遍的客观实在性,但他是用一种亚里士多德和经院哲学家,至少是某些当代哲学家感到憎恶的方式来理解这种实在性的;这些当代哲学家诉诸皮尔士,好像他证实了他们的观点。皮尔士是通过某种"普遍的"实在性、某种行为的方式、习性、性向的实在性取得这种理解的,他强调这一事实,即事物的习性是可以学得并加以改造的。确实,他实际上把亚里士多德颠倒了过来,主张普遍物总是表现为其中含摄着潜能的某种混合物。

    我认为,在皮尔士对哲学自身的构想中,他的思想的一个方面最为清楚地显现出来了;按我的判断,有一个概念很可能会在将来复苏,并至少在一个时期内对思想产生决定性的影响。他认为,哲学是已批判地意识到了自身的那类常识。它立足于普通人正常经验范围内作出的观察之上,它不包括那些可被研究特殊科学的学人较为方便地加以考察的东西。在我看来,这一陈述具有很重的分量,因为它出自一个献身科学并对其十分了解的人的口中。我相信,这一有关哲学的概念会在将来某个时候对思想取得支配地位,这或许是因为它与我自己的想法存在相似之处,即哲学的出发点和对它的最终检验是我所称的粗糙的肉眼可察的经验。哲学需仰赖科学,这并不是因其题材,而是因其实验化的态度(即皮尔士所称的区别于神学院的心灵的那种实验室的头脑);哲学从科学那里获得装备,从而能够对普通经验加以批判审视。我觉得,按照皮尔士的构想,自然科学的运动会造成它相对于日常经验不断增长的玄远地位及其不断涉入种种悖论的可能。正如皮尔士表示的,我的意思并不是说,科学造成的种种结果无关紧要,只要不出差错就行了。但哲学可以从日常经验出发来关注这种科学发展的副产品,关注科学对其所作的融化吸收。今日许多极端主张科学的哲学仿佛是在一种令人困惑的状况中徘徊,因为它并不认可上述观点,它企图独立于粗糙的日常经验,并在与之对立的基础上仰赖特殊科学的成果形成自己的思想。

    就上述所谈的情况来看,我只是对皮尔士关于今日哲学思想趋势一个更为重大的观点略作一下点评。我还没有谈到那些从技术上讲对于哲学家们最为重要的东西。人们希望,哲学专家们对包括《文集》第一卷在内的皮尔士著作进行研究,眼下专业哲学最需要的就是新颖鲜活的想象力。只有靠着鲜活的想象力,人们才能摆脱传统的立场和学派——实在论、唯心论、实用主义、经验主义及其他等等。只要哲学家的主要目标是对某些历史形成的公式化立场进行辩护,那么哲学就不会产生什么新东西。我不知道还有其他什么哲学家能像皮尔士那样,可以挣脱过去的知识壁垒,并唤起新颖鲜活的想象力。

颠倒的马克思[①]

《人的出现》(*The Emergence of Man*)

杰拉尔德·赫德(Gerald Heard)著

纽约：哈考特-布雷斯出版公司，1931 年

赫德先生写了一本将来会被某些人视为一种启示之类的书。如果此书的躯 278
干构造更为坚实，它甚而会成为一种智力膜拜仪式亮相的标志。对眼下的评论
者而言，它似乎是一个精巧讲述的幻觉。容我冒昧作一个猜测，这一幻觉之所以
能被制造出来，得力于对埃及历史直至人类史那种可把它们自身通过形象化符
号传递出来的一系列事件所作的沉思默想。对上述两个看法，历史学家和人类
学家，特别是后者，将会最终决定采用哪一种看法；然而，要是这些专家学者决定
反对他，赫德先生本人会感到一种反驳的快意。他自己的逻辑会促使他说，他们
还没有上升到对历史作一心理解释的水平，而心理解释正构成了此书的特色。

赫德先生的历史哲学的主要观点如下：全部历史就是由单个主角上演的一
出戏剧，这个主角就是人(Man)——不是复数意义上的人，也不是指各种各样的
事件或行为，其发展和出现构成了历史的人，是心灵(Mind)。直到心灵科学、心
理学进入它目前的发展阶段，我们才能把握这个事实。历史是一个由外在的自
然和兽性转化为心灵的进化过程。如果我们认识到所有的人类行为和成就"是
他的心灵内部缓慢进化的精神、规划、征象的变化形态投向外部世界造成的映
象，那么就能得到调解并获得理解"。首先产生的是这种由内部自我驱动的进
化；通常被称为"历史"的东西，即各种事件、行为的发生经过，则说明心灵变化的
某种外在化。于是，要是我们如同历史学家至此所做的那样，以行为和事件作为

---

① 首次发表于《新共和》，第 70 期(1932 年 2 月 24 日)，第 52 页。

起点,就会丢掉理解历史的钥匙。"社会乃心灵的各种协调关联机制进化的外部的物理征象。"这种进化在所有取得点滴进步的团体人士那里,本质上同一并始终如一。在它们当中,存在着"相似的进步的开端……文明发展的每一个重大步骤在世界各地所有人之共同的基本文化的变体中不断再现"。这一陈述充分表明了赫德先生与当代人类学的关系。可是,从这个论点中引出的是一个完美的逻辑结论,即历史是单个心灵的进化,从而上述假定的价值要从它需要获得的这个结论来加以判断。

赫德先生的这一部厚书绘出了穿越各个阶段不断进化的人类意识的梗概情况,各种外部事件和制度变化被诠解为是一具可从中察识心灵发展的化石。赫德先生具备一种灵巧的形象化描述的本领,以致他作出的若干评论偶尔也能给人启发。要是我说,他所展示的那幅类人猿模样的人以其经历的树梢上、岩洞中和石器时代的生活得以进化的图画,也许可使孩子们培养起对史前史某种理智上的兴趣——倘使孩子们富于想象地来看待这一说明而不想从中得出什么结论的话,我的话并不含有挖苦之意。

可以把赫德先生的方法恰当地描述为是对通行的马克思历史哲学的解释所作的一种完全颠倒。意识的变化先于自然和社会条件的变化,而非从属于后者。举个例子,君主制并非产生于征服,而起因于意识发展到某一阶段,这时它意识到了团体的持久存在,并需要为这个事实找到一种外部象征。钱币的发明和日益频繁的使用,是东地中海地区个人主义发展的结果而非原因,如此等等。所有这些都是该书讲述的有关社会因果理论的典型事例。人们无须成为通行的马克思诠释理论的拥护者,才会相信赫德先生已沉溺于一种幻觉。朱利安·赫胥黎先生未必真心实意的赞许会令人感到兴趣——尤其对研究他的文学生涯的学者来说是这样。

自救者，抑或弗兰肯斯泰因[1]

《人与技术》(*Man and Technics*)

奥斯瓦尔德·斯宾格勒(Oswald Spengler)著

纽约：艾尔弗雷德·A·科诺夫出版公司，1932 年

一种为人熟知的说法是：19 世纪的伟大理智成就是发现历史。进化的观念   *280*
是它对历史发现的延伸，进化把历史伸展到了它的弹性极限。不过，既然我们注
意到了目前还在继续的重点与兴趣的转移，就可以问：这种为人熟知的说法是否
包含了全部真理？说 19 世纪发现了过去的历史，岂不更接近真理？考虑到现在
这个时代的特征是思考未来，也许 20 世纪的任务是发现未来的历史。比我们对
于问题——"人类向何处去？"的焦虑的关注更有意义的是：计划的观念在本世纪
刚刚开始时，就已经占据了人类的想象。如许多关于其本质的定义所显示出来
的，维多利亚时代可以从许多不同的角度予以考虑。这些定义之一——其正确
性与其他定义不相上下——它认为现在是过去的成就的极点，即最高点，其自负
由此可见一斑。在今天，我们把现在视为未来的准备，从而泄露出不确定性对我
们的困扰。

过去的历史与未来的历史之间的对比，连同现在对于这一对比的情绪与态
度上的反应，可以毫不勉强地被用来解释许多有特点的潮流。"进化"不再是对
被卷入命运滚筒上的种种事物的卸解(unwinding)，而是对于历史的卷轴的摊展
(unfolding)，对于肇始于隐秘但历久犹存的墨迹中过往的镂刻的重现。"突变"   *281*
这一观念的引入，不见得不是我们整个解释图式的革命；除了对于新颖、出人意

---

[1] 首次发表于《星期六文学评论》(*Saturday Review of Literature*)，第 8 期(1932 年 3 月 12 日)，第
581—582 页。

表、无法预测等等属性的认知,突变性进化概念还能是什么? 我也不认为下面的说法有耽溺于幻想之嫌:自由放任的观念在 19 世纪的社会思想中的支配地位,是对作为过去的历史所施加的影响的实践的称颂,一如计划的观念的重要性是我们对于作为未来的历史的称颂。我们开始思考我们自身,我们的制度和法律作为原因,而不是思考作为结果的我们自身,以及我们的制度和法律。

在过去与未来的历史之关系这一问题中,当代的思考对于机器及其技术如此多的关注找到了它的地位。它也为下述事实提供了令人印象深刻的证据:19世纪思想的力量仍然对我们产生影响,我们远未放弃普遍持有的作为工具的机器的观念。当代思想中更有分量的一部分仍然把机器视为某种外在于人类目的的事物,一种源于过去、注定要横扫一切并把人类带到它将把他们带去的地方。到目前为止,19 世纪的倾向发生变化的最明显标志,是把凯歌转化为悲悼。我们现在有的是机器把我们放逐到荒芜之原的悲惨叙事,而不是它把我们自动引入希望之地的欢呼。

然而,即使就机器、技术以及与机器相伴的产业运作而言,仍然存在着态度变化的征兆。有越来越多的人提醒我们:机器毕竟是由人发明和建造的,为人所使用的;只有当人选择如此,人才是机器之所造,而非机器的创造者。除了令人担忧以外,我们已逝的繁荣和"新经济时代"并没有什么品性比那些被公认为领袖的人物大肆鼓吹的假设——我们将最终在一种不断扩张且生产等于消费的制度的控制之下,不仅如此,由于某种固有过程的保证,这一制度的持续将是自动的——更令人感到可笑。目前的悲剧性崩溃对这一理论作出了反驳,尽管其严厉程度不如人们所期待的。人们可以公平地说,问题现在已经被提出来了。难道人只能无所作为地对待他自己的产品? 难道人类不能对裹挟我们一代人之久的工业化潮流作一番检讨? 难道我们不能控制产业中的机器运用使之合理地从属于其他利益,并用之为实现其他价值的手段? 难道我们无可逃避地要被某种横无际涯的力量所奴役?

斯宾格勒的这本小书属于又不属于提出这一根本问题的那一类书。对于"技术"的重要性,他有鲜明的感受;与大多数作家相比,他对技术的本性有更为清晰的理解。他由衷地接受突变的观念;他认为世界历史中任何决定性因素,都是毫无警告地突然发生的。他生性反对通过逐渐积累变化的进化;对他来说,这样的进化过于温顺、过于驯服。他要求某种其变化方式极富戏剧性的东西。他也看到,我们的文化现在的问题与发生在机器技术中的事情密不可分。但是,他的分析和预言暗示一切都应被归于所谓命运。他把生活与历史视为某一古老势力中的先知所设想的希腊悲剧式的命运,只是古老的先知也被赋予那个现代的先知所拥有的潜在的、数量巨大的观众和宣传机器。因为斯宾格勒显然在宣传命运,而他的技术最终不过是被指定扮演它在悲剧命运中角色的木偶尔已。

这本书原来被设想为一种关于史前时期的叙事、一个效仿《西方的没落》(*The Decline of the West*)的方法和风格叙述的起源故事。由于某些读者的想象力不适合掌握《西方的没落》一书那种总体形式十分夸张的画面全景,这幅画布的尺幅受到了裁缩,以便适应这一事实。在“高级文化”之前就出现的时代仍然被涉及了,但这一时代只是降临到人类头上的命运戏剧的第一幕。

几个被鲜明地叙述的观念支配着全书。技术不应被认定为机器,甚至不应被认定为操作与工具。它囊括了一个处在奋战之中的动物与其环境进行搏杀,以智胜作为其敌手的后者的各种方式。当话语被用作武器(如外交家之所为),则话语就成了这种方式的一个例子。当狮子悄悄地走近其猎物,则它同样运用了“悄悄地走近”这一方式。在每一种技术中,事物总是从属于有目的的活动,从属于一个观念。机器并不是单纯的经济的一部分,因为它们是人类与自然普遍冲突的一部分。直到 19 世纪,技术在文化中的重要性完全被忽略了。在整个文学与哲学传统中,文化被设想为远比机器高级;在这一传统中,唯心主义者和理论家们以书籍衡量文化。

19 世纪的功利主义、唯物主义、社会主义潮流纠正了这一失误,但却陷入了一种更为浅薄的失误:它认为借助于机器,人类足以实现其安闲与舒适;它的理想是一种破坏性的平静,斯宾格勒对于这一理想的描述令人想到威廉·詹姆斯对被视为太平盛世无休止地持续的茶话会之单调与沉闷的说明。人是一种有企求的动物,他的技术包括机器是他从中取得武器与自然拼杀的军械库。由于人的每一项劳作都是人工的,制造机器是非自然的,是一种蓄意弑母的反抗行动。一种文化越是高级,人与自然之间的分裂就越严重,人必定也就越发成为自然的死敌。由于自然总是更为强大的,每一种文化总不免于被击败,其悲剧的劫数在其内部已经注定。

机器不过是人在与自然的拼杀中所使用的最有力武器而已;但它在人的生活中创造了一系列张力:在寥寥可数的领袖与被引领的群众之间的张力,在劳作

283

过程与劳作结果之间的张力；在工业化国家与世界的其余部分之间的张力；在生活与组织之间的张力，因为有活力的东西难免被组织机械的控制所扼杀。即使从经济或生产的观点看，机器也是失败的。于是，人们将起而反叛奴役他的机器，而这一机器文化的丧钟就被敲响了；与这一注定的归宿相伴，人类悲剧命运的另一幕又将上演。然而，我们生来就要经历这一切。怯懦与抵抗以期逆转历史进程，都是无益的；我们所能做的只是像英雄般地死去，或者用与我曾经给出的表述相对应的说法，即面对摧毁性的洪水，我们可以"在深及下颚的水中跋涉"。

284 尽管在篇幅允许的范围内尽可能忠实于原书，我深知上面所给出的概述很可能看起来像鹦鹉学舌。这本书显示了斯宾格勒先前的书的读者必定会产生的疑问：他的著作的真正意义并不在作者自己以为它在的地方，而是在某个其他的地方。换句话说，斯宾格勒先生洋洋大观的概括过于浮夸，其修辞色彩远远胜过其说服力；它们像是被贴上去的标签，而不是直接由所处理的材料中产生的。斯宾格勒具有真正的力量，但它表现在敏锐而有洞察力的附带评论上面。这本小书中有不少难得和值得珍视的洞见，但它们与书中的论证的发展并不相干，也并不支持其最后的结论。它们有另一种理智的用途，却与作者在该书中的使用不同。

斯宾格勒灵感勃发的巨大激情真是可惜了。他提出了一个真正的问题，也说到了许多解决问题应当考虑之点。然而，人们大可怀疑：许多读者是否能从该书中获得一本不那么偏激的书本可以提供的理智激励？他事先承诺要写一部作为代价高昂的悲剧的历史，由一场灾变走向另一场灾变，其严酷程度则不断变本加厉。他承诺考察——以傲慢的冷漠——所有规划未来，以使当今各具效能的力量变得更为仁慈的一切尝试。他是一个有学问的德国的门肯，但执意以为自己天生要写高贵的悲剧，而不是以思索人类的愚蠢和笨拙为乐。所以，他既属于又不属于这样一种思想家，即他们认识到，现时代最重要的问题是，我们将用与机器相伴而来的新技术做什么。他看到新技术塑造了现时代，然而，他的讨论完全被他对于命运和劫数的关注所左右。当然，可以设想现在的文化将会瓦解；以它现在的经济形式，随着时间的推移，它一定会如此——也许还带着些许悲哀。然而，只有当我们所有人都赞同斯宾格勒，以为——由于轻率和因循成规，而非由于悲剧感——人类的欲望和思想都无力回天，机器技术所导致的文明中所有要素的总285体毁灭才会出现。说我们完全处在横无际涯的力量无所不在的掌握之中毫无益处，当人们实际上面临应当用他们所创造的工具做什么的问题时尤其如此。

把细枝弄弯[①]

《美国的教育理论》(*The Theory of Education in the United States*)

艾伯特·杰伊·诺克(Albert Jay Nock)著

纽约:哈考特-布雷斯出版公司,1932 年

本书包括了弗吉尼亚大学的诺克先生在 1931 年所作的有力的演讲。诺克 286
先生了解自己想些什么,并以清晰而严谨的表达把他的所思所想传达给读者。
对于美国教育的过去、现在和未来,他有明确的信念;这些信念十分明确,不容置
疑,而且绝无含混不清之处。的确,某些不具备在先验的基础上得出一般结论天
分的人们会觉得讶异,关于人,世上如何能有如此结论,其确定一如诺克先生关
于美国教育者。

过去,曾经有隐藏在我们背后的伟大传统。它保证学生在其早年即习得
"3R";在此之后,其中心变为拉丁语、希腊语和数学。其中两种语言的学习,在
学生的早年即开始;在整个小学阶段和中学阶段,语言学习与算术和代数的学习
近乎于并行;等到一个学生进入学院,他能够阅读用这两种语言中的任何一种写
作的材料,并且能用这两种语言写作。之后,他将借助文学的观点来处理这两种
语言。在为期四年的学院学习经历中,他将具备处理整个拉丁与希腊文学领域
中的材料的能力;在此期间,他也将掌握包括微分在内的数学。

这一结果既是训练上的,又是人格形成上的。对于训练上的效应并没有什
么有必要认真对待的争议,至少在诺克先生看来如此。而人格形成效应则具有
下述特征,使一个接受了这样教育的人自然而然地具备看待"任何当代现象较为
优越的观点,这一观点得之于他对人类精神影响深远的认知而获得的宽广视

[①] 首次发表于《新共和》,第 70 期(1932 年 4 月 13 日),第 242—244 页。

野"。这至少是一个关于教育应当是什么和做什么的有启发的概括,不管它是否妥帖地说明了它所描述的教育的通常的后果。

就学院与大学而论,伟大传统(诺克先生从未忘记把这两个词的首字母大写)一直持续到35年以前。但在现在这个世纪,它衰亡了。在旧式教育中("旧式"一词是多余的,因为根据诺克先生所说,旧式本身就已经是教育了),每一个教育单位固守着它自身的管辖范围,不存在重叠,不用回到从前的单位以弥补缺失,也没有前瞻以了解以后的发展。再者,每一种学业水平上的课程设置在内容上是不变的,对所有学生是一律的。所有知识都被当作在人格形成上的手段,而不是做什么或者达到某种修养水平的手段。在教育与培训之间存在严格的区分,因为整个教育体制是选拔性的。它强化对于任何学生的拒斥,除非他具备可教育的心智(顺便提一下,对于诺克先生而言,这一陈述提供了令人满意的标准。如果一个对于该体制持怀疑态度的人指出,按照一种不含偏见的估计,诺克先生主张"3R"以及拉丁语、希腊语和数学的体制只能令50个学生中的一个受惠,而其余49个学生的心智都不是可教育的,是这个体制自动地筛选出来的不合格者)。

在诺克先生看来,几乎没有必要指出现在的情形有多么的不同。现代美国的学院和大学在结构、功能和意图上与被冠以那个名称的历史上的体制是完全不同的。它们不是学者的社团,而是多少有些散漫地组成的教育者的社团;学习的义务从学生那里转移到他们身上,而在从前,学生必须认为自己有这种义务。而知识的贮藏,向后有中学里学过的知识,向前则有专业学院将要学习的内容。向学生传授的知识的主题则主要是"实践性的";学校被"职业化"了——以弗莱克斯纳①先生最近的书作为证据——大学所提供的是杂货店式的教育。这个国家中受过教育的,只有年龄在60岁以上或在欧洲受过教育的人。再者,非专业的学者消失了。我们也许有某些在科学上卓尔不群的人,但更多的是由于哗众 取宠而引人注目的人。我们缺乏对于科学深切的敬重;而且,科学不在考虑之列,它没有被包括在伟大传统之内。

作为我们现有教育体制依据的理论源于一种有吸引力和受尊敬的观点,也

---

① 弗莱克斯纳(Abraham Flexner,1866—1959),美国教育改革家。1908年出版第一本著作《论美国大学》,对大学的选修、讲课和助教制度提出了批评。——译者

就是我们的前人希望他们的后代能够过上比他们更好的生活的愿望。然而这一理论却导致了不幸的后果，因为它基于三个虚假的观念——平等、民主，以及识字与公共秩序和良善管治的关系。平等被曲解为每个人都是可教育的，每一个人都不应企求实现任何并非所有人都能做到的事情。民主被认为是我们的政治体制的特征，然而，这一特征实际上仅仅表明它是共和制而非专制的；就其本性而言，民主是经济性的，是一种关于公共财产、所有权的普及——这一普及在许多共和制国家中尚未实现——的学说。由于对平等和民主的曲解，我们获得了这样一种信念，即民主"本身应当受到理智、趣味与个性的最低限度共同标准"的约束，而学校应当向人们提供"他们想要的东西"。而理论中的第三个因素，则导致了对识字的政治价值荒谬而狂热的夸大。

在一段时间内，我们努力维持了伟大传统，同时也尝试根据上面提到的理论教育每一个人。由于只有部分的人是可教育的，这两个目的是不可能协调的。于是，培训代替了教育，因为每个人都是可以接受训练的。其结果就是我们的"实践性的"职业学校的体制，连同对于知识传授的偷工减料，以及用工具性知识取代为人格形成所必需的、关乎文化传承的知识。培训对于大众是有价值的，也应受到鼓励；但是，提供培训的学校没有资格被冠以学院和大学之名。

对于许多人来说，上述大体上用诺克先生自己的话语陈述的概要也许就足够了，无需再读这本令人不快的书。此书所包含的狂热的夸张，丝毫不亚于受到其恶评的美国人对于识字的信念。由于我在诺克先生的革命发生前受到教育（或受到培训），也由于我在漫长的年代中一直遇到学生和教师，我确信，这些年来，与诺克先生的教育理念相吻合的、有学者风范的教师和学生的数量一直在增加。由于学院的入学人数大幅增加，游手好闲者以及那些出于纯粹"社交"——在这个词约定俗成的意义上——的理由而入学的人数也在增加。同样，出于技术和专业考虑入学的人也增加了。不过，我怀疑后一类人所占的比例是否有所增加。不管伟大传统在理论上是什么，作为一个冷冰冰的事实在很大程度上是为从事服务和教育所做的职业准备。现在所发生的事实是学校为之提供准备的各类需求都成倍地增加；而且，就算不考虑出于职业目的入学的人们，有大量的人在拉丁语、希腊语和数学方面受到了"培训"。

由于对事实没有争议，我仅仅记录下这些有别于诺克先生所给出的同样武断的见解。不论是其风格[尽管本书的文字风格时常令人更多地想到马修·阿诺德(Matthew Arnold),而不是诺克先生本人的风格]还是其实质,诺克先生所写下的东西都值得仔细考虑。本书的极度夸张不应使教育者和培训者对之置之不理。尽管诺克先生看来并没有意识到这一事实,本书提出了或者应当被用于提出有生命力的问题。诺克先生对于这个国家的教育体制并不抱有幻觉;因此,尽管没有专门讨论,他却暗示了这样一些问题:影响了许多所谓职业培训的狭隘的金钱功利主义是职业所固有的,还是我们的经济体制的反作用? 学校是否给了人们实际上"所要的",还是只给了生活中的经济太上皇认为人们最好应该有的? 如果我们果然有一种民主体制——诺克先生心目中的一种经济性质的事物,那么在目前,不受束缚的探究与做好准备,以顺应将会带来个人满足、也使他人受惠的需求之间的分离又是什么? 由于回到所谓狭隘的经典体制显然是不足取的,也由于实际的学校体制从来不是诺克先生的思乡随想曲所讴歌的制度,这些就是本书所暗示的值得考虑的问题。其作者对于可教育的人的数目有确定的想法,但我不认为我们能够知道这个数目是多少;而且,只要文化环境不变,我也

290不认为我们能够挑选出那些可教之人,不论他们的数目是多少。这是因为,尽管可教育性是一种自然禀赋,它也是社会的主流文化状态的一部分。考虑到社会的文化环境又受到经济因素的深刻影响,何不在提出关于谁是可教育的以及什么是教育所能够运用的仅有手段的武断结论之前,首先试试诺克先生意义上的民主体制?

打造苏维埃公民[①]

《俄罗斯教育政策史》(*History of Russian Educational Policy*),尼古拉斯·汉斯(Nicholas Hans)著,伦敦:P·S·金父子出版公司,1931 年

《新的心灵:新的公民?》(*New Minds:New Men?*),托马斯·伍迪(Thomas Woody)著,纽约:麦克米兰出版公司,1932 年

1930 年,汉斯博士与另一个政治流亡者、前列宁格勒大学教育学教授(列宁格勒当时的名称是圣彼得堡)黑森(Sergei Hessen)博士合作出版了《苏联的教育政策》(*Educational Policy in Soviet Russia*)一书。尽管两位作者并不掩饰他们对于反布尔什维主义的同情,这本书总的来看,还是一种客观陈述——它所说明的是外部事实,而不是精神生活。这本书特别有价值,因为其中包含了对于较为晚近的事态发展的描述:从卢纳察尔斯基(A·V·Lunacharsky)被解职开始,这一发展显示了教育政策由文化取向转到技术取向;同时,以"统一"政策取代在苏维埃联邦各州得到允许的教育自治。它为已有的关于苏联教育的研究增添了新的内容,也对几年前所进行的研究(包括我本人的在内)中所包含的若干错误作出了纠正。现在这本书中,汉斯博士给出了类似忠实于事实的、不带有个人偏见的旧制度下的俄罗斯公共教育的发展(或缺乏发展)的历史。这是一个有"阶级性"的体制战胜民主体制的故事,只是由于不真诚和无益的忏悔,也由于两任真正开明的教育部长的努力,这一胜利才略显逊色。汉斯博士断言,俄罗斯教育的阶级特性无疑是产生暴力革命的一个根源。尽管未能给出一般性论断,他所

[①] 首次发表于《新共和》,第 71 期(1932 年 6 月 8 日),第 104 页。

说的暗示了这样一个结论,即苏维埃当局的某些特性可以被解释为在俄罗斯社会的阶级地位和阶级特权被颠倒的情况下,不过是旧政策的延续而已。如果这是一个公正的结论,那么,它证实了这样一个信念,即在比当权的极端党派及其极端的反对派愿意承认的要大得多的程度上,十月革命和当今的布尔什维主义是俄罗斯所特有的一个现象。

伍迪博士的书所写的不是从外表上看到的现象,而是在数月之内与俄罗斯各地的成百个学校直接接触,并且与成批的俄罗斯教育者熟识且时常结成亲密关系所获得的结果。在我看来,它的基调显示在标题中的问号。作者在书中的某几页谈到了他的“友善的怀疑”。他并没有提到他自己,但我以为,他的措辞用来描述他自己的态度要比描述其他人的来得更为适切。不过,“怀疑”一词是在其字面的意义上被使用的,它意味着与质疑和暂缓判断相当的疑问,但不同于否定。书中的许多说法,看起来像是对超级狂热分子泼冷水;撇开党派立场,书中的许多材料可以被用来支持这样一种信念,即由于过度的武断和灌输,苏维埃统治者很可能造成了损害。伍迪博士足够明白地显示出,一种社会理想能使教育体系焕发出怎样的活力。但他也给出了许多证据以及具体细节,表明持续而一律的社会宣传可能像其他机械地运作的体制一样,死板而徒具形式;在许多情况下,其结果是麻木不仁和敷衍了事地例行公事。

伍迪博士没有试图说明整个苏联的教育,尽管书中有一章对这一体制作出了概要的说明,包括某些示范性的课程设置。他试图说明的是这样一种尝试,即借助于学校教育产生一种新的、有利于共产党力图创建的集体化的经济和政治秩序的精神状态。这一尝试的每一个方面,只要对学校生活和教学有影响,都受到了作者的关注。此外,他的说明并不以一般结论的形式出现,而是借助于具体细节给出的,这些细节时常选自在现场记下的大量笔记中的话语。关于学校的报道,展开了一幅沙茨基(Stanislav Shatsky)的教育领地的图景——我料想是把握住了新教育的精神,又掺杂了最少的缺乏主动性、因循成规以及机械刻板的因素的学校。接着有几章涉及儿童文学;十月党人和先锋队队员;共青团,也就是共产主义青年团组织,或党的外围组织;自我组织和自我管理;反宗教运动;国际主义;集体主义;女权主义;最后一章是关于体育的。

把本书中各章以及各章中的主题串联起来的统一线索,是本书所考察的教育希望塑造的具有新的心灵的人的性格。伍迪博士列出了这一教育要求新的心灵具备的十二项精神品质。虽然有过于顾忌形式的风险,我还是全部引述它们。新的心灵应当坚信共产党的专制,这种专制可以由马克思主义的辩证法得到辩护;新的心灵应当富有斗志;具备积极分子的品质;有阶级意识;具备世俗性(或者信仰无神论);有政治意识;有集体主义精神(有团体合作精神);有反民族主义精神和国际主义精神;具备健康体格;淡化基于性别的理由;最后,崇尚劳动和劳动者。

　　伍迪博士的书中有如此多的材料,对于许多人来说,它可以作为一本参考书,而不仅仅是连续阅读的材料。就一般阅读而言,它有些援引过多。伍迪博士对于避免概括实在是太真心实意了。不过,它却是一个信息的矿藏。那些爱好具体事实甚于大而无当的概括的人们将会发现,本书是必不可少的。任何对俄罗斯正在发生什么感兴趣的教师,绝对不能无视其存在。如果人们对苏维埃的实验的政治和经济方面感兴趣,那么从这本书中,对于它在其成功道路上的困难,以及有待完成的无数艰巨任务,可以得到比从许多直接考察苏维埃体制的书中能够得到的更为切实的印象。它秉持暂缓判断、宽容和同情的精神,不会使有党派性的任何一方感到满意。由于这个原因,它也许要求我们中那些对俄罗斯的事态发展真正感兴趣,那些希望俄罗斯成功实现其最终目标,但仍然保持着对于民主的足够信任因而对其知识分子和政治措施的严酷性抱有怀疑的人们的信任。我尤其希望,改信共产主义的文人能够研究这本书,直到他们确定自己在专制及其后果问题上的立场。因为如果他们想要没有专制的共产主义,那么,关于实现这一最终目标的道路的最根本的思考仍然有待完成。如果民主应当被认为是不同于专制的唯一道路,那么,我认为紧接着就会产生对于混乱的激进思想的重大澄清——即使所得到的认识有利于向专制求助,事情依然如此。

米克尔约翰实验[①]

《实验学院》(*The Experimental College*)

亚历山大·米克尔约翰(Alexander Meiklejohn)著

纽约:哈珀兄弟出版公司,1932 年

295   在专心致志地读完之后思考这本书时,我发现可以按照三种观点来评论它。首先,它对在一所特殊的美国学院中进行的特殊实验作出了说明。在这一过程中,该实验引起了其他学院和威斯康星大学的广泛注意,如果不是说争议的话。它激发起热情,也导致了敌视和怨恨;在大学圈子里,它是谣言和流言蜚语的时兴主题。类似于每一种重大的教育创新,它涉及人、教育原理和实际政策之间的冲突,这不但耗费理智,也为情感增添了不小的负担。

    实验的严格的当地特征在作者的说明中,仅仅出现在字里行间。人的因素并没有得到注意。对于主题的讨论,也保持着坦率和平静的客观性。人们只有通过兜圈子,从书中的材料推测:一场教育上的大风暴正在变本加厉。来自院内员工的反对所产生的困难留待猜测。关于这一实验的成功,没有什么极端的主张。"我们的报道并不是说,我们有一份其优点已经得到证实的教学计划,而是说我们有一份看来值得一个美国文科学院考虑的计划。"每一个这类试验所固有的问题——如承认脱离中学管束的学生,在米克尔约翰先生的管理之下所拥有的自由和自我指导的权利的可能性问题——得到了坦率的处理。作者对这一点表示了赞同。由于自我指导是每一个有自尊的人在其人生的某一时间都必须学习的课程,他相信,实验表明,18—20 岁之间的美国青年有能力学好这一课。

296   本书的另一个方面是它对教学艺术的贡献——我指的是它关于心灵与心灵

---

① 首次发表于《新共和》,第 72 期(1932 年 8 月 17 日),第 23—24 页。

的接触时发生些什么,或者如何可以被诱导使之沿着某一方向继续的讨论。对于教师,讨论这一话题的章节是最富有启发性的。没有教师会看不到,在关于年轻人的理智训练与指导——关于讲座、会议、个人和团体的价值和局限,关于在这些条件下自我精神活动的激励,关于不同类型的学生——所说的那些话中所展示的,完成激励与引导他人思想的互动的、天生的或为训练所培育的高手的标志。不论教师对于该实验计划与目的的价值的判断如何,也不论对于年轻人传达理智兴奋的尝试的价值有怎样的怀疑,就教育者方面而言,并不存在对他们完成这项任务的能力的怀疑。

不过,我认为,关于这一实验报道的更大的方面,也是该实验应当受到最持久注意的一个方面。从根本上说,这本书是关于文科学院在整个美国教育中的地位与作用的讨论。如果可以这样说而不至于使人由于吃惊而放弃阅读这本清楚而又可读的书,那么,我要说它是对美国教育哲学的一个贡献;对于文科学院,以及我们的传统学院,前两年课程的讨论与对此前与此后的安排的讨论相联系。当然,对于理论的讨论是更为直截了当、更有意义的,因为这不同于大多数这一类的讨论,理论对我们来说,是完成一项任务的指导原则,而不是突如其来、令人敬畏的抽象。不仅如此,其中所呈现的教育观念与美国文化和生活的本性、缺陷和希望的深思熟虑的想法有着密切的联系。

我将引用一些句子,这些句子至少暗示了这些想法的特性。"在一个像我们这样的社会中,年轻人想要在我们为之创造的世界中找到一种平静,非理智的调整是没有希望的。""[与我国相类似]社会秩序的本质的不融贯性可能给教师的活动带来混乱和惶惑。"处在实验中的教师,不但关注"年轻人是什么和可能是什么",还关注"美国人是什么和可能是什么"。"教育美国年轻人要克服的根本困难是:他们并不对他们已经拥有的信息进行思考。"持有这样一种观点,米克尔约翰先生把发展才智以及理智的责任感当作实验学院的中心目标就不令人惊讶了;同样,认为理智的作用在于"通过创造和维持一种满足人们对于美、力量、正义和慷慨的要求的社会秩序,以及个人和团体生活的规划而服务于人们"也并不出人意外。

297

这一实验是以一种远离自负、同时避免充斥在社会生活中放任无目标的态度来设想的。对于牢牢控制我们的学院学习和教学方法的漫不经心的经验主义,它是这样一种挑战,以致激发如此怨愤的反对,或未能实现其最高目标,都不令人惊讶。因为它坦诚地面对美国学院的一个巨大困难，这一困难就是美国学院之外的生活的最大弱点。任何人如果宣称这一困难可以在5年之内，或在2倍、3倍于5年的时间内得到解决，他就是在骗人；而米克尔约翰先生并没有在骗人。如果不抱偏见，任何人都不会看不到，这一实验并不是对构成教育创新的普通过程的那些琐屑细节的操纵。与以一种开放的态度对待所面临的问题相比，问题的处理是否采取了一种适当的过程则成为相对次要的问题。实验可以支配的时间甚至不足以确定它所使用的方法的最终价值，而没有这样一个有关的事实作为依据，任何进一步的试验都一文不值。

本书应该实现从关于雅典文化的研究是否适合美国生活的讨论和争议〔在很大程度上通过柏拉图的著作和《亨利·亚当斯的教育》(*The Education of Henry Adams*)〕到对于一个更为深入的问题——这一类研究旨在提供服务的目标是什么——的讨论的转变。用作者的话来说，这些手段是一些工具，"它推动年轻人看到他已经熟识的东西，思考他已经知道的事情"。而且，"理解一种文明是面对并且尽可能解决这一文明所包含的理智所要解决的问题"。

298 实验实际上所运用的方法是否并不涉及对于书籍在发展理智能力中的作用的过高估计？对此提出质疑的，可能不止我一个。另一方面，我认识到，由于对书籍过于熟悉，一个像我这样习惯于使用书籍的人，很可能低估它们在一种自我指导、有责任感的才智的发展中的作用。很有可能，把对于书籍使用的强调放在头等重要的位置应当没有疑问，这是因为，一般来说，学生们"是在这样一个社会中受到培育，而该社会并不认为在书籍的伴随中生活是取得巨大成功或高度成就的一种构成因素"；同时也是因为，"在现在，美国家庭、美国学校和美国的社会秩序并不促成接受开明理解的价值"。

如果对实验的特性作进一步推敲，有两点是我想要强调的。其中一点，是它坚信整体性必不可少。我料想，时间将会表明，人们会为这样一个事实感到惊讶，即我们的学院学生现在所从事的这种大杂烩式的、散乱的研究在促进智力发展上，竟然没有造成比它们实际上造成的还要糟糕的后果。另一个我想要强调之点是：没有教师与学生关系上的整体性，学习和训练不可能具备货真价实的整体性。一个结论是："教育计划和教学不能由以全体教师组成的大的团体，而是要由小的、独立的教师群体来实施"；而且，"所有教师必须对彼此有真正深入的理性了解"。

在每一点上,这个在麦迪逊进行的实验与盲从的传统背道而驰。这就难怪它会引发强烈的反对,以至于它能否继续也成为疑问。这个报道以一个建议作为其结束:教学应当是一种自我批判的活动,继续进行的实验对于这一目的的实现是一种贡献。是否有一个美国学院有意愿和能力把自我批判推行到米克尔约翰实验所要求的地步?我很怀疑。

一种科学方法的哲学[①]

《理性和自然——论科学方法的意义》(*Reason and Nature：An Essay on the Meaning of Scientific Method*)

莫里斯·R·柯恩著

纽约:哈考特-布雷斯出版公司,1931 年

299 柯恩教授这本书的副标题极好地描述了其内容和价值。除了梅叶尔森(Meyerson)的书之外,在最近出版的书中,我还不知道有哪本书能够把数学、物理学、生物、心理学直到社会科学的科学材料加以统一把握,对此作出富有洞见、晓畅明白的论述。此书包含的丰富材料、宽泛主题,迫使一个评论者不得不求助于把一位读者送到本书面前的那种因其古老而受到尊重的策略。

本书的主标题说明了从作者自己的角度对哲学作出的解释。比起本书的随后部分,柯恩教授尤其在第一部分中较少讨论现实科学,而对自己的观点则作了详尽陈述。本书的结尾部分是"对生活、经验和实在的非难",而第一部分则是对理性的赞颂——柯恩先生用"理性"这个词涵盖了所有值得尊称的东西,从对共相或不变式的领悟一直到对推理和缜密思考表达的敬意。结果,他的书所处理的"自然",不是对人们的生活造成对峙与阻挠的自然,更不是诗人笔下得到尽情讴歌的自然:它是借助科学和逻辑得到提纯的自然。柯恩先生的自然是这样的自然,它表明了事物的性质及其共相。在我看来,这一点既使本书显得劲健有力,又暴露出它的软肋所在。人们并不能证明,一个思想家没有权利选取世界某个对他来说最具理智吸引力的方面或性质加以讨论;相反,只要他不把事情搞得含糊不清,搞成一团乱麻,他就有权利这么做,也只能这么做。柯恩先生毋宁含

---

① 首次发表于《新共和》,第 66 期(1931 年 4 月 29 日),第 306—307 页。柯恩对本文的回复,见本卷附录 4;杜威对柯恩的反驳,见本卷第 304 页。

蓄而又常常明显地利用他所特殊关注的对象来贬斥对他本人不具吸引力的那种事物的名声。

于是,本书有力的地方在于它论述了科学实际上在做什么,又如何在做,这一点无关于对其所作的哲学解释。任何想了解这件事的人,想看到他可能与大众分享的流行神话被戳穿的人,将会受到一桌丰盛佳肴的款待。本书在处理实际主题和精密科学方法上,表现出的广泛精确的学识以及清晰流畅的阐释非同寻常。作者对心理学与社会科学所作的表述略为逊色,这一缺点很可能不应归于柯恩先生,而要归于这些学科的现状。然而,依我的估测,从哲学上说,这本书失之未能清楚地限定问题——这是一个要归咎于一名逻辑学家的奇怪的缺陷。这种含混显然要归为作者讨厌某些与他本人对立的观点,以及作者在某种程度上对这些有害观点持有的强烈的道德信念。这种厌恶如此强烈,以致只要这些观点贴有遭人轻蔑的标签,他就不屑在它们面前稍微长久地驻足一会儿,打量它们一眼。

从这一事实就足以让人看到本书流露出来的某种轻蔑不屑的情形。柯恩先生引用威廉·詹姆斯对本世纪初叶哲学潮流说过的一段话,以此引入了他对生活的贬斥态度。关于这一潮流,詹姆斯曾说:"它缺乏逻辑的严格性,但充满生活气息。"这是一段率真的评论;就其具备自身的视角而言,哲学思想史家会发现它是公允之论。但到了柯恩先生缺乏同情心的笔下,它却显露出反对逻辑与理性思想、毫不关注生活质量这样的主题。根据詹姆斯的另一段文字,他认为,詹姆斯给出了"作为当下生动感觉之经验的一个未予公布的定义";并认为,这一定义依据的是英国感觉主义经验论。事实上,詹姆斯在心理学的基础上,对这种类型的经验主义作出了最具摧毁性的批评,并且坚持具备客观关系的那种经验的重要意义。

柯恩先生在明确地陈述他所关注的基本问题,也就是经验主义与理性主义关系问题上的不甚成功与上述事情有关。他把经验主义等同于感觉主义的特殊论,由此使他的理性主义轻而易举地赢得了胜利。柯恩先生从未面对实际经验是否能够、又如何能够解释理性思想的存在及其作用的问题,其造成的结果,有关理性是某种高于经验并超越经验的东西的主张,并没有得到有说服力的证据的合理支撑;这一立场不如说是恳求得来的东西。

不过,由于大多数哲学家对其他哲学家的了解要胜于对科学的了解,偶尔将这种情况颠倒一下也未尝不可。无论如何，本人很高兴能从批评本书转到描述其更为积极的内容。要谈谈柯恩先生对心理学和社会科学所作的论述，这需要更多的篇幅。在讨论后者的时候，柯恩先生拥有的法律知识派上了用处；这里，我想主要谈谈他对数学和物理学所作的富有启发的讨论。

本书很少令老式的理性主义者感到满意，这些人要么想从理性中推导出宇宙体系，要么想把宇宙中所有的现象置于理性的护卫之翼下。作者称这类程序为伪理性主义；就"理性主义"这个词的传统意义而论，他的书具有的理性主义色彩要远少于怀特海的《过程与实在》（*Process and Reality*）一书。柯恩先生的基本形而上学可见于他提出的极性原理（principle of polarity），这是有关对立物——比如普遍与特殊、形式与质料、必然与偶然——的斗争与平衡的原理。我不知道还有哪种更好的关于偶然性不可简约之特性的论述，能够胜过本书第151—152页上给出的论述。不管科学能归约成什么东西，都不能不设定物质微粒的一种分布；这一分布没有理由可寻，它无知无觉、如此这般地存在着；再者，所有科学解释都有所选择；规律本身所涉及的只能是一小组变量。从这一事实中可得出这样的认知，即对于规律（以及规律的总和）而言，被它排斥的东西就是不相干的偶然事实。最后，规律本身也有其偶然性。我们可以从一些规律追溯到一条更为普遍的规律，但只能用不可论证的措辞来说明那条更普遍的规律。事实上，规律越普遍就越难加以推断，这是不言而喻的事。偶然性是不可更改的，因为宇宙中的事物不仅具有必然、普遍和恒常的关系，也具有个体性。

302 但是，一旦柯恩先生认识到偶然性是一个最终范畴，他对它与规律的相互作用，也就是对实际呈现在我们面前的自然，就不再感兴趣——也许因为这样的兴趣会使他过于接近受到贬斥的"经验"。除了利用偶然性这个事实作为批评其他理论的武器，对柯恩先生来说，自然仍然带有被普遍关系决定了的那种东西的特性。

如果说到作者的这种观点，则本书中没有哪个部分比第三章给出的论述更令人满意了。这一章讨论事实收集、科学理想、归纳与演绎、或然性逻辑，以及某种先验性的问题。对有关归纳与演绎的流行观点的批评，尤其犀利而中肯。批评的一个方面通过这样的主张很好地表达了出来：知识的实际增长并不是从特殊到一般，而是从含混到确定；不存在决定这一增长的任何规则，向未知领域的行进总是一种冒险。"方法"——不论是归纳还是演绎的方法——都是为了尽量规避冒险带来的损害。最后这个陈述不是柯恩先生本人作出的,但看来是一种公允的解释。本章特别成功的地方在于说明:演绎如何实际上引致发现新的真理和事实,而不仅仅是一种对已知事实作出安排或说明的方法。

说到本书的其余部分,我将仅限于提出某些特别令我印象深刻之点,对于这些点的选择多少带有随意性。数学等同于逻辑,而后者被认为不是思维的科学,而是关于所有可能实体的不变秩序的科学。正如在物理学中看到的那样,我们运用逻辑造成一种可对某个研究对象作出鉴别的秩序,并以那种可对该对象更多值得注意的关系加以计算的方式将它确定下来,或对它作出系统的描述。作为对所有不变关系的一种描述,逻辑必定也是对已现实化了的、相对较小的可能性中发现的不变关系的描述。在我看来,柯恩先生对这一问题及相关问题的论述有好几个地方并不清晰。他认为,数学具有"程序的规则或计算公式"的特征。某些人恰巧是从这一方法论特征中,而不是从那种或为可能或为现实的存在特征中,引申出数学与逻辑的不变式。柯恩先生正确地批评了那些因数学具有方法的特征而视其纯然是一种任意形式的人,但他从来没有讨论过这样一个观点,即正因为这些形式受到实际存在的制约(因而不可应用于这一存在),就其本身 303 而论,它们并非这一存在的特征;然而,这却是一个要害问题。

我发现论物理学中的机械论与因果性那一章,以及论生物学中的活力论和机械论的相关章节,特别值得注意。它们澄清了早期力学中设定的观念与那种方法论的假设之间存在的区别。前者认为,所有物理现象都可从物质的特殊属性——当然包括位移运动——中推断出来;后者认为,可以对所有现象作出物理的解释。科学的实际发展使人们不能不臣服于前一个设定,但仍使后一个假设保持原封未动——这个假设同样会引出教条的形而上学机械论的思考倾向,使某些论述宗教与科学的通俗作家感到兴味十足的倾向,因为这一倾向中涉及的物理概念的垮台将为承认"精神"原因的概念开辟道路。

我还很少接触到一些更重要的主题,柯恩先生凭借他绰有余裕的知识对这些主题进行了讨论,他是用那种从不缺乏能给人带来启发的方式来讨论这些主题的。我只是希望,本人多少有些随意抽取的样本会激起人们对本书论述的科学方法和程序问题怀有的严肃兴趣;即此而论,我们的知识界将由于莫里斯·柯恩而受惠良多。

对《理性、自然和杜威教授》一文的回复[①]

先生：我对柯恩教授的《理性和自然》一书所作的批评温和适度，不会、也没有指望他对这一批评表示认可。不过，我没有料到，他在其答复中为一种饱受批评的倾向提供了一个精妙例证，也就是说，除了用传统的、感觉性和精神性的术语来理解"经验"，他是很不情愿去构想"经验"的。关于我与他之间存在的差别，他的解释是：我的"主要兴趣是人的世界以及我们有关事物观念的那种心理生成"。这又是一个上佳的实例，它似能说明：由于他对不同的经验观产生了误解，所以不能对哲学的要害问题作出澄清。这个问题仍将保持其含糊不清的面目，除非我们能够认识到，关于经验的较新概念恰好是这样一种概念，即它所关注的是把人和精神的东西置于自然过程的连续性中，以此消解人与"自然"、"观念"与"事物"之间存在的传统分隔。

---

① 首次发表于《新共和》，第 67 期(1931 年 6 月 17 日)，第 127 页。这一回应针对柯恩的文章，见本卷附录 4；杜威对柯恩文章的评论，见本卷第 299—303 页。

杂　　记

试评《今日哲学》^①

墨菲先生(Arthur Edward Murphy)在他的"导论"中完成了一项困难的任务,为读者绘出了一幅标明乔治·米德思想主要构成的地图,使这一思想构成以其彼此恰适的关系展现在我们面前(正如制作一幅有用的地图那样)。要是我再去对他做过详细讨论的那些根据进行一番检查,这对读者帮助不大,并不会带来什么助益。然而存在着米德思想的特性,如果它被承认的话,则会防止读者落入人们在研究一位原创思想家时可能落入的某种圈套之中。米德是一位原创思想家,但他本人却毫无这种原创意识。或者说纵使他有这样的感觉,他也对它不加理会。他并不把在他思想中盘桓的那些问题(只要它们真的是一些问题)作为新奇的东西推向前台;相反,他将这些问题与业已流行的观念和运动联系在一起。表明这种特性的一个范例,可见于墨菲教授提到的实用主义的知识论。米德先生似乎并没有意识到他自己的概念以何种方式、又在何种程度上成了一项新贡献,他宁愿把它看成至多是随着陈述重点的某种变化而自然产生的结果。

当我40多年前初识米德先生的时候,他思索的主要问题是个体和私人意识的本性问题。80年代和90年代之间,唯心主义盛行于英美思想界。它对意识问题准备提供一套解答的方案。作为意识的心灵,同时就是宇宙的要素和这种要素的结构形式。人的意识就其私下的、似乎呈现为单独的个体方面而言,它不过是宇宙心灵某种如实可靠或游移不定的变体。我几乎从未听到米德先生直接

① 首次载于乔治·赫伯特·米德:《今日哲学》(*The Philosophy of the Present*),阿瑟·爱德华·墨菲编,芝加哥:公开法庭出版公司,1932年,第 xxvi—xl 页。

对这类观点提过什么反对意见。我想尽管存在这样的事实,即这种观点是他的大多数老师所持正统信条的形式,又是那个时代哲学著述中以这样或那样方式被最广泛地提出的哲学概念,他却从未认为这样的观点是真实的。可是,当受到这种观点的催逼时,他没有与之进行抗争,而是坚持这样的立场,即这类观点没有触及他感兴趣的那些问题。即便它是真的,并被当作真的东西接受下来,却没有解释一个独特个体的心灵状态是怎样的。一个发现者的最初假说会使先前维持的信仰突然受到怀疑,它否认已被普遍认可为真实对象的那些东西的客观性。米德的假说可以充作论证公共、客观世界中那些对象的证据来源,而不会充作论证私人性质的、个体性质的或仅仅是"主观"对象的证据来源。

当我回首往昔时,认识到米德先生大量似乎显得晦涩难解的表达方式应归于这个事实:他看到了某些毕竟对其他理智之人没有呈现出来的问题。不存在什么共同的语言,因为这里不存在共同的参照物。他的问题不能归到无论是唯心论或是实在论的范畴和分类中去。他在谈论某种我们其余人还没有看到的东西,使我们那些过去惯称能做到"透彻理解的人群"成了局外人。我突发奇想:要是人们对米德先生在那个干扰频频的年代里的思想形成史具备足够连贯的知识,就能发现,那些从他最初萦绕心头的问题孕育出来的所有查究和问题多么带有实践性。他对主观意识在重构经验对象进而创造新的习俗建制中的作用持有的感觉,必定引导他对科学的历史发展拥有极其广博而精确的知识,这种知识不会止于探究各种发展细节,它包含着对自然的潜存态度的变化。他对自我问题发生的兴趣,引导他在一个方向上去研究那种与自我相当的生物有机体;在另一个方向上,它使对自我与社会之联系的研究成为必要,从而把他带入社会心理学——我想,这是一个通过他对他的学生们授课的效果而产生最具直接影响的领域。人们很容易就看到,他所思考的那种问题的性质,使他对怀特海的学说持有敏锐的感觉,尤其是怀特海努力要把那些通常只是交由孤傲的主观王国保管的东西纳入自然本身的构造之中。由于米德的问题本质上是新东西的突现(emergence)(这个问题早在人们听到"突现进化"这个词语之前即被提了出来),以及这种东西被纳入到一个已经确认、如今变得熟识的世界中的问题,人们应能觉察到,与其他大多数搬弄这类概念的人相比,他持有的突现学说带有远为根本的性质。从这一背景来看,他对"社会性"观念所作的概括,以及对进化中突现现象所作的解释,便有了一种除他之外不可能具有的意义。

在最近出版的皮尔士著作第一卷中可以找到这样一段话,在我看来,这段话解释了米德先生的那种原创性。皮尔士说:"要我们去注意经验中那些不断显现的要素,这是极为困难的。因为我们的经验中不存在那些可对其加以比较的东西;要是没有比较,这些东西就不会引起我们注意……结果是,我们不得不诉诸自圆其说的猜想,使我们能够对以炫目的外观作用于我们的那些显眼的东西有所觉知,这种炫目的外观一经察觉,便已差不多以其固执性而化为一种压制的东西了。"不起眼的要素正因其不起眼而遭忽视,而对这些不起眼的要素进行观察的那种活力正构成了乔治·米德思想的特性。这也正说明了他要将他观察到的东西向他人传达时遭遇的困难所在。大多数哲学思维是通过遵照似乎对某个特殊思想者起支配作用的那种概念的逻辑蕴含方式形成起来的,合适的具体材料则充实着用演绎法推出的结论。米德的哲学思维经常或者通常是反其道而行之的。它源于他自己的个人经验,源于深入感觉到的东西,而非仅仅起于他对事物的思考,这些事物接着就会借助已被认可的事实或通行的概念去寻求实体化。例如,他对突现概念的关注就反映着他本人思想经验中的那种因素,即新的洞察不断地萌生、涌现又汇入到他先前思考的东西中去,而不仅仅是取代旧的观念。他自己的内心深处感受到了新事物的突现和新旧事物之间存在的无法规避的连续性。他同样在他自己的内心深处体验到了各种起先完全是私人的、与个人的310自我密切相关的各种观念、假设、预感,使劲地要在一个客观、共享的公共世界中找到自己的位置并占有其位。在我看来,他所拥有的那种在两种不同次序中同时存在的"社会性"的感觉,同样容纳着某种巨大的原创性和对他人异乎寻常的尊重,后者正表明了他本人的那种性格。

与他的思维显示的那种原创性相比,我觉察到,许多充作原创思维的东西乃是依据新的视角,对已习惯了的某种思想态度所作的重新加工,是对先前裸露在外、却没有被其他人充分探测过的矿脉进行的发掘。我也认识到,许多看似字面表达上的明晰性,与其说是思想固有的东西,不如说是荒诞随便的另一个名称。美国哲学因米德先生过早辞世而遭受的损失由于这一事实日益显现出来,即我们完全有理由说,他已开始在熟练地运用他的观念,这是一些可以使我们与他人的沟通变得更容易、更有效的观念。他为卡鲁斯讲座准备的讲稿——我们都因墨菲博士精心编辑的这部讲稿而获益多多——几乎是以极其浓缩的形式匆忙写就的一本笔记。他打算将它们现有的篇幅再扩充三四倍,这个扩充本将对上述思想加以澄清，而不仅仅是膨胀字数。尽管存在所有这些限制，我仍然相信，越来越多的人会在他的著作中逐渐发现听过他授课的那些学生多年来已发现了的那样东西——一个一流的极具创意的头脑。

《哲学研究》导言①

最近，我有幸为即将出版的米德先生的卡鲁斯讲座手稿写几句话。我谈到了他的心灵或者不如说他的个性的某种特点，在他那里，个性以一种不寻常的方式与心灵交融为一。② 我们所讨论的这种特点表现为非凡的原创性，又结合着对他人立场的尊重——这种尊重显然使他把他本人的原创意识遮掩起来了。就此而言，我引证了这一事实，即他把他本人从事的工作主要看作实用主义的一种展开。米德先生对实用主义的立场抱有同感，但在他作出的许多重要贡献中，其中至少有一种远远超出了在他自己的思想表达形式被接受之前、在任何实用主义者的著作中能找到的东西。甚至他以最深入、最独特的态度关注的那个问题也未见获得过实用主义作家们任何特别的承认，更别提获得其他派别思想家们的承认了。如果我以适当的表达方式简便地对这个问题作一陈述，那么，它就是有关意识的地位问题，即在事物的总体框架中作为意识的对象的问题。这个问题从各个方面、以多种方式汇聚到了米德先生那里。而对该问题加以迅捷把握的方式（基于它与现代哲学之历史传统的那种联系），则已由拉弗蒂博士的文章很好地指出了。自然科学已将所有的目的和价值从其对象域中排除出去，目的和价值是一些在生活经验中显得珍贵、受到重视的事。于是，自笛卡尔以后，哲

---

① 首次载于西奥多·T·拉弗蒂：《哲学研究》(Studies in Philosophy)，利哈伊大学出版物，第6卷，第7号（伯利恒，宾夕法尼亚：利哈伊大学，1932年），第 i—ii 页。
② 我要指出，拉弗蒂先生把我看成是这个说法的发明者；而我认为，范米特·艾姆斯（Van Meter Ames）博士才是其真正的作者。但是，我由衷地赞同这一说法，我很高兴能够分享这一看法（有关杜威对米德著作的评论，见本卷第307—310页）。

学创造了一个使这些价值和目的得以栖居其中的意识领域——用米德先生引人注目的话来说，这是一个对自然科学加以"拒绝"的领域。这种思考与下述连带的事实（我认为，米德先生比任何其他当代哲学家都更深刻地感觉到了这类事实）相关联，即自然科学对象的世界是一般的、公共的，而近现代传统中"意识"的对象则构成了人的个体心灵，由此决定了米德先生思想的一般进程。他对这一事实所持的态度，他提供的客观、形而上学的解决方案，就是他的有关社会之意义的构想。这一构想大致轮廓的形成，伴随着牛顿物理学直至相对论物理学及相关思想造成的变化。但米德先生凭着与其早先思想同样带有的原创性，认为对这种变化能够而且必须以这样一种方式来作出解释，即对意识、个体心灵的社会性解释，在那个新的、扩大了的、由自然科学自身强行建立起来的宇宙中有其位置。在他的后期著作中，他大量运用怀特海在解释一门新的物理学时使用的术语，把它们看成是对他早先获得的那种构想加以阐释的手段。拉弗蒂先生的论文针对占据米德先生心灵的那些问题而提出的看法真实、新颖而又独立不倚，并且忠实于米德先生的解题态度。这样看来，我并不觉得他的论文需要任何外人的引介；而我对米德先生作出的哲学贡献的不断增长的感觉，又使我欣然同意用导言的方式来写下几句这样的请求。

《一个新的政党的诞生》序言①

已有一些书籍谈到了美国政党的历史,它们描述了新的政党的起起落落;对政治的策略进行了分析;对我们当下的政治病状作出诊断;生动地描绘出我们的经济状况造成的社会效果,以及为一个新的政党提供理由。道格拉斯先生集纳了所有这些方面的本质要素,并把它们收罗在一本书中。他并不用机械的手段把它们一个个排列起来,而采用一种谐洽互动的方式将它们结合在一起。很少有人能够掌握道格拉斯先生在本书中揭示的种种真相,以致对本书的大多数读者来说,它可以提供一种真正的政治教育——这一点并不关乎他们是否同意他对一个新的政党的必要性所作的结论。本书洋溢着一种精神、热忱和希望,这使它成了一股鼓舞人心的力量、一股教育的力量。

在此,我们并未看到对一种新兴政治运动的出现给出的超然的学理上的证据,看到的是有关美国当下场景的一幅生动而又可信的图画——一幅用文献佐证、具体感人的图画。一位读者会觉得,他读到的不仅是作者对为什么会出现一个新的政党发表的观点,而且还了解到我们工业社会生活中那些必定把它推向前台的因素。从道格拉斯先生对材料所作的编排整理中,我们看到了各种政治力量的行进姿态。本书没有回避创建一个新的政党道路上遭遇的种种困难,对这些困难作了充分思考。但要是有人读下去的话,他会看到克服这些困难的各种力量正在发生着作用。将美国普通男女的生活构筑起来的各种力量的画面如

① 首次载于保罗·H·道格拉斯:《一个新的政党的诞生》(*The Coming of a New Party*),纽约:麦格劳-希尔图书公司,惠特尔西出版社,1932 年,第 vii—viii 页。

此清晰可观、逼真可信，甚至那些不相信会出现第三政党的人、那些认为他们自己对政治不感兴趣的人，也会从这本书中获得有关我们的处境、我们的问题的实际理解。本书并不空谈理论，对材料所作的陈述令人信服，而我们将来的政策必须借助这些材料形成起来。

要是我知道可通过什么途径使本书成为所有公民，特别是那些其政治头脑还没有被事实和观念填塞起来的青年男女的必读之书，我会乐于去找到它的。我对这个目的的企求并非出于我怀有这样的希冀，即他们阅读此书后会对某个新党的观念产生皈依之心。不管阅读者得出的最终结论是什么，他们将成为他们愿意加入的那个党派中更具理智、更为警醒和充满活力的成员。

《自我的运用》序言①

在我为亚历山大先生以前的一本书《对个体的建设性的意识控制》(*Constructive Conscious Control of the Individual*)所写的几句引言性质的文字中,我曾指出,他采用的程序和得出的结论与所有最为严格的科学方法所要求的东西是一致的,他把这种方法运用到以前从未有人运用的某个领域——即运用到与我们自身和各种活动相关的判断和信念领域中去了。我曾说,这样做的结果,使相关于物理领域的科学成果显得丰满厚实,以其被运用于为人的利益服务这样的方式达成了这一目的。人们通常会说,科学技术是对它所提到的各种能量之结果的控制。自然科学通过它取得的成果显示出在对物理能量的新的控制方面达到的惊人程度。然而,我们仍面临一种需要认真思考的状况,对这一状况的思考也许令人悲观。到处都出现了不断增长的疑问:是否对物理能量的这种物理控制正准备进一步延伸到人的福利方面?是否人的幸福将由于这种控制而被毁掉?有关这一问题的确定的回答方式最终带有一种充满希望的建设性含义。如果我们能够开发出一种技术,可以确保每个人真正做到正确地运用他们自身,这样一来,对所有其他能量形式的最终运用所依赖的因素也将得到控制。亚历山大先生发展出了这一技术。

我在重复这些陈述中充分意识到它们势不可当的性质。是否我们的耳目已

---

① 首次载于 F·马赛厄斯·亚历山大(F. Matthias Alexander):《自我的运用:它与诊断、功能以及反应控制相关的意识导向》(*The Use of the Self:Its Conscious Direction in Relation to Diagnosis,Functioning and the Control of Reaction*),纽约:E·P·达顿出版公司,1932 年,第 xiii—xix 页。

惯于接受一些不负责任的说法,以致不再去询问意义或证明之类的事,而这些陈述也许就一种完全的思想责任和肩负该责任的作者的能力提出了一个问题。随着纷扰岁月的推移,我如今在重复它们时仍要提到亚历山大先生的说明;其中,他对他发现的集中的、有意识控制原则的由来作了交待。那些并不把科学当作炫示技术性词汇的人,会在这种说明中找到任何探究领域中都存在的那种科学方法的本质要素。他们会找到一份历时长久、平心静气、孜孜以求的实验和观察记录,其中每一个推理都被更具探究性的实验加以扩充、检验、修正;他们会发现一系列观察,心灵通过这些观察记取了相对比较毛糙、粗略、表面化的因果联系,而这些因果条件正是我们期以塑造自身的一类根本上带有支配作用的东西。

就我个人来说,我已无法用更多的赞美之词——以其原本带有的惊奇以及敬重的意思——来谈论使这类极其困难的观察和实验得以进行下去的那种坚持不懈和执著彻底。其结果,亚历山大先生创造出了一种可如实地称之为活的有机体的生理学。他的观察和实验不能不涉及身体的实际功能,涉及运动中的有机体,涉及活体在一般状态中的运动——起身、坐下、行走、站立、挥动胳膊、运用双手、发声、使用工具、使用所有种类的器具等。把对活体和人的习常活动进行的持久、精确的观察,与对非常态、人为条件下形成的死物进行的类似观察作一对比,显示出来的正是真正的科学和伪科学之间的差别。然而,我们仍惯于把"科学"与后者之类的事情相联系,以致对亚历山大先生这种观察的真正科学的性质所作的对比,竟成了许多人对他的技术和结论不予重视的一个最大理由。

正如我们预期的那样,亚历山大先生从实验探究中得出的结论与生理学家对肌肉和神经结构了解的东西是相合的。但这些结论赋予这类知识以一种新的意义,真的,它们使知识本身真正是怎么回事这一点变得明晰起来。解剖学家也许"知道"每一块肌肉的确切功能,知道肌肉在任何特定活动的完成中起着何种作用;但要是他本人不能把所有牵连到的肌肉结构加以协调化,例如,他不能以

一种臻于最优的、有效的行为表现方式坐下或坐下后再起立,换言之,如果他在做一个动作时误用了(misuses)自己,我们怎能说他对"知道"一词充分而生动的含义*知道*了呢? 马格努斯(Heinrich Gustav Magnus)通过称为外部证据的东西,证明了有机体中某种集中控制的存在。但亚历山大先生的技术对个人经验中集中控制的事实作出的直接而详尽的确认,比起马格努斯所做的研讨要早得多。一个已经对这种技术拥有经验的人,通过一系列他本人拥有的经验可以*知道*它。

亚历山大先生的学说和发现的真正科学的特性,可以单凭这一事实而得以成立。

揭示和检验一种科学发现的生命力,就要看到它那种可引向进一步操作并对其加以引导的力量,这可不是一类仅止于产生合乎先前所得结果的操作;在一连串新的展开过程中,它们要引入新的观察材料,又要去寻求进一步的实验控制行为等。正是这种依据个人经验表明的事实,使我这个当学生的,第一次对亚历山大先生工作的那种科学性质变得心悦诚服。每一堂课都是实验室性质的经验展示。各种陈述皆事先指出了随后产生的结果,而可能获得这些陈述的方法都有一种含蓄的怀疑论——这是某种实践上无法避免的事实,正如亚历山大先生指出的,因为一个人利用的是一个需要对其判断的标准进行再教育的环境。每一堂课都体现着那种用最为详尽、令人信服的方式对提出的主张加以确认并加以推进的过程。当一个人渐行渐近,新的领域就被打开了,他看到并实现了新的可能性;他发现自己在不断地生长,并认识到那种接纳其生长的过程永无止境。

从某种观点来看,我拥有了一个不寻常的机会来对这种技术及其结果作一番理智的研讨。但从实践上看,我这个学生并不称职,手脚笨拙且反应缓慢。当我的理智对这些结果产生错误想法的时候,这里并未产生致使我由衷感激的那种即时的、似乎显得不可思议的变化。这迫使我对每一个程序步骤进行仔细观察,使自己去关注这些操作的理论。我之所以这样做,部分原因在于我以前对心理学和哲学怀有兴趣,部分原因是要对我实践方面存在的弱点作一个补偿。在逐渐拥有了我已掌握的无论何种知识——我认为也是思想——以及涉及心灵运用方面训练的力量后,我便开始从事这类研究。从理智上讲,这是我的生活中最令我感到羞愧的一种经验。因为当一个人发现运用他足以自豪的所有心灵能力,去做一些看上去简单如坐下之类的运动,却不能执行包括带有抑制性质的种种指示,这种经验不能使他的虚荣心得到满足。但要是人们想对起阻碍作用或积极作用的因果条件进行分析研究,这种经验也许具有建设性的意义。由此,我通过个人经验证实了亚历山大先生对心-身关系中身体和心理因素相统一所说的一切;证实了他对我们习惯性地误用自己,以及这种误用对于造成各种不必要的紧张和精力浪费所说的一切;证实了他对感官鉴别能力的变质所说的一切,正是借助这种鉴别能力,才形成我们据以对自身作出判断的那些材料;证实了他对习常行为中那种无条件的抑制所说的一切。一旦想到这是某种习惯行为,我们发现不去"做"这件事就会使心灵遭遇极大的困难,与此同时,作为已经确立的适当的合作机制,我们的道德和心理态度也会跟着发生极大的变化。这样,在对亚历山大先生之发现和技术的科学特性再次申明我的信服之意时,我不像是一个在经受某种"矫正"的人,而像一个把他拥有的无论何种理智能力带入对某个问题研究中去的人。在这种研究中,我发现了我已在哲学和心理学中——就其理论信仰的含义而言——"知道了"的东西,它们化成了赋予其知识以崭新意义的活生生的经验。

在当今世界的状况中,显然,我们获得了对各种物理能量、热能、光源、电力等等的控制,却没能首先确保我们获得对运用我们自身的控制,这件事情充满了危险。如果没有对运用我们自身取得控制,我们对他物的运用就是盲目的;这种运用会导致发生不测事件。

况且,由于我们对自身的惯常判断源于生动的感觉材料,要是这类判断被扭曲了——如果我们管理自身的习惯已是错误的,那么情况必定会这样——那么,我们生活其中的社会状况必定会更趋复杂、更为不幸。对每一种外向的工具手段的附加运用都很可能是逼近毁灭的一步:这是被当今的世界状况不幸佐证了的一个事实。

巴甫洛夫(Ivan Petrovich Pavlov)学派使条件反射的观念成了一股潮流。亚历山大先生的工作对这个观念作出了扩展和纠正。它证明,存在着某些基本的、集中的有机的习惯和态度,它们制约着每一个我们执行的行动、每一种我们用以塑造自身的方式。这样看来,条件反射恰好并非事关某种任意建立的联系,比如铃声与狗的进食-反应之间建立的联系,而要归为有机体自身内那种集中化的状态。这一发现纠正了通常的条件反射概念。后者一般可被理解为通过外部操控,使某个个体像被动的木偶那样转动起来。这种对所有其他反应起着制约作用的集中控制的发现,将制约因素置于意识的导向之下,使个体能够通过他自己的协调活动来掌握他本人的各种潜力。它并不把条件反射看作受控于外部的事实,而把它看作是获得维持生命所必需的自由的一种方式。

教育是唯一可靠的方法,人类用所获的教育对它自身的进程进行引导。但是,我们已陷入了一种恶性循环。如果不具备那些真正的构成正常和健康的心-身生活的知识,我们所称的教育很可能就是误人子弟。每一位在家庭和学校中产生的有性情、有个性的严肃学生都知道——这样说不带有丝毫夸张——这种可能性如何经常、可悲地变成了事实。亚历山大先生的技术给予教育者一种确立心-身健康的标准——其中包括我们所称的道德标准。它也提供了逐步地、不断地达到这一标准的"可行途径",使一个教育者可以有意识地掌握这一标准。由此,它就为所有特殊教育过程中那种集中化的导向创造了条件。它与教育结成的联系,正如教育本身与所有其他人类活动结成的联系一样。

于是,当我通过附录中的信息获知,亚历山大先生和他的助手一起开办了训练课程,我要把我心中唤起的强烈希望表达一下。我的至关重要的感觉告诉我,这一工作会确保获得充分支持。按我的判断,它包含对这种为一切教育所需要的新的导向作出的允诺,以及这一新的导向所拥有的各种潜力。

320

《印度的生命观》引言[①]

　　要找到一个像本书作者那样善于利用以前的研究知识对吠陀哲学的解说写上一段引言的人，这也许很困难。但伴随东西方思想接触的增多，我们西方人应对印度文化拥有真实的资讯，这种重要性显而易见。与婆罗门教相联系的哲学构成了这种文化的本质部分。从某些方面来看，有关它的知识是理解印度的历史思想的一把钥匙。这样，不仅所有学者，就是所有那些对促进东西方精神交流怀有兴趣的人，都会对这套系列丛书的出版，包括推出的这第一本书表示欢迎。

　　就像我本人那样，即使一个并非吠陀哲学专家的人，也会承认博学家查特吉对该哲学所做的表述系统、彻底而又清澈流畅。我们可以放心地说，任何地方的读者和学生都会发现：由这样一位无可置疑的权威作出的如此富有内涵、如此清晰的说明是多么有用。似无须说，对西方的读者来讲，这种东方思想体系的基础和方法与我们看到的哲学体系的倾向相去甚远；要把一种体系转译为另一种体系，做到这一点不太容易。这一事实增加了摆放在我们面前的这份完整明了的陈述报告的价值。它给出的是一份人们十分需要的方向定位图。

---

① 首次载于贾加迪什·钱德拉·查特吉(Jagadish Chandra Chatterji)：《印度的生命观：吠陀的智慧》(*India's Outlook on Life：The wisdom of the Vedas*)，纽约：凯拉斯出版社，1931年，第7页。

人民游说团①

　　先生:新闻媒体对人民游说团如今组成的一个百人特别委员会的工作性质存在颇多误解。该委员会的首要目的是。尽可能对正在进行的反苏联的歇斯底里的宣传,特别是马修·沃尔(Matthew Woll)先生和最近宣告成立的百人委员会进行的宣传加以抵制。我们的委员会持有这样的看法,沃尔先生发起的攻势播下了国际上仇恨和战争的种子。与此相对照,我们主张对苏联采取恰当的态度和友好的政策,这既是对一场巨大的社会和经济实验应当持有的态度,也是促进国际性理解与和平的一种方式。

　　我们委员会的第二个目的是唤起人们去关注本国那些颇为不幸的社会和经济状况。这些不幸状况是导致目前到处存在的困苦、骚乱和暴力的基本原因。我们相信,沃尔先生和他的同事最好听从劝告,鼓励人们对这些状况进行医治,而不是发起反俄国的辩论,并挑动人们对美国的激进分子进行迫害。

约翰·杜威

人民游说团总干事

---

① 首次发表于《新共和》,第 68 期(1931 年 8 月 26 日),第 48 页。

接替法官卡多佐^①

323　　先生：有人告诉我，罗斯福州长正在考虑由沃尔特·波拉克（Walter Pollak）填补因卡多佐（Benjamin Nathan Cardozo）法官被选入联邦最高法院而留下的空缺。这一消息令人鼓舞，那些对卡多佐这一任命抱以竭诚赞同而对此表示欢迎的人将会认识到，由波拉克先生坐镇纽约州法院，这一任命同样特别适当。我们自然不会对如下相映成趣的情形避而不提：卡多佐法官将与最高法院的霍姆斯大法官一起工作，而波拉克先生与卡多佐法官也是纽约州法院的同事。当卡多佐法官过去忙于经营私人事务所的时候，波拉克先生曾长期担任他的私人助手；就像卡多佐那样，波拉克先生头脑清晰，思想敏锐，他被认为是法律界最能干的人物之一。另外，他是个真正意义上的自由派，正如我们把这个词语的意思用于霍姆斯大法官和卡多佐法官身上一样。胡佛总统的任命赢得了民众的一片叫好声。如果罗斯福州长通过对沃尔特·波拉克的任命而使纽约州高等法院的久远传统得以保持，那么民众也会欢迎他作出的决定。

约翰·杜威

纽约市

---

① 首次发表于《新共和》，第 70 期（1932 年 3 月 9 日），第 102 页。

一个第三政党的纲领[①]

先生:本人谨代表独立政治行动联盟为你给予其最近发表的纲领慷慨腾出篇幅向你表示感谢。我注意到,你对该纲领"并非基于一个集中、统一的观念"而表示遗憾,之所以并未尝试提出任何统一的哲学见解,其理由或许对你的读者来说是清楚的,如果你能留意一下这份纲领的标题"四年总统计划:1932—1936年"的话。该联盟拟定了一份长期教育规划,但目前这份文件只限于作出一种小范围的陈述。或许自由派和激进派太想要夸大其词,好高骛远地提出一些"中心"思想。无论如何,我们的目的是指出一些在下一个总统任期内需要做的事。如果一个持有真正进步立场的政党能够取胜,那么,这些事是可以做到的。

你还指出,按照你的判断,这个中心思想应当是"一种有计划的国民经济"。如果不作为联盟的正式回答而只算是我本人的说法,那我想说的是:按照我的判断,有计划的经济事关一种普遍的教育政策,它是超政治的(或是政治的基础),与政治选举活动没有关系。我担心把它当作一种政治问题提出的企图会造成混乱,如果沉浸于这样的想法,那只会对现行体制的支持者有利。经济萧条已持续一两年多了,目前采取的缓解措施显然并不中用。我期望看到这种体制的代表者本人拿出可供国会作出决定的稳定局面的计划。但几乎可以毫不夸张地说,那将成为他们的麻烦事,我看不出激进派为什么要帮他们的忙。然而,要是后者竭力将有计划的经济作为一种政治方针提出来,那么,当他们为了稳定投机获利

324

325

---

① 首次发表于《新共和》,第 70 期(1932 年 2 月 24 日),第 48—49 页。

的体制而被迫开始反对法西斯主义者的方案时,他们会发现:要对民众的头脑加以开导是困难的。

约翰·杜威

纽约市

弗拉德克和莱德勒[①]

致《纽约先驱论坛报》：

总统选举的大吹大擂造成的风险在于：它会把理智公民的耳朵震聋，使之心生厌恶，从而忽略了国会选举和参选人的重要性。胡佛总统正在把四年前作出的繁荣承诺和他的若不能连任便会招致崩溃威胁的言论协调起来。罗斯福州长则对各色人等提出的各种措施抱以亲切的微笑。那些并不认为国家选举好像就是对愚人进行一番统计的人，幸运地拥有了一次把选票投给社会党候选人的机会。这些候选人提出了建设性的纲领，他们能够开展一场理智的选举运动。

即便托马斯和莫勒 1932 年不能当选，国会中一些理智、独立、深悉内情的人士也会在往后那令人忧心忡忡的日子里提供人们非常需要的那种服务。正在第八选区和第六选区竞选国会议员的弗拉德克（Baruch Charney Vladeck）先生和莱德勒（Harry W. Laidler）先生就属于这类难得的人物。我本人愿向布鲁克林区的每一位参与投票者发出呼吁。他们不仅较之这次参与竞选的对手出类拔萃，而且与众议院的大多数议员相比也毫不逊色。他们会用广博的训练有素的知识、健全的判断力、高尚的情怀和思想去履行其职责。布鲁克林区的投票者们将拥有一次不寻常的机会，通过选择这些人士而为这个国家尽一份爱国的义务。

约翰·杜威

纽约，1932 年 11 月 1 日

---

① 首次发表于《纽约先驱论坛报》(*New York Herald Tribune*)，1932 年 11 月 3 日，第 22 页。

为布鲁克伍德职业学院筹款①

327 先生：一个正在用一种新的方式致力于开拓性事业的教育机构，很可能就是一个与当代状况和需要形成了特定的紧密联系的机构。同时，它很可能缺乏那些用较传统的方式进行运作的机构拥有的捐款和资金支持。布鲁克伍德职业学院的情形便反映出了上述两种可能性。该校是一个典型的对劳工阶层的男人和女人进行训练、使之能够胜任劳动场所工作的教育机构。不幸的是，这类机构大多在最需要它们服务的那一刻承受着巨大的痛楚。于是，社会也从任何对这类机构的持久效能产生的威胁中备尝苦果。我们不可能相信，那些承认布鲁克伍德职业学院提供了重要服务、承认迫切需要的是扩大而不是缩小其服务的公众，会允许布鲁克伍德职业学院丧失服务的能力。作为广大教师、宗教领袖、政论家、经济学家、社会工作者和工会领袖中的一员，我呼吁大家捐款。这所学院短期内迫切需要一万美元。承诺捐款书可直接送交纽约卡托纳的马斯特（A. J. Muste）先生。

  我还促请大家去看看 11 月 2 日至 4 日布鲁克伍德职业学院在欧文广场摆设的摊位，这个摊位由布鲁克伍德职业学院的毕业生管理。布鲁克伍德职业学院毕业生真诚的奉献精神，最好地见证了该职业学院在实现其目标方面获得的成功。

约翰·杜威

纽约市

---

① 首次发表于《新共和》，第 73 期（1932 年 12 月 7 日），第 101 页。

为布鲁克伍德职业学院助一臂之力^①

致《国家》杂志编辑：

先生：在这篇声明末尾签名的人紧急呼吁所有劳工教育的朋友对布鲁克伍德职业学院施以援手。如果这一出色的教育计划要在这第十二学年执行下去，布鲁克伍德职业学院在下两个月中必须筹措到不少于一万美元的资金。

为美国工人提供心灵和精神食粮，其必要性不亚于我们在这次危机中为饥肠辘辘的他们提供食品一样。我们向那些正在开展"重塑品德"或者"恢复信仰"活动的社会机构不懈地发出慷慨解囊相助的呼吁。我们认为，没有哪一项活动能比一所职业学院围绕为劳工本人提供一个新世界的景象，以及为对获得这种景象的方法取得某种理解所展开的活动更为重要的了。

布鲁克伍德职业学院自 1921 年建立以来贡献突出。在本国的每一个地方，它的毕业生——通过在工会、职工学校、合作企业、劳工政治组织、失业者同盟中的工作——为劳工运动、进步运动以及激进运动提供的称职、出色的服务不乏其例。它为其他劳工教育事业，比如暑期学校以及地方性的职工学校和相关课程提供了灵感和帮助，是一个广具号召力的劳工教育中心。这所学院的教工们写出的书本和小册子，被劳工教育运动广泛采用。人们深切地感到，还需要更多这样的材料。该学院通过其数目可观的授课和讲座，每年为数千名无力进修寄宿制学院课程的工人提供了服务。

布鲁克伍德职业学院现在面临着筹集所需预算资金、使之能在本年度继续

① 首次发表于《国家》，第 135 期（1932 年 12 月 14 日），第 592 页。

开办下去的棘手任务。学生的总体人数减少了,预算资金急剧地缩减了。如果能够筹集到的是所需的最低限度维持学院运转的资金,学生们和教师仍在准备尽最大可能节省开支。然而,作为最应伸出援手的那部分人——工人和劳工团体现在却掏不出钱来了,虽说过去他们曾为布鲁克伍德职业学院捐过总额达数千美元的钱款。这样,我们要向所有劳工教育的朋友,向所有那些对本国发展一种有效的理智的劳工运动之重要意义抱有信念的人士发出呼吁:请你们——立即、热情并慷慨地——响应布鲁克伍德职业学院目前吁请捐资的请求。捐助的钱款可送交纽约卡托纳布鲁克伍德职业学院的马斯特先生。

> 约翰·杜威、爱德华·C·林德曼(Eduard C. Lindeman)、奥斯瓦尔德·加里森·维拉德(Oswald Garrison Villard)、辛克莱·刘易斯(Sinclair Lewis)、斯图尔特·蔡斯(Stuart Chase),以及一个由约 80 名教育家、劳工部门官员、编辑、作家和出版商组成的赞助委员会的其他成员

> 纽约,11 月 21 日

这是怎么回事？①

初读泰特先生的文章，真使我感到四顾茫然。我既不能理解为何泰特先生把他的观念说成是我的观念，也不能理解这些观念本身。它们似乎在理智和实践上都是一堆拙劣的东西。我感到相当肯定的是：如果我想到任何活人会拥有这些观念，而我又总算搞懂了它们，那么，我对它们要说的话会比泰特说出的还要糟。经再三拜读后，我形成了一个假设，我并不自认为能够理解泰特先生心灵的运转方式，所以是带点怯意提出这个假设的。这篇文章给人这样的印象：泰特先生以为，哲学家拥有的那张竖琴只配有一根弦；他设想，无论我写作什么题目，总是在弹拨我的思想乐器上的这根弦；不幸的是，他觉得这个乐器被演奏时发出的乐音模糊不清，而得到的感知几乎是不精确的。这个假设也许相当错误。我把它提出来，是为了对我的回复的展开过程作一解释，也就是说，把我的文章中实际上已作了阐明、却使泰特先生据此发出他的责难之声的那些观念再重申一遍。因为那些归于我的观念与我持有的观念毫不相干、格格不入，以致任何其他做法都不免使我必定要接二连三地引用泰特先生的句子，由此造成种种自相矛盾。

泰特先生是依据我的《情感性思想》（Affective Thought）一文写出他的文章的，这是一篇谈论心理分析的论文；无论这种分析是好是坏，它是按照人类经验的心理学，而不是按照任何种类的社会理论或社会宣传构思出来的。它的出发

---

① 本文选自未发表的打字稿，收于《艾伦·泰特文集》（*Allen Tate Papers*），普林斯顿大学图书馆，普林斯顿，新泽西州。有关此文回复的泰特的文章，见本卷附录 5。

点不是实用主义哲学，也不是工具主义哲学，而是里尼亚诺（Eugenio Rignano）对于思维本性和过程的说明、一种依据具备有机生物学基础的心理学观点作出的说明。里尼亚诺认为，思维是从情感、情绪、经验的基质中产生和发展出来的。接受这一观点即除去了通常认为由心理学给出的将理智和情感隔离开来的理由。这种隔离将它们各自的典型产物降解为孤立、非交流性的经验分立物。两者间的分隔，伴随两者具备的某种隔离的自决行为空间得到了康德的认可，从他那个时代以来，就对美学批评和理论产生了巨大的影响。流行的观念认为，美术、科学和行为，特别是道德行为互不相干，于是它们形成了孤立的人类经验领域。我已指出，如果我们接受里尼亚诺的健全的心理学，那么声称得到科学心理学支持的这种分隔的理由就会消失。我们就将承认，"前后一致的逻辑程序和诗歌、音乐以及造型艺术中的艺术结构之间存在的差别是技术和专业上的差别，这种差别并非根深蒂固"。

于是，泰特先生引用了我的这一段话，"这样就有可能打破科学知识体系与艺术体系之间存在的传统分隔，并进一步把整合的原则运用到那些在我们今天的生活中被如此分隔开的文化要素的关系中去——运用到科学、艺术及其各种各样的形式、工商业、宗教、体育和道德的关系中去。"（楷体非为原文所有）换句话说，一旦摆脱了为把我们的经验分隔成隔绝的、不相联系的部门而错误给出的所谓科学的理由，在科学、艺术和活动中看到置于其底层的某种心理经验的统一，我们就能够至少——请注意所提的这一主张的谨慎之处——在现实生活中"进一步运用"整合的原则。这就是我所提出的涉及行动和社会生活的那种背景。它并非关于任何艺术理论基础的某种设定，也不是依据想象中的社会功用的旨趣为任何形式的艺术操控作一申辩。它只是某种陈述，即一种比流行的心理分析更胜一筹的心理分析可以给予我们一种思想工具，用以对折磨着当代人生活的这些分隔展开进攻。这些分隔是一种带根本性质的折磨，泰特的文章当

然说到了这一点，它也肯定了我确信其造成的后果。对某一错误理论（它惯于为这些分隔提供智力支持）进行纠正的想法，也许可以作为一种思想武器"把整合的原则进一步运用"于如今已被分隔的旨趣，但我失望地看到：在泰特先生归为我的那种教义中，我的这一想法遭到了歪曲。《圣经》解释的奇迹与他的方法比起来，也要相形失色。

《情感性思想》这篇文章是对《质化思维》（Qualitative Thought）一文的一种

补充。后面这篇文章涉及的范围要广得多，其所作的分析推断较为细致和彻底。它从逻辑分析的观点得出的结论，与《情感性思想》一文中从心理学观点得出的结论殊途同归。两者都丝毫没有以或者说伴以任何社会行动的理论作为其出发点，而是根据这一事实，即质化的情形（qualitative situations），因其是质化的，故而作为整体呈现给我们，构成了所有思想、所有科学的背景和最终目标；思想的运作及其成果，就其对这些性质整体进行强化和取得控制这一点而言，是"工具性的"（"工具主义"这个观念意味着行动的工具性，泰特先生似已囫囵吞下的这个观念，是被那些在阅读中更注重字面而非理智用心的批评家们护卫的观念）。结论——在我的其他著述中，以一目了然的方式作出的结论——与泰特先生归为我的那种观念正好相反，这就是说，"艺术是另一种科学形式"。或者说，科学是某种艺术的形式。我认为，对这一观念的全面认识和认可将有助于消除把科学进行划分，使之成为某种虚妄预言形式造成的影响。按我的观点来看，这样一来就会造成某种整合，其中科学所代表的是那些作为方法和工具的价值，艺术则代表着目的和完美事物的价值。

由于我发现"多样性的统一"表述着生动的艺术事件，并可以作为任何领域中一种整合的标准，泰特先生便设想我已暂且前后矛盾地采取了唯心主义的态度。一个研习哲学的大学二年级学生会告诉泰特先生：唯心论者把多样性的统一看作完全是思想的活计和标志。我却是在由其性质特性构成的并可被情感性地加以鉴别的经验材料中，发现了多样性的统一。按照我尝试提出的逻辑理论，思维正好开始并终止于这类当下的协调性。于是，显然出于对我终于赋予艺术以某种价值这一事实感到的困惑，泰特先生总结道：我只是把艺术看成是创造社会和谐的一种手段。这样一来，由于按其包含科学和有序的政治与经济行动的意思来理解艺术，我便更相信用艺术而不是任何其他什么设计或方法来创造社会的和谐。但我提出的是一个更为适中的观点，那就是说，艺术对充分和谐的经验自然持有这样一种深切而持久的经验，以致它为体验所有其他的经验设立了一种标准，或者形成了一种习惯。

我希望以上对我的文章所作的再次解释，可以使之不必与通过泰特先生的陈述逐一得到批准的那项乏味任务相掺和，我的解释表明这些任务与我的立场有多么不相干。在此，我本人仅限于提出两点看法：泰特先生引用了我的一段话，以此非难巴恩斯博士的"功利主义"艺术理论，致使他先是误解了我的想法，

333

继而又对巴恩斯博士所作的造型艺术分析造成了更为蹩脚的误解。由于巴恩斯的方法要点是严格地依据绘画语言对画作进行分析，这种误解不知在多大程度上容纳不相干的异样的东西。至于说到雪莱（Percy Bysshe Shelley）——自然，就主张艺术的潜在社会功能这一点来看，他对诗歌所作的辩护与我的理论的接近程度要远甚于他接受的泰特先生的批评思路——我所讲述的并非是把"构想"（conception）附属于"计算"（calculation）。另一方面，如果把"构想"当作一个对性质全体直接或直觉性地加以经验把握的用词，而把"计算"当作一个在其中数字和计量起着主要作用的科学操作的用词，我已指出，计算是附属于构想的，因为它产生于后者，并以另一种更丰富、更充分的有序质性状态而终止于后者。然而，我从来没有声称科学事实上在充分履行着这种功能，也没有声称是艺术实现了它那种把所有经验都将趋赴的有关目的、结果的一种生动意识设立起来的可能性，并以批评和建构的方式提供一种标准。相反，我已指出，若把科学和艺术看作大致上是互相隔绝的东西，那么，它们在履行这些功能时就会受到阻碍。我再重复一遍，有关社会行动的说法正是依据这一点被引进来的。这一说法既不是设定也不是哲学的基础。它是最终的实践结论，为此我们吁求建立一种有助于打破生活中这些显得彼此分隔的门类的社会行动的形式。泰特先生可以对它们的原状表示满意，或者可以对承担这样的社会行动表示反对，这确乎是他本人的权利。可是，这并不能向他证明他归于我的那种观念，即"艺术和科学只是常见的社会适应的不同方式"。我不知道是否存在任何对此观点加以把玩的好心人，果真有的话，我恳切建议他去读读我已写过的东西，以便学得更好一点。

334

人民游说团

敦促向有钱人课税以削减偿付债务^①

人民游说团在致哥伦比亚大学尼古拉斯·默里·巴特勒（Nicholas Murray Butler）博士的一封信中宣称，如果能废除德国人的赔偿，大多数明智的美国人也会赞成取消或减少外国在战时对美国欠下的债务。然而，这封信断言，若本国对大笔收入征得的税款没有大幅度增加，要做到这一点是不行的。

由杜威教授任总干事的人民游说团发出的这封信，是今日此地的民众对星期五巴特勒博士在芝加哥向国际联盟协会发表演讲作出的回应。他在该演讲中主张取消欠款。

信中说：

"你最近的讲话旨在支持至少部分取消与我们在第一次世界大战中站在一起的那些国家对本国政府欠下的政府债务。我们相信，大多数明智的美国人会同意这么做，只要这些国家取消它们对德国人提出的赔偿要求，并且不准备再打另一场战争。

"然而，作为一桩实际事务，要是对超过 5 万美元，特别是超过 100 万美元收入征收的超额累进所得税没有得到有力的逐步增长，我们将不会取消这些债务。

"在我们现有的联邦、州县、地方税收体制中，所有政府财政的很大一部分是由广大民众提供的。目前的萧条业已显示，当他们获得了一个工作机会，他们的收入并不足以使他们维持一种体面的健康的生活水平，对他们生产的产品也无力消费掉一个合理的份额。贫苦之人缴纳的税款比起百般受宠的收入超过 100

---

① 首次发表于《纽约时报》，1931 年 1 月 26 日，第 13 页。

万美元的 500 个人士所纳之税要沉重得多。

"失业者和半失业者——他们至少要占整个国家潜在挣工资者的五分之一——一直在纳税,直到他们被迫走进济贫院、慈善堂和领取施舍食物的队伍为止。

"你认为一个在社会中谋生的人会建议对这部分在未来一两年内或许达到 300 万人之多的失业者增加税收吗?

"联邦政府仅有的解决办法就是对拥有大笔收入者增收超额累进所得税,这笔收入的 75%—98% 来源于对财产的占有和控制。

"1928 年,收入超过 100 万美元的 511 位人士的净收入总计达 11 亿零 886 万美元,而联邦政府从他们那里征得的收益和超额累进所得税只有 1 亿 8514 万美元,不过是他们非劳动所得收入的六分之一。

"同年,收入超过 10 万美元的 15977 位人士的净收入总计达 44 亿 5121 万美元,而他们的总收入达 49 亿 9768 万美元——几乎是国民收入的十八分之一。

"他们交给联邦的收益和超额累进所得税只有 7 亿 1418 万美元,不足他们从财产中所获收入的六分之一。

"如今美国公民在外国的投资已达 140 亿美元,这个数目还在不断增长。正如商务部最近指出的,我们主要的制造商依托很高的保护性关税使所雇工人能够保有一份高薪水,同时却开始忙于借助开设各种分厂的办法向国外输出工作机会,或者把他们的工厂搬到国外去。

"你能与我们合作,确保增收的联邦超额累进所得税相当于英国对收入超过 10 万美元的人士征收的税款吗?如你主张的那样,这样一来便会使取消外国政府对美国所欠债务成为一桩可行的事情。"

敦促以国家资助的计划设立工作保险[①]

人民游说团在今日致罗得岛的共和党参议员、将主持星期二在此举行的有 339
关失业保险听证会的参院特别委员会主席赫伯特(Felix Hebert)的一封信中坚
持认为:"在上一次参议院开会时,由参议员瓦格纳[②]所提议案中指出的联邦政
府对国家失业保险体系给予资助的原则是一个当下可行的原则,虽说联邦政府
也许一时间每年不得不拿出 5 亿美元。"

如果引用共和党国会领导人、印第安纳州的沃森(James Watson)参议员的
话来说,则是"在这面国旗下生活的所有人都享有工作权利",以及"除非每个人
都能得到平等工作机会,否则的话,政府就是失职的,就得下台"。人民游说团还
指出:显然,联邦政府并没有履行这项职责。

信中说,"它是否还会履行这项职责,在很大程度上取决于下一次国会会议
做些什么来为联邦失业保险计划提供资助。也就是说,当公司企业没有履行这
一职责时,由它来维持失业人员的生活,直到政府为他们找到工作时为止"。

"如我们所理解的,摆在你的委员会面前的迫切问题是:由于人们会就设立
联邦失业保险之特定体制的宪法原则提出质询,若谈到失业救济金总的费用,其
中多大部分花费应当由联邦政府来支付呢? 人们并不会对国会依据国家体制支
付任何或大部分失业救济金拥有的权利抱以合乎情理的怀疑。"

---

① 首次发表于《纽约时报》,1931 年 3 月 30 日,第 2 页。
② 瓦格纳(Robert F. Wagner, 1877—1953),美国参议员,民主党人,支持罗斯福总统的"新政",曾
主持拟订全国产业复兴法、社会安全法和国家劳工关系法(即《瓦格纳法》)等法案。——译者

这封信就联邦政府对国内经济走势，包括征税和税率以及国际政策负有的责任提出了看法，它总结道：

340
"联邦政府不能再无视治理中所要付出的代价而坐享其成了。它必须为那些无工作机会者提供工作或者薪资，直到美国的企业壮大成熟起来，彻底废止对合法企业强征的压榨性税收，并为生产和分配制订出理智的计划，使我们的1200万人民不至于再在极端贫困的状态中生活下去。"

丰实的仓库和饥饿的胃[①]

4月份,经全国广播公司安排,约翰·杜威教授在东西岸电台联播节目 中作了如下讲话。

小麦的价格是多年来最低的,起卸机上堆满了谷物,政府手中积有数百万蒲式耳的谷物;而成千上万的人正在忍受饥饿,他们在如此富足的情况下要由施粥所为其提供食物。煤矿已经歇业,因为它们挖的煤卖不出去;而由于缺乏暖气供应,成千上万的人在冬天冻得直打哆嗦。仓库里堆满了鞋子和衣服,而男男女女只能穿着破旧的衣服和露出脚趾、脚跟的鞋子。纽约市正在呼吁以 1.5% 的利率把钱贷出去,这个商贷利率是多年来最低的;而人们的口袋里没有一文钱,厂矿企业要去贷款也并非易事。一方面是遍地林立的银行,另一方面是干瘪的钱袋和闲置的厂矿企业。

到处都能听到对过度生产发出的抱怨。生产货物的工厂太多,生产谷物的农场太多,有太多的种植园在生产那么多的食糖、咖啡、棉花和橡胶。有那么多的证券代理商在兜售债券,这种情形到处可见。与此同时,为数众多的人当他们想要这些东西时却得不到,因为他们找不到工作。贫穷、匮乏和受困的情形随处可见。按照保守的政府估计,有 600 万人处于失业状态,想得到一份工作。假定他们每人的家庭有三个以上的人要靠他们养活,那么占这个地球上最富有、拥有

---

① 首次发表于《人民游说团公告》,第 1 号(1931 年 5 月),第 1—3 页。本文选自 1931 年 4 月 13 日的一次广播讲话。

最先进工业的国家全部人口六分之一的人,其家庭遭到严重毁损或者完全找不到家的感觉了。我还认为,有关失业人口的估计并没有把大批农民计算在内,他们遭受长期不景气带来的困苦,无力为他们的抵押贷款等支付利息。

我不想把某些发生的事说成是不正当的,这是对你们智商的侮辱。就连产业界的巨头们也承认经济体制已经失效,资本主义正在经受考验,到了该做某些事的时候了。但由谁来做这些事,又该怎样来做这些事呢?我们从共和党领袖那里得到的官方信息是"已延期讨论政治议题",国会不打算举行会议来讨论任何这类议题。他们说,他们害怕这样的讨论会使事情变得更糟。换言之,他们承认政治体制已经失效。如果经济体制和政治体制都已失效,那么该由普通民众来做某些事了。民众中肯定存在着一种迫使产业界和政界"领袖们"去做某些事的看法,不然的话,领袖们便会撒手不管,让其他人来做某些事了。

贫困和失业已使事情变得很清楚,折磨着我们的问题是消费不足,可是为什么人们仍在喋喋不休地谈论什么生产过剩呢?仅在纽约市,2月份一个月中因失业失去的工资收入已达8000万美元——相当于该市差不多一年失去了10亿美元的收入。据有资质的统计师估算,上年度全国失去的工资收入为90.6亿美元。当然啦,仓库里堆满了货物,工厂就会关门歇业,因为工人们减少了90亿美元用来买东西的钱。就拿一样东西——牛奶来说吧,美国大学妇女联合会在进行一项有关儿童适宜的日常饮食的调查后提出的报告称:"正如经济学家预测的那样,如果经济萧条再延续三个月,本国的孩子将会遭难,也许会出现不利于发育成长的情况。"任何一个对第一次世界大战期间欧洲儿童一代成长情况有所了解的人,都知道这将意味着什么。由联邦政府儿童署进行的一项调查则显示,已经有五分之四被调查的家庭要靠借贷来获得食物、燃料,支付房租和医疗费用;失业"对儿童福利造成了直接和灾难性的后果"。儿童最主要的食物是牛奶,若去问一下生产牛奶的农场工人,当千百万儿童只能得到那么一点牛奶来获得营养,他们是否会生意兴隆呢?我们仁慈的华盛顿当局对牛奶工人提出的劝告,无

疑是更多地削减生产。为什么他们不能做一些事来促进生活必需品的消费呢?人民游说团曾强烈要求向管理公共卫生事务的行政部门拨付1亿美元,作为对受困儿童进行补助的费用。政府并未听从这一呼吁,因为这也许会导致对坐拥膨胀财富的社会较高阶层增加税收。

如果国家的资源和财富分配得不适当,出现这种情况是必然的,我们将竭尽

全力坚持这一立场。但是,虽说国家的净收入从930亿美元降到了800亿美元左右,政府仍能让每个五口之家的家庭每年的年收入超过3000美元;根据美国国家经济研究局的报告,这样的收入足以使每个家庭过上舒服的日子。

一个简单的事实是:收入并没有以足以与我们生产力资源的消费需求保持协调的方式来加以公正的分配。其间,政府对控制生产的大亨百般呵护,却很少为从事生产的雇员做点什么事;至于说到消费者,政府除了向他直接征税外,什么事也没去做;当消费者要去付各种租金,他不知道租金数额是怎么算出来的。

统计数字不太会令人感兴趣。但由华盛顿政府给出的数字,若对它们有所了解,则足以让美国千百万忧虑的人们激愤起来。1929年,美国50个人中没有一个人能挣得足够的净收入用以支付联邦的任何所得税,四分之三的人所报的收入低于5000美元。另外,在他们的总收入中,从工资和商业收益中获得的收入只占55%,其余45%的收入来自租金、各种使用费(专利使用费、版税等)、利息和股息——差不多有一半来自政府自己归为的那种"非劳动所得的收入"。但是还存在一个几乎达39000人的百万富翁阶层,将近有500个人的收入在2000万至1亿美元之间,有36个人属于收入达1亿美元以至更多的阶层。500个年均收入超过100万美元的人,其总收入要比20万个年均收入在5000—6000美元的人的总收入多5000万美元。若将他们与1.2亿美元无须交付任何联邦所得税的低收入者相比,情况又当如何,你们自己可以作出判断。富人阶层中超过 344 90%的收入要归入非劳动所得收入的类别,不管这些富豪中某些人的个人工资有多高,整个阶层从工资中获得的收入不足2%。与此同时,所报收入低于5000美元的人中,占61%的收入来自他们从事的实际工作。为什么这类事会延续至今?整个问题的实质就在于:按照最为可靠的估计,4%的人控制了全国80%的财富。

商品、甚或是那4%的人才消费得起的奢侈品,其消费量是有限定的,这些富人过多的钱财必定被用于投资以进一步扩大生产。他们那80%的财富中很大一部分找不到什么途径去换得他们需要的、也能消费的东西,这才是问题的核心所在。其后果就使统计数字中看不到的那些事显现了出来:身体和精神上的痛苦、不安全感和绝望感,男人和女人徒劳地乞求工作机会并一次次被回绝。提高低收入和降低高收入以使收入趋于均衡,这是唯一的填饱饥饿的胃并使仓库中堆满的商品进入流通的办法。只有这样,人们才能得到工作以保持商品的流通量。

我们应该感到高兴,因为已正式宣布,不管赤字有多少,不再会增加所得税。向 1.2 亿不用再交纳任何所得税的人表示祝贺,向 150 万低收入者表示祝贺,他们交纳的税款不会再增加了! 对那 4 万个为国家供献了税收收入六分之一的人,特别是对那少数几位拥有亿万资财者,我们为他们悲叹不已。为什么不能通过对高收入者增税的办法来卸下他们的部分重负,得到的这部分钱可用于为营养不良的孩子提供适当的养料,可用于解除饥饿,可用于尽可能多地安排公共事业部门的工作岗位,从而刺激消费,使之跟上生产的步伐呢?

人民游说团支持这些措施,主张举行一次国会特别会议来讨论这些措施。给你的美国参议员和众议员写信,要求举行仅限于讨论此一议题的特别会议。人民游说团需要你的帮助。当去年 8 月份高层官员仍在说什么萧条已接近尾声的时候,它开始激动不安起来;欢迎你的参与,这将增添它的力量。

总统和特别会议[①]

"我们不能盼望通过自己立法来走出世界性的经济萧条。"胡佛总统的这番话,旨在为拒绝召开一次处理失业问题的特别会议说明理由。由于没有人宣称我们可以通过自己立法来摆脱目前的困境,胡佛总统的话要么是不诚实,要么就是政治破产的自供状——或者两者都是。他使华盛顿的立法者们与实业家和银行家们站在一起。数年来,他们使尽浑身解数助长了危机,如今却想摆脱干系并听天由命了。

立法是能够解决某些问题的。它会帮助政治家们放下包袱,使之不再对积压在无望的消费者背上的巨大财富俯首称臣;它可以通过收回已给予特权阶级的种种好处而为恢复就业提供助力。它可以通过用国家保险制度为失业者提供帮助的方式,通过提供公共就业岗位的方式,使数百万人免于陷入可怕的、势必以比起上个冬季更大的规模而于下个冬季产生的困厄。它可以帮助失业者的孩子消除一直叫他生活于其中的那种有碍正常发育的状况。为什么胡佛总统不面对这个真正的议题,反倒把注意力转向某个不实在的议题呢?这是因为,救济的措施会引向对那些少数得利者征收更高的超额累进所得税,从而使捐助的竞选资金有所减少。

---

① 首次发表于《人民游说团公告》,第 1 号(1931 年 6 月),第 1 页。

质疑克莱因部长乐观看法的依据[①]

346 杜威教授代表人民游说团向商务副部长朱利叶斯·克莱因(Julius Klein)博士递交了以下资讯质询书。克莱因博士因不时表现出故作振奋的姿态,被认定为是行政当局的官方"艰难时世的乐观主义"的发言人。

你在6月9日对芝加哥无线电制造商协会的讲话中提出了事关整个国家的重要问题。

你说,根据"五个主要指数"(新闻报道中没有提及这些指数),"萧条期已于1月份探底"。自那时以来,我们一直在沿着底部弹跳,使其变得平坦。我们正处于谷底,但萧条期已到此止步了。这个谷底一般还会延续六到七个月,这意味着如果历史会重复的话,我们将于7月份后期走出谷底。

你是训练有素的经济学家,不至于对实际形势以及那股对美国和整个世界加以操控的势力一无所知。

你最近对外国的广泛出访,使你有机会领略到连内阁成员甚至总统本人近期都无法了解到的世界大势。

你在1930年5月19日写的一封信中所作的陈述,见证了你对一年前那种情况的感受。在这封致肯塔基州参议员巴克利(Alben William Barkley)的回信中,针对他提出的了解美国在海外设立分厂的有关资讯的要求,你说:

---

① 首次发表于《人民游说团公告》,第1号(1931年6月),第3—4页。克莱因的回复见本卷附录3,杜威的反驳见第351—354页。

至于说到设立分厂的原因，当然，我们不可能对设立每个这样的工厂的内在意图加以查证，但从我们与在分厂迁移中显得最为活跃的那些企业管理人员的个人接触情况来看，种种个例实际上皆表明，首要原因是要抵消外国政府征收高关税造成的后果。当然，在有些特例中，运输问题也是非常重要的因素。从那种生产的产品需要大量配套服务的个例来看，一座装配厂能使美国制造商维持充分的用于进行服务的技术人员。

在此前约一年的时候，也就是 1929 年 6 月 29 日，你曾写信给北达科他州的奈（Gerald P. Nye）参议员：

> 我们提供的附带材料有可能使这一点变得很清楚：你是正确的，说到农产品遇到的销售困难的问题，就总体来看，这不怎么像是世界性的生产过剩，而要归于消费不足。

从你引用的 1927 年美国消费耗用的数据可以看出，消费不足的小麦和黑麦为 15 亿零 50 万蒲式耳，或者说占到实际消费量的四分之一。食糖为 7971.4 万吨，几乎是实际消费量的 3 倍。根据你的报告，消费不足的棉花达 441 亿磅，是世界消费量的 4 倍。羊毛为 61 亿 3800 万磅，约为世界消费量的 2 倍。生丝为 12 亿 9800 万磅，约为世界耗用量的 12 倍。橡胶为 601.4 万长吨，几乎是世界耗用量的 10 倍。

你报告说，生铁的消费不足量为 5 亿 1221 万长吨，约达生产用量的 6 倍。铜制品为 1002.6 万短吨，约达实际生产用量或耗用量的 6 倍。

你提到，就整个世界消费的范围来看，所有主要的矿产品都存在相似的消费不足的情况。如石油的消费不足量，即达实际消费量的 9 倍之多。

鉴于你对经济学和经济现状具备的娴熟知识，如你对目前局面所述的那样，就眼下本国存在的不同方式的分配情况而言，或者说，只要美国人仍占据五分之二的世界财富和世界收入，并控制着世界五分之二的矿产品的生产，你能否告诉我：你是怎么认为我们有可能走出谷底的呢？

也许降低股票的盈利条件会对股票市场产生短促的刺激，这除了示意股票持有者存有从面向公众的市场撤回投资的愿望以外，并不必然说明什么东西。

比起 1929 年 934 亿美元的国民收入，去年的国民收入约有 780 亿美元。按照已确定的最低生活消费标准，即使去年的国民收入也足以让美国所有人按应有的标准生活下去，还能把储蓄资金用于向新的工厂进行投资。尽管如你坦陈的那样，我们现在遭遇的是消费不足的问题。

在美国，消费不足主要应归于在财产和劳动之间、生产者的不同阶层之间国民收入的分配不公。

人们一般都承认，标准统计公司作出的有关 1930 年支付的薪水报酬比起 1929 年减少了 95 亿美元的估算是精确的，本年度大抵也将延续 1929 年后薪水报酬减少的趋势。

你无疑会承认，即使是 1929 年那年支付的薪水报酬，也不足以让人们以通行的工资收入形式对本国生产的商品进行及时的国内消费并维持生产进程。因为人们不得不求助于分期付款的方式来购买商品，其款额已达到四五十亿美元之巨。出口商品则很少超过生产量的十分之一。

去年以及今年以来，数百万失业者已部分或如数地动用了他们的存款。

这种现象显然是不可持续的。因为在 1928 年 6 月 30 日那天，所有银行的存款总额加起来仅为 284 亿 1300 万美元——即对于 1618.1 万个储户来说，他们每户的平均存款为 1756 美元。

同一天的邮政储蓄存款仅为 1 亿 5214 万美元。与此同时，拥有 1200 万会员的房屋贷款协会的总资产仅为 80 亿美元多一点。

另一方面，据管理国内税收的专员报告，在 1928 年 12 月 31 日那天，商业公司剩余未分割的利润值比亏损值要少，为 471 亿 5618 万美元。23.7 万家公司中的 1258 家赚取了 236 亿零 676 万美元，或者说差不多占了其一半的利润。

同年，也就是 1928 年，这 1258 家公司的净收入为 59 亿 3029 万美元，或者说，这些公司占有报告中提到的那 23.7 万家公司净收入的一半。

该专员还报告说，1928 年由公司支付的现金和股票红利总额约为 76 亿 2385 万美元。净收入超过 5000 美元的约 101.1 万人获得了约 40 亿零 991 万美元，其数额差不多占到支付现金和股票红利的七分之四。511 个收入超过 100 万美元的人拿到了约 3 亿 1613 万美元，其数目超过支付现金和股票红利总额的二十五分之一。

本国占百分比非常小的家庭，将获得大多数公司支付的剩余未分割的利润。

美国国家经济研究局报告说，1928年，美国支付的工资为322亿3500万美元，薪水为178亿2300万美元——总计500亿5800万美元。而据那位管理国内税收的专员称，净收入超过5000美元的约101.1万人得到的工资薪水为50亿零827万美元。大约4550万收入低于5000美元的其他剩下的人在1928年得到的工资薪水仅为450亿5000万美元，这一阶层是受失业打击的主要对象；1930年，他们失去了1929年所赚五分之一的收入。本年度他们失去的收入也将有这么多。

这对你说来，也许就是一个谷底。但政府的雇员是这样一种人，如果不存在债务这个现实，他们并未被迫（以工资薪水缩减的方式）穿越这个谷底。

美国国家经济研究局的报告还说，1928年的国民收入估计为894亿1900万元，作为薪水、工资和津贴等返还给4710万受雇者的劳动所得为511亿2300万美元，或者说占国民收入的九分之五多一点；同时，企业主和其他财产拥有者获得的货币及商品收入为329亿9600万美元，特定的个人收入（其中的百分之六是作为投资住宅等的获利所得）为53亿美元——总计为382亿9600万美元，或者说其收入几乎占到国民收入的九分之四。

管理国内税收的专员报告称，1929年，报称收入超过5000美元的96.9万人总共获得的收入约为162亿3730万美元，或者说其收入占到美国2500万或2600万个家庭的总收入的十六分之一，而这个收入中几乎有四分之三来自其物主的身份或对财产的控制。

过去两年的通货紧缩，使所欠公共和私人债务的币值增加到约1400亿美元，至少增加了六分之一，并以同样的比例增加了债务人的负担。

没有一个明智开通的人会否认，占人口约百分之四的人拥有了几乎五分之四的国民财富。

鉴于现存的国民收入不公平的分配状况，我们的关税、税收、银行和货币制度都服务于斯而不是对此加以矫正，你怎能盼望经济状况有一个显著的改善呢？

我们拥有充足的资金这一点已为这一事实所证明，即最近财政部发行的8亿美元面钞超过了超额认购数的7倍。

由于国家五分之一的人口为目前的失业和累积的贫穷问题所严重困扰，除了购买用以最低限度维持生存的必需品之外，这个阶层不作任何消费，基本的问题不正是要通过用政府信贷的方式来大规模增加公共就业岗位吗？不是说因为任何生产厂家的扩张都是不需要的吗？

由于推行这样的政策有赖于政府，它怎能不停地去指责那些产业界的要人们，因为他们没有雇人去生产不可能卖出去的东西，直到它来履行其责任，开始对国民收入进行那样一种将打开就业之门的再分配？

减轻对主要得自财产权所获大笔收入的征税引起的剧烈后果不是清楚地表明，为了获得哪怕是少量的国民福祉和安全感，我们宁可使某种方针本质上发生逆转吗？

非保护性关税实施后的自食其果不是已经充分表明，想要叫美国与其余互依互赖的世界隔离开来的做法是无济于事的吗？

反驳克莱因部长^①

谢谢你 6 月 22 日的来信,这封信对我 6 月 11 日所写的信件作出了回复。恐怕你对我的信件的部分内容有所误解。

自然,我们没有对美国拥有如此大量、如此有价值的自然资源这一事实发出哀叹,而只是对这个事实感到痛惜,即这些自然资源大部分被控制在少数人手里。他们中有很多人获得这些资源后对公众社会作出的补偿是不够格的,由于他们社会性的非计划的滥用,对自然资源的开发伴随着毫无顾忌的浪费。在我们看来,原煤和石油便足以作为这一事实的例证。

问题不在于对自然资源本身的拥有,而在于为了公众利益对其进行有效的生产和利用,以有利于国家,使国家富裕起来。

你所提到的我们高标准的生活似乎并不能引起人们的欣赏,这不仅出于目前的形势,也是 1928—1929 年所谓繁荣的年度里本国数百万家庭所处的状况使然。

那时没有一家大工厂按照美国劳工部制定的最低工资标准为其员工支付平均工资,也就是支付足以维持有两个大人和三个小孩的五口之家生活的工资。只有少数几家工厂按这样的标准独自地为挣工资者支付足堪温饱的工资。

分期付款购物方式的迅速扩大不是部分地使人民减损了他们未来的收入,便于使消费跟上生产的步伐吗?

---

① 首次发表于《人民游说团公告》,第 1 号(1931 年 8 月),第 4—5 页。有关引起这一反驳的克莱因回复见本卷附录 3,杜威致克莱因的第一封信见本卷第 346—350 页。

"实际工资在过去五六十年里翻了好几番"——请问,你的这个说明权威性何在? 你认为这是真的吗,即在美国所有的工资都被支付了,而且工资是按照那种标准在不断增长着吗?

据哥伦比亚大学保罗·奈斯特龙(Paul H. Nystrom)教授的估计,近期我们现有贫民的人数达 4000 万,其中 800 万人已陷入赤贫的状态,1200 万人可以勉强维持生活,只有 2000 万人生活得还不错。

总统在去年秋天召开的关于儿童福利的白宫会议上引用的该会议委员会的一份材料称,在本国 4500 万儿童中,有 600 万儿童营养不良。

该会议的赡养与弃养委员会的这份材料指出:

> 对美国收入分配的研究显示,本国大多数家庭的生存已接近经济需求的底线。依据各种社会机构的经验可以表明,某个群体的生活已位于这个底线以下……美国的收入分配中给出的用于最低限度享受生活的预算数据……令人对为数众多的男性挣工资者能否以现有的工资水平来挣得足够的钱养活家人这一点表示极大的怀疑,尽管他们获得了稳定的就业……
>
> 这样看来,即使能稳定就业,许多挣工资者能否挣到足够的钱来支撑一个正常的家庭,还是不确定的。如考虑到遭遇失业、疾病和不测事件等危困因素,在很多这样的情况下,通过他干活带来的所有希望就要破灭了……现在我们达成了这样的看法,即那些对儿童福利感兴趣的人必须进而从对家长们实行更多的经济保护这一角度来看待这一问题……

1200 名布道者、拉比、牧师、社区福利基金工作者、红十字会和社会福利工作者以及经济学家们向总统呼吁召开一次有关失业问题特别会议,他们指出:"不论经济前景会出现怎样的变化,我们数百万市民同胞面对的是一个造成了严重贫困、令人沮丧的寒冬,人们也看不到经济状况会发生任何显著的改观,直至美国人的购买力能得到一个显著的增长。"你是否有意要对他们的诚实和正确性提出指控?

不错,美国的资金存款每年已达 60 至 80 亿美元;同时,我们拥有 800 万赤贫人口,而这些存款中有数十亿美元却被转移到国外去了。在英国的好几代人中,也存在同样的情况;但很难引用印度、中国和埃及的情形,以对该体制的这种成绩进行证明。

数年来,作为美国国内外贸易局的主管,你以极大的工作干劲推进了我们的对外贸易。你所置身的战略地位,使你知道我们树起的关税壁垒阻止了外国进口商品和我们输出商品之间存在的某种平衡的款额结算,除非我们得到了一种成功的"令人称许的"贸易平衡,我们的感觉很不爽。结果,我们拥有了成堆的黄金,几乎每个发达国家都对我们欠下了债务,十个拉美国家的大宗外汇债务部分已被掌握或控制在美国人的手里。

你很清楚其他国家的贫乏状况,它们的大量自然资源已被美国人弄到手,它们的银行家就是美国人,它们的工业成了美国人寻求加以控制的对象。

8年前,你负责过一项国会指派的调查任务,为此曾拨款50万美元。这是一项对外国市场上的美国产品进行调研的任务,在被问到各国应消费何种商品以维持一种有益的生活水准,以及需要增加何种出口商品的问题时,你曾婉拒回答这些问题,理由是指出这一点似会被认为我们显得不太友善,即那些国家的人应消费的商品是存在差异的,他们消费商品的能力也是不一样的。这些情况难道发生任何实质性变化了吗?

当然,本国拥有你提到的所有商品的潜在市场,也存在着食品、服装鞋类以及房屋市场,但直至我们要求对拥有财产者和生产者进行国民收入的不同方式的分配实施之后,这个市场仍将只是一个潜在市场而已。

你可能会与一些主张进行愚蠢的公共建设工程的人发生争执,但我们不会这样做。我们还有数十万英里破烂不堪的泥土路、数千英里的狭窄公路,数百万人生活在容易滋生疾病的出租屋和简陋小屋内。

看来很明显,一种不让广大民众享有与其拥有的财富、生产能力和国家收入相当的生活水准的体制(而我们的体制显然不是这样的)——是注定要失败的。

你提倡用我们已实行了的另一种扩大生产和非计划生产的方式来克服这一 *354* 时代造成的灾难性后果。这在我们看来,是不合逻辑的。

为何你要支持通过工业的扩张来供应商品,你说供应的商品如今"超出了甚至是那些最富有之人的购买力的范围"——而不是鼓励用这样的生产来满足美国广大民众的真正需要。

敦促进步主义参议员就救济法案采取行动[①]

作为人民游说团的总干事,杜威教授去年 4 月写信敦促召集华盛顿进步人士会议的五位参议员——诺里斯、拉福莱特、卡廷(Cutting)、惠勒和科斯蒂根(Costigan)在处理失业问题的国会特别会议期间加入游说团。信件全文如下:

先生们,你们在 3 月份召集了进步人士会议。当时,政府当局和总统由于未能成功地应对全国性危机,反而允许国会在危机持续期间休会而受到指责。

科斯蒂根参议员并不是上一届国会成员;但是,应当为未能召开国会特别会议,以及未能在上一届国会一同采取行动负主要责任的是你们中其他四人,以及上一届国会中自命为进步人士的其他参议员——包括参议员博拉、库曾斯(Couzens)、弗雷泽(Lynn J. Frazier)、奈、布鲁克哈特(Smith W. Brookhart)、希普斯特德(Henrik Shipstead)和迪尔(Clarence C. Dill)。

你们本可以阻止必要拨款法案的颁布,并且使这次会议,以及为你们中几个人所津津乐道的我国经济现实令这类做法不但合理且不得不然,以证明你们的美好信念。上一届国会所进行的真正的斗争是由俄克拉荷马州参议员托马斯(Elmer Thomas)以独立石油运营商的名义所发动的,他把他的演说变成针对某些特权的咄咄逼人的战争,而不是无能者的装腔作势。

继指责行政当局容许国会休会之后,你们的会议任命了一个委员会以确定

---

① 首次发表于《人民游说团公告》,第 1 号(1931 年 6 月),第 5 页。

国会的一个特别会议是否合理;然而,委员会的结论却至今仍未公布——根据你们对于行政当局的指责,结论本是十分清楚的。

究竟是什么令进步主义参议员们默许一个使美国人民沦入产业封建与农奴制度的开发利益的计划?

是什么让你们背弃了已故的拉福莱特参议员在1924年为他赢得500万张选票的纲领?

纲领明确表示:

运用联邦政府权力摧毁私人垄断。

不受限制地保证宪法上规定的言论、出版与集会自由。

实行全国水力的公众所有,并创立一个公共的电力总量调配体制。

保留对巨额收入的超额累进所得税,恢复征收超额利润税,并恢复征收对于大地产以及巨额遗产的快速累进税。

重建联邦储备系统,以及联邦农业贷款系统。

实行铁路公司的公众所有与民主运作。

废除法庭的专制与擅权。

采取国际共同行动以实现世界范围的战后经济复苏。

撤销过度的关税保护以及微额消费税。

不论多么可取,建立你们所考虑的最高经济理事会,很可能是高度社会化的经济的最后步骤。然而,除非首先废除某些特权,如上述斗志昂扬的1924年纲领所宣告的,否则,这一机构的建立不会令消费者明显受惠。

先生们(科斯蒂根参议员除外),由于你们允许拨款法案付诸表决,向行政当局提供军费以维护特权的统治,今年夏秋两季人们将因此而受苦受难;在紧接着的冬季,他们还难免受到更严重的磨难,除非你们最迟于今年初秋在国会立法,否则你们为此难逃干系。

你们能否结束休假,与我们一同进行全国性游说,以召开国会特别会议应对并终止我国日益严峻和令人绝望的经济困境?

胡佛主旨演讲的玄机[①]

6月26日,杜威总干事就其印第安纳波利斯演讲致信胡佛总统,我们已为该演讲作了总结。在当前欧洲的严重危机的背景下,这封信具有重要的意义。

在你的印第安纳波利斯演讲的最后一段,你宣称:"总而言之,不论当下的困难如何严重,我们知道这一切在我们的生活中,在我们国家的生活中,都是暂时的。"

我希望你能说得更明确些。你所谈到的生活是谁的生活,是1000万失业者与半失业者的生活,还是数百万由于这样那样的原因而收入减少的人们的生活,或是几十万投资得不到正常回报的人们的生活? 我也希望你弄清楚,"暂时"一词所指的时间究竟多长,因为我们听说,只要时间足够长久,一切都会改变。

你对现实情况——你的数百万同胞所不得不面对的现实情况——的悲剧性的无知,无疑解释了你反对召集国会以应对危机。它也说明了你为什么同样决绝地反对联邦政府对失业者的适度救助。虽然曾经在世界大战期间担任联邦官员,手握控制食品消费重权,你似乎全然无视今天数百万男人、妇女和儿童的这一需求。危机如同世界大战一样严重。

无论如何,总统先生,专家的意见对你不利。

我们相信,著名的经济学家、威斯康星大学的约翰·R·康芒斯(John R.

---

① 首次发表于《人民游说团公告》,第1号(1931年7月),第3—6页。

Commons)教授在其声明中反映了大多数经济学家的观点："我们有理由认为，历史正在重演。继 1914 年的世界大战之后，世界正在等待着一场为期 40 或 50 年的革命、独裁、经济萧条与失业。"

在同一场演讲中，你的另一个主张也同样令人沮丧，因为"在经济上，我们比其他国家更为自足，随着暂时的经济混乱和振动的消退，这种经济独立性保证我们能够取得更大程度的经济复苏，不论世界的其他地方情况如何。1921 年，在更为严峻的外部形势下，我们仍然成功地实现了经济复苏"。

大多数知事明理之人宁愿赞同著名的德国银行家门德尔松（Frans von Mendelssohn）5 月在这里举行的国际商会大会上的主张："不存在在一个国家中永久地维持经济福祉的办法。"他评论说，当今世界上有 2000 万失业者。

你如何能够把你关于我们的世界其他地方的经济独立性将帮助我们迅速实现经济复苏的主张，与你的另一个主张——我们正陷入困境，因为萧条是世界性的——协调起来？当你从演讲地点匆匆赶回敦促暂停要求德国偿还债务，你究竟出于利他主义，还是因为你所得到的信息使你不得不相信，德国马克的崩溃将在经济上产生连我国的金融与商业也不能幸免的全球性严重后果？

你当然可以拒绝召集国会成员，直到法定的 12 月。在那一方面，你的权力像从前的俄国沙皇一样不容置疑，你可以否决人们想要通过的任何补救性立法。但是，一直到 12 月为止，你绝不能轻而易举地推迟饥饿，也不能有效地否决盲目的大规模生产。

很明显，你认为，生产与分配以及科学中的标准化与效率可以降低生产成本，增加消费，维持我国人民的就业；同时允许向土地所有者、信用控制者、股票持有人、自然资源的所有者和专利所有者缴纳一年至少 20 亿美元的非劳动收益。

如你的演讲所显示，你对美好时光的期待主要基于闲置的资本之被用于生产更多的财物。

你谈到储蓄银行中增加的储蓄。你利用了普通公民无法利用的数据，但银行官员承认去年冬季半数储蓄银行的账户余额不足 100 美元。

但是，看看做得到的吧！是否应当以健康、舒适和目前消费需求为代价增加储蓄，以防止旧时代的贫困？

你很可能也已经意识到，大多数增加储蓄的举动是那些怀着对未来失业，或进一步减少收入的恐惧的人们的绝望之举。说他们正在储蓄并不真实,他们不过是不进行花销而已。

因为资本与收入的集中在美国被打败了,而总统你的所作所为加剧了这一集中的严重性。

你提出未来二十年的"美国计划",全然无视导致我们艰难时代的基本原因,既不能欺骗失业者与受压迫者,也无法终结我国经济中的罪恶。

1928 年,也就是"正常年景"中的最后一年,制造业产品的零售额(除去出口以外)大约为 550 亿美元;然而,通过这里的零售店销售的总额大约仅为 500 亿美元。

收入为 5000 美元以下的家庭——大约为 2400 万个——的货币收入总额约为 653 亿 5000 万美元。

给定最低限度的生活费用,其中不包括购买制造业物品的费用,如房屋、利息、税收、保险、医疗费用、新鲜水果、蔬菜、牛奶和其他未经加工的食品,则这些家庭能够花费在购买制造业物品上的收入总额多达 380 亿美元。

1928 年收入超过 5000 美元的约 93.6 万人也购买不了 270 亿美元的制造业物品,即使这些人的收入总额为 194 亿 2300 万美元——占国民收入的五分之一;而 1928 年所有制造业物品和半制造业物品的出口总额仅为 37 亿 1400 万美元。

360　汇集在 1930 年的"制造业统计"的初步数据显示,1929 年的产品总值(按离岸价格计算)约为 684 亿 5349 万美元。

生活成本自 1928 年以来,确实一直在下降。

蔡斯国民银行(Chase National Bank)的经济学家本杰明·M·安德森(Benjamin M. Anderson)博士在该行 6 月份的经济公报中指出,1928 年 12 月的生活指数为 162.1,今年 3 月的指数为 142.0。这两个时期所有各类工资的实际工资指数分别为 139 和 154,工业工资指数为 143 和 165,铁路工资指数为 130 和 139,农业工资指数为 99 和 89(1931 年 4 月 1 日)。

以 1914 年的数字为基准 100。

从表面上看,所有各类工资的实际工资指数,尤其是工业工资和铁路工资指数。有所增长,显示国家有繁荣的希望。

但是,思考一下就可以看到,除非这一增长使足够多的劳工受惠,以维持普遍的就业，并且容许基于当前收入的当前消费；否则，它就不会是生活在一个推动生产能力不断增进的经济体系中的人们满足感的来源。

你在印第安纳波利斯宣称："95%的我国家庭有一份收入，或者有一份足以糊口的工作。"

美国国家经济研究局估计，1928年7月1日，在8360万15岁以上的人中，有4658万人受到雇佣。

这意味着，2500万个家庭中，只有略多于1.8个人有工作。

美国的工厂所生产的所有产品没有任何外国市场能够吸收；以那些以工资为生的人的收入总额，平均每个家庭1.8个人的收入，如果想购买这些产品，还需要追加至少100亿美元。

很明显，如果每个家庭只有一个人在工作，即使有工作的家庭成员的实际工资比1928年增加九分之一，那些家庭也只能勉强维持生计。他们肯定买不起分摊在他们头上的制造业产品的份额。

尽管按照你的暗示，只有二十分之一的家庭没有收入，或没有人工作，这一事实本身就足以令萧条持续。

再者，需要注意的是："实际工资"的增长并不足以应对伴随美元贬值的税负的增加，以及日益沉重的债务负担；大多数以工资为生者还承担按揭或其他债务，这些债务却要以不断膨胀的美元偿还。用1914年的标准衡量哪一种负担都不妥当。

统计学家估计，在40年内，我国人口将增加到1.7亿，也就是将增加大约4600万。

美国农业部8年前报告说，美国农地可以养活大约3亿人口，也就是比目前人口数的两倍还要多的人口；而且，从事农业的人口只需比目前稍有增加，农业部的贝克(O. E. Baker)博士最近说，他认为国内的谷物需求与当前相比不会超过25%—30%。

每一条基本的生产线现在都具有巨大的多余生产能力；但数年之内，不大可能增加我国产品的出口，不论是原材料还是制造业产品，也不论在数量上或是在货物总值上。

除非联邦政府彻底地改变主要政策，你的"二十年计划"更多地带有政治上绝望而不是打算付诸实际实施的意味。

人民游说团

我们的 1000 万失业或不完全就业常备军付不起新的和更好的房屋的租金，也几乎不能为抵御现有疾病的传播付账。

它不能腐蚀漂亮的公共建筑。

我们现在有太多的工厂，以现在的收入分配格局，我们不能再有你所建议的成千上万个新的工厂。

我们的铁路公司正在悲叹没有货物可运。因此，如果按你的建议，增加它们的货运能力并且建造新的铁路和水路，那么，一旦公路运输和内河航运被启用，铁路公司无货可运的现象将更为严重。

总统先生，不管政治的情形如何，你将不得不面对我国经济体系无可挽回的崩溃。

对于这一事实的无知，将导致国家的严重混乱。

你始终关注财产权的保护，却拒绝认可劳工们的优先要求权。

362　　每一个有勇气而不为利害所羁绊的经济学家都会同意，只要我们维持目前经济上不合理又不符合伦理准则的国民收入分配制度，只要政府仅仅关注保护财产权，就不能指望从目前的萧条中持续地复苏。

在讨论公众失业保险时，你曾经主张："政府施舍的净效应是维持低工资劳工最低水平的生活需求，并且为怠惰之人提供勇气。"

然而，根据"施舍"一词的实际含义，你所描述的失业保险并不包含任何施舍；但我们却有将近 600 万人民除了你所谓的"慈善"以外，没有任何生计来源，而且很可能有将近 500 万人几乎只能维持"最低水平的生活需求"。

在你惯常坚持的主张——美国人是经得起磨练的汉子，与你的担忧——如果他们不能那样生活，他们就将沦为懒鬼——之间存在着矛盾，这一矛盾一定会令你们、你自己窘迫。

你投身于维持目前这个飘忽不定的体制，如你在你的演讲中宣称的，在这个体制下，"在上一世纪，我们经历过不下十五次大萧条"，也就是平均六年半一次大萧条，你指望美国人民还会在这个体制下忍受多少年？

你的主旨演讲的要点，总统先生，似乎是你对这一为维护特权而存在的体制的忠实，你也因此而在这里和国外积累了可观的财富，以及对于劳工的根深蒂固的轻蔑，就是如此。

你说过："对于经济萧条的补救不是浪费，而是创造与分配财富。"

我们拥有过于丰裕的财富，主要是由于自然的眷顾，而不是我们的商业与金融体制。

伴随着对于经济权力，以及由此而产生的政治权力的集约控制，大多数财富和收入集中在少数人手中，我们陷入了当前的境地。

美国的几乎每一宗巨额财产都来自以政府所保护的特权的形式出现的某种"施舍"。

你承诺延续那个成为每个国家的工业、商业和金融界的进步思想家的众矢之的的体制。

明年的选举结果现在还是一个疑问，然而，你为之效忠的体制必定不会永远维持下去。在这一体制下，我国将近五分之四的国民收入变为私人财产，而100万人获得这一收入的将近五分之二；但该体制将会受到审判。

363

政府造成了这一不公平的分配体制，政府也必须终止它。

未来数年之内必须回答的问题是：当前的控制者是否会放弃其控制权，或者我国人民是否会采用其他国家已经不得不采用的、更为果敢的办法。

游说团敦促博拉参议员反对重新考虑
盟国间债务[①]

在下面致参议员 W・E・博拉的信中，杜威教授以人民游说团总干事的身份敦促博拉参议员反对重新考虑盟国间债务。

你在最近一期的《柯里尔》(*Collier's*)上刊载的论述重新考虑盟国间债务的文章中说：

"经济健全对于裁军与和平是完全必要的。"

正是这一观点，使我们倾向于借助宣告战争为非法，以及由此产生的各种手段，彻底调整盟国间债务。

你也主张："不存在没有经济上的公正作为基础的永久或持久和平。"

这一事实也已被第一次世界大战中我们与之结盟的那些国家所认识。

它们知道，我们没有取得领土，也没有接受托管委托作为战争结果。我们对于弱小民族的自决权的支持并不要求我们抛弃门罗主义的观点，也就是认为我们有以对我们有利的方式处理中美洲和南美洲国家问题的权利的主张。

它们也知道，美国控制着全世界五分之二的矿产品，以及世界上财富与收入的五分之二。

1500 个美国人拥有世界上 15 亿人总收入的四十分之一。

你暗示，进行私人投资的美国人并且在国外发迹，总额达到你所说的 170 亿美元者应当享受与他们的贷款相匹配的公平税率。

---

① 首次发表于《人民游说团公告》，第 1 号(1931 年 7 月)，第 7—8 页。

情形并不完全相似。

作为参议院外交关系委员会主席，你知道，我们已经正式而明确地承诺，我
国政府不对美国公民在海外举办的集体性贷款施加外交压力，也不会用武力制
止；而且，除去按国际法实施制裁的情形，美国人不能指望他们的政府以他们名
下的海外财产纠纷的名义进行干预或调停。

再者，如你所知，在你所属的外交委员会之前，惠勒参议员已经引进了一项
决议达数年之久，要求召集彻底的官方调查，以便清楚地掌握美国人在海外获得
的开发自然资源、建筑等等的特许，以及获得这些特许的途径和获得过程的公平
性，并予以公开记录。关于此事，你在你们的委员会难道一点都没有得到报告？

还有，具有完全的国际法权威的外国可以规定美国人在这些国家进行投资
的条件，以及与这些投资相关的从业人员的工作条件，并且直接对利润课税，或
者对美国或任何外国人从这些国家的土地中取得的自然资源征集高额矿产税。

在海外进行私人投资的美国人有理由认识到，他们不会继续像从前那样一
直交好运了。

国会同样有权以快速累进税率对美国公民的海外投资征税，并以高额累进
税率对来自美国的产业的收入征税。

没有美国人会认为，外国政府出于战争目的的花费是合理的；也没有通情达
理的美国人能够怀疑，世界各国害怕美国追求世界霸权，尽管与此同时，数百万
美国人仍在徒劳地寻求自食其力的生存机会。

国防部长兼国会与内阁战争政策研究委员会主席赫利（Patrick J. Hurley）
在今年3月份的委员会会议之前，对一个目击者说："你可能知道怎么做对保护
自己是必要的，我们可没有这种预言能力。"

考虑到尽管与那些有能力与我们交战的强国被大洋隔开，我们每年为战争
目的的花费比第一次世界大战前要多几亿美元，你难道不认为，在对邻国实行军
事保护甚至军事入侵作为拒绝调整那为期四年的国际性愚蠢行为的后遗症的口
实之前，我们应当放下手中举着的军事侵略的利剑？

你问道，有什么理由怀疑，如果美国纳税人决定宽待别国更穷的纳税人，"这
种行为只会使增加军备的预算膨胀"？

一个理由是：这种行为将被其他国家视为证据。美国开始认识到，"自己活，
也让别人活"是一种同时适用于国际关系和国内稳定的健全的经济准则。

你认定，可能"没有关税裁减，没有裁减，我们就不能指望繁荣，因而也不能指望社会、政治和道德的安定"——没有裁减。

国会——你是其中有主导能力的成员之一——通过了多项增加关税和军备的法案，这又说明了什么？

对我们来说，你似乎颠倒了逻辑过程。关税首先应当被削减，以鼓励经济安全感；经验显示，增加军备从来没有提供这种安全感。

我们为你支持农产品的出口优惠感到惋惜，这将维持我国起不了保护作用、反而可能引发战争的关税政策；因为我们由衷地赞同你所说的："没有经济上的公正，国际联盟、和约以及国际法庭都无法维持和平。"

当然，建立这些机构的目的是促成经济上的公正。

当此世界和平悬而未决之际，一个最后的考虑十分关键，因为我们还没有实现国际经济公正。

截至 1928 年 12 月 31 日，获得统计数字的最后一天，不超过大约 17.4 万家我国公司的剩余与未划分利润为 471 亿 5600 万美元——大约 4 倍于外国政府对我国政府的净债务总额。260 家公司的剩余与未划分利润约为 154 亿 2656 万美元，也就是外国对我国所欠债务的大约一又三分之一倍。

在 1929 年，约 6.3 万个美国人的财产收入几乎等于外国对我国所欠债务的总额。

今天，100 个最富有的美国人的财富总额就显著地超过这一外国对我国所欠债务的总额。

我国国债在我国国民财富总额中的百分比微不足道，然而，那些对我国负债国家的国债是其国家的国民财富中一个有破坏性的比例。

看起来有必要在这里实行资本税，以清偿战争债务；而且，这样一个税无疑将成为对美国参与任何未来战争的一种适当的预防措施，不论这种战争是不是防卫性的。

我们没有忘记，我国是世界上唯一能够完全防止非自愿失业与贫困的国家，也应当是终结这类失业与贫困的国家——然而，当今任何国家试图靠一己之力维持生存，那就注定将置自己于死地。

杜威总干事反对一揽子运费上涨^①

杜威以人民游说团总干事的名义,致信州际商务委员会,反对铁路公司谋求运输费用的普遍上涨。

世界范围的严峻经济形势威胁着现存的经济秩序。正如著名经济学家约翰·R·康芒斯所指出的:"我们有理由认为,历史正在重演,继1914年第一次世界大战之后,世界正处于一场为期40或50年的革命、独裁、经济萧条与失业。"

让德国暂停偿债的建议具有重要的意义,尽管从国际债务清偿、国际贸易以及国际赔偿的观点看来不甚妥帖:它显示所有国家的政府都认识到,改弦更张是必要的。

其中主要问题是每个国家的国民收入与该国的财产与劳务权利的关系,以及国家之间的外部关系。

当铁路公司申请允许增加运费15％,并对"焦炭、煤以及某些其他商品"另作调整时,那个问题——财产对什么样的回报有权利,以及什么样的财产才有权利的问题就呈现在你们面前。

三个铁路公司集团——东部、西部与太平山以及南部铁路公司集团——的代表在他们的允许一揽子运费上涨的申请中说:"实际回报在1921至1930年间包括美国的第一类承运者的回报,铁路运输净收入为25亿7900万美元;少于法律规定的资本回报率实现的情况下可以获得的回报数额。"

---

① 首次发表于《人民游说团公告》,第1号(1931年8月),第6—8页。

这一回报接近于十年平均数 2 亿 5800 万美元。

贵会在报告中说,所有蒸汽铁路股票的红利率是:1921 年,5.13%;1922 年, 3.78%;1923 年,4.53%;1924 年,4.14%;1925 年,4.35%;1926 年,5.06%; 1927 年,5.95%;1928 年,5.25%;1929 年,5.70%;1930 年(第一类铁路), 6.1%。

这些代表申请允许增加的运输费率平均为七分之一以上,而几乎所有商品和许多服务的价格都在下降;这显示他们想要开始在铁路公司股票上进行投机。他们声称:

"由于美国第一类承运者的铁路资产价值是州际商务委员会 1920 年暂定的,考虑到运营后改良的成本,对于这一价值的回报是下降的,直到 1930 年达到 3.54% 为止。

"铁路股票的市场价格开始经历进一步的下跌,铁路债券开始受到铁路收益方式的影响。由于铁路收益使得可获得的收入接近于这样一个水平,使得处在该水平的铁路营收与固定收费不能满足这样一种关系,使得对于保险公司、储蓄银行与信托基金而言,这样的收费水平是缺乏市场竞争力的;这种关系已经成为一种投资标准,所有市场中的铁路债券价值因为这种关系而受到影响。"

贵会在你们的"1929 年铁路统计"中说:"1929 年,第一、第二以及第三类蒸汽铁路的净收入,和它们的非营运辅助性收入是其股票市值的 9.92%,产生红利的股票是全部股票的 76.23%,为历史最高水平。产生红利的股票的平均利润率是 7.47%,而所有股票的红利率为 5.90%。"

援引总统(在商务部长任上)对于政府在战争期间控制铁路公司的藐视,铁路公司的代表要求对处于低谷的农业、矿业和制造业产品的运输费增加七分之一。他们知道,铁路公司在私人控制之下已经崩溃;只有在政府控制之下,它们才能在战争期间和战后发挥作用。铁路公司的代表在它们的申请中宣称:"按照法律理论,铁路财产是受到公众使用影响的私人财产;在这样的使用中,它具有确保公平回报的特殊机会。如果在繁荣条件作出的牺牲由于不利情况而被大为加重,铁路财产就成为受到维持其存在的私人义务影响的公共财产。不能指望铁路证券的投资者认可并履行这一义务。"

但更正确的见解是:公有制与运作是必要的,除非铁路能够更有效地运营。

贵会应当记得,部分地由于其对于铁路价值的过分评估,《卡明斯-埃施铁路公司法案》(Cummins-Esch Railroad Act)曾经受到各种进步主义组织的反对,其中最严厉的批评来自标准铁路员工工会。

为确定铁路公司的真实价值,贵会曾付出多年的努力。你们已经发现,记录被销毁,也已被限制使用。

铁路经济局在一份最近的出版物中试图降低对转让给铁路公司的1亿5500万英亩土地价值的评估。它认为,这片土地的价值为每英亩94美分,总值为1亿2524万美元。

并非不可以设想,《卡明斯-埃施铁路公司法案》意在使收费定价与利润分配合法化,以便使铁路公司的土地售价增加数十亿美元,或使这一增值超过它们所支出的价格。

州际商业法案的第15条似乎授予贵会以确定公平与合理收费标准的权力,但我们认为,在目前情况下,运输费用的上涨不应受到认可,除非铁路公司能够详细说明,他们有权利借助这一价格取得已经说明的利润,就像一个商人在实施必要的交易时事先要求的那样。

作为州际商务委员会的一个成员,已故的富兰克林·K·莱恩(Franklin K. Lane)对《西部收费推进案》(Western Rate Advance Case)作出的估计是:芝加哥、伯灵顿和昆西铁路公司所拥有的土地的价格增值(若有的话)大约为1亿5000万美元;并且指出:"我们可以同意伯灵顿铁路公司的主张,这些土地是否全部或部分地得之于私人或公共捐赠不关我们的事,然而,存在一个更大的、为公众所关切的问题——一个承运人不断增加收费的法律权利的问题,因为社区的成长使铁路公司在其上运营的土地增值。"

很明显,《卡明斯-埃施铁路公司法案》并不试图使这样的运输收费合法化,以至于失去的某种收益的目的无法实现,也无意削弱国家的工业——因为运输具有分配而不是基本功能,而可以与之竞争的货物运输方法易于在数年之内产生。

美国最高法院在"安阿伯铁路有限公司等诉美国等案的裁决"——该裁决涉及《霍克-史密斯决议》(Hoch-Smith Resolution)指示贵会调整受到萧条影响的农产品的价格——中指出,决议中的话"不应轻率地予以漠视",但如果这些话意在改变现行法律,它们"将产生尊重宪法有关段落的有效性问题,而它们是这些段落的一部分"。

同样,如果对《卡明斯-埃施铁路公司法案》的严格解释严重地损害国家,假设这一解释出于国会的意图是不合理的。

　　应当尝试增加铁路公司的效率,降低其正式员工的薪水以稳定经济,在此之前,运输费用的普遍上涨不应受到认可。如果铁路公司因此而需要更多的收益以维持有效的运营,我们认为,这一收益应当通过增加附加税,而不应通过增加生活必需品的运输费来获得给与股东。

杜威总干事呼吁胡佛承担政府对失业者的责任①

杜威总干事刚从他为期数周的欧洲之行返回,即致信胡佛总统,敦促他 *372*
承担政府对失业者的责任。

一个位高任重之人承诺推行与现实与不可逆转的事态发展完全背道而驰的
观念和政策,真是一种极大的不幸。这不但是他本人政治生涯的不幸,更是国家
甚至是人类的灾难。你已经有了在最迟钝的人都认识到所有国家的经济与金融
相互依赖性的时代称颂美国的经济独立与孤立性的令人悲哀的经历。你也已把
你的孤立哲学运用于债务与赔偿问题,直到德国与英国的金融崩溃确认债务与
赔偿无法支付。你从此无需应对那些问题;你现在仅有的问题是尽可从容地对
美国人民切断消息,并寻觅措辞,如果可能的话,以便掩饰现实要求彻底扭转你
徒劳无益地固执的政策的事实。

在关注失业者问题的时候,为什么重提这些令人痛心的失误?你固执己
见,认为失业者的困难只能由效率低下且有伤尊严的私人捐赠来予以解决。
然而,执拗胜你一筹的事实日复一日地表明,这种办法就像是残余物在从前的
条件下幸免于难的办法,也就是处在经济与金融孤立中的国家苦苦求存的
办法。

为什么不通过一个较为宽厚的法案?一个主动的声明——承认已经组织起 *373*
来的公众的社会,对于关怀身心都处在苦难之中的男人、妇女以及儿童责任的声

---

① 首次发表于《人民游说团公告》,第 1 号(1931 年 9 月),第 1 页。

明——将会给成千上万你我的同胞带来宽慰和欣喜。它将改变美国生活的氛围，它将作出这样一种变革，使得一种切实而广泛的经济改良由此肇始。

总统先生，难道你还不能认识到，我们生活在公众生活中的人们要求新的观念、新的举措和新的环境？以我们经受苦难的同胞的名义。

杜威总干事反对社区福利基金主导失业救济^①

374

在下面受到舆论广泛注意的声明中，杜威总干事敦促限制将地方社区福利基金用于满足当地需求，并作出政府规划。

作为全国性危机的应对，行政当局所设计的规划将救济失业者及其亲属的努力当地化，并把责任推给私人慈善组织。这一规划应当为更为全面的政府规划所取代。

很可能削减工资之风已在迅速蔓延，因为拥有所有公司的剩余未分配利润的绝大部分因而最有能力维持工资水平的大公司，已经开始这样做了。

在当前情况下，削减工资是比在繁荣时期这样做严重得多的事情，因为几乎所有的以工资为生者不但有义务照料其最近的亲属，还基于颜面与施惠的动机帮助失去工作和用尽积蓄的亲戚，甚至处于类似境地的朋友。

而美国力图集中财富的权势集团，正在努力防止对巨额收入开征进一步的捐税。

这似乎就是成立总统的失业救济组织的实际目的，显而易见，这也是其前任、紧急就业委员会成立的目的。该委员会代表全国社区福利基金与理事会协会在全国范围内动员福利与救济资源。

紧急就业委员会发表的一份报告显示，在 376 个人口不少于 25000 的城市的 244 个中，这一工作由社区福利基金实施；在其余 132 个城市中，由特别委员

375

---

① 首次发表于《人民游说团公告》，第 1 号（1931 年 9 月），第 1—2 页。

会实施。

众所周知,社区福利基金和特别委员会的积蓄中有很大一部分用于救济以工资为生者,以及其他低收入和收入不确定的人。这就是说,通过舆论压力和半官方措施,近乎一无所有的人手中仅剩的财物被征集来帮助赤贫之人。

以募捐资助战争之荒谬固不待言,但与以设立基金的办法救助为数达1000万的失业与不完全就业大军及其亲属相比,仍为小巫见大巫;这一救助所需要的数额接近于我们在第一次世界大战期间的军备花费。

已经由于削减工资为股东纳税的以工资为生者和低收入人群,不应被迫为救助那些政府政策的牺牲者作出贡献。

限制对于当地社区福利基金的这类日常救助需求的捐赠,并要求联邦以及州政府承担——作为国家应尽义务的——救助极度紧急事件的受难者的责任,不仅是每一个美国男人与女人的权利,也是他们的义务。如果你们有些人从权势集团利益的观点看来是胡佛政策,以及以私人慈善取代公共税政的立场的稳健支持者,这些人将会受到巨大的压力。如果你们抵制这种压力,与向政府履行义务施加压力的势力合作,将被视为有爱国热情的公务人员。

我们敦促在每个城市成立一个委员会,面见市长,并向州长陈情,要求总统召集国会特别会议就解决失业问题采取行动,并要求他们的联邦参议员和众议员在国会就失业问题颁布立法;总统签署这些立法之前,拒绝投票通过包括救济、保险、市镇房屋、公共工作在内的任何其他举措,以便使财富而不只是意愿关怀受苦受难之人。

376　　我们注意到,在行政当局的支持下,大金融财团在幕后建议承担失业救助,以豁免有组织的商业财团为救济受苦受难之人所分担的公平份额,这些为数众多的人们是它们以老到而无情手法制造出来的。我们的求助向你们证明,美国人民驾驭自己命运的能力没有被摧毁。运用你们的政治权力让你们的政治代表采取行动,不要让人们认为,也不要出于被迫,你们容许政府逃避它的正当义务,因为一小撮有钱人试图运用权力为他们攫取比人民大众更多的利益。

联邦政府与失业①

这个政府代表了作为总体的这个国家的人民。它是为提供普遍福祉、保护自由而建立的全体人民的机构、唯一的机构。它不能为个人或团体负责，不论这些个人或团体如何有价值。我们处在反映整个国家现状的危机中，它也影响到这个国家每一地区的每一个公民，而不会为市镇、县和州的界线所限。农民、制造业从业者、铁路职员、雇员、零售商、教师、医生和律师、社会工作者、为抚养孩子操心的父亲与母亲，一句话，各种职业和各个阶级中的人们无不受到经济灾难的打击。直到目前为止，当人们请求政府给予救济，政府只给出唯一的一句话——它在使用这句话的时候极其慷慨。看起来，如果有人因为其不作为在绝望之余使用暴力，它已经准备好给他们子弹，而不是以建设性的救助防止暴力。

然而，存在着为什么联邦政府有责任的明确的理由。它的作为与不作为为现在的危机推波助澜。由于它过去的经历，对于那些处在饥饿之中、为家庭贫困所苦的人们，对于那些谦卑地仰仗私人慈善组织粗劣的施舍的人们，它有明确的责任。通过立法和税收办法，联邦政府允许并鼓励这样一种经济体制的发展，使得在它于1929年（达到景气高点的年份）吸收的1300万以工薪为生的员工中，只有百分之三的工资高于1923年，800万农民中只有不到百分之六的人收入高于1923年，而最富有的10万人，也就是百分之一人口中的十分之一的人，有超过1923年两倍的收入。政府有责任维持鼓励工厂增加生产的经济体制，不过是因为剩余财富可以被用于投资，而直到它不能购买所生产的食品、衣服、房屋、交

①　首次发表于《人民游说团公告》，第1号（1931年12月），第5页。

通设施,等等。它支撑着消费能力。为了不让人们看到政府政策对导致目前困境的责任,它的代言人把责任归咎于他们所谓的自然经济规律,而不是这一困境的根源——政府权力的运用,从而鼓励了那些由于政府的偏私而获得经济特权的人的贪婪。在以鼓励不平等削弱互助精神、采取政策为鼓励少数人剥削制造众多牺牲者之余,他们现在求助于兄弟之爱和邻里间宽厚仁慈以减轻已经造成的苦难,以免人们发现他们对此负有责任。人们通常认为,一个强壮的男人躲在女人的裙子背后,用孩子作为盾牌是怯懦的。对于那些曾经让特权膨胀,现在却把救济责任推给私人慈善团体,和侥幸没有失业但处在贫困中的人们的人,人们又有何话可说?

遏制货币囤积的唯一途径①

行政当局成立了一个委员会以抑制货币囤积。按照胡佛总统的权威声明，379130 万美元已经被储藏起来，其认为可能受到影响的信贷也许 10 倍于这一数量。为什么不从根本上解决问题，不告诫人们使用他们的资金，做些事情增加失业者的购买力，以推动货币流通呢？

囤积货币现象的严重程度相当于美国人民对国家现任统治者——不论是经济上的还是政治上的——投不信任票。按照前大使詹姆斯·W·杰勒德（James W. Gerard）的见解，那些身居国家统治者之位的人，那些如果生活在英国就将拯救英国的人，在他们的职位上沉沦了，尽管杰勒德先生还没有提请公众注意这一事实。在代议制政府国家，不信任投票将迫使当权者辞职，并改变政策。通过囤积货币，美国人民对我国当前的执政者投出了完全不信任票。

我国的政治机制没有让他们辞职而让其他人掌权的设置——有了反而可惜。然而，略有一点政治敏感就可以看到，出于自身利益的考虑，面对美国各阶层公民的不信任投票，执政党至少应该转变政策。第一个步骤是采取行动支持《科斯蒂根-拉福莱特法案》，下一步是对公共工程大额拨款，在减少每周工作时间的同时不减少工资。给失业者以资助，使之具备购买能力，并缓解他们的困 380苦；目前闲置着的产业之轮要重新开始旋转，随着制造业与商业重现生机，即使银行家也会停止囤钱。

我们当前的统治者以为萧条可以治愈而无须解决失业问题，这是古往今来

---

① 首次发表于《人民游说团公告》，第 1 号（1932 年 3 月），第 1 页。

的顽固分子曾经固执坚持的最为荒唐而有自杀性的想法。

手握重权的先生们:难道你们不在乎美国人民对你们的政策的不信任投票?或者,你们将延续你们现在的政策,直到必定会到来的更强有力的不信任投票?

教会领袖要求教会应对失业^①

下面的信由约翰·杜威、爱德华·L·伊斯雷尔（Edward L. Israel）和 *381*
斯蒂芬·S·怀斯（Stephen S. Wise）拉比、弗朗西斯·J·麦康内尔（Francis
J. McConnell）主教和约翰·A·瑞安（John A. Ryan）博士签署，并被送达
全国的拉比、牧师和传教士。

我们确信，你们同意，在当前的经济情形之下，美国国内有组织的宗教团体
负有重大的责任。

因此，我们请求你们强有力的合作，以确保国会颁布由科斯蒂根和拉福莱特
参议员，以及马里兰州的刘易斯代表倡议的法案，即拨款 3 亿 7500 万美元救济
失业者及其家庭，同时另外拨款 3 亿 7500 万美元以建造或重建高速公路。

一个月来在参议院制造业委员会以及众议院劳工委员会的听证，以及三周
以来的参议院辩论，已经证明了这一法案的必要性。

尽管较大的城市，如同某些相当富裕的州那样，能够解决它们那里的失业问
题，迫使财富被公平地用于救助失业者，其唯一途径是对大额收入与地产征收联
邦累进税。

请你们呼吁你们城市中的传教士、牧师和拉比立刻与你们一起行动，与你们
当地的劳工、民政、社会工作以及妇女组织的领袖合作组织一场公众集会，向你
们的联邦参议员和国会成员发出你们城市的呼吁，要求他们积极支持这一联邦

---

① 首次发表于《人民游说团公告》，第 1 号（1932 年 3 月），第 2 页。

救济法案。

　　　请你们呼吁你们的国会代表反对任何向人民大众征税（如征收营业税）的提议，并转向对巨额收益和遗产税征收附加税。

　　　请你们集会通过决议采纳上述两项举措，并送达当地媒体、你们的联邦参议员以及众议院成员。

　　　如果你们能够召集你们城市中所有的拉比、牧师和传教士讨论上述法案，并请求他们的听众以个人名义致信他们选举的参议员和众议员，这对于达到目的将是极有帮助的。

　　　由于《科斯蒂根-拉福莱特法案》在参议院的第一次投票中没有通过，第二次投票很快就将举行。我们满怀希望，它将在参议院并将在众议院通过。

繁荣有赖于从地基上造起大厦①

从萧条开始起,人民游说团就主张:增强大众的购买力对于复苏是必不可少
的。这一主张成为支持联邦救济、失业保险,以及对于公共工程的大额联邦拨款
的理由之一。从一开始,我们就认为,行政当局的这样一种消除萧条的政策,试
图帮助的是少数投资人而不是工薪大众。摘自《纽约时报》的下述引文表明,它
走完了到达我们立场的一半路程,《纽约时报》打算何时走完另一半路程呢?

伴随最近所采用的信用救济举措的预期回升,并没有通过贸易与工业
扩张实现。

基础工业仍在等待汽车输出的扩张。除了电力生产系列显示增长,《纽
约时报》周指数进一步放缓。同样,商品价格也走弱,上周的邓氏图表
(Dun's list)录得 19 次上涨对 27 次下跌,从而逆转了先前的看好走势。

在迄今为止所采取的重建措施中,整个国家见证了遵照传统帮助大工
业以恢复商业景气的做法的效果。铁路公司、银行和大企业得到帮助,希望
它们能够惠及弱小的芸芸众生。但这一计划已经失败,就像先前的关税政
策一样;按照某些观察家的意见,国家已经接近于这样一种情况,使得普通
人的实质购买力必须以某种方式得到改善。

---

① 首次发表于《人民游说团公告》,第 1 号(1932 年 4 月),第 1 页。

称瓦格纳为失业救助的"要人"①

在以哥伦比亚大学杜威教授为其总干事的人民游说团看来,瓦格纳参议员由于其对联邦失业保险救助中的劳动交换法案,尤其是对建设法案的倡议,成了"本届国会中处理失业问题的要人"。国会之未能通过建设法案将成为"对于失业者的怯懦的背叛",这一点已在今天人民游说团总部散发的声明中予以指出。

声明说:"瓦格纳参议员对两党中不得人心的顽固分子对于这些消除失业丑闻的初步措施的反对进行强有力的揭露与斗争,将是在面对失业问题时其利益与坦慕尼协会利益的真正考验。

"《瓦格纳救济法案》公平地让各州州长对申请联邦救济贷款承担责任,他们的公民将认为他们对自己的果敢行动负责。来自所有其赞成票使《科斯蒂根-拉福莱特法案》获得通过的民主党参议员的异议将得到满足,并不存在让民主党人对该法案投反对票的口实。但是,来自新英格兰的死硬共和党参议员以及其他心理上极度固执者将坚持保护性高关税政策,并投票反对为现行的保护性关税——对于劳工与农民来说如摩天大楼一般高的关税——的牺牲品提供救济贷款。

"《瓦格纳建设法案》授权提供联邦信贷 11 亿美元支持得到国会授权的林业
服务、公共道路、洪水控制、河流与港口项目。如果国会拒绝通过这一法案,将是对于失业者的怯懦的背叛。

"政党领袖对于失业救助举措与税收法案所采取的行动,将在很大程度上决定今年的选举。"

---

① 首次发表于《纽约时报》,1932 年 4 月 18 日,第 2 页。

行动起来，让国会采取立法行动[①]

国会已经为解决失业问题设定了时间表。 386

总统救助失业的规划——"复兴金融公司计划"、《格拉斯-斯蒂高尔银行法》、增加农地银行的资本投入，以及最近的《格拉斯银行法》，均未能产生阻止货币囤积，以及启动雇佣所必需的收入与增加就业上的普遍安全感的效果。

职业的广泛调整，几乎每一职业的每周工作时间的缩短，国民收入在有产业者与劳工之间，在不同收入阶层间的激进的再分配，都是不可避免的——不如此则美国无法摆脱萧条。

在所有这些变革中，某一些变革的完成至少需要几个月的时间，也可能是好几年。

除非这些变革产生，否则，经济形势的持久改善是不可能的。

我国的整个历史与经验表明，金融与产业界领袖不会自愿实行这些变革——除了受到逼迫，否则的话，他们不会放弃对于一个经济体系中最有利可图部分的占有，该体系把国家五分之四的财富集中在全国二十分之一的人的手中。

联邦政府本身就具有迫使国家的有财有势的所有者放弃他们对于绝大多数美国人民的生活与命运的控制，这样做的第一步就是迫使他们纳税，以作出与收入极低的人们等量的牺牲。

《人民游说团公告》的读者居住在大约3200个城市、市镇和乡村。 387

每一个读者是他和她的社区的一个领袖。你们可以把现有的，也许还不为

[①] 首次发表于《人民游说团公告》，第2号（1932年5月），第1页。

人周知的舆论组织起来,以推动国会在休会之前颁布最低限度的失业救助规划中的两个法案:

《瓦格纳救济法案》(S3696):拨款 3 亿 7500 万美元给各州在 1933 年 6 月 30 日之前作为救济贷款使用;拨出同样数额的款项用于建设工程,或者,按《科斯蒂根法案》(S4592)拨款 5 亿美元。

《瓦格纳建设法案》(S4076):拨款 11 亿美元用于由国会授权的公共建设工程。

这是一个把附加税与遗产税增加到战时水平的税收法案,并对公司的大额剩余和来自免税证券的收入征税;同时,不对任何销售征税,哪怕是消费税。

参议院的生育控制法案①

在我看来，有关避孕信息发布的参议院 4436 号法案的最鲜明特色是它的十足保守性，其保守性表现在它对合法的信息发布主体的限制。政府本身、医学协会、学校和报刊发布科学信息竟然成了犯罪，这在目前看来简直荒唐得令人难以置信。这样的事态被归入与巫师和宗教迫害时期的信念同类的日子将会到来；恐怕连所谓的"黑暗时代"，也不会料到世上还能有这一类限制吧。人们可以根据成文法典现代化的反对者的声明判断，存在着逐步蔓延的胁迫信息发布，而不是允许有资质的主体来传播科学信息——并且富有热情地从事此项活动——的倾向。

这一举措还在另一种意义上是保守的。它旨在强化所有维持人类——母亲、儿童以及家庭——的生命与福祉的因素，旨在防止令这个国家的人的生命为之付出沉重代价的流产现象，旨在以庸医的勾当取代专业医师的管理。还有什么可以想象的事情比这更为荒唐——诊所用来为妇女进行治疗，然而，一个可尊敬的医师却因为在诊所里向需要治疗的妇女传播信息而犯了罪？

这一举措是保守的，因为它以神秘取代启蒙，以蒙昧取代知识，以江湖骗术取代科学。

有组织的团体有权尝试劝阻其成员采取避孕措施，如果他们愿意出于自己的良心承担责任。但某些团体试图通过借助立法制造罪行的方式，将自己的道德观点强加给其他人。这是违背美国精神的，是不民主和专制的。

---

① 首次发表于《人民游说团公告》，第 2 号（1932 年 5 月），第 1—2 页。

失业问题的联合委员会要求国会采取行动①

　　早晨的报纸报道了米尔斯(Ogden L. Mills)部长的演说。他说:"向美国人民提供适当救济的唯一途径,是创造使得经济复苏成为可能的动力。"既然如此,为什么米尔斯部长作为其一个重要成员的行政当局没有为创造这类动力作出正面的、有建设性的努力? 为什么不向人们提供联邦救济贷款,在维持其生计的同时增加他们的购买力? 为什么不启动公共工程项目,在恢复生产力的同时让人们有工作?

　　他说,"信贷与信心"是我们不能不仰仗的魔术师。米尔斯部长难道不知道数百万的人没有机会得到信贷;他们的朋友和亲戚的积蓄也已经用完;许多城市、许多州无法借到可以用于提供工作或救济的信贷? 当数百万人没有工作和生计保障,他们如何能够有"信心"? 为什么要嘲笑这数百万的男人和女人,部长先生? 为什么要在他们困苦不堪的生活中再加上嘲讽与挖苦? 为什么不放弃对于魔术的仰赖,转而依靠诸如救济以及提供有用的工作之类实在的事情?

　　数百万的家庭已经入不敷出,或者只能靠忍饥受冻来苦苦支撑。部长先生,还有你的行政当局和国会成员果然相信,数百万在苦难中挣扎的人们会永远相信平衡国家预算重要性的鬼话,并容许它保持平衡,一直到做的某些事情是提供工作和生计保障,以至于这个国家的普通男女得以平衡他们个人和家庭的预算? 不只是人性与正义才会说话,必然性也会。如果它的声音不被听见的话——不必说了,冬天就要来了。

---

① 首次发表于《人民游说团公告》,第 2 号(1932 年 5 月),第 3—4 页。选自杜威于 1932 年 4 月 30 日在华盛顿特区召开的有关失业问题的联合委员会会议上的发言。

选民应当要求国会对有钱人征税
而不是想要这样做①

28 个共和党参议员和 24 个民主党参议员投票反对库曾斯对税收法案的修正案,该法案要求恢复 1918 年的所得税率和附加税率;这一举动蛮横得令人不能理解。他们中的每个人都知道当前的形势如何,其中大多数人在华盛顿生活多年。他们中所有人都知道,目前的萧条主要源于联邦政府政策所导致的财富与收入的集中,这一政策所反映的是自私和不负责任的金融与商业权势集团的利益。

这些参议员知道,除了向有钱人征收高额附加税、遗产税、政府证券所得税,并且征收地价税与大额公司利润税,剩下的选择只有向低收入者征税。他们知道,大额收入的主要部分来自财产所有权和资产控制权,而且只有通过增加附加税,如库曾斯修正案所倡议的,联邦政府才能让所有纳税人承受公平和接近于均衡的税负。

他们同样知道,只有通过税收对国民收入进行激进的再分配,我们才能重新走向繁荣。如削减工资的游说所显示的,私人产业集团不想做,也无法令人满意地做到这一点。

请致信你们的联邦参议员支持进步人士对税收法案以及失业救助的整个规划,让他们知道,你们将不容许他们在这些问题上退缩。

---

① 首次发表于《人民游说团公告》,第 2 号(1932 年 6 月),第 1 页。

杜威总干事要求参议员保持警惕[①]

感受到源于广泛持续的困苦与丧失的严峻形势,杜威教授以人民游说团总干事的名义致信一组进步主义参议员,要求他们中一些人在国会休会期间在华盛顿"值守"。信的内容如下:

报纸和代表巨额财富的利益集团精心诱导的对于合众国立法团体名誉的败坏,不可能逃过你们的眼睛。所谓的金融与产业界领袖把国家推入当前的困境,他们竭尽全力把他们的特殊政策强加给国家。他们现在利用打击国会转移对于他们的失败的注意,以便为自己辩解。每天都会有烟雾缭绕的毒气从他们那里散发出来。

败坏政府的立法部门名誉的尝试与另一种尝试相联系,它把行政当局的权力抬高到这样一种地步,以至于容许它篡夺由宪法授予的在合众国国会创制联邦立法的功能。考虑到人民的普遍困苦以及随之而来的动荡不安,我们认为,这是确立某种形式的法西斯主义或非法控制的第一个步骤。

最近关于恢复国防理事会和受两党支持的美国政府的建议是有意义的,也是危险的。我们批评了国会成员的某些行动,但对于这些行动,他们至少是负责任的;而在和平时期以战时独裁权力取代附属于政府立法和执行功能的意见交换和讨论,既是对公民自由也是对经济公正的持久威胁。在两党全国代表大会之前,国会可能将休会,或者无论如何,将休假数周。我们认为,在国会不开会期

---

① 首次发表于《人民游说团公告》,第 2 号(1932 年 6 月),第 2—3 页。

间,能够引导人们注意国家最高执行机关颠覆民众权利的公开行动的两到三个参议员驻在华盛顿是极其重要的。我们致信下列参议员:布莱恩(John J. Blaine)、博拉、布鲁克哈特、科斯蒂根、迪尔、弗雷泽、豪厄尔(Robert B. Howell)、拉福莱特、朗(Huey P. Long)、努尔贝克(Peter Norbeck)、诺里斯、奈、谢泼德(Morris Sheppard)、沙尔(Thomas D. Schall)、希普斯特德、托马斯(俄克拉荷马参议员),以及惠勒,要求你们在国会不开会期间,若不打算一同留在华盛顿,能否安排你们中两到三个人驻在华盛顿以应对我们上面描述的情况,这种情况可能很快就会发生。

罗斯福救济政策的得分[①]

由于其对待失业救济的态度,罗斯福州长今晚受到了以杜威教授为总干事的人民游说团的批评;在一份在这里散发的声明中,杜威宣称,这是游说所关注的首要问题。

"罗斯福州长所持的立场与掠夺性的富有阶层相同,在纽约州的富豪——民主党的世界大战的受益人中的精英——交上一分钱的税之前,全美国的穷人将由于失业救助的当地化而被迫沦为赤贫,"杜威教授在他的声明中说,"罗斯福州长在为与他坐同一列火车的阶层说话。

"在整个 1929 年,纽约州人将约 62 亿 5347 万美元的收入向联邦政府作了申报,超过美国申报总收入的四分之一。

"在 1929 年,513 个净收入超过 100 万美元的人在美国作了申报,其中 276 个人——显然超过了一半——是纽约州人,其净收入总额大约为 6 亿 4400 万美元,其平均净收入约为 234 万美元;其中十分之九来自财产所有权,或对财产的控制。他们的收入也超过了所有拥有 100 万美元收入的人的收入总额的一半。

"1929 年,纽约州的公司支付了现金红利约 27 亿 7753 万美元,而全美国的红利总额约为 78 亿 4180 万美元——几乎占了三分之一。

"绝大部分大公司的剩余利润落入纽约州公司的钱罐里,到 1929 年底,其总额达到 293 亿 8300 万美元。

"罗斯福州长以他那颗善解人意的心告诉成百万半失业和只拿到一半工资

---

① 首次发表于《纽约时报》,1932 年 10 月 24 日,第 7 页。

的美国劳工,他宁可向他们收税以救济失业者,而不愿向拥有 234 万美元收入的人征税。他还对社会工作者夸口:在纽约州,收入 2000 美元以上者的所得税率被提高到与收入 234 万美元者的所得税率相同的水平。

"罗斯福州长告诉社会工作者们,他将把公共工程减少到富裕的纳税人容许政府承担的地步。这是一个令人悲叹的坦白,他宁可把失业者留给'他们邻居的实际之爱'来救助,而他们的邻居却正背负着绝望的债务。"

让市长和州长要求救济[①]

　　《1932 年紧急救济与建设法案》决定拨款 3 亿美元,向各州及其下级行政区域提供贷款用于直接救济和工作救济;只有大约 6500 万美元,或略多于五分之一的款项由复兴金融公司分发。

　　由国会为自动清偿项目拨款的 15 亿美元中,只有 1 亿 3500 万美元得到复兴金融公司授权,而且全都没有被支付。

　　刊印在下面文章中的发自州长及其代表的信函,显示了直接救济和工作救济的令人绝望而危险的低水准。

　　复兴金融公司对于适当的救济基金的担保,以及对于自动清偿项目的信贷担保之所以不成功,部分地是因为各个市长、州长以及各个机构所申请的数额不足。

　　全国民众应当为这一不成功承担责任。

　　只有 33 个州长申请了救济贷款;同时,只有 20 份自动清偿项目信贷的申请得到了担保。

　　一些公民必须弄清楚:直到明年春天,每个城市需要在标准适当的救济上花费多少,城市与州能够支付多少,并且坚持由市长向复兴金融公司提出不同的要求。

　　必须推动市长们果断地行动起来,如果得到州长的支持,他们的请求将迅速得到满足。

---

① 首次发表于《人民游说团公告》,第 2 号(1932 年 11 月),第 1 页。

所需要的自动清偿项目必须敦促市长和州长以及其他能够启动这些项目的
各方(包括非商业盈利机构)办理。资助这些项目的申请应当去复兴金融公司
办理。

请你们在你们的城市或市镇组织一个团体以便采取行动。

《失业保险》导言①

失业问题为众人所瞩目,它是当前的首要问题。尽管只是一种征兆、一个后果,但它把我们的经济与政治体制的崩溃以一种令人感受深切的方式戏剧化了。贫困、烦恼、苦难始终是悲剧性的;当它们影响到能够并且愿意工作的人们,当它们影响到数百万其最大愿望只是从事某种有用的工作,以维持他们的家庭及其生计的人们,这样的情形令社会无颜以对,对个人也是悲剧性的。失业所造成的恶果不能仅以营养不良、饥饿、因缺乏足够的食物而易于罹患疾病来予以衡量。没有任何事情比失业更令人沮丧,更使人陷入道德沦落的困境了。它摧折人的勇气,销蚀人的道德素质。这种恶果也并不仅仅产生在实际上失业的人身上。对于从工作职位上被驱逐的担忧,缠绕着数百万还在工作的人们。普通劳工今天生活在心理与道德的不安全感中,他的整个家庭分担了这种道德困扰。

人类的同情心与正义感要求我们做些事情。在消除失业的基本根源上无疑还有很长的路要走。没有人能够预言,经济变革必须走多远,对资本主义制度必须作多大的变革,才能保证每个能够为社会提供有用的服务的人都有工作。但有两个原则是不容否认的:有组织的社会必须为缓解失业所造成的困苦承担责任;任何社会体制都有义务关注其运作所造成的破坏。此外,社会有责任尽其所能缓解对日益逼近的丧失工作的忧虑。撇开失业保险在为其家庭挣得收入的人
们失去工作时向他们提供帮助的直接功能不谈,一种保险制度在消除人们对于

---

① 选自未发表的打字稿,收于本杰明·C·马什(Benjamin C. Marsh)文集,手稿部分,国会图书馆,华盛顿特区。

未来的恐惧上可以大有作为。这一事实的意义远远大于刺激消费、生产与贸易，并由此稳定产业。

卡莱尔曾经评论过传染病如何从贫民窟漫延到殷实之家。他说，这只是表明普天之下皆兄弟，皆为兄弟的收容者的一种方式。当前的情形表明，失业的后果会在整个现代工业社会曼延，并对制造商、零售商和农民产生灾难性的后果。某种类型行动的意义已经不是慈善措施或劳工应当享有的公正能够说明的了，它是所有货物与服务的生产与分配的参与者的自我保护举措。

马什先生的这本小书包含了对于当前情形令人印象深刻的说明，并为拓展国家失业保险制度的联邦资助提供了强有力的辩护。书中为各州保留了采用每一个地方单位认为最适宜的制度的自由。但他强调国家方面的因素对于当前情形的影响，以及相应的国家行动的必要性。联邦行动的道德效用将与直接的财政资助有相同的意义。由于长期居住在华盛顿，作为人民游说团的执行秘书，马什先生接触到了任何人都会接触到的关于我们这个充满随意性的制度的事实，并且与政治势力的角逐保持经常的接触。他对当前形势的陈述，有理由要求最严肃地对待。并不是所有人都会接受他所提出的补救办法，以及人民游说团承诺对补救办法的实施。然而，即使这样的人也不会对他所指出的事实和办法毫无感受，他们不会认识不到，有某些极其根本的事情需要予以补救。人们对他所提出的办法采纳得越少，他们寻求可行而有效的补救计划的义务就越沉重。

有关声明和演讲的访谈报道

70 岁设立的新目标[①]

这不是一幕戏剧场景。稀薄的秋日阳光将杜威坐在客厅书桌旁那张座椅上 *403* 的寂寞身影勾画了出来,他好像心事重重,看上去有些疲惫。此地的氛围显得宁静庄肃,东大街 72 号的沉闷气息唯有通过窗户在缓缓地渗透出去。

但这是一个戏剧性事件。其情形就如年事已高的约翰·布朗[②] 1859 年站在哈珀斯渡口(Harpers Ferry)高呼"前进!",又好像青年布赖恩 1896 年在芝加哥大会上呼唤"你不能把人类钉在金十字架上!"那样。

因为在 72 岁之时,美国最为杰出的哲学家杜威博士如他一直在用思考发出他的声音那样,平静地发出了革命的声音。他的话语像战鼓骤然擂响,又像一面军队的战旗那样骤然扬起。

"战后以来,我们一直生活在虚伪、哄骗和标语口号之中!其结果造成了人们对政治的厌恶,使人们在很大程度上失去了对民主宗旨的信仰!"

似吹响的号角声

"需要一个新的政党!这个党必须立足于经济现实,制定出明确、建设性的社会规划。它无需仅仅去对某些措施表示支持,而要在美国政治生活中发出新

[①] 首次发表于《纽约世界电讯报》(*New York World-Telegram*),1931 年 11 月 4 日,第 23 页。此访问记由威廉·恩格尔(William Engle)采写。

[②] 约翰·布朗(John Brown, 1800—1859),美国废奴主义领袖,他组织反奴隶制的武装集团,在袭击弗吉尼亚的哈珀斯渡口军火库战斗中受伤被捕,后在绞架就义。他的英勇就义在美国激起了更广泛的反奴隶制斗争,促进了南北战争的爆发。——译者

的声音!"

在杜威博士的头脑中,这不是什么新的东西,这一想法已酝酿很长时间了。但正当72岁时,杜威在东大街72号的客厅里给出了推进这一目标的毫不含糊的证明——为社会改革的奋斗,使他忘掉了经年累月形成的精神重负。

他说,这一运动会向前推进,将由一个温文尔雅的哲学家来指点路径。一位性情宽厚且出类拔萃的荣休教授将在年轻人的世界中讲解道理,领导被压迫者——这些被捆绑在现今政治经济体制车轮上的成千上万个命运堪忧者——摆脱资本主义的束缚。

随着年岁的催逼,如今他的浓烈兴趣正专注于此——一个第三政党,确切点说,就是独立政治行动联盟。事实上,他是发起成立该党的先驱,又成了该党的领导人。

众多目标

在联盟的旗帜下,由各种自由团体组成一个国家联邦——这是杜威设想的一个宏大的目标。这个建设性思想是在客厅里用温和语气说出的,如果沿着这个世界的通道传递出去,它会趋于好斗。

但这只是为数众多的目标之一。杜威在两星期前度过了72岁生日。在当今这个年轻人的世界里,他的平心静气的声音似乎表露出,他在为寻找那柄闪亮的正义之剑的确切意义颇费思量。他已浑然不知其年岁,客厅里的阴郁气氛消散了。他不是一个在轻声讲话的鬓发斑白的老人,而是追求自由思想的一股充满生气的非个人性的力量。

他以为这就是他想要的那种生活。他为此付出了某种代价,但并不过分。他在东大街72号一座高层合作公寓拥有一套房间,他的心却寄寓在低矮地方随处可见的那些房屋的起居室里。

他嘲笑马修·沃尔为了"以赤色攻击"①成立的百人委员会。他倡议召开一次有政治家也有经济学家参与的国际会议。他主持召开了罗林斯会议,该会议就合理的高等教育体制发表了一份划时代宣言。他向全国呼吁取消胡佛总统"按照富人阶级利益构想"出来的成立一个失业救济组织的那种图谋。他自己提

---

① "以赤色攻击"(Red-baiting),即扣赤色分子帽子以打击和迫害他人的政治武器。——译者

供了一种紧急救助计划,这一计划得到了一百名经济学家、社会工作者和教士的支持;他要求拨付 50 亿美元作为增加联邦公共工程的资金、2 亿 5000 万美元用于家庭救助的资金、2 亿 5000 万美元用作失业保险储备的资金。

作为人民游说团的领导人,他的声音沿着华盛顿的地平线引发了忽如其来的惊雷。

难以言表的声音

今天的客厅里,一直回荡着这种从容不迫又不紧不慢的声音——如阵阵鼓声,又如隆隆的雷声。他告诉我为什么还没有抽出时间来考虑一下退出美国经济舞台的问题。他解释了为什么在以半个世纪的时间致力哲学和经济学研究后,如今他成了独立政治行动联盟之父,这个联盟的各个支部在全国各地此起彼伏地陆续出现。

"我是一位独立人士,"他说,"多年来我把选票投给最具进步主义倾向的候选人,但最终我已确信这样的进程无补于事。"

"政党比任何堪称所谓领袖的人影响要大得多。即使是罗斯福,也没能改变共和党的路线。"

"我看到对于一个新的政党的需要并没有因形势和经济停滞不前的状况受到妨碍,而这类状况却阻止了老的政党中那些进步主义因素所能发挥的任何作用。"

他谨慎地选择词句。他并不醉心于用激烈的语气来说明这些词句带有的意义。

"我觉得老的政党中有为数甚多的人从内心讲,相当程度上也是个自由派,但他们还没有清醒地认识到,政党控制的本性会使他们寻求进步的强烈愿望完全打消掉。"

"这样,除了引入新的政党组织,我并不对美国政治生活的健全性和实在性抱有什么希望!"

"我认为,那些辩称进步人士应当着意确立一种权力平衡并推出某些特殊措施的人错误地估计了整个形势。"

"其结果是造成了对政治的厌恶,使人们在很大程度上失去了对民主宗旨抱有的信仰。当国家需要某些明确加以坚持的政策时,它仍需用一种新的政治生活环境来给予保证。"

这时,他用一成不变的语气对哄骗和标语口号加以揶揄取笑,并称一个新的政党将戳破他们的气球。

"我们现在正尝试产生一个由自由人团体组成的联邦。"

他是说,独立政治行动联盟的各个分部正在百老汇大街到密歇根大道以及市场街建立起来。

他希望集合在这面旗帜下的有五类人——职业工作者团体、零售商、男女白领无产者、农场主和劳工大众。

与反对派相处

但他敏捷地承认,这件奇事不是迅速就能做成的。他感到这一点确定无疑,即待他将所鼓吹的那样一种秩序确立之后,所有这五类人才有望走到他的旗帜下面。要赢得他们的团结和有力支持,这在很大程度上还是一种梦想,还是在讲述一种被坚实的逻辑捏合起来的乐观主义。

虽然如此,在反对派的眼中,他仍是个百折不挠的人。半个世纪中,他的观念对美国思想的方方面面产生了深刻的影响,他已习惯于与反对派相处了。

他如此多向出击的言词,就像一股向华盛顿吹送的风。

"当局的规划是集中精力对失业者进行救助,将责任委诸私人的慈善行为,以便应付国家危机,必须用一揽子政府规划来取代这样的规划。"

"我们要依仗社区福利基金和特别委员会,动用它们筹集的大部分资金对工薪阶层和其他那些依靠小额又不稳定的收入生活的人进行救助。这就是说,通过公众宣传,有时是半官方的赞许的压力,人们应当想到对半贫困之人的索取是为了对沦为赤贫之人示以关怀。"

广泛兴趣

"通过募捐来资助这场战争,看来不如提出多种用于对 1000 万失业或半失业者大军及其被供养者进行救助的筹资办法来得合宜;对他们实施充分救助所需的款额之大,差不多相当于在第一次世界大战中军队花掉的费用。"

在岁月推移中,杜威博士的兴趣渐趋扩大。他被人们认为只是一名实用主义哲学家的那个年代过去了,他不再仅是一位解放美国学校体制的首倡者。他主张用学生学以致用而非向学生头脑里填满事实的原则来取代单调的方法,因为 知识若仅仅是知识而得不到运用就不会产生力量。

如今他的关注点是整个经济思想领域。72 岁时,他不再是个讲坛人物、凌驾于民众的哲人。

拥护他的群体正在集结起来,不是为了某个人,而是为了某个观念。进步似乎缓慢,但是一步一个脚印。他们发出了挑战。

"需要一个新的政党。"

约翰·杜威察看国家的病状①

这位哲学家看到，促使我们根本的教育和政治观念发生激进变化的时机已经成熟。

出席大会的代表们激情迸发的演说通过广播仍使人们感到言犹在耳，此时一位已退休、说话很慢且满头银发的学院教授正坐在他的书房里谈论政治理论。想象的激流没有冲走他的话语的单纯性，他也没用流利的口才或感情来展开他的论辩。约翰·杜威平静地、几乎是迟疑不决地阐述了那种也许构成一个第三政党之政纲要点的理论。顾虑重重的说话方式作为一种反衬，加重了这位哲学家论证的分量。他一直宁愿谈论生活的现状，更胜于去追究作为世界物质变化背后的原因的那种实在。

总而言之，约翰·杜威本质上是个美国人。他的身上留有新英格兰用它的粗硬拇指按下的难以去除的手印。无论是微风吹拂的中西部——他曾在那里的密歇根大学、明尼苏达大学和芝加哥大学当过教授，还是由哥伦比亚大学的景观所映衬的东部，都没有对他的单纯质朴造成损害，也没有使他的老式而别致的幽默感变得迟钝。他的温和的褐色眼睛仍透过大大的无框眼镜的镜片在快意闪动着，这双眼睛多年来已专心阅读了数千篇哲学论文的书面文字。

他的眼睛闪烁了一下，对我说起了 4 年前的一件事。当时，一位打杂女工问

---

① 首次发表于《纽约时报杂志》(*New York Magazine*)，1932 年 7 月 10 日，第 9、16 页。该访问记由 S·J·伍尔夫(S. J. Woolf)采写。

他打算把选票投给谁,他回答说史密斯,她对他说:"哦,教授,你断不会认为这样一个没教养的人应当呆在白宫里吧。"

约翰·杜威禀具强烈的实践性,这是一种从他的佛蒙特州先辈们那里继承来的品质;这样的品质,使他不至于在徒劳地寻求绝对的那片荒野中走失。在他想来,最大的危害是使思想和行动相脱离,并出于这一理由,把思想视为更值得追求的东西。他相信,对感情、习惯和意志的研究与对所谓纯粹理性的研究同等重要,同样是值得研究的。

这些就是他的想法。接着,这个身为美国佬的哲学家把自己关在他的书房内,毫不留意这个世界发生的变化。因为你能在他身上发现的,是所有作为坚定的首倡者之类的东西。40多年前,当他还是一位教育学教授时,他发表了《学校与社会》(School and Society)一书。那时候,爱迪生(Thomas A. Edison)正对他发明的白炽灯作出改进,莱特兄弟(Wright Brothers)正在尝试解决飞行问题,威斯汀豪斯(George Westinghouse)和其他一伙人正在制造他们开创新纪元的机器,布兰德和布赖恩则在为这种摇撼了整个国家的骚动精神祈祷。

正是在这当儿,这位芝加哥大学的教育学教授目睹了美国各地学生埋首陈旧老套的读物之中,以死记硬背来记住固定的教条。他们的教室被窗帘遮挡起来,房门紧闭,使之与外面的景色和声音相隔绝。无论他们的教师还是他们的书本,都没有使学生们打开双眼和心灵去瞧瞧他们周边发生了什么。在杜威看来,所有这一切都显得荒唐可笑。为何不把学习和生活联系起来,使教育成为解决生活问题的一个帮手?他宣布了这一教义,促成了教学科学的一场革命。他在自己的生涯中推进了他的理论,与他周围的世界保持着生气勃勃的接触。

于是,谈话的第一个主题自然就是学院里的人士和公共生活。

"在最近约20年里,"杜威教授说,"人们呼吁教师和学生们去解决我们国家的经济问题。尽管在欧洲一个有学识的人会长期参与政府事务,在我们这里这多少还是一件新鲜事。但经济学不是唯一应当去征求专家意见的学科。放眼全国,我们看到,出现了一种借助专家们的工作去解决其他问题的趋向。出现了各种门类的委员会,其成员包括大学里的教授。""国家需要这类专家的服务,但对此也存在一种异议。就经济问题来看,在解决城市发生的问题和某个州发生的问题中,人们好像看到大多数工作都放在了使编撰的统计资料保持原始的面貌方面。统计资料本身准确无误,但除非一个有学识的人有能力运用这些统计资料去解决手边的问题,否则,这些资料无补于事。需要的是对它们的一种解释。我们周围的事情在迅速变化着,我们必须能够对它们作出解释。"

"我并非要去责怪专家。缺乏那种利用他们从调查中获取的信息来说明实际状况的本领,这不是他们的错。我们要责怪的是他们在其中学和大学接受的那种训练。现时代的社会科学已累积了过多它还未予处理的事实。它用错误的手段着手去做这件事。事实终究不是贴上标签放在玻璃容器里可以触摸到的物体,把它们巨量收集和陈列起来会使我们不知所云。必须依据它们逐步形成各种理论,否则,它们就是一堆无用之物。它们必须引致控制和行动。"

"如今高等学府的教学面开始变宽,正在超越极度的专业化而更为直接地处理根本的问题。与以往相比,今天展现出了利用更多的途径将课堂讲授的东西与生活问题联系起来这样一种趋向。"

"目前的经济危机将有助于推进这一运动。因为在最近两年,我们大学里行将毕业的成千上万名男女学生突然意识到,他们学到的大部分东西不足以使自己从容应对生活。他们开始思考起来,为他们必须做一些事来改变现今的公共事务感到欣然。最终他们会认识到,他们必须作出努力来改变这一不把机会给予他们的体制。"

"这是个绝大的好事,"他继续说道,"因为一般的大学毕业生都显得对公众事务缺乏兴趣。当然,我这里所说的是指本国大学生。但我对这一点并不感到惊讶,因为大学仍倾心一种学术上的超然地位,这几乎成了一种传统。学生们接受的看法是:他无须对求职失业或今日政治之类的卑下事过多地操心。"

411"我们的高等教育显然避开了对我们社会生活中那些深层次问题所作的严肃思考。我们的年轻人身处这些学院传统的发祥地,发现我们被一两个政党统治着,而这些政党又被其中充斥着各种腐败的政治机器控制着。反对这些大党的举动显然无聊之极。加之,我们所有人都存有这样奇怪的感觉,想选出一个具备选举机会的人,结果是许多不相信无论哪个党以这样那样名义得到选举结果的人,如他们想象的那样,宁愿把选票扔掉。"

"这些新加入的选举者中,有多少人认识到,一个伟大的现代工业国家如今还在靠内战前的方法运转着?或者,若他们认识到这一点,又有多少人会通过任何努力来对它作出改变?今日政党的分野是源自托马斯·杰斐逊和亚伯拉罕·林肯时代发生的事,除了用以躲避对我们造成困扰的那些生死攸关的事情之外,它与美国人的生活没什么关系。"

他一边不停地说着话,一边拨弄他的一头灰发,直到一绺绺乱发从头顶四处奎拉下来。"我们现时期生活中最重要和最危险的问题是经济不安全的情况。数百万焦虑干活的人一再地下岗,除了出于萧条原因成了失业者的那部分人之外,还存在一支从未得到稳定就业的常备大军。我们很难了解到这些人的数字,我们了解更少的是这类为数甚多的人不稳定的生活状况所造成的心理和道德后果。"

"不安全问题要比失业问题更糟。它是当今我们面临的最为紧迫的问题。可是,两大政党还在它们的讲台上对这一点加以掩饰,并提出了禁止考虑它的重要性的问题。我并没有缩小失业问题的重要性,但我感到,我们的经济问题是需要全力以赴才能得到解决的。"

"你会怎样来解决这些问题呢?"我问道。

"这个问题回答起来不容易,"他答道。他靠在一张奇彭代尔雕制式的座椅上,有一阵子,他的目光凝视着对面墙上的一幅中国古代绘画。他身后书架上摆放的一套红色封面的《莎士比亚戏剧集》,显得格外抢眼。

"第一项工作必定事关教育,"他接着说,"人们正开始在寻找某种方向。他们想知道,通过什么样的政策才能成功地应付目前的生计问题。他们正渴望去412看看他们能否产生对他们的工作和生活造成影响的某种政治行动。他们对未来深怀忧虑,他们需要得到来自其阵营的那种休戚与共意识的增援和鼓劲。人们几乎能够在空气中触摸到这种感觉。"

"我并不认为,民众的思想已达到极大清晰的地步。它存有混乱之处,包含的热度多于光亮、感情多于理智。然而,我相信,基本的观点比起以往任何时候都能得到更好的理解。他们知道所谓政治就是公开、果敢地处理工作、商务和金融问题,处理那些会对生活在那里的人们造成影响的事情,不然它就成了一出闹剧。两大政党对于这一问题,无论在理智还是道义上都已破产。这一破产的原因正为人们所认识,它们如此牵扯到两党的利益,以致他们实际上已不能对这些问题提供任何解决的思路或者政策。"

杜威教授不相信共和党人或民主党人会为我们政府带来所欲寻求的变化。

这时,我提起所谓的反叛者。

"他们大多是一些追随者而不是头面人物,"他说,"他们要等到有足够的人造成一种有利于出台某种措施的势头,这时,或者快到这个时候,他们便对这一措施表示拥护。"

"若没有出现这种情况,你发现他们会提出供人们讨论的明确计划,要不他们就首先对已提出的计划加以阻挠。我确实相信,如果他们的政策是建设性而非消极的,这种结果只能说明本国的男女将认识到需要一个新的政党。"

"你认为普通工人,无论他干的是力气活还是脑力活儿,他们获得了国民收入中一份公平的份额了吗?"

"我并不认为很多人会觉得美国广大民众得到了公平的待遇。美国伟大的平等原则已成了一个神话。"

"这对我们普通市民行列里的人来说,变得越来越明显。这次萧条在极大程度上加深了他们对这个事实的印象。我可以看到,一个大党正从所有这些阶层中产生出来。这是一个真正持反对立场的政党,它依据原则而不是依据操办组织化了的生意买卖的差事攫取的权力和金钱。"

"但是,"他又说,"即使新的政党有朝一日当政,经济上的必要变化也不会立即出现。这里必定要有比政治行动更多的东西。必须使教育有一个生动的变化,使人们对工业之责任重大的地位所持的看法有一个生动的变化。但是,直接的中心议题显然带有政治性质。在立法、行政和司法能够产生所欲寻求的变化之前,对政府的控制必定能将绑架了政府的特殊利益抵挡掉,使之回归民众手中。如果这一点办不到,那么,政治民主就是一句空话。"

"你仍然相信民主?"我问道。

"是的,"他答道,"所有那些声称民主政府已沦为一桩生意买卖的批评家们应竭力直接关注那股对它造成严重威胁的经济势力,而不是寻找政府本身带来的毛病。"

"这种威胁是严重的。我们面临的冲突局势与 70 年前北方和南方之间存在的冲突一样严重。要么是经济上拥有特权的集团准备夺取政府的统治权,使之服从他们的旨意;要么是广大民众,广大勤勉工作、性情平和的男女民众去掌握它,使之通过对各类事务的处置,促进普遍福利的增长。"

在文科学院课程研讨会上的发言①

[在课程研讨会 1931 年 1 月 19 日上午的会议上，詹姆斯·哈维·鲁宾逊博 *414*
士表示："由我们若干人对评估过程提出的报告，使我们获得了我们本人承认我
们应当拥有的那种教育。"他说，"所谓的大学生涯不能不与整个生活过程产生联
系"，并说"教育已成了……一种极度个人性的事务，这件事主要靠我们逐步形成
起来"。他主张，"我们应当过问我们自己的教育。我认为，这一点如今已得到承
认，我不知道可做些什么事能比杜威博士就如何获得那种门道——用他那解说
的方式使这种状况变得更为明晰，或者说同时又变得更加模糊不清"（"会议记
录"第 1 卷，第 15 页）。鲁宾逊是第一位联系教育的经历来谈问题的人，接着是
杜威发言，他主持了这次会议。]

主持人杜威：鲁宾逊博士说出我是如何获得那种门道的，这好似一场挑战。
作为主持人和下次会议的主持人，我准备借此良机，或者按你的观点，也许是站
在不利的地位来作一点说明。我不知道我获得的是什么门道，所以我也不知道
我是如何获得的那种门道。但我认识到，我从没有真正回顾一下自己的教育，也
从不缺少这种教育。我想从公立中学的教育和小学教育讲起。

我得到的或是所有孩子们得到的那种小时候的印象，大多是无意识的、游移
不定的。这是一种时不时感到厌烦的印象，我缺乏任何智力上的兴趣，结果时光

---

① 本文选自罗林斯档案馆所存未发表的复印打字稿，《课程研讨会会议记录》，共 3 卷，罗林斯学院，
温特帕克，佛罗里达州，1931 年 1 月 19—24 日，第 1 卷，第 49—54、203—205 页；第 2 卷，第 420—
427 页。

被浪费掉了。我在一个方面感到幸运。我进了高中,又上了大学。我养成了大量阅读课外书籍的兴趣,这也许并非明智之举。高中和大学的功课多少打断了这种兴趣,但它的好处是激发了我学习期间一种相当强烈的研究意识。这样,我就能摆脱既定的途径,专挑自己更感兴趣的东西钻研下去。一个某种程度上没有意识到的事实是:我不喜欢在校外做研究,把书本带回家会使我更勤奋地在校内完成作业。

接着,我有了自己的孩子,有这么几个吧,没有两个是相像的。我的这种厌烦感又浮现了出来,这是一种早年上学期间感到的智力上的厌烦、精神上的厌烦。它让我觉得而且我仍然觉得,大学里出现的问题主要不是大学的问题,而是我们称之为小学和中学的问题。那种浪费时间的习惯、游手好闲而不愿以全身心投入的方式处理事情的习惯,都是早年读书时养成的习惯。很难对我心灵中这些在早年培植了的坏习惯作一估计。

由此,我对兴趣的极端重要性,也就是我的朋友詹姆斯·哈维·鲁宾逊说的那种重要性有了一种想法,我竭力去思索它,极想确切地对它作出说明。我不是从理论中得到这种兴趣之重要性概念的,宁可说是自己作为一个学生的经验积淀的。看看其他的学生、同学,当我授课的时候又去注意我自己的学生。

当然,这句话对许多人来说,意味着许多不同的事情。有些人以为它表示与学生逗乐,但我认为,它意味着要唤起使学生出于自身需要想做某事的那种内心的饥渴感。在我看来,这种鲁宾逊博士说到的伴随而来的好奇心,是正常人的属性,而这种自然的好奇心和自然的兴趣在这样那样情况下已被摧毁灭杀了。如果我们能发现摧毁它们的是什么,就会在整个教育计划中迈出根本改革的第一步。

于是,我成了一名哲学专业的研究生,虽然我的朋友承认他为这一专业所吸引,但他并没有大量利用人心中这方面的好奇心。一定的旋转动作会把你的头脑搞得晕头转向,或者也许它们不会造成这种情况。我的头脑中的动力就采取了这种特殊的形式运转着。接着,我发现自己并不能毫无困难地采用某种连贯的思考方式。我不喜欢"专心"这个词,因为它表示的是某种使心灵绷紧的僵硬性,而你真正向往的是一种自由活动、一种心灵的运动,它不能不带有持续性和连贯的顺序。我在自己有生之年做过的最难的一件事,就是克服我在早先青少年时代养成的坏习惯,发展出连续、连贯、融贯的心灵运转力量。或许我可以将此扼要地表述为两个基本观点:首先是发现某种方法的重要性(我认为它总是存在的,虽然它在很大程度上藏而不露,被遮掩了起来),这是有关思想的饥渴和好奇的方法,这种方法是本来就有的或是获得的;它会自内而外地运转起来,自己运转起来。其次,在采用某种研究方法的过程中保持将这种坚持不懈和连续性要素展开出来的状态,这将导向产生学识,使心灵保持活跃并保持这种活跃状态。

自然,这会使人想到专业化的问题。专业化有各色各样的种类。有人对专门的论题如采邑或拉丁人的碑铭文字感兴趣,或许,这类论题还会更趋琐细,我经常想这些事例是人为产生的。它们与天生的兴趣指向,或者与使人把自己持续带动起来的兴趣的那种专业化相当不同。

当我自己的孩子上了大学,为他们设置的课程很糟。入学第一年,他们要学习六七种不同的课程,每门课上两小时。我看,这是极有害的方案。我对我的孩子说(我不指望他们把我的话听进去,但我还记得跟他们说过的话,虽说他们也许记不得我说的那番话了),如果他们对某些课程不予重视,或是突然中止这些课程的学习,我并不在乎;但我确实希望,他们能够发现一件他们可以为之真正倾心不已并开动脑筋、令他们感兴趣的事情。

近些年来,我从事的是研究生教学工作。我实际上已脱离了大学讲台。我的无知程度使我无奈成了这次会议的合适主持人。我不认为我的无知是条理化了的东西,它是高度紊乱的。在研究生教学工作中,我碰上了多少被有意忽略了的大学的问题。它们对我似乎显得如此费解而复杂。由于这是一次坦诚布公的会议,我很想讨论某种缺陷,让我按照本人感兴趣的思路来弥补这一缺陷。

我确实认为,这一大学学习的问题,在大学期间,人们的兴趣导向和兴趣倾斜是所有一系列教育问题中最困难的一个问题。所以,我十分乐意利用这次与会机会来听取大家的讨论。

还有一件事,我已提到两个我似乎要坚持的观点,即发现和不断地唤起兴趣。我想我已说过的话就是:存在着被掩藏起来的某种导向性的思路、真正的智力兴趣和好奇心,以及用一种连贯方式探索某种学习途径的能力。我提到的另外方面的话题就是过度专业化的显而易见的危害、危险。自然,肯定存在多种多样的兴趣,否则的话,一个人会弃守他的开放心灵。如果他对世界不具丰富多彩的看法,他甚至会变得以狭隘的眼光看待自己的专业。

417

我对这一看法印象颇深,即对某一不那么热门的目标或者在特定时间里不那么抢手的课题产生兴趣。我认为,这是某种可以向青年学子推荐的东西,不要过于局限于专业;没有必要成为一个怪人,但也不要过于遵从时代的、更为夺人眼球的流行趋势行事。

另一个与此相关、虽说似乎联系得不太紧密的事情是这样一种情况,似乎为数众多的大学生最为积极参与的那部分大学生活是所谓的学生活动,从通常赋予这类活动的那种意思来看,它们与一个学生应当从事的各种活动是不相干的。利用这些外在的(在大多数大学里,它们是外在的)活动含有的有利因素问题,让大学生自己获得动力并形成独立组织的问题,正使这些问题获得了与大学生活本身更为有机的关联。我认为,它们似乎是非常重要的事情。

["会议记录"第 1 卷,第 49—54 页。]

[1 月 20 日星期二上午,会议的与会者讨论了学生的一般兴趣和特殊兴趣,以及"科学对于丰富和享受日常生活意味着什么"。杜威对詹姆斯·哈维·鲁宾逊就自然科学学科所作的发言进行了评论。]

主持人杜威:有一个观点,我觉得是个问题,或者说至少要加添一点东西。我不了解为何会有这样的说法:我们要离开我们的周围世界,走进实验室去研究物理学和化学。我想,我们已对这整个观点作过一个很好的陈述。要是我们把生物学看作一个统一体,而不是以它们所作的分类、所从事的对特殊科学探研有用的分析剖解,或以它们把生命与物质世界本身所做的连接来看待它们的话,那么,生物学的状况庶几能够印证我的观点。但正如鲁宾逊博士阐明的那样,我们必定要在研究物理学和化学本身的生动过程中查明物理学和化学的机理,于是我多半想提出的这一看法是:我确信鲁宾逊博士把检修车开到这里后停了下来,我想他或许把手电筒放在他的公寓里了,他一天大概要吃好几次食物。在这整个人类活动的世界中,当我们走到户外时,我们与物理和化学机理直接接触的程度几乎就形之于我们与活生生的事情密切打交道的程度。这样看来,我想,以为物理学和化学是那种仅把它的中心放在实验室的科学,这样的概念难免有错。

通过我们的日常接触,我们当然拥有了一个非常真实的位置,并按照围绕着我们更具意义的社会活动的方式对其进行操作。在我看来,这里正存在着某种机会。换言之,两种应该相遇的模式正互相趋近,一者按生动的事情的观点,另

418

一者按机械、技术器械、工具和现代生活的机制、电灯、供热装置、检修车以及日常生活中接触到的所有那些东西的观点彼此吻合了起来。以上所述,可说明我的意思。它们并非活物,但在很大程度上决定了现代生活的方式,它们还有待我们去理解;或者说,它们拥有引领我们去理解社会制度甚而政治状态的那种可能性。

要是有人能说出在最近 100 年或 150 年里机器在现代生活中干了些什么,那么,他说出的肯定不只是一批非常专门的信息,他同时会谈到有关生活的一种开阔而广博的观点。我们并非在生物学意义上生活,我们还在社会和政治意义上生活。

除了在现实的地点从事研究,并对所有这些现代生活的设置、操作手段及其对生活方式造成的变化进行研究,我们是否还能找到其他更好的研究途径? 对此,我颇存疑虑。

但我还要说,我们或许稍稍偏离了较直接的兴趣这个话题,而转入了现实题材内容的问题。然而,在这一点上,我愿意提供意见。存在着势必互相交织在一起的两种方法模式,每一种都会导向其他一种,但除非我们在某个地方走近以这两个不同观点生活于其中的世界这个主题,否则的话,我们是不能就整个问题取得一种周全观点的。

我们可能还会就兴趣提出其他的问题。有理智兴趣的问题,我并不认为鲁宾逊博士业已结合历史对这一问题作了完整的讨论。有为我们自己的求索引出的、为我们的历史背景形成的兴趣问题。什么是学生们感兴趣的、他们的头脑运作的总体方式的名称? 我并不是在说逻辑,更不是在说形式逻辑,而是在说那种对思维、对看待事物的有效途径起着保证作用的东西,说的是科学方法的一面。

［“会议记录”第 1 卷,第 203—205 页。］

［在 1 月 21 日星期三上午的会议上,利哈伊大学校长马克斯·麦康恩(Max McConn)提出,指导委员会已要求杜威博士对会议迄今已探察到的问题实质作一总结,并“从他自己的一般哲学和教育哲学的立场提供建议”(“会议记录”第 2 卷,第 319 页)。麦康恩告称,杜威同意他会“做些这类的事,或者试着去做些这类的事,今天上午的会议肯定做不成,也许今天还不行……”(“会议记录”第 2 卷,第 319 页)。杜威在 1 月 21 日晚上的会议上作了如下发言。］

主持人杜威：主持人被告知要说几句话。他真的不知道需要他作何种发言。

摩根院长（阿瑟·E·摩根，安蒂奥克学院院长）今天早上曾说（我接下去会有机会提到这件事），任何我们已谈到的教育问题都面临一种进退两难的困境。我要说，我想在后面提到这一点，但首先我想说的是，主持人处在困境中，或者困境出现在他这里；事实上，正因为他是主持人，他就是困境所在。

我想，作为一名主持人，大家期待我以某种方式为讨论取得进展、为获取某种结论而尽一份力；我们的讨论带有理论性质，大家都认为，这种讨论至少要产生一些实践上可以运用的东西。我猜想同时我也深感忧虑，要是我们没有得到某种性质相当明确的结论，主持人要承担责任、受到责备，或者，他就成了我们的委员会没能取得某种明确结论的替罪羊。

这是困境的一个突出标志。另一方面，这毕竟是会议本身进行的讨论，我敢说，要是你们处在我这个主持人的位置，你们当中也不会有什么人愿意用任何方式试着去漫无头绪地引导讨论；或者，为得到某种明断的看法而压制讨论，将其过度朝某个方向引申。有关我的困境就说到这里。

好吧，说到我的评论内容的要点，我想作两点发言，我想说的这两点内容今天早上已准备好了。其中的一点，我已有所提及。另一点，我以为要回应哈特（Joseph K. Hart，范德比尔特大学）博士提出的问题，即为何要成立这么一个委员会？或者就像他进而又做了一些阐释那样，为何课程的设置竟成了一个问题？

当然，大学教师长期以来一直在对课程设置修修补补。这是一个持续的过程，但我对许多讨论搞不懂；事实上，我对这一点还真不太明白。人们接受一个热心的机构和一位心胸十分开阔的主管人的邀请聚集到一起，就适用于对某种课程设置作出规定的原则或标准进行讨论，并开诚布公地将所面临的障碍和设想的理由摆出来。于是，我想，今天早上提出的问题其实是说这一切为什么直到今天才发生，这类事在几年前几乎是不可想象的。这是一个十分贴切的问题，肯定涉及我们进行评议的大旨。

或许我要花上很长时间来回答这个问题，但我愿意提出一种设想。有一个理由就是美国人的生活状况在最近一代人的时间里变化得非常快，它变化得如此之快，以致生活中的变化大体上已把教育的原则、哲学和大学的教学实践抛到后面去了。自然，我们的拓荒时代老早过去了。如果有人试图按乡村和农业社会向城市、半城市、工业社会转变来为这种一般生活状况的变化确定一个日期，我想可大致把这个日期确定在 90 年代,或者说确定在上一代人那里。

我觉得我的评论几乎没有提及这种变化,而这一变化却成了这次会议所以 421
会造成那种感觉的一大理由,即需要对这整个问题作出新的独立思考。我们有
摩根院长这样的知识分子和罗林斯学院所秉具的那种宽阔胸襟,这使得我们不
会为这种需要设定任何限制。这样,我们就能无拘无束地来思考任何可能性,并
对这一问题所涉范围的无论哪个方面进行研讨。

在与哈特博士的交谈中,我不由得回想起芝加哥大学米德教授的一篇文章。
该文或许提到了这个一般问题的另一个方面,即分离(divorce),以及由于缺少一
个更好的名称而称之为文化的东西与美国人生活中出现的本土的自发运动之间
的某种程度上正在不断增长的分离。

这种分化(split)似乎与桑塔亚那博士数年前所称的家中的客厅和厨房、餐
室出现的分化有些相似。这些我们称为文化的带有点异国情调的较高级的兴
趣,与美国广大民众那种实际的、占据首位的兴趣和活动形成了对比。我想,要
是我也乐于对这种情形作或许过于哲学化的描述,如我们正在这里讨论的那样,
我们之所以不能不讨论这样的问题,其中的一大理由在于:如若还不至于说我们
有意想系统地说明,那么,我们确已感到存在着把所有那些冠以文化之名的兴趣
和美国人这个广大群体的首要兴趣和活动更紧密联系起来的那种需要。

我们要花上很多时间去研讨这些观点的细节,并添上其他一些我认为自然
会呈现给你们的东西;但如果有人想把这些概而扩之的评论翻译成较为明确而
精当的话语,我好像觉得至少要表述出一些主要的问题难点,以及构成呈示给我
们这些问题、难点之基础的运动。我们怎样对这种文科院校之大学生活的一般
运动重新作出适应并加以调整,以这样或那样的方式顾及它那种超乎寻常的详
细情况,以及一个问题是我们如何确定最近这一代人的时间里美国人生活中发
生的巨大变化;另一个问题是我们要如何在发展一种更具真实的本土性质的文
化中看待大学的问题。它是既非输入物也非异国的东西,它从美国人的生活中
生长起来,又反过来作用于美国人的生活,从各个方面对这种生活加以提炼和
提升。

我要讲的另一个话题涉及摩根院长的这段评论:无论在何种情况下,教育总 422
归表现为一种两难的情况。我们不能(如果我没有误解他的话)制定任何绝对的
目标或达到完满的状况。我们不能不作出选择,若不是在更好与更差之间选择,

至少是在更好与好之间选择，而与更好相对的好就成为更差了。换言之，教育必须加以调整，如果你愿意的话，教育甚而要对各种竞争性的兴趣、那种在大学中互不相让的兴趣进行调解，因为生活本身中的兴趣就呈现为非和谐的竞争性质。

这促使我想到一个观点，这一观点有点近似实践的问题，而不同于我做过的那种一般评论。要是我们就任何方案，不是就课程，而是就我们一致同意的有关标准、意义的观念作出的结论不能令人满意，但倘使我们能清楚地说明困境所在，能更明确地把我们必定要加以选择的方案肯定下来，至少这不失为一个进步。我想，这是因为此举毕竟能给予我们以实在的指导。它将为各种变动设限，并更多地引入明确的方向、目的和目标，或者说，此举也能对美国人确立的生活目标带来助益。

所以我建议，考虑到我们大家至少还存在不同的意见，考虑到类似这样的团体必定会出现不同意见的情况，我们不必把自己视为任何特殊的、不容削弱的教义的护卫者。我们不妨通过我们至少能对某些教学选择方案加以提议这样的途径，在讨论不同意见的过程中，对大学面临的这种困境作出解释和描述。

我曾在《纽约时报》上读到过这样一篇形式上稍显不同的有关教育问题讨论的报道，这是在纽约市进行的一场讨论。该报引述纽约市一位教育官员的话说，值得向往的是全美国的大学都采用同一种课程设置。我擦拭了一下眼镜片，揉了揉眼睛。我认为，我读到的这段话是错的。自然，他应该说不应追求全美国的大学采用同一种课程设置，但事实就是如此，"值得向往的是全美国的大学都采用同一种课程设置"。

如果我们相信在美国不同的文科院校中还存在容纳不同课程设置的余地及需求的话，那么，正如我说过的那样，我们至少能有助于对不同教学机构提供指导，使之确定面临的困境，以便制定出各种选择方案、各种供选择的课程类型和不同的实验化思路。

我刚才使用了"实验化"这个字眼，这促使我想到了最后一个观点。所有的教育都带有实验性质，无论我们是否愿意这样来称呼它。我们着实无从回避这一点，我们正在对这些对年轻人生活显得珍贵而有价值的用品进行试验。我们会想方设法使我们自己确信，这样的情形中并不存在什么实验要素，但我们实际所做的每一件事，我们安排的每一种课程，我们上的每一堂课，就其效果来看，无不是一种或好或坏的实验。如果我们能大大促进对选择性的实验化样式作出明确的规定,用这样的方式使局面变得较为清晰,或许就能把必然存在于我们中间的不同意见化为有利的东西,而不致因之使我们在得出一个结论前便陷入某种不幸的僵局。

我要感谢与会者们的耐心倾听。我不知道我的谢意是否出于他们叫我做的这件事,我的话完了。

［"会议记录",第 2 卷,第 420—427 页。］

论常识、科学和哲学四篇讲稿的摘要[①]

　　讲稿1——常识

　　"常识"这个词具有两种不同的意义。有两位哲学家声称发现了常识的意义。贝克莱说,物质不存在。休谟说,自我不存在。苏格兰哲学家在对这些看法表示失望之余,重返常识,认为常识能够使我们确信物质和自我的存在。对他们来说,常识是那种表达真理并通过本能的信仰来确保这一真理的力量。要以这一进路来寻求摆脱这个问题的途径是过于简单了,这一进路也不会延续下去。自发的信仰是对实在给出的一个拙劣证据。按常识来看,太阳围绕固定不动的地球旋转。所有科学或宗教的一般概念似乎都依据常识。科学和哲学则对这个常识概念提出疑问。科学对从不转动的地球以及物种的固定不变这类依据常识的信念提出疑问,哲学对许多似是而非的常识信念提出相似的疑问。

　　但还存在另一种看待常识的方式,这就是把它看成由健全的实践判断、一般洞察力构成的东西。如果考虑到这种特定方式,科学和哲学与常识的关系更带有实践性而非敌对的性质。

　　使我对哲学产生兴趣的大多源自任何人在他的日常生活中每一刻所做的观察,而不是技术性的细节,那只是用各种技术发明装备起来的专家们才会考虑的

[①] 首次发表于《费城瓦格纳科学自由协会通讯》(*Bulletin of the Wagner Free Institute of Science of Philadelphia*),第 7 期(1932 年 5 月),第 12—16 页。本文选自杜威 1932 年 4 月 1、2、8、9 日在瓦格纳科学自由协会由理查德·B·韦斯特布鲁克(Richard B. Westbrook)自由讲座基金会所设讲座上作的四次演讲。

事。人由以发现自己的那种环境迫使他作出某些判断。眼下的趋势是感觉到了哲学应以科学观察作为依据。

哲学始于何处呢？它从何处取得其论据呢？伯特兰·罗素说，数学仅为哲学的基础供应适合的材料。查尔斯·皮尔士，一位训练有素的实验工作者，他把最为确定的明显事实作为出发点，最后才去考虑数学。哲学是从近在手边的一般材料出发，还是从较抽象的思维取得的理智成果出发？我认为，哲学应从一般经验出发。但这里存在某种困难，越是一般和熟悉的东西，越难通过哲学的方式去处理。我们失去了对那些颇为熟悉的东西的意识。我们不会听到我们使用的闹钟的声响，但我们会察觉到它停摆的那一刻。

这不是泼冷水，说哲学是将事物颠倒后再去观察它们。它必须从一个不寻常的视角去看待它们。

另一个困难是，我们每个人都用已然形成的判断去看待某个对象，我们以为这类判断就是常识，而它们只是先前获得的东西或长期持有的观念。戴一副蓝色眼镜的人，不知道为什么事物确实是蓝色的。哲学的很大一个方面就在于摆脱这些预先假定的东西。画家在谈论恢复眼睛的纯真视觉。哲学家必须恢复心灵的纯真状态。什么是我们这个常识世界的某些最一般特性呢？在这个容纳着众多对象的世界中，理智的因素并不重要，这是个被利用、享受的世界。哲学家关心的是从理智方面，而不是从享受、利用的方面去看待事物。在这一点上，他与常人不同。

对科学的一般兴趣还是非常晚近的事。每一种新的科学探究自然会招致敌意和不时发生的迫害，因为哲学家的手距离常见的利用和享受的方法如此之远。

语言一开始并非依据它的有用性。它是喜悦欢欣之情的流露，有点与歌曲的性质相似。它不是发明出来用以传达思想的，这一点或许可证之于所有早期的活动。

古典哲学便以这个观点为依据。12 世纪时，教会接纳了亚里士多德哲学，并仍由天主教会来广泛讲授亚里士多德哲学。它把世界视为可利用、享受的东西，把思想视为心灵的乐事。它寻求万物的目的，于是就去寻找目的因而不是生成因。它是关于性质的哲学，事物按其性质而被利用：硬和软、轻和重、湿和干、热和冷就是这样一些性质。这些性质组合成四大元素。两千年来，这种思维模式长盛不衰，形成了宗教信仰的背景。只是在最近两百年里，才出现了有关思维的真正科学的态度。

讲稿 2——科学

直到 17 世纪,哲学和科学的区别还很少被人承认。它们两者更接近日常思维。近代科学处理尺寸和速度,它们几乎超出了常人的知觉范围。

说古希腊人不是观察者是不妥的。他们的艺术和建筑表明,这样的说法是错误的。其实,他们过分执著于观察,没有去做间接的观察或进行计算。他们只独自凭靠着一双眼睛。他们的发现在于往那种陈旧形式的材料加上一点单纯的东西。在他们看来,在一个已终结的世界中似乎不存在什么进步。这种心灵状态一直延续到近代。

罗杰·培根(Roger Bacon)对所有这类结果提出了质疑,后来的弗兰西斯·培根也是这么做的。后者用新的方法推荐了一种新的科学形式,使人类状况得以凸现出来并趋于完美。两位培根先生用先知的目光预见到了许多近代的发明。

近代科学是借助近代的发明和计算方法兴起的一种观察的产物。工艺的进步和医学上收集的大量材料对此起了很大作用。寻找长生不老的灵药以及寻求把贱金属变成贵金属的炼金术也作出了一份贡献。16 和 17 世纪对新大陆的探险,有助于形成新的科学方法。采用他国的造纸术和活版印刷术也是如此。火药是经穆斯林而从中国人那里传入的,罗盘的传入途径也是如此。透镜和钟摆也是新的工具。天文学由于有了透镜而发生了新的转折,钟摆给人们提供了一种测定时间的精确手段。

以新的方式借用阿拉伯数字,使计算变得方便多了。代数学也是从阿拉伯人那里拿来的,它增加了计算能力。后来,解析几何和微积分的发明使更复杂的数学计算成为可能。今日科学受惠于物理、数学器械工具的程度,要远远超过人们料想的任何较高级的脑力因素。

古希腊哲学家缺少从事体力活动的那种灵巧性,因为体力活儿打发给奴隶去干了。如果说他们也有机械方面的发明,这似乎更带有小摆设之类的性质。

近代科学由于借用了工匠的技能,带有实验的性质。只有这样,才使知道证明的能力与做的能力联系了起来。当人们制造水流并对它加以分析,他们首先去了解水的性质。古希腊哲学家寻找的是目的、结果,以此对事物——终极因进行解释。近代科学关心的是生成原因——事物如何产生——它们如何发生。这就被引导到了控制上。当你知道事物因何发生,你就进入了发现如何使它发生的那条道上去了。

由此造成了较为出奇的后果。物理学研究的物体是什么样的？例如，颜色是存在于物体中还是眼睛中？古希腊人从不怀疑任何性质都为物体拥有。如今科学断言颜色要归于一定的光的波长。于是，滋味、温度等等也就不是物体固有的。我们果真知道事物的本性、实在性吗？

我们要对科学发问的，与其说是有关事物内在本性的知识，不如说是有关预测和控制的力量。你朝着晴雨表看了看，以便知道明天的天气，但你不会认为这种天气情况源自晴雨表。

科学世界不是我们普通人想象的世界的对立面，但它可使我们对现象加以预测和控制，由此调整我们自身。

我们无须害怕科学会把我们对世界本身产生的乐趣夺走，但它给予了我们重塑世界的智力工具。

讲稿 3——哲学

哲学与信仰有关。信仰是哲学的原材料。哲学可被规定为前成熟期的科学。我们忽视了这一事实：假设是所有科学的先导。科学坚持认为，猜测要被确认。没有哪一项重大的科学工作是仅靠收集事实就做出来的。牛顿通过猜想，继之又去收集事实以证实这种猜想，进而想到了万有引力公式。达尔文理论的发现，也经过同样的路径。然而，哲学还有另一种功能。早期希腊人对这个词赋予的意义对这方面作了示意——爱智慧。智慧意味着比知识更多的东西。有些人累积知识，但缺少智慧。哲学一度在两千年前的希腊，结合着希腊人的团体修练而对某种生活方式作了表达。哲学家在某种程度上仍存留着这种斯多葛式的老观念。

哲学是调整我们自己——通过观念作出调整——以适应我们生活于其中的世界的某种方式。任何真正的哲学都会使人得到某种理智上的平衡。在一定的意义上，哲学是使人在这个世界中感到如归其家的某种理智的窍门。更为基本的信仰问题是哲学探讨的直接对象。我们所说的信仰是什么意思？从词源学上说，"信仰"的意思就是"被爱"。信仰表示我们甘愿这样行事，它与我们的英语单词"爱"联系在一起。信仰意味着相信或信任某个东西或某个人。信仰意味着某种摆脱我们的情绪或意志以趋近那个对象的形式，由此我们本人就对它作出承诺。有一类判断是理智性的,另一类判断并不简单地与事实相关,而与价值相关。严格的科学判断在处理其对象时,并不考虑对象的价值问题。哲学的直接对象存在于对价值的基本判断之中。哲学应以科学为依凭。伯特兰·罗素主张,数学是最完美的科学形式。所以,哲学的界定应以数学为唯一的依凭。这样来看,哲学并不处理社会事务。赫伯特·斯宾塞(Herbert Spencer)说,哲学是完全统一的知识,而科学只能做到部分的统一。哲学家要接受科学家对世界本性发现的东西,以便形成有关价值的判断,从而决定我们在这个世界中意欲何为。

哲学家和科学家的劳动有着真正的分别。哲学告诉我们,这些科学事实意味着什么,我们应探索的是哪条行动路径。当哲学被认为是某种类型的科学,它会造成许多误导。首先,哲学并不具有科学含义上的那种知识形式;其次,哲学要依靠科学。对哲学所持的一种反对意见认为,哲学不像科学那样不断向前迈进,哲学家们自己便是意见纷纭。人们可以就事实达成一致意见,但他们不会就生活的价值达成一致意见。人们是从不同的角度来看待生活的。哲学试图把教育和经验的差异弄得更清楚,这样,人们就能意识到有一种他们看待生活的正确角度。对历史哲学的研究是有价值的,因为它拓宽了学生的思想和道德视野。我不认为这类研究可能会导致排除选择的因素。我们总要作出选择,并尽力而为。如果哲学不具有科学的形式,那么,它必定有赖科学来获得它的行动路线图。科学是十分现代的东西,它的外壳仍十分单薄,它与过去延续下来的传统互相叠合在一起。古老的看法仍执意要将好大一堆瓦砾残片存放在文明的阁楼里。科学本身意味着使研求、好问的心灵采纳某种态度、实验的态度。它仅仅依赖证据来接受结论。心灵的这种实验的态度在现代文化、政治观或道德概念中还不太能找到落脚的地方,四处流行的还是心灵的那种古老的、前科学的态度。

再次,存在着一种有关科学的主导概念。过去的科学教导说,静止要比变化重要;变化本身便是实在还未达到充分完满的一个证据。现代科学教导我们说,我们生活的这个世界免不了会有变化,如果现代人的心灵完全接受这个变化的观念,如果我们对自己抱有信心,我们就更有能力来对变化加以引导。

讲稿4——回归常识

你们会记得,常识具有两重意义。它或许意味着相信长期传承下来的广泛散布的观念。我们倾向于认为,人们的常识不会对这类观念产生怀疑。对此,哲

学所持的态度即使谈不上是破坏性的,那也是否定的。另一种意义——对生活
中那些普通事物的判断——似乎正是指粗浅而实用的知识、适当的判断、对实际价值的欣赏。针对这类价值,哲学所持的是批判、指导的态度。它不是一个独裁者,它帮助我们有区别地去作出判断。它更多赋予我们的是理智的态度。

在形成这些判断中,科学观察对哲学帮助极大。

常识关心的是事物的性质,当我们利用这些性质时,它们给我们带来了用途、欢快和目的。但对于事物的态度一般是实践上的,而不是理智上的。这是很自然的。如果我们要获得理智上的愉悦,必须使我们的身体适应周围的环境。

如果我们承认进化这回事,就知道我们的大脑和神经系统并非起源于理智的目的,而单单是起着根据我们的环境作出调适的作用。与此相对照,物理学的全部发展趋于消除这些性质,给予我们一个电子、能量的世界,而我们所称的这些性质的东西实在依赖于电子、能量运动作用于我们身体后产生的结果。如今,科学处理的质量、分量、数量等,已很少是可让世界为我们带来欢快的那类性质的东西了。

这给了我们一种有关世界的机械的观念,它似乎把我们熟知的世界给夺走了。它使世界显得冷硬,甚至充满敌意。但科学在认识事物方面惠及于我们的,是便于对其进行预测和控制。科学初看上去好像消灭了价值,实际上使之更为可靠安全。在过去的看法中,自然似乎比起今日离我们更近,因为它好像是有目的的,它似乎充满着内在生机,总要想去奋力达到它的预定的目的,那就是完满。但是,这种老式的看法带有明显的局限性。人不能助推这一进程;他必须仅仅接受这些固有的结果。当科学去除了此类结果的观念,世界会变得更能为我们提供便利。有目的的活动在这个世界中被消去了,由此产生的是人的目的。人类改造动物和植物以满足其需要。各种发明也正印证了这一点,它们涉及各种金属和自然力,这些东西为了人的目的而被加以控制。这一过程在人类生存中出现了真正的科学这段短时间里,只占一小部分。沿着这条路走下去,可以相信,未来可能取得的进步将是巨大的。发现不再是随意、偶然的事情。

让我们运用这些观念来说明人的自由。过去的观念认为,人的自由取决于理智和洞察力。古希腊人以为,他们当中只有少数几个人拥有这种超乎他人的自由,其他人是贪欲和冲动的生物。柏拉图把奴隶描写成是那种无力形成目的,以便对他本人的生活进行控制的人。于是,只有思想贵族才适于进行统治。

430

431

人们的智力无疑存在着差异,但这不是古希腊人想象的那种差异。只要不是蠢人和痴愚者,每个人都具备足够的理智来造成便于进行控制的一定的条件。社会生活的情形同样如此。如果民主是可能的,这是因为,每个个体在一定程度上都拥有控制自己的力量,并从对日常生活的关切中获得自由。如果民主是不可能的,那么必定会出现无政府状态或独裁统治。

经由知识和科学的增长,我们应当能够搞出某种技术,以便有效地把人身上的这种力量发展起来。

过去的哲学把思想看作某种自在的东西,是纯粹理性的产物。我们仍然有"纯粹"科学,它与应用科学不一样,而且比后者高一等。这一看法在范围很大的学人圈子里流传甚广。但是,纯粹的科学家其实并不纯粹。他必须找到实在的事实,以便对他的纯粹概念进行确证。就这一点看,他像个画家和诗人。这类挥洒涂抹并非在经济上都有益处。哲学是一种思想方式,它必须找到具体化和应用途径。它不能在铁路和收音机的应用上和科学抢风头,但它可以更完全地应用于人的生活,特别是应用于社会生活。教育要么是从过去传下来的老一套东西,要么接受哲学的思想指导。

从前的哲学家主张,哲学的本分就是解答恶以及证明上帝化身为人的方式问题,情况并非如此。有关恶的真正问题不是对恶作一说明,而是要说明如何对恶进行控制并减少恶。

或许可以把哲学设想为一个过程、一个发明出改善人类生活的方法和前提的过程。它不会像科学那样仅止于作出分析和分类,还要发明出值得为之奋斗的目的,并找到可利用来实现这些目的的资源。

历史唯心主义试图证明,世界本就是精神性的,它符合我们的最高理想。现在,我们可以实际地来思索一下称为唯心主义者的那个人,他着手去寻找用以改善生活的方法和资源。哲学真正需要的应当是后面这种唯心主义,通过立法、教育、经济,努力探索何为美好生活的观念。我们也许可以推行这样的唯心主义。

这好像有些贬低了哲学,但我认为,哲学会发生这样的变化,正如科学中已发生了这样的变化一样。哲学通过应用得到检验,并进一步得到确认。

作为公民的教师[①]

著名的教育学教授、美国教师联合会荣誉会员约翰·杜威于 4 月 9 日在教433育委员会第 195 分会作了题为"作为公民的教师"的演讲,宽敞的大厅挤满了听众,其中包括坎布里奇各类院校的负责人、一些学校的董事会成员、邻近城市教师俱乐部的会员、附近大学里的教授和大学生,当然还有哈佛大学的教师们。

除了强调满足给予教师以校内外更多自由的需要,以及按个人和公民生活的要求来训练学生的重要性之外,杜威先生深情地谈到了美国教师联合会的工作,以及准备在社区和国家范围内开展的工作。

他轻轻地略过了作为公民的教师的政治权利问题,在他看来,这种权利显而易见,以致无须再拿出来讨论了。

杜威先生在演讲中提到,教育中的所有其他改革都有赖于那些从事教学工作的人们。如果任何设想的计划都能确保那些热爱孩子的教师们拥有个性和创造性,那么,我们也就别无什么奢求了。

不幸的是,许多学校的组织都在向军队或工厂之类的机构看齐;在后者这类机构中,那些被视为地位低等的人要接受他们上司的命令。这些学校在行政权力和教学老师之间几乎普遍树起了一道隔墙,于是老师身上很少具有创造性。没有自由,就不会有个人的责任。当责任集中在少数几个人手里,就夺走了其他人按自己的意愿承担的那种责任。

[①] 首次发表于《美国教师》(*American Teacher*),第 16 期(1931 年 10 月),第 7 页。选自柯林斯(Anna L. P. Collins)所作的报道。

制定的规划和指定的教学方法会被证明是对教学能力的毁灭。没有人会把他的全部身心投入到这种指定的任务中去。如果说靠留声机来进行教学很糟糕，那么让教师成为留声机同样是糟糕的事。

本国的所有公民在其他某个社会方面也是公民，如果在家庭和学校没有得到适当的训练，他们就无法承担更大社会范围的责任。政府高层出现的腐败表明，学校有必要更好地履行其职责，为某个市、州以及国家培养公民。

如果学生不能听到人们以坦率、开放的方式讨论公共话题，那么，他们怎能有足够的准备来履行公民的权利和义务呢？知识是凭借虔诚信徒的精神偶然获得的一种东西吗？或者说，它应当以一种公开、公正的方式展示自己吗？学校不能热衷于搞宣传，但它们很多时候又躲开当下的生动话题，难道说为了做到不持偏见，我们只能变得一无所用吗？当然，我们必须认识到，我们教育对象的心灵还不成熟，可是世界上高年级的学生不也活得好好的吗？他们知道他们的爸爸妈妈在谈些什么，也知道报纸上在说些什么。学校的课程不妨更完全地来讨论一下政治生活中出现的各种困境和罪恶问题。

如果说有一门学科在没有使学生做到身体力行之前会变质的，这门学科就是公民学。人们可以讲授它的结构，但这样的讲授与它在生活中发挥的作用毫无关系。

美国教师联合会拥有的是学校体制中那类最具社会进取心、最果敢无畏且富于远见的教师，人们总能看到他们冲在前面，与其工作的学校中的腐败不公行为作斗争。这个教师联合会在芝加哥、纽约和西雅图造成的敌对势力，就是对该组织的一种褒奖。

我们当然不应反对官员或教师和劳工结成紧密的联系。这类反对意见的出现，要归于势利眼和胆小怕事。由于公立学校中有很大一部分学生来自本国的工人家庭，教师理应在社区和劳工之间充当一个解释者的角色。为了使劳工的孩子健康成长，人们需要了解劳工的问题。

杜威先生以这样的开场白谈起了美国教师联合会的工作。他说，他为多年来作为该组织以及美国劳工联合会的会员感到骄傲，他总是随身携带着他的"会员证"。

执行委员会的声明①

独立政治行动联盟愿意澄清某些由于对杜威教授近来与诺里斯参议员的通信作出各种错误的解释而产生的误解。借此机会,它想重申它忠于这一基本原则:一个新的政党必须表达体力工人和脑力工人的愿望,它寻求通过政治控制的手段来确保大多数人的安全和富裕生活。它并不仅仅满足于对政治重新作出调整,这种调整除了清除公共机构不正直的行为之外,并不具有更深刻的目的。它相信,目前的政府被强有力的工商阶层统治着。无论他们是按照已被认可的诚实准则在管理政府,抑或是徇私枉法,他们都在利用政府的权力长久地维护这个阶层的特权。

本联盟确信,只有通过某种政治运动才能打破这类集团对政府的控制,这一运动具备可靠的经济基础,它的主要支持者将来自农民和工人。这些阶层的人即使经常人口众多,却不被富有的特权阶层小圈子所接纳。如今,他们承受着由萧条造成的那份不合理的负担。数百万工人被迫乞食他人施舍的苦味面包,因为他们得不到失业保险的保护。本国的统治阶级仍顽固地反对这种本质上是最低限度的社会立法,而所有其他工业化国家很早便接受了这类立法。即使某种促进繁荣的措施会使工人的收入状况有所改善,农民也会继续蒙受因技术革新造成的失业之害。由现存政党提出的对贫困农民施以救援的所有办法,已被证明是伪劣的招术。

①首次发表于《独立政治行动联盟新闻公告》(*News Bulletin of the League for Independent Political Action*),第1号(1931年2月),第1页。

同时，本联盟确信，中产阶级中已有很多人准备支持这种政治运动。有些人所以要这样做，是因为他们发现，正如零售商人发展连锁店经营而屡遭挫败的例子表明的那样，不断增长的控制集中化趋势、少数人对财富的占有实际上破坏了他们的经济安全感。其他人尽管没有受到直接的影响，也将支持这样一个政党，因为他们认识到，普遍的社会福利要求把集中化的经济权力置于全社会的控制之下。

　　如果不具备某种足以应对工业社会需要的政治哲学，本联盟并不急于看到某个新的政党投入竞选总统的活动。它认为，任何政治运动都必须承认被剥夺了基本权利的群体需要开展富于战斗性的政治行动，都必须立足于这样的认识，即需要由各个群体的公民来实行对于经济权力的社会控制，否则的话，这种政治运动就是不成熟的、没有希望的。因此，本联盟把它的主要功能看作是促进农民、劳工和其他群体之间的互相协商和共同行动，对表达着本联盟原则的第三政党运动加以支持和激励；并就各种政治教育的形式提出倡议，开展这种政治教育将使美国公民意识到我们这一代人的政治需要。

杜威教授对不满现状者印象深刻①

声称到处都在表达着对资本主义政党的不满　　　　　　　

星期五晚餐会上的报告

约翰·杜威声称，他50年来从未看到过美国出现的如此遍布且难以平息的政治动荡。他外出旅行了一个月，星期二回到本地；这次行程中，他走过的地方包括西部的加利福尼亚州和南方的佛罗里达州。

他的这份由独立政治行动联盟发表的声明如下：

"我在这次西到加利福尼亚、南到佛罗里达的全国旅行中看到的政治动荡，其涉及的地域之广是我过去50年里从未遇到过的。

"我对不满现状者，甚至对那些过去的铁杆党徒对现存政党表达的看法，抱有极其深刻的印象。极少数我遇到的人仍然相信，两大政党总归含有不可忽略的差别。人们对胡佛政府深表失望，以致形成了这样的共识：该政府不值一评。有些人转向民主党的立场，他们所以要这样做，并不是因为存有什么希望，不过是表达绝望的情绪。即使是在加利福尼亚，我发现，也只有极少数人觉得胡佛没有辜负人民对他的期望。

"人们抱有这样的情绪，即需要对基本的原则和政策进行彻底改革，就此而论，这种不满并不针对特殊的领导人或党派组织。这种政治动荡仍显得比较混乱，有点缺乏条理。人们正等待出现一个机会，使他们能够热切地寻求展开独立

---

① 首次发表于《新领袖》(*New leader*)，第8期(1931年2月7日)，第6页。

的政治行动,并看到成立一个新的政党。国会中自由派集团所持的立场存在很多需加探究的地方,他们没有对明确的政党重组一事采取积极的立场,人们对此大感吃惊。对他们活动的那种普遍的消极特征正愈益感到不满,人们相信,如果他们能够在贯彻积极的原则和措施方面共同制定出明确的条文,并将之公布于众,那么,本国的选举人是会作出直接的强有力的呼应的。"

独立政治行动联盟将于星期五晚上在伍德斯托克饭店举行晚餐会,杜威先生是晚餐会上的主要发言者。他将以"一个新的政党"为题作报告。出席这次晚餐会的编辑有:《新共和》周刊编辑布鲁斯・布利文(Bruce Bliven)、《国家》杂志助理编辑莫里茨・A・霍尔格伦(Mauritz A. Hallgren)、《明日世界》(*World Tomorrow*)编辑莱因霍尔德・尼布尔(Reinhold Niebuhr)。

杜威在会谈前夕申斥进步人士[①]

自由派领导人发现,老的党派议员对解决失业问题是不称职的。   *440*

人民游说团总干事杜威先生在一份声明中谴责参众两院中的进步人士,因为他们没有行使必要的阻挠手段迫使新一届国会举行一次特别会议。发表这份声明表明,杜威初步确定参加由参议员诺里斯、拉福莱特、卡廷、惠勒和科斯蒂根提议召开的 3 月 11 日至 12 日的会议。这次会议准备就一项立法动议制订计划,他对作为第七十一届国会成员的进步人士所作的率直批评,可以使人们对会议讨论的主调作一个预言:有一个团体正在呼吁人们行动起来,迫使胡佛总统吁求华盛顿的新一届国会着手处理由严重的失业问题造成的遍及全国的可悲状况。

杜威说:"除了政府雇员的收入之外 ,美国差不多每个收入不足 5000 美元的人都处境不妙。一个农民很难在本年度知道下一年度的情况,他种庄稼获得的收入是否足以为他农场中的那些抵押物品支付租金和利息,足以支付种植税和种庄稼的一应花费……除了政府雇员外,全国只有十分之一不到的挣工资者拥有某种形式的终身固定职业保险。差不多有 360 万个自己开业的小厂主、小商人等正在勉强度日,因受到大公司及合并者的吞并威胁而命悬一线。关心这些财富生产者的权利,应当成为政府的首要责任。"

[①] 首次发表于《新领袖》,第 2 期(1931 年 3 月 14 日),第 2 页。

这恐怕像个幼儿园

"目前的严重萧条持续了一年,而它对我们造成的威胁已达三年之久。尽管存在着这样的事实,国会两大部门中的进步人士却在每次国会会议上对那些不涉及需要立法的拨款议案投赞成票,从而失去了更为公平地来考虑出台一般福利措施的机会,而他们被认为是支持采取这类措施的。每次举行这样的会议,他们都被力劝通过拨款议案,因为这可能会使他们被推选出来完成的那类措施最终获得创纪录的赞成票。

"由进步人士在参议院上次会议上发起的攻势本可以确保通过应付失业危机的法案,以及被这些在 1922 年和 1924 年的非党派选举中选出的进步人士支持的建设性措施。议员们对拨款议案进行了投票,这笔拨款用于向富人支付政府发行公债的利息,因为政府不肯征收财产税以支付战争的开销及后续费用;而且,它准备筹集更多的战争资金,并维持一支间谍部队,只有一小部分拨款用于教育和健康卫生项目。这个议案获得了通过——为老百姓立法的所有希望于是就打了水漂。

"进步人士的行为在过去举行的会议中一再地使那些控制着目前政府的反动分子和巧取豪夺者得益,他们投票赞成政府采用必要的手段来继续保护财产、对并非出自本意的贫困进行惩罚。是否需要为进步人士上一堂有关民权发展的初级课程呢?"

附　　录

1.

自由与文化、社会规划和领导能力的关系[①]

乔治·S·康茨

乔治·S·康茨为全国教育理事会于 1932 年 2 月 20 日星期六上午举办的
讨论会拟定了以下这些议题。

议题

I. 自由与文化

1. 自由不能是绝对的和首要的。所有真正的自由都是相对的和派生的。自由
是一种成就,而不是一种礼物或一种条件。人类的自由来自文化的发展;个人的自由
体现在对文化的掌握上。只有掌握文化,作为集体或是个体的人才得以控制其命运。
任何不能赋予人以控制力量的自由形式都是骗人的、无益的。

2. 从教育的观点看来,文化体现在两个方面。一方面,文化是工具性的和实用
的——它是社会生存仰赖的工具,表现为工具、发明、实践、民俗、习惯、制度、知识与
观念的总和。对这种精神拥有物的世代传承始终是、也必须始终是教育的主要责任。

3. 就文化在这方面不存在谬误并适应于生活的条件这一点而言,对文化这一方
面的掌握可使人获得驾驭环境和自由的力量。只有掌握这种文化,个人才能把他的
能力发展起来,把他的能量加以规整,这使他得以区别于蒙昧之人。

4. 另一方面,文化是一个民族的希望、抱负、价值、灵魂的表达与存放处。就这
方面的文化带有整合、指导、动态和定性的特点而言,我们有时用"传统"这个词来称

[①] 首次发表于《自由诸议题》,华盛顿特区 D. C.;美国教育协会所属全国教育理事会,1932 年,第
3—6 页。有关杜威为这次讨论会撰写的论文,见本卷第 142—145 页。

呼它。在这种意义上,我们谈到了基督教、伊斯兰教、民主、共产主义、艺术或科学的传统。正是在这里产生了最严重的教育上的争议;也正是在这里,强迫接受与灌输的问题获得了最尖锐的形式。

5. 本纲要确立的论点是:传统不仅为一个民族的生活赋予意义,而且为个人生活和教育过程赋予了意义。人的能量不是通过个人摆脱传统得以释放出来,这种释放有待于人完全认同于一种生机勃勃的传统,并借助这种传统找到实现他的生命的形式。只有通过某一特定传统的影响与滋养,个人的生活才能变得浑然一体、富有活力。

6. 所以,真正的问题并不在于是否出于某种意图或事态,我们要把某种传统赋予正在成长的一代(我们仍然确信,这是必须做的事),而是说要被赋予的是什么样的特殊传统。拒绝面对这种对传统进行选择或塑造的任务,就是回避了最为关键、最为困难和重要的教育责任。

7. 传统有着产生、成长、成熟和衰亡的过程。因此,曾经富有活力的传统也会变得僵硬、拘泥形式、不结果实,并且窒息一个民族的创造力。目前我们教育上碰到的困难并不在于这一事实,即某种传统被强加给了正在成长的一代人;而在于这一事实,我们赋予的传统,不论它是政治、宗教、道德的传统,还是艺术的传统,皆失去了活力。我们许多方面的传统皆与时代脱节了。

8. 我们首先应当注意到,不能追随孩子们的兴趣。因为从兴趣出发会使他们做出无益之事,虚耗他们的精力。我们要为年轻的一代提供一种眼光,这将使他们产生执著主动的意愿,并激励他们投身艰巨而富于创造性的活动。正在成长的一代人如果不具有这种眼光,他们注定要沉溺于看重自我、自卑自怜以及到处受挫的生活。

9. 这意味着,美国教育首当其冲的任务是创造一种根植于美国土壤的传统,它与时代精神相谐和,认识到工业主义的实情,能够感受到我们民族的深切脉动。就西方民族共同面对的一般形势而言,仅有共产主义与法西斯主义要努力加以应对。看来很有可能,这两种运动以其各种发展形式代表了应对未来的选择。如果还存在另一种可能性,那应当毫不耽搁地概述出来。

II. 自由与社会规划

1. 自由是合作共事的产物,而不是一种有待维持或重新取得的条件。野蛮人也许是最不自由的人。自由或个人的自由首先是一项积极的社会成就,而不是不受约束的东西。

2. 自由对于合作共事的依赖,部分要归于这一事实,即自由来自文化的成长,而文化是一种群体活动的产物。部分地也要归于这一事实：力量是一种合作的成就，力量来自团结、专门化与数量的整合。没有力量，那么存在的就是沉默、屈从和死亡的自由。

3. 当今时代，自由的社会基础正变得日益彰显。不过，这种情况被伴随工业秩序而来的那种有所改变了的自由的条件弄得模糊不清了。结果，有人以那种过时的虚幻形式的、本质上是贵族式的、充满利己精神的自由概念的名义，要我们不去走那条能给大众带来自由的道路。

4. 科学技术的进步使一种拥有超常力量的经济体制得以发展起来。如果能够充分运用这一体制的力量，经济问题将得到处置，贫困将永远消除。这将为人类过去从未知道享用的大量自由奠定基础。 448

5. 不过，我们这种完全而又连续不断地功能化的经济体制，由于其具备的复杂性和难懂之处，需要我们对经济过程作出仔细和全面的计划。然而，人们对此提出了异议：采用一种一般的经济计划会导致减少个人的自由。

6. 规划经济秩序会对个人自由造成损害，这在很大程度上是所运用的那种方法的问题。不过，即使这种方法是粗暴而"不民主的"，大众从中获得的自由要远远超过其造成的损害。计划经济会给所有人带来安全感，而没有经济安全，自由的意义几乎微不足道。代之以通过投机、操纵与剥削获得财富的值得质疑的自由，普通民众将会摆脱经济上的焦虑之感。

7. 再者，通过社会规划，人们将走上日益宽广的自由之路。那种使人控制其命运的社会科学，其发展看来依赖于启动一种计划体制。除非人们去寻求将知识运用于控制的目的，否则，社会科学仍然是它今日的那副模样——它仅仅成了事件的一种记录。

III. 自由与领导能力

1. 自由同样依赖于领导能力。光有文化与社会规划是不够的。如果没有秉具才干、勇气的领导者，我们就不能在"自由"这个词的完整意义上说，这个社会是自由的。

2. 在一个高度整合的工业社会中，社会与经济计划的发展要求具备新形式与新类型的领导能力。那种与昔日较为简单的社会需要相适应的安排，已不再能满足工业社会的需要了。

3. 如今，尽管我们的社会需要这种从前几乎很少需要的领导能力，这种领导能力依旧十分缺乏。这是当前形势令人深感失望的特征之一，毫无疑问，这不能归为我 449

们的人民中缺少有才能的人,而要归为传统的挑选领导者的方法中存在的弱点。

4. 我们挑选领导者的方式源于社会组织十分简单、政治状态相对区别于经济状态的时代。无论如何,那个时代的经济秩序缺乏整合,并且能够独立运作。

5. 在这个简朴的社会里,行使警察的功能是政府的主要责任,民众一般的福利很少要由国家来操心;在这样的社会里,有可能存在一种简单的政治民主形式,仅此也就够了。但即便如此,很清楚,从这个社会的设计者的意图来看,所谓人民的统治,应当说,也就是间接通过其代表来进行统治。

6. 认为在未来的经济与政治功能相互交织的复杂社会中,我们还可以用农耕社会形成的民众投票的粗糙方式来挑选领导者,这已难以站得住脚;领导者将作为由以组成那种社会的各种功能性团体的自然产物而脱颖而出。个人将不会与其职业相分离,并承担起那份他们对之一无所知的责任。领导者的岗位也不会托付给职业政客一类人。具备才能与潜力的人,会在他们的专门知识领域的各个层面被推选出来。最终,最有能力的人会被安置在最高领导者的岗位。

7. 于是,领导者的功能就是去领导而非追随。真正的领导者在某种程度上要比民众具备更多道德和理智上的优势,这可追溯到他拥有的某种真实的优点。最高境界的领导者既不搞欺骗也不搞胁迫,也不会去做逢迎谄媚之类的事。他之所以能去领导,因为他能够要求人、激励人并为人们指点迷津。今日生活的各个方面需要这样的领导者。

2.

国际组织必须进行制裁吗？ 不[1]

雷蒙德·莱斯利·比尔

第一部分 武力是法律的必要辅助

经过一场长达 6 个月夺走成千上万人的生命并毁灭了不计其数财产的战争,日本 450 违背其对于《国际联盟盟约》以及《反战公约》承担的义务,成功地使中国东北数省"脱离了"中国,并在中国东北成立了由日本控制的"独立国家"。世界各国试图借助"道德压力"限制日本的行动,与此同时,国际联盟成员国并不打算动用《国际联盟盟约》第 16 条来对付日本;按照这一条款,它们应当对发动非法战争的国家实施军事与经济制裁。

如果国际联盟各成员国能够果断地采用《国际联盟盟约》中的所有条款来处理日中两国间的纠葛,不就能使导致中日战争的沈阳事变迅速平息下去吗？假定争议双方未将争议提交裁决,如果国际联盟各成员国与美国携手并肩,尽早表明其实施经济制裁的意向,中国东北今天不就还是中国的一个部分,上海事件也就不会发生了吗？国际联盟与美国最近对中日争端调停的失败,是否应当归咎为缺乏实施制裁的意愿？这一失败是否严重削弱了人们对国际组织的信任,妨碍了国际裁军运动和国际经济合作？简言之,如果我们想使一个国际组织成功地运转起来,不是要动用某些条款以 451 便强制贯彻国际法吗？

武力在今日的作用

为了回答这一问题,首先要来探究一下强力在国家与国际关系中的地位。除了

---

[1] 首次发表于《国际组织必须进行制裁吗?》,《外交政策协会手册》第 82—83 号,纽约:外交政策协会,1932 年,第 3—22 页。关于杜威的反驳文章,见本卷第 196—223 页。

昙花一现的哲学无政府主义者,以及某些宗教教派如门诺派(Mennonites)与震颤派(Shakers),①所有政治与伦理的思想流派都认识到,武力是国家法律的必要辅助手段。"政府"一词的含义表示着它会动用武力,尽管由于国家的基础是其成员的利益共同体,它不能单纯地依赖这一原则。国家必须保留使用警察的权力,否则,它将陷入无政府状态。

各国维持庞大数量的陆军和海军这一事实表明,武力也在国家间的关系中扮演着重要的角色。不过,不同于在国内使用武力,武力在国际关系中没有成为国际法的辅助手段,也没有成为不同国家间成立的国际组织——犹如某个国家内不同个人之间成立的组织——的辅助手段。国际关系中的武力是推行国家政策的工具,在一国与另一国发生冲突时,它被一个国家用于实现其国家目标。这种使用武力的方式造成的结果,就是第一次世界大战。受到法律约束的武力,意味着秩序;在缺乏法律情况下使用武力,则意味着无政府的状态。正是看到存在后者这种状况,过去 10 年中我们这个世界试图做点什么,以摆脱这种无政府的状态。

《国际联盟盟约》第 16 条

《国际联盟盟约》的订立,标志着人们首次尝试以法律与秩序为基础来组织世界。《国际联盟盟约》的作者不认为通过它就可以消除国家间的冲突,也不相信可以单纯依靠善意来确立国际关系,正如他们不相信可以完全依据理性消除个人利益之间产生的冲突、对个人之间的争议作出裁决一样。不过,他们认为,《国际联盟盟约》的订立可以为调解彼此冲突的国家利益提供可被接受的和平手段。因此,他们规定,各国应当将它们之间的争端付诸裁决或调查;如果某个国家无视这一义务,并发动非法战争——也就是成了一个侵略者——国际联盟的其他成员国就将切断该国与外部世界之间存在的金融与经济关系。著名的第 16 条中载明的有关经济制裁的条文正说明了这一点。

在战争体制下,敌对双方都把各自的行动说成是出于"自卫",都指责另一方为"侵略者"。但是,按照现存国际组织的规定,如果任何国家拒绝将其争端提交仲裁法庭或国际联盟理事会,并诉诸武力或战争,就将在事实上被视为侵略者。根据这一检验机制,日本无疑是个侵略国,无论它在最近的争端中对中国抱有多少冤屈,因为它不让国际联盟或国际法院来审理其与中国产生的不和。如果任何国家试图在同一场

---

① 克拉伦斯·马什·凯斯(Clavence Marsh Case);《非暴力强制》(*Non-Violent Coercion*),纽约:世纪出版公司,1923 年,第 63、110 页。

诉讼中兼任法官和一方当事人,国际社会就有理由把它视为侵略者。

《盟约》第 16 条的适用范围

在思考国际制裁的性质时,有必要对两种类型的国际义务作一区分。第一种类型的国际义务——为《反战公约》和《国际联盟盟约》的某些条款具体载明的消极义务——包括不得发动非法战争,不得侵犯邻国的国土。第二种类型的国际义务在性质上较为积极,许多条约中都载有这类义务。它体现着一个国家考虑到其他国家的利益实施或不实施属于其权限范围的行为的那种义务,履行这种义务通常也要求其他国家实施或不实施一些类似的行为。我们可在一些国家订立的允诺扩大商业优惠、保护少数民族,或者不再加固某些殖民地军事设施的条约中找到这种例子。显然,要对某些不能承担第二种类型的义务的国家加以制裁是困难的。法国进军鲁尔地区的举措业已表明,即便国际法庭作出了德国拖欠赔偿的裁决,盟国军队仍难以向德国强行索取赔偿。在这种情况下,强制即意味着引致一个国家在自己的国土上实施一个它极不愿意实施的行为。

国际制裁的反对者们往往忽略了这个事实,即《国际联盟盟约》并未订有对不履行积极国际义务的某个国家实施制裁的条款①。国际制裁的作用不是强迫日本在它违约的情况下向国际联盟尽责,甚至制止它非法强化其太平洋上的委任托管地(Pacific Mandates)。要对这样的做法实施制裁,其困难之大有目共睹。由于不承担这类积极义务不会对其他国家造成类似战争事件带来的直接损害,国际联盟目前只能满足于仰赖公众舆论那种难以确定的影响力。由此看来,这样的情况不同于在一个共同体中实施不受欢迎的法律引出的反应。然而,当日本侵略一个邻国,《国际联盟盟约》却应诉诸这样的信念:实施制裁是公平和可行的。这一事件造成的伤害要远大于政府在它的国土上仅因没有相机行事造成的伤害;而且,从实践的观点看,一些国家在国际联盟授权下采取联合行动去制止某个国家侵略其邻国,比方说强使该国付出一笔钱,要容易得多。当前国际联盟制裁的目的是要按照以合作防卫抵消侵略者非法使用武力的原则,②把一些国家的军队组织起来。换句话说,制裁并不制造战争,它们只是在战争爆发后出现的东西,它们的目的在于制止战争。一旦国际组织更为坚实地站稳了脚,也许就有必要运用制裁手段以支持前面提到的那两种类型的国

① 国际联盟理事会确实会就一个未得到遵守的正当决定,"建议采取有效步骤予以实施"(第 13 条第 4 部分),但这一条款并不像第 15 条或第 16 条那样带有强制的性质。
② 参见 W·E·霍金(W. E. Hocking):《人和国家》(*Man and the State*),纽黑文:耶鲁大学出版社,1926 年,第 59 页。

际义务。至少从目前来看,只有实施制裁才能制止非法战争,国家关系中的其余问题或可通过"善意"来加以处理。

和平比正义更重要

但是,注重现实的国际事务研究者会声称,如果一种制裁体制强迫国家 A 不进攻国家 B,却不强迫国家 B 履行对国家 A 的义务,这并不公平。他们坚持认为,如果国际联盟试图制止日本侵略中国东北,同时又不对中国施加压力,以推动其履行对日本的条约义务,而日本人民的福利可能正有赖于履行这种义务。这一主张的弱点在最近的日本侵略中国东北的争端中暴露了出来,日本拒绝给国际联盟提供一次机会,以确定中国是否违反了它对日本承担的义务。国际联盟的本质决定了它要支持各种国际义务,并且当某些国家依据其合法权益要求对现状作出某种改变时,保证能以和平的手段改变现状。然而,如果有人竟然认为,我们不应勉力去废止把战争当作推行国家政策的工具,直到我们完善了以和平方式变更现状的机制,那么,他不是在反对制裁,而是在反对《国际联盟盟约》和《反战公约》由以构成的原则,即任何国家不能以满腹委屈为由发动战争,至少不能在未向国际法庭提出申诉的情况下发动战争。如果某个国家的法律保护富人财产而无视穷人的要求,该国可以允许穷人通过投票和平地表达其要求救济的呼声,却不能允许穷人践踏法律。同样,如果允许每个国家保留发动战争的权利直到现状中的不公得到纠正,国际共同体就不可能发育成长起来。任何接受《反战公约》的人不能反对制裁,因为他们不能容许任何国家通过战争来纠正"不公";《反战公约》已经认定,这样的权利是无效的。

为制裁强化了的"道德压力"

不容否认,过去曾有过一些政府违背其承诺,侵入邻国的国土。考虑到条约义务的适用范围迅速扩大,除非我们能对此类行为作出充分的制裁,类似背信弃义的行为也许会在将来频繁出现。正如一个国家需要警察以维护法律,在国际关系中需要用制裁使反对侵略的国际舆论产生效果。公众舆论可以对失业之罪进行控诉,但要使这种控诉产生效果,那只有提出一种明确的补救办法。同样,国际关系中那种制止战争的公众舆论很可能被证明是涣散无力的,除非它为了这一目的支持采用某种具体的办法,如支持采用国际制裁的体制。这样一种体制的存在,可以为公众舆论的能量找到一个具体的聚焦点。

再者,对侵略者实施国际制裁表明,国际合作的理想对世界产生了吸引力,并且会在未来强化其影响。然而,如在日本侵略中国的事例中看到的那样,如果公众舆论只对侵略者进行"道德劝告",无法对侵略行为进行核查,那么国际合作的理想和"道德劝告"的力量不可避免地会受到削弱,而民族主义和扩充军备的倾向则会膨胀起来。

制裁作为阻止侵略的手段

国际制裁远不只是一种用以作为在非法战争爆发后制止战争的抑制措施;单就人们得知有可能实施制裁这一点来说,制裁便被证明具有一种威慑作用,如果还谈不上对侵略行径作出阻止的话。无疑,日本军事人员在发动侵略中国东北战役之前即已作出结论,没有一个国家的政府会仅仅按照字面意义来解释它对《国际联盟盟约》第 16 条条款承担的义务。就这一特殊事例而言,这个结论是准确的。然而,如果日本政府已得到将会实施制裁的具体证据,很少有人会怀疑,沈阳事变本会很快得到解决,日本的自由主义者和实业家们会群起反对军国主义者。[1]

人们不可能相信,如果在日本与中国发生争端的初期就对日本实施经济制裁,这会使日本军国主义集团走向极端,最终酿成刺杀犬养毅[2]首相这样令人震惊的事件。假使德国在 1914 年就知道英国和美国将介入第一次世界大战,德国很可能会劝告奥地利把萨拉热窝事件[3]局部化,从而维持和平。只要一些国家的政府拒绝事先表明态度,另一些国家就会冒险发动战争,因为它们设定,那些没有介入争端的政府会一直保持冷眼旁观的态度。由政府发誓采取行动来反对侵略者的这一制裁体制会打破这种设定,从而使之成为预防敌对行动的重要手段。

关于国际制裁方式的一般预防价值,最近的一种研究指出:

> 任何正在谋划侵略行动的国家要是知道它将引发针对它的世界范围的经济制裁,这肯定会使该国的工商业利益集团产生恐惧心理;在许多情况下,这些利益集团倾其全力造成的影响,足以推动该国的人民去反对谋划侵略的行为。
>
> 随着一国的工业化日趋完成,这类影响也会变得强而有力;比起落后国家,

---

① 《纽约先驱论坛报》驻东京记者在 3 月 1 日写道,为什么日本内阁决定就上海事件提出一份和平建议?"首要的"原因"是害怕国际联盟会议(3 月 3 日)也许会作出对日本实施经济抵制的决定"。

② 犬养毅(Inukai Tsuyoshi, 1855—1932),日本政治家、首相。1931 年日本帝国主义者侵占中国东北,他在前内阁倒台后,组成新阁。他反对军部取代内阁决定政策,准备派代表去和中国谈判,试图制止进一步的军事行动。正在此时,他被军部右翼分子暗杀。——译者

③ 萨拉热窝事件(Sarajevo incident),指发生在萨拉热窝的刺杀事件。1914 年 6 月 28 日,奥地利皇储弗朗茨·斐迪南在萨拉热窝检阅奥匈帝国军队演习时,被塞尔维亚秘密民族主义组织"青年波斯尼亚"成员刺杀。奥匈帝国在德国支持下,于 7 月 23 日向塞尔维亚提出最后通牒,并于 28 日正式宣战,第一次世界大战爆发。——译者

这种影响在工业化大国中更具分量。显而易见，只有工业化大国才能认真地去策划发动一场现代化的战争，经济制裁的心理效果——当制裁仅被当作一种威胁来使用的时候——正是在最需要进行威慑的那种地区显得最为突出。[1]

457 　　因此，制裁是一种非常重要的阻止措施；借助这种具体手段，人们可以把公众舆论动员起来去反对某个潜在的侵略者。

国家制裁的危险

《国际联盟盟约》中有关国际制裁的条款到目前为止形同虚设，各大国仍然赞同维持巨大的军备。赤裸裸的民族主义——炫耀其拥有强大军事力量的民族主义披着国际主义的外衣，目前仍支配着世界。政府称讨厌使用武力来实现国际目标，但它们仍以"安全"、"自卫"的词句作为装点，执迷于用武力来追逐国家目标。除非立即打破这种僵局，否则只会造成不断强化战争体制的结果。

从东方最近发生的危机中，我们可以找到今日世界身处矛盾困境的一个生动例子。中国徒劳地请求国际联盟按照《国际联盟盟约》第 16 条制定的原则给予援助，但并未得到实质性的国际援助，中国只能依靠自己的力量抵抗日本。

再者，尽管各国政府对中国提出的实施国际制裁的呼吁反应冷淡，列强却启动了国家制裁。于是，在日本炮击之后，美国、英国、法国和意大利迅速派遣陆军与海军力量赶到上海。美国政府除对日本提出严厉抗议外，还把全部 202 艘战舰集结于太平洋，并且发出暗示：除非日本尊重《九国公约》，否则，它将扩大其海军的规模。换言之，它用展示海军力量的方式来支持"道德抗议"。这样的微妙局势很容易诱发战争。

除非人们相信彻底的不抵抗主义，没有人能够指责中国使用"自卫"力量来对抗日本。即使战争非法运动的支持者也承认这一自卫权利。[2] 如果这一"自卫"学说能够成立，合作防卫的学说就更有道理。[3] 如果一个国家依靠本国的陆海军来保卫自己
458 乃属天经地义，为什么各个国家依靠国际共同体的联合力量反倒成了不合法的事呢？

---

[1] 经济制裁委员会：《研究成果报告》(*Reports of Research Findings*)，1931 年，第 222 页。

[2] C·C·莫里森：《宣告战争为非法》(*The Outlawry of War*)，芝加哥：威利特-克拉克-科尔比出版公司，1927 年，第 50、209 页。

[3] R·L·比尔：《国际联盟的下一个十年》(*The Next Ten Years of the League*)，载《明日世界》1930年 6 月号；路易吉·斯图尔佐：《国际共同体与战争权利》(*The International Community and the Right of War*)，纽约：R·R·史密斯出版公司，1930 年，第 243 页。

要是某国可以仰仗"合作防卫"和"国际制裁"的原则来保护自己,它就可以削减军备;要是它不得不依赖自身资源,它就会担心因为裁减军备而更易遭受攻击。由于对《国际联盟盟约》和《反战公约》提供的担保不再抱有幻想,数百万中国人经过最近与日本的"战争"开始认识到:只有借助武力,才能夺回中国东北。中国经受了所有的刺激后,会成为一个军事化的国家。换句话说,不能实施国际制裁的必然结果是促使一个受到其强邻威胁的国家扩张其军备,从而助长了紧张局势,而战争正导源于这种紧张局势。

不断增长的紧张局势

国际联盟与美国未能制止日本侵入中国东北,这也让俄国对日本的企图变得忧心忡忡,并在西伯利亚增加了它的军事部署。就日本方面来说,它也意外遭到了中国军队的抵抗;它担心与俄国发生冲突,又必须对刚成立的"满洲国"①中发生的反叛活动进行镇压。所有这些,都成了促使日本增加军备的刺激因素。最后,美国对日本的侵略行为感到恐慌,威胁要增加其作战舰只。5 月 6 日,参议院以压倒性的赞成票,同意出资 7 亿 8600 万美元,将本国海军规模扩充到伦敦"条约"允许的水平。美国受到攻击的风险要比任何其他强国小得多,如果美国在远东这一事端发生后增加其军力配置,所有其他强国也将起而效仿。于是,在最近中日争端中得到应用的"自卫"和"国家制裁"学说,而不是"合作防卫"和"国际制裁"学说,损伤了十来个强国之间的关系,不可避免地弱化了国际和平机制。如果得到应用的是"合作防卫"和"国际制裁"学说,中国无疑会更好地防御日本,而不是像今天这样单凭一己之力去抵抗日本。同样没有疑问的是:实施经济制裁将会限制日本侵略的规模,纵使制裁威胁仍不足以阻止侵略。很有可能,制裁的威胁将制止极端军国主义者夺取日本的国家权力。如果国际联盟和美国能够成功地约束日本的军国主义,并且能为中日争端的和平解决提供一种保证,那么,世界各大国会难以估量地增强它们的国际意识,这将使解决其他急迫的国际问题变得较为容易。

无制裁则无裁军的可能

国际联盟成员国与美国未能充分贯彻战争不应被当作国家政策工具的原则,这一事实使得确保任何程度的军备裁减变得极其困难;相反,它恰好使人们朝着对立的方向去使用武力。美国的边疆开拓者并没有扔掉他们的来复枪,直至受到他们信任的法院与警察体制建立起来。同样,除非成立一个体现着有效合作防卫机制的国际

459

---

① "满洲国"(Manchoukuo,1932—1945),为日本帝国主义侵占中国东北三省后制造的傀儡政权。——译者

组织,否则,各国不太可能放弃军备。因此,整个裁军与安全问题不可分离地与国际制裁问题联为一体。

为回避这一结论,有人会主张,各国可以在相对安全未受到削弱的情况下,通过协议方式进行裁军。例如,假使国家 A 和国家 B 各自维持一支 10 万人的军队,如果他们同意各自裁减 5 万人,他们的相对安全性会保持不变。既然如此,各强国何不同意各自裁减百分之五十的军备,而暂不去考虑制裁和政治差异的确定问题呢? 这里的理由有两个:首先,各强国不愿维持相对军备力量平衡的现状。在 1914 年,采用这一相对裁减原则会使英国海军保持其优势,德国却不会接受这种现状。在今天,采用同样的原则将使法国陆军在欧洲大陆、日本陆军在亚洲保持其优势。某些国家政府却坚持其拥有行动的自由,以便压倒法国和日本的现存优势。对法国和日本来说,它们不愿按比其他强国更大的比例裁减其陆军,因为这将意味着放弃它们各自认为极其重要的利益。直至国际联盟能够保证德国和中国不以武力撕毁条约——这是《反战公约》明文规定的原则,法国和日本不会放弃它们目前的军事力量。换句话说,只有成立了一个国际组织,由此确保用和平方式解决争端,并以国际制裁的方式为抵御攻击提供保障,才能确立裁军和消除军备差异的基础。在最近的远东事变发生后,要求日本或中国解除武装,这就像是痴人说梦。

其次,各强国不愿协议裁军,是因为难以形成这样一个协议,即它能够对军事实力的各方面进行核查,防止逃避责任,确保某个国家不会破坏裁军协议。例如,在最近日内瓦裁军会议上,德国要求拥有与法国相等的军事力量;但法国宣称,尽管应有效地承认这种平等性,德国仍会由于其拥有的资源与工业组织而维持较强的"战争潜力"。德国拥有欧洲最强大的化工与航空工业,尽管条约禁止其制造毒气与军用飞机。同时,几乎不可能设计出这样一项协议,当发生敌对事件时,能够防止德国将这些工业设施用于制造打击法国的毒气与军用飞机。所以,在缺乏国际制裁体制的情况下,法国坚持维持一支比德国强大的陆军,以确保战争爆发之初便能克敌制胜,这将阻止德国运用其战争潜力。只有确立起一种足以抵消德国拥有的优越战争潜力的制裁体制,法国才会愿意放弃其现有的军事优势。[①]

即使世界上所有的政府都签署了裁军协定,规避协定尤其是以现今战争中采用的多种手段来规避协定的可能性依然存在。除非已确立的国际制裁体制能够阻止这

---

① 值得指出的是:法国对洛迦诺安全协议感到满意,但这一协议对东欧的边界不适用;并且,只要美国对禁止侵略者侵犯边界所持的态度仍不明朗,它大体只是纸面上的东西。

类规避的可能,现今拥有大规模军力的国家不会听信纸面上作出的保证。在不触及安全问题的情况下,人们有可能进行小规模的裁军;但若不制定一些对这些规避行为加以制裁的条款,就不可能从实质上解决上述问题。

制裁与修订条约

批评者会争辩说,要解决法国与德国、中国和日本之间产生的纠葛,其关键并不在于发展制裁体制,而在于消除产生纠葛的根源。他们敦促法国与日本放弃对维持大规模军力负责的利益。换句话说,法国应当允许德国取得波兰走廊①,允许意大利把巴尔干半岛各国归为己有。另一方面,日本应当放弃它对中国东北主张的一切权利。这类推理假定,德国、意大利和中国的诉求是"可支持的",而法国和日本的诉求是"不可支持的"。要是有人对这些争端的实质作一考察,他会发现,并非只有一方能够主张它的所有权利。根据民族主义的标准,波兰可以对波兰走廊提出与德国同样有力的权利诉求,而如果日本放弃它在中国东北的经济利益,许多日本人可能会挨饿。毫无疑问,应当致力于达成国家利益间的妥协。但考虑到这些争端的复杂性,以及在既存民族主义者互相对峙的局面下实质上不可能解决的利益冲突,至少在未来数年内,不可能找到令各方都感到满意的解决方案。

只要对一个政府以诉诸武力来强行解决问题的企图仍抱有忧虑,不安全感就会持续存在,这样的氛围会导致日复一日地扩大军备,从而使和平解决有关问题近乎成为不可能的事。例如,只要法国认为德国试图以武力收复波兰走廊,它就会拒绝考虑波兰走廊问题的是非曲直,而法国、德国和波兰也不会考虑采用国际化或其他形式的妥协方案来解决这一问题。可是,如果《反战公约》的各主要订约国决心支持一种制裁体制,该体制能够制止以无论何种理由发动战争,法国和其他相关当事国就会愿意裁军,同时考虑参照《国际联盟盟约》第19条对"不公正"的条约加以修改。事实上,只有当一种安全体制得到确立,杜威教授如此看重的理性见解的力量才有可能有效地发挥其作用。铲除战争的根源无疑带有根本的意义;但要是两个国家间产生的纠葛根深蒂固,如果不存在一个能够保证这些国家说话算数的国际组织,能否达到这一目的,这一点令人怀疑。

联邦与制裁

为了有力地重申上述有关有必要对某个挑战世界共同体的国家使用强制力量的

①462

---

① 波兰走廊(Polish Corridor),指第一次世界大战后,德国割让给波兰的东普鲁士以西用作出海口的一个狭长地带。——译者

看法,让我们来考虑一下一些较小国家群体的历史。从希腊城邦、教会政体、神圣罗马帝国、意大利城市国家,一直到现代的联邦制,世界历史中似乎找不到这样的事例:由独立国家组成的有效政治群体是依据纯粹的"善意"、"公众舆论的力量"和"利益共同体"的原则结为一体的。令某个国家群体从臣服于终极善转向追求直接利益的那种分离主义本能,是最为强烈的政治本能。结果,为了有力地控制这种分离主义,当今几乎每一个联邦制国家都制定有关制裁的规定。瑞士宪法规定,如果州与州之间发生"麻烦",联邦政府可以应其中一方的请求派出军队,并召集其他州协助维持秩序。①

在德国联邦宪法中,甚至更为精确地载有对一个州强制行使权力的规定。魏玛宪法第 48 条宣称:

> 如果一个州未履行国家宪法或国家法律赋予的责任,帝国元首得借助武力强迫其履行责任。

最后,始于 13 个殖民地的革命和 1861 年内战的美国历史表明,理性和善意并不足以形成联邦并维持其存在。因为革命和内战就其性质而言是法律之外的事,它们不能被看作运用某种法律的强制力量实施制裁的事例。然而,1777 年,13 个独立的州根据 13 州《邦联条例》(Articles of Confederation)②结为相当于国际联盟的邦联,这些条例中含有对 13 个州之间的争端作出强制裁决,以及彼此间合作防卫的规定。③ 为何没有依据 13 州邦联条例确立起一种持久的政府形式,其理由人所共知。强烈的地方主义特性,使得各州无以在独立的基础上为一个共同目的进行合作。其结果,根据 1787 年宪法建立了联邦政府;依据该宪法,各州明确地把自己从前拥有的许多权力让渡给了华盛顿的政府。这个政府有权对个人包括国家官员使用强力,防止破坏联邦法律。此外,最高法院在 1918 年明确地作出裁决:联邦政府有权强迫一个州向另

---

① 1874 年宪法第 16 条。达雷斯特(Dareste):《现代宪法》(Les Constitutions Modernes)第 2 卷,第 546 页。

② 《邦联条例》,指美国建国初期 13 个州之间达成的协定,实际上即为美国的第一部宪法,制定于 1781 年,于 1789 年为现行美国宪法所替代。——译者

③ 有关《邦联条例》与现在的国际联盟的一个有趣比较,参见奥斯卡·纽范(Oscar Newfang):《世界合众国》(The United States of the World),纽约:G·P·普特南出版公司,1930 年;另见查尔斯·沃伦(Charles Warren):《最高法院和各州的主权》(The Supreme Court and Sovereign States),普林斯顿,1924 年,第 1 章。

一个州还债。①

美国这个合众国的建立基于"善意"，它也基于强制的权力，无论对个人或各州使用的强制权力。美国的历史是经由从 13 州邦联条例所体现的松散联合，走向拥有明确强制权力的超级国家的演化史。如果美国宪法的制定者把对"善意"的论证作为某种联合的适当基础，则 13 个州无疑将恢复其独立地位，由此很快卷入一系列战争。

今日国际联盟对于世界的作用，犹如 13 州邦联条例对于美国 13 个州起到的作用。13 州邦联条例中显现的缺陷，同样可以在《国际联盟盟约》中找到。考虑到当今民族国家的实力以及各国间存在的传统敌意，人们难以相信，国际联盟的成立表明目前出现了一种走向更为紧密的国际联合的趋势。然而，不论走向这扇发展之门的路途有多么遥远，这扇大门不应被关上。不过，"反制裁"的学说则会酿成重大的危险。假使 1787 年美国宪法的制定者接受了这一学说，将导致美洲大陆分崩离析；要是我们今天接受这一学说，将会阻碍国际共同体的成长，由此强化民族主义势力并导致扩张军备。

总结

至此，我们得出如下结论：

1. 正如武力是一国社会之法律的必要辅助，武力也必须成为任何阻止战争的国际机制的必要组成部分，如果这种机制能达到它的目的的话。 465

2. 有必要对支持国家目标的国家制裁与支持国际目标的国际制裁作一选择。

3. 今人持续不断地运用国家制裁体制，这意味着大规模军备与不安全感还将继续存在。

4. 只有成立了一个国际组织，该组织把国际制裁视为其基本功能，人们才有可能获得切实的安全感，才会裁减军备，并以客观的态度来看待条约的修订和其他政治问题。如果各国政府不能确立国际制裁的体制——如果确如杜威教授争辩的那样，这样的体制是"不实际的"——那么，战争体制注定要在世界上延续下去。

---

① 《弗吉尼亚州诉西弗吉尼亚州》(*Virginia v. West Virginia*)，246 U. S. 565。如我们所见，国际联盟并未被赋予这类强制权力，它只拥有制止侵略的权力。由于要保证每个州共和制政府的形式——这一保证在某些方面与《国际联盟盟约》第 10 条所作的保证相似——难以怀疑，美国联邦政府可以使用武力推翻任何一个州中建立的共产主义或法西斯主义的政府。

5. 国际制裁体制对于阻止非法战争显得尤为重要。

6. 所有联邦制国家,包括美利坚合众国在内,它的成功正在于规定了对某个州或者某个人破坏联邦法律的行为可以动用强力。

第二部分 "道德压力"与"不承认"的欠缺之处

虽然反制裁论者宣称,"善意"可以为和平提供充分的保证,由于他们宣称"道德压力"——与经济制裁适成对照的压力——应被用于约束发出战争威胁的那些国家,他们当中的许多人陷入了自相矛盾。他们支持国际联盟理事会和美国最近对日本发出的谴责,但却回避运用相关的经济措施来强化这种谴责。"道德压力"无疑极为重要,但它却是外部世界作出的一种努力,为的是诱使某个国家能做点相反的事来打消其最初的意图,因而其本身就是一种"制裁"。由于道德压力也是一类制裁手段,所以真正的问题在于,它是否能够充分地达到其目的。最近借助"道德压力"对日本侵华事件进行的失败的调查已表明,这种制裁本身是不适当的。然而,"道德压力"学派的支持者坚持认为,各国政府在最近的危机中没有充分运用这种压力,一旦重组国际联盟,世界的一般状况又有所改善,"道德压力"就可被证明能够应对任何突发事件。在最近的中日争端中,国际联盟成员国甚至未能正式宣布日本犯有违背其义务的罪过,部分原因就在于它们本来有必要依据《国际联盟盟约》第 16 条对日本实施经济抵制的。由于它们不愿运用这种经济压力,只能在施加道德压力时有所克制。

国际联盟理事会的行动所以失败,可能要归于《国际联盟盟约》第 16 条的存在;不过,一种更为合理的解释是,国际联盟理事会中各大国代表意识到了这样一个事实,即它们过去曾实行过类似日本实行的军事干涉,而且还想要在将来实行类似的军事干涉。此外,似乎显而易见的是,如果各大国应公布对侵略者的这种严厉判决,那就会首先使这一事实昭然若揭,即它们不打算以制裁来支持这一判决,而侵略者国家是不会听从这一训示的,一如日本最近就它侵占中国东北向世界所作的陈述表明的那样。

然而,"道德压力"学派的代表断言,我们的判断未免有些草率,尽管对日本侵略行径进行的调查归于失败,日本终将因其目前的冒险行为受到惩罚,而中国终将取得胜利。这种善恶必报的罗曼蒂克理论很难得到历史的支持。这一理论可被用于为世界大战进行辩护,要是它果真合理的话,它还会使任何和平机制成为多余的东西。该理论忽略的,正是战争过程造成的难以计数的苦难与无可补救的损失。中国最终也许会从日本人手里重新夺回自己对中国东北的控制权,但如果这一目的的实现只不过使东方在下世纪一直处于持续战争和经济无序的状态,如果它只会造成中国和日本的全民军事化,那么,即使中国东北最终回归中国,世界和平与人类合作事业仍不可避免地遭受了挫折。

那些相信"道德压力"的人解释道,国际社会最近之所以未能遏制日本,是由于经济萧条引发的严重的国内问题和第一次世界大战引发的国际争端尚未得到解决,致使世界上的道德力量显得不太活跃,一旦繁荣重现,各大国重获某种良好的感觉,"道德压力"就会变得强而有力。这一推理的难点在于,它把成功的希望寄托于永远不会降临的千年王国,而世界却永远面对问题;重要之点是要拿出更为明智的解决这类问题的办法。当人们容忍日本这样的大国肆意玩弄法律,那只会鼓励各个国家强化其民族主义势力,这样一来势必削弱了将来参照国际准则施加"道德压力"的能力。

不承认学说的不适当

由于羞于承认国际社会未能遏制日本的侵略行径,一些官方发言人或私人代表断言,由美国和国际联盟制定的"不承认"学说最终将使中国东北重新回到中国手中,并且可以作为将来应对世界上任何地区发生侵略行径的有效手段——实施这一原则,比经济制裁更为有效且风险较小。根据这一学说,任何政府都不应承认由违背《反战公约》和《国际联盟盟约》导致的"现状"。拿眼下这个事例来说,这一学说就是要阻止"承认新满洲国",因为它的存在是日本军事行动导致的结果。

如果不承认学说体现的原则——即在胁迫状况下签订的条约是无效的——可以生效,那么将标志国际法中的一个重要变革;而且,将这一原则运用于日本侵占中国东北,这会使国际联盟成员国和美国据以形成未来进行国际干预的法律基础。然而,声称可以用这一学说取代经济制裁,声称它可能为各国削减军备提供一种保证,则是不切实际的空论。至少可以说,若非辅以某些绝非徒托空言的手段,这一学说不可能发挥其效力。

可以用几个历史事例来说明不承认学说的局限性,如果这一学说没有得到其他行动支持的话。美国撤销对俄国的"承认",以此指望俄国偿还克伦斯基政府欠下的债务;我们拒绝承认革命政府,希望借此促成中美洲的稳定。然而,尽管采取了不承认政策,苏联政府并没有还债;而中美洲的革命依旧像从前一样多。①

1883年,英国政府确立了对埃及的控制,法国认定这一举动侵犯了它所保有的

---

① R·L·比尔:《美国与中美洲革命》(*The United States and Central American Revolutions*),载《外交政策报告》,第7卷,第10期,1931年7月22日。

某些权利。直到 1904 年缔结英法协约(Entente Cordiale),法国拒绝"承认"英国在埃及的地位。这一姗姗来迟的承认改善了英国的处境,因为法国放松了它以前对于埃及财政一直施加的控制。然而,1883—1904 年间,法国拒绝承认英国的控制地位并设法妨碍英国实现其政治目标。

与日本侵占中国东北情形相当类似的是 1903 年 11 月建立的巴拿马共和国。如果没有美国出兵干预,这个共和国不会被建立起来。哥伦比亚政府——这个新共和国就匆匆忙忙建立在它管辖的领土上——为美国的干预所激怒,直到 1921 年一直不"承认"巴拿马共和国。但是,哥伦比亚政府的所作所为对美国建造巴拿马运河没有构成丝毫障碍。①

如今,法国对埃及、哥伦比亚对巴拿马享有的实质权利要比美国对中国东北享有的权利大得多。尽管享有这些权利,"不承认"学说不足以阻止决心达到其目标的帝国主义大国实现它的目的。人们还难以看出,整个秉持"不承认"学说的世界如何能够影响到英国对埃及,或者美国对巴拿马企图实现的目标。这两个事件造成的最后结果是:法国和哥伦比亚分别承认了英国和美国确立的地位,因为后者考虑到了前者的相关利益,并作出了一定的回报。除非各大国准备采取比之拒绝承认进一步的措施,日本不是也能赢得与此相似的胜利吗?

如果各国政府光从字面上去理解这一不承认学说,日本在中国东北的地位将令它们坐立不安。史汀生(Stimson)先生可以敦促住在中国东北的美国公民不向"新政权"纳税,不去理会它的法院;他可以指示美国领事官员不要接受"新政权"颁发的许可书。这类做法造成的结果是立即排斥美国在中国东北拥有的商业利益,并对美国设立一个禁区。"你们可以在平等的基础上走进来和其他国家做生意","满洲国"当局会说,"但你们的政府必须接受我们的管辖权,而且要和我们签订一个商务条约。"

如果美国痛下决心非要确保实现它的目标,接下来可以决定禁止向"满洲国"贷款,假使"满洲国"需要这种资本的话。这一禁令会对日本的开发造成掣肘。不过,苏联在没有美国长期财政援助的情况下,仍然实施了它的五年计划。日本也有可能在没有这种帮助的情况下开发中国东北。如果美国和国际联盟成员国拒绝向"满洲国"贷款,日本可以增加其海外贷款,发挥国内资金在开发中国东北中的作用。最后,美

---

① 弗兰克·H·西蒙兹(Frank H. Simonds)先生提醒我们:阿斯奎斯(Asquith)首相曾在 1912 年警告过巴尔干半岛各国,不要承认土耳其通过发动战争夺得的地区。然而,各大国却对布加勒斯特条约(Treaty of Bucharest)予以默认,该条约把战争赢家土耳其夺得的土地送给了土耳其。《纽约先驱论坛报》,1932 年 5 月 10 日。

国和国际联盟成员国可以对"满洲国"实行贸易抵制,然而这一行动的后果是把这个"新国家"完全送入日本的怀抱,此时日本的港口将成为运送"满洲国"货物的出入口。所以说,除非宣布对日本本身实施经济与金融禁令,不存在按其字面解释把"不承认"学说运用于"满洲国"的办法。如果实施经济制裁,那么当然要运用它们来遏制那个经由武装干涉造成了巨大劫难的"政府"。

470

在某些条件下,把胁迫下所签协议无效的原则纳入国际法,这意味着一种重大进步。在私法中,这一原则能够保护受胁迫者,因为实施胁迫的一方若得不到国家的支持就不能使之主张的契约权利生效。然而,在国际法中,侵略国通过战争吞并领土则可享受这一实际吞并带来的好处,无论这一吞并是否被其他国家"承认"。所以,只有当各国同意防止侵略者享受胁迫带来的好处——也就是说,当它们愿意采用具体的制裁方式,这一不承认的新原则才会显示其重要的意义。要是我们只拒绝"承认"通过战争确立的既成事实,仅此而已,这不过是鼓励战败国重新夺回它所丧失的领土。美国和国际联盟对最近中日争端所持的态度,只是推动中国去准备一场新的战争。纵使这场战争不会在近期发生,对重启战端抱有的忧虑也将遍布东方,从而加剧当前的动荡局面。[①] 如果政府试图阻止战争,乞灵于"不承认"学说——并不做其他任何事情——肯定不是妥帖的应对之道。

某些该学说的支持者认识到难以一以贯之地运用不承认学说,他们宣称,如果"不承认"不能成功地将侵略者从其凭借武力夺得的领土逐出,就应当召开一个国际会议来决定最终的处置方式。这样的程序仅仅意味着,单方面违背《反战公约》的行为可以通过多边认可予以合法化。就这种形式而言,这种解决办法显得颇成问题。如果侵略者以武力吞并邻国国土留下了一个污点,人们如何能够凭借一些"中立"大国所作的迟到的认可来洗刷这一污点,何况这些国家此前还曾允诺不承认任何违背《反战公约》导致的现状。这一解决办法将鼓励侵略者继续其掠夺行为,因为他知道,其他大国终将放弃原先所持的立场。显然,把不承认学说孤立化,它就成了一种错误的方法,凭此不足以抵御侵略者,维护一个国家的领土完整或者保持和平。它也不能成为裁减军备的基础。国际制裁在性质上必须更为切实,更具有决定意义。

471

累进性制裁

一些批评者声称,《国际联盟盟约》第 16 条有关完全禁止与侵略者贸易往来的规定过于笼统,没有哪个国家的政府愿意执行这样的规定。他们认为,应该修改该条

---

① 参见 R・L・比尔,《纽约先驱论坛报》,1932 年 3 月 27 日。

款,以便给予国际联盟更大的制裁权。在他们看来,可以依据某些对侵略国显得至关重要的"关键"条款来实施制裁,仅此就够了,而不要涉及其余正常的贸易关系。例如,20世纪基金会的经济制裁委员会在其最近提出的建议中,倡议签订一份议定书;该议定书的签字国应作出保证,若发生某些国家威胁违背《反战公约》的事件,"可彼此商议决定采取适当的有助于维持和平的非交往措施"。1932年4月4日的卡珀决议(Capper resolution)仅限于禁止对侵略者提供财政援助,以及输送军火"或其他战争物资"。[1] 人们批评盟约第16条显得过于僵硬,这可能是合理的。关于何种特定类型的制裁最适合给定的情形,以及在冲突的哪个阶段实施制裁,人们可以见仁见智。不过,一旦承认有必要实施某种类型的制裁,那就等于承认了制裁原则的合理性。

第三部分　对于制裁的异议

472　　上述论证已经表明,除非国际组织对制裁作出规定,否则的话,战争方式很可能将持续存在。尽管如此,人们仍对此提出了一些异议。制裁的反对者们并没有就战争方式可以仅凭"善意"予以废除这一点作出任何定论性质的论证,他们要努力去论证的是制裁"不足以发挥作用"。

他们的论证可以归纳为以下几点:

1. 制裁是欧洲军国主义体制的一部分。
2. 制裁不公正地伤害了"无辜"之人。
3. 制裁意味着战争。
4. 制裁不是一个可行之策。

1. 制裁是一个欧洲观念吗?

胡佛总统在1929年停战纪念日[2]演说中,提出了国际制裁"有违美国精神"的看

---

① 参见约翰·福斯特·杜勒斯(John Foster Dulles)一次有趣的演讲,《美国科学院年鉴》(*Annals of the American Academy*),1932年7月。1921年10月4日,国际联盟大会通过一项决议,授权在某些情形下可采用累进性制裁,提出"为了长久运用经济压力,可采用严厉程度不断增加的措施。削减违约国一般民众的食品供应即被视为是一种极其严厉的措施,但只有在采用其他可行措施明显无效的情况下才可考虑采用这种措施"。国际联盟大会第二次会议的决议和建议,第26页。
② 停战纪念日(Armistice Day),即第一次世界大战停战纪念日。1921年,美国哈定总统宣布每年11月11日停战纪念日为法定假日,以纪念1918年11月11日第一次世界大战停战。1954年改为含义更广的"退伍军人节"(Veterans Day)。——译者

法,他声称:

> 根据《国际联盟盟约》,欧洲各国同意,如果一些国家不能和平解决它们之间
> 存在的争议,其他国家可以对它们使用武力,使之恢复理智。我们拒绝走这条路。
> 我们相信,至少在西半球,公众舆论足以制止暴力。这就是我们想走的道路。①

这里所作的对比暗示,制裁原则乃附属于老欧洲军国主义和实力均衡体制,
美国传统上一直反对这种体制。

然而,这一信以为真的对比几乎没有历史根据。1910 年,美国国会通过决
议,赞同"建立一支国际联合舰队,以国际武装力量来维持全球和平"。正如强制
维持和平联盟(League to Enforce Peace)在一战期间所做的那样,罗斯福总统和
塔夫脱(William Howard Taft)总统,还有参议员亨利·卡伯特·洛奇(Henri
Cabot Lodge)一度赞同以制裁支持国际法的想法。② 在巴黎和会(Paris Peace 473
Conference)上,美国提出的《国际联盟盟约》草案同样包括了制裁的规定。③ 此
外,尽管认为在西半球,公众舆论的力量足以消除争端,但美国在加勒比海地区
严格运用了国家制裁原则,它一再利用海军来实现其目的。事实上,依据罗斯福
从门罗主义得出的推论,美国声称自己要在本土外的这一地区执行警察的任务。
的确,参议院对国际联盟的制裁规定表达了反对意见;不过,这种异议并非依据
这样的信念,即使用武力犯有道德过失,而是不愿在事前保证使用武力。④

不论在欧洲还是在美国,所有极端民族主义者都反对国际制裁的观念。这
一立场缘于不愿把国内的军事力量交由国际管控。对"行动自由"的追求并非出
于一般的和平主义,而是出于那种潜在的忧虑:国际组织会受到互不相容的国家
利益的干扰。在最近的中日争端中,以民族主义者自居的个人和政府发言人们

---

① 另见胡佛总统 1930 年 4 月 14 日发表的美国革命女儿会演说。
② 参见 R·L·比尔:《国际关系》(*International Relations*),纽约:霍尔特出版公司,1929 年,修订
版,第 594 页。
③ 参见豪斯和威尔逊草案。D·H·米勒(Miller):《〈国际联盟盟约〉的起草过程》(*The Drafting of
the Covenant*),纽约:G·P·普特南出版公司,1928 年,第 9、14、79、101 页。
④ 杜威教授认为,国际制裁的观念在欧洲已失去影响,只是美国人才把它当回事儿。而法国最近提
出建立一支国际警察部队的建议,伦敦海军会议对协商条约所作的讨论,以及日内瓦军备会议目
前陷入的僵局都部分触及了制裁问题,这一切皆表明制裁的观念在欧洲依旧具有活力。

口头上表示接受国际主义原则,却又伺机利用某一和平主义学派的反制裁主张,鼓吹找不到愿意为国际组织和《反战公约》作出牺牲的正当理由。极端民族主义者、反对制裁的和平主义者自以为得计,这让人不由想起了一则谚语:至善实为善意之敌。

2. 制裁与"无辜"之人

在一国内动用警察的做法和运用强力制裁一个国家的意图之间是否存在任何类似之处呢?国际制裁的反对者否认这一点。警察识别出预谋犯罪的个体,并用强力将他制服,这不会搅扰共同体的一般生活。然而,对一个国家实施国际制裁则意味着对该国的所有个体动用强力,他们当中只有极少数人意识到犯有罪过,其中一些人甚而反对政府制定的政策,而外部世界也正想去改变这种政策。对某个个体所犯罪行进行惩罚可能是"公正的",但对千百万"无辜"者进行制裁并不公正。

城市警察仅对犯罪个体进行惩罚,国际制裁则对千百万"无辜"之人实施制裁,然而它们之间的区别并不像制裁的反对者断定的那么大。国家会毫不犹豫地使用强力来对付犯罪集团,尽管有些团伙成员并不服从国家的权威。此外,个人犯下罪过并被施以惩罚不可避免地会影响到其家庭成员及整个社区的"无辜"者。社会不会因考虑到这种惩罚可能对其他人造成间接伤害,而放弃对犯有罪过的个体进行惩罚。

侵略国中的"无辜"之人

某些批评者即使承认上述论点,他们仍然发现,难以同意一个人应当为他的政府行为承担责任这样的主张,尤其像日本这类政府,它不是通过民主选举产生的政府。根据《凡尔赛和约》,由于德国负有赔偿责任,我们剥夺了德国人拥有的海外私人财产,但这一做法遭到了人们的严厉批评。单个的人几乎无力控制他的政府发动非法战争,对单个的人进行制裁岂非更不公正?这里确有必要作出某些区分。因其政府的行为而试图惩罚个人可能要受到指摘,但不能由此断定说,国际组织不应对个人施加任何必要的压力促其约束政府的行为。从本义上说,不可能把政府和它管制下的人分离开来;政府正是从那些受其管制的个人那里获得财政收入和人力资源。即使我们可能作出这种区分,接受这样的原则,即个人可以免于承担其政府行为造成的后果,将使政府变得全然不负责任。

不论其政府体制如何,一旦个人深信战争全然无益且代价高昂,他总能找到劝说政府停止侵略战争的方式。换句话说,只要一个国家的人民促其政府履行国际义务,就可以避免国际抵制造成的困难。第一次世界大战期间试图封锁德国或俄国的事实导致的不公正,并不能使我们作出类似的推断:国际制裁伤及无辜,因而是不公正的;因为这类封锁行动是陈旧战争体制的一部分。如果某一国家被正式判定发动非法战争,按照据此颁布的以维护和平为目的的国际禁运,国际组织有责任在它的权限范围内采用各种办法实施禁运。这一行动的目的在于尽其所能说服该国人民,禁运的目标不是欲图征服该国,而是要该国停止侵略另一个国家。作为实现这一目的的手段之一,根据胡佛总统1929年停战纪念日演讲,封锁会对食品运输船只予以豁免。这一豁免消除了人民对饥饿怀有的担忧,但仍会使侵略国中的产业与金融组织产生饥饿。

被侵略国中的"无辜"之人

在考虑国际禁运是否伤及侵略国的"无辜"民众时,不应忘记侵略者入侵别国领土给那片土地上的"无辜"民众造成的巨大苦难。如果这一入侵导致两个势均力敌的国家间的军事冲突,那么,它对当地"无辜"民众造成的伤害可能远远大于很快便要施之于侵略国的那种国际抵制造成的伤害。

有人可能会争辩说,外部社会对日本的军事机器施加给例如"无辜"中国民众的伤害负不了什么责任,它却要对国际抵制施加给"无辜"的日本民众的伤害负责。但这一主张忽略了下述事实:如果日本不能照常维持国际贸易,它就不能成功地对"无辜"的中国民众持续施加伤害。反对经济制裁意味着一种与侵略国"生意照做"的政策,这种政策实际上是在为侵略行为背书,因而是对国际社会努力参与制止战争的一种嘲弄。中立的观念以及有权与交战国进行贸易的观念,与《反战公约》的原则并不相容。

参与抵制国中的"无辜"之人

最后,有人声称,国际制裁的原则并不公正,因为实施制裁的责任不公正地落到了实施禁运国家中一些进出口集团企业的头上,这使某些国家肩挑的担子比其他国家更为沉重。显然,实施制裁国家的民众也许与被制裁国家的民众经受着同样多的磨难;为了公平分配这份负担,制订这样一个计划似乎并非完全没有可能:由一个国际经济委员会临时决定购买通常向侵略国出口的货物,并且寻找用以替代侵略国进口货物的新的供应来源。① 国际联盟可以发展《应对侵略行径的财政援助公约》中体

① 一种类似的体制实际上伴随第一次世界大战期间协约国实施的封锁发展了起来。参见路易斯·吉夏尔(Louis Guichard):《海军封锁》(*The Naval Blockade*),纽约:阿普尔顿出版公司,1930年;帕米利(M. Parmelee):《封锁和海上力量》(*Blockade and Sea Power*),纽约:克罗韦尔出版公司,1924年。

现的那种观念，也就是创设一个国际基金，以便在实施制裁时可用其资金支持实施抵制国中那些受到不利影响的产业。

此外，一旦确立了国际制裁的有效体制，该体制有可能在其初次进行的制裁中，至少不会对所有进出口货物的绝对禁运作出规定，而只限于对那些涉及维持侵略国工业之必不可少的货物的禁运作出规定。实施有限制裁会减少对实施制裁国家的工业利益造成的伤害，促进对这类利益进行补偿的计划获得成功。

我们的结论是，战争体制对各国"无辜"之人和经济利益造成的损害要比确立国际制裁体制所能产生的损伤大得多，后者将设法阻止战争爆发，当它实际爆发时又去抑制这种战争。

3. 国际制裁意味着战争？

有些第三方人士声称，实施国际制裁将导致战争，并激发起足以成为第一次世界大战之特色的那种民族主义狂热。如果制裁只是战争的另一个名称，并且成了所有滥用战争体制的根源，那么，人们当然要对制裁加以谴责。

要对这一论断作出回答，首先取决于这一点，即实施国际经济制裁是否会导致侵略者与参与制裁国之间发生武装冲突；其次还要看，假使果真发生了这样的冲突，它们可否被视为是一场"战争"。

对国际抵制导致武装冲突怀有的担忧依据这样一种假设，即要确保抵制有效，就有必要对侵略国的港口实施海上封锁，并在其领土周边设立军事警戒线，而这一切将引起报复。然而实际上，至少在抵制的初期，外国政府需要做的只是禁止侵略国的货物进入其各自目的地，并且防止向侵略国交付出口货物。抵制不会不必要地使人丧失性命，它是让人们认识到他们负有国际义务的一种有效办法。国际社会针对侵略者实施的经济抵制并不意味着"战争"，正如劳工反对资本所有者的罢工并不必然意味着流血。

侵略国会通过对世界上所有参与禁运国宣战的方式，使用武力对国际禁运进行抵抗，这在理论上是有可能的。然而，这种可能性极其渺茫，如果抵制真的带有国际性质的话，而抵制又唯有借助这样的方式才能予以实施。

然而我们也要承认，国际经济制裁也许会引致武装冲突。是否能以它们可能导向"战争"为由而反对国际经济制裁？在此，重要的是我们还必须作出一种区分。一个国家动用军事力量以贯彻国家目标——这是自有战争以来就发生的事情——和各国在国际组织的架构内动用武力，这两者存在根本的区别。在后一种情况中，某一国家已经被确认违背其义务，发动非法战争，而且人们为此所作的和平努力已归失败。

从伦理和法律上说,一个国家动用武力来推进尚未得到合法确认的利益,这种做法与国际社会运用强力来保护某一成员国免遭侵略的行为乃属完全不同的范畴。即使实施经济制裁会导致武装冲突——这是不太可能的事,这样的冲突也不能被恰当地称之为"战争"。一旦冲突发生,要是各国政府确实认为任何地方的战事都将引起重大的国际关切,那么,侵略者会很快收手。国际制裁会导致"武装冲突"的危险极不可能像非法战争带来的危险那么大,如果任后者自行发展,它会蔓延到全世界。任何因害怕报复而不敢运用法律对付罪犯的共同体都陷入了道德上迟疑不决的境况。如果各国因害怕来自发动侵略的国家可以想见的抵抗而拒不采纳维护国际标准的行动,国际组织就无望能够存在下去。坦率地说,这样的胆小怕事甚至会阻止人们对侵略行径提出道德抗议。

必然会产生战争心理吗?

然而,是否有可能在取得制裁侵略国家之共识的同时产生这样一种心理,即一种无助于培育真正的国际意识的心理、一种激发出毫无节制的民族主义情绪的心理?如果政治家们动用制裁手段当真出于支持国际合作的愿望,而不是出于被掩饰起来的民族主义动机,他们就没有理由求助沙文主义来实现其目的。一个有效的制裁体制一旦确立,国会很可能会颁布法规,授权行政当局就某些贸易产品对任何发动非法战争的国家实施禁运。当这类立法通过后,参与抵制国家的行政当局可以通过国际经济委员或其他国际组织彼此协商,然后实施禁运,这不会酿成煽起对侵略国产生怨恨的风险,这一点可证之于今日美国行政当局对中国或墨西哥实施武器禁运后看到的情况。根本的问题是:国际上各主要国家的民众是否能被说服为了最终的国际利益而作出暂时的物质牺牲。如果民众的行动只是出于直接经济利益或盲目的民族主义的算计,那就不用指望会成功地实施国际制裁——也不用指望会培育出一个国际共同体。

4. 制裁不是一个可行之策?

最后,有人主张——该主张也构成了杜威教授论证的主旨——人们为建立国际制裁体制所做的任何努力都不具备可行性。由于所涉入的经济代价,以及各主要国家的政府无力做到统一制定共同的政策,任何国际制裁体制注定会成为形同虚设的东西。有人甚至出尔反尔地断言,由于害怕实施这样的国际制裁,有些国家政府想要去追求彻底的经济独立,以此摆脱外部世界。[①] 而且,不能期待国际制裁体制能够在

———————————

① 参见乔治·索尔(Gorge Soule):《抵制之不当》(The Fallacy of Boycott),载于《哈泼斯》(Harper's),1932年5月。

应对各大国的抵抗方面发挥有效的作用。

对那些富有历史眼光的人来说,在当今国际政治的阶段,制裁是否能"发生作用"的问题,并不如制裁的原则是否有道理这一根本问题更具实质意义。当我们得出了这一结论,即如果没有提供除"善意"之外的种种保证,则国际共同体无从建立起来,

战争方式也无法被彻底根除;并且确信人类福祉本质上有赖于一个国际共同体的确立,我们就不能用"务实"之人的目标来转移自己的目标。的确,在过去数年中,各国政府不愿实施国际制裁,这使《国际联盟盟约》第 16 条很大程度上成了一纸空文。其所以如此,部分要归于美国不愿放弃与某个侵略国做生意的权利,部分是由于第 16 条的义务过于笼统。然而,从根本上说,反对国际制裁的根源在于坚持不合理的民族主义。在这一时期,一个反对国际制裁的政府,它同时不愿意削减关税,不愿意削减军备,或修改任何其他造成国际摩擦的政策。政府毫不迟疑地要求其国民作出牺牲,借此推进国家目标。如果他们不愿为发展国际共同体付出直接的代价,那么不用说制裁,无论何种真正的国际组织都是"不可行的"。无以建立一种有效的国际组织,在其中国际制裁将构成其基本的组成部分,其后果就是让战争体制一直延续下去;而战争体制之恶,则要远甚于任何国际制裁体制的反对者设想出的该体制之恶。对国际共同体的发展抱以信任的人,他们不会接受任何主张国际制裁"注定失败"的先验论证。他们必定会为了世界和平而甘冒风险;他们必定会对任何反制裁论者的设定作出抵制,直至经验雄辩地证明制裁是毫无道理可言的东西。

对于下述主张,即制裁对各大国不会获得成功,这类大国为了规避制裁的危险,会实行一种保持经济完全独立的政策,我们可以给出同样的回答。我们已经指出,这类大国是高度工业化的,因此,它们对国际制裁承受的预防压力要比小农业国敏感得多。考虑到现代世界的相互依赖,经济抵制必定会对侵略国产生某些效应;由于只是在尝试施加道德压力之后才进行这种抵制,它会比道德压力更为有效。

如果任何政府试图借构筑关税壁垒来规避国际制裁的效应,它就不打自招地供认,它正在盘算发动侵略战争。如果各国政府都怀有这种野心,那么不要说国际制裁不可能成功,任何国际组织形式都不可能确立起来。

不过,如果各国政府相信,从长期来看,每一国家的利益可以通过国际合作予以推进,它们将会达成协议,以削减关税与军备,同时发展出一种有效的制裁体制。这一走向经济相互依赖和军备削减的发展越是深入,国家利益间的相互交织越是密切,实际实施制裁的机会就越少。如果这样的机会果然出现,那么,实施制裁将起到决定性的作用。

谁来看守看守者(*Quis Custodiet Ipsos Custodes*)①

质疑国际制裁"可行性"的最后一个论证就其本身来说,是半带法律性质的。人们争辩说,这样一种体制不能增加一个国家的安全,因为承诺对侵略国家使用强力并不比承诺不发动战争具有更大的价值。如果一个国家不能信守不发动战争的国际义务,人们就没有理由相信它能信守对侵略者使用强力的承诺。这两个承诺依据的都是善意。事实上,对侵略者使用强力的承诺已假定人们会破坏不发动战争的承诺,于是,第一个承诺的存在削弱了第二个承诺的道德价值。这一反对国际制裁的论证可以用一句拉丁语格言来总结:*Quis Custodiet Ipsos Custodes*(谁来看守看守者)。

为了呼应这一反对意见,有人指出,一个国家可以用它的法律对个人和各种集团进行约束,但它不可能被迫对自己施加法律约束。如果一个政府决意无视这种约束,在该国内不存在任何能从法律上对这种破坏行为进行防范或惩罚的力量。②人们争辩说,同样的原则也适用于国家间的法律。如果各国政府怀有无视国际法的不良居心,就不存在可对其实施法律制裁的更高级的力量。于是,国际法只能依赖"基础广泛的公众舆论"。③

履行所有的国际义务归根到底依赖各国政府的善意,依赖公众舆论,也依赖某个利益共同体。然而,人们必须确切搞明白,公众舆论是什么意思,所说的善意又是指哪些人的善意。与个人相比,政府甚而更倾向于采取挑战理性的行为。某个国家会相信采用不正当手段从邻国那里捞取好处,尽管它的真正利益在于让别国管好它自己的事。

再者,当单个国家的政府决意发动战争——也许这违背了国内主流舆论的意愿,世界大部分地区占主导地位的情绪也许赞成和平。这种主流情绪正可通过要求实施制裁而让人们感受到它的影响。如果各国政府崇尚民主,它们将实施制裁;但是,如果公众舆论表达的和平愿望并不强烈,各国政府就不太可能采取这类行动。这样来看,现行国际组织的结构就避免了迫不得已的法律缺陷,而这些缺陷的存在会妨碍一些国家集团共同采用强力去阻止一个国家发动侵略战争。归根到底,通过一种有效

---

① 此句原文是拉丁文,引自古罗马讽刺诗人尤维纳利斯(Decimus Junius Juvenalis)语。这句话亦译"谁来监督监督者?""监管之人,谁人监管?"   译者

② 参见霍兰(T. E. Holland):《法学原理》(*Elements of Jurisprudence*),纽约:牛津大学出版社,1910年,第11版),第365页。

③ 麦基弗(R. M. Maclver):《现代国家》(*The Modern State*),纽约:牛津大学出版社,1926年,第289页。

的制裁体制,各主要国家中的公众舆论将构成"对看守者的看守"。

对拒绝制裁某一国家提出的一种辩护是,这种拒绝比其他群体实施制裁体现了更高水平的道德,但这是一种没有事实根据的观点。许多民族主义和心理学研究者认定,构成国家群体的民众会践行某种行动,而这些民众若作为个人,他们经过思考后会反对这样的行动。根据这一结论,我们甚至更有必要树立起一道实质性的屏障,防止民族国家而非单个的人滥用暴力。如同反对制裁者声称的那样,国家应免除它赋予其统治下的民众群体的责任,这只能导致民族主义的泛滥横行。

483　**结论**

为保持逻辑的一贯性,反制裁论者只能支持彻底的不抵抗主义——一种在任何类型的社会中都不可能找到其基础的学说。然而,反制裁论者不但不支持不抵抗主义,反而接受了自卫原则,这不可避免地意味着军备竞赛和战争体制的持久延续。如我们已经表明的,只有建立起一种得到国际法支持的合作防卫和国际制裁的新体制,上述体制才会消失。反制裁论者断言制裁不会"发挥作用",他们想说的东西其实是:任何国际组织要是牺牲了国家目标,就不能够"发挥作用"。我的整个论点是:如果民众深切而理智地企求和平而不是战争,那么,国际组织和国际制裁都会"发挥作用"。正像我们竭力宣讲为人准则(Golden Rule)的重要性一样,宣扬"善意"的重要性并不为过;坚持在国际关系中"铲除争端的根源",也不失为是件好事。然而,除非建立起相关的制度并使之发挥作用,否则的话,这些信条对于社会的意义微不足道。即使在那些人格极其令人敬重的人们中,有时也会产生只能通过国家干预才能解决的重大分歧,同样,国家间的分歧也不能仅仅交由"理性"与"善意"作出裁决;当一个国家试图借助武力解决这些分歧,那么,国际组织就有必要强有力地去抵制这种侵略。

应当竭尽全力在全世界培育"和平"的情感——一方面完善解决争端的机制,另一方面以和平的方式改变不公正的现状。可是,这类进展的成功取决于是否能在同时维护和发展国际制裁的原则。对那些相信国家主权不受限制,由此引出民族主义、军国主义甚至帝国主义立场的人来说,他们反对国际制裁在逻辑上完全顺理成章。正是基于这一原因,那些信仰国际合作与和平的人们应当去支持这一原则。

484　美国不愿告知世界它是否决意与侵略国保持贸易往来,这一点成了国际联盟发展适当制裁体制的一种障碍。为了消除这一障碍,由20世纪基金会草拟待定的卡珀决议以及国际经济制裁委员会的计划提出建议:美国要与其他大国就非交往措施进行磋商,防止威胁破坏《反战公约》的行为。美国如果采纳这一建议,它将为发展世界和平的重大意义作出自己的一份贡献。

3.
克莱因部长对杜威教授的回复[①]

朱利叶斯·克莱因

在 6 月份的公告中,我们发表了杜威教授写给商务部副部长克莱因的信,质485
疑他对国家经济形势持乐观看法的根据。下面是克莱因部长的回复:

"我极富兴味地阅读了你 6 月 11 日的来信,对你信中提到的那两三个重要
问题尤感兴趣。

"关于你说到美国控制了世界财富五分之二之事,尽管改变这种状况极为可
取,我却看不出如何能够改变这种状况。的确,我相信,我们以占世界极小比例
的人口而幸运地拥有了世界极大部分的自然资源,这一事实本身或许就成了决
定我们拥有很高生活水平的主要因素。不过,依我之见,我们也许不应对此事深
表哀叹,不如说我们要对它真诚地表示感激。再者,对世界其余部分的人们来
说,我也看不出我们对这些资源的控制会对他们造成不利。毕竟,我们利用这
些资源提高了本国民众的生活水平和购买力,结果使得我们能够购买更多数
量的产品。我们能够以低成本制造出口货物,能够积累起向世界其余地方输
出的剩余资本——所有这些都将为生活在自然资源匮乏地区的人民带来决定
性的好处。

"要使我们变得更为慷慨,唯一的途径就是毫无限制地向世界各个地方的人
打开移民之门。说真的,你是不会推荐这种做法的。

"你又认为,消费不足主要应归咎于依据财产的收入与工资收入之间存在的486

---

① 首次发表于《人民游说团公告》,第 1 号(1931 年 8 月),第 3—4 页。本文回复杜威的文章和杜威
对本文的反驳文章,分别见本卷第 346—350 页和第 351—354 页。

糟糕的分配方式。我还不能确定,眼下果真不存在这样一种趋势,即国民收入过多地被用于购买生产商的货物,以便增加产出,而用来为消费者购买货品的那部分国民收入则比例过小。然而,如果物价紧缩——每一次大萧条无疑都会出现这样的情况——是真实的,那么,它将有助于改善形势。如果你去考察美国过去的萧条记录,你会发现,尽管劳工们在萧条期经受着严重的磨难,物价相对于工资更大的收缩总是让劳工们在走出萧条时比他们进入萧条时拥有实质上更高的实际工资。事实上,实际工资在过去五六十年间翻了几番。

"关于第 4 页上所提的建议——基本的问题是要用政府信贷的方式来增加公共工程,'因为任何生产厂家的扩张都是不需要的'。对你提出的这条建议的后半部分,我并不持赞同的意见。就像我们现在经历的情况那样,当萧条探达谷底,每一种产品看起来都生产过剩。对普通商品来说,这一点可能是真的,不过,说世界上所有或近乎所有的需要和需求都得到了满足,这不是真的;甚至就我国人口的需要和需求而言,这也不是真的。例如,本国还存在着巨大的隔热隔音材料与制冷装置的潜在市场:就像中央供热系统一样,使用这些产品会使办公室、工厂和家庭做到冬暖夏凉;还存在着开发速度更快的个人交通工具、更好的通讯工具,以及一大批其他商品与服务的巨大潜在市场,今天的人对这里面许多产品的用途几乎还是一无所闻,这不是真的吗?

"在我看来,一旦萧条终结,许多新的产业会成长起来,它们会在下一个 10 年到 15 年里,向我们提供那些将被我们认为是生活必需品的东西,尽管这些东西现在仍被认为是奢侈品,或者是最有钱的人也消受不起的东西。这就是将要发生的那类产业的扩张。而且,在我看来,为公共工程规划花钱——其数额将超过目前所花资金的好几倍——是把投入到这些非常需要资金的新兴产业的资本转而用于公共建设的最有效的手段,这些公共工程大多还未形成社会意义上的生产力。联邦政府和许多州现已在从事许多建设项目,当这些项目完成后,它们会在今后许多年里满足人们多方面的需要。但要在现时完成这些公共工程建设,这恰好是不切实际的事;将它们投入使用需要 15 至 20 年时间,其情形正如一个汽车制造商要再建一个工厂,他不会指望 1950 年前便使该厂形成生产能力。无论出现哪一种情况,它都意味着用一种固定方式锁定资本,使它在若干年内无利可图。按我的看法,这种资本向非生产性渠道的转移,对于造成产业大萧条具有实质的重要性。

"按我的判断,最近新闻界提出的这种公共工程规划,会让用于投资的资金转化为政府启动这类规划所必需发行的债券,从而妨碍现在的复苏,而且会对今后几年内产生的另一场大萧条造成实质性的影响。"

4.
理性、自然和杜威教授[①]

莫里斯·R·柯恩

　　先生：总的来说，杜威教授发表在 4 月 29 日《新共和》周刊上的对《理性和自然》一书的评论宽厚通达，看来除了表达感佩之意，再说任何其他的话都会令人感到不快。不过，如果我对科学方法的说明当得起他的好评，那么，我也理应来捍卫其遭到严重误解的那种哲学基础。

　　1. 杜威教授指责我未能清晰地定义哲学问题。由于我主要并不是直接来处理这个问题，而只是在讨论实际科学方法时连带提到这样的问题，这个居先的选择或许使我在该书好几处地方所作的表达显得不太充分。但是，杜威教授用以支持他的论点的所有说法似乎表明，他发现我的哲学含混不清，这是因为他没有用我本人的措辞和设定，而是用他自己的（在我看来，本质上是晦涩费解的）有关经验和自然的那些概念和理论来考虑我的问题。这十分类似于人们用传统物理学的术语来阐释爱因斯坦的观点，由此指责爱因斯坦含混难解。这样，当杜威教授指责我主张"理性是某种高于经验并超越经验的东西"的信条，又未能对此加以证实时，我不能承认他公正地叙述了我的任何观点；我只能怀疑，他的困难源于这个事实，即他在一种包罗万象的意义上使用"经验"一词，而我用这个词专指属于个人经历的事件。无论如何，如果经验——不论它是何种经验——是遵从科学方法的结果，那就必须假设（正如我试图表明的那样）自然中存在着规律和不变关系。如果理性指出了自然这一系统化的面相，那么，除非我们妄称自己

[①] 首次发表于《新共和》，第 67 期（1931 年 6 月 17 日），第 126—127 页。这一回应针对杜威的评论，见本卷第 299—303 页；杜威对本文的反驳，见本卷第 304 页。

像神一般地无所不在、无所不知,我们必须经常把它看作超越了我们在个人经验和知识中所能获得的那种东西。显而易见,过去有限数量的物理经验,其本身并不能对一个适用于所有可能情形的真正共相作出证明。另一方面,如果理性指的是推理过程(我已努力联系语境来清楚地显示我在哪种意义上使用这个词),我明白地主张:这种意义上的理性本身不但是经验,一般而言,我们还应当认为它不仅仅是经验的东西。

我与杜威教授的差别不仅仅关乎个人,它明示着两种历史形成的不同的哲学探究方式。对我来说,基本问题带有本体论性质,也就是说,它涉及事物的本性。杜威教授的主要兴趣是人的世界,以及有关事物观念的那种心理生成。于是,他谈到了"借助科学和逻辑得到提纯的自然",而我却宁可说,他的这种说法讲到的只是我们关于自然的观念,而不是在我们出生和获得任何经验和知识之前就已经存在的自然。因为我不能相信,当科学发现了太阳的化学构成以后,太阳才被创造出来。

康德强化了洛克的传统,使得这一主张颇为时兴起来,即我们只有先天地搞清观念的起源,才能去研究自然。由于我在本书中经常提出的理由,不能同意这一主张。我宁愿赞同洛克以前的斯宾诺莎(Benedict Spinoza),以及洛克以后的黑格尔,认为没有先前关于自然的知识,就不可能对心灵进行科学研究;认为心理学的研究,以物理学和生理学研究为其先决条件。这不是要否认心理学对于哲学作出的贡献的价值。在我看来,休谟、詹姆斯和杜威在这一领域展示了真正的天才。但是,他们探究的是比物理学更为复杂的主题,他们的洞见也难以得到直接验证。我经常觉得,他们是对的,但还看不到对其作出的科学证明。正因为如此,他们对有关自然的科学哲学作出的贡献十分有限。事实上,更富有成果的道路是由前苏格拉底哲学家们开辟的,而现代自然科学正走在这条道路上。除了蒙昧主义者,没有人会否认接受科学心理学的必要性。但是,如果心理学自诩为唯一可能的哲学方法,并且认为它可以不需要客观的逻辑,那它未免就过于妄自尊大了。

无论如何,如果我们相信,像物理学和生物学这类科学给了我们真理,那么一种自然哲学只能依据它们,而不是依据"对人们的生活造成对峙与阻挠"的有关自然的前科学的概念。因为后者充满了实践上的困惑,犹如诗人的自然概念充满了美学幻想一样。

2. 杜威教授认为,通过鞭挞感觉主义经验论这条死狗,我赢得了一场轻而易举的胜利。然而,适当注意一下当代对于科学方法的说明——这些说明大多依据马赫①与皮尔逊②——可以看到,这虽然是条病狗,却还在发出危险的狂吠声。

3. 杜威教授暗示,我对我的哲学家同行的知识不无欠缺,尤其是对威廉·詹姆斯不够公平。如果我宣称,与其他哲学家或者一般人不同,我会完全平心静气地来对待与我意见不同的人,那倒真的会显得十分奇怪。不过,杜威教授引以为据的那种说法却并非源于我在书中实际说过的东西。我引用了詹姆斯有关在看待哲学的特征上对"生活气息"的爱好胜过了严格的逻辑那句话,这并不是对他的哲学所作的说明,只是借用这句话来关注一下我们时代流行的反理智倾向。引自詹姆斯评论中的这一流行用语,表达了对于逻辑和理性思考的抵触情绪,这可不能归咎为我对詹姆斯缺乏同情。

至于谈到我对詹姆斯的责难,即他提出了作为当下生动感觉之经验的一个未予公布的定义,我想细心的读者会发现,我的论述完全得自詹姆斯本人明白申说的唯名论以及他对概念思维的轻蔑,还有他对马赫与皮尔逊表露的同情。尽管如此,杜威教授仍然主张,詹姆斯是感觉主义经验论的尖锐批评者。但是,每一个细心的读者会发现,从我介绍詹姆斯的第一个句子开始(第42页),这就是我一直坚持的主张。只是我没有将下述问题视为当然:因为詹姆斯在一个语境中说了某一件事,他就不能在别处说一些与之颇不相同的事。詹姆斯的心灵博大丰沛,充满洞见,很难认为他会为了逻辑的融贯而牺牲多样性。我对于他的哲学的阐释是严肃的,而且我自认为要作出努力,富于同情地去理解他为纷繁多样的立场提出的理由;在这一努力过程中,我也通过同他进行的频繁讨论获益良多。我对詹姆斯的观点所持的异议可能要归为我的硬心肠,而并非出于杜威教授所说的那种事实,即我未能在它们面前稍微长久地驻足一会儿,看看它们到底是什么东西。恰好由于深入推敲了这些观点,我不得不采取我现在的立场。有耐心的读者将会发现,我也没有把詹姆斯的观点贴上表示轻蔑的标签后就将它

491

---

① 马赫(Ernst Mach,1938—1916),奥地利物理学家、哲学家、经验批判主义创始人之一,主要著作有《物理光学原理》、《感觉的分析》等。——译者
② 皮尔逊(Karl Pearson,1857—1936),英国数学家、现代统计学创立人之一,主要著作有《科学的基本原理》、《对进化论的数学贡献》等。——译者

们搁置起来不予理睬,尽管我的确感到,他的"零敲碎打的超自然主义"会对所有理性生活和启蒙文明的价值造成严重威胁。而我坚信,后者确实是人们需要的并值得加以捍卫的东西。

5.
审美情感之为有用之物[①]

艾伦·泰特

492　　一个缺乏人的堕落传统的社会本不会产生人可以变得完美的信念。之所以会产生后者这样的信念,这有赖曾存在过前者这样的社会。与此相类似,诗是否也依赖于科学?人类学家向我们保证说,从前,艺术与科学,特别是诗与科学,它们是同一种东西。即使到了现在,他们仍在说,科学是诗的真正要素,只不过它是系统化的,可作出预言的东西。不管这些话意味着什么,直到17世纪末,诗与哲学和数学一样,是理智共同体中不受质疑的成员。不过,自此之后,在科学方法即将取得堂皇的胜利之前,诗却开始丧失根基,而且一直在丧失。我的确相信,如果诗能在今日得以复兴,尽管它显然不是一种人们能够用它来"兑换现金"的艺术,那么也是因为受惠于这样一种理论,即诗不但不同于科学,而且在本质上与科学对立,因而必须允许它走自己的路。

　　但是,这个理论在今天已变得不甚确定。有关这一理论的一个早期的贴切陈述,可见雪莱(Percy Bysshe Shelley)以诗界的现代立场、用现代语言写出的《为诗辩护》(*A Defence of Poetry*)一文。这是一个批评的里程碑。雪莱以赐予少数几个人的那种综合能力,用一个句子提出了诗所面临的问题。他说,"我们的计算超越了构想"。他说的"计算",指的是今日人们所知的那种科学——其观念可以用可测量的显示方式加以获知;他所谓的"构想",是指我们不甚严格地称之为"直觉"的那种东西,或是对"计算"价值的知觉的那种人类经验。与这一句

[①] 首次发表于《本季》(*This Quarter*),第5期(1932年12月),第292—303页。关于杜威未发表的评论,见本卷第330—334页。

子表达的观点相比,他后来的批评并没有发生多大改进。它所要表达的仍然是我们分别看待科学与诗的方式——事实上,也就是我们分别看待科学与艺术的方式。然而,尽管雪莱认定"构想"作为人类经验拥有的特权地位,以此来安置"计算"的价值等级,我们却不时在警告艺术家,尤其是诗人,他必须抛弃形而上学的孤立性,对"计算"降尊纡贵,如果他还希望在我们社会中保有一席之地的话。因为我们说,诗是行动的一种类型;像任何其他事物一样,它必须"带来好处",但只有遵循行动的标准,它才能"带来好处"。

这一建议让人难以理解。我也不准备假装能够把它搞懂。的确,这篇文章含有否定性的目的。就算我对它已有所理解,我的意图也不是去建立任何艺术或科学、社会行动的准则。我只想对我们最重要的美国哲学家杜威先生提出的有关艺术的某些主张的意义作一探问。这些主张可见于他最近出版的《哲学与文明》(*Philosophy and Civilization*)一书,以及该书题为"情感性思想"的那一篇文章中(第117—125页)。

杜威先生正是在这颇成问题的一章中发出感慨:诗与我们的科学化社会不甚协调。他看到,这个社会倾向于排斥艺术,因为艺术仍着迷于被这个社会看成已过时了的那些情感态度。他认为,补救之道是用现代世界的"计算"为艺术"构想"赋予某种意义,从而把艺术纳入我们的生活之流;他试图实现这一补救。正如我上面提到的建议那样,我们很难掌握推动他这么做的那种观念。这一观念可能是诗应当对社会发号施令。不过,更有可能的是:诗应当反映当代科学与社会的动态。实际上,我相信,杜威先生关于科学与艺术关系的观念,是以他心目中的人类社会,而不是以这两者中任何一者的名义作出的一种妥协。于是,我要处理的一般问题是:如果依我之见,杜威先生想要按他自己的观点让艺术接近生活,那么,他的观点是那种可被接受的东西吗?

在他看来,这一点极其自然——或许他原本并不这样来看待问题:艺术应当重获其昔日的声望。但是,这种最令人想望的东西还是为我们提出了问题:如何恢复这样的声望?艺术现在正处在非社会的边缘;我们能否确信,通过为它提供一种精心编排的社会化程序,它将重返社会?进一步来说,究竟什么是应当被拨乱反正的东西?如果是社会,则艺术无疑将在这一进程中面临受到毁损的危险。另一方面,如果需要被拨乱反正的是艺术,则可能是社会对艺术作出拨乱反正。无论如何,有一种观点似乎认为,若就艺术创作的内在特点来看,艺术不应去适应现代生活。但情况正好相反,艺术创作应发生变化以适宜采用科学的方法,在社会生活中,采用这种方法即意味着集体性、社会可操作性和能够带来"好处"。

然而,如果假定存在某种社会科学,它只是从个别人和个体对象必须与其他的个别人和个体对象来分享某种具有恒定特性的东西这一立场来观察问题,那么,它的目的就是拥有集体的人和一个集体设想的对象。所以,在赋予艺术"构想"以现代世界的"计算"形式的意义——如杜威先生尝试的那样——之前,人们必须弄清楚:艺术是否关注这个集体的人,以及这个集体设想的对象。我们必须去发现,艺术以它具有的特殊功能是否拥有那种恒定经验的特性,并能将其化为实践的形式。

杜威先生并不考虑这些事情。我将借用他自己的话来表明,他所接受的那种历史形成的有关艺术的社会功能的说法,只是艺术可能拥有的特性之一。由于艺术的丰富多样,使其成了人类社会的最高表达形式,他便把艺术视为其价值乃在于它展示一种集体冲动。在我看来,他对艺术的证明——这只是某种可能的、会使艺术看上去比任何时候都显得无益的证明——是这样的,怀以正当社会行动的愿望应当成为写诗、作画、谱曲、雕塑的唯一动机。他在实践上把艺术家描绘成这样的人,他说:"社会变得无组织了,瞧啊!我要用我的艺术把它统一起来。"然而很容易看到,这完全是无意义的话语。即使人们承认,艺术可以使我们的心灵变得谐和平衡,或者使一个特定的心灵得到调适,我们的心灵在观赏一部特定的艺术作品后会得到升华;即使人们同意 I·A·理查兹先生的主张,即诗歌具有为我们的心灵"创造秩序"的力量,人们仍然不能得出这样一个结论:艺术这一被设想的秩序,或创造秩序的力量,就相当于要去创造一种社会秩序。

495 　可以用两种方式来解释杜威先生对于艺术的态度。人们可以认为,它等同于这样一种观点,即艺术与行动是相互联系的。或者,它可被认为是一种理解艺术作品的价值的观点。在后一种观点中,杜威先生所持的态度是:艺术就是行动,艺术与行动这样的联系竟使它得以觉察到一个事件的"总体性质"。但如此一来,它就成了一个基于同义反复的观点。因为当你说,"艺术就是行动",那么,你的意思不过说,艺术就是艺术,或者行动就是行动。然而,就前一种情形而言,这种态度含有模糊和危险之处,因为这时我们将不得不认识到,杜威先生试图将一种特定的艺术意图等同于人们对社会价值持有的一般情感;而事实上,这类价值有违我们对一部艺术作品获得的那种定义,会造成无法说明和控制的实践后果,假使这些后果果真存在的话。当我们对科学公式 H_2O 进行验证,验证该公式的科学家的个人特点不会成为使 H_2O 得到验证的因素。然而,"艺术的社会价值"的公式不能以这样的方式得到验证。的确,它根本就不能被验证,除非在一个既定的特殊场合被断定。因为对于艺术的社会价值的证明,与所有艺术作品或某一部艺术作品具有的那种现实特征并不相干。这一证明依赖于某种社会善的概念,它无以从艺术本身或某些艺术作品的特征中推断出来。况且,宣称应拥有如此这般的社会价值的个体艺术家或其他什么人,他所设想的责任也未见得被大多数人毫无踌躇地加以承认。卢梭的《爱弥儿》(*Émile*)初次面世时并没有社会价值,自它发表以后,它对教育理论和实践产生了影响,从而此书的发表间接地推动产生了各种社会形式。于是,我们可以笼统地说,《爱弥儿》带来了实践上的好处。这样,赋予《爱弥儿》的确定社会价值只能是:它具有社会价值,又是被社会忽略了的东西。在某个时候,它毫无用处;在另一个时候,它成了有用的东西。

我发现,杜威先生美学观的核心是他获得的艺术作为行动之一般形式的概念,而不是对一些特殊对象领域——绘画、诗歌、乐曲、建筑——获得的概念。例如他说:

> 这样就有可能打破科学知识体系与艺术体系之间存在的传统分隔,并进一步把整合的原则运用到那些在我们今天的生活中被如此分隔开的文化要素的关系中去——运用到科学、艺术及其各种各样的形式、工商业、宗教、体育和道德的关系中去(楷体为本文作者所变)。

496

为使这段文字变得可以理解,我们必须理解其中提到的"整合的原则"的那种性质。因为这是一个在杜威先生本人的工具主义中有效的原则,它必定是一个具体原则。它必须说明对社会生活某些具体因素所作的明确的整合。如果该原则通过艺术得以被运用,我们必须推究整合的艺术如何发挥作用。杜威先生很可能会说,艺术必须有机地、实践地、功能性地根植于社会的核心冲动,但这样说只是陈述了它的整合条件。很明显,它不但必须被整合,还必须发挥某种整合作用。而人们想要知道的正是,它如何进行整合。考虑到杜威先生的"理智的信念"——一个他在他那本有趣的书《确定性的寻求》(*The Quest for Certainty*)中阐述了的信念——人们更应坚持这一要求。理智正如艺术,人们大概也期待它进行整合;而我们可以问,它将如何去做。理智是个别地还是集体地进行整合,或者"理智"这个词只是成了"整合"的同义词。事实上,让米什莱、泰纳和勒南①的幽灵无疑感到十分高兴,也让——谁知道呢?——美孚石油公司(Standard Oil Company)十分满意的是:杜威先生在我正在考察的"情感性思想"这篇文章中论证说,在某些真正相似的方式中,艺术和科学只是常见的社会适应的不同方式;我们还可以据此作出假设,在他看来,科学-艺术-工业-商业-宗教-体育-道德可以将其自身整合成一个巨大的性质整体。

现在我要转向另两段文字。下面给出的是第一段文字:

> [绘画的]这种更为微妙和完全的整合,通常涉及对熟识形式的扭曲变形——也就是说,涉及与绘画领域以外形成的种种联想发生的冲突——可以用来说明这样一个事实,即它们一开始会招致人们颇为轻蔑的批评。

第二段是:

497

> [艺术]对充分和谐的经验自然持有这样一种深切而持久的经验,以致它为体验所有其他的经验设立了一种标准,或者形成了一种习惯。

这两段文字不免使人们产生一种困惑。考虑一下"绘画领域以外形成的种种联想"这个例子——比如物理学中的联想,或者任何科学中形成的联想。由于某种意义上这里所说的艺术联想是特别属于艺术的东西,物理学或任何其他科学的联想必定也是特别的东西,而后者至少与绘画存在一定的联系。那么,如何把这两种特别的联想联系起来呢?杜威先生没有告诉我们这一点。他也没有告诉我们每一种类型的联想是否有效。在杜威先生整个哲学家生涯中,他依据可

---

① 米什莱(Jules Michelet, 1798—1874),法国历史学家;泰纳(Hippolyte Adolphe Taine, 1828—1893),法国艺术批评家和历史学家;勒南(Ernest Renan, 1823—1892),法国哲学家和作家。——译者

被验证的知识发展出了社会行动的观念；这是一种将造成集体工作的知识，这种知识如果存在，那么就是科学。如我们所见，对杜威先生来说，艺术只是另一种科学形式，由于它的联想显然特别属于它自己的领域，这就产生了问题：这类联想是否受益于一种特殊形式的验证？因为，除非艺术能得到验证，或是可验证的知识——而它的那种联想也必须是按某种方式可被验证的东西——艺术就不会仅仅是另一种科学形式。

我不得不再花点气力来说说这个整合的原则。看来事情确实如此，虽然在杜威先生看来，艺术与科学不知怎么必然是相同的，它们的状态又必然是不同的。如他主张的那样，艺术也许是导致产生"一种充分和谐的经验"的整合性原则。关于一个实用主义者对唯心主义的多样性的统一的审美效果提出的论证，我将不予置评，虽然我仍不免要指出，那部叫做《哈姆雷特》①的艺术作品是缺乏"充分和谐的经验"的；或者提出这样一个问题：《利西达斯》②这部诗作中含有的又是什么样的经验？指出这一点就够了：杜威先生宣称艺术就是那种和谐的经验，可以用它来促进个人之间或国家这个集体人格之间的和谐。对此，我们仍像从前一样茫然无知。

杜威先生说，艺术"为体验所有其他的经验设立了一种标准，或者形成了一种习惯"，但他没有对这样设立或形成起来的标准或习惯作一描述。他大概不会主张，要是某个人注视一幅画，他的习惯就是注视"生活"的习惯。由于实用主义者对奥卡姆剃刀（Occam's razor）情有独钟，因此我要说，他应当承认，由文学形成的习惯也就是阅读的习惯。就本人而言，我要坦白地说，我不相信这种无可置疑会对行动产生"影响"的艺术"联想"，它们对社会之总体性质产生的会是比起零星点滴、不可预测且不可控制的影响更多的东西。为了使它们成为社会可控的东西，杜威先生恐怕就要建立一种审查制度，以便成功地事先规定人们的审美联想。

在题为"情感性思想"的同一文章中，杜威先生说，"这种对象［就是艺术对象］的整合容许并且确保了对有机活动的相应整合"。这纯粹是一种教条。"一条新的思路，"他继续说，"得以在纯粹的审美经验基础上被建构、形成起来。"这

---

① 《哈姆雷特》（Hamlet），莎士比亚最著名的悲剧之一。——译者
② 《利西达斯》（Lycidas），英国诗人弥尔顿（John Milton，1608—1674）的一部诗作。——译者

段话让我感到疑惑,这条新的思路——要是这种审美经验如他所说的,是"纯粹的",也就是纯粹的、独一无二的行动的话——将把人引向何方;它将把人引入象牙塔(Ivory Tower)吗?让我颇感疑惑的地方还有:如果"对有机活动的相应整合"同样也是"纯粹的",那么在这样的情形下,这种整合对社会来说肯定是没有用处的。我渐渐怀疑,杜威先生实际上在寻求通过艺术获得某种确定、客观和权威的标准,它将向世界提供某种超验的约束因素,以防止它成为一种十足的行动。但是人们难以看出,对实用主义来说,这样一种标准如何能够存在。无论如何,一种习惯要成为一种有效的标准,这是不行的。的确,杜威先生要对一个迷宫似的相互缠绕的目的进行论证,他自然想要容纳他的"理智的信念",并且似乎选中了艺术来助他一臂之力,这不过是因为没有人懂得那么多的艺术。艺术习惯是好东西,艺术必定也就是好的东西。我在前面已说过,这一点产生了什么是好的艺术的问题;而要确定什么是好的艺术,这仍有待于杜威先生来担当大任。于是不用说,"习惯"在他看来,即意味着"正确的习惯",或者"良好的社会习惯"。不过我恐怕觉得,这类习惯只有当杜威先生为社会选中它们之后才能被整合到社会里面。如果这是他的论证要求的任务,那么事情看起来似乎是:杜威先生的整合性原则必定不是别的,就是杜威先生本人;而他所说的"理智的信念"不过是自己的信念。

499　　　我所以说出这样的打趣话,是因为我担心公众会以为,杜威先生已解决了他的整合性原则之类的问题,以及他所谓的"理智的信念"问题。可是,他要做到这一切还有很长一段路要走呢,下面引用的另一段文字有助于说明这一点:

> ……巴恩斯先生首次作出了关于绘画价值的客观标准的陈述,这将使得对观赏者的审美反应作出一种心理学,甚至生理学的分析最终成为可能,对绘画的鉴赏将不再事关私人的、绝对的趣味或武断之言(楷体为本文作者所变)。

无需去探究私人趣味如何是绝对的,我就可以自信地断言:第一个提出功利主义艺术理论的,既不是巴恩斯先生——杜威先生显然已经对他有所解读——也不是 I·A·理查兹先生。功利主义艺术理论之父是边沁(Jeremy Bentham)和密尔。无疑,I·A·理查兹先生用他的《文学批评原理》(*Principles of Literary*

Criticism）表明，他是该理论最活跃能干的捍卫者。他相信，艺术，尤其是诗歌艺术，可以用它那为经验"创造秩序"的力量，成为拯救文明的手段；这一信念与杜威先生关于"对象［艺术对象］的整合容许并且确保了对有机活动的相应整合"的观点完全对应。从理论上说，艺术会唤起个人最大多数的愿望，并将它们组织起来，从而为最大多数人带来最大多数的幸福。在我看来，功利主义美学理论的异常复兴是有其理由的，根据这一理由，由于艺术具备优异的效用，它应成为生活的中心；我相信，这一理由要比所提到的理论本身有趣得多。

这个理由就是有组织的宗教的衰落。哲学家们对这一现象如此感到恐惧，以至于他们毫不犹豫地用另一个名义捡拾起了一种伟大的"迷信"。① 杜威先生的艺术整合力的理论赋予艺术以某种宗教才具备的所有心理价值，他乐于看到艺术拥有这些价值，因为这样一来，由于缺少许多教条，艺术不会因为那些宗教目前遭受的种种不利而受到影响。艺术还没有被历史方法打得一败涂地。的确，它已被实验室弄得灰头土脸，对此没有一点还手之力；不过，它不是不合时宜的政治，而且，它依然受人敬重，这足以使它得到复兴，尤其当把它复兴起来的哲学家成功地宣称，它确实一直是有用的科学的东西。简言之，我发现杜威先生的《哲学与文明》一书把艺术当成了一种宗教代用品；而且，他正是怀着摧毁艺术本身这一目的而在标举艺术。500

这番话听起来相当过分。请允许我作一说明。我已经指出，杜威先生的美学或者是一种同义反复，或者是试图将艺术归结为那种可在集体事业中被重复运用的经验的共同特征。杜威先生在某个时刻申明，艺术是"不同的"——因为这至少是他那种稍纵即逝的信念的基础——只是又会在下一个时刻撤回他的主张。他把艺术、科学和宗教视为一回事，因为它们在"满足同样的基本需要"；为此，他把它们全都看成是行动。要是各种艺术不具无法抹去的特殊形式，要是它们的价值唯一取决于它们的实践后果，那么，我们就得到了这个公式"所有艺术都是行动"，以及它的逆命题——令人惊讶的命题——"所有行动都是艺术"。正因如此，至少在我们一流的美国哲学家想来，艺术本身被摧毁了。因为杜威先生

---

① 我提请读者考虑一下我在杜威先生的"整合的原则"和"理智的信念"与沃尔特·李普曼先生在他的《道德的序言》（*A Preface to Morals*）中论述的"科学的冷漠无趣"之间发现的那种亲缘关系。这是为我们时代的耶稣基督找到的一个多么新颖而令人震颤的名字！

要求我们去加以实践和享受的不是艺术，不是科学、宗教，甚至不是商业、体育和道德。他要求我们去实践的是社会。我把对这一高康大式的建议（Gaugantuan proposal）①的分析留给那些愿意对此作一考虑的人。

在美学领域，工具主义哲学引导人们得出的结论是这样的：为了捍卫一种疏于定义的集体事业的利益，我们应当放弃理智上的无政府状态。杜威先生的行动标准是那种依据经过验证的知识而拥有的正确习惯——或许也是依据已经验证了的艺术的习惯——这一标准的特殊形式既是艺术又非艺术，既是科学又非科学。无疑，我们的文化形式、我们的方法与技术并没有被有机地联系起来，这一点令人痛惜。这样的缺陷让威廉·詹姆斯最好的学生杜威先生感到担忧，我们对此并不吃惊。然而，当他去寻求补救之道时，暴露出了自己冒牌的神秘主义者的真面目。他撇开了生活的物质内容、理智的具体形式，想去抓住构成其基础的那种神秘的、统一的东西。不过，对他来说，这种神秘的、统一的东西只有他自己才能完全了解。它不具有任何客观内容。人们可以承认，它带有由哲学家的偏见和意愿，以及由他对人类精神的洞见构成的主观内容。然而，即便如此，它依然带有十足的私人性质。即此而言，它是一种不负责任的抽象的东西。

最后，实用主义美学可能依然是搬起石头砸了自己的脚。它们面临这样一种指责，即由于对主要的行动种类之一——艺术——缺乏审美形式的意识，它们并非就那么"实用"。

---

① 高康大是法国作家拉伯雷（François Rabelais，1494—1553）所著讽刺小说《巨人传》的主角，"高康大式的建议"意为大而无当的建议。——译者

注释

以下注释的关键词可在本卷篇页字行中找到,所注内容涉及一些人物事件,通用 的参考文献一般不会载有对这些人物事件的解释。

84.25 　　摩根院长〕　阿瑟·E·摩根是俄亥俄州耶洛斯普林斯的安蒂奥克学院
　　　　　　院长。虽然在已出版的刊物上〔"文科学院课程",《罗林斯学院通报》
　　　　　　(*Rollins College Bulletin*),第 26 期(1931 年 2 月),第 9—10 页〕没有注
　　　　　　明这条引文的作者名字,由于杜威是本次会议的主持人,他会注意到摩
　　　　　　根在听取"文科学院的教育地位及其功能"小组委员会提交报告时所作
　　　　　　的发言。这份已刊载的发言与罗林斯档案馆所存未发表的复印打字稿
　　　　　　的内容完全相同,《课程研讨会会议记录》,第 3 卷,罗林斯学院,温特帕
　　　　　　克,佛罗里达州,1931 年 1 月 19—24 日,第 777—778 页。

118.10 　　米勒教授〕　赫伯特·A·米勒是俄亥俄州立大学的社会学教授,他所
　　　　　　以遭到解职,主要是因为 1930 年 3 月 12 日印度甘地发起"食盐进军"①
　　　　　　前夜,他在印度孟买一次印度人举行的集会上发表了一份所谓的政治声
　　　　　　明。有关美国大学教授联合会对米勒遭解职一事的报道,可见《俄亥俄
　　　　　　州立大学的学术自由和终身教职》(Academic Freedom and Tenure at

---

① "食盐进军"(salt march),又称"丹地进军"。1930 年 3 月 12 日,印度圣雄甘地率领信徒步行前往
　海滨丹地村,计划在该地自制食盐。4 月 5 日到达丹地村,4 月 6 日开始在海滨取海水制盐,旨在
　抗议英国当局禁止印度人自制食盐,并对食盐买卖课以重税的做法。这场运动带有非暴力抵抗
　的性质,产生了广泛的政治影响。——译者

the Ohio State University)一文,《美国大学教授联合会通报》(*Bulletin of the American Association of University Professors*),第 17 期(1931 年 10 月 17 日),第 443—473 页。

124.6—24　我曾听过……欢呼起来〕　杜威所指的是 1932 年 1 月 8 日在卡内基大厅举行的名为"下定决心:美国有必要常备不懈"的一场辩论,这场辩论会由新历史学会主办。在由杜威主持的这场辩论会上,海军少将布雷德利·A·菲斯克和阿莫斯·艾尔弗雷德·弗赖斯将军持肯定的意见,而斯蒂芬·S·怀斯拉比和约翰·海恩斯·霍姆斯则主张不抵抗与和平主义。霍姆斯就是那位未被杜威认出的发言者。见《战争论者和反战论者的一场辩论》(Mititarists Meet Pacifists in Debate),《纽约时报》,1932 年 1 月 9 日,第 4 页,以及《牧师和好战分子在军备问题的激辩中互相对峙》(Pastors Clash with Militarists in Arms Debate),《纽约先驱论坛报》,1932 年 1 月 9 日,第 3 页。

504　149.7　诺里斯参议员〕　身为独立政治行动联盟的全国委员会主席,杜威力促诺里斯脱离共和党,并能帮助成立一个新的第三政党。见《杜威要诺里斯来领导一个新的政党》(Dewey Asks Norris to Lead New Party),《纽约时报》,1930 年 12 月 26 日,第 1 页(《杜威晚期著作》,第 5 卷,第 444—446 页)。

165.27　圣保罗决议〕　由美国高等法院作出的一个裁决,它判定州际商务委员会的管制无效,允许芝加哥、密尔沃基的银行家和圣保罗铁路公司对铁路运营事务进行重组。见《铁路公司合并的一个坏兆头》(A Bad Omen for Railroad Consolidation),《新共和》,第 65 期(1931 年 2 月 4 日),第 313—314 页。

371.1　西部收费推进案〕　虽然文本没有对这个案例的情况加以订正,从莱恩所作的报道中可以看出,此一案例以"西部收费推进案"为人所知。前面在第 370.39 行结束的那一段话,或许是杜威写给州际商务委员会的那封信的结束语。人民游说团的执行秘书本杰明·C·马什最有可能提供了有关这一案例的信息。见富兰克林·K·莱恩:《西部干线铁路公司、密苏里铁路公司和伊利诺伊地区货运委员会等运输业者对收费推进案展开再调查》(In the Investigation of Advances in Rates by Carniers in Western Trunk Line, Trans-Missouri, and Illinois Freight Committee

Territories),《州际商务委员会报告》(*Interstate Commerce Commission Reports*),第 20 期(1911 年),第 307—399 页。

416.14　采邑〕　在杜威发言之前,詹姆斯·哈维·鲁宾逊对学生们要求研究中世纪特征之一的采邑进行了评论。见《课程研讨会会议记录》,第 1 卷,第 45 页。

文本研究资料

文本注释

以下注释,其关键词可在本卷篇页字行中找到,它们讨论了我们这个评注本采纳 *507* 的文字内容,无论以前对范本的这些文字内容是否作过修改或保留,都有必要对其再作订正。

50.39—40   age.［¶The］   这里被删去的一段话又重复出现在 51.1—4 行(我们……对这些领域进行科学操作)。我们删去了第一次,而非第二次出现的这段话,理由是后者与本卷收入的那篇载于《哲学与文明》一书中经扩充改写的同名文章里出现的句子(60.38—61.2),意思更为贴近,本卷第 53—63 页。

77.5   Breasted］   杜威指的必定是詹姆斯·亨利·布雷斯特德,他是芝加哥大学的埃及学和东方史教授。布雷斯特德是杜威的同代人,其他教育工作者也经常提到他。布雷斯特德的名字被拼错了,这或是由于杜威错认了这个名字,或是打字时的疏忽所致。

89.21—22   No prohibitory ... containers.］   虽然这句话前面应加有"There are",杜威的整句话的意思还是清楚的。排版使用的底稿是杜威为英格利斯讲座撰写的讲稿,其写作打字过程或许比较匆忙,刊印的文本也未作过修饰。杜威曾写信给艾伯特·C·巴恩斯说,他下个星期要作一个教育方面的演讲,而讲稿才写成了一半左右的内容。［杜威致巴恩斯,1931 年 3 月 3 日,约瑟夫·拉特纳/约翰·杜威文集(*Joseph Ratner/ John Dewey Papers*),专集,莫里斯图书馆特别收藏,南伊利诺伊大学卡本代尔分校。]

183.27;186.1,23　states〕　由于《斯克里布纳杂志》的缘故,我们采用的范本中,"States"一词的首字母均为大写,在这篇文章所述问题的语境中,杜威一般不会使用大写法,本文后面若出现该词,我们都把它改成了 states 的形式。

508　220.33　nationals〕《国际联盟盟约》第 16 条使用的"nationals"一词,指的是该联盟成员国中的人民。

333.10　renders〕　动词"render"被改为"renders"。由于杜威对这句话所作的修改不完整,打字稿上读到的句子是"the above re-interpretation of my essays will render it",杜威删掉了"will",却没有在"render"一词后加上"s"字母。

文本说明

《杜威晚期著作》第六卷收录了杜威于1931年至1932年间所有收集到的著述文 *509*
字,除了杜威和塔夫茨合著并于1932年出版的《伦理学》,该书重版列入《杜威晚期著
作》第七卷。在第六卷收录的86篇文章中,有29篇是论文,其中5篇分别以书籍或
小册子的形式出版,一篇载于《社会科学百科全书》,22篇发表在各种杂志或团体刊
物上;《对美国有色人种协进会的演讲》一文此前未曾发表。在其余的篇目中,有12
篇是书评和答辩文、12篇为杂论文字、25篇是为人民游说团所撰文字;有2篇为杜威
访谈录,6篇是对杜威所作声明和演讲的报道。

现存有3篇为杜威先前已刊文字的原始打字稿——悼文《我所认识的乔治·赫
伯特·米德》、西奥多·T·拉弗蒂的《哲学研究》导言、信函《弗拉德克和莱德
勒》——以及杜威为《新共和》周刊所写评论《大学里的儿子——和家长们》一文的亲
笔手稿。此外,杜威回复艾伦·泰特的文章《这是怎么回事?》和为人民游说团所写的
《〈失业保险〉导言》先前未曾发表,现还存有其打字稿。按照本版遵循的编辑原则和
程序,有必要把这些文字材料作为本卷收录相应文章的范本。①

本卷中只有9篇文章在杜威生前重印过:论及乔治·赫伯特·米德的文章被收
入《芝加哥大学纪事报》(*University of Chicago Record*)和一本纪念册中;《浪漫精神

---

① 弗雷德森·鲍尔斯(Fredson Bowers)在《文本的校勘原则和程序》(*Textual Principles and
Proceduce*)一文中叙述了这一原则,见乔·安·博伊兹顿编:《杜威晚期著作》,卡本代尔和爱德华
兹维尔:南伊利诺伊大学出版社,1984年,第2卷,第407—418页。

的衰微》被收入《〈新共和〉文章选集，1915—1935》(*New Republic Anthology*，*1915—1935*)(纽约:道奇出版公司,1936 年);《美国的教育:过去和未来》,重刊于《学校与社会》,第 34 期(1931 年 10 月 31 日),第 579—584 页;《弗拉德克和莱德勒》载于 1932 年 11 月 4 日的《纽约世界电讯报》。另 5 篇文章被分别收入约瑟夫·拉特纳编的两本书中,这两本书的编辑出版得到了杜威的合作和认可,但杜威并未直接参与其编辑过程:《现代世界的理智:约翰·杜威的哲学》(*Intelligence in the Modern World*：*John Dewey's Philosophy*,纽约:现代文库,1939 年)收入了《社会科学和社会控制》和《国际组织必须进行制裁吗? 不》;《今日教育》(纽约:G·P·普特南出版公司,1940 年)收入了《教育:修道院、交易柜台还是实验室》、《高等教育和研究中的政治干预》和《经济形势:对教育的挑战》。

虽然本卷中的每一种范本都是真实可信的,但并没有消除范本存在的问题。有关这类问题的注解,有助于对杜威的写作习惯和活动作一说明。1931 年和 1932 年间,世界经济一蹶不振,远东发生的事件和政治竞选活动对杜威写作活动产生的影响至为深远。在这些年里,杜威积极参与了许多社会组织和政治组织的活动,并为这些组织的出版物撰稿——他是美国独立政治行动联盟的主席,这一组织出版的刊物有《独立政治行动联盟新闻公告》;他是工业民主联盟的副主席,该组织出版的刊物有《工业民主联盟月刊》(*L. I. D. Monthly*)和《失业者》;他是人民游说团的总干事,该组织出版的刊物有《人民游说团公告》。

尽管杜威对社会和政治事件兴趣甚浓,但他的主要身份仍然是哲学家。他在加利福尼亚大学开设的乔治·霍姆斯·霍伊森讲座、哈佛大学开设的关于中学教育的英格利斯讲座上发表了演讲。他曾于 1931 年春季,在哈佛大学作为"威廉·詹姆斯特邀讲师"(William James Lectureship)首位主讲人。他在威廉·詹姆斯讲座所作的 10 篇演讲,后来在 1934 年结集出版,书名为《作为经验的艺术》(*Art as Experience*)。

《语境和思想》

1931 年 1 月 14 日,杜威在加利福尼亚大学伯克利分校 1930 年开设的乔治·霍姆斯·豪伊森讲座上作了题为"语境和思想"的演讲。演讲全文载于同年 8 月出版的加利福尼亚大学哲学出版物,第 12 卷,第 3 册(伯克利:加利福尼亚大学出版社,1931 年),第 203—224 页。本卷采用的范本即取自该出版物。

史密斯(T. V. Smith)在他 1932 年对杜威的《哲学与文明》一书发表的评论中,谈到了《语境和思想》的重要意义。史密斯说,对本书的基本主题——"实用主义仍然对观念论,而不是新近的实在论趋向抱有好感——所作的最好概括也许要数《语境和思想》"。①

对本论文四处 WS(诸作品来源)作了校勘,恢复了所引文字材料的原始拼法和大写。此外,在 14.13 中,短语"in doubt"漏掉了"in"一词;在 19.9 中,"beliefs"一词漏掉了"s"一字,这可能是排字时漏看了,已予以更正。

《我所认识的乔治·赫伯特·米德》

乔治·赫伯特·米德于 1931 年 4 月 27 日去世。其时,杜威正在麻萨诸塞州的坎布里奇,他作为威廉·詹姆斯讲座的首位演讲人在哈佛大学作演讲。杜威于同一天得知米德去世的消息,他写了一张便条给本杰明·马什:"我的朋友米德在芝加哥忽然去世,我准备今天离开这里——下周一,也就是 4 天后,赶到芝加哥。"②

在 1931 年 4 月 30 日于芝加哥约瑟夫·邦德小教堂为米德举行的追悼仪式上,杜威、爱德华·斯克里布纳·艾姆斯(Edward Scribner Ames)和塔夫茨先后致了悼词。艾姆斯讲到了米德疾病的大致情况、作为他的邻居和大学同事所了解的米德的生活。杜威在艾姆斯之后致词。塔夫茨接着对米德作了个人的评价。③

杜威于追悼仪式结束后立即返回了哈佛大学。④ 回去之后,他看到了《哲学杂志》的合作编辑温德尔·T·布什(Wendell T. Bush)为杜威的悼词一事写来的请求信。杜威马上写信给艾姆斯这位芝加哥大学哲学系的系主任:"请你看看布什写给我的信,信中他作了一番自我解释,也许你可以把我留在你那里的那篇悼文副本送给他。我会写信告诉他,要是他愿意的话,他可以对其作些删减加工,不必采用过于涉及私人感情的那些部分。"⑤

杜威的悼文首次由布什发表于《哲学杂志》(JP),第 28 期(1931 年 6 月 4 日),第

512

---

① 史密斯:《哲学杂志》,第 29 期(1932 年 7 月 21 日),第 412 页。
② 杜威致马什,1931 年 4 月 27 日,马什文集,国会图书馆,华盛顿特区。杜威和马什一直保持着通信联系,讨论《人民游说团公告》刊载的文章事宜,后者是人民游说团的执行秘书。
③ 玛丽·H·韦伯斯特(Mary H. Webster):《米德先生的葬礼》(Mr. Mead's Funeral)。打字稿,乔治·赫伯特·米德文集补遗,芝加哥大学档案馆,芝加哥大学。
④ 艾琳·塔夫茨·米德(Irene Tufts Mead)致安妮·夏普(Anne Sharpe),1983 年 2 月 21 日,卡本代尔:杜威研究中心,南伊利诺伊大学。
⑤ 杜威致艾姆斯,1931 年 5 月 4 日,爱德华·斯克里布纳·艾姆斯文集,卡本代尔:南伊利诺伊大学莫里斯图书馆特别收藏。

309—314 页。标题为"乔治·赫伯特·米德"。为 JP 刊载的这篇悼文所作的脚注，表明"本文包含了杜威教授在米德教授葬礼上所致悼词的大部分内容……"。悼文全文首次发表于《芝加哥大学纪事报》(UCR)，第 17 期(1931 年 7 月)，第 173—177 页，标题为"我所认识的乔治·赫伯特·米德"，这一标题显然是艾姆斯代拟的。JP 没有使用这个完整的标题，这恐怕是因为该杂志刊载的纪念文章要求尽量少带有个人色彩。

　　1931 年夏季出版了一本米德纪念册(B)，其中汇有杜威、艾姆斯和塔夫茨的悼文，以及由亨利·卡斯尔·米德撰写的一篇介绍米德生平的文章。这本小开本(5×6⅞英寸)的纪念册共 39 页，米色的毛边封面上印有"乔治·赫伯特·米德"的字样，纪念册呈四等分的叠合式样，用编结成蝴蝶状的白色饰带装订成册。①

　　杜威的比较粗糙的原始打字稿(TS)上留有许多手改的痕迹。从杜威的信中可知，米德追悼仪式结束后，这份打字稿放在了艾姆斯那里。TS 第一页上方用墨水书写的标题和作者姓名大概出自艾姆斯的手笔，因为其笔迹与艾姆斯文件中的其他笔迹相似。② TS 和一份重新打出的打字稿(TS^2)，收于"乔治·赫伯特·米德文集补遗"，第 1 箱，第 6 文件夹，芝加哥大学档案馆。TS 无疑最能反映作者的意愿，本卷采用 TS 作为范本。③ 要是存在作者后来作出改动的物证，已刊行的文本要比手稿或打字稿更具权威性。鉴于此，我们会对另外四种文本作一核对，以决定杜威对他原先的悼文所作改动的程度。对 JP、UCR、TS^2，以及 B 和 TS 所作的校对清楚地表明，杜威本人没有对这篇悼文再作改动，现存其他四种文本中出现的各种变异形式皆源于打字员、编辑或排字工人的差错。这样看来，以下面给出的证明为据，JP、UCR 和 B 刊印的杜威悼文都不具有权威性。

　　对已付印的文本(JP，UCR，B)和 TS 所作的对比显示：JP 和 UCR 刊印的文章，是根据艾姆斯收到杜威就布什请求之事写给他的信后准备送交 JP 和 UCR 的原稿及副本排字付印的。只有在 JP 和 UCR 刊载的两种文本中，我们发现了几处实质用词完全相符的情况，这足以证明还存在一份用打字机重新打出的文稿及其副本，这两份文件现已遗失，在此把它们称作 TS^1。这种文章实质内容完全相符的可能性或许说明：UCR 拒绝考虑采用 JP 刊载的文章，因为 JP 略去了 TS 中的最初两段和最后一段

_513_

----

① 詹姆斯·H·塔夫茨文集，卡本代尔：南伊利诺伊大学莫里斯图书馆特别收藏。
② 例如，可见乔治·赫伯特·米德文集补遗中保存的那篇艾姆斯的悼词打字稿，芝加哥大学档案馆，芝加哥大学。
③ 见鲍尔斯：《文本的校勘原则和程序》。

的后半部分(28.16—24)。当 UCR 中发现了被 JP 略去的资料时,就不可能用 JP 的文本当作刊用的底本。

我们已假设存有一份供 JP 和 UCR 刊印之用的现已遗失的 TS¹ 及其副本,这可由 JP 和 UCR 文本中同时出现的 13 处偶发拼读得到进一步佐证,所有标点符号的例子在现存的 TS 上未看到。此外,在 23.17 中,JP 和 UCR 文本都把"nor"印作"or";在 24.27 中,把"period"印作"time";而在所有其他文本中,这些地方都读作"nor"和"period"。在 27.8—9,杜威的 TS 标明"Every one who knew him at all philosophically is aware . . ."这一句中,他在"him"一词的"m"字母上方用墨水写了一个"s"字母,但又为"philosophically"一词划了个圈,并用一根引线和脱字号表示该词直接跟在"him"一词之后,这说明还是恢复使用了"him"一词。JP 和 UCR 文本中对此均表述为"him philosophically",这类用词或许也反映出曾存有那份遗失的 TS¹。

艾姆斯显然还备有一份根据杜威最初的 TS 打出的第二份打字稿(TS²),以此作为供纪念册(B)采用的底本。TS² 的上方位置用打字机打出标题和作者名字。其抬头写有一行印刷体字:"米德追悼仪式之日印",不知出自何人的手笔。TS² 罗列了杜威本人对其 TS 所作的修改内容,纠正了明显被杜威忽略了的 23 处排印错误,尽管它重复了 TS 中存在的 3 处排印错误——在 25.16 中的"collegues",在 25.32 中的"enciclepedic",以及在 26.26 中的"spontanously"。

514

TS² 和 B 文本同时出现的三处实质用词,均不见于 TS、推测的 TS¹、JP 或 UCR 的文本。在 25.15—16 中,TS 标明"was his students"——JP 和 UCR 也提到了这句话。对 TS 的考察表明,"only"被写入字行间,它不是出于杜威的手笔,结果却出现在 TS² 和 B 提到的行文"was only his students"中。在 27.9 中,杜威在 TS 文本中添写了一个更改的字母,结果导致上文所描述的在 JP 和 UCR 文本中读作"him philosophically"。在 TS² 中,打字员似乎很难辨认这种改动:"his philosophically"("philosophic . . .")的不完全型被删掉了,改打成"philosophy",这符合打字员对"him/his"改动情况所作的解释。TS² 上打出的"his philosophy"字样也同时出现在 B 文本中。在 27.12 中,TS、JP 和 UCR 文本中均可看到"this interest"的字样;TS² 上打出的"this"一词少了一个"t"字,这可能是个排印错误,于是在 B 文本中就读成了"his interest"。

在 23.22,25.5 和 26.10 中,TS² 和 B 文本使用的标点符号与所有其他文本不同。此外,B 文本对一处偶发拼读和四处实质用词的处理也与 TS 和 TS² 不同,这可能系印制 B 的编辑和排字工人所为：在 22.13 中，"natures"一词后添了一个逗号；在 23.21 中，删去了"or of the"短语中的"of"一词；在 27.6 中，"it"改成了"them"；在 27.12 中，"am"改成了"was"；在 27.35 中，"its"换成了"their"。

对本文按时间顺序所作的校勘，不包括核对推测的 TS¹ 和现存的 TS² 中的异文。然而，JP 和 UCR 文本均为第一次刊印的文本，所以我们把 JP 和 UCR 对充作本卷范本的 TS 所作的 30 处纠正列在"校勘表"中。24 处校勘涉及纠正 TS 中的排印错误。其余 6 处修改，有一处是把 26.8 中原先的动词词组"has known"改成了"has been known"；一处是在 26.13 中添加了一个"&"号；三处是为 26.18,27.20 和 27.30 中缩略词"Mr"加了一个句点（"Mr."）；一处是将 27.8 中原先改作"foregoe"的"foregoing"一词，改成了"forego"一词。

本卷略去了 UCR 版本在 22.22、23.40、24.37、25.28 和 27.3 中上方添加的小标题。

515　　　杜威对他的这份悼文打字稿所作的改动，在本卷的《我所认识的乔治·赫伯特·米德》中的改动中列出。

《科学和社会》

本卷收入了杜威两篇皆冠题为"科学和社会"的文章。1931 年 6 月 9 日，杜威在利哈伊大学毕业生典礼上作了题为"科学和社会"的致词。他的演说发表于《利哈伊大学校友通讯》，第 18 期（1931 年 7 月），第 6—7 页。同年秋天，他出版的《哲学与文明》一书（纽约：明顿-鲍尔奇出版公司，1931 年，第 318—330 页），收有冠以同样题目的一章。虽然《哲学与文明》一书所收的 17 篇文章为杜威自 1896 年以来写成的已发表的文字，该书中杜威的序注表明："最后一篇文章——《科学和社会》以前未曾发表。"①

杜威的《哲学与文明》一书所载的那一章收入了他在毕业生典礼上所作演说的某些内容，又在很大程度上作了扩充和重写，因此不能被看作毕业生典礼上所作演说的"后"一个版本。所以，我们把两篇文章分别收入本卷。

《科学和社会［演说］》一文的校勘，纠正了 50.24 中的"men's"和 51.15 中的"régime"，在 50.39—40 中删去了在 51.1—4 中重复的一段话。《科学和社会［哲学与文明］》一文中未见有需要校勘的地方。

──────────

① "序注"，《哲学与文明》，第 v 页。

《社会科学和社会控制》

杜威的这篇文章发表于《新共和》,第 67 期(1931 年 7 月 29 日),第 276—277 页。该文强调需要进行"社会规划和社会控制",杜威把这一提法归功于参议员乔治·诺里斯在 1930 年 12 月 26 日《纽约时报》上发表的一封信(《杜威晚期著作》,第 5 卷,第 444—446 页)。杜威还在他的题为"无可压抑的冲突"的讲话中,对这一需要进行了评论(本卷第 149—152 页)。8 月,杜威在获悉他孙女的死讯后赶赴维也纳,回来后收到了马克斯·奥托(Max Otto)寄来的一封慰问信,其中对《新共和》上的文章作了如下评论:

516

> 我还想对您那篇发表在《新共和》上的《社会科学和社会控制》的精彩文章说几句话,这些话自夏季以来便印在我脑子里了。我阅读后备受鼓舞。有关陈述引人入胜,我不认为您那如此清晰表达的立场会被驳倒。您指出了一个美好的前景,您对那些对在社会科学领域运用实验方法抱有疑惑的人提出了许多建议。由于他们的同事"盲目地把自然科学奉为典范的执著态度",在这一领域工作的年轻人承受着沉重的压力,他们看了您的文章后会感到心情振奋。①

这篇文章后来被收入《现代世界的理智:约翰·杜威的哲学》,约瑟夫·拉特纳编(纽约:现代文库,1939 年),第 949—954 页。

《摆脱教育困惑的出路》

1931 年春季,杜威作为"威廉·詹姆斯特邀讲师"首位主讲人在哈佛大学作了 10 次系列演讲,他还以其他方式在哈佛至少作过 4 次演讲。1931 年 3 月 11 日星期三,他在关于中学教育的英格利斯讲座上所作的演讲便是其中之一。有一份报纸把这次演讲列在事先发布的消息一栏,讲题为"教育的困惑和冲突"(Educational Confusion and Conflict),②但发表时的题目是"摆脱教育困惑的出路"(坎布里奇:哈佛大学出版社,1931 年)。

---

① 奥托致杜威,1931 年 10 月 10 日,马克斯·C·奥托文集,威斯康星州历史协会,麦迪逊,威斯康星州。

② 《今晚的活动》(Events Tonight)《基督教科学箴言报》(*Christian Science Monitor*),1931 年 3 月 11 日,第 3 页。

第七次英格利斯演讲颇受到一些出版物的好评。纽约大学教育学教授菲利普·考克斯(Philip W. L. Cox)就杜威演讲对教育工作者造成的反应总结说:"对那种富于挑战性的论题的重新阐释是与杜威名字连在一起的,正是通过这样的阐释,美国教育必定会因其看到显露的新方向而获得信心。因此,所有的进步人士都要感谢杜威和策划本书的英格利斯讲座的主办人。"①

《美国的教育：过去和未来》

1930 年成立的美国广播教育咨询委员会旨在"对美国教育进一步推广无线电广播的技巧"。② 杜威的讲话"美国的教育:过去和未来",是由美国广播教育咨询委员会主办的"美国人"广播讲座的第二讲,纽约市的 WEAF 电台和其他美国广播公司的电台于 1931 年 10 月 25 日星期六七时对全国播送了这次讲话。③

1931 年 10 月,杜威的讲话首次被芝加哥大学出版社印制成一本 16 页的小册子出版发行,本文的范本即采用该册的文字。这篇讲话还在《学校与社会》第 34 期发表过(1931 年 10 月 31 日),第 579—584 页,题为"现代教育的诸方面"(Some Aspects of Modern Education)。《纽约先驱论坛报》和杜威讲话六天后《学校与社会》刊载文字中引用的讲话内容表明,美国广播教育咨询委员会在杜威广播讲话之前,便将印好的小册子分送给了有关的刊物出版机构。

---

① 考克斯:《初级—高级中学交流中心》(*Junior-Senior High School Clearing House*),第 6 期(1932 年 1 月),第 312 页。下述刊物也评论了杜威的文章:《波士顿晚间纪事报》(*Boston Evening Transcript*),1931 年 7 月 18 日,书评栏;《剑桥评论》(*Cambridge Review*),第 53 期(1932 年),第 193 页(K. B.);《教育观察》(*Education Outlook*),第 6 期(1932 年),第 250 页;《海波因特》(*High Points*),第 15 期(1933 年 1 月),第 86—87 页[A·H·拉斯(A. H. Lass)文];《初级—高级中学交流中心》,第 7 期(1932 年 10 月),第 127 页(菲利普·W·L·考克斯文);《纽约时报书评副刊》(*New York Times Book Review*),1931 年 5 月 31 日,第 28 页;《学校与社会》,第 34 期(1931 年 11 月 7 日),第 640—641 页[威廉·麦克安德鲁(William McAndrew)文];《学校评论》(*School Review*),第 40 期(1932 年 1 月),第 67—68 页[亨利·C·莫里森(Henry C. Morrison)文];以及《弗吉尼亚教师》(*Virginia Teacher*),第 14 期(1933),第 62—63 页[W·J·吉福德(W. J. Gifford)文]。

② 《美国的教育:过去和未来》,芝加哥:芝加哥大学出版社,1931 年,第 2 页。有关美国广播教育咨询委员会更多的信息,见费利克斯·莫利(Felix Morley)编:《大萧条面面观》(*Aspects of the Depression*),芝加哥:芝加哥大学出版社,1932 年。

③ 次日,一些报刊对这个广播讲话作出了评论,见《杜威认为我们需要一种新教育》(Dewey Sees Need for New Education),《纽约时报》,1931 年 10 月 26 日,第 19 页;以及《杜威断言教育必须有助于提升社会精神》(Dewey Asserts Education Must Aid Social Spirit),《纽约先驱论坛报》,1931 年 10 月 26 日,第 11 页。

哥伦比亚大学教师学院教授戴维·斯内登（David Snedden）对杜威发表在《学校与社会》上的这篇讲话作了详尽讨论。他说，杜威"令人信服地陈说了引致今日美国公立及私立教育产生大量难解问题的那种状况"。①

《教育：修道院、交易柜台还是实验室》

1922 年 3 月，费城中央高级中学开始举行一系列演讲，这可能受益于詹姆斯·G·巴恩韦尔（James G. Barnwell）为了纪念他母亲玛丽·加斯顿·巴恩韦尔（Mary Gaston Barnwell）而捐赠给学校的一笔钱。以这样的形式，全体校友都能听到这些演讲。玛丽·加斯顿·巴恩韦尔基金会还负责用通讯的形式，将这些演讲的文本刊印发出来。②

杜威于 1932 年 2 月 4 日作了第三十六次巴恩韦尔演讲。杜威的《教育：修道院、交易柜台还是实验室》一文首次发表于《巴恩韦尔通讯》，第 9 期，第 51—62 页；后又被收入《巴恩韦尔演讲集》（The Barnwell Addresses），第 2 卷。这本集子收有 24 篇从 1931 年到 1936 年所作演讲的文本［《巴恩韦尔演讲集》，第 2 卷（1931—1936），约翰·路易斯·哈尼（John houis Haney）编：费城：中央高级中学，1937 年，第 55—66 页］。《通讯》和《演讲集》采用的是同一个底本，只是后一本书中的页码有所更动。杜威的演讲还被收入了约瑟夫·拉特纳所编论文集《今日教育》（纽约：G·P·普特南出版公司，1940 年），第 230—243 页。

《杜威描绘儿童的新世界》

胡佛总统要求举行一次关于儿童健康与保护的白宫会议，"研究美国儿童目前的健康福利状况及已拥有的东西；告知正在做的事；并对应当做的事以及如何做好这些事提供建议"。③ 这次白宫会议于 1930 年 11 月 19—22 日在华盛顿特区举行，约 3000 名医务、教育和社会福利界代表出席了会议。

杜威对白宫会议的关注和评议，可见他发表在 2—3 月号《美国教师》杂志上的文

---

① 斯内登：《教育的目标导向》（Directive Aims in Education），《学校与社会》，第 34 期（1931 年 12 月 5 日），第 745—748 页。

② 约翰·路易斯·哈尼编："引言"，《巴恩韦尔演讲集》，第 2 卷（1931—1936），费城：中央高级中学，1937 年，第 xi—xvi 页。

③ "前言"，《白宫会议，1930》（White House Conference，1930），纽约：世纪出版公司，1931 年，第 v 页。

章《学校与白宫会议》(本卷第131—136页)。下一个月,1932年4月10日的《纽约时报》又在其教育版登载了杜威的文章《杜威描绘儿童的新世界》,该文具有总体介绍的性质,在接下去的几个星期里又刊发了其他五位作者的文章。杜威文章的开头有一段编者按语(本文中没有收入这段编者按语),编者解释道:

> 不光是眼花缭乱的变化基本上改变了儿童生长的环境,新的层出不穷的可能性也在影响着儿童的命运,以致许多家长感到茫然失措。胡佛总统召集的关于儿童健康与保护的白宫会议,其拟定的《儿童宪章》是一份颇具胆识的文件,以此写下了国家对本国青少年作出的承诺。这里,一些重要思想家联系日常的经验对其中的要点进行了解读。①

《儿童宪章》的19个要点融汇了会议各小组委员会提出的主要建议。②

《纽约时报》在杜威文章的题目下附加了三个解释性的副标题,又在正文中放进五个小标题,本卷删除了这些副标题和小标题。删去的五个小标题是:在137.28上方的"家庭以外的生活"(Life Outside the Home);在138.39下方的"智力革命"(The Intellectual Revolution);在139.34下方的"健康成为一种责任"(Health Becomes a Duty);在140.21下方的"科学时代的指导"(Guidance in a Scientific Era);以及在141.4下方的"情感从何而来"(Where Sentiment Enters)。

《独立政治行动联盟》

7篇分别归入论文、杂论、有关声明和演讲的访谈报道的文章选自杜威加入独立政治行动联盟期间(LIPA),该联盟于1928年总统大选之后由一组进步人士和社会

---

① 《纽约时报》,1932年4月10日,教育版。上述另五篇评论《儿童宪章》及其要点的文章分别是《保护儿童的人格》[Safeguarding a Child's Personality(II)],威廉·赫德·基尔帕特里克(William Heard Kilpatrick),1932年4月17日;《为儿童的公民身份做准备》[Preparing the Child for Citizenship(XI)],富兰克林·D·罗斯福夫人,1932年4月24日;《安全训练的新目标》[New Goals in Training for Safety(XII)],赫伯特·J·斯塔克(Herbert J. Stack,国家安全委员会中学会议主席),1932年5月8日;《当儿童触犯了法律》[When a Child Runs Afoul of the Law(XIV)],米里亚姆·范·沃特斯(Miriam Van Waters,洛杉矶少年法庭鉴定人),1932年5月15日;以及《童工的人身风险》[The Physical Risks in Child Labor(XVI)],艾丽斯·汉密尔顿(Alice Hamilton),哈佛大学公共安全学院,1932年5月22日。

② 有关宪章全文,见《儿童宪章》(The Children's Charter),《白宫会议,1930》,第46—48页。

党人发起成立,其目标为帮助建立一个其宗旨为增进社会控制的新的政党。① 1929年,杜威当选为该联盟执行委员会第一任主席。② 独立政治行动联盟的正式出版物《独立政治行动联盟新闻公告》(以下简称《新闻公报》——译者)每两个月发行一期(7月与8月除外),第1号于1930年6月发行。《新闻公告》一直是独立出版物,直到它于1933年4月被并入新发行的杂志《常识》(Common Sense)。③

LIPA:《"无可压抑的冲突"》

杜威于1930年12月致参议员乔治·W·诺里斯的信,要求诺里斯与现有两大政党断绝关系,帮助创建一个新的政党(《杜威晚期著作》,第5卷,第444—446页)。这促使萨蒙·O·莱文森致信杜威:"请给我一份你给诺里斯参议员的精彩的信。我佩服它,也许更甚于赞同它,无论如何,我喜欢文学作品。"④《无可压抑的冲突》,载于《独立政治行动联盟新闻公告》,第1号(1931年1月),第4—5页(本卷第149—152页),选自杜威于1930年12月30日在纽约新历史学会所作的演讲。杜威在演讲中评论了他与诺里斯的通信。将近2000名听众表明,他们对在那个时候建立第三政党抱有极大的兴趣。⑤

LIPA:《执行委员会的声明》

《执行委员会的声明》[《独立政治行动联盟新闻公告》,第1期(1931年2月),第1页(本卷第436—437页)]虽然不是由杜威签署,但他是执行委员会主席,其声明的目的是"澄清某些由于对"杜威致诺里斯的信"作出错误的解释而产生的误解"(第436页)。

LIAP:《一个第三政党》的纲领

本卷四篇为LIPA所作的文稿与该组织建立一个第三政党的目标直接相关。

---

① 《美国劳工年鉴,1931》(The American Labor Year Book, 1931),纽约:兰德学院出版社,1931年,第156—157页。

② 独立政治行动联盟于1929年9月8日组成了领导班子,杜威被选为主席。1929年9月9日,《纽约时报》在第1页以"这里的自由派人士计划筹组一个反对党;杜威教授领导全国组织团体"为题报道了这件事。

③ 《常识》杂志于1932年12月5日出版发行,编辑人是塞尔登·罗德曼(Selden Rodman)和艾尔弗雷德·M·宾厄姆(Alfred M. Bingham)。《新闻公告》并入《常识》始于1933年4月,这部分内容仍保留着《新闻公告》原先出版时以资识别的刊头。

④ 莱文森致杜威,1930年12月31日。莱文森文集,第16箱,第4文件夹,特种文件收藏部,芝加哥大学图书馆,芝加哥大学。

⑤ 《杜威说,参议院的反叛者害怕了》(Senate Insurgents Afraid Says Dewey),《纽约时报》,1930年12月31日,第3页。

《一个第三政党的纲领》[《新共和》，第70期(1932年2月24日)，第48—49页(本卷第324—325页)]是以LIPA的名义致编辑的信，以感谢《新共和》对于LIPA1932年的竞选纲领的内容丰富的说明。① 《民主站在失业者一边》(本卷第239—245页)是一本LIPA发行的小册子，其中发表了杜威1932年7月9日在俄亥俄州克利夫兰市LIPA第3届年会上的演讲。杜威的文章《一个第三政党的前途》，[《新共和》，第71期(1932年7月27日)，第278—280页(本卷第246—252页)]，分析了那次克利夫兰年会的结果。如杜威致LIPA执行秘书霍华德·Y·威廉斯(Howard Y. Williams)的信所显示的，该年会得到了报界的大量报道："我们无疑有了很高的公众知名度，我很高兴看到年会的消息被传播得那么广……我希望公告给你带来许多新成员。"② 《大选以后——怎么办?》发表于《独立政治行动联盟新闻公告》，第1号(1932年11月—12月)，第1—2页(本卷第253—255页)，撰于1932年总统大选之后，敦促继续推进新的政治结盟进程。

LIPA:《弗拉德克和莱德勒》

11月3日，1932年11月选举前的星期四，《纽约先驱论坛报》刊登了一封由杜威撰写的信(本卷第326页)，支持社会党国会候选人巴鲁克·查尼·弗拉德克和哈里·W·莱德勒。弗拉德克和莱德勒当时是LIPA的执行委员会成员，莱德勒还是工业民主联盟的执行主任。第二天，此信也刊登在《纽约世界电讯报》(1932年11月4日)，标题为"布鲁克林选民的好机会"(Great Opportunity for Brooklyn Voters)。《纽约时报》的一篇社论也评论并引用了杜威的信。③ 杜威把这封信的打字稿送给霍华德·Y·威廉斯，还在右上角注明："送N. Y. C.及布鲁克林报纸"。④ 威廉斯显然重新打了字，并把副本分别送给了上述三家纽约报纸。

这一文稿的范本是杜威本人的打字稿，载于霍华德·Y·威廉斯文集。当威廉斯为这封信重新打字时，他很可能把326.6中杜威的缩写"Pres."和326.8中的"Gov."全部写出，326.11中的"Socialist"的首字母改为大写，326.19中的"districts"的

---

① 杜威的信提到《一个第三政党的纲领》一文，《新共和》，第69期(1932年2月10日)，第335—336页。

② 杜威致威廉斯，1932年7月29日，霍华德·Y·威廉斯文集，明尼苏达历史学会，圣保罗，明尼苏达州。有关这次年会的报道，见《新共和》，第71期(1932年6月22日)，第137页;罗伯特·莫斯·洛维特(Robert Morss Lovett):《克利夫兰的进步人士》(Progressives at Cleveland)，《新共和》，第71期(1932年7月20日)，第258—259页。

③ 《社会党的候选人》(Socialist Candidates)，《纽约时报》，1932年11月4日，第18页。

④ 杜威致威廉斯，1932年11月1日，霍华德·Y·威廉斯文集。

首字母改为小写，并且改了对各报的称呼，而不是杜威在 326.2 中一般使用的"Editor &c"。除了在 326.15 中的"independent"，326.17 中的"Laidler"，326.18 中的"Districts"之后添加了逗号，以及在 326.17 中的"Messrs."之后添加了句点，打字稿上也随之出现了偶发拼读。杜威对这份打字稿中的改动，在本卷的"《弗拉德克和莱德勒》中的改动"中列出。

《失业问题——我们大家的责任》

杜威的文章《失业问题——我们大家的责任》发表于 1931 年 2 月《失业者》的第 2 期，该出版物由工业民主联盟主办，杜威是其副主席，以便使公众对国家经济形势保持警觉。① 《失业者》的发行时间并不长，从 1930 年到 1932 年，仅通过街边售卖。② 第 1 期售出 25 万份以上，而且，"由于作者们的慷慨……9000 份杂志免费送给了联盟成员、经济学与社会学教授、国会成员、部长、学院图书馆，以及学院报纸的编辑"。③

《需要一个新的政党》

题为"需要一个新的政党"的《新共和》周刊的长篇社论，在 1931 年 1 月 7 日这一期刊出。作者援引杜威 1930 年 12 月对参议员诺里斯脱离共和党并帮助创建一个新的政党的邀请（《杜威晚期著作》，第 5 卷，第 444—446 页），但又指出，"创建新的全国性政党在实践上困难巨大，此时也许还无法克服。但是，我国国家生活的一个历史时代似乎正在展开"。④

杜威的讨论也以"需要一个新的政党"为题，分四部分在《新共和》第 66 卷连续四期上刊出：《当前的危机》（3 月 18 日，第 115—117 页）；《旧秩序的瓦解》（3 月 25 日，第 150—152 页）；《谁有可能来建立一个新的政党?》（4 月 1 日，第 177—179 页）；和 524

① 亚历克斯·巴斯金（Alex Baskin）：《〈失业者〉》与大萧条：一种理念与一份杂志的历史》（The *Unemployed* and the Great Depression：The History of an Idea and a Journal），《失业者》，纽约：社会史档案馆，1975 年，第 1—10 页。这家每份 10 美分的杂志在失业者看管的自动售货机上，以每份 5 美分售出，仅仅收回印刷成本。杂志的报头栏声明："所有投稿、文章或绘画，以及编辑服务，全部是免费的。除去卖杂志的失业者，任何个人或组织没有利润或收入。

② 亚历克斯·巴斯金：《失业者》，第 10 页。

③ 见《美国劳工年鉴，1931》，第 230 页，以及《工业民主联盟的评论见效》（Notes of the L. I. D. at Work），《工业民主联盟月刊》，第 9 期（1931 年 2 月），第 8、12 页。

④ 《新共和》，第 65 期（1931 年 1 月 7 日），第 203—205 页。

文本研究资料 443

《新的政党的政策》(4月8日,第202—205页)。本卷中的范本来源于在《新共和》周刊上发表的文章。3月18日的《新共和》社论介绍了杜威的文章,该社论断言:"至于说到建立新的政党的诉求,无论它如何强烈、如何鲜明,只不过是关于大变革之为必不可少的不甚明确的体认而已。首要的任务是确定这一体认,说明这一变革,为不满现实的诉求指明方向。"①

在《新共和》3月25日发表了第二篇文章之后,杜威致信约瑟夫·拉特纳:

> 你关于从政治工具的角度考虑问题所说的,当然是明智的。但是,我们的产业生活复杂得令人烦闷,这不是一个白手起家的问题——不过,我不打算重复我要发表在《新共和》上的下一篇文章。吉奥·索尔(《新共和》的编辑)不赞同我的文章的初稿,因为我没有考虑到诸如稳定之类的事情;所以我压缩了最后的那些段落,虽然我相信那里所说的。不过,我相信我的政治判断力比索尔更好,虽然他是个比我好得多的经济学家。你不能为处理政治问题作计划,但你能够以政治的方式开始做事情,这将要求你作出计划和实施机制。②

4月5日的《纽约时报》以社论方式评论了杜威发表在《新共和》上的四篇文章:"他在最后一篇文章中追求建设性。考虑到被他描述为已经瓦解和无用的政治工具的两大现有政党存在的背景,他试图建立一个新的政党以解决一个新问题。这是他迄今为止的作品中最有意义——虽然也许不是最令人惊讶——的部分。"③

《和平——依据〈巴黎公约〉或〈国际联盟盟约〉?》

525　这是自1928年以来杜威关于战争与和平的第一份公开发表的声明。杜威和他长时间的朋友、宣布战争非法主张的作者萨蒙·O·莱文森交换了数封讨论这篇文章中想法的信件。1932年3月1日,杜威致信莱文森:

> 我一直在就日本的侵略考虑你的主张,很高兴收到你在《基督教世纪》上的

---

① 《作出规划对决权力政治》(Program Making vs. Power Politics),《新共和》,第66期(1931年3月18日),第111—113页。

② 杜威致拉特纳,1931年3月27日,拉特纳/杜威文集,卡本代尔:南伊利诺伊大学莫里斯图书馆特别收藏。

③ 《问题与领袖》(Issues and Leaders),《纽约时报》,1931年4月5日,第3部分,第1页。

文章的单行本,它应当被大力推行——我指的是你的计划。我想,我在史汀生致博拉的信中看到了你的影响的印记。你恐怕已经看到了《新共和》上那篇《论抵制意味着战争》(Boycott meaning War)的社论——就普遍抵制的情形而论,我怀疑他们立场的正确性:日本不能和全世界开战。不过,在把现在的情形与《国际联盟盟约》第 16 条相联系这一点上,他们无疑是对的。我觉得非常遗憾的是:他们没有显示把现在的情形与《巴黎公约》相联系——作为另一种选择——的重要性。我自己正在试图把这些想法组织成为一篇朝那个方向发展的论文;等到文章完成,我当然会送你一份。①

在同一封信中,杜威表示相信:

> 目前,在我看来,《巴黎公约》与《国际联盟盟约》中的每一方都或多或少是中立的。我始终觉得《巴黎公约》有时机不够成熟的危险,它只是一个在公众尚未受到足够教育的情况下采取的官方举措。不过,现在是时候着手教育公众,并且不再把《巴黎公约》仅仅当作一纸官方文件了。

《和平——依据〈巴黎公约〉或〈国际联盟盟约〉?》发表于《新共和》,第 70 期(1932 年 3 月 23 日),第 145—147 页,并引用了莱文森在《基督教世纪》上的文章和亨利·史汀生致威廉·博拉的信。②

根据 3 月 5 日莱文森致杜威的信,莱文森从"昨天收到的发自布利文的一封信中"得知,杜威计划论及"宣布战争非法与国际联盟、《巴黎公约》以及远东形势"。经过关于世界政治形势长时间的讨论,莱文森又说:"如果你给《新共和》的文章还没有写完,我想你最好——或许你也已经做了——为整个宣布战争非法的哲学理论辩护。"③杜威 3 月 8 日回复道,他已经

526

---

① 杜威致莱文森,1932 年 3 月 1 日,莱文森文集,第 16 箱,第 5 文件夹。也可见《日本能被遏制吗?》(Can Japan Be Stopped?),《新共和》,第 69 期(1932 年 2 月 10 日),第 334—335 页。
② 见莱文森:《裁军,中国东北三省与"巴黎公约"》(Disarmament, Manchuria and Pact),《基督教世纪》,第 49 期(1932 年 2 月 3 日),第 149—150 页;《史汀生国务卿的备忘录文本》(Text of Secretary Stimson's Note),《纽约时报》,1932 年 1 月 8 日;以及《史汀生论我们的中国政策的文本》(Text of Stimson's Letter on Our Policy in China),《纽约时报》,1932 年 2 月 25 日。
③ 莱文森致杜威,1932 年 3 月 5 日,莱文森文集,第 16 箱,第 5 文件夹。

把为《新共和》写文章夹杂在许多其他事情中,这篇文章写得很匆忙,也很糟糕。不过,我觉得时间很重要,不想再为把它改得好一点而花太多的时间。我的目标是把注意力集中到在这次危机中宣布战争非法的想法。①

收到杜威发表的文章之后,莱文森致信杜威:"谢谢《新共和》杂志。你的文章给我的印象仍然像从前那样有力,即使在改了标题之后依旧如此。"②

《国际组织必须进行制裁吗?不》

杜威在《和平——依据〈巴黎公约〉或〈国际联盟盟约〉?》中敦促采取的三个行动之一,是废除《国际联盟盟约》中有关武力制裁的条款,以便使该约与《巴黎公约》保持一致"。在《和平——依据〈公约〉或〈国际联盟盟约〉?》一文发表后不久,外交政策协会主席詹姆斯·G·麦克唐纳(James G. McDonald)请求杜威更充分地阐明他的立场:

根据最近在远东发生的事件,我们中许多人相信,国际组织的整个基础应当予以重新考虑。事实上,你在你最近发表在《新共和》周刊的文章中清楚地阐述了这一必要性。外交政策协会极其希望推动一场反映两种观点的,尤其是关于制裁问题的两种观点的公开讨论。据我所知,比尔先生(外交政策协会属下的研究部主任)与你就这个问题有过通信,他已经准备了一篇论文来论证。如果我们有一个成功的国际组织,则制裁是必要的。我想询问:是否有这样一种可能性,你对你发表在《新共和》上的评论中的立场作进一步阐释,作为对于比尔先生的论证的答复。

很不幸,由于预算拮据,我们不能为这样一篇文章支付报酬,但我们能够使这次讨论有尽可能广泛的公众知名度。如果你能够参与这场讨论,我们肯定你能为国际和平事业作出令人瞩目的贡献。③

杜威答复道,他认识到这个话题的重要性,并对受邀撰文论述表示感激,无需涉

---

① 杜威致莱文森,1932年3月8日,莱文森文集,第16箱,第5文件夹。
② 莱文森致杜威,1932年3月22日,莱文森文集,第16箱,第5文件夹。
③ 麦克唐纳致杜威,1932年4月5日,莱文森文集,第16箱,第5文件夹。

及付酬的问题。不过,杜威并没有立刻对麦克唐纳作出肯定答复,直到他与莱文森进行了磋商:

> 我在这个问题上的观点只是对他(莱文森)早已敦促人们接受的那些立场的反映,而且,他能够驾驭的材料要远比我完全。所以,我觉得他才是最适合撰写那篇文章的人选,无论如何,我不能在不与之协商的情况下做那件事。我想,你要的是关于反制裁论观点的权威论述,而莱文森先生是给出这一论述的最佳人选。①

同一天,杜威致信莱文森,随信寄去他给麦克唐纳的回信的副本,并进一步表示了对由他本人撰写此文的保留:

> 关于为什么我不宜撰写此文的另一个特别理由是:我手头并没有许多材料,也缺乏参考文献。我确信,必须指出的一个要点是,比尔的计划在任何重要之点上都不可行;而且,可以给出证据,在不同的情形之下,各大国中的某些或全部都以一种逻辑上一贯的方式从这一想法退缩。只有国际联盟的美国支持者才把实施制裁真的当成一回事,欧洲人要现实得多。但是,我手头没有什么实际材料或参考文献可以引用。②

528

但莱文森答道:"我最急切地希望你写这篇文章,主要的理由是:与别人相比,你的名字的分量要重得多,所以能够发挥的作用也要大得多。"莱文森写道,他的身体依旧在康复之中,并且在"考虑合适的人选,如果你为外交政策协会写那篇文章的话"。③

杜威向莱文森递了一张短柬,称他不想增加莱文森的负担,并暗示他准备写那篇文章。他通知莱文森:"麦克唐纳要我'答复'雷蒙德·莱斯利·比尔,所以我希望他们把他的文章先送过来。"④接下来的几个星期中,杜威与莱文森就如何回复比尔交换了一系列信件——杜威寻求信息和批评,而莱文森则提供建议和评价。

---

① 杜威致麦克唐纳,1932 年 4 月 6 日,莱文森文集,第 16 箱,第 5 文件夹。
② 杜威致莱文森,1932 年 4 月 6 日,莱文森文集,第 16 箱,第 5 文件夹。
③ 莱文森致杜威,1932 年 4 月 11 日,莱文森文集,第 16 箱,第 5 文件夹。
④ 杜威致莱文森,1932 年 4 月 13 日,莱文森文集,第 16 箱,第 5 文件夹。

杜威立刻着手为那篇文章拟了一份提纲,他送给莱文森一个抄件,并请求在下述两点上得到协助:"欧洲国家拒绝实施制裁的事例与原因,以及如果它们这样做,又会对他们之间的和平关系产生什么样的致命后果。我也给比尔送了一份抄件……我们同意在最后定稿之前交换文件。"①莱文森以四页纸的想法供杜威考虑,他评论道:"你那三页纸颇耐咀嚼,我盼其成形之心甚切。"②杜威于 4 月 28 日把文章的四分之一篇幅的粗样送交莱文森,并加上附言:"为了让你看到进展,打字稿没有修改就送了过来;不必为此太费心。"③在一周之内,莱文森致信杜威:"你的第三稿和最后一稿到了……我立刻取出来,并且已经读完了。"莱文森对文章表示高兴,但坚持一点:"用足够的时间弄清楚,宣布战争非法、抛弃武力学说的哲学的实质是什么。"④

529　　莱文森要一份最后手稿的抄件,但杜威在 5 月 6 日答复道,"很抱歉,我没有时间继续在那篇文章上花工夫了;我得离开它……我重写并扩充了最后一页,还附上了信纸。如果有个秘书,我会把整篇文章誊清,然后送给你;不过,就目前而言,我希望主要之点都已十分清楚。"⑤莱文森再次给了文章以好评,并敦促杜威"严肃地考虑擦去我的名字,让它看起来像目前健在的最伟大的哲学家和教育家的著作"。⑥

　　在 5 月 18 日一封致莱文森的手写信件中,杜威写道:

　　　　比尔和我的文章都已付印——我当然会留意让他们送抄件给你。比尔的文章中有一部分,我处理得不十分妥帖——关于美国各州和联邦政府与武力有关的宪法关系的很长的讨论。我漏掉了一两个附带之点,部分地是因为他的论证看起来不十分相干,部分地是因为与我的专业相去太远——这是你在其中游刃有余的领域,也许有朝一日,你会觉得这问题需要一个确定的回答。⑦

　　比尔和杜威讨论制裁的文章在 1932 年 6 月发表:《国际组织必须进行制裁吗?》,

———————————

① 杜威致莱文森,1932 年 4 月 21 日,莱文森文集,第 16 箱,第 5 文件夹。
② 莱文森致杜威,1932 年 4 月 26 日,莱文森文集,第 16 箱,第 5 文件夹。
③ 杜威致莱文森,1932 年 4 月 28 日,莱文森文集,第 16 箱,第 5 文件夹。
④ 莱文森致杜威,1932 年 5 月 3 日,莱文森文集,第 16 箱,第 5 文件夹。
⑤ 杜威致莱文森,1932 年 5 月 6 日,莱文森文集,第 16 箱,第 5 文件夹。
⑥ 莱文森致杜威,1932 年 5 月 9 日,莱文森文集,第 16 箱,第 5 文件夹。
⑦ 杜威致莱文森,1932 年 5 月 18 日,莱文森文集,第 16 箱,第 5 文件夹。

《外交政策协会手册》，第82—83号(纽约：外交政策协会，1932年)，第3—39页。这个小册子包括麦克唐纳的前言、比尔对问题的19页肯定答案、杜威对问题的16页否定答案。手册出版之后，莱文森致信杜威：

> 你的文章不但彻底摧毁了比尔及其哲学，而且阐述了宣布战争为非法的哲学的核心。对于和平力量的团结，这是当前最需要的。①

杜威的文章重新出版于《现代世界的智慧：约翰·杜威的哲学》，约瑟夫·拉特纳编 530
(纽约：现代文库，1939年)，第566—602页，标题为"制裁与国家安全"。

《对美国有色人种协进会的演讲》

杜威在美国有色人种协进会第23届年会上作的无标题演讲在本卷中首次出版；该演讲1932年5月19日发表于夏洛浸礼会教会(Shiloh Bastist Church)在华盛顿特区的讲堂，作为对美国有色人种协进会的赫伯特·J·塞利格曼提交的经济规划的讨论的一部分。②

收入本卷的这一演讲的范本是打字稿，打字者并不是杜威本人，载于美国有色人种协进会记录，华盛顿特区。③ 该打字稿是否为杜威最初的打字稿，或者是否从杜威为演讲而准备的手稿经重新打字得来，或者是否为演讲稿的抄本已经不得而知。这篇文章的校勘纠正了5处单词错误拼法，分别在225.3、226.18、226.29、226.35、226.36中；在224.23中纠正了日期；将6处出现的"party"一词的首字母改为小写；在225.32和229.24中分别加入了标点符号；在227.40中删除了1个多余的单词；在230.30中改变了词序。

《大学里的儿子——和家长们》

这篇对于克里斯蒂安·高斯的《大学生活》的评论的范本，是极少数现存的杜

---

① 莱文森致杜威，1932年7月14日，莱文森文集，第16箱，第5文件夹。
② 《衰退呼唤对少数族群的救助》(Slurnp Is Called Aid to Minority Groups)，《华盛顿邮报》，1932年5月20日，第7页。关于对大会和杜威的演讲的其他报道，见《杜威敦促黑人加入新的政党》(Dewey Urges Negroes to Join New Party)，《纽约时报》，1932年5月20日，第2页；以及《杜威认为，衰退喜欢与黑人结伴》(Slump Favors Negro's Status，Dewey Holds)，《纽约先驱论坛报》，1932年5月20日，第13页。
③ 第1组，B系列，第8箱，美国有色人种协进会记录，手稿部分，国会图书馆，华盛顿特区。

威亲笔手稿之一。1931 年 1 月，杜威去伯克利作前面提及的题为《语境和思想》的乔治·霍姆斯·霍伊森讲座的演讲。这篇评论撰于沿圣菲铁道线坐火车去伯克利的途中。杜威致信在《新共和》周刊工作的埃德蒙·威尔逊（Edmund Wilson）并附上这篇评论，他致歉说："抱歉，这不是打字稿，因为交稿已经迟了。我想，最好不要再耽搁到等我有机会打字的时候。"①

与杜威的大多数打字稿相比，手稿上为数不多的改动显示，杜威在用手把想法写到纸上时要比在打字机上时做得更为精确；也有另一种可能，那就是这篇评论写得很仓促。由于那年 1 月杜威的日程很紧凑，他不大可能在发表之前看过评论的清样。他在 1 月 14 日霍伊森讲座的演讲一结束就离开伯克利。随后他主持了 1 月 19 至 24 日在佛罗里达罗林斯学院召开的课程研讨会，然后在 1 月 31 日回到纽约的家中。②所以，《新共和》周刊的编辑对评论手稿中的改动，以及评论以"大学里的儿子——和家长们"为题在《新共和》周刊第 66 期（1931 年 2 月 4 日），第 332—333 页（NR）上发表负有责任。由于这一原因，除了"校勘表"中注明的例外，范本的实质用词以及偶发拼读都被恢复原样。本卷中未接受的来自《新共和》版本的实质性异读在《〈大学里的儿子——和家长们〉中被摒弃的实质性异读列表》中列出。

如在 259.7—8 中所显示，接受《新共和》版本中文字的词序改变的理由是：它使杜威的陈述得到澄清。在 259.17 中，杜威想说的很可能是"说他已经"（say that he has）而不是"说已经"（say that has），短语"承认"（admits to）接受《新共和》的版本。在 260.18 中，以更为特殊的短语"院长的例子"（The Dean's example）取代"他们"（They）。在 260.25 中，接受的是以"这引出了"（This leads to），而不是以"终结"（concluding with）起首的从句，因为所提到的教训适用的范围包括引文，而该从句又附属于引文。《新共和》的校勘恢复了在 261.6、261.7、261.9 和 261.22 中的被引用的文字的原来的解读，也改正了手稿在 259.9、260.7、260.16 和 260.23 中的四个

错误。杜威在这份手稿中亲笔作出的改动，在"《大学里的儿子——和家长们》中的改动"中列出。

---

① 杜威致威尔逊，1931 年 1 月 9 日，约翰·杜威 VFM4，卡本代尔：南伊利诺伊大学莫里斯图书馆特别收藏。
② 杜威致艾伯特·C·巴恩斯，1931 年 2 月 2 日，拉特纳/杜威文集。

《自救者，抑或弗兰肯斯泰因》

1932 年 3 月 12 日，杜威在《星期六文学评论》第 8 期（第 581—582 页）上发表了对奥斯瓦尔德·斯宾格勒的《人与技术》的评论；在汇集本卷的材料时，人们发现，该评论的标题各不相同。米尔顿·哈尔西·托马斯（Milton Halsey Thomas）在他的《约翰·杜威：百年传记》（*John Dewey：A Centennial Bibliography*）中列出的标题为"自救者，抑或弗兰肯斯泰因"。[①] 在杜威中心的档案中，照相版的评论的标题为"工具，抑或弗兰肯斯泰因?"（Instrument or Frankenstein?）。《星期六文学评论》的三份拷贝也受到检查，以确定哪个标题最接近正确。南伊利诺伊大学卡本代尔分校莫里斯图书馆的缩微胶卷版的《星期六文学评论》（盖有戳记"加利福尼亚州图书馆"）与杜威中心档案一致，其所载标题为"工具，抑或弗兰肯斯泰因"（A），而该杂志在南伊利诺伊大学图书馆和伊利诺伊大学图书馆的上架拷贝上的标题都是"自救者，抑或弗兰肯斯泰因"（B）。

两个文本的比较揭示了两个版本的一系列差别，而版本 B 错误较少。除了标题上的差别以外，在版本 A 中，在 281.6 中分开印刷的词"to"在版本 B 中不见了，这很可能是不完全的纠正错误的尝试；在 283.19 中，版本 A 中拼错的单词"martricide"在版本 B 中被纠正为"matricide"，尽管在 284.20 中拼错的单词"commmitted"在两个版本都被忽略了。对那一期《星期六文学评论》的其他页上的比较，显示了版本 B 对于版本 A 中的错误的纠正。[②] 在两个版本中所作出的排版上的更正显示版本 B 是两个版本中的较晚者，因此被作为该评论的范本。

533

《〈哲学研究〉导言》

1932 年春，杜威为利哈伊大学的西奥多·T·拉弗蒂所写的两篇在《哲学杂志》

---

① 芝加哥：芝加哥大学出版社，1962 年，第 100 页。《期刊文献的读者指南》（*The Reader's Guide to Periodical Literature*），第 8 期（1 月—6 月，1929—1932），第 687 页；以及《星期六文学评论索引，1924—1944》（*Saturday Review of Literature Index，1924—1944*），纽约：R·R·鲍克出版公司，1971 年，第 204 和 642 页都列出标题"自救者，抑或弗兰斯泰因"。

② 在头版文章《Cut-Throat Bandits》（割喉匪徒）中，结束的引号在版本 A 中是倒写的，在版本 B 中被纠正了。在第 586 页上为希莱尔·贝洛克（Hilaire Belloc）的"Nine Nines"（九个九）划出的线下面的标题中，版本 A 中的"Blackwood"被纠正为版本 B 中的"Blackwell"；在第 586 页上题为"Body and Spirit"（肉体与精神）的评论中，评论者的名字从在版本 A 中的位置被放置到版本 B 中杂志的正确位置。

重新发表的文章写了"导言"。① 杜威的 2 页"导言"和拉弗蒂的两篇文章构成标题为《哲学研究》的 25 页研究所通报[利哈伊大学出版物,第 6 卷,第 7 号(伯利恒,宾夕法尼亚:利哈伊大学,1932 年)](SP)。

拉弗蒂的第一篇文章于 1931 年 7 月 16 日在《哲学杂志》上发表之后,杜威称赞了他的研究的直截与单纯性,又说,"我看不出如何能够做得更好"。② 可能由于杜威对于这两篇文章所提到的兴趣,利哈伊大学哲学系当时的主任珀西·休斯(Percy Hughes)请求杜威为所提到的通报性出版物写一篇导言。③ 1932 年 4 月,杜威致信休斯称,收到了 4 月 14 日出版的《哲学杂志》,以及拉弗蒂的第二篇文章,这提醒他注意到自己的怠惰;他将"试着写几句",很快就会送到休斯手中。他还说:"拉弗蒂在论文中已经把该说的几乎都说了,以至于试图再加些什么似乎是多余的……感谢你邀我做此事,我也将尽我所能,不过我做不到拉弗蒂那么好。"④

杜威的"导言"的范本是由杜威本人打字并修改的打字稿,载于拉弗蒂文集,南卡罗来纳图书馆,南卡罗来纳大学,哥伦比亚。当杜威为他的文章打字时,他省略所有的"Dr."后面的句点;而且,除一个之外,他省略了所有"Mr."后面的句点。在"导言"被付印时,这些句点都被添上,并且在对《哲学研究》进行校勘时连同在 312.5 中从"philosophy"到"philosopher"的纠正一起被接受。同时考虑到杜威对他的打字稿中的标点符号缺乏注意,在对《哲学研究》进行校勘时接受了六个起澄清作用的逗号。杜威在他的打字稿中的改动,在"《〈哲学研究〉导言》中的改动"中列出。

534

《这是怎么回事?》

杜威的这篇文章是对艾伦·泰特对于《情感性思想》一文的批评的回复,此文后

---

① 《手段与价值的二元论》(The Dualism of Means and Value),《哲学杂志》,第 28 期(1931 年 7 月 16 日),第 393—406 页;以及《实用主义知识理论的某些形而上学后果》(Some Metaphysical Implication of the Pragmatic Theory of Knowledge),《哲学杂志》,第 29 期(1932 年 4 月 14 日),第 197—207 页。

② 杜威致拉弗蒂,1931 年 8 月 15 日,拉弗蒂文集,南卡罗来纳州图书馆,南卡罗来纳大学,哥伦比亚,南卡罗来纳州。

③ 《杜威的一个注记》(A Note by John Dewey),载于拉弗蒂:《自然与价值:实用主义形而上学论文》(Nature and Values: Pragmatic Essays in Metaphysics),詹姆斯·威拉德·奥利弗(James Willard Oliver)编,哥伦比亚:南卡罗来纳大学出版社,1976 年,第 277—279 页。

④ 杜威致休斯,1932 年 4 月 18 日,拉弗蒂文集。

来重印于杜威 1931 年出版的《哲学与文明》一书中。1932 年 1 月,泰特致信杜威称,《新共和》周刊决定不发表泰特的批评和杜威的回复。泰特暗示,《猎犬与号角》(Hound & Horn)杂志的编辑——泰特是该杂志南方地区投稿的编辑——对他的文章有兴趣,如果杜威的回复能与之一同发表的话。① 杜威给泰特送去一个短束,称他已要求《新共和》周刊的马尔科姆·考利(Malcolm Cowley)把他的回复转交给《猎犬与号角》杂志。② 该杂志未发表两人的文章,但泰特的文章发表在 12 月号上的《本季》,杜威的回复则没有被发表。③

杜威的回复首次在本卷发表,泰特的批评文章则作为附录 5 重印。本文的范本是未发表的打字稿,载于艾伦·泰特文集,普林斯顿大学图书馆,普林斯顿大学。校勘纠正了 330.7 中的"than",331.26 中的"italics",331.40 中的"confirms",332.10 中的"thoroughly",333.10 中的"renders",以及 334.7 中的"soul"的拼写,并补上了 18 个"Mr."以及 3 个"Dr."后面遗漏的句点。"《这是怎么回事?》中的改动"提供了杜威这篇文章的修改记录。

《人民游说团》

汇集在这部分的是杜威 1931—1932 年期间给《人民游说团公告》的 12 篇投稿,4 篇人民游说团向《纽约时报》发布的消息,以及一篇从前没有发表的,为一个论述失业问题的小册子所写的导言。几乎一半的文稿是杜威作为人民游说团总干事致胡佛总统、商务副部长朱利叶斯·克莱因、参议员威廉·E·博拉、国会中的进步人士、州际商务委员会,以及全国的教会领袖的公开信。

人民游说团由人民复兴联盟(People's Reconstruction League)演化而来,后者成立于 1921 年 1 月。1921 年,人民复兴联盟执行秘书、该联盟主要组织者本杰明·C·马什建议用"人民游说团"这一名称,但其他组织者担心公众对"游说"一词的反应。1927 年,人民复兴联盟作为反托拉斯联盟被重建。第二年,马什被推举为代表邀请杜威出任该组织总干事,杜威接受邀请,但以该组织以它试图成为的组织为其名

---

① 泰特致杜威,1932 年 1 月 9 日,艾伦·泰特文集,普林斯顿大学图书馆,普林斯顿大学,普林斯顿,新泽西州。

② 杜威致泰特,1932 年 1 月 13 日,艾伦·泰特文集。

③ 泰特,《审美情感之为有用之物》,《本季》,第 5 期(1932 年 12 月),第 292—303 页。见本卷附录 5。

称——人民游说团为条件。至 1931 年,人民游说团有成员大约 1500 人。①

《人民游说团公告》的第 1 号是 8 页的印刷文件,出版于 1931 年 5 月。直到那时,每月出版的《人民游说团公告》都是用模版印刷的。纽约市的埃塞尔·克莱德(Ethel Clyde)对人民游说团颇有兴趣,资助了《人民游说团公告》,并且支付了大约 1500 美元的缺额。② 4 月 15 日,杜威给马什写了一封长而且热情洋溢的信:

> 永生的上帝——随信附上克莱德夫人的 1616 美元支票。看在上帝的份上,为你自己付账单吧;我可不是循规蹈矩地说"看在上帝的份上"的人……她还有另一个提议,要为以一种有吸引力形式的打印稿付账,留出足够的份数定期送给各学院图书馆、经济学和社会学的教授们,以及报亭卖掉。她要一个估计,并将资助这项事业……马上写信致谢,告诉她印刷《人民游说团公告》的情况,还要告诉她你正在计算印刷所需的费用;给她一个足够应付大的编辑开销的数字,把额外的邮费也算在内。

杜威还加上附言:

> 找好的印刷商估计一下开销,为你能支配的数目留足余地;报亭能销售多少,要第一个算出来。不过,在你办完事情之后,我会加进两个总数:一个是马上要用的份数,另一个是以后要用的份数。③

杜威与马什通信,交换信件和建议、在报纸上发布的消息稿,以及在《人民游说团公告》上使用的稿件。虽然在报纸或《公告》上发表的文章有杜威的签字,或用杜威作

----

① 见本杰明·C·马什:《人民的游说者:五十年的记录》,华盛顿特区:公共事务出版社,1953 年,第 69—88 页;以及美国国会、参议院、失业保险特别委员会:《失业保险:参议院第 483 号决议听证会》(Unemployment Insurance: Hearing son S. Res. 483),第 72 届国会第一次会议(华盛顿特区:政府印刷局,1931 年),第 208—211 页。

② 马什:《人民的游说者》,第 91 页。

③ 杜威致马什,1931 年 4 月 15 日,本杰明·C·马什文集,国会图书馆,华盛顿特区。埃塞尔·克莱德与杜威同为工业民主联盟的成员,还是美国生育控制联盟主席,并且很可能影响了杜威撰写《参议院的生育控制法案》一文,《人民游说团公告》,第 2 号(1932 年 5 月),第 1—2 页(本卷第 388—389 页)。一封来自克莱德夫人支持参议院的生育控制法案的信发于 1932 年 5 月 11 日的《新共和》,第 355 页。

为总干事的名义,但杜威的通信显示,他与马什在信件和文章写作上相互合作。没有证据表明杜威看过发表在《公告》上的每一篇文章,但 1931 和 1932 年间各号大多数文章中,至少有一篇文章或一封信有杜威的签字,或者用了杜威的名义。现存的杜威1931 年与马什的某些通信,说明了那一年中一系列文稿内容的产生与演变。

1931 年春,杜威在哈佛大学以新设的"威廉·詹姆斯特邀讲师"的名义作了一系列演讲。但是,1931 年 4 月 13 日,杜威在纽约市的 WEAF 电台播出了一场演说"丰实的仓库和饥饿的胃"。4 月 21 日,杜威从坎布里奇致信马什:

> 我在这里发现了许多关于广播演说的信件,还问他们要了副本。因为其中537一些来自全国广播公司,我猜他们不对外送副本……有些信件还特别问到人民游说团……昨天我忘了说到在报纸上发布的消息,以及公众知名度的事情。我想,最好的事情就是把它们发表在下一期印刷月刊上。①

同一周的后几天,杜威又一次致信马什,谈到下一期人民游说团的出版物上的文章:

> 如果你发表我的广播演说——而且我假定你会回答大约 75 个请求——我不相信有必要签署《非得用红色来写》(Must It Be Written in Red?)这篇文章;把它放进去就行,人们会理解它来自游说团。
>
> [尼加拉瓜]文章不应当说一点撤走舰队的事? 我不懂那情形,不过你可以把人民游说团在(写上日子)开始敦促此事的这个事实放进去,也许再引用你的某些活动。②

6 月 18 日,杜威致信纽约社会工作学院的爱德华·C·林德曼,建议向胡佛发出非政治性呼吁,强调儿童的困境,要求实行救济。林德曼 6 月 23 日的信答复说,他将与同事讨论此事,看看有什么他们可以做的。杜威致信马什表示他的关切:

---

① 杜威致马什,1931 年 4 月 21 日,马什文集。
② 杜威致马什,1931 年 4 月 25 日,参考《非得用红色来写》一文,《人民游说团公告》,第 1 号(1931 年 5 月),第 3 页;以及《美国在尼加拉瓜想要什么》(What Does America Want in Nicaragua?)一文,《人民游说团公告》,第 1 号(1931 年 5 月),第 5—6 页。

情况变得越来越不能容忍。市政救济站的领导告诉我的一个朋友：三四个人住在一起的人在夜里死去是常有的事。饿死的。①

杜威给马什回了一封信,信中可能含有上述表示,他"修改了信的第一部分……我希望你懂得其中的含义。因为我要让你的主张变得更强有力,而不是把它们的调门降低"。这封信标明日期为6月26日,一定是写给胡佛的很长的一封信,《胡佛主旨演讲的玄机》,《人民游说团公告》,第1号(1931年7月),第3—6页。

杜威致马什的信件表明,马什起草了部分信件和文章,由杜威加入他本人的意见和指示。在6月17日致马什的信中,杜威评论道："你给州际商务委员会的信很好。在听证会上,你可以提出运费涨价对汽车和运货卡车竞争的影响问题。"②7月3日,杜威将一份草稿或清样送回给马什,并评论道："回复给你的东西在我看来不错。我想象铁路运输公司会说,要压低工资,只能涨运费;而且,为了尊重总统的政策,他们不愿减掉工人的工资。"③虽然《杜威总干事反对一揽子运费上涨》一文的开始段宣称"杜威以人民游说团总干事的名义致信州际商务委员会……"[《人民游说团公告》,第1号,(1931年8月),第6—8页,本卷第368页],但由于日程排得很满,杜威很可能没有充分准备或没有时间证实370.40至371.34那封信中所引用的州际商务委员会案例中的有关事实的成立。

《人民游说团公告》发表了一封致商务副部长朱利叶斯·克莱因的信——《质疑克莱因部长乐观看法的依据》[《人民游说团公告》,第1号(1931年6月),第3—4页],该信要求克莱因澄清其关于国家经济形势乐观看法的根据。下一号《公告》发表了克莱因的回复,以及杜威的反驳。杜威6月29日致马什的信,显示了他对已经发表的由他签署的文章和信件的内容和风格的注意。在那封信中,杜威为《反驳克莱因部长》[《人民游说团公告》,第1号(1931年8月),第4—5页]提出了建议："关于克莱因的声明,你对事实与数据的掌握远胜于我。虽然如此,除你已经谈到的之外,我仍想要提出两点。"杜威继续说道：

---

① 杜威致马什,1931年6月24日,马什文集。
② 杜威致马什,1931年6月17日,马什文集。
③ 杜威致马什,1931年7月3日,马什文集。

一点与他的第一段有关。从你以前的信中找不到这样一种暗示,即我们巨大的自然资源和高生活水平是一件值得"哀叹"的事情。值得哀叹的是:(1)我们的自然资源如此严重地被少数人所垄断,又由于他们毫无计划的运用而被不顾后果地浪费——看看煤和石油的情形就清楚了。(2)成百万人的生活水平并不"高",而是被降低到几乎要挨饿的地步;而且,尽管我们向国外输出资本,设置关税壁垒,这就使他们的大部分货物要用他们不断增加的债务负担,以及全世界堆积在这里、还在不断增大的那部分黄金来支付——而这里以及海外有数百万的人却得不到足够的东西吃。不需要严格按这些文字来表述,我只是为你提供一个一般思路。第二段你能处理得比我好。

第三段中,他承认,全世界所有人的需求没有得到满足,要强调这一点;我们同意,生产过剩在很大程度上是因为消费不足——可是,为什么?

在那一段和下一段,他表明自己完全致力于无计划和难以预料的重复生产激增的东西,它们现在被视为奢侈品,但将来是必需品。换句话说,汽车和无线电生产的膨胀将在其他货品上重复,直到下一次衰退爆发。这一点没有被清楚地表达,但我认为逻辑是清楚的。[1]

杜威还加上了提醒:"别忘了在开头和结尾都要有礼貌地对他的回复致谢。"

杜威也留意到有关确保人民游说团的出版物持续发行的细节。1931年夏,杜威从新斯科舍省哈伯兹致信马什:"克莱德夫人真是了不起。她为游说团下一年的一个办公室官员写信给我,并资助'公告'一年的发行,所以,那段时间就可以对付过去了……我手头没带预算,抱歉,我不能和你商量细节了"。[2] 1932年1月,埃塞尔·克莱德给杜威送来一封正式信件,概括了她与人民游说团的协议:

我给你送来我的4500美元的支票,标明日期为1932年7月1日(未编

---

① 杜威致马什,1931年6月29日,马什文集。
② 杜威致马什,无日期,马什文集。信的确切日期不得而知,但杜威在信中说,他的孙女死于维也纳,他计划于1931年8月22日乘船去欧洲。

号），在布鲁克林信托公司支取；按照协议，人民游说团同意在今年 7 月至 12 月的六个月中平均每月发行 6000 份《人民游说团公告》，包括支付秘书的薪水，以及一个全职职员的薪水，其数额如此信所规定。①

发表在《人民游说团公告》的文稿和四篇《纽约时报》的文章按时间次序排列。正文之前的解释性批注被保留下来，并用斜体字标出。数篇发表在《人民游说团公告》的文章将所有杜威的文本圈入引号之内，这些引号被删除，以便将杜威自己的文字与他所引用的其他文字相区别。在《胡佛主旨演讲的玄机》一文中，三段作为分开的段落的短的引文——分别在 357.7—9、362.4—6 和 362.26—27 中——在正文中连排。这些文章的大多数校勘纠正了首次发表时忽略的错误拼法。

这一部分的最后一篇文稿——《〈失业保险〉导言》——的范本是杜威的打字稿，收于本杰明·C·马什文集，国会图书馆，华盛顿特区。这份此前未发表的文稿可能是被用作 1931 年由人民游说团出版的《国家失业规划答问》的导言。杜威在这份打字稿中的改动，在"《〈失业保险〉导言》中的改动"中列出。

《在文科学院课程研讨会上的发言》

文科学院课程研讨会于 1931 年 1 月 19—24 日在佛罗里达州温特帕克的罗林斯学院举行。会议由罗林斯学院院长汉密尔顿·霍尔特（Hamilton Holt）召集，并致开幕辞：

> 我要感谢与会各位作为罗林斯学院的客人来到此地，讨论目前教育者所面临的、在我看来是最为重要的问题之一——即文科学院的最佳课程安排是什么；注意，这里所考虑的不是大学或学校，而是学院，自治的学院，如罗林斯学院，或者一个大学中的学院，如哥伦比亚学院，或耶鲁学院，或哈佛学院。②

杜威主持了全体大会，作了发言，并协调各位发言者的立场。杜威在大会上的发

---

① 克莱德致杜威，1932 年 1 月 29 日，马什文集。
② 《课程研讨会会议记录》，共 3 卷，罗林斯学院，温特帕克，佛罗里达州，1931 年 1 月 19—24 日，第 1卷，第 1 页。

言收录在本卷中。杜威发言的范本是罗林斯档案馆所存未发表的复印打字稿。①。加入导引段落以澄清杜威的发言的上下文。在 423.18 中,对掌声的提及被省略了。

大会成员之一、范德比尔特大学教育学教授约瑟夫·K·哈特为《综览》(*Survey*)撰写了对大会的评论,他说:

> 汇集在一起讨论和研究结果涉及整个情况的五个明显不同的方面,那就是:文科学院的办学目的,以及它在教育组织中的地位;学生的兴趣及其在决定学院的规划中的作用;课程安排本身;教学方法,教师与教师的培训,新学院的管理;最后,对这几年里学院所做工作的评价,以及对这一过程作出结论的问题。②

在 1 月 24 日的闭幕大会上,霍尔特院长对与会者谈到,他记得和平保障联盟是如何由一系列圆桌聚餐会开始的;而且,他认为"我们在教育领域中可以做同样的事情,可以让政治领袖讨论这件事情。此外,实际工作中的人们通过进修课程可以获得很大的帮助。我向杜威博士表达这一想法时,当他说他接受这一想法时,我知道大会肯定会成功的"。③

542

A. S.

---

① 《课程研讨会会议记录》,共 3 卷。在霍尔特为会议的一个报道[《文科学院课程研讨会》,《罗林斯学院通报》,第 26 号(1931 年 2 月),第 4—14 页]所作的前言中,他说打字稿是由詹姆斯·哈维·鲁宾逊和《综览》的编辑约翰·帕尔默·加维特(John Palmer Gavit)为发表而准备的;但是,他们从未做过这件事。也可见《现代真正的学院》(*The True College for a Modern Age*),《纽约时报》,1931 年 2 月 1 日,第 3 部分。
② 哈特,《走向新的文科学院》(*Towards a New College of Liberal Arts*),《综览》,第 65 期(1931 年 3 月 15 日),第 658—659 页。
③ 《课程研讨会会议记录》,第 3 卷,第 831—832 页。

校勘表

　　除了下面将要说明的形式上的变化,对于范本的所有校勘,不论是针对实质用词,还是对偶发拼读的校勘,都在下面的表中列出。无需校勘的 21 篇文稿的标题并不在表中出现。每一篇文稿的范本都在该文稿的校勘表的开头做了认定,这些文稿都有一个先前的印刷物,范本的缩写并不出现在校勘表中。校勘表中左边的页码一行数来源于本版;除页眉与章节标题之外,所有行数都计算在内,方括号前的内容来源于本版。紧接着方括号的是校勘在其中初次出现的文本来源的缩写。紧接着方括号的缩写符号顺序,显示从校勘的初次出现到最后出现的时间顺序。紧接着最后一个表示校勘来源的符号后面出现的是一个分号。分号之后的被摒弃的行文按反向的时间顺序排列,最早的版本——通常是范本——中的被摒弃的行文排列在最后。

　　W 意指本卷的诸作品,并表示这些作品首次在这里作了校勘。符号 WS(诸作品来源)通常表示对杜威引用资料时采用的拼法、大写法,以及杜威对原始资料中某些特定实质用词加以重新拼写所作的校勘(见"引文中的实质性异读")。

　　关于针对标点的校勘,波浪线"～"指的是与方括号之前的同一个单词,插入符号"ˌ"指的是某个标点符号缺失。缩写[*om.*]指的是在各版本与印本中,方括号之前的行文在缩写之后被省略掉了;在适当的地方,[*not present*]被用以标识在确定文本中未出现的文字。缩写[*rom.*]指的是罗马字体,并被用以标识对于斜体字的省略。校勘页码一行数之前的星号指有关的行文在"文本注释"中被讨论过。

　　本卷中全部文稿包含一些形式与例行习惯上的改动:

　　1. 杜威某个文本中的脚注标注都用连续的上标数字。

　　2. 书籍以及期刊名称以斜体标示;在期刊名称之前出现的"the"以罗马字体小写

标出;书中的章节以引号标示。

3. 句号与逗号都被写在引号之内。

4. 把不在所引用资料之中的单引号转换为双引号;不过,必要时提供前引号和后引号。引文中的前引号和后引号被省略掉了。

5. 连字被拆开了。

下列拼法在编辑时被调整为出现在方括号之前的人所熟知的杜威的拼法:

centre(s)] center 38.28, 92.13, 135.20, 254.33, 262.24, 266.13, 328.21

commonplace] common place 49.7

cooperate (all forms)] coöperate 89.5, 172.38, 173.22, 179.2 – 3, 194.21, 265.2 –
 3, 265.18, 265.20, 293.13 – 14

cooperative(ly)] co-operative 62.35, 238.10

coordinate (all forms)] coördinate 81.10, 89.5, 177.11, 180.19, 263.25, 267.2

coordinate (all forms)] co-ordinate 60.35, 61, 11, 317.1, 318.24, 319.19

meagre] meager 102.36, 377.25

reenforce (all forms)] reënforce 173.34 – 35, 195.13

role] rôle 4.17, 112.25, 308.28

so-called] socalled 144.30

uncooperative] unco-operative 55.28 – 29

uncoordinated] uncoördinated 75.22

zoology] zoölogy 77.24, 82.24

《语境和思想》

范本首次发表于加利福尼亚大学哲学出版物,第 12 卷,第 3 册(伯克利:加利福尼亚大学出版社,1931 年),第 203—204 页。

3.2	Ogden] W; Ogdens
3.8	Pilolu] WS; Bilolu
3.17	Trobrianders'] WS; Trobianders'
3.22	organisation] WS; organization
3.24 – 25	Ethnographic] WS; ethnographic
14.13	in doubt] W; doubt
17.27	Aristotelian] W; Aristotleian
18.38	Melchizedeks] W; Melchisedeks
19.9	beliefs] W; belief

545

《我所认识的乔治·赫伯特·米德》

范本是杜威本人打字的打字稿(TS),选自"乔治·赫伯特·米德文集补遗",第 1

箱,第6文件夹,芝加哥大学档案馆,芝加哥,伊利诺伊州。发表于《哲学杂志》,第28期(1931年6月4日),第309—314页(JP)的文章,标题为"乔治·赫伯特·米德",以及发表于《芝加哥大学纪事报》,第17期(1931年7月),第173—177页(UCR)的文章中的校正被视为本卷将会作出的校正的初次出现。尽管就实质用词与偶发拼读两方面而言,范本都具有最高的权威性,本文的《哲学杂志》版、《芝加哥大学纪事报》版,以及发表于纪念手册(B)上的版本都被收录在"乔治·赫伯特·米德文集补遗"中,成为本文在历史上的各个版本。本文的《哲学杂志》版略去了最初的两段(22.3-22),以及最后一段的后半部分(28.16-24)。所以,关于本文的《哲学杂志》版中被略去的部分没有校勘记录。杜威在这份打字稿中的改动,在本卷的"《我所认识的乔治·赫伯特·米德》中的改动"中列出。

22.1-2	George Herbert Mead as I Knew Him] TS, UCR; [*not present*] B; George Herbert Mead JP
22.7	that] UCR, B; than TS
22.8	nor] TS, B; or UCR
22.13	natures‿] TS, UCR; ~, B
22.13-14	‿Aunt Helen‿] TS, B; "~" UCR
22.14	‿Uncle George.‿] TS, B; "~." UCR
22.14	century] UCR, B; cent ry TS
22.20	pouring‿ forth] TS, B; ~-~ UCR
22.22+	VIGOR OUTGOING AND OUTGIVING] UCR; [*not present*] B, TS
22.26	outgoing‿] TS, JP, B; ~, UCR
23.9	undiscriminating] JP, UCR, B; undiscr-/inating TS
23.13	unified] JP, UCR, B; unfied TS
23.17	cannot] TS, UCR, B; can not JP
23.17	nor] TS, B; or UCR, JP
23.17	shillyshallying] TS, JP; shilly-/shallying B; shilly-shallying UCR
23.21	or of the] JP, UCR; or the B; or of their TS
23.22	Helen and George] TS, UCR, B; that he and Mrs. Mead JP
23.22	them; it] TS; them, it B; them. It UCR; them! It JP
23.23	tramps‿] TS, B; ~, UCR, JP
23.26	unified] JP, UCR, B; unfied TS
23.26	fullness] TS, JP, B; fulness UCR
23.28	learned,] TS, JP, B; ~‿ UCR
23.30	spontaneous‿] TS, B; ~, UCR, JP
23.37	perplexities‿] TS, B; ~, UCR, JP
23.40+	THE UNITY OF HIS PHILOSOPHY AND HIS NATIVE BEING] UCR; [*not present*] B, JP, TS
24.2	philosophical] JP, UCR, B; philosohial TS
24.14	original, —] TS, B; ~‿— UCR, JP

24.15-16 generations] TS, UCR, B; generation JP
24.18 advance] JP, UCR, B; adavcne TS
24.24 never] JP, UCR, B; nerver TS
24.25 intelligible] JP, UCR, B; intelligble TS
24.27 period] TS, B; time UCR, JP
24.27 any one] TS, B; anyone UCR, JP
24.37+ CONTINUITY OF IDEAS AND CONSTANT DEVELOPMENT] UCR; [*not present*] B, JP, TS
25.1 were] JP, UCR, B; wwere TS
25.2 any one] TS, JP, B; anyone UCR
25.5 ago,] TS, JP, UCR; ~. B
25.6 has always] TS, JP, B; always UCR
25.13 dissatisfied] JP, UCR, B; dissatisif/fied TS
25.15 his] JP, UCR, B; him TS
25.15 was] TS, JP, UCR; was only B
25.16 colleagues] JP, UCR, B; collegues TS
25.20 discussion] JP, UCR, B; disucssion TS
25.21 cannot] TS, UCR, B; can not JP
25.22 without] JP, UCR, B; ithout TS
25.24 hitherto‿unsuspected] TS, JP, B; ~-~ UCR
25.25 vigor‿] TS, B; ~, UCR, JP
25.27 interested,] TS, UCR, B; interested him, JP
25.28+ THE RANGE AND BREADTH OF INTELLECTUAL INTERESTS] UCR; [*not present*] B, JP, TS
25.32 encyclopedic] JP, UCR, B; encyclepedic TS
25.33 literature] JP, UCR, B; lieterature TS
25.40 subject-matter] TS, JP, B; ~‿~ UCR
26.5 last] TS, JP, B; past UCR
26.7 poetry‿] TS, UCR, B; ~, JP
26.7 but his] TS, JP, B; but of his UCR
26.8 has been] JP, UCR, B; has TS
26.10 Shakespeare] JP, UCR, B; Skakespeare TS
26.10 sonnets,] TS, JP, UCR; ~. B
26.12 through] JP, UCR, B; thtough TS
26.13 flagged‿] TS, B; ~, UCR, JP
26.13 and] JP, UCR, B; &‿ TS
26.17 digests‿] TS, B; ~, UCR, JP
26.18 this] TS, UCR, B; his JP
26.18 Mr.] JP, UCR, B; ~‿ TS
26.23 him‿] TS, JP, B; ~, UCR
26.26 spontaneously] JP, UCR, B; spontanously TS
26.28 So‿] TS, B; ~, UCR, JP
26.37 can not] TS, JP; cannot B, UCR

547

26.40	so"; having] TS, UCR; so;" having B; so," and having JP
27.1	possibility.] TS, JP, B; ~, UCR
27.2	extraordinary] JP, UCR, B; extrarodinary TS
27.3+	RESPONSE TO THE SURROUNDING WORLD] UCR; [*not present*] B, JP, TS
27.4	one.] TS, B; ~, UCR, JP
27.5	or] TS, UCR; nor B, JP
27.6	them] B; it UCR, JP, TS
27.8	cannot] TS, UCR, B; can not JP
27.8	forego] JP, UCR, B; foregoe TS
27.8	Every one] TS, JP, B; Everyone UCR
27.9	him philosophically] TS, JP, UCR; his philosophy B
27.11	literature.] TS, UCR, B; ~, JP
27.12	am not] TS, JP, UCR; was not B
27.12	this] TS, JP, UCR; his B
27.15	esthetics] TS, JP, B; aesthetics UCR
27.17	esthetic] TS, JP, B; aesthetic UCR
27.20	have intellectual] TS, JP, B; have had intellectual UCR
27.20	Mr.] JP, UCR, B; ~. TS
27.28	between] JP, UCR, B; betwen TS
27.29	reflection.] TS, B; ~, UCR, JP
27.30	Again.] TS, JP, B; ~, UCR
27.30	every one] TS, JP, B; everyone UCR
27.30	Mr.] JP, UCR, B; ~. TS
27.31	psychology] JP, UCR, B; phycchology TS
27.34	thinking.] TS, B; ~, UCR, JP
27.35	its] TS, JP, UCR; their B
27.28	recreate] TS, JP, B; re-create UCR
28.1	fullness] TS, JP, B; fulness UCR
28.3	is] TS, JP, B; are UCR
28.4	expression] TS, JP, B; expressions UCR
28.7	lectures] TS, JP, B; Lectures UCR
548 28.10	relationships,] TS, JP, B; ~. UCR
28.10 – 11	complete,] TS, B; ~. UCR, JP
28.12	books.] TS, B; ~, UCR, JP
28.15	fullness] TS, JP, B; fulness UCR
28.17	indifference.] TS, B; ~, UCR
28.17	cynicism] TS, B; from cynicism UCR
28.18	memory,] TS, ~. B, UCR
28.19	generous.] TS, B; ~, UCR
28.22 – 23	religious] UCR, B; religions TS
28.23	himself.] TS, B; ~, UCR

《人性》

范本首次发表于《社会科学百科全书》(纽约:麦克米兰出版公司,1932 年,第 7 卷,第 531—537 页)。

39.35   *Civilisation*] W;*Civilization*
39.36   179] W;172

《政治和文化》

范本首次发表于《现代思想家》,第 1 期(1932 年 5 月),第 168—174、238 页。

43.17   attenuation] W;attentuation
44.4   opinions] W;opinion
46.30   idea] W;ideas

《科学和社会》 [演说]

范本首次载于《利哈伊大学校友通讯》,第 18 期(1931 年 7 月),第 6—7 页。

50.24   men's] W;mens'
* 59.39－40   age. [¶] The] W;age. [¶] Our almost total lack of control in every sphere of social life, international and domestic, is proof that we have not begun to operate scientifically in these fields. [¶] The
51.15   régime] W;regimé

《社会科学和社会控制》

范本首次发表于《新共和》,第 67 期(1931 年 7 月 29 日),第 276—277 页。校勘选自《现代世界的智慧:约翰·杜威的哲学》,约瑟夫·拉特纳编(纽约:现代文库,1939 年),第 949—954 页(IMW)。

64.18   are] IMW;is
66.23   *then*] IMW;[*rom.*]

《浪漫精神的衰微》

范本首次发表于《新共和》,第 70 期(1932 年 4 月 27 日),第 292—294 页。校勘选自再版本,载于《〈新共和〉文章选集,1915—1935》,格罗夫·康克林(Groff Conklin)编(纽约:道奇出版公司,1936 年),第 418—423 页(NRA)。

69.6   that] NRA;that that

72.22 – 23　withhold] NRA; withold

《摆脱教育困惑的出路》

范本首次发表于《英格利斯演讲集，1931》（坎布里奇：哈佛大学出版社，1931），第41页及其后。

```
＊77.5      Breasted] W; Braistead
  84.28     role] WS; rôle
  86.8      short time-span] W; short-time span
  88.4      Wells'] W; Well's
```

《美国的教育：过去和未来》

范本首次载于美国广播教育咨询委员会发行的小册子（芝加哥：芝加哥大学出版社，1931年），共16页。校勘选自《学校与社会》第34期（1931年10月31日）第579—584页（SS）上的文章，题为"现代教育的诸方面"。

```
94.14      cooperation] SS; co-operation
97.28      cooperative] SS; co-operative
```

550

《教育：修道院、交易柜台还是实验室？》

范本首次发表于《巴恩韦尔通讯》，第9期（1932年2月），第51—62页。

```
101.28     details‿] W; ～,
101.29     source),] W; ～)‿
103.40     agrarian] W; agragrian
```

《欣赏和修养》

范本首次发表于《哈佛教师纪事》，第1期（1931年4月），第73—76页。

```
112.10     sufficiently] W; sufficently
```

《高等教育和研究中的政治干预》

范本首次发表于《学校与社会》，第35期（1932年2月20日），第243—246页。

```
119.26     University] WS; university
```

《经济形势：对教育的挑战》

范本首次发表于《家政学杂志》，第24期（1932年6月），第495—501页。

130.22   war-time] WS; ~｡~
130.25   national] WS; rational

《杜威描绘儿童的新世界》

范本首次发表于《纽约时报》,1932 年 4 月 10 日,第 3 部分,第 7 页。

138.17   principle] W; principal
139.22   Conference] W; conference

《关于"自由与文化、社会规划和领导能力关系"的讨论》

范本首次载于《自由诸议题》(华盛顿特区:美国教育协会所属全国教育理事会,
1932 年),第 13—15 页。

142.23   decided?] W: ~｡

《"无可压抑的冲突"》

范本首次发表于《独立政治行动联盟新闻公告》,第 1 号(1931 年 1 月),第 4—
5 页。

149.7   things,] W; ~｡
149.9 – 10   positions." ｡I] W; positions.｡"I
150.25   it's] W; its
152.16   society] W; sociey
152.20   dawn.｡] W; ~."

《失业问题——我们大家的责任》

范本首次发表于《失业者》,1931 年 2 月,第 3—4 页。

153.14   recognize] W; rescognize
154.32   security] W; securty
154.34   indictment] W; indictement
155.4   quarrelling] W; quarelling

《需要一个新的政党》

范本首次发表于《新共和》,第 66 卷(1931 年 3 月 18 日、3 月 25 日、4 月 1 日、4 月
8 日),第 115—117、150—152、177—179、202—205 页。

162.14   capital] WS; Capitol

162.30	sub-mergers] WS; submergers
172.37	no more] W; more
175.3	will] W; will

《政治还有希望吗？》

范本首次发表于《斯克里布纳杂志》，第 89 期（1931 年 5 月），第 483—487 页。

* 183.27；186.1, 23　states] W; States

《和平——依据〈巴黎公约〉或〈国际联盟盟约〉？》

范本首次发表于《新共和》，第 70 期（1932 年 3 月 23 日），第 145—147 页。

| 192.20 | pact] WS; Pact |

《国际组织必须进行制裁吗？　不》

范本首次发表于《国际组织必须进行制裁吗?》，《外交政策协会手册》，第 82—83 号（纽约：外交政策协会，1932 年），第 23—39 页。校勘选自《现代世界的智慧：约翰·杜威的哲学》上再版的文章，约瑟夫·拉特纳编（纽约：现代文库，1939 年），第 566—602 页（IMW），标题为"制裁与国家安全"。

198.21	treaties] WS; Treaties
198.30	acquiesced] W; acquiesed
199.6	affected] IMW; effected
199.37	sanctions] W; sanction
200.34	*forces," etc.,*] WS; *forces, ⌄etc.,*"
205.16	Yangtse] IMW; Yangste
205.29	State] WS; state
213.27	reason] W; reasons
214.26	matters] W; force
*220.33	nationals] W; national
223.21	because] W; bcause

《对美国有色人种协进会的演讲》

范本是未发表的打字稿，打字者并不是杜威本人，收于第 1 组，B 系列，第 8 箱，美国有色人种协进会记录，手稿部分，国会图书馆，华盛顿特区。

224.23	1932] W; 1922
225.3	express] W; experess
225.32	depression,] W; ～⌄

226.18　　　under-privileged] W; under-privileges
226.29　　　town] W; torn
226.35　　　tweedle-dee] W; tweedle-de-de
226.36　　　tweedle-dum] W; tweedle-de-dum
227.40　　　offer] W; are offer
228.1；229.8, 12, 14；230.30, 31　party] W; Party
229.24　　　reasons?] W; ～‸
230.30　　　group the] W; the group

《民主站在失业者一边》

范本是题为"民主站在失业者一边"的传单(纽约:独立政治行动联盟,1932 年),
第 4 页及其后。

241.25　　　privileged] W; priviliged
243.12　　　their] W; thier

《第三政党的前途》

范本发表于《新共和》,第 71 期(1932 年 7 月 27 日),第 278—280 页。

248.19　　　disgruntled] W; disgrunted

《大学里的儿子——和家长们》

范本是杜威的亲笔手稿,收于"约翰·杜威 VFM 4"莫里斯图书馆特别收藏,卡
本代尔:南伊利诺伊大学。校勘选自《新共和》第 66 期(1931 年 2 月 4 日),第 332—
333 页(NR)。范本与《新共和》版本之间的实质性异读,在"《大学里的儿子——和家
长们》中被摒弃的实质性异读列表"中列出。杜威在这份手稿中的改动,在"《大学里
的儿子——和家长们》中的改动"中列出。

554

259.7 - 8　　by humor . . . instinct.] NR; by much experience that it has been funded
　　　　　　into instinct and by humor.
259.9　　　so] NR; no
259.17　　　admits to] NR; says that has
260.7　　　gone);] NR; ～‸;
260.16　　　Dean's] NR; deans
260.18　　　The Dean's examples] NR; They
260.23　　　ago. . . . .‸] NR; ～‸. . . . .
260.25　　　situation." This leads to] NR; situation" concluding with
261.6　　　with our] NR; without our
261.7　　　while,] NR; ～‸

261.9   world outside] NR; world
261.22   worldling] NR; worlding

《"赶超美国"》

范本首次发表于《新共和》,第 66 期(1931 年 4 月 15 日),第 241—243 页。

263.36   insure] WS; ensure
264.37   Socialism] WS; socialism
266.15   book] W; books

《评〈共同人格:法学研究〉》

范本首次发表于《耶鲁法律杂志》,第 40 期(1931 年 6 月),第 1338—1340 页。

270.29   Vinogradoff] W; Vinagradoff

《评〈一个哲学家的自传〉》等

范本首次发表于《新英格兰季刊》,第 4 期(1931 年 7 月),第 529—531 页。

272.2   common-sense] WS; ~-~
272.29   sympathetic] W; sympathic

555

《查尔斯·桑德斯·皮尔士》

范本首次发表于《新共和》,第 68 期(1932 年 1 月 6 日),第 220—221 页。

275.24   labelled] WS; labeled

《颠倒的马克思》

范本首次发表于《新共和》,第 70 期(1932 年 2 月 24 日),第 52 页。

278.23   co-ordinated] WS; coordinated
278.23   realise] WS; realize
279.3   civilisation] WS; civilization

《自救者,抑或弗兰肯斯泰因》

范本首次发表于《星期六文学评论》,第 8 期(1932 年 3 月 12 日),第 581—582 页。

281.6 - 7   to history] W; history
284.20   committed] W; commmitted

《把细枝弄弯》

范本首次发表于《新共和》,第 70 期(1932 年 4 月 13 日),第 242—244 页。

286.31   vantage-point] WS; ~⌒/~
288.18   ⌃democracy "must" WS; "~ ⌃~
288.33   than] W; then
289.18   Matthew] W; Mathew

《打造苏维埃公民》

556

范本首次发表于《新共和》,第 71 期(1932 年 6 月 8 日),第 104 页。

291.13   inner] W; iner
292.9   title.] W; ~⌃

《一种科学方法的哲学》

范本首次发表于《新共和》,第 66 期(1931 年 4 月 29 日),第 306—307 页。

299.17   "in ⌃dispraise] W; ⌃~ "~
299.17   experience,] W; ~⌃
300.23   rigour] WS; rigor
302.34   formulae] WS; formulas

《试评〈今日哲学〉》

范本首次发表于乔治·赫伯特·米德的《今日哲学》,阿瑟·爱德华·墨菲编(芝加哥:公开法庭出版公司,1932 年),第 xxvi—xl 页。

308.30   led] W; lead

《〈哲学研究〉导言》

范本是杜威本人打字的打字稿,收于"西奥多·T·拉弗蒂文集",卡罗来纳州图书馆,南卡罗来纳大学,哥伦比亚,南卡罗来纳州。该"导言"首次发表于西奥多·T·拉弗蒂的《哲学研究》,利哈伊大学出版物,第 6 卷,第 7 号(伯利恒,宾夕法尼亚:利哈伊大学,1932 年)第 i—ii 页(SP)。

311.3, 10, 20; 311n.2; 312.2, 4, 13, 19, 21, 22   Mr.] SP; ~⌃

311.23; 311n.1 Dr.] SP; ~.
312.3   consideration,] SP; ~.
312.4   deeply, I think,] SP; ~.~.
312.5   philosopher] SP; philosophy
312.6   public,] SP; ~.
312.13   Mead,] SP; ~.
312.14   thought,] SP; ~.

《〈自我的运用〉序言》

范本首次发表于F·马赛厄斯·亚历山大的《自我的运用:它与诊断、功能以及反应控制相关的意识导向》(纽约:E·P·达顿出版公司,1932年),第 xiii—xix 页。

319.6   Pavlov] W; Pavloff

《弗拉德克和莱德勒》

范本是杜威本人打字的打字稿,收于"霍华德·Y·威廉斯文集",档案与手稿部分,明尼苏达历史学会,圣保罗,明尼苏达州(TS)。校勘选自首次发表于《纽约先驱论坛报》(1932年11月3日)第22页(HT)上的文章。此信也于次日刊登在《纽约世界电讯报》(1932年11月4日)第26页(WT)上,标题为"布鲁克林选民的好机会"。这一校勘表是这三个文件的历史记载。杜威在这份打字稿中的改动,在"《弗拉德克和莱德勒》中的改动"中列出。

326.2   To the *New York Herald Tribune:*] HT; [*not present*] WT; Editor &
           c TS
326.3   presidential] TS; Presidential WT, HT
326.4   intelligent] TS, WT; the intelligent HT
326.6   President] HT, WT; Pres. TS
326.6   promises] TS, WT; promise HT
326.8   Governor] HT, WT; Gov. TS
326.11   Socialist] HT, WT; socialist TS
326.15   independent,] HT, WT; ~. TS
326.16   service] TS, WT; serive HT
326.17   Messrs.] HT, WT; ~. TS
326.17   Laidler,] HT, WT; ~. TS
326.18   8th and 6th] TS, HT; Eighth and Sixth WT
326.18   Districts,] HT; ~), WT; ~. TS
326.19   these] TS, WT; the HT
326.19   districts] HT, WT; Districts TS

《为布鲁克伍德职业学院助一臂之力》

范本首次发表于《国家》,第 135 期(1932 年 12 月 14 日),第 592 页。

329.14   Eduard] W; Edward

《这是怎么回事？》

范本是杜威本人未发表的打字稿,载于"艾伦·泰特文集",普林斯顿大学图书馆,普林斯顿,新泽西州。杜威在这份打字稿中的改动,在"《这是怎么回事》中的改动"中列出。

330.2, 3, 8, 10, 18, 22, 23; 331.20, 40; 332.5, 20, 24, 33, 35; 333.11, 15, 22; 334.1   Mr.] W; ～、
330.7   than] W; that
331.26   italics] W; Italics
331.40   confirms] W; conforms
332.10   thoroughly] W; throughly
* 333.10   renders] W; render
333.13, 17, 18   Dr.] W; ～、
334.7   soul] W; sould

《敦促向有钱人课税以削减偿付债务》

范本首次发表于《纽约时报》,1931 年 1 月 26 日,第 13 页。

337.22   "Under] W; 、～
338.25   plants] W; plans

《丰实的仓库和饥饿的胃》

范本首次发表于《人民游说团公告》,第 1 号(1931 年 5 月),第 1—3 页。

344.37   to] W; it

《质疑克莱因部长乐观看法的依据》

范本首次发表在《人民游说团公告》,第 1 号(1931 年 6 月),第 3—4 页。

348.39   Commissioner] W; Comissioner
349.4   one、twenty-fifth] W; ～-～-～
349.26 – 27 entrepreneurs] W; entrepeneurs

《反驳克莱因部长》

范本首次发表于《人民游说团公告》，第 1 号（1931 年 8 月），第 4—5 页。

351.12   not.] W；～，
351.28   decades"?] W；～?"
352.8   Committees] W；Committee
352.38   people"?] W；～?"
353.7   strategic] W；stragetic
353.25   consume.] W；～?

《敦促进步主义参议员就救济法案采取行动》

范本首次发表于《人民游说团公告》，第 1 号（1931 年 6 月），第 5 页。

356.1   acquiescence] W；acquiesence
356.12   waterpower] WS；water power
356.13   superpower] WS；super-power
356.17 - 18 farm loan] WS；Farm Loan
356.22   World War] WS；world war
356.30   gentlemen] W；gentleman

《胡佛主旨演讲的玄机》

范本首次发表于《人民游说团公告》，第 1 号（1931 年 7 月），第 3—6 页。

358.8   self-contained] WS；～﹍～
360.21   breadwinner] WS；bread/winner
362.12   insistence] W；inssitence
362.19   century"?] W；～?"

560

《游说团敦促博拉参议员反对重新考虑盟国间债务》

范本首次发表于《人民游说团公告》，第 1 号（1931 年 7 月），第 7—8 页。

364.7   *Collier's*] W；Colliers
365.36   Policies] W；Politics

《杜威总干事反对一揽子运费上涨》

范本首次发表于《人民游说团公告》，第 1 号（1931 年 8 月），第 6—8 页。

368.6   prevalent] W；prevelant
368.10   50] W；10

368.29   carriers] WS; Carriers
369.31   dividend-yielding] WS; ~⌒~
369.37   prostrate] W; postrate
370.6   public] WS; publice
370.18   sort,] W; ~⌒
370.27 $125,243,000] W; $125,243,00
371.18(2)   et al.] W; ~⌒
371.18   *v.*] W; vs.

《杜威总干事反对社区福利基金主导失业救济》

范本首次发表于《人民游说团公告》,第 1 号(1931 年 9 月),第 1—2 页。

376.3－4   unemployment] W; employment

《遏制货币囤积的唯一途径》

范本首次发表于《人民游说团公告》,第 1 号(1932 年 3 月),第 1 页。

380.9   lack of confidence] W; confidence

《繁荣有赖于从地基上造起大厦》

范本首次发表于《人民游说团公告》第 1 号(1932 年 4 月),第 1 页。

383.3   People's] W; Peoples
383.5   one] W; on
383.22   nineteen] WS; 19
383.23   twenty-seven] WS; 27

《行动起来,让国会采取立法行动》

范本首次发表于《人民游说团公告》,第 2 号(1932 年 5 月),第 1 页。

386.4   Glass-Steagall] W; ~⌒~
386.6; 387.9   Bill] W; bill

《参议院的生育控制法案》

范本首次发表于《人民游说团公告》,第 2 号(1932 年 5 月),第 1—2 页。

389.2   un-American] W; unAmerican

《杜威总干事要求参议员保持警惕》

范本首次发表于《人民游说团公告》,第 2 号(1932 年 6 月),第 2—3 页。

393.28   constituents] W; constitutents

《罗斯福救济政策的得分》

范本首次发表于《纽约时报》,1932 年 10 月 24 日,第 7 页。

396.2 $2,340,000] W; $2,340,000,000

《〈失业保险〉导言》

范本是杜威本人未发表的打字稿,收于"本杰明·C·马什文集",手稿部分,国会图书馆,华盛顿特区。杜威在这份打字稿中的改动,在"《〈失业保险〉导言》中的改动"中列出。

400.16, 24   Mr.] W; ～̣
400.23, 29   People's] W; Peoples

《在文科学院课程研讨会上的发言》

范本是罗林斯档案馆所存未发表的复印打字稿,《课程研讨会会议记录》,共 3 卷,罗林斯学院,温特帕克,佛罗里达州,1931 年 1 月 19—24 日,第 1 卷,第 49—54、203—205 页;第 2 卷,第 420—427 页。

414.25 - 26   impressions] W; expressions
418.4   processes] W; process
419.10   There] W; There there
421.11, 37   indigenous] W; indiginous

《作为公民的教师》

范本首次发表于《美国教师》,第 16 期(1931 年 10 月),第 7 页。

434.37   position] W; poistion

《杜威教授对不满现状者印象深刻》

范本首次发表于《新领袖》,第 8 期(1931 年 2 月 7 日),第 6 页。

438.8   south] W; South
439.14 - 15, 15   editor,] W; ～̣

《杜威在会谈前夕申斥进步人士》

范本首次发表于《新领袖》,第 12 期(1931 年 3 月 14 日),第 2 页。

440.6   filibuster] W; fiilibuster
440.10   71st] W; 1st

《大学里的儿子——和家长们》中被摒弃的实质性异读列表

范本手稿与《新共和》第66期(1931年2月4日)第332—333页上的"大学里的 *564*
儿子——和家长们"版本之间被摒弃的实质性异读在下面列出。方括号前的文字来
源于本卷,紧跟着方括号的是《新共和》中的文字。《新共和》中的异读在校勘表中被
作为校勘文字认定。

259.9	that] the
259.10	the humor] humor
259.14 – 15	significant. [¶ The] significant. The
259.25	which] that
259.27	manifests the lack of a] lacks the
259.27 – 28	a sense of humor] humor
259.29	for good] good
259.32	upon] on
260.3	nor] or
260.15	illuminated] illustrated
260.19	statement that "it] statement: "It
260.31	larger] longer
260.34	as it is] as
260.36 – 37	implied . . . upon,] implied,
260.37	to comment better] better to comment
261.14	It is . . . on] It is here, and in the chapter on
261.22 – 23	worldling." [¶ The] worldling. " The
261.27	world . . . outside.] world outside.
261.34	root] spot

手稿中的改动

在下面六篇改动列表中有五篇是杜威既用打字机，又以手写在打字稿上作出改动的：《我所认识的乔治·赫伯特·米德》、《〈哲学研究〉导言》，信函《弗拉德克和莱德勒》，未发表的《这是怎么回事》和《〈失业保险〉导言》等，另一篇《大学里的儿子——和家长们》，杜威是在亲笔书写的手稿上作出改动的。除了加强澄清某个词的效果的文字、附属于某个词的不相干的字母、单词的错误的开头、字母在易于辨认的单词中的位置移动，以及对难以辨认的单词的修正，杜威写作与修改时所作的改动都在这里出现。杜威对于印刷错误的纠正——不论以打字标记还是以手写标记的——也没有被视为他所作出的改动，除非存在这样的可能性，即所提到的错误可能是另一个单词，或者另一个单词的开头，而不仅仅是一个简单的印刷错误。

在括号前的单词与最初的手稿有关；如果手稿已被订正，或者其中的拼法被规范化了，该词条最左端的符号"♯"意味着本卷的文字出现在校勘表中。如果涉及本卷中同一行中两个或多个同样单词中的一个，那么会添上正文中在该单词前面或后面出现的词语或标点符号，以便于识别；或者所提到的单词会被加上上标[1]，或上标[2]，或上标[3]，以显示该词是同一行中出现的同样单词中的第一，第二或第三个。

杜威的改动出现在括号右边，如果这一改动是用墨水笔作出的，对之加上了缩写 *del.* 以显示这一点，除非改动以铅笔作出被特意提及；任何一个以 *added* 予以标识的改动也以墨水笔作出，除非该改动以铅笔作出被注明。对于行间添加（也就是在字行中加入某些文字），使用标识 *intrl.* 仅始终意味着行间添加是用打字机作出的。所有的加字号(‿)是手写的；如果一个加字号与一个打字机作出的行间添加相伴，即表示，除非注明以铅笔书写该加字号是使用墨水笔书写的。如果加字号与手写的改动一同出现,则加字号与改动都以墨水笔书写,或者都以铅笔书写。符号 *x'd-out* 被用以标识那些在打字机上被删除的素材。缩写 *alt.* 被用以标识这样的素材,该素材以某种方式由该单词的某种先前的形式被改动,如果改动是手写的,则改动所使用的介质已被给定;如果改动所使用的介质未被提及,则假设改动是用打字机打出的。缩写 *undrl.* 适用于以墨水笔作出的下划线,除非已经说明下划线是用铅笔作出的。

就位置排列而言,如果一种添加是一种简单的行间添加,公式是 *intrl.* 或 *intrl. w. caret*。如果对字行间的添加作了删除,intrl. 被去掉,公式就被读作 *ab. del.* "xyz"; *w. caret ab. del.* "xyz";或者 *ab. x'd-out* "xyz"。*Ab.* 意味着所做的添加改动写在字行的上方而没有加加字号,除非加上加字号被注明;*bel.* 意味着所做的添加改动写在字行的下方而没有加加字号,除非加上加字号被注明;*ov.* 意味着所做的添加改动写在原来的字母上,而不是写在字行中间。缩写 *bef.*(在……之前)和 *aft.*(在……之后)标识在同一行上的改动,不论该行是原有的行还是被添加的行。缩写 *insrtd.*(插入)指的是添加改动写在边沿上,它不能被称为字行间添加,却与字行间添加具有相同属性。

就涉及不止一行的改动而言,斜线分隔符"/"标识一行的结尾。缩写 *inc.* 显示一个不完全的词。如果一处改动本身被修改,对修改过程的描述放在方括号中。该修改被抄写在紧接在该修改所涉单词之后的方括号中,或者一个星号"＊"被置于方括号中的描述对之适用的第一个单词之前。

《我所认识的乔治·赫伯特·米德》中的改动

22.1 - 2	George ... Him] *added;* 'erbert' *in ink w. caret ab. del.* 'Her' [not in Dewey's hand]
22.4	in] 'to' *intrl. in pencil w. caret aft.* 'in' [not in Dewey's hand]
22.5	precious] *bef. x'd-out* 'memories'
22.6	that] *alt. in ink fr.* 'than' [not in Dewey's hand]
22.7	nor] 'n' *intrl. in ink*
22.7	reality] *aft. del.* 'vivid'
22.9	did] *intrl. in ink w. caret*
22.10	like] *aft. del.* 'like' *and x'd-out* 'sim'
22.11	such] *aft. del. illeg. letter*
22.12	natures] 's' *added*
22.19	²of] *ab. x'd-out* 'for the'
22.20	pouring] *aft. del.* 'generous'
22.20	forth] *in ink. ov.* 'out'
22.25	everything] *bef. x'd-out* 'every'

22.25	a] *intrl. w. caret*
22.27	have] *aft. x'd-out* 'could'
22.29	hurry,] *comma added*
23.2	somehow] *intrl. in ink. w. caret*
23.3	completely] *aft. del.* 'so'
23.3	into] 'to' *intrl. in ink w. caret*
23.6	brought.] *period in ink bef. del.* 'to him.'
23.6–7	When ... done,] *intrl. in ink w. caret*
23.7	there] 't' *alt. in ink fr.* 'T'
23.8	unimportant] *bel. intrl. and del.* 'when something needed to be done'
23.8	careless] *aft. x'd-out* 'not'
23.10	him,] *comma added*
23.10	important] *aft. del.* 'on that account'
23.14–15	reflection] *alt. in ink fr.* 'reflective'
23.15	to] *in ink w. caret ab. del.* 'which'
23.15	terminate] *fnal* 'd' *del.*
23.15	decision.] *period added*
23.17	nor] 'n' *added*
23.20	household] *aft. x'd-out* 'the'
23.21	friend,] *comma added*
♯23.21	their] *alt. in ink fr.* 'the'
23.21	and ... the] *intrl. w. caret* ['and' *in ink ov.* 'or'; 'of the' *in ink*]
23.22	them;] *semicolon alt. in ink fr. comma*
23.23	recreations,] *comma added; bef. del.* 'and'
23.24	there was] *in ink w. caret ab. del.* 'it'
23.27	own] *aft. x'd-out* 'nature'
23.28	original] *intrl. w. caret*
23.28	learned,] *comma added*
23.33	manifestation] *aft. del.* 'natural'
23.35	the] *alt. in ink fr.* 'they'
23.35	produce,] *comma added*
23.36	¹the] *intrl. in ink w. caret*
23.39–40	nevertheless tranquil] *intrl. in ink w. caret aft. del* 'yet calm'
24.3	utterance] *in ink w. caret ab. del.* 'expression'
24.4	often] *intrl. w. caret*
24.4	his thought] *intrl. in ink*
24.6	Yet] *intrl. in ink w. caret ov. del.* 'Yet'
24.6	this] 't' *alt. in ink fr.* 'T' ['T' *alt. in ink fr.* 't']
24.6	fact] *aft. del.* 'very'
24.7	him] *alt. in ink fr.* 'his'
24.8	within,] *comma added*
24.8	than] *alt. in ink fr.* 'that'
24.8–9	in the case of] *in ink w. caret ab. del.* 'any of'

567

24.12	with] *aft. x'd-out* 'that'
24.12	emphasis] *bef. del. comma*
24.12	in] *in ink ov. illeg. word*
24.13	minds,] *in ink ab. del.* 'Nds,' [*comma undel. in error*]
24.14	—in] *dash added*
24.15	¹the] *intrl. in ink w. caret*
24.15	²the] *in ink ov.* 'his'
24.15	²the] *in ink ov.* 'his'
24.15	last] *intrl. in ink w. caret*
24.15 – 16	generations] 's' *added*
24.16	we have] *in ink w. caret ab. del.* 'there is'
24.16	knowledge] *bef. del.* 'in the case'
24.16 – 17	concerning] *intrl. in ink ov.* 'of'
♯ 24.18	adavcne] *ov.* 'adance'
24.18	necessity,] *comma added*
24.19	ready] *aft. x'd-out* 'aiting'
24.26	while] *intrl. in ink w. caret*
24.26	success,] *comma alt. in ink fr. period*
24.26	there] *in ink ov.* 'At'
24.27	was . . . which] *intrl. in ink w. caret aft. del.* 'all times'
24.27	not] *intrl. in ink w. caret*
24.27	any one] *intrl. in ink w. caret aft. del.* 'no man one' ['man' *x'd-out*]
24.28	it] *in ink ov.* 'him'
24.28	new] *aft. del.* 'sense of'
24.30	thought] *aft. x'd-out* 'mind'
24.33	own] *intrl. w. caret*
24.34	him.] *intrl. in ink bef. del.* 'George/Mead.'
24.35	one] *aft. x'd-out* 'in'
24.36	occurred] *aft. del.* 'even'
24.37	look.] *period added*
24.39	much] *intrl. in ink w. caret*
25.5	ago,] *comma added*
25.7	society.] *period alt. in ink fr. semicolon bef. det.* 'and'
25.7	His] 'h' *triple undrl.*
25.15	was] *bef.* 'only' *intrl. in pencil w. caret* [not in Dewey's hand]
♯ 25.16	colleages] 'a' *bef.* 'u' *del.*
25.24	their] *ab.* 'uncovering'
25.24 – 25	Unlike,] *comma added*
25.25	however,] *intrl. in ink w. caret*
25.27	interested,] *comma added aft. x'd-out* 'in'
25.35	universally] *aft. x'd-out* 'mo'
26.2	physical] *aft. x'd-out* 'natura'
26.7	not] *aft. x'd-out* 'his'

	26.10	and Keats] *aft. x'd-out* ', Keta'
569	26.10	the] *in ink ov.* 'his'
	26.10	sonnets,] *comma added*
	26.13	me] *in ink ov.* 'him'
♯	26.13	&] *intrl. in ink w. caret*
	26.14	him] *alt. in ink fr.* 'his'
	26.14	a] *in ink ov.* 'the'
	26.15	with] *intrl. in ink w. caret*
	26.19	his personality] *w. caret ab. x'd-out* 'he'
	26.19	lend] *bef. x'd-out* 'himself'
	26.19	itself to] 'self to' *intrl. in ink w. caret*
	26.23	him] *bef. x'd-out* 'self'
	26.24	him] *bef. del.* 'self'
	26.27	spending] *aft. x'd-out* 'giving'
	26.28	too,] *intrl. in ink w. caret*
	26.30	His] 'H' *in ink ov.* 'h'; *aft. del.* 'To him'
	26.33	problem and] *intrl. w. caret*
	26.38	has told me] *in ink ab. del.* 'remarked'
	26.39	most] *intrl. in ink*
	26.39	associates] *alt. in ink fr.* 'associated'
	26.40	is,] 'is' *in ink ov.* 'was'; *comma added*
	26.40	so";] *semicolon added; bef. del.* 'and'
	27.4	shall not try to] *ab. x'd-out* 'cannot'; 'not' *intrl. in ink w. caret*
	27.4	any] *aft. x'd-out* 'at the present time'
	27.5	or] *alt. in ink fr.* 'nor'
	27.7	natural] *aft. x'd-out* 'philosophy'
♯	27.8	foregoe] 'e' *in ink ab. x'd-out* 'ing' [not in Dewey's hand]
	27.9	philosophically] *moved w. caret and guideline to follow* 'him'
	27.11	literature] *aft. x'd-out* 'philosop'
	27.11	took] *bef. del.* 'in him'
	27.11	his] *intrl. in ink w. caret*
	27.21	indirectly,] *comma added; bef. del.* 'with Mr Mead'
	27.22	"complete] *quot. added*
	27.22	act"] *aft. del.* 'and integral' *x'd-out* 'mind'; *quot. added*
	27.23 – 24	integrated] *ab. del.* 'complete'
	27.24	thought,] *comma added*
	27.25	emotion] *aft. x'd-out* 'action'
♯	27.31	phycchology,] *comma added*
	27.36	first] *intrl. in ink w. caret*
	27.37	into] *aft. del.* 'first'
	27.38	of] *aft. x'd-out* 'and'
	27.40	the] *aft. x'd-out* 'his'
570	28.1	its] *intrl. in ink w. caret*
	28.6	Mead,] *comma added*

28.10	In⌋ *alt. fr.* 'It'
28.12	his family, his⌋ *in ink ab. del.* 'is'
28.12	students,⌋ *comma added*
28.12	⁴his⌋ *aft. x'd-out* 'and'
28.13	But⌋ *aft. del.* 'But'
28.16	within⌋ 'in' *intrl. in ink w. caret*
28.18	memory,⌋ *comma added*
28.19	whatever⌋ *aft. del.* 'be'
28.21	all⌋ *bef. x'd-out* 'its'
28.23	and⌋ *ab. x'd-out* 'in'
28.24	gave,⌋ *comma added*

《大学里的儿子——和家长们》中的改动

259.8	is not⌋ *aft. del.* 'isn't'
259.11	²the⌋ *intrl. w. caret aft. del.* 'the'
259.15	contemporary⌋ *w. caret ab. del.* 'modern'
259.19	our⌋ *aft. del.* 'our'
259.23	was⌋ *aft. del.* 'has'
259.24	are⌋ *aft. del.* 'to be'
259.25	fundamentally⌋ *aft. del.* 'which,'
259.31	even⌋ *aft. del.* 'for'
260.9	The⌋ *aft. insrtd.* '¶'
260.16	own⌋ *aft. del.* 'exp'
♯260.25	situation"⌋ *comma del. aft.* 'situation'
260.31	setting⌋ *aft. del.* 'social'
260.33	even⌋ *aft. del.* 'even'
260.33	appears as⌋ *w. caret ab. del.* 'remains'
260.37	does⌋ *intrl. w. caret*
260.38	shrewd⌋ *aft. del.* 'wise'
261.4	mean⌋ *aft. del.* 'usually'
261.9	a little⌋ *aft. del.* 'into'
261.20	society⌋ *aft. del.* 'the'
261.21	to-day⌋ *aft. del.* 'tod today'
262.2	college⌋ *aft. del.* 'un' *inc.* 'd'

《〈哲学研究〉导言》中的改动

311.4	or⌋ *intrl. in ink w. caret aft. x'd-out* 'of'
311.5	was⌋ *aft. x'd-out* 'with'
311.5	identified⌋ *aft. del.* 'unusually'
311.5	in an unusual way⌋ *intrl. in ink w. caret*
311.5	mind.⌋ *aft. x'd-out* 'his'; *period added*

571

311.5	The] *alt. in ink fr.* 'This'
311.6	in question] *intrl. in ink w. caret*
311.6	union] *aft. x'd-out* 'somewhat remarkable'
311.7	position] *final* 's' *x'd-out*
311.7	a deference] *aft. x'd-out* 'which'
311.7	apparently] *aft. x'd-out* 'obscured'
311.9	mainly] *aft. x'd-out* 'merely'
311.10	was] *in ink ab. del.* 'with'
311.11	in] *ab. x'd-out* 'with'
311.13	writing] *bef. x'd-out* 'before'
311.13	before] *insrtd. w. guideline aft. del.* 'outside'
311.13	his own] *bel. del. intrl.* 'the expression of'
311.13	received expression] *intrl. in ink w. caret*
311.17	was,] *bef. x'd-out* 'the'
311.17	if] *aft. x'd-out* 'problem of the'
311.19	that is,] *intrl. w. caret and guideline*
311.19	¹of] *ab. x'd-out* 'and'
311.21	way] *aft. x'd-out* 'most conspicuous way'
311.23	Physical] *w. caret ab. x'd-out* 'Modern'
311.24	all] *bef. x'd-out* 'qa'
311.25	values,] *comma added*
311.25	the things] *in ink ab.* 'which'
311.25	are] *aft. x'd-out* 'give'
311.25	life-] *intrl. in ink w. caret*
311n.2	which] *intrl.*
311n.2	it] *bef. x'd-out* 's sentiment'
311n.3	the] *in ink ov.* 'its'
312.4	(which] *paren. added*
312.5	world] *aft. x'd-out* 'physical world was'
312.6	is] *alt. in ink fr.* 'was'
312.6 – 7	"consciousness,"] *comma added*
312.7	in] *aft. del.* 'wa defined'
312.7	tradition,] *comma added*
312.7	constituted] *intrl. in ink w. caret and guideline*
312.7	personal] *intrl. w. caret*
312.8	mind] *intrl. in ink w. caret*
312.8	the] *aft. del.* 'I think'
312.8	Mr.] *period added*
312.9	His] *aft. x'd-out* 'It was a'
312.9	the] *intrl. w. caret aft. x'd-out* 'his'
312.12	physics] *aft. x'd-out* 'to'
312.13	originality] *aft. x'd-out* 'eual equal'
312.14	²that] *intrl. w. caret*
312.14	change] *aft. x'd-out* 'connection'

572

312.15 a way⌉ *aft. x'd-out* 'terms of'
312.16 consciousness,⌉ *comma added*
312.16 ²of⌉ *in ink ov.* 'and' *bef. del.* 'individual'
312.16 as individual,⌉ *intrl. in ink w. caret; comma added*
312.18 he⌉ *aft. del.* 'there are'
312.19 the new⌉ *aft. x'd-out* 'modern'
312.20 for⌉ *in ink ov.* 'of'
312.20 the conception⌉ *aft. x'd-out* 'his'
312.20 earlier⌉ *intrl. in ink w. caret*
312.21 papers⌉ 's' *intrl. w. caret*
312.21 are a⌉ *intrl. w. caret aft. x'd-out* 'is' ['a' *intrl. in ink*]
312.23 are⌉ *in ink ov.* 'i'
312.25 source⌉ *aft. x'd-out* 'force'
312.27 gladly⌉ *aft. x'd-out* 't'

《弗拉德克和莱德勒》中的改动

326.3 The ballyhoo⌉ *solidus betw. words*
326.3 campaign⌉ *alt. in ink fr.* 'campaigners'
326.5 will overlook⌉ *solidus betw. words*
326.10 conducted⌉ *aft. x'd-out* 'a census'
326.11 fortunately⌉ *aft. x'd-out* 'the'
326.16 the⌉ *aft. x'd-out* 'bringing'
326.18 Districts⌉ *bef. del.* 'in Congress'
326.19 I could⌉ 'I' *in ink ov.* 'a'
326.19 voter⌉ *alt. in ink fr.* 'voters'
326.20 These⌉ *alt. in ink fr.* 'They'
326.20 men⌉ *intrl. in ink w. caret*
326.22 the House⌉ *aft. x'd-out* 'Congre'
326.22 wide⌉ *aft. x'd-out* 'experience'

《这是怎么回事？》中的改动

330.1 It⌉ 'IT' *intrl. w. caret*
330.3 understand⌉ 'under stand' *closed up w. guidelines*
330.3 why⌉ *intrl. in ink w. caret aft. x'd-out* 'the' *and del.* 'what'
330.3 attributes⌉ *alt. in ink fr.* 'attributed'
330.6 if⌉ *intrl. in ink w. caret*
330.6 them,⌉ *comma added*
330.8 a⌉ *added*
330.10 Tate's⌉ *aft. del.* 'Mr'
330.12 the⌉ *intrl. in ink w. caret*
330.14 hazy⌉ *aft. x'd-out* 'azy'

573

330.15	*is*] *undrl.*
330.15	played] *aft. del.* 'definitely'
330.16	to explain] *aft. del.* 'only'
330.18	set] *ab. del.* 'put'
330.18	of] *aft. x'd-out* 'to'
330.18	mine] *alt. in ink fr.* 'mind'
330.18	against] *intrl. in ink w. caret aft. del.* 'on'
330.18	issues] *intrl. in ink w. caret aft. del.* 'bases'
330.26	in those] *added*
330.29	thinking,] *comma added*
330.29	an account made] *intrl. in ink w. caret*
331.2	develops] *ab. x'd-out* 'originates'
331.4	usually] *intrl. w. caret*
331.4–5	separation] *aft. del.* 'a'
331.10	ever] *alt. in ink fr.* 'every'
331.10	day.] *period added*
331.10	It] *in ink aft. del.* 'and'
331.13	so that] *added*
331.13	they] *intrl. in ink w. caret aft. del.* 'and'
331.13	constitute] *alt. in ink fr.* 'constituted'
331.13	isolated] *aft. x'd-out* 'again'
331.15	accepted,] *comma added*
331.15	warrant] *aft. x'd-out* 'alleged'
331.20	In consequence,] *ab. x'd-out* 'Then,'
331.27	false] *aft. del.* 'alleged but'
331.27	alleged] *intrl. in ink w. caret*
331.29	departments;] *semicolon alt. in ink fr. comma*
331.29–30	an ... in] *in ink ab. del.* 'a basic unity, from the side of <u>feeling</u> or the affective, of'
331.31	can,] *comma added*
331.31	modesty] 'y' *intrl. w. caret*
331.35	any] *in ink ov.* 'some'
331.35	supposed] *intrl.*
331.37	an] *aft. del.* 'at least'
331.39	*are*] *undrl.*
332.1	idea] *in ink ab. del.* 'notion'
332.2	(which] *paren. added*
332.2	used] *in ink ab.* 'to'
332.2	support] *in ink w. caret ab. del.* 'foundation'
332.3	these] *alt. in ink fr.* 'the'
332.3	segregations)] *paren. added*
332.3	might] *intrl. in ink w. caret aft. del.* 'would' [*alt. in ink fr.* 'should']
332.5	now] *alt. in ink fr.* 'new'

574

332.8	The] *alt. in ink fr.* 'This'
332.8	an] *alt. in ink fr.* 'another'
332.12	on] *intrl. in ink w. caret*
332.12	Affective] 'A' *in ink ov.* 'a' ; *triple undrl.*
332.12	Thought] 'T' *in ink ov.* 't' ; *triple undrl.*
332.12	reaches from] *solidus betw. words*
332.13	standpoint] *bef. del.* 'of view' ; 'stand' *intrl. in ink w. caret*
332.13	start made] *added bef. del.* 'beginnings' ['made' *aft. del.* 'is']
332.13	is] *in ink bel.* 'not' *w. guideline*
332.15	situations,] *comma added*
332.15	coming] *alt. in ink fr.* 'comes' ; *aft. del.* 'which'
332.15	as] *intrl. in ink w. caret*
332.15	wholes] *alt. in ink fr.* 'whole' [*alt. in ink fr.* 'wholes']
332.16	qualitative,] *bef. del.* 'in character' ; *comma added*
332.18	the] *alt. in ink fr.* 'their' ; *aft. x'd-out* 'them —'
332.18 – 19	of . . . wholes.] *intrl. in ink w. caret*
332.20	*action,*] *comma added*
332.20	an idea] *intrl. in ink w. caret*
332.21	whole,] *comma added*
332.22	The] *intrl. in ink aft. del.* 'Its virtual'
332.22	conclusion —] *dash added*
332.23	stated] *aft. del.* 'one'
332.23	with] *aft. x'd-out* 'ver'
332.23	explicitness] *aft. del.* 'complete'
332.23	mine —] *dash added*
332.23 – 24	the opposite of] *in ink ab. del.* 'so far from being'
332.24	namely,] *added*
332.25	science."] *period added*
332.25	It is that] *intrl. in ink w. caret aft. del.* 'that it ∗ claims' [*aft. del.* 'is']
332.25	is] *intrl. in ink w. caret and guideline aft. del.* 'to be' *and intrl. del.* 'is'
332.26	help] *added*
332.27	[2]which] *intrl. w. caret*
332.28	Messiah.] *period alt. in ink fr. semicolon*
332.28	They] 'T' *in ink ov.* 't'
332.28	would,] *comma added*
332.28	opinion,] *comma added*
332.30	instrument,] *comma added*
332.30 – 31	*end and consummation*] *undrl.*
332.32	Because] *aft. insrtd.* '¶'
332.32	represent] *aft. del.* 'be'
332.33	to be] *intrl. in ink w. caret aft. del.* 'hence'
332.33	for] *aft. x'd-out* 'of'

332.34	inconsistently] *intrl. w. caret*
332.35	who ... philosophy] *in ink w. caret ab. del.* 'in a philosophical class'
332.37	*thought*] *undrl.*
332.38	experience] *aft. x'd-out* 'basic and ulterior'
332.38	and to be] *intrl. in ink w. caret*
332.38 – 39	*affectively*] *undrl.*
332.40	finally terminates in] *in ink ab. del.* 'leads up to'
333.1	these] *intrl. in ink w. caret aft. del.* 'such' *x'd-out* 'immediate'
333.2	after all] *intrl. w. caret*
333.2	value,] *comma added*
333.3	only] *intrl. in ink w. caret*
333.4	society] *ab. x'd-out* 'the state'
333.4	includes science] *solidus betw. words*
333.6	any] *aft. x'd-out* 'to'
333.6	to] *in ink ov.* 'for'
333.6	create] *alt. in ink fr.* 'creating'
333.6	harmony.] *period added; bef. del.* 'if it were tried.'
333.7	was] *aft. x'd-out* 'is'
333.9	fields.] *period added bef. del.* 'one ['great' *intrl.*] trouble, as I have indicated/above, is that the acceptance of intellectual premises which support/segregation prevent the adequate working out of this possibility.'
333.10	essays] *final* 's' *intrl. w. caret*
♯333.10	render] *aft. del.* 'will'
333.12	seriatim] 'e' *intrl. w. caret and guideline*
333.14	"utilitarian"] *closing quot. added*
333.15	my] *alt. in ink fr.* 'me'
333.15	ideas] *intrl. in ink w. caret*
333.17	Barnes.] *period added*
333.17	It] 'I' *in ink ov.* 'i'
333.18 – 19	since ... terms.] *intrl. in ink w. caret*
333.19	Speaking] 'S' *in ink ov.* 's'
333.19	in terms] *aft. x'd-out* 'of Shelley'
333.20	in his] *aft. del.* 'is'
333.20	is] *intrl. in ink*
333.22	to] *intrl. in ink w. caret*
333.23	"calculation."] *quots. added*
333.24	the] *intrl. in ink w. caret and guideline*
333.25	or intuitively] *intrl. w. caret*
333.27	a dominant] *aft. del.* 'such'
333.29	richer] *aft. del.* 'and'
333.29	and more fully ordered] *intrl. w. caret*
333.31	adequately] *intrl. w. caret*

576

333.32   ¹of] *in ink ov.* 'in'; *aft. x'd-out* 'as'

333.33 – 34   contribute,] *comma added*

333.34   providing] *in ink w. caret bef. del.* 'in operating as'

333.37   their] 'ir' *intrl. w. caret*

333.39   nor] 'n' *intrl.*

333.39   foundation.] *period alt. in ink fr. comma*

333.39   It is] *intrl. in ink w. caret aft. del.* 'but'

333.39   *practical*] *undrl.*

333.40   ¹of] *intrl. in ink w. caret aft. del.* 'or'

《〈失业保险〉导言》中的改动

399.4   human] *alt. in ink fr.* 'humane'

399.9   socially] *aft. x'd-out* 'disgraceful'

399.9   disgraceful,] *comma added*

399.9 – 10   individuals] *aft. x'd-out* 'th'

399.11   starvation] *aft. x'd-out* 'suff'

399.14 – 15   unemployed] *alt. in ink fr.* 'unemployment'

399.16   The] *aft. x'd-out* 'They'

399.21   unemployment] *aft. del.* 'the situation of'

399.22   ¹how] *intrl. in ink w. caret*

399.22   changes must] *in ink w. caret ab. del.* 'changes must'

399.22   ²how] *in ink w. caret ab. del.* 'for'

399.23   changed,] *comma added*

399.23   ensure] *alt. in ink fr.* 'insure'

399.24   useful] *aft. x'd-out* 'it'

399.26   the] *intrl. in ink w. caret*

399.26   due] *aft. del.* 'when it is'

399.27   take] *aft. x'd-out* 'relieve the suffering incident'

400.3 – 4   consumption,] *comma added*

400.4   production,] *comma added*

400.4   help] *intrl. w. caret*

400.8   are brothers] 'are' *alt. in ink fr.* 'were'

400.8   are their] 'are' *alt. in ink fr.* 'were'

400.11   farmer,] *comma added*

400.13   ²of] *intrl. in ink w. caret*

400.19   The] *aft. x'd-out* 'It'

400.21   consequent] *intrl. in ink w. caret*

400.23   by] *intrl. in ink w. caret*

400.24   residence] *alt. in ink fr.* 'resident'

400.26   in constant] 'in' *intrl. in ink w. caret*

400.28   urges,] *comma added*

400.28   to] *intrl. in ink w. caret*

577

400.29	committed] *bef. del.* 'to'
400.31	remedy] *aft. del.* 'some'
400.31	The] *alt. in ink fr.* 'They'
400.33	workable] *aft. del.* 'other'

行末连字符列表

I. 范本表

下面所列出的是一些在编辑过程中发现的可能的复合词，它们以连字符的形式出现在范本的行末：

5.2–3	non-verbal	229.33	under-privileged
11.15	framework	242.1	lawmakers
36.18	non-rational	254.40	non-existent
56.7–8	standpoint	270.17	sub-stratum
77.8	subject-matter	279.4	world-wide
79.14–15	subject-matter	295.32	self-respecting
81.25	semi-professional	296.34	non-intellectual
82.33	semi-vocational	298.5	self-directed
85.7	semi-vocational	316.28	pseudo-science
89.13	reorganization	317.27	re-education
92.30–31	Preschool	319.26	psycho-physical
117.7	out-leadings	319.32	psycho-physical
119.25	by-law	337.3	war-time
159.28	bygone	348.9	underconsumption
171.10	householder	350.9	over-subscribed
171.35	backbone	379.24–25	self-interest
175.24	"superpower"	384.27	skyscraper
176.11	offhand	393.25	bipartisan
183.37–38	non-political	397.31	self-liquidating
221.16	short-sighted		

II. 校勘表

在本版中,被模棱两可断开的可能的复合词中的行末连字符均未保留,除了下面所列出的这些:

5.2	non-verbal	219.38	non-recognition
7.12	over-arching	223.7	self-defense
15.15	subject-matter	233.1	non-partisan
15.33	subject-matter	233.3	maize-growing
16.29	subject-matter	249.32	vote-catching
45.7	money-making	261.27	long-distance
66.12	self-developing	287.35	drug-store
70.23	self-interest	288.13	non-monarchical
77.9	subject-matter	293.2	self-organization
79.14	subject-matter	293.12	class-conscious
80.19	bio-chemistry	326.7	re-elected
86.7	so-called	331.6	non-communicating
88.30	subject-matter	351.17	so-called
156.7	self-interest	379.24	self-interest
158.15	self-confessed	384.13	first-step
166.5	stock-jobbing	388.17	well-being
177.12	self-reliance	393.28	war-time
183.37	non-political	397.16	self-liquidating
197.3	non-adherence	403.3	drawing-room
199.19	old-fashioned	404.2	mild-mannered
199.40	non-existent	406.27	part-time
211.7	pre-condition	406.33	sing-song
219.14	self-defense	408.5	re-echoing

引文中的实质性异读

对于给出这一特殊表列而言,杜威对于引文中的实质性异读被认为具有足够的重要性。杜威用诸多不同的方法再现资料来源,从记忆性的释义到逐字逐句的复述都有。在某些情况下,他会完全引用资料;在某些情况下则仅仅提到作者的名字,或者完全略去参考文献的来源。本卷中包括在引号里的所有资料(除了引号明显用于强调或重述以外)出处,都已经被找到;并且在必要时,对杜威所引资料进行了查证和校勘。除了已在"校勘表"中出现的,所有引文都按照它们在范本中的原样予以保留。所以,有必要把这一列表与"校勘表"一同使用。

虽然杜威并不关心形式的准确性,正如同时期的其他学者一样;然而所引资料中的许多变化,也可能在印刷过程中出现。例如,比较杜威的引文与原著可以看到,所引资料除了杜威自己所作变动之外,也带有某些编辑和排字工人特有的印刷风格。所以,在本卷中,所引资料中的拼法和大写予以保留。在可能发生排字或印刷错误的情况下,对于保留在原有解读的实质用词和偶发拼读的纠正(包括对于拼法和大写的纠正),被标识为 WS 校勘(Works Source,意为诸作品来源——本卷对于来自杜威引用的资料来源的校勘)。再者,杜威在所引资料中频繁地改动或省略标点符号。如果这种改动或省略有实质性含意,原文中的标点符号就予以保留;这些改动也保留在"校勘表"中,并以符号 WS 予以标记。

杜威经常不显示他省略了资料来源中的某些材料。被省略的短语被列在这列表中;不止一行的省略用方括号中的省略号[……]注明。资料来源中原本使用的斜体被视为实质用词。杜威省略的和添加的斜体在这里予以注明。

杜威所引资料与资料来源之间的差异,可以归因于引文在其中出现的上下文的差异,如时态和单复数的变化没有在这里予以注明。

　　这部分的标注符号遵循这样的格式:首先是本卷中的页码—行数,随之是词目,然后是半个方括号;方括号之后是原文的形式,随后是:作者的姓氏、杜威的参考书目清单中的来源的标题简称,然后是参考资料的页码—行数,所有这些都在圆括号中。

《语境和思想》

3.6	frontwards] front-wood (Malinowski, "Problem of Meaning," 458.4)
3.8	rearward] rear-wood (Malinowski, "Problem of Meaning," 458.8)
3.14 - 15	feature of rivalry] last-mentioned feature (Malinowski, "Problem of Meaning," 458.24)
3.15	also explains] explains also (Malinowski, "Problem of Meaning," 458.25)
3.22	psychology,] psychology and (Malinowski, "Problem of Meaning," 459.20)
3.23	Linguistic] We see that linguistic (Malinowski, "Problem of Meaning," 459.21 - 22)
4.1	language] tongue (Malinowski, "Problem of Meaning," 467.21)
4.2	context of a situation] *context of situation* (Malinowski, "Problem of Meaning," 467.22 - 23)

《摆脱教育困惑的出路》

84.31	formulae,] formulae quickly learned by the apprentice method, (Morgan, "Curriculum," 9.2.47 - 48)
84.35	is no] can be no (Morgan, "Curriculum," 9.2.53)
84.40	proportion] proportions (Morgan, "Curriculum," 10.1.4)

《高等教育与研究中的政治干预》

120.1	a professor] one ("Restriction," 572.29)

《经济形势:对教育的挑战》

127.1	into] in (Merriam, *Making of Citizens*, 10.22)
130.25	interests] policies ("School Histories," 13.1.36)

《需要一个新的政党》

162.19 - 20	The world] this unreal world (McCormick, "Foggy Days," 2.5.103)
162.20	iron] cast iron (McCormick, "Foggy Days," 22.1.27)

162.23   world ... living] old planet turned somersaults, but soon you can
          answer the question. They have been living (McCormick, "Foggy
          Days," 2.5.113 – 15, 22.2.1)
173.30 – 31   this country] the nation ("Progressives Call Parley," 1.5.42 – 43)
174.12 – 13   the ... combined.] The dominant issue is bigger than tariff; bigger
          than public control or ownership of the great modern utilities; bigger
          than any phase of the traction, transit and transportation question;
          bigger than the problem of just taxation. (Dewey, "'Irrepressible
          Conflict,'" 4.21 – 25) [*Later Works* 6:149.15 – 18]

《和平——依据〈巴黎公约〉或〈国际联盟盟约〉》

192.24   government would] government formally notified Japan and China that
          it would (Stimson, "Text of Letter," 8.7.52 – 54)
192.25   into] into by these governments (Stimson, "Text of Letter," 8.7.56)
192.36 – 37   peradventure of a doubt] peradventure (Stimson, "Text of Letter,"
          8.7.16)

《国际组织必须进行制裁吗？ 不》

198.29   there is] is there ("Outlawry of War," 465.13)
198.30   is not] not ("Outlawry of War," 465.15)
198.31   it. When] it. It is a moral rather than a legal situation. When
          ("Outlawry of War," 465.16 – 17)
200.32   *such*] [*rom.*] ("Covenant of League," 8.1)
200.33 – 34   *effective ... forces*] effective military, naval or air force ("Covenant
          of League," 8.2)
201.19   *severance*] [*rom.*] ("Covenant of League," 7.42)
207.9   powers, especially,] powers (Buell, "Are Sanctions Necessary?" 8.
          16) [*Later Works* 6:459.38]
220.35   Admittedly all] all (Buell, "Are Sanctions Necessary?" 21.34) [*Later
          Works* 6:482.4]
220.36   last resort] final analysis (Buell, "Are Sanctions Necessary?" 21.34)   *583*
          [*Later Works* 6:482.4 – 5]
220.36   must rest upon] depends on the (Buell, "Are Sanctions Necessary?"
          21.34 – 35) [*Later Works* 6:482.5]
220.36   faith] faith of governments, (Buell, "Are Sanctions Necessary?" 21.
          35) [*Later Works* 6:482.5]
220.36 – 37   and the force of] on (Buell, "Are Sanctions Necessary?" 21.35) [*Later
          Works* 6:482.5]

《美国背景下的少数党地位及其与目前状况的关系》

232.4   the leaders] these leaders (Haynes, *Social Politics*, 153.20 – 21)

232.4 - 5   Greenback, ... parties] people (Haynes, *Social Politics*, 153.21)
232.6   power] influence (Haynes, *Social Politics*, 153.22)
232.14 - 15   people ... rather] people, for the people, and by the people, rather
               (Haynes, *Social Politics*, 153.31 - 32)
234.9   the labor] labor (McVey, "Populist Movement," 144.22)

《第三政党的前途》

250.2   subordination of] subordinating ("Platform and Program," 4.2.31)

《大学里的儿子——家长们》

260.24   now seem] seem now (Gauss, *Life in College*, 22.12)
260.25   general, the] general, however, it may be said that the (Gauss, *Life
               in College*, 22.27)

《赶超美国》

266.8   so] and (Counts, *Soviet Challenge*, 13.2)
266.8   human society] society (Counts, *Soviet Challenge*, 13.2)
266.31   produce] create (Counts, *Soviet Challenge*, 335.11)

584 《评〈共同人格：法学研究〉》

268.17   fact] facts (Hallis, *Corporate Personality*, xxix.19)
268.18   value.] value or meaning. (Hallis, *Corporate Personality*, xxix.20)
270.27   always have] have always (Hallis, *Corporate Personality*, 187.30)
270.28   one] aspect (Hallis, *Corporate Personality*, 187.31)

《评〈一个哲学家的自传〉等》

272.2   to] upon (Perry, *Defence of Philosophy*, 21.11)

《查尔斯·桑德斯·皮尔士》

275.21   those] those who are (Peirce, *Principles of Philosophy*, x.23)
275.24   on] upon (Peirce, *Principles of Philosophy*, 105.12)
275.24   the scientist's] each scientist's (Peirce, *Principles of Philosophy*,
               105.12)
275.24 - 25   mind, arranged] mind, where they can be at hand when there is
               occasion to use things — arranged, (Peirce, *Principles of
               Philosophy*, 105.12 - 13)

275.25   to] therefore, to (Peirce, *Principles of Philosophy*, 105.13 – 14)
275. 25   convenience,] special convenience — (Peirce, *Principles of Philosophy*, 105.14)
275.25   science] science itself (Peirce, *Principles of Philosophy*, 105.14)
275.26   only] mainly (Peirce, *Principles of Philosophy*, 105.15)
275.31   principle] idea (Peirce, *Principles of Philosophy*, 70.24)

《颠倒的马克思》

279.2   of advance] marking the entry into a new age (Heard, *Emergence of Man*, 100.25 – 26)
279.3   is] was (Heard, *Emergence of Man*, 101.6)

《把细枝弄弯》

286.33   spirit] spirit's operations (Nock, *Theory of Education*, 52.20)

585

《打造苏维埃公民》

292.10   kindly] friendly (Woody, *New Minds*, x.19)

《米克尔约翰实验》

296.33   is] is, therefore, (Meiklejohn, *Experimental College*, 233.20)
297.2   *think*] [*rom.*] (Meiklejohn, *Experimental College*, 56.2)
297.6   service of] to serve (Meiklejohn, *Experimental College*, xvii.5)
297.7   creation of] creation (Meiklejohn, *Experimental College*, xvii.5)
297.36   that which] what (Meiklejohn, *Experimental College*, 56.24)
297.36   already knows] knows (Meiklejohn, *Experimental College*, 56.24)
297.38   as far] so far (Meiklejohn, *Experimental College*, 72.11)
298.12   value] values (Meiklejohn, *Experimental College*, 138.14)
298. 24   independent] relatively independent (Meiklejohn, *Experimental College*, xiv.18 – 19)

《试评〈今日哲学〉》

309.15   is,] is, on the contrary, (Peirce, *Principles of Philosophy*, 55.3)

《这是怎么回事?》

331.20   *then*] [*rom.*] (Tate, "Aesthetic Emotion," 297.4) [*Later Works* 6: 495.38]

331.22   to] [*ital.*] (Tate, "Aesthetic Emotion," 297.6) [*Later Works* 6:496.
              1]

331.23   of the . . . integration] [*ital.*] (Tate, "Aesthetic Emotion," 297.6 – 7)
              [*Later Works* 6:496.1 – 2]

《丰实的仓库和饥饿的胃》

342.28   lasts] continues (Dewey, " $100,000,000 Relief," 14.2.62)

342.29   the country] this country (Dewey, " $100,000,000 Relief," 14.2.64 –
              65)

342.36   effect upon] result on (Folks, "Socially Handicapped," 335.19)

586   ## 《总统和特别会议》

345.3   cannot hope to] cannot (Hoover, "Hoover Bars Extra Session," 1.4.
              47)

《反驳克莱因部长》

352.16   is] is always (Folks, "Socially Handicapped," 336.31)

352.17 – 18   minimum . . . U. S.] These figures, which are presented only as
              illustrative material, (Folks, "Socially Handicapped," 336.32 – 33)

352.25 – 26   his doing] their doing (Folks, "Socially Handicapped," 337.7)

352.27   advance] advance on a broad program designed to safeguard children
              (Folks, "Socially Handicapped," 336.1 – 2)

352.28   of parents] for their parents (Folks, "Socially Handicapped," 336.3)

《敦促进步主义参议员就救济法案采取行动》

356.8   the power] power (La Follette, "Platform," 5.6.13)

356.9   monopoly.] monopoly, not to foster it. (La Follette, "Platform," 5.
              6.15)

356.13 – 14   system. [¶] Retention] system. [. . .] Retention (La Follette,
              "Platform," 5.6.21 – 27)

356.15   profits and] profits, on stock dividends, profits undistributed to evade
              taxes, (La Follette, "Platform," 5.6.30 – 31)

356.16 – 17   inheritances. [¶] Reconstruction] inheritances. [. . .] Reconstruction
              (La Follette, "Platform," 5.6.33 – 44)

356.18 – 19   systems. [¶] Public] systems [. . .] Public (La Follette, "Platform,"
              5.6.46 – 77)

356.19   operation.] operation, with definite safeguards against bureaucratic
              control. (La Follette, "Platform," 5.6.78 – 80)

《游说团敦促博拉参议员反对重新考虑盟国间债务》

366.10   advantage] benefit or advantage (Borah, "Where Would the Money
                Go?" 12.4.21)

《杜威总干事反对一揽子运费上涨》

369.26   railway] railways ("Text of Railroads' Petition," 24.1.139)
369.34   5.90] 5.70 (ICC, *Statistics of Railways*, xv.18)
371.9 - 10   the added] this added (Lane, "In Re Investigation," 343.27)

《繁荣有赖于从地基上造起大厦》

383.17 - 18   operations. [¶] The] operations. [...] The (Hughes, "Point of
                View," 19.2.54 - 65)
383.23 - 24   declines. [¶] In] declines [...] In (Hughes, "Point of View," 19.2.
                74 - 83)

《失业问题的联合委员会要求国会采取行动》

390.5   which] that (Mills, "Text of Address," 17.4.21)

《在文科学院课程研讨会上的发言》

422.34   desirable] most desirable ("Educators Divided," 12.2.72)
422.35   American colleges] colleges ("Educators Divided," 12.2.72 - 73)
422.35   have] should have ("Educators Divided," 12.2.73)
422.35   curricula] curriculum ("Educators Divided," 12.2.73 - 74)

杜威的参考书目

杜威的参考书目包括杜威所引用的每一部著作的完备的出版信息。在可能的情况下，杜威的个人图书馆(约翰·杜威文集，专辑，莫里斯图书馆，南伊利诺伊大学卡本代尔分校)中的书籍也被列入。当杜威引用参考书时给出了页码，我们可以确定他所使用的版本。对于其他参考书，这里所列出的是杜威最有可能使用的版本；确认这一点的根据来自出版物的出版时间或地点，或是在当时通常情况下得到出版的可能性，或是从通信和其他材料得到的证据。

Adams, James Truslow. *The Epic of America.* Boston: Little, Brown and Co., 1931.

Alexander, F. Matthias. *Constructive Conscious Control of the Individual.* Introduction by John Dewey. New York: E.P. Dutton and Co., 1923.

Ann Arbor Railroad Company et al. *v.* United States et al. *United States Reports* 281(1930):658–699.

"A Bad Omen for Railroad Consolidation." *New Republic* 65 (4 February 1931): 313–314.

Barnes, Roswell P. *Militarizing Our Youth: The Significance of the Reserve Officers' Training Corps in Our Schools and Colleges.* New York: Committee on Militarism in Education, 1927.

Bates, Henry M. "Committee Reports: Committee A, Academic Freedom and Tenure." *Bulletin of the American Association of University Professors* 9 (February 1923):12–13.

Bernard, Luther Lee. *Instinct: A Study in Social Psychology.* New York: Henry Holt and Co., 1924.

"Big Rise in 9 Years in National Income." *New York Times,* 16 December 1929, p.47.

Boas, Franz. *Anthropology and Modern Life.* New York: W.W. Norton and Co.,

1928.

——. *The Mind of Primitive Man.* New York: Macmillan Co., 1911.

Borah, William E. "Borah Belittles Third-Party Move." *New York Times,* 29 December 1930, pp. 1 - 2.

——. "Where Would the Money Go?" *Collier's* 88 (18 July 1931): 12 - 13, 39.

Briand, Aristide. "'Peace Is Proclaimed' in the Treaty, Briand Tells the Nations." *New York Times,* 28 August 1928, p. 5.

Buell, Raymond Leslie. "Are Sanctions Necessary to International Organization? Yes." In *Are Sanctions Necessary to International Organization?* Foreign Policy Association Pamphlet no. 82 - 83. New York: Foreign Policy Association, 1932. [*The Later Works of John Dewey, 1925 - 1953*, edited by Jo Ann Boydston, 6: 450 - 484. Carbondale and Edwardsville: Southern Illinois University Press, 1985.]

Carlyle, R. W., and Carlyle, A. J. *A History of Mediaeval Political Theory in the West.* 5 vols. Edinburgh: William Blackwood and Sons, 1903 - 1928.

"The Children's Charter." In *White House Conference on Child Health and Protection,* pp. 45 - 48. New York: Century Co., 1931.

Cohen, Morris R. *Reason and Nature: An Essay on the Meaning of Scientific Method.* New York: Harcourt, Brace and Co., 1931.

——. "Reason, Nature and Professor Dewey." *New Republic* 67 (17 June 1931): 126 - 127. [*Later Works* 6:488 - 491.]

Cooley, Charles Horton. *Human Nature and the Social Order.* Rev. ed. New York: Charles Scribner's Sons, 1922.

Counts, George S. *The Soviet Challenge to America.* New York: John Day Co., 1931.

"The Covenant of the League." *League of Nations Official Journal* 1 (February 1920):3 - 12.

Dewey, John. *Experience and Nature.* Chicago: Open Court Publishing Co., 1925. [*Later Works* 1.]

——. *Human Nature and Conduct: An Introduction to Social Psychology.* New York: Henry Holt and Co., 1922. [*The Middle Works of John Dewey, 1899 - 1924*, edited by Jo Ann Boydston, vol. 14. Carbondale and Edwardsville: Southern Illinois University Press, 1983.]

——. "Affective Thought." In his *Philosophy and Civilization,* pp. 117 - 125. New York: Minton, Balch and Co., 1931. [*Later Works* 2:104 - 110.]

——. "Dewey Asks Norris to Lead New Party; Lucas Row Is Cited." *New York Times,* 26 December 1930, pp. 1 - 2. [*Later Works* 5:444 - 446.]

——. Introduction to *Constructive Conscious Control of the Individual,* by F. Matthias Alexander, pp. xxi - xxxiii. New York: E. P. Dutton and Co., 1923. [*Middle Works* 15:308 - 315.]

——. "'The Irrepressible Conflict.'" *News Bulletin of the League for Independent Political Action* 1 (January 1931):4 - 5. [*Later Works* 6:149 - 152.]

——. "$100,000,000 Relief Urged on President." *New York Times,* 18 February 1931, p. 14.

——. "Qualitative Thought." In his *Philosophy and Civilization*, pp. 93 – 116. New York: Minton, Balch and Co., 1931. [*Later Works* 5:243 – 262.]

Eddy, Sherwood. *The Challenge of Russia*. New York: Farrar and Rinehart, 1931.

"Educators Divided on 'Real University.'" *New York Times*, 19 January 1931, p. 12.

"Factory Output Increased in 1929." *New York Times*, 8 November 1930, p. 31.

Folks, Homer. "Socially Handicapped — Dependency and Neglect." In *White House Conference on Child Health and Protection*, pp. 319 – 340. New York: Century Co., 1931.

Gauss, Christian. *Life in College*. New York: Charles Scribner's Sons, 1931.

Hallis, Frederick. *Corporate Personality: A Study in Jurisprudence*. London: Oxford University Press, 1930.

Hans, Nicholas, and Hessen, Sergei. *Educational Policy in Soviet Russia*. London: P. S. King and Son, 1930.

Haynes, Fred E. *Social Politics in the United States*. Boston and New York: Houghton Mifflin Co., 1924.

Heard, Gerald. *The Emergence of Man*. New York: Harcourt, Brace and Co., 1932.

Hessen, Sergei, and Hans, Nicholas. *Educational Policy in Soviet Russia*. London: P. S. King and Son, 1930.

Hocking, William Ernest. *Human Nature and Its Remaking*. 2d ed. New Haven: Yale University Press, 1923.

Hoover, Herbert. "Hoover with Vigor Bars Extra Session." *New York Times*, 23 May 1931, p. 1.

——. "Text of President Hoover's Indianapolis Address." *New York Times*, 16 June 1931, p. 2.

Hughes, C. F. "The Merchant's Point of View." *New York Times*, 20 March 1932, sec. 2, p. 19.

Huxley, Julian S.; Wells, H. G.; and Wells, G. P. *The Science of Life*. 2 vols. Garden City, N. Y.: Doubleday, Doran and Co., 1931.

Interstate Commerce Commission. *Forty-Third Annual Report of the Statistics of Railways in the United States for the Year Ended December 31, 1929*. Washington, D. C.: Government Printing Office, 1930.

Josey, Charles Conant. *The Role of Instinct in Social Philosophy*. New York: Chauncey Holt Co., 1921.

Klein, Julius. "Asks Radio to Lead Way to Prosperity." *New York Times*, 10 June 1931, p. 34.

——. "Secretary Klein's Reply to Prof. Dewey." *People's Lobby Bulletin* 1 (August 1931):3 – 4. [*Later Works* 6:485 – 487.]

La Follette, Robert M. "La Follette's Platform." *New York Times*, 6 July 1924, p. 5.

Lane, Franklin K. "In Re Investigation of Advances in Rates by Carriers in Western Trunk Line, Trans-Missouri, and Illinois Freight Committee Territories." *Interstate Commerce Commission Reports* 20(1911):307 – 399.

Levinson, Salmon O. "Disarmament, Manchuria and the Pact." *Christian Century*,

591

49 (February 1932):149-50.

Lippmann, Walter. "The Search for Security." *New York World*, 3 December 1927, p. 10.

McCormick, Anne O'Hare. "Foggy Days under the Big Dome." *New York Times Magazine*, 15 February 1931, pp. 1-2, 22.

McVey, Frank L. "The Populist Movement." *Economic Studies* 1 (August 1896): 131-209.

Malinowski, Bronislaw. "The Problem of Meaning in Primitive Languages." In *The Meaning of Meaning: A Study of the Influence of Language upon Thought and of the Science of Symbolism*, by C. K. Ogden and I. A. Richards, pp. 451-510. New York: Harcourt, Brace and Co., 1923.

Meiklejohn, Alexander. *The Experimental College.* New York: Harper and Bros., 1932.

Mendelssohn, Frans von. "Mendelssohn Asks World Cooperation." *New York Times,* 10 May 1931, pp. 1, 29.

Merriam, Charles Edward. *The Making of Citizens: A Comparative Study of Methods of Civic Training.* Chicago: University of Chicago Press, 1931.

Mills, Ogden L. "Text of Mills's Address at Associated Press Luncheon." *New York Times,* 26 April 1932, p. 17.

Mitchell, Wesley C. "Human Behavior and Economics: A Survey of Recent Literature." *Quarterly Journal of Economics* 29(1914-1915):1-47.

Morgan, Arthur Ernest. "The Curriculum for the College of Liberal Arts." *Rollins College Bulletin* 26 (February 1931):4-14.

New York Times. "La Follette's Platform," 6 July 1924, p. 5.

——. "'Peace Is Proclaimed' in the Treaty, Briand Tells the Nations," 28 August 1928, p. 5.

——. "Big Rise in 9 Years in National Income," 16 December 1929, p. 47.

——. "Factory Output Increased in 1929," 8 November 1930, p. 31.

——. "Dewey Asks Norris to Lead New Party; Lucas Row Is Cited," 26 December 1930, pp. 1-2. [*Later Works* 5:444-446.]

——. "Borah Belittles Third-Party Move," 29 December 1930, pp. 1-2.

——. "Statistics on Income Tax Payments Made by the Nation in Record Year of 1928," 29 December 1930, p. 30.

——. "Educators Divided on 'Real University,'" 19 January 1931, p. 12.

——. "Foggy Days under the Big Dome," 15 February 1931, sec. 5, pp. 1-2, 22.

——. "$100,000,000 Relief Urged on President," 18 February 1931, p. 14.

——. "Progressives Call Parley on Program," 3 March 1931, pp. 1, 24.

——. "Mendelssohn Asks World Cooperation," 10 May 1931, pp. 1, 29.

——. "Hoover with Vigor Bars Extra Session," 23 May 1931, p. 1.

——. "Asks Radio to Lead Way to Prosperity," 10 June 1931, p. 34.

——. "Text of President Hoover's Indianapolis Address," 16 June 1931, p. 2.

——. "Text of Railroads' Petition for Freight Rate Increase," 18 June 1931, p. 24.

——. "Text of Secretary Stimson's Note," 8 January 1932, p. 1.

——. "School Histories Declared Biased," 21 February 1932, sec. 2, p. 13.

592

——. "Text of Stimson's Letter on Our Policy in China," 25 February 1932, p. 8.

——. "The Merchant's Point of View," 20 March 1932, sec. 2, p. 19.

——. "Text of Mills's Address at Associated Press Luncheon," 26 April 1932, p. 17.

Nock, Albert Jay. *The Theory of Education in the United States*. New York: Harcourt, Brace and Co., 1932.

Ogburn, William Fielding. *Social Change with Respect to Culture and Original Nature*. New York: B. W. Huebsch, 1922.

" $100,000,000 Relief Urged on President," *New York Times*, 18 February 1931, p. 14.

"The Outlawry of War." *Round Table* (London), no. 71 (June 1928): 455 – 476.

Palmer, George Herbert. *The Autobiography of a Philosopher*. Boston and New York: Houghton Mifflin Co., 1930.

Park, Robert E. "Human Nature, Attitudes, and the Mores." In L. L. Bernard et al., *Social Attitudes*, edited by Kimball Young, pp. 17 – 45. New York: Henry Holt and Co., 1913.

Peirce, Charles S. *Principles of Philosophy*. Vol. 1 of *Collected Papers of Charles Sanders Peirce*, edited by Charles Hartshorne and Paul Weiss. Cambridge, Mass.: Harvard University Press, 1931.

Perry, Ralph Barton. *A Defence of Philosophy*. Cambridge, Mass.: Harvard University Press, 1931.

"Platform and Program of the League for Independent Political Action." *News Bulletin of the League for Independent Political Action* 1 (September-October 1932): 4.

"Proceedings, Curriculum Conference." 3 vols. Rollins College, Winter Park, Florida, January 19 – 24, 1931. Rollins Archives, Rollins College, Winter Park, Fla. Photocopy.

"Progressives Call Parley on Program." *New York Times*, 3 March 1931, pp. 1, 24.

"Restriction of Political Activity of Professors." *Bulletin of the American Association of University Professors* 17 (November 1931): 572 – 573.

Santayana, George. *The Genteel Tradition at Bay*. New York: Charles Scribner's Sons, 1931.

"School Histories Declared Biased." *New York Times*, 21 February 1932, sec. 2, p. 13.

"Statistics on Income Tax Payments Made by the Nation in Record Year of 1928." *New York Times*, 29 December 1930, p. 30.

Stimson, Henry Lewis. "Text of Secretary Stimson's Note." *New York Times*, 8 January 1932, p. 1.

——. "Text of Stimson's Letter on Our Policy in China." *New York Times*, 25 February 1932, p. 8.

Tate, Allen. "The Aesthetic Emotion as Useful." *This Quarter* 5 (December 1932): 292 – 303. [*Later Works* 6: 492 – 501.]

Tawney, Richard Henry. *The Acquisitive Society*. New York: Harcourt, Brace and Howe, 1920.

593

"Text of Railroads' Petition for Freight Rate Increase." *New York Times*, 18 June 1931, p. 24.

"A Third Party Platform." *New Republic* 69 (10 February 1932):335 – 336.

Thorndike, Edward Lee. *Educational Psychology.* Vol. 1, *The Original Nature of Man.* New York: Teachers College, Columbia University, 1913.

U. S. Congress. House. War Policies Commission. *Report of the War Policies Commission Created by Public Resolution No. 98, 71st Congress, Approved June 27, 1930.* 72d Cong., 1st sess., 1931. H. Doc. 163. Serial 9538.

"University of Mississippi, Tenure Conditions." *Bulletin of the American Association of University Professors* 16 (December 1930):614 – 615.

Veblen, Thorstein. *The Instinct of Workmanship, and the State of the Industrial Arts.* New York: Macmillan Co., 1914.

———. "The Preconceptions of Economic Science." In his *The Place of Science in Modern Civilisation and Other Essays,* pp. 82 – 179. New York: B. W. Huebsch, 1919.

Wallas, Graham. *The Great Society: A Psychological Analysis.* London: Macmillan and Co., 1914.

———. *Human Nature in Politics.* 3d ed. London: Constable and Co., 1914.

———. *Our Social Heritage.* New Haven: Yale University Press, 1921. Ward, Lester F. *Applied Sociology: A Treatise on the Conscious Improvement of Society by Society.* Boston: Ginn and Co., 1906.

———. *Glimpses of the Cosmos.* 6 vols. New York: G. P. Putnam's Sons, 1913 – 1918.

Wells, H. G.; Huxley, Julian S.; and Wells, G. P. *The Science of Life.* 2 vols. Garden City, N. Y.: Doubleday, Doran and Co., 1931.

West, James E. "Youth Outside of Home and School." In *White House Conference on Child Health and Protection,* pp. 247 – 272. New York: Century Co., 1931.

White, William Chapman. *These Russians.* New York: Charles Scribner's Sons, 1931.

Wither, George. "The Manly Heart." In *Poetry and Drama,* edited by Ernest Rhys, p. 91. New York: E. P. Dutton and Co., 1906.

Woody, Thomas. *New Minds: New Men? The Emergence of the Soviet Citizen.* New York: Macmillan Co., 1932.

594

索 引[①]

Adams，Henry，297，亨利·亚当斯

Adams，James Truslow，93，詹姆斯·特拉斯洛·亚当斯

Addams，Jane，125，简·亚当斯

Aesthetics，xii，美学；relation of environment and，40,45－46，环境与美学的关系；Tate on，492－501，泰特论美学

Affection：情感

role of, in child development，141，情感在儿童发展中的作用

"Affective Thought"，330，332，493，496，498，《情感性思想》

Alexsander，F. Matthias：F·马赛厄斯·亚历山大

on control of physical energy，315－320，315n，F·马赛厄斯·亚历山大论对身体能量的控制

Allen，Devere，249，德弗雷·艾伦

American Association of University Professors，xxii，120 及 n，122,503，美国大学教授联合会

American Association of University Women，342，美国大学妇女联合会

American Chemical Society，120，美国化学学会

American Education Past and Future，xxii，《美国的教育：过去和未来》

American Federation of Labor，172，236，251，美国劳工联合会

American Federation of Teachers，433,434，435，美国教师联合会

American Legion，236，美国军团

American Revolution，463，美国革命

American Society of Civil Engineers，120，美国土木工程师协会

American Sociology and Pragmatism： Mead，Chicago Sociology，and Symbolic Interaction (Lewis and Smith)，xiii，《美国的社会学与实用主义：米德、芝加哥社会学学派和象征互动论》(刘易斯与史密斯)

Ames，Van Meter，311，范米特·艾姆斯

Amoy，China，205，中国厦门

Anderson，Benjamin M.，Jr.，360，小本杰明·M·安德森

Animosity：敌意

as reason for sanctions，216，敌意作为制裁的理由

Ann Arbor Railroad Co. et al. *v*. United States et al.，371，安阿伯铁路有限公司等诉美国等案。*See also* Railroads，另见"铁路公司"

Anthropology，xvi，37－38,278－279，人类学

Antioch College，419,503，安蒂奥克学院

---

① 本索引的每个条目后所附的页码均为英文原版书页码，即本书边码。——译者

Anti-Saloon League，236，反酒吧联盟

Anti-War Pact：《反战公约》

　　China and，458，中国与《反战公约》；international obligations under，452，454，460，462，473，476，《反战公约》中的国际义务；Japan's violation of，450，日本违背《反战公约》；violations of，467，470－471，484，违背《反战公约》

Apathy：漠不关心

　　and politics，182－183，185，188，漠不关心与政治

Appreciation：欣赏

　　of the arts，40，45－46，113，艺术的欣赏；in education，112－113，117，教育中的欣赏

Aristotle，17，31，276，426，亚里士多德；on inequality of men，32－33，亚里士多德论人与人之间的不平等

Arnold，Matthew，289，马修·阿诺德

Art：艺术

　　conception of，492－494，艺术的构想；in human experience，331－333，493－496，497－499，人类经验中的艺术；subjective quality of，15，艺术的主观性质

Articles of Confederation，463，464，《邦联条例》

Arts：艺术

　　appreciation of，40，45－46，113，艺术的欣赏；as aspect of culture，42，艺术作为文化的一个方面；historical place of，43，艺术的历史地位；and human environment，45－46，艺术与人类环境；and social sciences，67，艺术与社会科学；Tate on Dewey's view of，330－334，330n，492－501，泰特论杜威的艺术观

Association of American Medical Colleges，120，美国医学院联合会

Association of American Universities，120，美国大学联合会

Austin，John，269，270，约翰·奥斯丁

Autobiography of a Philosopher，The（Palmer），271，《一个哲学家的自传》（帕尔默）

Bacon，Francis，59，426，弗朗西斯·培根

Bacon，Roger，426，罗杰·培根

Baker，Oliver Edwin，361，奥利弗·埃德温·贝克

Balkans，461，468n，巴尔干半岛各国

Barkley，Alben William，346，艾尔本·威廉·巴克利

Barnes，Albert C.，xii，333，499，艾伯特·C·巴恩斯

Barnwell Address，99－111，99n，巴恩韦尔演讲

Bates，Henry M.，120－121，亨利·M·贝茨

Beard，Charles A.，xvi，xx，查尔斯·A·比尔德

Beliefs：信仰

　　and common sense，429－430，信仰与常识；cultural context of，18－19，信仰的文化语境；defined，428－429，信仰的定义；as fundamentals of philosophy，428，信仰作为哲学的根基；and philosophy of qualities，426，关于各种性质的信仰和哲学

Benedict，Ruth，xvi 及 n，露丝·本尼迪克特

Bentley，Arthur F.，xii，xiv，阿瑟·F·本特利

Berger，Victor Louis，235，维克托·路易斯·伯杰

Berkeley，George，17，424，乔治·贝克莱

Berle，Adolph，Jr.，xviii，xix，小阿道夫·伯利

Bertrand Russell Memorial Volume（Roberts），xv n，《伯特兰·罗素纪念文集》（罗伯茨）

Big Power：大电力法案

　　as political issue，150，大电力法案作为政

治议题；related to society, 178 - 179, 与社会相关的大电力法案

Birth control:生育控制

  legislation regarding, 388 - 389, 关于生育控制的立法；related to education, 146 - 148, 生育控制与教育有关

Blaine, John J. , 394, 约翰·J·布莱恩

Bliven, Bruce, 439, 布鲁斯·布利文

Blockade:封锁

  as economic sanction, 201, 204, 作为经济制裁的封锁；in World War I, 475, 476n, 第一次世界大战中的封锁

Blockade and Sea Power (Parmelee), 476n, 《封锁和海上力量》(帕米利)

Boas, Franz, xvi, 弗朗兹·博厄斯

Bolsheviks, 125, 235, 264, 布尔什维克

Bolshevism, 292, 布尔什维主义

Borah, William Edgar, 192, 193, 威廉·埃德加·博拉；comments on letter to Norris, 149, 150, 威廉·埃德加·博拉对致诺里斯的信的评论；and progressives, 355, 394, 威廉·埃德加·博拉与进步人士；queried on economy, 364 - 367, 威廉·埃德加·博拉质疑经济

Boycott:抵制

  in China, 205, 中国的抵制；and economic sanctions, 201 - 202, 203, 477, 抵制与经济制裁；against Japan, 209, 针对日本的抵制；against Latin America, 215, 针对拉丁美洲的抵制；and Manchuria, 469 - 470, 抵制与"满洲"

Brahmanism, 321, 婆罗门教

Briand, Aristide:阿里斯蒂德·白里安

  on Pact of Paris and war, 218 - 219, 阿里斯蒂德·白里安论《巴黎公约》与战争

British Labor party, 172, 246, 英国工党

Brookhart, Smith W. , 355, 394, 史密斯·W·布鲁克哈特

Brooklyn, N. Y. :纽约布鲁克林区

  congressional election in, 326, 在纽约布鲁克林区举行的国会选举

Brookwood Labor College, 327, 328 - 329, 布鲁克伍德职业学院

Bryan, William Jennings, 231, 234, 威廉·詹宁斯·布赖恩

Bucharest, Treaty of, 468n, 布加勒斯特条约

Buell, Raymond Leslie:雷蒙德·莱斯利·比尔

  and international obligations, 220, 雷蒙德·莱斯利·比尔与国际义务；on international organization, 450 - 484, 雷蒙德·莱斯利·比尔论国际组织；and sanctions, xx, 200, 202, 208, 211, 450 - 484, 雷蒙德·莱斯利·比尔与制裁

Bureau of Domestic and Foreign Commerce (Foreign and Domestic Commerce), 353, 美国对外贸易局(对外与对内贸易)

Bureau of Railway Economics, 370, 铁路经济局

Business:企业、商业

  alliance of big, 165 - 166, 大企业联盟；alliance of political parties with, 156 - 159, 163, 165, 177, 政党与企业的联盟；changing role of, in society, xxii, 商业在社会中不断变化的角色；motives for, 70 - 71, 73 - 74, 142, 商业的动机；and new political party, 186, 商业与新的政党；rationality in, 71 - 72, 商业中的理性；risks related to, 71 - 73, 与商业相关的风险

Butler, Nicholas Murray, 337, 尼古拉斯·默里·巴特勒

Canton, China, 205, 中国广州

Capper Resolution, 471, 484, 卡珀决议

Cardozo, Benjamin Nathan, 323, 本杰明·内森·卡多佐

Carlyle, Thomas, 69, 托马斯·卡莱尔

Carus Lecture, 28, 310, 311, 卡鲁斯讲座

Case, Clarence Marsh, 451 及 n, 克拉伦斯·

马什・凯斯

Censorship:审查制度

    in colleges, 121, 大学中的审查; of colleges, 122, 对大学的审查

Central powers, 207 - 208, 同盟国

Challenge of Russia, The（Eddy）, 263 - 265, 《俄国的挑战》（艾迪）

Charity:慈善

    related to war, 375, 406, 与战争相关的慈善; and unemployment, 153 - 155, 慈善与失业

Chase, Stuart, xvii, 329, 斯图尔特・蔡斯

Chatterji, Jagadish Chandra, 321 及 n, 贾加迪什・钱德拉・查特吉

Chicago, Ill. :伊利诺伊州的芝加哥

    League of Nations Association in, 337, 芝加哥的国际联盟协会; political conventions at, 235, 239, 248, 250, 在芝加哥举行的政党全国代表大会

Chicago, Burlington and Quincy Railroad, 371, 芝加哥伯灵顿和昆西铁路公司

Children:儿童

    responsibility of society for, 137 - 139, 140 - 141, 342, 社会对于儿童的责任

Children's Bureau, 342, 儿童署

Children's Charter, 92, 132, 141, 《儿童宪章》

China, 353, 中国; boycott in, 205, 中国的抵制; and disarmament 460, 中国与裁军; economic sanctions and, 202 - 203, 475 - 476, 经济制裁与中国; effect of League of Nations failure on, 206 - 207, 450, 457, 458 - 459, 国际联盟处理中国问题的失败的影响; Japanese aggression toward, xx, 190, 193, 205 - 206, 452, 456, 日本对中国的侵略; Japanese propaganda against, 203, 211, 日本对中国的宣传; moral pressure sanction and, 466 - 467, 道德压力制裁与中国; protection of foreign interests in, 209 - 210, 保护在中国的外国利益; relation of, to League of Nations Covenant, 454, 中国与《国际联盟盟约》的关系; relation of, to Pact of Paris, 194, 中国与《巴黎公约》的关系; and Twenty-One Demands, 206, 中国与"二十一条"。*See also* Sanctions; Shanghai, China, 另见"制裁";"中国上海"

Christian Century, 223n, 《基督教世纪》

Christianity:基督教

    interpretation of human nature in, 34, 35, 基督教对于人性的解释

Church:教会

    and philosophy, 426, 教会与哲学; urges unemployment relief, 381 - 382, 教会敦促实施失业救济

Citizens:公民

    role of teachers as, 433 - 435, 作为公民的教师的角色; and unemployment relief, 397, 公民与失业救济

Citizenship: 132, 138, 140 - 141, 公民身份

Civil War:内战

    and coercive force, 463, 内战与强制力量; and political parties, 232, 236, 内战与政党

Cleveland, Ohio:俄亥俄州的克利夫兰

    LIPA conference at, 239n, 246 - 252, 在俄亥俄州克利夫兰举行的独立政治行动联盟大会

Closed Door:禁区;

    related to Manchuria, 469, 有关"满洲"的禁区

Cohen, Morris R. , xiv - xv, xivn, 莫里斯・R・柯恩; on meaning of scientific method, 299 - 303, 304, 488 - 491, 莫里斯・R・柯恩论科学方法的意义

Collected Papers of Charles Sanders Peirce（Hartshorne and Weiss）, xiv, 273, 《查尔斯・桑德斯・皮尔士文集》（哈茨霍恩与韦斯）

College:学院,大学

    conference on curriculum for, 84 - 85, 404, 414 - 423, 503, 504, 学院的课程研讨会;

function of, 296 - 297,学院的作用；
Gauss on life in, 259 - 262,高斯论大学
生活

Collier's, 364,《柯里尔》

Collins, Anna L. P.: 安娜·L·P·柯林斯
reports Dewey address, 433 - 435,安娜·
L·P·柯林斯报道杜威演讲

Coming of a New Party, The (Douglas),
xvii, 313 及 n,《一个新的政党的诞生》(道
格拉斯)

Committee of Forty-eight, 235,四十八人委
员会

Committee of One Hundred, 322, 404,百人
委员会

Committee on Dependency and Neglect, 352,
赡养与弃养委员会

Committee on Economic Sanctions, 456n,
471,484,经济制裁委员会

Committee on Foreign Relations, 364 - 365,
外交关系委员会

Committee on Labor, 381,劳工委员会

Committee on Manufactures, 381,制造业委
员会

Committee on Un-American Activities, xxii,
非美活动调查委员会

Commons, John R., 357 - 358,368,约翰·
R·康蒙斯

Common sense: 常识
and beliefs, 429 - 430,常识与信仰；and
judgment, 430,常识与判断；Peirce on,
276 - 277,皮尔士论常识；in philosophy,
xiv, 424 - 425,哲学中的常识

Communism, xxii, 293 - 294, 447, 464n,共产
主义；in Russia, 263 - 267,俄国的共产主
义

Communist party, 169 - 170, 235,共产党；
Woody on influence of, in Russia, 292, 293 -
294,伍迪论俄国共产党的影响

Conception: 构想
of art, 492 - 494,艺术的构想

Condillac, Étienne Bonnot de: 艾蒂安·博诺·
德·孔狄亚克
on Locke, 30,艾蒂安·博诺·德·孔狄亚
克论洛克

Condorcet, Marie Jean Antoine: 玛丽·让·
安托万·孔多塞
on calculus, 58, 59,玛丽·让·安托万·
孔多塞论微积分

Conference for Progressive Labor Action,
251,进步劳工行动会议

Conference of Progressives, 173 - 174, 355 -
356,440,进步人士会议

Conference on Curriculum for the College of
Liberal Arts, 404, 414 - 423, 503, 504,文
科学院课程研讨会

Congress: 国会。*See* United States Congress,
参见"美国国会"

*Consequence of Pragmatism: Essays, 1972 -
1980* (Rorty), xi,《实用主义的后果：论文
集(1972—1980)》(罗蒂)

Conservatism, 236,保守主义

Construction: 建筑
in foreign countries, 365,在外国的建筑；
public works, 353, 384 - 385, 486 - 487,
公共工程

*Constructive Conscious Control of the
Individual* (Alexander), 315 及 n,《对个
体的建设性的意识控制》(亚历山大)

Consumption, 181, 344, 353, 357, 358,消费；
problems of, 155, 159 - 161, 162, 243 -
244,486,消费的问题

Context: 语境
as background in thought, 11 - 12,作为思
想背景的语境；beliefs related to, 18 -
19,与语境相关的信仰；in Cohen's
meaning of reason, 489,柯恩的理性意
义上的语境；cultural, in philosophy,
18 - 19, 21,哲学中的文化语境；
experience as, 20 - 21,经验作为语境；
neglect of, 7, 11,对语境的忽视；related

to college life，261－262，与大学生活相关的语境；related to science，19－20，与科学相关的语境；selective interest as，14，作为语境的有选择的兴趣；subjectivity as，14－15，作为语境的主观性；symbols and，4－5，符号与语境；and unlimited extension，8－9，11，16－17，语境与无限延伸

Context and Thought，xi，《语境和思想》

Continuity:连续性

according to Peirce，275－276，皮尔士所认为的连续性

Convention for Financial Assistance in Case of Aggression，476，《应对侵略行径的财政援助公约》

Coolidge，Calvin，240，卡尔文·柯立芝

Corporate Personality：A Study in Jurisprudence（Hallis），268－270，《共同人格:法学研究》（哈利斯）

Costigan，Edward P.，355，356，381，394，440，爱德华·P·科斯蒂根

Costigan Bill，387，《科斯蒂根法案》

Costigan-La Follette Bill，227，379，384，《科斯蒂根-拉福莱特法案》

Costigan-La Follette-Lewis Relief Bill，381，382，《科斯蒂根-拉福莱特-刘易斯救济法案》

Coughlan，Neil，xii*n*，尼尔·库格兰

Council of National Defence，393，国防理事会

Counts，George S.，142，143，144，乔治·S·康茨；on Soviet challenge to U.S.，263，265－267，乔治·S·康茨论苏联对美国的挑战；theses of，on freedom，142*n*，445－449，乔治·S·康茨关于自由的诸议题

Couzens，James，227，355，詹姆斯·库曾斯

Couzens Amendment:库曾斯修正案

and Revenue Bill，392，库曾斯修正案和税收法案

Covenant:《盟约》。See League of Nations，Covenant of,参见《国际联盟盟约》

Credit，187，356，486，信贷；and consumption，351，379，信贷与消费；control of，243，信贷的控制；and foreign investments，364－365，信贷与外国投资；Mills on need for，390，米尔斯论信贷之必要；and public works，384－385，信贷与公共工程

Crime:犯罪

and politics，242，犯罪与政治

Crisis of the Old Order，*1919－1933*，*The*（Schlesinger），xviii，《旧秩序的危机,1919—1933》（施莱辛格）

Criticism:批判

as philosophy，19，哲学就是批判

Critique of Pure Reason（Kant），276，《纯粹理性批判》（康德）

Culture:文化

as context in philosophy，21，文化作为哲学的语景；Counts on Soviet challenge to，263，265－267，康茨论苏联对于文化的挑战；and economics，43－44，文化与经济；and education，46，83－84，88－89，421，445，文化与教育；elements of，41－42，文化的要素；and environment，40，445－446，文化与环境；Greek view of，46－47，希腊的文化观；human nature and，xv，xvi，37－38，43，人性与文化；as measure of social system，40－41，文化作为衡量社会制度的尺度；and politics，40－48，文化和政治；and technology，280－285，文化与技术；and tradition，128－129，143－144，文化与传统；and values，446，文化与价值

Cummins-Esch Railroad Act（Esch-Cummins Transportation Act），370，371，卡明斯-埃施铁路公司法案(埃施-卡明斯运输法案)

Curriculum:课程

in liberal arts colleges，414－423，文科学院的课程

Cutting, Bronson, 355,440,布朗森·卡廷

Dareste de la Chavanne, François Rodolphe, 463n,弗朗索瓦·鲁道夫·达雷斯特·德·拉·沙瓦纳

Darwin, Charles Robert, 428,查尔斯·罗伯特·达尔文

Dawes, Charles Gates, 194,查尔斯·盖茨·道威斯

Debs, Eugene Victor, 235,尤金·维克托·德布斯

Debts, 360 - 361,债务;interallied, 337,364, 366 - 367,368,372 - 373,盟国间债务

Decline of the West, *The* (Spengler), 282,《西方的没落》(斯宾勒)

Defence of Philosophy, A (Perry), 271 - 272,《保卫哲学》(培里)

Defence of Poetry, A (Shelly), 492,《为诗辩护》(雪莱)

Democracy, 175 - 176, 413, 民主;and economic failure, 244 - 245,民主与经济失败;and education, 95, 97 - 98, 103, 245, 288 - 290,民主与教育;and philosophy, 431,民主与哲学

Democratic party, xviii, xix, 150, 民主党; compared with Republican party, 167 - 168,184,236,248,与共和党相比较的民主党;and economy, 157,158,412,438,民主党与经济;in history, 234,历史中的民主党;and tariff bill, 164,民主党与关税法案;and third-party movement, 247,250, 251,253,254,民主党与第三政党运动

Depression, xi, xvi, 萧条;effect of, on consumption, 160 - 161,486,萧条对消费的影响;effect of, on education, xxi, xxiii, 123,129,410 - 411,萧条对教育的影响; effect of, on health, 342 - 343,萧条对健康的影响;effect of, on minorities, 224 - 226,萧条对少数族群的影响;effect of, on politics, 151 - 152,156 - 157,236,239 - 240,324 - 325,441,萧条对政治的影响; effect of, on unemployment, 153 - 155,萧条对失业问题的影响;hoarding in, 379 - 380,386,萧条中的货币囤积;Hoover's speech on, 357 - 363,胡佛关于萧条的演讲;legislation needed to aid, 345,356,救助萧条所需的立法;political causes of, 163 - 164,萧条的政治原因;production and consumption in, 346 - 347,486 - 487,萧条中的生产与消费;role of education in, 127, 教育在萧条中的作用

Dewey, Alice, 22,艾丽斯·杜威

Dick, James,251,詹姆斯·迪克

Dictionary of American Biography, xivn, 《美国传记辞典》

Dies, Martin, xxii,马丁·戴斯

Dill, Clarence C. , 355,394,克拉伦斯·C·迪尔

Disarmament:裁军
and economics, 364,366,裁军与经济;and international sanctions, 459 - 461,471, 裁军与国际制裁

Disfranchisement, 226,剥夺选举权

Dividends, 348 - 349,369,395,红利

Dorfman, Joseph, xixn,约瑟夫·多尔夫曼

Douglas, Paul H. , xvii, xviii, 250 - 251, 313 - 314,313n,保罗·H·道格拉斯

Drafting of the Covenant, *The* (Miller), 473n,《〈盟约〉的起草过程》(米勒)

Duguit, Léon, 269,莱昂·狄骥

Dulles, John Foster, 471n,约翰·福斯特·杜勒斯

Economic Mind in American Civilization, The (Dorfman), xixn,《美国文明中的经济头脑》(多尔夫曼)

Economics:经济
and control of credit, 243,经济与信贷的控制;Counts on Soviet challenge to, 263, 265 - 267,康茨论苏联对于经济的挑

战；and culture, 43 - 44, 经济与文化；and disarmament, 364, 366, 经济与裁军；effect of big business alliance on, 165 - 166, 大企业联盟对经济的影响；and foreign relations, 178 - 179, 353, 364 - 365, 368, 经济与外交关系；Hoover's speech on, 357, 358, 胡佛关于经济的演讲；and human nature, xv, 36, 经济与人性；influence of, on education, xxii, 104, 118 - 119, 123, 125 - 126, 410 - 411, 经济对教育的影响；Klein on, 485 - 487, 克莱因论经济；Klein queried on, 346 - 350, 351 - 354, 克莱因质疑经济；and limitation of freedom, 448, 经济与自由的限度；and minorities, 225 - 226, 228 - 230, 经济与少数族群；monetarists' view of, xix, 货币主义者的经济观点；need for reforms in, 174 - 175, 经济中改革之必要；planning system of, xxiii, 180 - 181, 187 - 188, 409 - 410, 447 - 448, 经济的计划体制；and politics, 150, 152, 157 - 158, 170 - 171, 249, 436 - 437, 经济与政治；present crisis in, 69 - 71, 74, 244, 342, 377 - 378, 目前的经济危机；and production, 346 - 347, 358, 359 - 360, 361, 经济与生产；and progressives conference, 173 - 174, 经济与进步人士会议；and railroads, 368 - 371, 经济与铁路公司；related to tariff bill, 164 - 165, 241, 与关税法案相关的经济；and science, 44 - 45, 经济与科学, and unemployment relief, 390, 399, 经济与失业救济

" Economic Situation: A Challenge to Education, The", xxiii, 《经济形势：对教育的挑战》

Eddy, Sherwood: 舍伍德·埃迪
 on Russian life, 263 - 265, 舍伍德·埃迪论俄国人生活

Education: 教育
 bargain counter type of, 105 - 106, 107, 交易柜台类型的教育；and Brookwood Labor College, 327, 328 - 329, 教育与布鲁克伍德职业学院；and citizenship, 433 - 435, 教育与公民身份；confusion in goals for, 75 - 89, 教育目标的困惑；content vs. course titles in, 76 - 77, 78 - 80, 83, 教育中的课程内容与课程标题之争；content vs. method in, 81, 100 - 101, 教育中的内容与方法之争；and culture, xxii, 46, 83 - 84, 421, 445, 教育与文化；effect of economic crisis on, xxi, xxiii, 123 - 125, 129, 409 - 411, 经济危机对教育的影响；emotions related to, 114 - 115, 与教育相关的情感；European compared with U. S. , 101 - 102, 109 - 110, 欧洲教育与美国教育的比较；fundamentals in, 77 - 78, 100, 教育中的基本的东西；Gauss on, 259 - 262, 高斯论教育；growth of U. S., 100, 102 - 104, 110, 美国教育的发展；imagination related to, 115 - 117, 与教育相关的想象；indoctrination as method of, 142 - 143, 144 - 145, 灌输作为教育方法；influence of, on Dewey, 414 - 417, 教育对杜威的影响；intellectual interest in, 88, 116 - 117, 教育中理智的兴趣；interdependence of subjects in, xxii, 80 - 81, 88 - 89, 教育中各学科相互依存；laboratory type of, 107 - 109, 实验室类型的教育；in liberal arts college, 84 - 85, 404, 414 - 423, 文科学院中的教育；Meikelijohn's experiment in, 295 - 298, 米克尔约翰在教育中的实验；monastery type of, 100 - 101, 修道院类型的教育；need for changes in, 94, 95, 96 - 98, 110 - 111, 教育中变化之必要；need for political, 188, 245, 254, 411, 437, 政治教育的需要, Nock on, 286 - 290, 诺克论

教育；place of U. S. schools in, 90 - 91, 美国学校在教育中的地位；political interference in, 118 - 119, 教育中的政治干预；practical vs. liberal, 81 - 85, 88 - 89, 105 - 107, 实践教育与人文教育之争；problem method in elementary, 85 - 88, 小学教育中的问题方法；related to birth control, 146 - 148, 与生育控制相关的教育；responsibility of, for society, 96 - 97, 110 - 111, 126 - 127, 139 - 140, 143, 教育对社会的责任；role of scientific knowledge in, 59 - 60, 104 - 105, 教育中科学知识的作用；and tradition, 446 - 447, 教育与传统；universal, 92 - 93, 103 - 104, 107, 110, 普遍教育；value of, 102, 112 - 113, 教育的价值；vocational, 105 - 106, 132, 职业教育；and White House Conference, 131, 135, 136, 教育与白宫会议；Woody on Soviet, 291, 292 - 294, 伍迪论苏联教育

Educational Policy in Soviet Russia（Hans and Hessen），291,《苏联的教育政策》（汉斯与黑森）

Education of Henry Adams，*The*（Adams），297,《亨利·亚当斯的教育》（亚当斯）

Egypt, 353, 埃及；British and French interests in, 219, 468 - 469, 英国和法国在埃及的利益

Eighteenth Amendment, 250, 第十八条修正案。*See also* Prohibition, 另见"禁酒"

Einstein, Albert, 185, 488, 艾伯特·爱因斯坦

Elements of Jurisprudence，*The*（Holland），481*n*,《法学原理》（霍兰）

Embargo：禁运,禁止
    as economic sanction, 201, 471, 475 - 476, 作为经济制裁的禁运；leading to war, 477 - 479, 禁运导致战争；of U. S. loans to Manchuria, 469, 美国禁止向"满洲国"贷款

Emergence of Man，*The*（Heard），278 - 279,《人的出现》（赫德）

Emergency Committee for Employment, 374 - 375, 紧急就业委员会

Emergency Relief and Construction Act, 397, 紧急救济与建设法案

Emerson, Ralph Waldo, 99, 拉尔夫·沃尔多·爱默生

Émile（Rousseau），495,《爱弥儿》（卢梭）

Emotion：情感
    characteristics of, 113 - 115, 情感的特性；connected with imagination, 115 - 116, 与想象相联系的情感；related to health in schools, 133 - 134, 与学校中的健康相关的情感；

England：英格兰。See Great Britain, 参见"英国"

Engle, William：威廉·恩格尔
    interviews Dewey, 403 - 407, 威廉·恩格尔采访杜威

Entente Cordiale, 468, 英法协约

Environment：环境
    and artistic appreciation, 40, 45 - 46, 环境与艺术欣赏；and culture, 40, 445 - 446, 环境与文化；as measure of social system, 40 - 41, 42, 环境作为衡量社会制度的尺度；related to physical and mental health, 140, 与身体和心理健康相关的环境

Ernst, Morris, xvii, 莫里斯·恩斯特

Esch-Cummins Transportation Act, 370, 371,《埃施-卡明斯运输法案》

Ethnography, 3 - 4, 人种论

Europe：欧洲
    education in, compared with U. S. , 101 - 102, 109 - 110, 欧洲教育与美国教育的比较；vs. U. S. regarding sanctions, 197, 208 - 209, 472 - 473, 473*n*, 关于制裁的欧洲与美国之争

Event：事件

concept of, in philosophy, 9 – 11, 哲学中的事件概念；selective interest as, 14, 有选择的兴趣与事件。*See also* Philosophy, 另见"哲学"

Evolution, 280 – 281, 282, 430, 进化；Heard on, 278 – 279, 赫德论进化

Evolution of the American Economy: Growth, Welfare, and Decision Making, The (Ratner et al.), xxn,《美国的经济进程：增长、福利和决策》（拉特纳等）

Existence: 存在

and nature, 430, 存在与自然；in philosophic thought, 11, 哲学思想中的存在

Experience: 经验

art in, 331 – 333, 493 – 494, 497 – 499, 经验中的艺术；Cohen's view of nature and, 488 – 489, 柯恩的自然与经验观；as context in philosophic thought, 20 – 21, 经验作为哲学思想的语境；psychology of, 330 – 332, 经验的心理学

Experimental College, The (Meiklejohn), 295 – 298,《实验学院》（米克尔约翰）

Experimental naturalism, xii, 实验主义的自然主义

"Facts and Values in History" (Ratner), xviin,《历史中的事实和价值》（拉特纳）

"Fallacy of the Boycott, The" (Soule), 479n,《抵制之不当》（索尔）

Fallibilism, xiv, 可误论；according to Peirce, 275 – 276, 皮尔士所说的可误论

Farmer-Labor party, 235, 251, 254, 农工党

Farmers: 农民

role in politics of, 172, 农民在政治上的作用；Russian, and communism, 265, 俄国农民和共产主义

Farmer's Union, 236, 农民联盟

Farm Land Bank (Federal Land Bank), 386, 农地银行（联邦土地银行）

Fascism, 447, 464n, 法西斯主义

Federal Land Bank, 386, 联邦土地银行

Fiske, Bradley A., 503, 布雷德利·A·菲斯克

Five-year plan: 五年计划

as example of social control, 65, 五年计划作为社会控制的例子；in Russia, 51, 61, 263, 266, 469, 俄国的五年计划

Flexner, Abraham, 287, 亚伯拉罕·弗莱克斯纳

Force: 武力，力量

coercive, for unity, 212 – 213, 为统一所需的强制力量；in domestic matters, 214 – 215, 465, 国内事务中的武力；laws regulating, 213 – 214, 218, 219, 451, 463 – 465, 为法律规制的武力；in relation to sanctions, 214 – 216, 450 – 451, 481 – 482, 与制裁相关的武力。See also Sanctions, 另见"制裁"

France, Anatole: 阿纳托尔·法朗士

on history, 77, 阿纳托尔·法朗士论历史

France, 206, 453, 法国；and disarmament, 460 – 461, 461n, 法国与裁军；vs. Great Britain, on Egypt, 219, 468 – 469, 法国与英国对埃及的争夺；proposal of, for international army, 210, 法国关于组建国际部队的提议；and use of sanctions, 197, 法国与实施制裁

Frank, Jerome, xix, 杰罗姆·弗兰克

Frankfurter, Felix, xix, 费利克斯·弗兰克福特

Franklin, D. Roosevelt: Launching the New Deal (Freidel), xviiin,《富兰克林·D·罗斯福：开启"新政"》（弗赖德尔）

Frazier, Lynn J., 355, 394, 林恩·J·弗雷泽

Freedom: 自由

and culture, 445 – 447, 自由与文化；of expression in colleges, xxii, 121 – 122,

学院中的言论自由；human，431，人的自
由；and leadership，448－449，自由与领
导能力；and social planning，447－448，
自由与社会规划

Free Silver party，232，自由铸造银币党

Free-Soil party，231，自由土壤党

Free speech：言论自由

suppression of，124－125，压制言论自由

Freidel, Frank, xviii*n*，弗兰克·弗赖德尔

Fries, Amos Alfred，124，503，阿莫斯·艾尔
弗雷德·弗赖斯

Fundamentals：基本的东西

in education，77－78，100，教育中的基本的
东西

Gandhi, Mohandas, xxi, 503，莫汉达斯·甘
地

Gauss, Christian：克里斯蒂安·高斯

on parent-child relationship in college,
259－262，克里斯蒂安·高斯论大学里
的父母-子女关系

Geneva Disarmament Conference，460，日内
瓦裁军会议

Genteel Tradition at Bay, *The* (Santayana),
271，272，《穷途末路的雅致生活传统》（桑
塔亚那）

George, Henri, xviii，亨利·乔治

"George Herbert Mead as I Knew Him", xi－
xii，《我所认识的乔治·赫伯特·米德》

George Holmes Howison Lecture，3－21，3*n*，
乔治·霍姆斯·霍伊森讲座

Gerard, James W., 379，詹姆斯·W·杰勒
德

Germany：德国

and disarmament，460－461，德国与裁军；
provision for sanctions in，463，德国的制
裁规定；and reparations，179，337，358，
368，372，453，474，德国与赔偿；treaties
with，461－462，474，对德国诸条约；and
World War I，207，208，235，456，475，德

国与第一次世界大战

Gierke, Otto von, 269，奥托·冯·祁克

Glass Banking Bill，386，《格拉斯银行法》

Glass-Steagall Banking Bill，386，《格拉斯-斯
蒂高尔银行法》

Golden Rule：为人准则

related to sanctions，483，与制裁相关的为
人准则

Government：政府

need for economic responsibility in，180－
181，187－188，政府负起经济责任之必
要；need for new policies in，176－177，
179，政府的新政策之必要；responsibility
of，for unemployment relief，350，372－
373，374－376，377－378，379－380，
386，390，406，440－441，政府对失业救
济的责任；special interests and，183，特
殊利益集团与政府

Granger movement，232，233，格兰其运动

Great Britain，179，222，353，英国；vs. France
on Egypt，219，468－469，英法对埃及的争
夺；and interallied debts，372，英国与盟国
间债务；related to Locarno Pact，197－
198，与《洛迦诺公约》相关的英国；and use
of sanctions，197－198，英国与实施制裁

Great Depression：大萧条。See Depression，
参见"萧条"

Great Powers，457，459，466，467，479，480，
大国

Great Tradition：伟大传统

according to Nock，286，287，288－289，诺
克所说的伟大传统

Greeks，希腊人

and freedom，431，希腊人与自由；human
nature interpreted by，32－34，37，希腊
人所解释的人性；and philosophy，426，
427，428，希腊人与哲学；and place of
culture，46－47，希腊人与文化的地位

Greenback party，232，233，绿背党

Grotius, Hugo, 35，许戈·格劳修斯

Guichard，Louis，476n，路易斯·吉夏尔

Haack，Susan，xvn，苏珊·哈克

Hallgren，Mauritz A.，439，莫里茨·A·霍尔格伦

Hallis，Frederick：弗雷德里克·哈利斯
 on philosophical jurisprudence，268－270，弗雷德里克·哈利斯论哲学法学

Hallowell，Robert，178，罗伯特·哈洛韦尔

Hamilton，Alexander，67，亚历山大·汉密尔顿

Hamilton，Walton H.，xix，沃尔顿·H·汉密尔顿

Hamlet（Shakespeare），497，《哈姆雷特》（莎士比亚）

Hankow，China，205，中国汉口

Hans，Nicholas：尼古拉斯·汉斯
 on Soviet education，291－292，尼克拉斯·汉斯论苏联教育

Hart，Joseph K.，420，421，约瑟夫·K·哈特

Hartshorne，Charles：查尔斯·哈茨霍恩
 on philosophy of Peirce，273－277，查尔斯·哈茨霍恩论皮尔士哲学

Harvard University，273，哈佛大学

Hauriou，Maurice，269，270，莫里斯·欧里乌

Haynes，Fred E.：弗雷德·E·海恩斯
 on political party history，232，弗雷德·E·海恩斯论政党史

Health：健康
 and birth control，388，健康与生育控制；effect of depression on，342－343，萧条对健康的影响；physical and mental，133－134，138－140，身体与心理的健康；related to schools，132－133，健康与学校相关

Heard，Gerald：杰拉尔德·赫德
 on history of mankind，278－279，杰拉尔德·赫德论人类史

Hebert，Felix，339，费利克斯·赫伯特

Hegel，Georg Wilhelm Friedrich，31，格奥尔格·威廉·弗里德里希·黑格尔；and study of mind，489，格奥尔格·威廉·弗里德里希·黑格尔与心灵研究

Hegelianism，xii，xiii，黑格尔主义

Hellenism：希腊主义
 interpretation of human nature in，34，希腊主义对人性的解释

Helvétius：爱尔维修
 on Locke，30，爱尔维修论洛克

Hessen，Sergei，291，谢尔盖·黑森

Hillquit，Morris，235，莫里斯·希尔奎特

History，xvi，历史；according to Heard，278－279，赫德所说的历史；and arts，43，历史与艺术；and evolution，280－282，历史与进化；of U. S. political parties，231－236，237－238，313－314，美国政党的历史

History of Russian Educational Policy（Hans），291－292，《俄罗斯教育政策史》（汉斯）

Hoarding，379－380，386，货币囤积

Hobbes，Thomas：托马斯·霍布斯
 on human nature，36，托马斯·霍布斯论人性

Hoch-Smith resolution，371，《霍克-史密斯决议》

Hocking，William Ernest，453n，威廉·欧内斯特·霍金

Holland，Thomas Erskine，481n，托马斯·厄斯金·霍兰

Hollinger，David，A.，xivn，戴维·A·霍林格

Holmes，John Haynes，503，约翰·海恩斯·霍姆斯

Holmes，Oliver Wendell，214，323，奥利弗·温德尔·霍姆斯

Hook，Sidney，xv 及 n，xviii 及 n，西德尼·胡克

Hoover，Herbert C.，xvi，161，246，248，

323,346,438,赫伯特·C·胡佛；allied with business interests，157－158,177,赫伯特·C·胡佛与企业利益集团的联盟；declines to call special session，345,赫伯特·C·胡佛拒绝召开特别会议；on hoarding，379,赫伯特·C·胡佛论货币囤积；keynote speech of，357－363,赫伯特·C·胡佛的主旨演讲；letter to，on government responsibility，372－373,就政府的责任致信赫伯特·C·胡佛；and 1932 campaign，251,253,326,赫伯特·C·胡佛与1932年竞选；and railroads，165,369,赫伯特·C·胡佛与铁路公司；on sanctions，472及 n，475,赫伯特·C·胡佛论制裁；and unemployment，386,404,440,赫伯特·C·胡佛与失业；and White House Conference，352,赫伯特·C·胡佛与白宫会议

Howe, Frederic C.，xviii,弗雷德里克·C·豪

Howell, Robert B.，394,罗伯特·B·豪厄尔

Howlett, Charles F.，xxin,查尔斯·F·豪利特

How We Think，xii,《我们如何思维》

Humanism，人文主义

 Santayana on，272,桑塔亚那论人文主义

"Human Nature"，xv, xvi,"人性"

Human nature:人性

anthropology and，37－38,人类学与人性；bibliography on，39,关于人性的参考书目；Christian interpretation of，34,35,基督教对人性的解释；concepts of，30－31,人性的概念；and culture，xv, xvi, 37－38,43,人性与文化；economists' theory of，xv,36,经济学家关于人性的理论；and education，93,人性与教育；English theory of rights related to，35－36,关于与人性相关的权利的英国人理论；Greek interpretation of，32－34,希腊人对人性的

解释；in mediaeval period，34－35,中世纪时期的人性；and natural laws，35,人性与自然法；origin vs. ends in，31－32,人性的起源与终结；psychology and，37,心理学与人性；related to Greek and modern wants，37,与希腊和现代的欲求相关的人性；and social planning，xvi, 29,人性与社会规划

Human Nature and Conduct，xvi 及 n,《人性与行为》

Hume, David，17,19,424,489,大卫·休谟

Hurley, Patrick J.，365,帕特里克·J·赫利

Huxley, Julian S.，88,279,朱利安·S·赫胥黎

Idealism:唯心主义

 and philosophy，431－432,唯心主义与哲学

Ihering, Rudolf von，269－270,鲁道夫·冯·耶林

Imagination:想象

 connected with emotion，115－116,与情感相联系的想象；in education，115－117,教育中的想象

Immigrants:移民

 and Socialist Labor party，235,移民与社会工党

Immigration，485,移民

Income:收入

 from foreign investments，365,来自外国投资的收入；inequity of distribution of，243－244,350,362－363,386,486,收入分配的不公平；need for redistribution of，347,386,392,收入再分配之必要；in U. S.，337－338,343－344,348－349,351－352,356,359,360,364,395－396,485,在美国的收入

India，321,353,503,印度

India's Outlook on Life（Chatterji），321 及 n,《印度的生命观》（查特吉）

Indoctrination:灌输

in Bolshevism and fascism，142 - 143，布尔
什维主义与法西斯主义中的灌输；in U.
S. education，144 - 145，美国教育中的
灌输

Industry：产业

dividends paid by，348 - 349，395，产业所
支付的红利；economic breakdown in，
242，243 - 244，产业中的经济崩溃；
effect of politics on，161 - 163，政治对产
业的影响；income and profits of，348，
366 - 367，374，395，产业的收入与利润；
influence on politics of，436，产业对政治
的影响；Republican party related to，
157，158，168，172，与共和党相关的产
业；value of，359 - 360，产业的价值

Inglis Lecture on Secondary Education，75 -
89，75n，关于中学教育的英格利斯讲座

Insull，Samuel，244，塞缪尔·英萨尔

Insurgents：反叛者

and progressives conference，173，反叛者
与进步人士会议；and prohibition，184，
反叛者与禁酒；related to new political
party，149 - 150，151，161，169，412，与
新的政党相关的反叛者

Interallied debts，364，366 - 367，368，372 -
373，盟国间债务

Interest：兴趣

intellectual，88，116 - 117，理智的兴趣；
selective，in philosophy，14，哲学中有选
择的兴趣

*International Community and the Right of
War，The*（Sturzo），458n，《国际共同体与
战争权利》（斯图尔佐）

*International Encyclopedia of the Social
Sciences*，xxin，《国际社会科学百科全书》

International law：国际法

absence of，451，国际法的缺乏；and
foreign property，365，国际法与外国财
产；and non-recognition doctrine，470，国
际法与不承认学说；related to Pact of

Paris，193，222 - 223，与《巴黎公约》相
关的国际法；sanctions and，473，制裁与
国际法；and self-defense vs. defensive
war，223，457 - 458，国际法与自卫和防
卫性战争的对立。See also League of
Nations，Covenant of，另见《国际联盟盟
约》

International organization：国际组织

Buell on，450 - 484，比尔论国际组织；to
maintain peace，461 - 462，为维持和平
所需的国际组织；use of sanctions by，
196，210 - 211，450 - 451，462 - 463，由
国际组织实施的制裁

International Relations（Buell），473n，《国际
关系》（比尔）

Interstate Commerce Commission，504，州际
商务委员会；and railroad rates，368 - 371，
州际商务委员会与铁路公司收费

Inukai，Ki，456，犬养毅

Israel，Edward L.，381，爱德华·L·伊斯雷
尔

Italy，143，144，145，意大利

James，Williams，xii，xiii，xiv，283，300，
500，威廉·詹姆斯；Cohen on，489，490 -
491，柯恩论威廉·詹姆斯；on Peirce，274，
威廉·詹姆斯论皮尔士

Japan：日本

affected by Chinese boycott，205，为中国的
抵制所影响的日本；affected by economic
sanctions on Manchuria，469 - 470，因侵
占中国东北招致经济制裁影响到的日
本；affected by League of Nations
failure，206 - 207，458 - 459，国际联盟
调解失败影响到的日本；affected by
moral pressure sanctions，457，465 -
467，为道德压力制裁所影响的日本；and
disarmament，460，日本与裁军；
economic sanctions and，202，204 - 205，
216，453 - 454，456 及 n，475 - 476，经济

制裁与日本；invasion of Manchuria by, xx, 191, 194, 204, 205, 217, 219, 220, 日本侵占中国东北；invasion of Shanghai by, xx, 190 - 191, 205 - 206, 日本对上海的入侵；and Pact of Paris, 193 - 194, 202, 204, 217 - 218, 日本与《巴黎公约》；propaganda in, 203, 211, 日本的宣传；protection of foreign interests in, 209 - 210, 日本对外国利益的保护；violation of League of Nations Covenant by, 450, 452, 466, 日本违背《国际联盟盟约》；world opinion of, 191, 193, 194, 217 - 218, 对日本的国际舆论

Jellinek, Georg, 269, 270, 格奥尔格·耶利内克

John Dewey：An Intellectual Portrait (Hook), xviii*n*, 《约翰·杜威：一个知识分子的肖像》(胡克)

Johns Hopkins University, xiii, 126, 约翰·霍普金斯大学

Judgment：判断
  and common sense, 430, 判断与常识；and philosophy, 428, 判断与哲学

Jurisprudence：法学
  concept of personality in, 268 - 270, 法学中的人格概念

Kant, Immanuel, 17, 276, 331, 489, 伊曼努尔·康德

Kellogg-Briand Pact, xx, 193, 《凯洛格-白里安公约》。See also Pact of Paris, 另见《巴黎公约》

Kerensky, Aleksandr F., 468, 亚历山大·F·克伦斯基

Keynes, John Maynard, xix, 约翰·梅纳德·凯恩斯

King, Martin Luther., Jr, xxi, 马丁·路德·金

Klein, Julius：朱利叶斯·克莱因
  on depression, 485 - 487, 朱利叶斯·克莱

因论萧条；queried on depression, 346 - 350, 351 - 354, 朱利叶斯·克莱因质疑萧条

Knight, Frank, xvii, 弗兰克·奈特

Knowledge：知识
  interdependence of branches of, 80 - 81, 88 - 89, 知识各分支的互相依存；and philosophy, 428 - 429, 431, 知识与哲学；physical vs. humane, 52, 61 - 62, 自然科学知识与人文知识

Knowledge for What? (Lynd), xvii, 《需要什么样的知识》(林德)

Komsomols, 293, 共青团

Korkunov, Nicolai M., 269, 尼古拉·M·科尔库诺夫

Krabbe, Hugo, 269, 270, 许戈·克拉伯

Kreuger, Ivar, 244, 伊瓦尔·克吕格

Labor：劳工
  and Brookwood Labor College, 327, 328 - 329, 劳工与布鲁克伍德职业学院；and 1932 campaign, 254 - 255, 劳工与 1932 年竞选；role in politics of, 172 - 173, 劳工的政治角色；and teachers, 434 - 445, 劳工与教师

Lafferty, Theodore T., 311 - 312, 311*n*, 西奥多·T·拉弗蒂

La Follette, Robert Marion, 381, 394, 罗伯特·马里恩·拉福莱特；in 1924 campaign, 171, 234, 356, 罗伯特·马里恩·拉福莱特在 1924 年竞选中；and progressives conference, 355, 440, 罗伯特·马里恩·拉福莱特与进步人士会议

Laidler, Harry W., xvii, 326, 哈里·W·莱德勒

Lane, Franklin K., 370 - 371, 504, 富兰克林·K·莱恩

Language：语言
  related to context, 3 - 4, 语言与语境相关；role of, 425, 语言的功能；and symbols,

4－5,语言与符号

Latin America:拉丁美洲

disputes in, 215,拉丁美洲的争论; U. S. intervention in, 209,219,364,美国对拉丁美洲的干涉

Law:法律

concept of personality in, 268－270,法律中的人格概念; and railroad property, 370, 371,法律与铁路公司财产; regulates use of force, 213－214,218, 219,451,463－465,规制武力的使用

Leadership:领导能力、领导者

lack of political, 128,163,240,393－394, 缺乏领导能力; need of, for freedom, 448－449,自由需要领导能力; need of, in international relations, 178－179,国际关系中需要领导能力

League for Independent Political Action (LIPA), xvii 及 n, 149－152,404,405, 504,独立政治行动联盟; birth of, 246,独立政治行动联盟的诞生; conference of, 239n, 246－252,独立政治行动联盟大会; goals for, 245,253,255,324,436－437,独立政治行动联盟的目标; and 1932 campaign, 250,独立政治行动联盟与1932年竞选; and third party, 324,438－439,独立政治行动联盟与第三政党

League for Industrial Democracy, xvii, xviii, 工业民主联盟

League of Nations, xx, 453,464 及 n,国际联盟; Convention for Financial Assistance under, 476,国际联盟之下的《财政援助公约》; Council of, 452,453n, 466,国际联盟理事会; and disarmament, 459－461,国际联盟与裁军; failure of, 196, 197, 205－207,450,457,458－459,466,国际联盟的失败; and Far Eastern conflict, 194－195, 202－203, 454,国际联盟与远东冲突; progressive sanctions, 471,471n－472n,国际联盟与累进性制裁; use of sanctions by, 197,199－200,208－209,472－473,473n, 484,由国际联盟实施的制裁。See also Sanctions,另见"制裁"

League of Nations, Covenant of, xx, 203, 204, 208, 467, 472,《国际联盟盟约》; Article Fifteen of, 222,453n,《国际联盟盟约》的第 15 条; Article Nineteen of, 462, 《国际联盟盟约》的第 19 条; Article Sixteen of, 194, 200, 201, 222, 450, 452, 453n, 455,466,471,480,《国际联盟盟约》的第 16 条; Article Ten of, 200,201,222,464n, 《国际联盟盟约》的第 10 条; Article Thirteen of, 453n,《国际联盟盟约》的第 13 条; economic vs. military sanctions in, 200,452,《国际联盟盟约》的经济制裁与军事制裁; as means for international law, 205－206,451,452,454,《国际联盟盟约》作为国际法工具; and Pact of Paris, 194, 195,222,《国际联盟盟约》与《巴黎公约》; and use of sanctions, 453－454,《国际联盟盟约》与实施制裁; violation of, by Japan, 450,452,466,日本违背《国际联盟盟约》

League of Nations Association, 337,国际联盟协会

League to Enforce Peace, 473,强制维持和平联盟

Lee, Ivy, 60,艾维·李

Legislation:立法

and birth control, 388－389,立法与生育控制; economic crisis maintained by, 377－378,通过立法所维持的经济危机; needed to aid depression, 345,356,需要立法来救助萧条; propaganda against, 393,反对立法的宣传; for unemployment relief, 375,440－441,失业救济所需要的立法

Lehigh University, 311n, 419,利哈伊大学

Leisure:闲暇

education and, 112,教育与闲暇; schools and, 134－135,学校与闲暇; White

House Conference reports on，134，白宫会议有关闲暇的报告

Lenin，Vladimir Ilyich，264，弗拉基米尔·伊里奇·列宁

Les Constitutions Modernes（Dareste），463n，《现代宪法》（达雷斯特）

Levinson，Salmon O.，xx，219，223n，萨蒙·O·莱文森；and proposed peace-sanction，192，萨蒙·O·莱文森所提出的和平制裁

Lewis，David J.，381，戴维·J·刘易斯

Lewis，J. David，xiii，J·戴维·刘易斯

Lewis，Sinclair，329，辛克莱·刘易斯

Liberal arts college：文科学院。*See* College，参见"学院，大学"

Liberalism：自由主义

in politics，184，政治中的自由主义

Liberalism and Social Action，xvi，《自由主义和社会行动》

Life in College（Gauss），259-262，《大学生活》（高斯）

Life of Reason，*The*（Santayana），272，《理性生活》（桑塔亚那）

Lindeman，Eduard C.，329，爱德华·C·林德曼

Lippmann，Walter，198，499n，沃尔特·李普曼

Lobbyist for the People：A Record of Fifty Years（Marsh），xixn，《人民的游说者：五十年的记录》（马什）

Locarno Pact，197-198，461n，《洛迦诺公约》

Locke，John，7，17，30，489，约翰·洛克

Lodge，Henry Cabot，472-473，亨利·卡伯特·洛奇

Logic：The Theory of Inquiry，xiv 及 n，《逻辑：探究的理论》

Long，Huey P.，394，休伊·P·朗

Lucas，Robert H.，161，罗伯特·H·卢卡斯

Lunacharsky，A. V.，291，A·V·卢纳察尔斯基

Lycidas（Milton），497，《利西达斯》（弥尔顿）

Lynd，Robert，xvii，罗伯特·林德

McCarthy，Joseph，xxii，约瑟夫·麦卡锡

McConn，Max，419，马克斯·麦康恩

McConnell，Francis J.，381，弗朗西斯·J·麦康内尔

McCormick，Anne O'Hare，162，安妮·奥黑尔·麦考密克

MacDonald，Ramsay，194，197，拉姆齐·麦克唐纳

Mach，Ernst，490，恩斯特·马赫

MacIver，Robert Morrison，482n，罗伯特·莫里森·麦基弗

Maddox，Robert J.，xxin，罗伯特·J·马多克斯

Magnus，Heinrich Gustav，317，海因里希·古斯塔夫·马格努斯

Making of Citizens，*The*（Merriam），126-127，《打造公民》（梅里亚姆）

Malinowski，Bronislaw，12，20-21，布罗尼斯瓦夫·马林诺夫斯基；on understanding context，3-4，布罗尼斯瓦夫·马林诺夫斯基论理解语境

Malthus，Thomas Robert，36，69，托马斯·罗伯特·马尔萨斯

Man and Technics（Spengler），280-285，《人与技术》（斯宾格勒）

Man and the State（Hocking），453n，《人和国家》（霍金）

Manchukuo，Manchuria，458，"满州国"

Manchuria："满州"（中国东北）

Japanese interests in，461，日本在中国东北的利益；Japan's invasion of，xx，191，194，204，205，217，219，220，日本侵占中国东北；League of Nations Covenant and，450，454，455，458，《国际联盟盟约》与"满州"；moral pressure sanction and，466-467，道德压力制裁与"满州"；non-recognition doctrine and，468－469，不承认学说与"满州"

"Manly Heart，The"（Wither），113，《勇敢的心》（威瑟）

Marcy，Mount：马西山

as example of growth，99，马西山作为成长的例子

Marsh，Benjamin C.，xviii－xix，xix*n*，400，504，本杰明·C·马什

Marxianism，xix，265－266，马克思主义；according to Heard，279，赫德所认为的马克思主义；in Russia，293，俄国的马克思主义

Mathematical Knowledge（Steiner），xv*n*，《数学知识》（斯坦纳）

Mathematics：数学

as basis of philosophy，xv，425，数学作为哲学的基础；Cohen's view of，302－303，柯恩的数学观；growth of，427，数学的发展

Maurer，James H.，250，254，326，詹姆斯·H·莫勒

Mead，George Herbert，xi，xiii*n*，xiv，421，乔治·赫伯特·米德；Dewey's eulogy on，22－28，22*n*，杜威在乔治·赫伯特·米德追悼仪式上宣读的悼文；influence of，on Dewey，xii－xiii，乔治·赫伯特·米德对杜威的影响；philosophy of，24－25，27，307－310，311－312，乔治·赫伯特·米德的哲学

Mead，Helen Castle，22，海伦·卡斯尔·米德

Mead，Henry Castle，26，亨利·卡斯尔·米德

Meaning of Meaning，*The*（Ogden and Richards），3，《意义的意义》（奥格登和理查兹）

Meiklejohn，Alexander：亚历山大·米克尔约翰

on experimental college，295－298，亚历山大·米克尔约翰论实验学院

Mellon，Andrew William，157，160，179，安德鲁·威廉·梅隆

Mencken，H. L.，186－187，H·L·门肯

Mendel，Gregor Johann，13，格雷戈尔·约翰·孟德尔

Mendelssohn，Frans von，358，弗兰斯·冯·门德尔松

Merriam，Charles Edward：查尔斯·爱德华·梅里亚姆

on political institutions and power，126－127，查尔斯·爱德华·梅里亚姆论政治机构和政治权力

Meyerson，Émile，13，299，埃米尔·梅叶尔森

Middle Ages，504，中世纪

Middle class：中产阶级

and new political party，171，中产阶级与新的政党

Military preparedness，124，战备状态

Mill，James，7，詹姆斯·密尔

Mill，John Stuart，7，约翰·斯图亚特·密尔

Miller，David Hunter，473*n*，戴维·亨特·米勒

Miller，Herbert A.，118，503，赫伯特·A·米勒

Mills，Ogden L.，390，奥格登·L·米尔斯

Milton，John，497，约翰·弥尔顿

Mind，Self and Society（Mead），xii，《心灵、自我和社会》（米德）

Minorities：少数人族群

effect of depression on，224－226，萧条对少数人族群的影响；politics and，226－230，政治与少数人族群

Missionaries：传教士

in Japan，203，传教士在日本

Mississippi：密西西比州

educational institutions in，120，密西西比州的教育机构

Modern State，*The*（MacIver），482*n*，《现代

国家》(麦基弗)

Moley, Raymond, xviii, 雷蒙德·莫利

Money: 货币

    control of, 73 - 74, 货币的控制; need for circulation of, 379 - 380, 货币流通之必要

Monroe Doctrine, 209, 364, 473, 门罗主义

Moral pressure: 道德压力

    as sanction, 220 - 221, 455, 465 - 467, 道德压力作为制裁

Morgan, Arthur Ernest, 419, 421 - 422, 503, 阿瑟·欧内斯特·摩根; on liberal arts college, 84 - 85, 阿瑟·欧内斯特·摩根论文科学院

Morrison, Charles C., 457n, 查尔斯·C·莫里森

Morris R. Cohen and the Scientific Ideal (Hollinger), xivn, 《莫里斯·R·柯恩和科学的理想》(霍林格)

Movements of Thought in the Nineteenth Century (Mead), xii, 《十九世纪的思想运动》(米德)

Mukden, China, 202, 450, 456, 中国沈阳

Murphy, Arthur Edward, 307 及 n, 310, 阿瑟·爱德华·墨菲

Murray, Gilbert: 吉尔伯特·默里

    on Hellenistic age, 34, 吉尔伯特·默里论希腊化时代

Muste, A. J., 251, 327, A·J·马斯特

Nagel, Ernest, xviin, 欧内斯特·内格尔

Nation, 328, 439, 《国家》

National Association for the Advancement of Colored People, 224 及 n, 美国有色人种协进会

National Association of Community Chests and Councils, 374 - 375, 全国社区福利基金与理事会协会

National Broadcasting Company, 341, 全国广播公司

National Bureau of Economic Research, 343, 349, 360, 美国国家经济研究局

National Council of Education, 445 及 n, 国家教育理事会

National Education Association, 445n, (美国)全国教育协会

Natural laws: 自然法

    related to human nature, 35, 与人性相关的自然法

Natural resources, 351, 356, 364, 365, 自然资源; economic advantage of, 485, 拥有自然资源的经济上的好处

Nature: 自然

Cohen's view of experience and, 488 - 489, 柯恩的经验和自然观; and existence, 430, 自然与生存; Kantian approach to, 489, 康德对于自然的研究; Lockian approach to, 489, 洛克对于自然的研究; vs. technology, 282 - 283, 自然与技术的对立

Naval Blockade, The (Guichard), 476n, 《海军封锁》(吉夏尔)

New Deal, xviii, xix, 253, 254, "新政"

Newfang, Oscar, 463n, 奥斯卡·纽范

New Guinea: 新几内亚

    natives of, 3, 新几内亚土著人

New History Society, 149, 503, 新历史学会

New Minds: New Men? (Woody), 291, 292 - 294, 《新的心灵:新的公民?》(伍迪)

New Republic, xvii, xx, 161, 165, 439, 488, 《新共和》

Newton, Isaac, 15, 428, 伊萨克·牛顿

New York (city): 纽约(市)

    educational conference in, 422, 纽约市举行的教育会议

New York (state): 纽约(州)

    court appointments in, 323, 纽约州法院的任命

New York Herald Tribune, 326, 456n, 468n, 470n, 《纽约先驱论坛报》

New York Times, 162, 422, 《纽约时报》

New York World，198，《纽约世界报》

"Next Ten Years of the League, The" (Buell)，458*n*，《国际联盟的下一个十年》（比尔）

Niebuhr, Reinhold，439，莱因霍尔德·尼布尔

Nine-Power Treaty，192，218，457，《九国公约》

Nock, Albert Jay：艾伯特·杰伊·诺克

on U. S. education，286 - 290，艾伯特·杰伊·诺克论美国教育

Non-recognition doctrine：不承认学说

and international law，470，不承认学说与国际法；as international sanction，219 - 220，467 - 471，作为国际制裁的不承认学说；limitations of，468，不承认学说的局限性；related to Egypt and Panama，468 - 469，与埃及和巴拿马相关的不承认学说；related to Japan and Manchuria，468 - 469，与日本和日本侵占中国东北相关的不承认学说。See also Sanctions，另见"制裁"

Non-violence，xxi，非暴力

Non-Violence Coercion（Case），451*n*，《非暴力强制》（凯斯）

Norbeck, Peter，394，彼得·努尔贝克

Norris, George William，161，乔治·威廉·诺里斯；LIPA and，xvii 及 *n*，149，150 - 151，436，504，LIPA 与乔治·威廉·诺里斯；as member of progressives，394，乔治·威廉·诺里斯作为进步人士；and progressives conference，355，440，乔治·威廉·诺里斯与进步人士会议

Nye, Gerald P.，347，355，394，杰拉尔德·P·奈

Nystrom, Paul H.，352，保罗·H·奈斯特龙

Octobrists，293，十月党人

Ogden, C. K.，3，C·K·奥格登

Ohio State University，118，503，俄亥俄州立大学

Outlawry of war，xx，209，218，219，364，457，战争非法；and Pact of Paris，191 - 192，222 - 223，战争非法与《巴黎公约》；vs. sanctions，221 - 222，战争非法与制裁。See also Sanctions，另见"制裁"

Outlawry of war，The（Morrison），457*n*，《宣告战争为非法》（莫里森）

Outline of a Critical Theory of Ethics，xii，xiii 及 *n*，《批判的伦理学理论纲要》

Pact of Paris，xx，《巴黎公约》；allied with League of Nations Covenant，194，195，222，《巴黎公约》与《国际联盟盟约》密切相关；connected with outlawry of war，191 - 192，222 - 223，《巴黎公约》与战争非法相联系；defensive war related to，218 - 219，与《巴黎公约》相联系的防卫性战争；international law related to，193，222 - 223，与《巴黎公约》相关的国际法；Japan in relation to，193 - 194，202，204，217 - 218，日本与《巴黎公约》的关系；limited power of，190 - 191，193，《巴黎公约》的有限权限；peace-sanction and，192，219，220，和平制裁与《巴黎公约》；reenforcement of，193 - 194，195，《巴黎公约》的强化

Palmer, George Herbert：乔治·赫伯特·帕尔默

autobiography of，271，乔治·赫伯特·帕尔默的自传

Panama：巴拿马

related to Columbia，468 - 469，与哥伦比亚相关的巴拿马

Panama Canal，468，巴拿马运河

Paris Peace Conference，473，巴黎和会

Parker, Alton Brooks，234，奥尔顿·布鲁克斯·帕克

Parmelee, Maurice F.，476*n*，莫里斯·F·帕米利

Pasteur, Louis, 45, 路易斯·巴斯德

Patterns of Culture (Benedict), xvi, 《文化模式》（本尼迪克特）

Pavlov, Ivan Petrovich, 319, 伊万·彼得罗维奇·巴甫洛夫

Pax Romana, 221 - 222, 罗马帝国统治下的和平

Peace, xx, 198, 和平; coercive force for, 211 - 213, 220, 为和平所需的强制力量; impact of Far Eastern conflicton on, 194, 远东冲突对和平的影响; and ineffectiveness of League of Nations, 194 - 195, 454, 和平与国际联盟的无所作为; and international sanctions, 483 - 484, 和平与国际制裁; means for achieving, 211, 220 - 221, 223, 454, 461 - 462, 实现和平的手段; non-coercive force for, 220 - 221, 为和平所需的非强制力量; Pact of Paris related to, 190 - 195, 《巴黎公约》与和平相关联

Peace Pact, 《和平公约》。*See* Pact of Paris, 参见"巴黎公约"

Peace-sanction, 219, 220, 和平制裁; proposed by Levinson, 192, 莱文森所提出的和平制裁

Pearl Harbor, Hawaii, xx, 夏威夷珍珠港

Pearson, Karl, 490, 卡尔·皮尔逊

Peiping, China, 205, 中国北平

Peirce, Charles Sanders, xii, xiii - xiv, 查尔斯·桑德斯·皮尔士; on basis of philosophy, 425, 查尔斯·桑德斯·皮尔士论哲学的基础; compared with Mead, 309, 查尔斯·桑德斯·皮尔士与米德相比较; philosophy of, 273 - 277, 查尔斯·桑德斯·皮尔士的哲学

People's Lobby, xvii, xviii - xiv, 322, 335, 400, 404, 440, 504, 人民游说团; criticizes Interstate Commerce Commission, 368 - 371, 人民游说团批评州际商务委员会; criticizes FDR, 395 - 396, 人民游说团批评在任美国总统罗斯福; and need for special session, 345, 355 - 356, 人民游说团与特别会议的必要性; praises Wagner's relief measures, 384, 人民游说团评价瓦格纳的救济举措; queries Borah on interallied debts, 364 - 367, 人民游说团就盟国间债务质疑博拉; queries Hoover on speech, 357 - 363, 人民游说团质疑胡佛演讲; queries Klein on depression, 346 - 350, 人民游说团就萧条质疑克莱因; queries Mills on unemployment relief, 390 - 391, 人民游说团就失业救济质疑米尔斯; replies to Klein, 351 - 354, 人民游说团回复克莱因; urges government responsibility for unemployed, 372 - 373, 374 - 376, 377 - 378, 379 - 380, 人民游说团敦促政府承担对于失业者的责任; urges support of Revenue Bill, 392, 人民游说团敦促支持税收法案; urges surtax, 337 - 338, 344, 人民游说团敦促征收超额累进所得税; urges unemployment insurance, 339 - 340, 人民游说团敦促建立失业保险

People's Lobby Bulletin, xviii, 341 - 383, 386 - 394, 397 - 398, 《人民游说团公告》

People's party, 233 - 234, 人民党

Perry, Ralph Barton: 拉尔夫·巴顿·佩里 on philosophy, 271 - 272, 拉尔夫·巴顿·佩里论哲学

Personality: 人格 related to law, 268 - 270, 与法律相关的人格

Philosophical Investigations (Wittgenstein), xi, 《哲学研究》（维特根斯坦）

Philosophy: 哲学 Bentley in, xii, 哲学中的本特利; of Cohen, xiv - xv, 299 - 303, 304, 488 - 491, 柯恩的哲学; common sense in, xiv, 424 - 425, 哲学中的常识; concept of event in, 9 - 11, 哲学中的事件概念; context related to, 5 - 7, 9 - 10, 14 - 15, 17, 与哲学相关的语境; as criticism, 19, 作为批

判的哲学；definitions of，428 - 429，哲学
的定义；of education，xxii，xxiii，教育的
哲学；experience as context of，20 - 21，
经验作为哲学的语境；experimental
naturalism in，xii，哲学中的实验主义的
自然主义；and fallacy of unlimited
extension，8 - 9，11，16 - 17，哲学与无限
延伸的谬误；Hegelianism in，xii，xiii，哲
学中的黑格尔主义；of history according
to Heard，278 - 279，赫德所说的历史哲
学；and idealism，431 - 432，哲学与唯心
主义；and knowledge，428 - 429，431，哲
学与知识；and life，431，哲学与生活；
mathematics in，xv，425，哲学中的数
学；of Mead，24 - 25，27，307 - 310，311 -
312，米德的哲学；Neo-Hegelian，269，新
黑格尔主义哲学；Neo-Kantian，269，新
康德主义哲学；ontology vs. psychology
in，489，哲学中的本体论与心理学的对
立；and Peirce，xii，273 - 277，哲学与皮
尔士；Perry on，271 - 272，佩里论哲学；
related to culture，18 - 19，21，与文化相
关的哲学；related to law，268 - 270，与
法律相关的哲学；relation of Palmer to，
271，帕尔默与哲学的关系；and science，
19 - 20，425 - 427，428 - 429，489，哲学
与科学；theories on basis of，425 - 426，
关于哲学基础的诸理论；Vedic，321，吠
陀哲学

Philosophy and Civilization，493，500，《哲
学与文明》

Philosophy of Logics（Haack），xv*n*，《逻辑
哲学》（哈克）

Philosophy of the Act，*The*（Mead），xii，《行
动哲学》（米德）

Philosophy of the Present，*The*（Mead），
xii，307 及 *n*，《今日哲学》（米德）

Physical energy：身体能量
　　Alexander's control of，315 - 320，亚历山
　　大论对身体能量的控制

Pioneers：先锋队队员
　　in Russia，266，293，俄国的先锋队队员

Plato，297，431，柏拉图

Poetry：诗
　　opposed to science，492 - 493，与科学对立
　　的诗

Poland：波兰
　　regarding German border dispute，461 -
　　462，波兰与德国的边界争议

"Political Interference in Higher Education
and Research"，xxii，《高等教育和研究中
的政治干预》

Political parties：政党
　　business alliance with，156 - 159，163，165，
　　177，企业与政党的联盟；Douglas's
　　history of，313 - 314，道格拉斯的政党
　　史；history of，in U. S. ，231 - 236，240，
　　美国政党的历史；need for reorganization
　　of，157 - 161，政党重组之必要；related
　　to Congress，227，235，236，237，250，与
　　国会相关的政党；related to tariff bill，
　　164，237，与关税法案相关的政党；state
　　of，149，151 - 152，156 - 161，政党的国
　　家；and third party program，167 - 173，
　　185 - 186，324 - 325，政党与第三政党的
　　纲领

Politics：政治
　　and average citizen，174，182，184 - 185，
　　187 - 188，政治与普通公民；in colleges，
　　119 - 121，学院中的政治；and
　　congressional election，326，政治与国会
　　选举；culture related to，40 - 48，与政治
　　相关的文化；and economics，150，152，
　　157 - 158，170 - 171，249，436 - 437，政
　　治与经济；effect of depression on，151 -
　　152，156 - 157，236，239 - 240，324 -
　　325，441，萧条对政治的影响；human
　　nature and，xvi，人性与政治；and
　　minorities，224 - 230，政治与少数人族
　　群；and need for leadership，128，240，

448 - 449,政治与需要领导能力；and need for third party, 156 - 161,246 - 247,249,251 - 252,254 - 255,403,404, 412 - 413,政治与需要第三政党；and political parties, 149 - 152,政治与政党；and progressives conference, 173 - 174, 355 - 356,440,政治与进步人士会议；and prohibition, 183 - 184,249 - 250,政治与禁酒；relationship of, to education, xxiii, 118 - 119,411,437,政治与教育的关系；relationship of, to industry, 161 - 163,436,政治与实业界的关系；role of farmers in, 172,农民在政治中的作用；role of labor in, 172 - 173,劳工在政治中的作用；unrest in, 438,政治的动荡

"Politics and Culture", xvi,《政治和文化》

Pollak, Walter, 323,沃尔特·波拉克

Popocrats, 231,民众党人

Population:人口

　in U. S., 361,美国的人口

Populism, 234,人民党主义

Populist party, 231,232,233,234,人民党

"Power Trust":《权力信托》

　influence on education by, 118,《权力信托》对教育的影响

"Pragmatism of Peirce, The", xiv 及 n,《皮尔士的实用主义》

Preface to Morals, A (Lippmann), 499n,《道德的序言》（李普曼）

President's Organization on Unemployment Relief, 374,总统的失业救济组织

Principles of Literary Criticism (Richards), 499,《文学批评原理》（理查兹）

Principles of Philosophy (Peirce), 273 - 277,《哲学原理》（皮尔士）

Process and Reality (Whitehead), 301,《过程与实在》（怀特海）

Production:生产

　and consumption, 160 - 161,生产与消费；and economics, 346 - 347,358,359 - 360,361,生产与经济；and politics, 161 - 163,生产与政治；problem of excess, 341 - 342,354,过度生产问题

Profit, 395,利润；as motive in business, 73 - 74,利润作为企业动机

Progressive party, xvii,进步党

Progressives, 175,393 - 394,405,440 - 441, 进步人士；conference of, 173 - 174,355 - 356,进步人士会议；and Revenue Bill, 392,进步人士与税收法案

Progressivism, 175,234 - 235,进步主义

Prohibition, 231,239,禁酒；connected with social control, 65,禁酒与社会控制的联系；and politics, 183 - 184,249 - 250,禁酒与政治

Propaganda, 130,216,322,宣传；in Japan, 203,211,日本国内的宣传；against legislation, 393,反对立法的宣传；need to combat, 178,需要与宣传作斗争；and schools, 434,宣传与学校

Property:财产

　foreign, 364 - 365,368,外国财产

Providence:天意

　related to politics, 157,158,240,与政治相关的天意

Psychology, xii 及 n, xiii,《心理学》

Psychology:心理学

　denial of context in, 7,心理学对语境的否定；of experience, 330 - 332,经验的心理学；and human nature, 37,心理学与人性；and philosophy, 489,心理学与哲学；reflex arc concept in, xii,心理学中的反射弧概念

Public works, 379,384 - 385,396,404,公共工程；program for, 353,486 - 487,公共工程规划

Puritanism, 271,清教主义

Qualitative thought, 332,495,性质的思想

Quality:性质

and common sense，430，性质与常识

Quest for Certainty，*The*，496，《确定性的寻求》

Quis custodiet ipsos custodes，481-482，谁来看守看守者

Radio：广播

Dewey's broadcasts over，90-98，231-238，341-344，杜威的广播讲话；related to political convention，248-249，与政治性的代表大会有关的广播

Radio Manufacturers' Association，346，无线电制造商协会

Railroads，166，233，356，361，铁路公司；cases involving，165，370-371，504，涉及铁路公司的案例；dividends paid by，369，铁路公司所支付的红利；property of，370，371，铁路公司的财产；request rate increase，368-371，铁路公司请求收费上涨

Raskob，John J.，158，161，约翰·J·拉斯科布

Ratner，Sidney，xvii*n*，xx*n*，西德尼·拉特纳

Reason：理性

Cohen's view of experience and，489，柯恩关于经验与理性的观点

Reason and Nature：*An Essay on the Meaning of Scientific Method*（Cohen），xiv-xv，299-303，304，488，《理性和自然——论科学方法的意义》（柯恩）

"Reason and Nature：The Metaphysics of Scientific Method"（Hook），xv*n*，《理性和自然：科学方法的形而上学》（胡克）

Reconstruction Finance Corporation，386，397-398，"复兴金融公司计划"

Reflex arc，xii，9，反射弧

Republican party，xviii，405，412，共和党；compared with Democratic party，167-168，184，236，248，与民主党相比较的共和党；history of，231-234，240，共和党的历史；related to industry，157，158，168，172，与企业相关的共和党；related to minorities，227-229，与少数人族群相关的共和党；role of blocs in，152，235-236，共和党中集团的作用；and third party progarm，185，247，250-251，254，504，共和党与第三政党的纲领

Revenue Bill of 1932，385，392，1932年税收法案

Ricardo，David，36，69，大卫·李嘉图

Richard B. Westbrook Free Lectureship Foundation，424*n*，理查德·B·韦斯特布鲁克自由讲座基金会

Richards，I. A.，3，494，499，I·A·理查兹

Rignano，Eugenio，330-331，欧金尼奥·里尼亚诺

Roberts，George W.，xv*n*，乔治·W·罗伯茨

Robinson，James Harvey，xvi，詹姆斯·哈维·鲁宾逊；at curriculum conference，414，415，417，419，504，詹姆斯·哈维·鲁宾逊在课程研讨会上

Rolland，Romain，272，罗曼·罗兰

Rollins College：罗林斯学院

curriculum conference at，404，414-423，503，504，罗林斯学院所举办的课程研讨会

Romanticism：浪漫主义

economic theory and，69-70，74，经济理论与浪漫主义

Roosevelt，Franklin D.，xvi，xviii，xix，323，326，405，富兰克林·D·罗斯福；criticized by People's Lobby，395-396，富兰克林·D·罗斯福受到人民游说团批评；as presidental candidate，248，251，253，富兰克林·D·罗斯福作为总统候选人

Roosevelt，Theodore，229，231，234，472，西奥多·罗斯福

Roosevelt Corollary，473，罗斯福推论

Rorty，Richard，xi，理查德·罗蒂

Round Table：《圆桌》

　　on peace, 198,《圆桌》论和平

Rousseau, Jean Jacques, 495,让·雅克·卢梭

Royce, Josiah, xiii,乔赛亚·罗伊斯

Ruhr, Germany, 453,德国鲁尔

Russell, Bertrand, xv, 428,伯特兰·罗素；on basis of philosophy, 425,伯特兰·罗素论哲学的基础

Russia, 180,235,俄国（俄罗斯）；affected by League of Nations failure, 206 - 207,458,为国际联盟的失败所影响的俄国；Eddy on life in, 263 - 265,埃迪论俄国人的生活；education in, 143,144,145,291 - 294,俄国的教育；effect of, on U. S. , 263 - 267,俄国对美国的影响；five-year plan in, 51,61,65,263,266,469,俄国的五年计划；and non-recognition doctrine, 468,俄国与不承认学说；People's Lobby criticizes propaganda against, 322,人民游说团批评反俄国的宣传；ten-year plan in, 51,61,俄国的十年计划；and use of sanctions, 199,201,469,475,俄国与实施制裁；White on communism in, 263,267,怀特论俄国的共产主义；Woody on Communist party in, 292,293 - 294,伍迪论俄国的共产党

Ryan, John A. , 381,约翰·A·瑞安

S. O. *Levinson and the Pact of Paris* (Stoner), xxi*n*,《S·O·莱文森和〈巴黎公约〉》（斯托纳）

St. Paul decision, 165,504,圣保罗决议。*See also* Railroads,另见"铁路公司"

Sanctions：制裁

　　and disarmament, 459 - 461,471,制裁与裁军；economic vs. military, 200 - 202,456*n*,458 - 459,经济制裁与军事制裁之争；effect of, 199,208,455,474 - 477,制裁的效果；Europe vs. U. S. regarding, 197 - 198,208 - 209,472 - 473,473*n*,美国与欧洲关于制裁的争论；failure of, in Japan, 203 - 204,制裁在日本的失败；force in relation to, 214 - 216,450 - 451,481 - 482,与制裁相关的武力；international, xx, 207 - 208,465,国际制裁；and international organization, 196,210 - 211,450 - 451,462 - 463,制裁与国际组织；moral pressure as, 220 - 221,455, 465 - 467,道德压力作为制裁；national, 457 - 458,465,国家制裁；non-recognition doctrine as, 219 - 220,467 - 471,不承认学说作为制裁；vs. no-sanction school, 464,483,制裁与反制裁的学说之争；opposition to, 471 - 482,反对制裁,vs. outlawry of war, 221 - 222,制裁与战争非法之争；Pact of Paris and, 192,219,220,《巴黎公约》与制裁；progressive, 471,471*n* - 472*n*,累进性制裁；related to war, 201 - 202,453 - 458,477 - 479,与战争相关的制裁；relationship of League of Nations to, 196,197,199 - 200,450,466,473,484,国际联盟与制裁的关系；in Switzerland, 463,在瑞士的制裁

Santayana, George, 271,421,乔治·桑塔亚那；on humanism, 272,乔治·桑塔亚那论人文主义

Savings：储蓄

　　in U. S. , 359,在美国的储蓄

Schall, Thomas D. , 394,托马斯·D·沙尔

Schlesinger, Arthur M. Jr. , xvii*n*,小阿瑟·M·施莱辛格

Schneider, Herbert W. , xii,赫伯特·W·施奈德

School and Society, 409,《学校与社会》

School, 90,学校；historical view of, 91 - 92,93, 94,历史上的学校观；need for improvement in, 131 - 133, 135 - 136,433 - 435,改善学校之必要；related to increase in crime, 242,与犯罪增长相关的

学校,related to White House Conference,131,与白宫会议相关的学校;types of,92,学校的类型;vocational, according to Nock,288 - 289,诺克所说的职业学校;vocational guidance in,132,学校中的职业指导

Schuyler, George S. ,226,乔治·S·斯凯勒

Science:科学

    Cohen on,299 - 303,柯恩论科学;development of,56 - 57,426 - 427,科学的发展;effect of, on education,104 - 105,科学对教育的影响;growth of physical and social,xvi - xvii,65 - 66,自然科学与社会科学的发展;in laboratory type of education,107 - 108,实验室类型的教育中的科学;opposed to poetry,492 - 493,与诗相对立的科学;and philosophy,19 - 20,425 - 427,428 - 429,489,科学与哲学;pure,431,纯粹科学;related to society,49 - 52,53 - 63,417 - 419,与社会相关的科学;relation of economics to,44 - 45,科学与经济的关系;subject-matter of,15 - 16,科学的学科内容;uses of,54 - 55,57,61,科学的运用

"Science and Society",xvi,《科学和社会》

Scientific method:科学方法

    Cohen on,299 - 303,304,488 - 491,柯恩论科学方法

Security:安全

    economic,448,经济安全;and international armies,210,457,安全与国际部队;and international sanctions,459,465,安全与国际制裁

Selected Writings(Mead),xiii*n*,《选集》(米德)

Self-defense:自卫

    vs. defensive war,223,457 - 458,自卫与防卫性战争的对比

Shanghai, China,207,中国上海;Japanese invasion of,xx,190,205 - 206,日本侵入上海;related to Pact of Paris,194,与《巴黎公约》相关的上海;sanctions related to,202,450,456*n*,457,与上海相关的制裁

Shatsky, Stanislav,292,斯坦尼斯拉夫·沙茨基

Shelley, Percy Bysshe,492 - 493,珀西·比希·雪莱

Sheppard, Morris,394,莫里斯·谢泼德

Shiepstead, Henrik,355,394,亨里克·希普斯特德

Siberia, Russia,458,俄国西伯利亚

Simonds, Frank H. ,468*n*,弗兰克·H·西蒙兹

Sino-Japanese conflict,中日冲突。See China;Japan,参见"中国""日本"

Smith, Alfred E. ,158,艾尔弗雷德·E·史密斯

Smith, Richard L. ,xiii,理查德·L·史密斯

Social control:社会控制

    of economics,437,对于经济的社会控制;related to social science,xvi - xvii,65 - 66,与社会科学相关的社会控制

Socialism, xviii, 170,社会主义;related to Russia,264,与俄国相关的社会主义

Socialist Labor party,235,社会工党

Socialist party, xix, 169 - 170,235,250,254,326,社会党

Socialists,231,232,237,254,社会党人

Social planning:社会规划

    and freedom,447 - 448,社会规划与自由

Social science:社会科学

    cause and effect in,66 - 67,社会科学中的原因和结果;development of,52,59 - 61,67,447 - 448,社会科学的发展;need for planning in,67 - 68,社会科学中规划之必要;physical vs. social facts in,64 - 65,社会科学中自然事实与社会事实的对立;significance of human nature in,xvi,29,社会科学中人性的意

义；social control related to, xvi - xvii, 65 - 66,与社会科学相关的社会控制

"Social Science and Social Control", xvi, xvii,《社会科学和社会控制》

Social System:社会制度

culture as measure of, 40 - 41,文化作为社会制度的量度；economic problems in, 244,社会制度中的经济问题；and education, xxii, 123 - 124,社会制度与教育；environment as measure of, 40 - 41,42,环境作为衡量社会制度的量度；related to legal system, 268 - 270,与法律体系相关的社会制度；in Russia, 263 - 267,俄国的社会制度；social change in, 94 - 95,社会制度中的社会变化

Society:社会

function of art in, 493 - 496,498 - 499,社会中的艺术功能；government policies regarding, 177 - 179,关于社会的政府政策；Heard on history of, 278 - 279,赫德论社会史；related to education, xxiii, 93 - 97,98,102 - 104,108 - 109,110 - 111,143,与教育相关的社会；related to life in college, 260 - 261,与大学生活相关的社会；related to science 49 - 52,53 - 63,417 - 419,与科学相关的社会；responsibility of, for children, 137 - 139,140 - 141,社会对儿童的责任；responsibility of, for unemployment relief, 153 - 155,399 - 400,社会对失业救济的责任；role of business in, xxii,社会中企业的作用；and third-party policies, 188,社会与第三政党的政策

Soule, George, 180,479n,乔治·索尔

Southern Association of Colleges and Secondary Schools, 120,南部大学和中学联合会

Soviet Challenge to America, The (Counts), 263,265 - 267,《苏联对美国的挑战》（康茨）

Special Session:特别会议。See United States Congress,参见"美国国会"

Spencer Herbert, 428,赫伯特·斯宾塞

Spengler Oswald, 280 - 285,奥斯瓦尔德·斯宾格勒

Spinoza, Benedict:本尼迪克特·斯宾诺莎 and study of mind, 489,本尼迪克特·斯宾诺莎和心灵的研究

Stammler, Rudolf, 269,鲁道夫·施塔姆勒

Standard Statistics Company, 348,标准统计公司

Status quo:现状 related to disarmament, 459 - 460,与裁军有关的现状；related to international peace, 454,与国际和平有关的现状；relation of education to, 125 - 126,教育与现状的关系

Steiner, Mark, xvn,马克·斯坦纳

Stimson, Henri Lewis, 219,469,亨利·刘易斯·史汀生；on Far Eastern situation, 192,193,亨利·刘易斯·史汀生论远东形势

Stoics:斯多葛学派 interpretation of human nature by, 33 - 34,斯多葛学派对人性的解释

Stoner, John E. , xxin,约翰·E·斯托纳

Structure of Science: Problems in the Logic of Scientific Explanation, The (Nagel), xviin,《科学的结构:科学解释的逻辑问题》（内格尔）

Studies in Philosophy (Lafferty), 311 及 n,《哲学研究》（拉弗蒂）

Sturzo, Luigi, 458n,路易吉·斯图尔佐

Subjectivity:主观性 as context in philosophy, 14 - 15,作为哲学的语境的主观性

Subject-matter:学科内容 in education, xxii, 78 - 80,83,教育中的学科内容；of science, 15 - 16,科学的学科内容；selective interest related to, 14,与

学科内容相关的有选择的兴趣；unlimited extension related to，16 - 17，与学科内容相关的无限延伸

Supreme Court，323,463 - 464,最高法院；on railroads，371,504,最高法院论铁路公司

Supreme Court and Sovereign States，*The*（Warren），463*n*,《最高法院与各州的主权》（沃伦）

Switzerland:瑞士

provision for sanctions in,瑞士的制裁规定

Symbolic Interaction，xiii,《象征互动论》

Symbols:符号

and context in philosophy，5,符号与哲学的语境；and language，4 - 5,符号与语言

Taft，William Howard，472,威廉·霍华德·塔夫脱

Tammany Hall，384,坦慕尼协会

Tariff，183,338,350,353,356,366,关税

Tariff bill:关税法案

related to economics，164 - 165,241,与经济相关的关税法案；related to farmers，172,与农民相关的关税法案；related to political parties，164,237,与政党相关的关税法案

Tate，Allen:艾伦·泰特

on Dewey's view of arts，330 - 334,330*n*，492 - 501,艾伦·泰特论杜威的艺术观

Taxation and Democracy in America（Ratner），xx*n*,《美国的税收和民主》（拉特纳）

Taxes，241，395 - 396,税；and Couzens Amendment，392,税与库曾斯修正案；income，343 - 344,所得税；inequity of，179,337 - 338,345,356,386,387,税的不公正；for unemployment relief，381 - 382,用于失业救济的税

Teachers:教师

and citizenship，433 - 435,教师与公民身份；and labor，434 - 435,教师与劳工；need for improvement of，131 - 132，136,改进教师技能的必要性；social responsibility of，129 - 130,136,教师的社会责任

Teaching:教学

Meiklejohn experiment in，295 - 298,教学中的米克尔约翰实验；methods of，85 - 88,109,教学的方法

Technology:技术

and culture，280 - 285,技术与文化；vs. nature，282 - 283,技术与自然对立

Ten-year plan:十年计划

in Russia，51,61,俄国的十年计划

Theory of Education in the United States，*The*（Nock），286 - 290,《美国的教育理论》（诺克）

These Russians（White），263,267,《这些俄国佬》（怀特）

Third party:第三政党

in history of political parties，237 - 238,政党史中的第三政党；and LIPA，324，438 - 439,第三政党与独立政治行动联盟；need for，156 - 161,246 - 247,249，251 - 252，254 - 255,403,404,412 - 413,需要第三政党；need for education for，188,教育需要第三政党；and Norris，149,150 - 151,436,504,第三政党与诺里斯；policies for，187,408,412 - 413,第三政党的政策；problems facing for development of，182 - 189,第三政党的发展所面临的问题；program for，167 - 173,185 - 186,324 - 325,第三政党的纲领；prospective members of，188 - 189,406,437,第三政党的未来成员。See also League for Independent Political Action，另见"独立政治行动联盟（LIPA）"

"This Hour of Bewilderment"（Lee），60,"这是个令人困惑的时刻"（李）

Thomas，Elmer，355,394,埃尔默·托马斯

Thomas, Norman M. , xvii, 250, 254, 255, 326, 诺曼·M·托马斯

Thomas, Aquina, Saint, 19, 圣托马斯·阿奎那

Thought：思想
　affective, 330, 493, 496, 498, 情感性思想; and context, 4 - 5, 11 - 12, 思想和语境; defects in collective, 128, 集体性思想中的弱点; qualitative, 332, 495, 性质的思想; spatial and temporal background in, 12 - 13, 思想中的时间和空间背景;

Tientsin, China, 205, 中国天津

Tradition：传统
　connected with culture, 128 - 129, 143 - 144, 与文化相联系的传统; educational responsibility for, 446 - 447, 对于传统的教育责任; regarding pecuniary gain, 142, 有关获取金钱利益的传统

Troubled Philosopher：John Dewey and the Struggle for World Peace（Howlett）, xxi*n*, 《忧虑的哲学家:约翰·杜威与争取世界和平的斗争》（豪利特）

Tugwell, Rexford G. , xvii, xviii, xix, 雷克斯福德·G·特格韦尔

Turkey：土耳其
　and Treaty of Bucharest, 468*n*, 土耳其与布加勒斯特条约

Twentieth Century Fund, 471, 484, 20 世纪基金会

Twenty-One Demands, 206, "二十一条"

Underconsumption, 347, 348, 485 - 486, 消费不足

Unemployment, 337 - 338, 341 - 342, 360, 361, 367, 411 - 412, 失业; government responsibility for, 350, 372 - 373, 374 - 376, 377 - 378, 379 - 380, 386, 390, 406, 440 - 441, 政府对失业的责任; insurance, 339 - 340, 362, 399 - 400, 404, 失业保险; programs for relief of, xviii - xix, 374 - 376, 386, 失业救济规划; social responsibility for, 153 - 155, 179, 381 - 382, 397, 399 - 400, 436, 社会对失业的责任; special session regarding, 344, 345, 352, 355 - 356, 357 - 358, 375, 关于失业的特别会议

Un-enfranchisement, 226, 227, 放弃选举权

United Nations, Charter of, xxi, 《联合国宪章》

United States：美国
　attitude of, regarding sanctions, 197 - 198, 208 - 209, 472 - 473, 473*n*, 480, 483 - 484, 美国对制裁的态度; European education compared to, 101 - 102, 109 - 110, 与美国相比较的欧洲教育; founding of, 99 - 100, 美国的创立; growth of education in, 100, 102 - 104, 110, 美国教育的成长, intervention of, in Latin America, 209, 219, 364, 美国对拉丁美洲的干涉; and League of Nations vs. China and Japan, 202 - 203, 458 - 459, 美国和国际联盟与中国及日本的对峙; Non-adherence of, to League of Nations, 197, 222, 美国对国际联盟的不依附政策; provisions for national sanctions in, 463 - 464, 美国国家制裁的规定; and sanctions against Japan, 216, 457, 458, 469, 美国对日本的制裁; social changes in, 94 - 95, 美国的社会变化; Soviet challenge to, 263, 265 - 267, 苏联对美国的挑战

" United States and Central American Revolutions, The"（Buell）, 468*n*, 《美国与中美洲革命》（比尔）

United States Congress：美国国会
　and economics, 342, 353, 美国国会与经济; insurgents in, 169, 美国国会中的反叛者; and lack of leadership, 163, 393 - 394, 美国国会与缺乏领导能力; liberal blocs in, 438 - 439, 美国国会中自由派集团; and 1932 campaign, 326, 美国国会与 1932 年竞选; and political parties,

227,235,236,237,250,美国国会与各政党;and program for unemployment relief,xviii - xix,160,381,384 - 385,386 - 387,397 - 398,美国国会与失业救济规划;and sanctions,472,美国国会与制裁;special session of,344,345,352,355 - 356,357 - 358,375,美国国会的特别会议;and unemployment insurance,339,美国国会与失业保险

United States Constitution,176,356,393,463,464,美国宪法

United States Department of Agriculture,361,美国农业部

United States Department of Labor,351,美国劳工部

United States of the World,*The*(Newfang),463*n*,《世界合众国》(纽范)

United States Senate,173,339,458,美国参议院

United States War Department,118 - 119,125,美国国防部

Universities:大学。See College,参见"学院"

Unlimited extension:无限延伸
fallacy of,8 - 9,11,16 - 17,无限延伸的谬误;related to subject-matter,16 - 17,与学科内容相关的无限延伸

Use of the Self,*The*(Alexander),315 及*n*,《自我的运用》(亚历山大)

Values:价值
and culture,446,价值与文化

Versailles,Treaty of,xx,194,197,474,《凡尔赛和约》

Villard,Oswald Garrison,xvii,329,奥斯瓦尔德·加里森·维拉德

Vinogradoff,Paul,270,保罗·维诺格拉多夫

Vladeck,Baruch Charney,326,巴鲁克·查尼·弗拉德克

Volstead Act,184,《沃尔斯特德法案》

Wagner,Robert F.,339,384 - 385,罗伯特·F·瓦格纳

Wagner Construction Bill,387,《瓦格纳建设法案》

Wagner Free Institute of Science,424,瓦格纳科学自由协会

Wagner Relief Bill,384,387,《瓦格纳救济法案》

Walsh,Thomas James,161,托马斯·詹姆斯·沃尔什

War,322,战争;defensive,210,218 - 219,223,457 - 458,防卫性战争;national vs. international,207 - 208,465,国家间战争与国际战争;related to economics,365 - 366,与经济相关的战争;relationship of,to sanctions,201 - 202,215 - 216,453 - 458,战争与制裁的关系;as result of sanctions,477 - 479,战争作为制裁的结果;Wright on,xxi 及*n*,赖特论战争

War Policies Commission,365,战争政策委员会

Warren,Charles,463*n*,查尔斯·沃伦

Washington,D. C.,224*n*,华盛顿特区;political situation in,162 - 163,166,华盛顿特区的政治形势

Watson,James,339,詹姆斯·沃森

Way Out of Educational Confusion,*The*,xxi,《摆脱教育困惑的出路》

Weiss,Paul:保罗·韦斯
on philosophy of Peirce,273 - 277,保罗·韦斯论皮尔士哲学

Wells,H. G.,88,94,H·G·威尔斯

Western Rate Advance Case,371,504,西部收费推进案

Wheeler,Burton K.,161,355,365,394,440,伯顿·K·惠勒

White,William C.:威廉·C·怀特
on Communism,263,267,威廉·怀特论共产主义

Whitehead,Alfred North,274 - 275,301,

312,艾尔弗雷德·诺思·怀特海;on social change,53－54,艾尔弗雷德·诺斯·怀特海论社会变化

White House Conference on Child Health and Protection, 92,131－136,139,141,352,关于儿童健康与保护的白宫会议

William E. Borah and American Foreign Policy (Maddox), xxi*n*,《威廉·E·博拉和美国外交政策》(马多克斯)

Wilson, Woodrow, 208,234,伍德罗·威尔逊

Wisconsin, University of:威斯康星大学
educational experiment at, 295－298,威斯康星大学的教育实验

Wise, Stephen S., 381,503,斯蒂芬·S·怀斯

Wittgenstein, Ludwig Josef Johann, xi,路德维希·约瑟夫·约翰·维特根斯坦

Woll, Matthew, 322,404,马修·沃尔

Woman:妇女
related to development of third party, 186,与第三政党的发展相关的妇女

Woody, Thomas,托马斯·伍迪
on Soviet education, 291,292－294,托马斯·伍迪论苏联的教育

Woolf, S. J.,S·J·伍尔夫
interviews Dewey, 408－413, S·J·伍尔夫采访杜威

World Court, 223,452,国际法院

World Tomorrow, 439,458*n*,《明日世界》

World War I, xx, 198,207,第一次世界大战;and blockades, 475,476*n*,第一次世界大战与封锁;debts and reparations after, 337,364,366－367,368,372－373,第一次世界大战之后的债务与赔偿;and economics, 241,364,第一次世界大战与经济;effect of, on children, 342,第一次世界大战对儿童的影响;and patriotism, 124,第一次世界大战与爱国主义;and politics, 235,240,第一次世界大战与政治;related to charity, 375,406,与慈善相关的第一次世界大战;as result of force, 451,第一次世界大战作为使用武力的结果;and sanctions, 208,456,467,473,477,第一次世界大战与制裁

World War II, xx－xxi,第二次世界大战;economics and, xix,经济与第二次世界大战

Wright, Quincy, xxi 及 *n*,昆西·赖特

Yangtse River, 190,191,205,长江

Young John Dewey (Coughlan), xii*n*,《青年约翰·杜威》(库格兰)

译后记

1930 年,杜威从哥伦比亚大学退休。经校方的一再挽留,杜威又担任了 9 年哥伦比亚大学的荣誉退休哲学教授,其职责限于偶尔对研究生进行指导。这使他能把许多时间和精力用来对实用主义的美学、逻辑学原理等进行更为深入的思考,对实用主义的方法论意义作出进一步阐发。本卷收入的《语境和思想》等论文,便体现着杜威的这种用意。在这篇文章中,杜威结合人类学和实验心理学提供的材料,对实用主义区别于传统西方哲学的一种重要特质作了说明。该文的叙述明白晓畅,不失为研究杜威思想发展不可多得的材料。

自 20 世纪 20 年代末美国爆发经济大萧条以后,杜威开始积极地投身政治活动。本卷收录的许多政论文章、访谈报道,是对他从事这类活动给出的有力见证。一般而言,杜威愿意把自己看成是一个激进的民主主义者。当美国的一些进步主义人士参照杜威提出的、带有社会主义性质的经济改革措施,把他称为"民主社会主义者"时,他又表示:这一称谓适用于业已实现了生活方式民主化的社会主义,而他提出的"民主"还只适用于作为达到社会主义的一种手段。杜威在本卷著述中提出的"社会控制"和"社会实验"的思想,融入了他整个 20 年代一直坚持的信念,即国家资本主义是通向社会主义的过渡阶段。但是,通过察看美国社会的病状,杜威实际上已接近于放弃了他的这个论点。他看到美国现存的社会经济体制使资本拥有特权,劳工被纳入这个秩序,其结果没有造成劳工的统治,而在于统治劳工。这种体制倾向于过度生产,而不是解决消费不足的问题,对于消费者是不利的。所以,一方面,他主张实行一个"囊括性的计划";另一方面,他又呼吁正视涉及所有领域的社会组织形式的民主化问题。

杜威的这些看法贯穿于他对早期"新政"所作的批评中,在本卷收录的文章中也有所体现。杜威的政治理论具有道德的力量,但为这种理论构想的行动计划却往往陷入两难境地。他为筹组"第三政党"所作的努力,最后也是无果而终。这既反映了这一理论直面的美国30年代特有的困境,同时也反映出作为一名实用主义哲学家,杜威在把他的理论应用于追求人类进步事业的过程中遇到的始未料及的困难。如何看待杜威在30年代初开始积极投身激进政治活动的意义,从中获得应有的启示,尚有待我们结合杜威思想发展的历程,对他的一系列政治观点以及实践作出解读。

本卷的内容由本人和上海社会科学院哲学研究所的薛平先生合作译出。具体分工如下(以下所标页码均为英文原版书的页码,即本书边码):导言:马迅;论文部分:马迅译第1—130页,薛平译第131—256页;书评部分:马迅译第259—279页,薛平译第280—304页;杂记及人民游说团部分:马迅译第305—354页,薛平译第355—400页;有关声明演说的访谈报道部分:马迅译第401—442页;附录部分:薛平译第443—502页;注释、文本研究资料和索引部分:马迅译第503—519页,薛平译第520—616页。最后,由本人统稿。

本书的翻译得到了复旦大学刘放桐教授和原上海社会科学院哲学研究所童世骏研究员的帮助和指导。上海译文出版社的编审高文英老师对译文进行了译校工作,她花费了大量的心力,纠正了译文中存在讹误和漏译的地方;对书中出现的许多人物、事件和地名的准确译法,参考有关资料作了核实和订正,并补写了一些必要的注解以方便读者。在此,我们谨向高老师致以深切的谢意。华东师范大学出版社的编辑审读了全稿,并对译文提出了宝贵的意见,在此表达衷心的感谢。限于我们的水平和经验,译文中恐还存在不妥之处,诚望得到有关专家学者、广大读者的批评指正。

马　迅

2014 年 3 月 14 日

图书在版编目(CIP)数据

杜威全集. 晚期著作:1925~1953. 第 6 卷:1931~1932/
(美)杜威著;马迅,薛平译. —上海:华东师范大学出版社,
2014.1
ISBN 978-7-5675-1712-7

Ⅰ.①杜…　Ⅱ.①杜…②马…③薛…　Ⅲ.①杜威,J.
(1859~1952)—全集　Ⅳ.①B712.51-52

中国版本图书馆 CIP 数据核字(2014)第 022587 号

国家社科基金重大项目资助(项目批准号:12 & ZD123)

杜威全集·晚期著作(1925—1953)
第六卷(1931—1932)

著　　者　[美]约翰·杜威
译　　者　马　迅　薛　平
策划编辑　朱杰人
项目编辑　王　焰　曹利群
审读编辑　朱华华
责任校对　王　卫
装帧设计　高　山

出版发行　华东师范大学出版社
社　　址　上海市中山北路 3663 号　邮编 200062
网　　址　www.ecnupress.com.cn
电　　话　021-60821666　行政传真 021-62572105
客服电话　021-62865537　门市(邮购)电话 021-62869887
地　　址　上海市中山北路 3663 号华东师范大学校内先锋路口
网　　店　http://hdsdcbs.tmall.com

印 刷 者　上海中华商务联合印刷有限公司
开　　本　787×1092　16 开
印　　张　36.25
字　　数　585 千字
版　　次　2015 年 1 月第 1 版
印　　次　2015 年 1 月第 1 次
印　　数　1—2100
书　　号　ISBN 978-7-5675-1712-7/B·829
定　　价　108.00 元

出 版 人　王　焰

(如发现本版图书有印订质量问题,请寄回本社客服中心调换或电话 021-62865537 联系)